可以量化的管理学

高广宇◎著

经济日报 出版社

图书在版编目（CIP）数据

可以量化的管理学／高广宇著．—北京：经济日
报出版社，2018.7
　　ISBN 978-7-5196-0403-5

　　Ⅰ.①可…　Ⅱ.①高…　Ⅲ.①物理学—应用—管理学
Ⅳ.①C93

中国版本图书馆 CIP 数据核字（2018）第 156592 号

可以量化的管理学

作　　者	高广宇
责任编辑	王春光
出版发行	经济日报出版社
地　　址	北京市西城区白纸坊东街 2 号经济日报社综合楼 710
邮政编码	100054
电　　话	010-63567683（编辑部）
	010-63538621　63567692（发行部）
网　　址	www.edpbook.com.cn
E - mail	edpbook@sina.com
经　　销	全国新华书店
印　　刷	北京市金星印务有限公司
开　　本	710×1000 毫米　1/16
印　　张	31.75
字　　数	482 千字
版　　次	2018 年 9 月第一版
印　　次	2018 年 9 月第一次印刷
书　　号	ISBN 978-7-5196-0403-5
定　　价	98.00 元

可
以
量
化
的
管
理
学

目的：成果最大化。管理学本质是广义动量的产生

基础理论：德鲁克理论
- 企业宗旨：创造顾客
- 企业两项职能：创新和营销

广义动量定理 $F\alpha t=nmV$

力量派 F：
- 托夫勒的《权利的转移》
- 贝克尔的人力资本
- 哈默尔的核心竞争力
- 科特的领导力

方向派 α：
- 西蒙的管理决策理论
- 波特的《竞争战略》
- 企业战略

作用点：
- 聚焦理论
- 特劳特的定位理论
- 高德拉特的TOC制约理论
- 克里斯坦森的破坏性创新

时间 t：
- 柳比歇夫时间管理
- 德鲁克时间管理
- 科维时间管理
- 番茄工作法时间管理

数量派 n：工业工程
- 泰勒的作业研究
- 吉尔布雷斯夫妇的动作研究

竞质派 m：质量管理
- 戴明的十四要点
- 朱兰的质量三部曲
- 克劳斯比的零缺陷
- 六西格玛

速度派 V：
- 福特流水线生产
- 丰田生产方式和精益生产
- 高德拉特的TOC制约理论

系统思考

彼得·圣吉的《第五项修炼》

负反馈
- 德鲁克的目标管理与自我控制
- 西蒙的组织均衡
- 戴明的PDCA循环
- 稻盛和夫的阿米巴经营

正反馈
- 马太效应
- 比尔·盖茨的正反馈战略
- 巴菲特的滚雪球理论
- 乔布斯的平台理论
- 索罗斯的反身理论

分析：企业家精神、价格、成本和利润的分析等

影响：基于正义基础上的自利可以使物质财富最大化

　　此书出版过程中，首先要感谢家人对我研究管理学的支持和理解，然后要感谢秋水伊人创始人姚虞坚的慷慨资助，没有他的资助，这本书不可能如此顺利的出版。

　　谨以此书献给所有喜欢管理学的人，希望大家可以学会使用物理学的思维分析管理学，从而以更少的精力和时间产生更大的成果。

目　录

前言一
为什么可以使用物理学分析管理学?

为什么可以使用物理学分析管理学呢? 这是一个根本性的问题。如果可以使用物理学分析管理学, 那么管理学将变得更简单, 更加合乎逻辑, 也会让管理学从艺术变为科学。由于物理学的实证性和完善性, 使用物理学分析管理学, 可以更快、更准确地到达管理学的本质, 减少学习的精力成本和时间成本, 从而可以指导管理学快速增加成果。

埃隆·马斯克使用物理学的方式来看待世界, 在管理学中取得了巨大的成功。埃隆·马斯克是全球最大支付系统 Paypal 创始人, 颠覆了传统汽车概念的电动汽车特斯拉 CEO, 他还创立了实现人类太空商业旅行的 Space X, 个人屋顶光伏电站 Solarcity, 从旧金山到洛杉矶只需要半个小时的 Hyperloop 超级高铁。这其中任何一项技术的成熟并规模化, 都将改变地球, 改变人类的生活。一个人挑战这么多新技术, 取得了让人难以企及的成功, 所以他也被称为钢铁侠的原型。

埃隆·马斯克之所以可以在商业上取得如此巨大的成功, 是因为他的方法论, 也就是使用物理学的角度看待世界, 他将这种方法称为第一性原理。埃隆·马斯克说: "第一性原理的思想方式是用物理学的角度看待世界, 也就是说一层层拨开事物表象, 看到里面的本质, 再从本质一层层往上走。"

第一性原理这个概念最早是由亚里士多德提出, 他在书中对第一性原理是这样表述的: "在每一系统的探索中, 存在第一性原理, 是一个最基本的命题或假设, 不能被省略或删除, 也不能被违反。"从这段话中, 我们可以了解到, 这里的第一性原理相当于数学里面的公理。

第一性原理思维强调事实和少量假设, 从问题的最本质出发, 进行推理思考。运用第一性原理思考问题, 强调在基本事实的基础上探究问题的本源, 不被过去的经验知识所干扰。

让我们进一步看看马斯克是如何描述第一性原理的，他在一次公开访谈中说道："我们运用'第一性原理思维'而不是'比较思维'去思考问题是非常重要的。我们在生活中总是倾向于比较——别人已经做过了或者正在做这件事情，我们就也去做。这样的结果是只能产生细小的迭代发展。'第一性原理思维'的思考方式是用物理学的角度看待世界的方法，也就是说一层层剥开事物的表象，看到里面的本质，然后再从本质一层层往上走。这要消耗大量的脑力。"

马斯克举了以下这个例子："在特斯拉早期研制电动汽车的时候，我们遇到了电池高成本的难题。当时储能电池的价格是 600 美元/千瓦时，因为它过去就是这么贵，它未来也不可能变得更便宜。那么我们从第一性原理角度进行思考：电池组到底是由什么材料组成的？这些电池原料的市场价格是多少？电池的组成包括碳、镍、铝和一些聚合物。如果我们从伦敦金属交易所购买这些原材料然后组合成电池，需要多少钱？天哪，你会发现只要 80 美元/千瓦时。"

马斯克并没有按照别人认为的情况接受电池的高价，而是从最本质出发，研究电池都是由什么材料组成，再推算这些原材料加在一起的价格，从而得到了电池的最低价格，通过这样的方式，电池的价格被大幅度降低，使电动车的商业化成为可能。别人考虑问题的出发点是这件事没人成功过，所以我也不能成功。但是马斯克的想法是，如果这件事在物理层面行得通，那么我为什么做不成？

使用物理学的角度去看待世界，可以透过重重的迷雾，最快速的看到事物的本质，而不会被事物的表象所欺骗。马斯克说："物理学的基础理论是最有用的。物理学的思维框架是迄今为止最有用的框架。"有人问马斯克："你相信命运和宗教吗？"马斯克毫不犹豫的摇了摇头，说："不，我只相信物理学。"

伯克希尔公司副主席查理·芒格也深受物理学思维方式的影响，在过去的 45 年里，他和巴菲特联手创造了有史以来最优秀的投资纪录——伯克希尔公司股票账面价值以年均 20.3% 的复合收益率创造投资神话，每股股票价格从 19 美元升至 84 487 美元。

《查理·芒格传》写道："当时芒格开始接触物理学，他说：'它真是让我大开眼界。'虽然芒格只修了入门课，但解决问题的物理学方法却在他的脑海中留下了永久的烙印。'永远用最基本的方法去寻找答案——这是一个伟大的传统，也为这个世界节省了很多时间，当然所有的问题都很艰深，你必须学会做到勤奋刻苦，我一直很喜欢这字眼，因为对我而言，这意味你得坐下来，直到问题解决。'芒格说如果他是在经营整个世界，他聘用的任何人都要学习物理，只是因为物理学教会一个人如何思考。芒格坦承，'我没想过要当专业或业余的科学家，但我对科学有非常深入的领悟，并且发现这些方法在科学领域之外仍大有用武之地。'芒格从物理学家身上学到，寻求最简单、最直接的答案来解决问题，最简单的方式总是最好的方式。"

马斯克和芒格在商业上创造了一个又一个的奇迹，而他们的方法就是使用物理学的角度看待世界。使用物理学分析管理学，可以最简单直接地得到管理学本质，并且可以通过物理学的方法指导管理学如何快速地产生和增加成果。

我也是使用物理学的角度来分析世界，其基本方法为广义动量定理 $F\alpha t = MV$ 和系统思考两大分析方法。广义动量定理是物理学动量定理的扩展，用来分析如何产生和增加成果，其本质是力在时间上的积累效应。系统思考来源于控制理论，它用来分析系统，分析各种因素之间的相互影响。

为什么可以使用广义动量定理来分析管理学、经济学和军事学呢？

在物理学中，有牛顿三大定律，这是物理学的"第一性原理"。第一定律说明了力的含义：力是改变物体运动状态的唯一原因；第二定律指出了力的作用效果；第三定律揭示出力的本质：力是物体间的相互作用。

牛顿第一定律：任何物体都保持静止或匀速直线运动的状态，直到受到其他物体的作用力迫使它改变这种状态为止。

说明：物体的这种性质称为惯性，所以牛顿第一定律也称为惯性定律。物体都有维持静止和做匀速直线运动的趋势，没有外力，它的运动状态不会改变，即力是改变物体运动状态的唯一原因。物体除了运动状态，还有形变，物理学中也陈述力对形变的影响：力是改变物体形变的唯一原因。所以就得到了：力是改变物体状态（运动和形变）的唯一原因。从这里可以看到，所有物体状态的改变都是由力引起，因此物体状态的改变就都可以通过力来解释。

在管理学、经济学和军事学中存在着各种变化，比如企业产出速度的增加，销售量的提高，战斗的胜利等，这些变化都是由力引起的，并且力是引起这些变化的唯一原因，那么管理学、经济学和军事学的各种理论和现象就都可以使用力学进行分析。

牛顿第二定律：物体的加速度与物体所受的合外力成正比，与物体的质量成反比，加速度的方向与合外力的方向相同。

第二定律定量描述了力作用的效果，定量地量度了物体的惯性大小。物理学的动量定理是第二定律的推论，其本质是力在时间上的积累效应。广义动量定理是物理学动量定理的扩展，将动量定理应用到其他领域。从第二定律还可以得到，合外力决定力的作用效果，而合外力=动力−阻力。广义动量定理为管理学的量化提供了基础。

广义动量定理的本质是力在时间上的积累效应，就是随着时间的变化，力产生了什么成果。比如随着时间的变化，工厂产出数量 n 的增加。广义动量定理将力和时间两大要素引入分析，从而使管理学、经济学和军事学具备了动态的分析基础。

合外力决定成果也可以用于管理学、经济学和军事学中。比如在金融家索罗斯的反身理论中，主流趋势决定了股票的走向。一些人会看多一只股票，然后对这只股票进行购买；另一些人会看空这只股票，而将自己的这只股票卖出。买入导致股票的需求量增加，股票的价格会上升；卖出导致股票的需求量减少，股票的价格会下降。买入股票是这只股票价格上升的动力，卖出股票是价格上升的阻力，而一些人买入，一些人卖出，当他们相互抵消，剩下了的就是索罗斯所说的主流趋势，即合外力，也就是这个合外力决定的股票的价格走向。

在经济学中，科斯定理的本质也是合外力决定成果。产权是资源配置的动力，交易费用是资源配置的阻力，二者的合外力为产权−交易费用，而成果就是指资源配置的结果。比如科斯定理第一条是这样论述的："在交易费用为零的情况下，不管权利如何进行初始配置，当事人之间的谈判都会导致资源配置的帕雷托最优。"当交易费用为零时，合外力就等于产权，而这个产权赋予谁，合外力大小不变，所以资源的配置结果不变，都是帕累托最优。

牛顿第三定律：两个物体之间的作用力和反作用力，在同一条直线上，大小相等，方向相反。

说明：要改变一个物体的运动状态，必须有其他物体和它相互作用。物体之间的相互作用是通过力体现的。并且指出力的作用是相互的，有作用力必有反作用力。在均衡（即不变）的情况下，两种作用力的大小相等，方向相反。比如在马歇尔的均衡价格论中，供给方和需求方的共同作用使得价格均衡，供给方和需求方的力量大小相等，方向相反，从而使得价格均衡不变。

既然可以使用广义动量定理来分析各种管理学、经济学和军事学问题，那么为什么还需要系统思考呢?

因为力学不容易处理多种因素的相互影响。比如一个国家向某个几千里之外的小岛发射一枚导弹，无论你将导弹的动力、风力、空气的摩擦阻力等力量计算的如何准确，导弹也不能命中那个小岛。因为现实中，风力和空气的摩擦阻力等都是随时、随机变化的，没有人可以进行精确的计算，所以也就不可能使导弹按照力学的计算轨迹准确地击中小岛。

那么如何才能解决这个问题呢? 系统思考的负反馈给出了解决的方法。它给导弹设定的目标就是击中那个小岛，然后在导弹的飞行过程中，不断的测量小岛和导弹之间的方向偏差，随时纠正这个偏差。比如发现导弹的方向向东偏离了小岛，那么它就向西调整自己的方向; 如果导弹的方向向西偏离了小岛，那么就向东调整自己的方向，通过不断的调整自己的方向，就像司机调整自己的方向盘一样，最终击中小岛。系统思考除了负反馈模型，还有正反馈模型。负反馈系统通过目标与实际值之间的偏差来控制自己的输出，其中偏差＝目标-反馈，当偏差为 0 时，即实际值和目标值相等时停止输出，它是一个趋于稳定的系统。正反馈系统通过目标与实际值之间的和来控制自己的输出，导致系统的输出不断增加，正反馈是趋于增强的系统。

使用物理学分析管理学、经济学和军事学的方法是我看了几千本书后受到启发而找到的通用分析方法。

我最开始研究的是军事学，包括兰切斯特法则和世界十大兵书。兰切斯特法则包含两个法则，分别为第一法则，远距离作战时: 战斗力＝武器性能×兵力数，即 $E = mv$。第二法则，近距离作战时: 战斗力＝武器性能×兵力数的平方，即 $E = mv^2$。我为兰切斯特法则建立了一个递归的模型，当将其结果推到极限时，递归模型获得的结果和兰切斯特法则计算的结果完全相同。而兰切斯特第一法则的表达形式和动量定理 $Ft = \Delta mv$ 很像，第二法则的表达形式和动能定理 $Fs = 1/2mv^2$ 很像。经过多次计算和思考，我发现兰切斯特第一法则的本质是动量定理，描述的是恒力在时间上的作用结果; 而第二法则的本质是动能定理，描述的是合力 F 在空间 s 上的积累效果。军事家、政治家拿破仑·波拿巴说："军队的力量与力学中的动力相似，是质量与速度的乘积。快速的行军，能够提高军队的士气，足以增加取胜的机会。"拿破仑也说军事的力量是质量和速度的乘积，这和动量定理右边的表达式相同。后来我看了日本经营四圣之一稻盛和夫的很多书，他创立了两家世界五百强：京瓷和KDDI；并于78岁时临危受命，在短短一年时间内就挽救了亚洲最大的航空公司，并且创造了日航60年来最高的盈利记录。稻盛和夫在《活法》中写道："人生·工作的结果＝思维方式×热情×能力。总之，人生或工作的结果是由这三个要素用'乘法'算出的乘积，绝不是'加法'。"

稻盛和夫的结果方程式和动量定理的形式是一样的，动量定理为 $Ft = \Delta mv$，右边的动量增量对应于人生·工作的结果，均表示积累效果，左边力的方向对应于思维方式，时间 t 对应于热情，力 F 对应于能力。

伟大的物理学家阿尔伯特·爱因斯坦说："我已经发现了成功的公式。我可以把这公式的秘密告诉你，那就是 $A = X + Y + Z$！A 就是成功，X 就是正确的方法，Y 是努力工作，Z 是少说废话！"通过分析，我们会发现 X、Y 和 Z 三个要素需要同时满足，才能得到成功 A，所以 X、Y 和 Z 是相乘的关系，它和动量定理表达的形式也是相同的。动量定理为 $Ft = \Delta mv$，右边的动量增量对应成功 A，力的方向对应于正确的方向 X，力 F 对应于努力工作 Y，时间 t 对应于少说废话 Z，少说废话才能有更多的时间用于工作。

至此，我发现动量定理不仅存在于物理学，也存在于军事学和管理学。著名的物理学家、军事学家和企业家已经在不知不觉中将动量定理应用于军事学和管理学中，并且取得了巨大的成功。由于物理学中对于力的定义均是物理学的力，如重力和阻力等，和其他领域的力的含义不同。另外物理学的动量定理中，力是矢量，包含了大小、方向和作用点三个要素，在军事学、管理学和经济学中为了使用方便，我将力分解为 3 个变量，分别为力的大小 F、方向 α 和作用点，而动量增量变为 MV，其中 M 是数量 n 和质量 m 的乘积。广义动量定理在受到这些名人理论的启发应运而生，其表达式为 $F\alpha t = MV$，成果（广义质量 M ×广义速度 V）＝力量 F ×方向 α ×时间 t，其本质是力在时间上的积累效应。未来学家阿尔文·托夫勒说人类的力量有三个终极来源，分别为暴力（包括武力和体力）、财富和知识。暴力对应着农业时代，财富对应着工业时代，知识对应着信息时代。那么就可以使用力学来分析人类的各种行为，以及力产生的各种影响。在我发现广义动量定理可以用来分析各种军事学和管理学理论后,我想它应该也适合分析经济学,因为军事学的核心力量是暴力,管理学的核心力量是财富,而经济学的核心力量是知识,那么就应该可以使用物理学的力学来分析经济学,于是我出版了《可以量化的经济学》,使用广义动量定理和系统思考分析经济学的各种理论和现象。

除了广义动量定理,另外一种基础分析方法是系统思考,它来源于我的大学专业控制理论,也受到了彼得·圣吉的《第五项修炼》的启发。彼得·圣吉将系统动力学引入管理学,写了管理学巨著《第五项修炼》,对管理学产生的重大的影响。由于我自己的专业,彼得·圣吉和我读的其他书的影响,我发现系统思考的负反馈和正反馈可以用来分析各种军事学、管理学和经济学理论。系统思考适合分析系统,分析各种因素之间的相互影响。

比如现代管理学的创始人彼得·德鲁克说:"目标管理的最大好处就在于:管理者能因此而控制自己的绩效。自我控制意味着更明确的工作动机:要追求最好的表现,制定更高的绩效目标和更宏伟的愿景,而不只是达标而已。……目标管理的主要贡献在于:它能够使我们用自我控制的管理方式来代替强制式的管理。……为了控制自己的绩效水平,管理者除了要了解自己的目标外,还必须有能力通过目标的实现与否,衡量自己的绩效和成果。……每位管理者都应该拥有评估自己绩效水平所需的信息,而且应该及早获取这些信息,以便能做出必要的修正,并达到预定的目标。"

目标管理和自我控制的本质就是系统思考的负反馈模型。目标管理是管理者努力产生想要的成果,然后通过反馈获取自己成果的信息,与目标进行比较来调整自己的行为,并达到预定的目标。目标与结果比较,然后以偏差修正行为的方式是系统思考的负反馈。

世界有三大生产理论,包括流水线生产、精益生产(包括 TPS)和 TOC 制约理论。这三大生产理论的主要目标都是加快系统的流动速度,其实现方法都是负反馈模型。三大生产理论分别通过控制目标缓冲的方式,来实现系统的稳定性、快速性和准确性的控制目标。

经济学家阿尔弗雷德·马歇尔的均衡价格论的本质也是负反馈模型。

对于正反馈,也有很多理论的本质是正反馈模型。在圣经《新约·马太福音》写到:"因为凡有的,还要加给他,叫他有余;没有的,连他所有的也要夺过来。"这被称为马太效应,马太效应是一种正反馈现象,这一次的成功（输出）会增加此人的某种能力（输入），从而使下一次成功的可能性增大，而下一次的成功又会促进再下一次的成功，从而使此人的成功越来越大。

微软创始人比尔·盖茨在其著作《未来之路》中写到："事实标准常常通过经济机制在市场上发生演变，这种经济机制与推动商业成功的正向螺旋的概念十分相似，它使一个成功推动另一个成功，这一概念叫做正反馈，它说明事实标准之所以常常出现在人们寻求兼容性的时候的原因。"所以，比尔·盖茨使用正反馈模型打败竞争对手，使得微软的操作系统成为行业标准，而他自己也多次蝉联世界首富。

几乎所有的稳定系统都有一个负反馈控制系统，否则它不可能稳定的运行。德鲁克的目标管理与自我控制、西蒙的组织均衡、戴明的 PDCA 循环、稻盛和夫的阿米巴经营、福特的流水线生产、大野耐一的丰田生产方式、沃麦克的精益生产和高德拉特的 TOC 制约理论的本质都是负反馈模型。圣经里的马太效应、比尔·盖茨的正反馈、巴菲特的滚雪球理论、乔布斯的平台理论和索罗斯的反身理论都是正反馈模型。

著名物理学家牛顿说："如果说我比别人看得更远些，那是因为我站在巨人的肩上。"牛顿在伽利略等前人的研究基础上创立了牛顿力学，成为一代科学巨匠。TOC 制约理论的创始人站在流水线生产和丰田生产方式的基础上，创立了 TOC 制约理论，并且在《站在巨人的肩膀上》一文中，详细论述了这三大生产理论之间的关系、核心原则和区别等，是一篇非常重要的生产理论文章。牛顿和高德拉特的成功诠释了这样一个道理：只有站在巨人的肩上，才可能成为巨人。

我所创立的广义动量定理并不是我自己凭空想出来的，首先有了物理学动量定理这样一个基础的存在，其次是受到各位成功人士的方法论影响，他们的方法论和动量定理很像，我总结和深化了他们的方法论，站在他们的肩膀上才创立的广义动量定理。

系统思考的来源则相对简单些，在我的专业中，有《自动控制原理》这门课程，其中最基础的模型就是负反馈和正反馈模型。所以系统思考的方法并不需要向广义动量定理那样去创立，可以直接拿来使用。

通过站在巨人的肩膀上，我总结了前人的成功理论，深化而创立广义动量定理，并将力学分析引入军事学、管理学和经济学等学科。在分析系统时，各种因素的相互影响使用力学分析太过于复杂，而转用系统思考的方法进行分析，这样就形成了广义动量定理和系统思考两大基础分析方法。

几乎每一个学科都存在着一个类似"第一性原理"的基础理论，在管理学中，由于彼得·德鲁克创立了现代管理学，所以将德鲁克的理论作为管理学的基础派。

在广义动量定理中，它包含了力的大小 F、方向 α、作用点、数量 n、质量 m 和速度 V，根据这 7 要素，可以将管理学划分为力量派 F、方向派 α、作用点派、时间派 t、数量派 n、质量派 m 和速度派 V。在系统思考中，包含负反馈和正反馈两种模型，可以将管理学划分为负反馈派和正反馈派。

这样就形成了管理学十大理论学派：基础派、力量派 F、方向派 α、作用点派、时间派 t、数量派 n、质量派 m、速度派 V、负反馈派和正反馈派。

广义动量定理和系统思考是两大基础分析方法，不仅可以用来分析管理学、经济学和军事学，还可以应用于其他学科。

使用物理学分析管理学、经济学和军事学，透过层层迷雾，可以快速地到达其本质。这就像没有牛顿力学之前，人们对事物的分析全凭经验和猜想，有了牛顿力学之后，分析是基于逻辑的，既简单又明确。

前言二　埃隆·马斯克
——用物理学思维改变世界

埃隆·马斯克用物理学思维改变着世界。他是全球最大的支付系统 PayPal 的创始人，通过物理学的正反馈效应使得 PayPal 的用户以指数的速度增长，最终以 15 亿美元卖给了 eBay。他是电动汽车特斯拉的 CEO，颠覆了传统汽车，以物理学思维大幅降低了电池成本，为电动车商业化奠定了基础，创造了媲美超跑速度的电动汽车。他是太空探索技术公司 Space X 的 CEO，以"把人类送上火星"作为公司的目标，使用物理学思维核算火箭成本，要以 1/10 的价格制造火箭，从而减少太空旅行成本。他是屋顶光伏电站 Solarcity 的董事会主席，该公司发展家用光伏发电项目，为客户提供太阳能发电服务。马斯克还提出了超级高铁项目，Hyperloop 超级高铁未来可能达到 1 200 公里/小时的速度。其中任何一项技术成熟并规模化都将改变地球，改变人类的生活方式。马斯克以物理学的思维创造着一个又一个的奇迹，也被称为现实版的钢铁侠。

一个人在一个领域成功可能是偶然的，但是马斯克可以在多个高端领域成功，那么必然有着成功的方法，本文将使用《可以量化的管理学》中的两种基本的物理学方法分析埃隆马斯克的成功，这两种方法分别为广义动量定理和系统思考。

埃隆·马斯克方法论是使用物理学的角度看待世界，他将这种方法称为第一性原理。埃隆·马斯克说："第一性原理的思想方式是用物理学的角度看待世界，也就是说一层层拨开事物表象，看到里面的本质，再从本质一层层往上走。"

在研发电动汽车时，开始电池的价格很高，这样就很难将电动汽车商业化。马斯克使用第一性原理，分析电池由什么组成来推算电池的极限价格，从而使得电池价格大幅度降低，为电动汽车的商业化奠定了基础。

由于电池的设备太重，所以必须从材质入手减轻车身重量。马斯克要求工程师们用铝来代替钢。但是，当时整个北美地区能生产铝车身板材的汽车制造厂屈指可数。铝材在巨大的压力机下容易拉伸变形，从而形成像妊娠纹一样凹凸不平的表面，导致上色不均。面对巨大的操作困境，团队屡次劝说马斯克放弃这个想法。

为什么要用质量轻的铝来代替钢呢？因为特斯拉要的是高速度的超级跑车，如果跑车的百公里加速太慢，那么这个超跑就不是"超跑"。从动量定理 $Ft = \Delta mv$ 角度来说，百公里的速度 v 为 100 公里/小时，那么要想加速时间 t 变短，通过公式 $t = \Delta mv/F$ 可知，增加汽车动力 F 或减少汽车质量 m 都可以减少百公里加速的时间 t。所以使用质量轻的铝来代替质量重的钢，可以有效减少汽车整体质量，从而使得汽车的百公里加速时间变短。物理学为马斯克指出了优化特斯拉超跑的正确方向，即使研发团队屡次劝说放弃，但马斯克不为所动，毫不妥协。他说："我知道我们一定能够做到，只是花多少时间和精力的问题。"最后的结果证明他是对的。他永远要求同事们去考虑"实现路径"，而不是争论"是否可行"。特斯拉创造了百公里加速性能优越的超跑 Roadster，如图 0-1 所示。

图 0-1　特斯拉跑车 Roadster

得益于铝车身带来的整车质量的降低，甚至于量产的中型轿车 MODEL S 的百公里加速也只需 2.7 秒，而一般中型轿车的百公里加速都需要 8 秒以上，MODEL S 的加速时间是这些中型轿车望尘莫及的，甚至超越了很多超级跑车。

没有物理学的指导，马斯克可能就会放弃铝制车身的想法，因为从比较的思维来看，大家都认为做不到，但是物理学为马斯克提供了正确的方向和信心，只要不违反物理学，那么就能做到，只是需要更多的时间和精力。从广义动量定理 $Fat = MV$ 的角度说，增加时间 t 和力量 F 都可以增加成果 MV。马斯克认为只要一种想法不违反物理学，那么通过增加时间和力量就能做到。

马斯克为什么创立 Space X 呢？他说道："我们之所以没去火星，不是不想去，而是认为没有能力去。大家有意愿去，都觉得没有成功的可能，于是就放弃了。所以我决心创立一家公司，减少太空旅行的成本，同时改进火箭技术，因为火箭技术自 60 年代以来根本没取得什么进展。从某种意义上说，情况变得更糟，因为将物质送入轨道需要花费的成本更高。所以，这就是我创立 Space X 的初衷，不过在公司刚创立的时候，我觉得公司的存活几率只有 10%。"马斯克想要降低旅行成本，改进火箭技术，并且将人类送上火星。所以尽管"把人类送上火星"的言论给人愚不可及的感觉，但却赋予马斯克的 Space X 一句独特的战斗口号。

对于马斯克来说，即使火箭技术上可以将人类送上火星，但如果成本难以承受，那也是不能实际推广的。所以降低火箭发射成本成为了马斯克需要重点解决的问题。那么马斯克如何使用物理学思维来降低火箭成本呢？马斯克通过他的第一性原理，从最基础的材料开始推算，得到火箭的成本只需要之前的 1/10，并且通过重复利用火箭，甚至可以将火箭发射成本降低到之前的 1/100。

马斯克说道："火箭到底应该花费多少才合理？可以看看过去的火箭造价，然后就以此作为现在火箭的造价，还是看一下火箭的组成材料？你可以确定铝、钛、铬镍铁合金、碳纤维等元素的重量，把它们堆成一堆放在房间里，然后像变魔术一样把它们变成你想要的物理形状，就可以确定实物的最低造价。问题在于如何将这些元素变成你想要的形状，如果你真能够这么干，你就会发觉原材料的成本对于确定火箭用完就扔还是重复利用作用很小，只占总价的百分之几。所以，关键在于如何高效地重新组合这些原材料，变成你想要的形状。"

马斯克说道："火箭关键在于重复利用。在这里用第一原理分析就很有意义了。如果用仿照先例的话，我们可以看看前人在重复使用方面的努力，比如太空梭或俄罗斯暴风雪计划，这些重复使用的努力并未降低太空飞行的成本，反而增加了成本。关于太空飞行的成本，太空梭的预算大约是 40亿美元/年，每年一般飞四次，所以每艘太空梭的成本大约就是 10 亿美元/

年，这比同等档次的火箭贵多了。所以，人们看到这个，就会觉得重复使用非但没有降低成本，反而增加了成本。但站在第一原理的角度来看，实际情况不是这么回事。如果你用的是精炼航空燃料低成本推进剂，就有可能。我们用的火箭推进剂的费用大约是每次飞行 30 万美元，而火箭的造价达到 6 000 万美元，所以推进剂的花费与之相比是九牛一毛，只占火箭造价的 0.5%。这与大型喷气式飞机差不多，那么如果你进行重复利用，考虑到维护等问题，每次飞行的成本就会不断接近推进剂的成本。如果火箭也遇到类似飞机那样的情况，维护成本可能会相当于燃油成本，对于航空公司来说，每次飞行的成本就是 60 万美元，这就能大幅节省成本。使用可重复利用的火箭，我觉得成本最终可以减少到原来的百分之一。"

马斯克通过从材料上的计算发现，火箭的制作材料所花费的金额仅仅是火箭整体开发费用的 2%。这个比例与其他机械产品相比简直就是小菜一碟。比如特斯拉生产的电动汽车，材料费用占总体费用的 20%~25%。如果是电脑的话，材料费用会占到总费用的 90%。

而如果火箭的材料费占总费用的 90%，那么马斯克还可能进入火箭发射领域吗？

对于计算机领域来说，材料费占总费用的 90%，这就给出了你利润的极限，最多能得到 10% 的利润，并且新进入者在各方面都没有积累优势，那么你连 10% 也得不到。对于火箭这种超级烧钱的行业，一家私企如果不能有可观的利润率，那么这家公司不可能长久发展。而对于火箭行业来说，材料费只占整体费用的 2%，那么这就给了马斯克一个物理学的成本极限，即火箭行业最少需要 2% 的成本，那么最多可以有 98% 的利润，这给了马斯克可以优化的广阔空间。这就是马斯克切入火箭领域的战略，通过低成本在火箭行业立足和发展。

马斯克通过使用他的第一性原理，推算出火箭的价格只需要以前的十分之一，然后重复利用火箭，可以将成本降为之前的百分之一。

马斯克说："如果你进入任何一个现有的市场，面对那些强大的竞争对手，你的产品或服务必须要比他们好得多，它不能只是有一点点的优势，因为当你站在消费者的立场上时，你总是会购买值得你信赖的品牌，除非这个产品有很大的差异性。所以，你不能稍微好一点，而是要好得多。你必须有个创新思维，而不是（创造）更好的同一性。你做事情不是只需要好出 10%，而是要创造出 10 倍的价值。"

材料成本占比越高，这个行业的利润就越低，可以优化的空间就越小，越不容易成功。物理学思维的计算让马斯克看到了火箭价格的极限，而现在距离这个极限太远，那么马斯克就有了非常大的可以优化的空间。如果没有物理学，那么你就找不到正确的方向。

在 Space X 研发火箭的过程中，马斯克也时刻使用着自己的物理学思维。如果你打算告诉马斯克某件事情没有办法做到，那你最好已经做足了功课并做好心理准备深入每一个技术环节，从最根本的原理出发逐步解释为什么行不通。首席工程师贾维丹说，"马斯克总是说，让最基本的物理原理说话"。物理学思维也给了马斯克判断某件事可能与不可能的标准，只要不违反物理学，那么就可以做到，物理学给出了不可能的边界，而在到达边界之前的空间都是可以优化的。

马斯克用物理学思维领导者 Space X，那么 Space X 是否比其他火箭公司做得更好呢？

2015 年 12 月 22 日，一个震撼世人的消息很快传遍了世界各地：美国 Space X 公司的猎鹰 9 号火箭，在运送 Orbcomm 公司 11 颗通讯卫星进入轨道后，地面成功回收了返回的一级火箭，创造了人类太空史上当之无愧的第一。

2018 年 2 月 7 日凌晨，Space X 的新型火箭，也是现役运力最强火箭"重型猎鹰"（Falcon Heavy）首飞成功，并完成两枚助推火箭回收，如图 0-2 所示。

图 0-2　Space X 重型猎鹰发射

　　"重型猎鹰"火箭打破了多项世界纪录：近地轨道运载能力 63.8 吨，比目前纪录保持者德尔塔 IV 重型火箭的 28.8 吨提高了 1 倍多；地球同步轨道运载能力 26.7 吨；火星轨道的运载能力 16.8 吨。"重型猎鹰"火箭起飞时 27 台梅林 1D 发动机同时工作，可以提供高达 2 280 多吨的起飞推力，如图 0-3 所示。

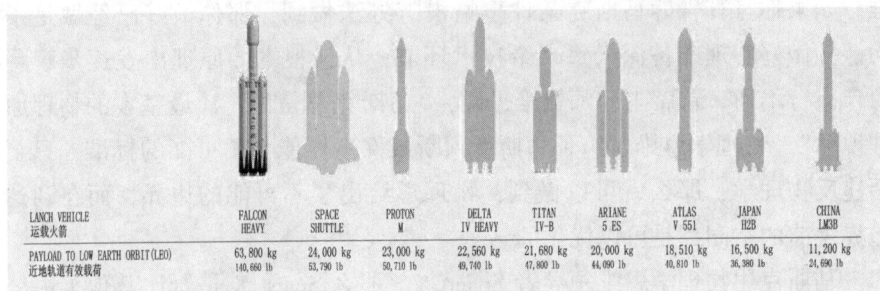

LANCH VEHICLE 运载火箭	FALCON HEAVY	SPACE SHUTTLE	PROTON M	DELTA IV HEAVY	TITAN IV-B	ARIANE 5 ES	ATLAS V 551	JAPAN H2B	CHINA LM3B
PAYLOAD TO LOW EARTH ORBIT (LEO) 近地轨道有效载荷	63,800 kg 140,660 lb	24,000 kg 53,790 lb	23,000 kg 50,710 lb	22,560 kg 49,740 lb	21,680 kg 47,800 lb	20,000 kg 44,090 lb	18,510 kg 40,810 lb	16,500 kg 36,380 lb	11,200 kg 24,690 lb

图 0-3　火箭载荷对比

　　Space X 称，"重型猎鹰"可以运送 2~4 吨的货物至火星表面。这次的"重型猎鹰"火箭试射，标志着商业航天领域又前进了一大步，也给人类开启了更加广阔的太空探索之路。

　　在许多火箭公司认为回收火箭是不可能完成的任务时，Space X 已经多次回收了自己的火箭，这将极大地降低发射费用。一枚崭新的猎鹰九号仅 6 000 万美元，比美国联合发射同盟的同类火箭（德尔塔/Delta-4 和宇宙神/Atlas-5）便宜一半以上，使用二手火箭更是再打 7 折。火箭的飞行费用仅需 30 万美元，只占火箭成本的 0.5%，如果重复利用火箭，那么发射的极限费用只需要 30 万，而对手发射一次同类型的火箭需要 1 亿以上。物理学思维给了马斯克发射火箭成本的一个边界，而现在距离这个边界很远，马斯克有着很大的空间可以去施展拳脚，马斯克说火箭发射成本未来可以降到之前的 1%并不是痴人说梦。

　　2017 年 Space X 完成了 18 次发射。而 2017 年全球总共进行了 90 次航天发射任务，其中美国 29 次发射，中国 18 次，欧洲航天局 9 次，如图 0-4 所示。

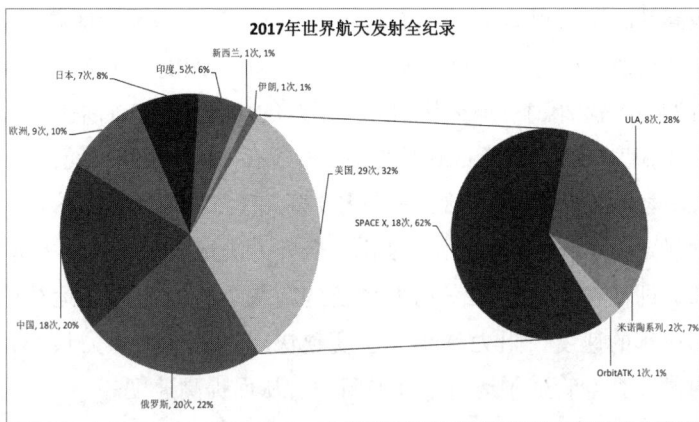

图 0-4　2017 全球航天发射次数和 SpaceX 的发射次数

也就是说，Space X 完成了美国超过一半数量的发射，相当于中国的发射次数，是欧洲的两倍。Space X 的发射计划已经排到了若干年以后，预计会有超过 50 次的发射任务，总价值超过 50 亿美元。

Space X 在 2015 年提出了星链网：计划发射 4 425 颗提供高速上网和通信服务的卫星，为全球提供收费服务。这种超级 WiFi，势必将改写整个网络时代的格局。

马斯克还提出了超级高铁计划，它是一种以"真空钢管运输"为理论核心的交通工具，时速可达 760 英里，也就是 1 200 公里/小时，很多人认为超级高铁不可能实现，那么我们使用马斯克的物理学思维来分析一下，如图 0-5 所示。

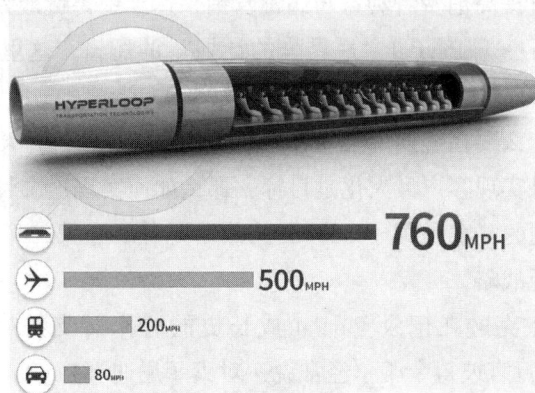

图 0-5　超级高铁

超级高铁的逻辑很简单，火箭可以竖着打，为什么不能横着打。横着飞的火箭就是高铁。火箭可以达到 38 880 公里/小时的速度（10.8 公里/s），火车可以达到 320 公里/小时。那么从物理学思维的角度来说，如果以火箭的速度 38 880 作为物理学极限，那么 320 距离 38 880 还有很大的优化空间，1 200 公里/小时在物理学上并不是不可实现，只是需要多少精力和时间的问题。

从动量定理 $Ft = \Delta mv$ 的角度来说，合外力决定成果，合外力 F ＝动力－阻力。那么即使在不更换火车动力系统的前提下，减少火车运行的阻力也可以提高火车的速度，阻力越小，速度越快。真空中的阻力最小，所以超级高铁通过在真空管道中运行来降低阻力，从而提高速度。

埃隆·马斯克和其他 3 人在 1998 年创立了全球最大的支付系统：PayPal。它是因特网第三方支付服务商。PayPal 创立之初，面临着如何推广在线支付概念和如何获取用户的困难。他们考察到做广告投入高，收益小。

PayPal 采用了激进的方式：只要开通 PayPal 账户，就获得 10 美元存款进入 PayPal 账户，介绍其他人，还会获得 10 美元。这一做法遭到了很多批评，被评为有史以来最愚蠢的计划。PayPal 的创始人说："即使那时候也是硅谷疯子经典案例，就是以 85 美分的价格亏本出售 1 美元美钞。别总想赚没赚钱，你只要用你的 1 美元换别人的 85 美分，人们就会买。批评的专家们没有计算我们平均花费在顾客身上是 20 美元，和其他赢得顾客的方法花费差不多。"PayPal 通过这种病毒式营销方式，迅速推广了自己的产品，以指数增长的方式赢得了大量客户，并且远超过竞争对手的客户量，成为客户的首选。eBay 看到了 PayPal 的巨大潜力，最终以 15 亿美元收购了 PayPal。

PayPal 通过提高消费者利益与病毒营销来达到销售量最大化的目的。

我们来分析一下 PayPal "最愚蠢的计划"的逻辑。这里有两个问题要回答：

第一，为什么要在短期内实现客户数量的最大化？

第二，如果实现客户最大化是目标，那么如何实现这个目标？

第一个问题的答案是关于 PayPal 的战略是什么，第二个问题的答案是 PayPal 如何实现战略。

埃里克·杰克逊在记录 PayPal 成长史的著作《支付战争》中写道："我们的首席执行官彼得·蒂尔经常说，对康菲尼迪（PayPal 前身）这样的企业而言，成长是最重要的目标。他坚称，只有我们实现一种'网络效应'，才能创建成功的支付服务，一个内部相连的交互系统必须赋予那些自愿加入的人们某些价值才能存在。参加的人越多，网络效应就越大，因为所有的成员都可以实现交互。所以，在吸引人加入一个大的、已有的网络时要给予会员巨大的价值，在退出时要让其付出巨大的代价，本质上，这一网络可以留住会员，并牵制潜在竞争者的发展。

"电话就是一个典型的网络。亚历山大·格拉汉姆·贝尔和托马斯·沃森最早使用的两部电话所提供的价值其实很少，不过是展示了一项新技术。但是在随后的一个世纪里，随着电话数量激增，拥有一部电话的价值大大增加，因为使用电话可以联系到的人和公司的数量在急剧增加。拥有电话的人越多，想拥有电话的人就越多。现在电话已经随处可见，移动电话也非常普及。

"同样，使用 PayPal 这样一种支付服务的好处也会随着用户数量的增加而增加。如果全世界只有几个人通过 PayPal 收款，那么花时间创建账户根本就没什么用处。但是，如果有数百万人使用 PayPal，那么创建账户的重要性就十分巨大。以太网之父以及 3Com 的创始人罗伯特·梅特卡夫提出了一种所谓的'梅特卡夫定律'（Metcalfe's Law），以帮助人们了解网络的力量。他认为，网络的价值等于用户数量的平方，也就是说，如果一个网络的用户量是竞争者的 2 倍，那么其价值则是竞争者的 4 倍。"

PayPal 根据梅特卡夫定律来制定公司的战略，因为如果网络的价值等于用户数量的平方，而 PayPal 要想生存下去，就需要将网络发展到"足够大"，并尽快消灭对手。因为每增加一个客户带来的价值比传统行业大很多，而一旦在客户数量上领先于对手，那么带来的优势就会不断扩大，所以 PayPal 要尽可能的快速增加客户数量。

在大部分企业致力于节省开支的情况下，PayPal 却使用了烧钱模式，通过金钱直接奖励注册和邀请顾客的行为，而 PayPal 还没有任何盈利。

美国当时存在好几家网络支付企业，其中埃隆·马斯克创立的 X. com 也是通过烧钱争取快速增加客户数量来增加自己企业的价值。在网络行业中，因为梅特卡夫定律的存在，支付系统的价值等于客户数量的平方，那么就很容易产生赢者通吃的结果。和对手相比，一点点的竞争弱势就会导致之前的所有努力付之东流，所以尽可能地快速增加顾客数量成为了支付企业的首要目标。

PayPal 的 CEO 彼得·蒂尔觉得在支付的市场上，可能只有一个玩家可以上市，所以谁先 IPO 谁就有足够的资源可以压垮竞争对手，而 X. com 的管理团队、用户群及手头的资金让它很有可能比 PayPal 更快进行 IPO。但是 PayPal 在拍卖份额上比 X.com 的份额高，最后两家公司以 50：50 合并，形成了新的 PayPal。

PayPal 根据梅特卡夫定律制定了顾客数量最大化的战略。即 PayPal 默认梅特卡夫定律是正确的。在其他领域是否有类似梅特卡夫定律的理论？如果有的话就可以做类比的理解。

梅特卡夫定律的表述为：$V = kn^2$，其中 V 为网络价值，k 为价值系数，n 为用户数量。网络价值与用户数的平方成正比。网络使用者越多，价值就越大，如图 0-6 所示。

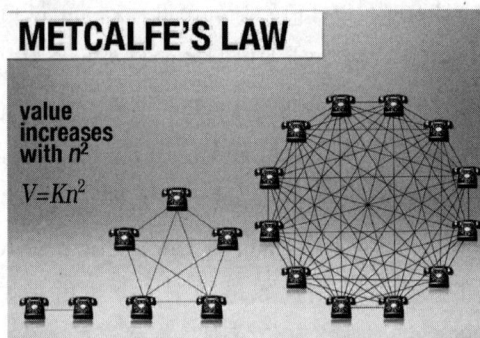

METCALFE'S LAW

value
increases
with n^2

$V = Kn^2$

图 0-6　梅特卡夫定律

在军事领域，有著名的兰切斯特法则。兰切斯特第二法则：战斗力＝武器性能×兵力数的平方，即 $E = mv^2$。这里 E 表示攻击力，m 表示武器性能，v 表示兵力数。

在物理领域，有描述力在空间上的积累效应的动能定理，即 $Fs = 1/2mv^2$，其中 F 表示力量，s 表示空间，m 表示质量，v 表示速度。

通过对比梅特卡夫定律、兰切斯特法则和动能定理可以看到，它们的表达式都是 $A = kB^2$ 的形式，甚至于梅特卡夫定律和兰切斯特法则表达的意思都是相似的。V 和 E 分别表示价值和攻击力，k 和 m 分别表示价值系数和武器性能，n 和 v 都表示人数。在《可以量化的军事学》中，我们证明了兰切斯特第二法则的本质是动能定理，其本质是火力在空间上的积累效应，那么梅特卡夫定律的本质就是力量在网络上的积累效应，也就是说梅特卡夫发现了网络中的动能定理。PayPal 希望建立梅特卡夫那样的网络效果，随着使用 PayPal 的客户量增加，客户可以使用 PayPal 交易金钱的通道数量也在增加，如图 0-7 所示。

PayPal希望达到的网络效应

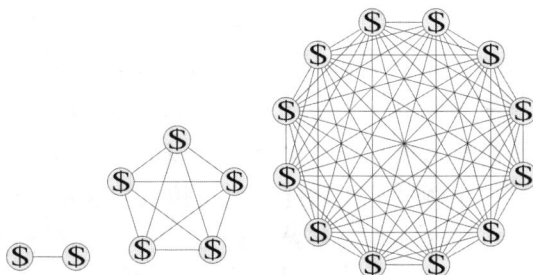

图0-7　PayPal 希望达到的网络效应

　　既然我们通过类比来说明了梅特卡夫定律在逻辑上是正确的，所以
PayPal 根据梅特卡夫定律制定了顾客数量最大化的战略也就没有什么问题。
那么第二个问题该如何回答呢？即如何实现顾客最大化？

　　PayPal 采取的顾客最大化的策略是注册奖励和推荐奖励。新注册
PayPal 账户，PayPal 奖励 10 美元；推荐别人注册，推荐人还奖励 10 美元。
注册奖励是为了促使潜在客户成为真正的 PayPal 客户，推荐奖励是为了使
得原有顾客有动力去推广 PayPal，让更多的人知道 PayPal，从而达到病毒增
长的目的。

　　我们通过物理学的思维来分析 PayPal 病毒式的营销方式。新用户注册
可以获得 10 美元，这样可以获得大量顾客，但是如何才能获得更多的顾客
呢？PayPal 的策略是希望老客户可以带来新客户，这样就像病毒一样，一
传十，十传百，迅速传播和增长，所以 PayPal 不仅奖励新注册的客户 10 美
元，而这些人只要把 PayPal 介绍给其他人，他还可以获得 10 美元。每一个
顾客会将 PayPal 推荐给其他人，而其他人注册之后又会再推荐给其他人，
从而达到了系统思考正反馈效应，迅速获得大量的客户。从物理学的思维
来看，PayPal 的病毒式营销并不是傻瓜做法，而是通过系统思考的正反馈
效应，在短时间内获得大量客户，这些客户使用 PayPal 进行在线支付，使
得 PayPal 的价值增加。尽管前期每个顾客的获取成本平均为 20 美元，但长
期的收益却大大超过客户的获取成本，收益大于成本，所以这个模式是可
行的。PayPal 通过病毒营销打败了所有对手。

　　PayPal 通过烧钱来实现顾客数量最大化的战略，但是 PayPal 本身还没
有盈利，"烧钱"的资金来源如何解决呢？PayPal 通过不断的融资来支持自
己的烧钱模式，最大的单次融资达到了上亿美元。这种烧钱模式最怕的就

是资金链断裂，一但资金链断裂，之前的所有努力可能都将白费，所以 PayPal 在烧钱模式中经历了数次资金危机。

马斯克使用物理学思维改变了在线支付领域，改变了电动汽车领域，改变了火箭发射领域，改变了太阳能领域，他还可能改变火车领域，改变互联网领域。几乎没有人可以在多个不同领域成功，因为在一个领域积累的经验很难适应另一个领域，比如传统汽车领域的成功经验不能保证在电动汽车领域成功，不能保证在火箭发射领域成功，也不能保证在网络支付领域成功，因为这些成功的经验太过于局限，应用范围狭小。而使用物理学思维，可以透过层层迷雾，快速达到事物的本质，物理学具有通用性和广泛性，为马斯克在各个领域指明了正确的道路。

自　序

我是从 2010 年开始对兵法和管理学感兴趣的，看的第一套书是《哈佛商学院管理全书》，然后就不间断地在学习关于兵法和管理学的书。《孙子兵法》是世界十大兵法之一，所以我就选择了《孙子兵法》作为第一个军事理论的书籍。我买了一本《孙子兵法》，看了几遍，翻译后的白话文意思可以理解，但是它讲述的是什么，怎么能获胜却一直没看懂。网上和书店中能找到的关于《孙子兵法》的书籍我都看过，但我还是不懂。我想，《孙子兵法》肯定有用，并且是兵家圣典，流传百年必定是精品，所以我就花了一个月的时间把《孙子兵法》背下来了，13 篇共 6 000 多字，字数不多，但是因为是古文，背诵的难度不小。虽然我几乎可以一字不差的背诵整个《孙子兵法》，但是我还是不懂它到底在说什么。后来我开始看克劳塞维茨写的《战争论》，我才慢慢懂得《孙子兵法》在说什么。《孙子兵法》的 6 000 多字几乎涵盖了战争的方方面面，它的内容都是结论，但没有给出得到这个结论的过程，所以很难看懂。而《战争论》共 70 多万字，它包含了作者对于每一个结论的论证过程和战争实例，所以在逻辑上更容易理解。接着我开始研究兰切斯特法则，随着我研究的深入，我越发的觉得第一法则和动量定理很像，第二法则和动能定理很像，受到启发，我创立了广义动量定理，这些军事理论忽然之间就变得豁然开朗，每一种理论都能在广义动量定理中找到对应的核心原则。归纳起来，我学习《孙子兵法》从无知到学懂大概经历了 5 个阶段，前后大约 4 年左右。

第一阶段，读了几遍《孙子兵法》，知道它的字面说的意思是什么。

第二阶段，查阅所有《孙子兵法》相关的书籍，细究每一句话，每一个字的不同解释。从古至今，给《孙子兵法》作注解的名人有很多。

第三阶段，背诵《孙子兵法》。能背诵全文，解释每一句话的字面意思。

第四阶段，熟读《战争论》，开始渐渐理解《孙子兵法》。

第五阶段，学习兰切斯特法则，创立了广义动量定理，才真正理解《孙子兵法》讲述的是什么，如何获得胜利，在各种情况下应该如何做。很巧合的是，《孙子兵法》13篇的排列顺序在逻辑上和广义动量定理是一一对应的。

我学习其他理论的过程也与这个过程类似，只不过在我发现广义动量定理之后，分析和理解的速度变快了。对于需求定律，我大约花费了1个月才推导出需求定律公式和需求弹性，并解决传统需求定律的三个反例。而对于拉弗曲线，我只花费了几个小时就推导出了拉弗曲线公式和完整的拉弗曲线图形。

问题来了，既然广义动量定理是基于力量的分析，那么人类的力量是什么呢？未来学家托夫勒说人类的终极力量有三种，包括暴力、财富和知识，这三种力量可以相互转化。至此，基于力量分析的广义动量定理就可以用在社会学科之上了。暴力对应着军事学，财富对应着管理学，知识对应着经济学。

我的专业是控制理论与控制工程，正反馈和负反馈是自动控制原理的基本模型。彼得·圣吉将系统思考引入管理学，著有畅销书《第五项修炼》，是一个重大的跨界成果。系统思考的负反馈通过目标和结果的偏差来控制自己的输出，使得结果始终与目标相同，是一个趋于稳定的系统。系统思考的正反馈通过目标和结果的和来控制自己的输出，使得输出越来越大，是一个趋于加强的系统。那么系统思考对管理学有什么用处呢？举一个例子，世界有3大生产理论，包括流水线生产、精益生产（包括丰田生产方式）和TOC制约理论，很多企业和管理者都在研究和学习这些理论，希望能增加企业的产出，创造更多的利润。但是有几个人可以掌握这三大理论任何一种的本质呢？为什么要这样做而不那样做就能增加产出呢？通过系统思考分析可以发现，这三大理论的本质都是若干个负反馈环组成的系统，通过目标和结果的偏差来控制自己的产出。比如TPS中A产品的目标库存是5个，实际库存有4个，那么这个工作单元就应该生产1个A产品，而不是2个或3个，也不是B产品。通过系统思考的分析，你会发现这三大生产理论的本质相同，只不过目标缓冲不同而已。这三大生产理论立刻变得非常好理解，无论多大的工厂，譬如丰田汽车，也只不过是多了一些负反馈环而已。设计和推行这三大理论立刻变得简单。

广义动量定理用来分析如何产生和增加成果；而系统思考用来分析系

统，分析各种因素的相互影响，它们是最基础的理论，可以用来分析军事学、管理学、经济学和其他学科。

开始时我对经济学并不感兴趣，因为我看不懂。我买了萨缪尔森第 18 版《经济学原理》，强迫着自己看完了，可是一无所获。我不明白为什么需求曲线是向下倾斜的，供给曲线是向上倾斜的。后来我发现了广义动量定理，开始使用广义动量定理和系统思考两大方法来分析经济学，经济学的这些理论立刻变得豁然开朗。我不仅很快就能理解经济学的这些理论，还能找到这些经济理论的漏洞并且创立更完善的理论。萨缪尔森的《经济学原理》变得很容易理解，其他诺贝尔经济学学奖作者的书籍也变得容易理解，甚至一些理论我看过一遍我就知道什么地方有错误，应该如何去完善。并不是我自己能力有多强，而是我发现了分析它们最基础的两大方法，我知道了应该从什么地方去分析他们。这就像没有牛顿力学之前，人们对事物的分析全凭经验和猜想，有了牛顿力学之后，分析是基于逻辑的，既简单又明确。

增加成果的 5 种手段包括：创新、学习、竞争、交易与合作。它们来自我研究生毕业设计对于优化算法的研究。当时我使用多智能体差分进化算法求解多维函数的最大值，其中最复杂的函数是 100 维，有 $100! = 9.33 \times 10^{157}$ 个极值点，所有参考文献均写最优解未知。我通过这 5 种算法得到了此函数的最优解。这 5 种手段可以互相替代，它们也可以用于分析社会科学是如何增加成果的。

对于哲学的兴趣起源于阅读亚当·斯密的《道德情操论》，这是一本对西方哲学所有流派进行归类和总结的一本书籍，也是一本分析各种美德来源和表现的书籍，而他推崇的美德是克己，而不是利己或利他。这本书我大概花费了一个月的时间进行阅读，总结和理清其核心内容。

众所周知，力是物体对物体的作用，力是改变物体状态的唯一原因。那么物体状态的改变必定由力引起，没有力物体的状态不会改变。所以所有状态的改变都可以使用力学进行分析。随着时间的增加，力的改变成果也会增加，而力在时间上积累效应就是动量定理，从而引入了时间因素。由于扩展了力的应用范围，所以使用广义动量定理可以来分析军事学、管理学和经济学上状态的变化。状态的改变包括生产产品数量的增减、质量的增减和速度的增减等。管理学理论就是研究如何使成果最大化，而成果最大化必定是物体状态从小变大，有了状态的改变就可以使用力进行分析。

由于各种因素之间还会有相互影响，所以使用系统思考来分析各种因素之间的相互影响。系统思考包括正反馈和负反馈2种基本模型，可以用来迅速理解各种因素之间相互影响，并且将系统思考成熟的理论应用于这些理论的分析和使用中，减少学习和理解这些理论的时间，从而增加产出。

本书采用手段-目的链的层级结构来组织，下层的目的是达到上层目的的手段。最先论述的是哲学，哲学为其他学科提供终极目标和道德准则。接下来论述了广义动量定理和系统思考两种分析方法，然后分别在军事学、管理学和经济学三本书中论述了它们如何应用。这三个学科根据两种分析方法被归类成十大流派，并且分别论述了每一流派的核心思想和产生成果的原因。读者可以首先选择自己最喜欢和熟悉的理论开始阅读，这样容易快速理解自己和本书思维上的不同，更容易产生思想的碰撞。

本书的创新之处，主要体现在以下几个方面：

（1）理论创新：创立了广义动量定理这一基础理论，可以应用于社会学的各个学科。系统的有动力和阻力，动力和阻力的合外力决定系统的成果。人类的终极力量有暴力、财富和知识，通过广义动量定理中的力量就能分析人类的行为。广义动量定理还包括时间因素，从而可以从时间的角度进行分析。

（2）应用创新：发现了广义动量定理和系统思考是社会学各学科的两个核心基础理论，每一个学科都可以使用这两个方法进行分析。

（3）方法创新：发现了创新、学习、合作、交易和竞争这五种增加成果的手段，这五种手段可以应用于各个学科。

（4）哲学梳理：亚当·斯密总结和归类了西方哲学史上的各个流派，分析了每一派的核心和起源。作者总结了亚当·斯密的分析，梳理了《道德情操论》的逻辑，归纳出《道德情操论》和《中庸》的核心。

（5）将军事学统一为十大流派，使得军事学各个理论各得其所，形成完整的军事学理论体系。使用广义动量定理和系统思考分析了每一流派的核心力量和本质，指出其可以产生和增加成果的原因。战争的基本原则为：集中优势兵力 F，使用奇正作战方式（方向 α），在同一时间 t，打击敌人的关键点（作用点），从而使兵力的对比优势逐渐扩大，形成正反馈效应，最终以最小的代价获得最大的成果。战争的本质是广义动量的碰撞。

（6）将管理学统一为十大流派，使得管理学各个理论各得其所，形成完整的管理学理论体系。使用广义动量定理和系统思考分析了每一流派的核心力量和本质，指出其可以产生和增加成果的原因。管理学的基本原则是：增加和集中力量 F，选择合适的方向 α 与合适的作用点，增加有效的工作时间 t，在局部形成对比优势，使成果 MV 逐渐扩大。通过负反馈的层级式结构，使用目标与结果的偏差来指导何时产生什么样的成果，使系统的产出最大化。管理学的本质是广义动量的产生。

（7）将经济学统一为十大流派，使得经济学各个理论各得其所，形成完整的经济学理论体系。使用广义动量定理和系统思考分析了每一流派的核心力量和本质，指出其可以产生和增加成果的原因。经济学是为人类的发展提供更优化的方法。经济学的本质是广义动量的交换。

绪　论

　　人类活动的主要目标是整体的繁荣，其本质是为了种群的进化。思想家选择合宜或者中庸作为人类行为的衡量标准。合宜的完美形式是正义，即制止我们伤害他人；中庸的完美形式是至诚。合宜或中庸是人类行为的道德基础，为人类所有行为的选择提供了行为准则，从而促进整个人类的繁荣。本书以目标—手段的层级结构作为整本书的基本结构。作者创立了广义动量定理 $F\alpha t = MV$，它用来分析如何产生和增加成果。系统思考来自于控制理论，它有负反馈和正反馈两种基本模型，用来分析系统中各种因素之间的相互作用。广义动量定理和系统思考是两大基础理论，可以使用它们分析军事学、管理学和经济学。这三个领域分别有自己的目标，手段（主要原则）和影响，作者会分别在《可以量化的军事学》《可以量化的管理学》和《可以量化的经济学》中进行论述，如图 0-8 所示。从手段-目的的层级结构来说，这三个领域的目标是达到整体繁荣的手段。人类的整体是趋近于进化方向的，但是会因为战争等因素发生迂回或者停止的状态。

层级结构

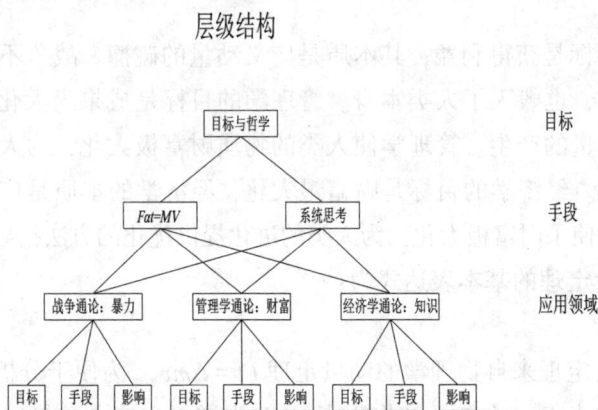

图 0-8　可以量化的军事学、管理学和经济学金字塔

　　人类的主要目标是整体的繁荣，其本质是种群的进化。哲学的基础理论是合宜或者中庸，其终极完美是正义或至诚。通过在军事学、管理学和经济学方面达到利益的最大化来增加整体的繁荣，从而促进种群的进化。军事学、管理学和经济学的最基础理论是广义动量定理 $F\alpha t = MV$ 与系统思考。人类的终极力量有三种，分别为暴力、财富和知识，暴力又可细分为武力和体力。战争的核心力量是暴力，管理学的核心力量是财富，经济学的核心力量是知识，所以可以使用基于力学的广义动量定理来分析它们，如图0-9所示。

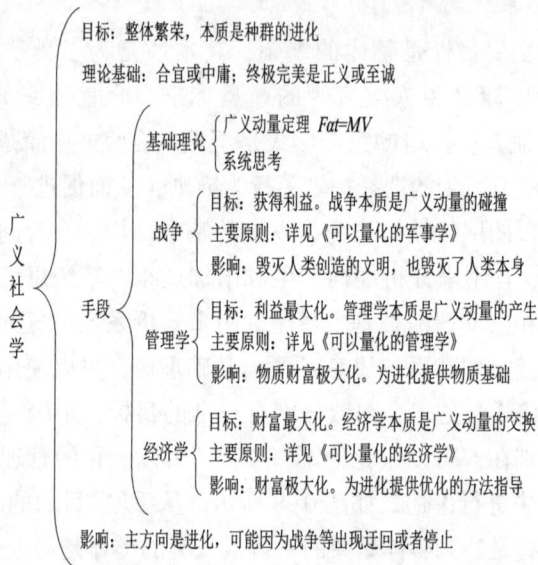

图 0-9　广义社会学结构图

战争的目标是获得利益，其本质是广义动量的碰撞。战争不仅毁灭了人类创造的文明，也毁灭了人类本身。管理学的目标是成果最大化，管理学的本质是广义动量的产生。管理学使人类的物质财富极大化，为人类的进化提供了物质基础。经济学的目标是财富最大化，经济学的本质是广义动量的交换。经济学促使了财富极大化，为人类的进化提供优化的方法指导。

广义动量定理的基本表达式为：

$$F\alpha t = MV$$

广义动量定理来自物理学的动量定理 $Ft = \Delta mv$，为便于分析，将矢量 F 分解为力的大小 F、方向 α 和作用点，MV 为增量。广义动量定理用来分析如何产生和增加成果，其本质是力量 F 在时间 t 上的积累效应。

系统思考来自于控制理论，它用来分析各种因素的相互影响，如图 0-

10 所示。系统思考的负反馈模型和正反馈模型是最小的系统单元，它们又可以组成更大的系统。

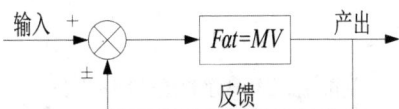

图 0-10　广义动量定理与系统思考

作者通过广义动量定理和系统思考两种基本理论来量化分析军事学、管理学和经济学。

在哲学中，亚当·斯密在《道德情操论》中强调的美德是合宜，目的是使情感受适当的引导和治理，合宜有度，从而增进整体的繁荣。合宜的终极完美是正义，而正义的目的和作用是制止我们伤害他人。如果正义不能通过同情产生的合宜来保障，就需要通过法律的暴力潜能来保障。从正面来说，在遵守正义基础上的自私心，可以促使整个社会繁荣，这是亚当·斯密在《国富论》中所强调的，大多数人只看到了亚当·斯密在《国富论》中强调自私心的重要，没有看到他在《道德情操论》中对自私做了下限的限制，即正义，不去伤害他人。从反面来说，正义是撑起整座社会建筑的主要栋梁。违背正义的事情必然倾向摧毁社会，如图 0-11 所示。

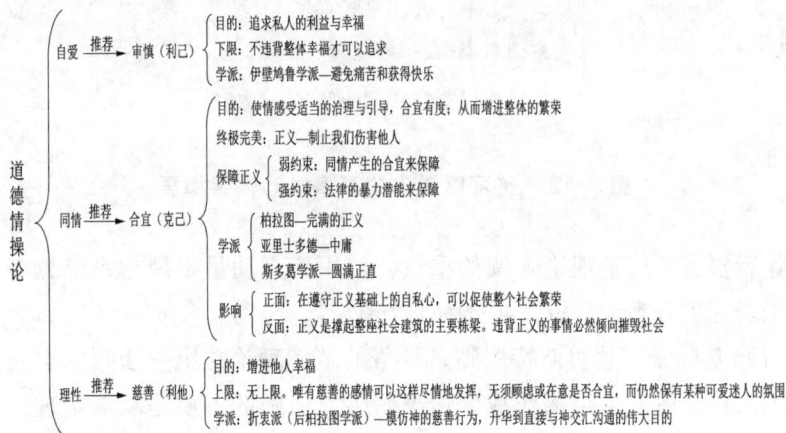

图 0-11　道德情操论的主要内容

在军事学中，以广义动量定理 $F\alpha t = MV$ 和系统思考来分析主要的战争理论，战争的基本原则为：集中优势兵力 F，使用奇正作战方式（方向 α），在同一时间 t，打击敌人的关键点（作用点），从而使兵力的对比优势逐渐扩大，形成正反馈效应，最终以最小的代价获得最大的成果。

《可以量化的军事学》将主要的战争理论进行了归类分析，如图 0-12 所示。

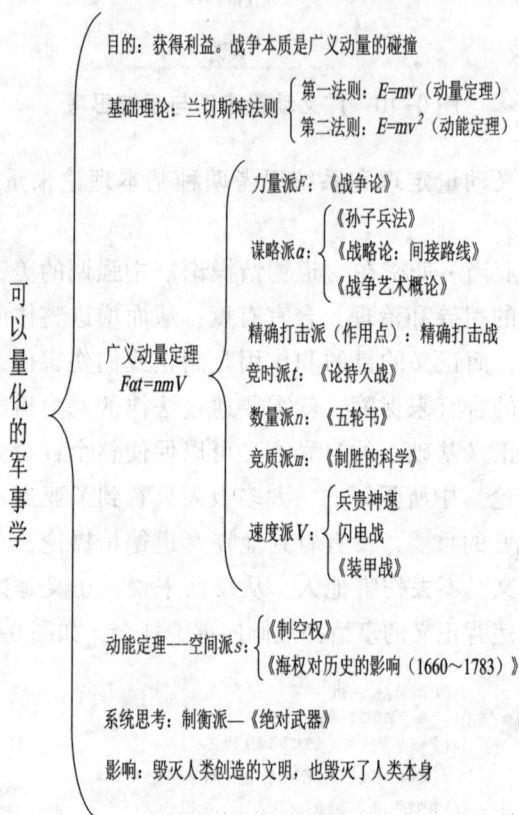

图 0-12 《可以量化的军事学》内容概要

作者根据各战争理论强调的重点，使用广义动量定理与系统思考对战争理论进行了分类和分析，共分为十个流派。

（1）基础派，兰切斯特法则是战争的基础理论，第一法则的本质是动量定理，它描述了远距离作战的情况。第二法则的本质是动能定理，它描述了近距离作战的情况。

（2）力量派，强调通过增加力量 F 来增加成果，以克劳塞维茨的《战争论》为代表。力量派的核心是增加力量可以增加成果，其本质是改变广义动量定理 $F\alpha t = nmV$ 中的力量 F，就可以改变成果 nmV。

（3）谋略派，强调通过谋略 α 的运用来增加成果，以孙武的《孙子兵法》、李德·哈特的《战略论：间接路线》和若米尼的《战争艺术概论》为代表。谋略派的核心是选择合适的谋略方向可以增加成果，其本质是改变广义动量定理 $F\alpha t = nmV$ 中的方向 α，就可以改变成果 nmV。

（4）精确打击派，强调通过选择合适作用点来增加成果。精确打击派的核心是选择合适的作用点可以增加成果，其本质是改变广义动量定理 $F\alpha t = nmV$ 中的作用点，就可以改变成果 nmV。

（5）竞时派，强调通过时间 t 来增加成果，以毛泽东的《论持久战》为代表。竞时派的核心是增加时间可以增加成果，其本质是改变广义动量定理 $F\alpha t = nmV$ 中的时间 t，就可以改变成果 nmV。

（6）数量派，强调通过增加产出数量 n 来增加成果，以宫本武藏的《五轮书》为代表。数量派的核心是增加产出数量可以增加成果，其本质是改变广义动量定理 $F\alpha t = nmV$ 中的数量 n，就可以改变成果 nmV。

（7）竞质派，强调增加每个人的能力 m 来增加成果，以苏沃洛夫的《制胜的科学》为代表。竞质派的核心是增加质量可以增加成果，其本质是改变广义动量定理 $F\alpha t = nmV$ 中的质量 m，就可以改变成果 nmV。

（8）速度派，强调通过增加速度 V 来增加成果，以郭嘉的兵贵神速、德国古德里安的闪电战和富勒的《装甲战》为代表。速度派的核心是增加速度可以增加成果，其本质是改变广义动量定理 $F\alpha t = nmV$ 中的速度 V，就可以改变成果 nmV。

（9）空间派，强调力量在空间 s 上的积累效应，其本质是动能定理，以杜黑的《制空权》和马汉的《海权对历史的影响（1660~1783）》为代表。空间派的核心是增加空间上的力量可以增加空间上的成果，其本质是改变动能定理 $Fs = 1/2mv^2$ 中的力量，就可以改变积累成果 $1/2mv^2$。

（10）制衡派，强调力量之间的制衡作用，以伯纳德·布罗迪的《绝对武器》为代表。制衡派的核心是多方力量相互牵制和制衡，使军事系统的合外力 F 为零，不产生破坏性的成果 nmV。力量的制衡使每一方发动战争获得的利益变小，成本变大，从而使战争获得的总盈余变小，减少战争的发生。

每一部军事理论都有所侧重，但并不是说其他因素可以没有。在广义动量定理中，力量 F、方向 α、作用点、时间 t、数量 n、质量 m 和广义速度 V 是广义动量定理不可缺少的部分，每一部军事理论在强调其中一种要素的重要性时，也会论述其他因素的影响。

战争是敌对双方互相毁灭的过程，不仅能毁灭人类所创造的文明，更是毁灭了人类本身。战争是政治的延续，其目的是为了利益，也可以说战争是为了更好的和平。战争可以通过智谋、外交和战斗等途径而取得胜利，进而达到政治目的，获得利益。战斗只是战争的一种形式，战斗的目的是追求有效的消灭敌人，并且减少自身的伤亡，即战斗的目的是追求战斗力盈余最大化。而追求战斗力盈余最大化又可以分为追求自身战斗力最大化，这是《战争论》的核心；另一个是追求对手实力最小化，这是《战略论：间接路线》的核心。

在管理学理论中，以广义动量定理 $F\alpha t = nmV$ 和系统思考来分析主要的管理学理论，管理学的目的是成果最大化，其本质是广义动量 nmV 的产生。管理学的基本原则是：增加和集中力量 F，选择合适的方向 α 与合适的作用点，增加有效的工作时间 t，在局部形成对比优势，使成果 nmV 逐渐扩大。通过负反馈的层级式结构，使用目标与结果的偏差来指导何时产生什么样的成果，使系统的产出最大化。

企业和管理学的根本目的是为了人类的进化，即为了社会的发展和人类的进步。企业的直接目的是利润最大化，企业只有满足顾客的需求才能创造利润，满足客户需求而创造利润的过程就是在增加社会的物质财富，进而促进了社会的发展和人类的进步。每一个企业都有自身的使命，利用自身的专长来创造物质财富。利润是考量企业有效性的一种指标，大部分时候是和社会的发展正相关的。一旦企业超越了生存的危机，就应该进化去重视社会贡献，而不只是关注于利润。

《可以量化的管理学》中将主要的管理学理论进行了归类分析，如图0-13所示。

作者根据各管理理论强调的重点，使用广义动量定理与系统思考对管理理论进行了分类和分析。

（1）基础派，彼得·德鲁克的理论是管理学的基础理论，企业的宗旨是创造顾客，企业的两项职能是创新和营销。

（2）力量派 F，以托夫勒的《权利的转移》、贝克尔的人力资本、哈默尔的核心竞争力和科特的领导力为代表。力量派的核心是不同的力量产生的成果不同，核心力量产生核心成果，增加力量可以增加成果，其本质是改变广义动量定理 $F\alpha t = nmV$ 中的力量 F，就可以改变成果 nmV。

（3）方向派 α，以西蒙的管理决策理论、波特的《竞争战略》和企业战略为代表。方向派的核心是选择合适的方向可以增加成果，其本质是改

可以量化的管理学
├─ 目的：成果最大化。管理学本质是广义动量的产生
├─ 基础理论：德鲁克理论
│   ├─ 企业宗旨：创造顾客
│   └─ 企业两项职能：创新和营销
├─ 广义动量定理 $F\alpha t = nmV$
│   ├─ 力量派 F：
│   │   ├─ 托夫勒的《权利的转移》
│   │   ├─ 贝克尔的人力资本
│   │   ├─ 哈默尔的核心竞争力
│   │   └─ 科特的领导力
│   ├─ 方向派 α：
│   │   ├─ 西蒙的管理决策理论
│   │   ├─ 波特的《竞争战略》
│   │   └─ 企业战略
│   ├─ 作用点：
│   │   ├─ 聚焦理论
│   │   ├─ 特劳特的定位理论
│   │   ├─ 高德拉特的TOC制约理论
│   │   └─ 克里斯坦森的破坏性创新
│   ├─ 时间 t：
│   │   ├─ 柳比歇夫时间管理
│   │   ├─ 德鲁克时间管理
│   │   ├─ 科维时间管理
│   │   └─ 番茄工作法时间管理
│   ├─ 数量派 n：工业工程
│   │   ├─ 泰勒的作业研究
│   │   └─ 吉尔布雷斯夫妇的动作研究
│   ├─ 竞质派 m：质量管理
│   │   ├─ 戴明的十四要点
│   │   ├─ 朱兰的质量三部曲
│   │   ├─ 克劳斯比的零缺陷
│   │   └─ 六西格玛
│   └─ 速度派 V：
│   ├─ 福特流水线生产
│   ├─ 丰田生产方式和精益生产
│   └─ 高德拉特的TOC制约理论
├─ 系统思考
│   ├─ 彼得·圣吉的《第五项修炼》
│   ├─ 负反馈
│   │   ├─ 德鲁克的目标管理与自我控制
│   │   ├─ 西蒙的组织均衡
│   │   ├─ 戴明的PDCA循环
│   │   └─ 稻盛和夫的阿米巴经营
│   ├─ 正反馈
│   │   ├─ 马太效应
│   │   ├─ 比尔·盖茨的正反馈战略
│   │   ├─ 巴菲特的滚雪球理论
│   │   ├─ 乔布斯的平台理论
│   │   └─ 索罗斯的反身理论
│   └─ 分析：企业家精神、价格、成本和利润的分析等
└─ 影响：基于正义基础上的自利可以使物质财富最大化

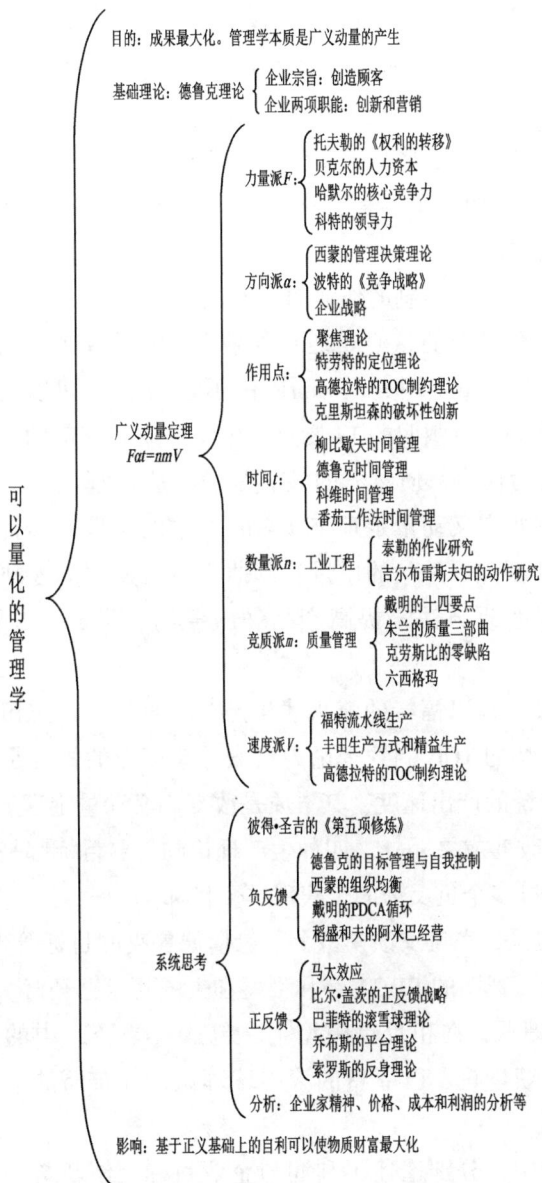

图 0-13　《可以量化的管理学》主要内容

变广义动量定理 $F\alpha t = nmV$ 中的方向 α，就可以改变成果 nmV。

（4）作用点派：以聚焦理论、特劳特的定位理论、高德拉特的 TOC 制约理论和克里斯坦森的破坏性创新理论为代表。作用点派的核心是选择合适的作用点可以增加成果，其本质是改变广义动量定理 $F\alpha t = nmV$ 中的作用

点，就可以改变成果 nmV。

（5）时间派 t：以柳比歇夫的时间管理、德鲁克的时间管理、科维的时间管理和番茄工作法时间管理为代表。时间派的核心是增加有效工作时间可以增加成果，其本质是改变广义动量定理 $F\alpha t = nmV$ 中的时间 t，就可以改变成果 nmV。四种时间管理均是通过减少时间浪费，增加有效工作时间 t，从而使成果增加。

（6）数量派 n，以泰勒的作业研究和吉尔布雷斯夫妇的动作研究的工业工程为代表。数量派的核心是通过作业和动作研究可以增加产出数量，其质是改变广义动量定理 $F\alpha t = nmV$ 中的数量 n，就可以改变成果 nmV。

（7）质量派 m，以戴明的 14 要点、朱兰的质量三部曲、克劳斯比的零缺陷和六西格玛为代表。质量派的核心是通过质量管理可以增加产出的质量，其本质是改变广义动量定理 $F\alpha t = nmV$ 中的质量 m，就可以改变成果 nmV。戴明的 14 要点、朱兰的质量三部曲、克劳斯比的零缺陷和六西格玛通过系统的质量管理方法来提高产品和服务的质量 m，从而使成果 nmV 增加。

（8）速度派 V，以福特的流水线生产、大野耐一的丰田生产方式、精益生产和高德拉特的 TOC 制约理论为代表。速度派的核心是通过负反馈等方式可以增加系统的产出速度，其本质是改变广义动量定理 $F\alpha t = nmV$ 中的速度 V，就可以改变成果 nmV。四种生产理论的首要目标都是增加系统的产出速度 V，并通过多个负反馈的来实现这个目标。

（9）负反馈派，在负反馈模型上，包括德鲁克的目标管理与自我控制、西蒙的组织均衡、戴明的 PDCA 环和稻盛和夫的阿米巴经营。

（10）正反馈派，在正反馈模型上，包括《圣经》中的马太效应、比尔·盖茨的正反馈理论、巴菲特的滚雪球理论、乔布斯的平台理论和索罗斯的反身理论。

在系统分析中，分别论述了利润与企业目标、创新与企业家精神、价格和总利润分析、营销与推销、价格战、专业化与多样化、情报决策和未来的商业模式。

在经济学理论中，以广义动量定理 $F\alpha t = nmV$ 和系统思考来分析主要的经济学理论，经济学的目的是财富最大化，其本质是广义动量 nmV 的交换。

《可以量化的经济学》将主要的经济学理论进行了归类分析，如图 0-14 所示。

目的：财富最大化。经济学本质是广义动量的交换

基础理论：需求定律 / 广义经济学

可以量化的经济学

广义动量定理 $Fat=nmV$

力量 F：
- 力量的属性与分类
- 财富的产生：劳动价值论
- 力量的所有权：产权理论
- 力量 F 与分配理论
- 力量 F 与人力资本

方向 α：
- 亚当·斯密和杨小凯的专业化
- 资源配置理论
- 博弈论

作用点：李嘉图的比较优势

时间 t：
- 时间经济学：马克思基于时间研究的劳动价值论 / 贝克尔的时间经济学
- 时机经济学

数量 n：产出最大化

竞质 m：消费者利益与质量

速度 V：效率与稀缺

系统思考

负反馈：马歇尔的均衡论

正反馈：索罗斯的反身理论

分析：
- 经济学金字塔
- 交易方程式
- 凯恩斯主义与弗里德曼
- 拉弗曲线
- 理性预期学派与预测控制
- 有效需求、经济危机等

影响：经济学提供优化方法，促进社会达到整体繁荣

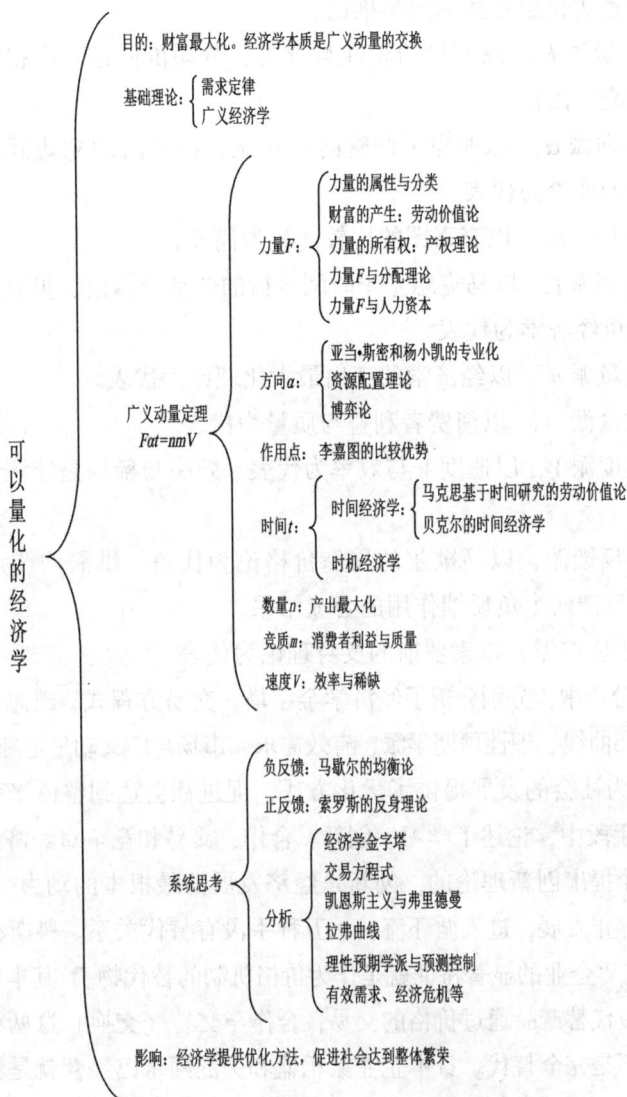

图 0-14 《可以量化的经济学》主要内容

作者根据各经济理论强调的重点，使用广义动量定理与系统思考对经济学理论进行了分类和分析。

（1）基础派，经济学的基础理论是需求定律和广义经济学。需求定律公式为 $Q = K(B - P)$，其中 Q 为购买量，B 为消费者利益，P 为价格，K 为消费者盈余转化率。需求弹性为需求定律的数学推论。供给定律公式为 $Q_s = K_s(P - C)$，其中 Q_s 为供给量，P 为价格，C 为成本，K_s 为生产者盈余转化

率。供给弹性为供给定律的数学推论。

（2）力量派 F，以力量的属性与分类、劳动价值论、产权理论和力量 F 与分配理论为代表。

（3）方向派 α，以亚当·斯密的专业化、杨小凯的超边际分析、资源分配理论和博弈论为代表。

（4）作用点派，以李嘉图的比较优势为代表。

（5）时间派 t，以马克思基于时间分析的劳动价值论、贝克尔的时间分配理论和时机经济学为代表。

（6）数量派 n，以经济学的产出最大化理论为代表。

（7）质量派 m，以消费者利益与质量为代表。

（8）速度派 V，以速度 V 与效率为代表。效率与稀缺是经济学研究的核心问题。

（9）负反馈派，以马歇尔的均衡价格论为代表。供需均衡是需求负反馈和供给负反馈两个负反馈作用的合成结果。

（10）正反馈派，以索罗斯的反身理论为代表。

在系统分析中，分别分析了经济学金字塔、交易方程式、凯恩斯主义和弗里德曼、拉弗曲线、理性预期学派、有效需求、市场与广义动量定理等。

经济学为社会的发展提供了优化方法，促进社会达到整体繁荣。

在五种手段中，论述了学习、创新、合作、交易和竞争对经济的影响。熊彼特是第一个提出创新理论的，创新是经济发展的最根本的动力，没有创新，经济最终会停止发展，进入循环流转。五种手段有替代关系。科斯在《企业的性质》中说："企业的显著特征就是作为价格机制的替代物。"其本质是企业员工的合作可以代替产品通过价格的交易，合作与交易（交换）这两种手段有替代关系，但不是完全替代。日本企业家稻盛和夫的阿米巴经营就是将交易引入企业，各部门之间不是通过力量来合作，而是通过部门之间的交易来完成。

军事学、管理学和经济学有以下类同性：①它们的研究对象都是关于人的，没有人就没有战争、企业管理和经济学；②军事学、管理学和经济学的根本目的都是追求人类的进化，即社会的发展和人类的进步；③它们的具体目标也都是追求最大化，它们实现目标的基本手段都是学习、竞争、合作、创新与交易。这五种基本的手段都是通过力量使获得的成果最大化，他们的基本的原理都是广义动量定理 $F\alpha t = nmV$。广义动量定理来自于物理学，爱因斯坦和稻盛和夫采用不同的表述对广义动量定理进行了论述；

④在这三个领域中的人在追求最大化的过程中，都会对自身，竞争对手和环境产生影响，而竞争对手和环境又会影响自身，它们之间的影响是相互的，这就需要系统思考来分析他们之间的相互影响。系统思考引入控制理论中的负反馈和正反馈模型来分析系统要素之间的关系，负反馈是趋于稳定的，正反馈是趋于加强的。经济学家马歇尔的均衡价格论是负反馈模型；比尔·盖茨的正反馈、巴菲特的滚雪球理论、乔布斯的平台理论和索罗斯的反身理论均是正反馈模型。

人做每一件事情都会获得利益并且付出成本，利益包括经济利益、经验利益、成长利益、机会利益、感情利益、愉悦利益等；成本包括经济成本、时间成本、感情成本、风险成本、精力成本等，人们追求利益最大化，成本最小化，也就是人们追求利益与成本之差最大化，即人们追求盈余最大化，盈余＝利益－成本，这条基本公式贯穿着整个人类活动。在战争中追求战斗力盈余最大化，战斗力盈余＝我方战斗力－敌方战斗力；在商业管理上，追求利润最大化，利润＝销售额－成本；在经济上追求物质财富最大化，财富＝社会利益－社会成本。

战争的核心力量是暴力，商业的核心力量是财富，经济的核心力量是知识，未来学家托夫勒说暴力、财富和知识可以互相转化。在三个不同的领域，每个核心力量 F 通过广义动量定理 $F\alpha t = nmV$ 创造着对应的成果 nmV。在这三个领域中，其他两种力量也在起着作用。在战争中，财富可以购买武器，加强暴力效果，暴力可以掠夺财富。知识可以指导暴力获得更大成果，而暴力可以胁迫知识的协作。没有知识指导的暴力是盲目的，不会获得任何重大成果，这就是兵法的重要性。在商业领域，管理学的知识可以指导财富创造更大的财富，财富也可以促使知识工作者工作获得商业成果；在工业革命时期，许多商人的财富都是靠暴力掠夺获得的；而今，暴力的在商业中依旧存在。在经济领域，经济学家通过知识指导政府制定经济政策，促进财富的创造；而政府具有"暴力潜能"，通过暴力潜能可以获得财富和推行政策，财富也影响着经济政策的制定。

在这三个领域中，力量不仅可以做出成果，也会影响对手和周围的环境，而周围的环境和对手又影响着自身。用系统思考来分析各种因素的相互影响。

广义动量定理 $F\alpha t = nmV$ 和系统思考是最基本的原理与分析方法，它们不仅适用于军事学、管理学和经济学，也适用于其他学科。

第一章　目标与哲学

人类活动的主要目标是整体的繁荣，其本质是为了种群的进化。人类有三种美德，分别是审慎（利己）、合宜（克己）和慈善（利他）。思想家选择合宜或者中庸作为人类行为的衡量标准。合宜的完美形式是正义，即制止我们伤害他人；中庸的完美形式是至诚。合宜或中庸是人类行为的道德基础，为人类所有行为的选择提供了行为准则，从而促进整个人类的繁荣。

1.1　人类的目标

人类追求的主要目标是什么呢？是整体的繁荣，或者说是种群的进化。

亚当·斯密在《道德情操论》中写道："整体的繁荣应该不仅是我们希望实现的主要目标，更是我们希望实现的唯一目标。"当局部的繁荣与整体繁荣有冲突时，我们应该选择整体繁荣而非局部繁荣。亚当·斯密写道："在那些被自然女神推荐给我们视为合适选择的标的中，主要有我们的家庭、我们的亲戚、我们的朋友、我们的国家、人类，乃至宇宙万物普遍的繁荣。但是，自然女神也教我们懂得，正如两个人的繁荣比单一个人的繁荣较为可取，所以，多数人的繁荣，或全体的繁荣，一定比什么都更为可取许多；教我们懂得，我们只不过是那一个人，因此，每当我们的繁荣和整体或多数人的繁荣不能两全时，我们的繁荣便应该，甚至在我们能够自由选择时，让位给各种比它较为可取得多的繁荣。"

那么，我们如何才能达到整体的繁荣呢？这是《道德情操论》与《中庸》所要论述的内容。亚当·斯密强调在遵守正义基础上的自利行为，会使社会达到整体的繁荣，正义（合宜）是《道德情操论》的核心内容，而自利促进繁荣是《国富论》的核心内容。《中庸》强调至诚尽性，极真诚的人能充分发挥自己的本性，从而发挥众人和万物的本性，使整体繁荣。合宜和中庸是所有人类行为的基础理论，为人类的整体繁荣提供道德准则。

1.2 《道德情操论》的主要内容

1.2.1 《道德情操论》的主要内容

1. 美德是什么？

亚当·斯密在《道德情操论》中强调的美德是合宜，目的是使情感受适当的引导和治理，合宜有度，从而增进整体的繁荣。合宜的终极完美是正义，而正义的目的和作用是制止我们伤害他人。如果正义不能通过同情产生的合宜来保障，就需要通过法律的暴力潜能来保障。从正面来说，在遵守正义基础上的自私心，可以促使整个社会繁荣，这是亚当·斯密在《国富论》中所强调的。大多数人只看到了亚当·斯密在《国富论》中强调自私心的重要，没有看到他在《道德情操论》中对自私做了下限的限制，即正义，不去伤害他人。从反面来说，正义是撑起整座社会建筑的主要栋梁。违背正义的事情必然倾向摧毁社会，如图1-1所示。

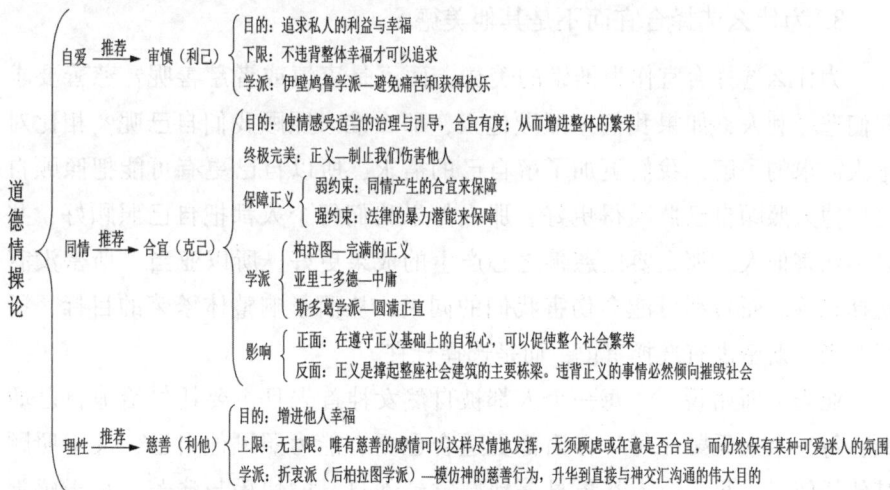

图1-1 道德情操论的主要内容

2. 合宜的目的是什么？

亚当·斯密说合宜是使情感受到适当的治理和引导，合宜有度，从而促进整体的繁荣。合宜是达到整体繁荣的手段，整体繁荣是人类追求的唯一重要目标。而整体的繁荣也是人类整个物种的最有利的进化，所以从进化论的角度说，遵守正义的合宜是为了整个人类的进化。他写道："人，天生就是要有所作为，天生就是要运用他的各种才能，以便在他自己和他人的外在环境中，促成各种似乎最有利于全人类幸福的改变。……自然女神也教我们懂得，正如两个人的繁荣比单一个人的繁荣较为可取，所以，多数人的繁荣，或全体的繁荣，一定比什么都更为可取许多；教我们懂得，我们只不过是那一个人，因此，每当我们的繁荣和整体或多数人的繁荣不能两全时，我们的繁荣便应该，甚至在我们能够自由选择时，让位给各种比它较为可取得多的繁荣。……如果我们完全没有能力防止或结束他们的不幸，那么，这时候我们便应该认为，他们所遭遇的不幸，是所有可能发生的事情中最幸运的事情。因为我们可以放心相信，那个不幸最有助于整体的繁荣与秩序，而后者正是我们自己——如果我们是贤明与公正的人——应该最希望实现的目标。那不幸，视为整体中的一部分，是我们自己的终极利益，因为整体的繁荣应该不仅是我们希望实现的主要目标，更是我们希望实现的唯一目标。"

3. 为什么选择合宜而不是其他美德？

为什么选择合宜作为推崇的美德，而不是审慎或者慈善呢？慈善要求我们选择利人，如果我们来照顾他人，那么谁来照顾我们自己呢？相比对他人需求的了解，我们更加了解自己的需求，所以自己更有可能把照顾自己比他人照顾自己照顾得更好。那么如果我们每个人都把自己照顾好，并且不伤害他人，那么要比慈善之心产生的成果更好，所以亚当·斯密没有选择慈善。而自利可能会伤害我们的同类，从而影响整体繁荣的目标，所以亚当·斯密没有选择审慎，而是选择合宜。

亚当·斯密说："每一个人都被自然女神首先且主要托付给他自己照顾；每一个人无疑在每一方面都更适合也更有能力照顾他自己，甚于照顾其他任何人。每一个人都更显著地感觉到他自己的快乐与痛苦，甚于感觉到他人的快乐与痛苦。前一种感觉是原始的感觉；后一种感觉，则是通过深思或同情那些原始的感觉而衍生出来的印象。前者可以被视为本体，而后者则是这本体的影子。

"每个人，毫无疑问，都被自然女神推荐给他自己当作首先与主要的照顾对象；而由于他比其他任何人都更适合照顾自己，所以，他也实在很适合、很对、很应当以自己为首要的照顾对象。所以，每个人对凡是直接关系到他自己的事，兴趣都会比较强烈，而对关系到其他任何人的事，就比较没兴趣。"

4. 那什么是正义呢？

合宜的终极完美是正义，那正义是什么？亚当·斯密说："正义制止我们伤害他人。"

5. 正义有上下限吗？

正义是介于审慎和慈善之间的一种美德，审慎的美德是自利，慈善的美德是利他，而正义的美德是克己。自利有下限，慈善无上限，而正义则是一个比较精确的标准，不能做得不及，也不需要做得过多，正义的原则就是不伤害他人。亚当·斯密说："有一种美德，它的概括性规则，以极高的精确度，标明它所要求的每一项外在的行为。这美德就是正义。正义的规则极为精确，其中没有例外或修正的余地，除了那些可以被限定得像规则本身那样精确的例外与修正，而那些例外与修正通常也的确是和规则一起源自同一组原则。如果我欠某人十英镑，那么，正义会要求我应该在约定的时候，或当他要求还钱的时候，分毫不差地还给他十英镑。我应该做什么事，应该做到何种程度，应该在什么时候和什么地点做，亦即，正义的规则所要求的行为，其全部的性质和相关情况，全都被精确地标明与固定住。所以，过于严格遵守审慎的或慷慨的一般规则，固然会显得不雅与作态卖弄，严格遵守正义的规则却不会显得迂腐。……虽然正义的规则目的是要防止我们伤害我们的邻人，但违反正义的规则本身往往便是一种罪行，尽管我们能够拿某一理由当借口，宣称某一特定违背规则的行为不会造成伤害。任何人，即使只在他自己心里，开始这样狡辩的那一刻起，往往就已变成是一个恶棍了。一旦他想要稍微偏离那些不可亵渎的戒律，一旦他不想彻底忠实积极地固守正义的规则，他就不再值得信任，不再有人能肯定什么样的罪恶是他做不到的。……正义的规则可以比作文法规则；其他的美德规则可以比作评论家对什么叫做文章的庄严优美所定下的规则。前者是准确的、精密的，以及不可免的，后者则是松散的、模糊的，以及暧昧的。"

6. 正义对社会有什么影响呢？

亚当·斯密从正反两方面来论述正义对社会的影响。从正面，在遵守正义基础之上的自私心，会促进整个社会的繁荣，这是他在《国富论》中表达的思想，而自私心也成为了经济学的基础假设。

从反面，亚当·斯密论述了正义是撑起整座社会建筑的主要栋梁，违背正义必然倾向摧毁社会。他说："正义则是撑起整座社会建筑的主要栋梁。如果它被移走了，则人类社会这个伟大的结构，这个无法测量的庞大结构，这个似乎是（如果允许我这么说）自然女神心里头一直特别宠爱挂念，想要在这世界里建造与维持的结构，一定会在顷刻间土崩瓦解、化成灰烬。……违背正义的事情必然倾向摧毁社会。"

7. 如何保障正义呢？

亚当·斯密提出了两种方法来保证正义，一种是同情感产生的合宜来保障正义。一种是法律的暴力潜能来保障正义。他说："为了强制人们遵守正义，自然女神在人类的心中深植自责过失的意识，要让伴随着违反正义而来的那种该受惩罚的恐惧，成为人类社会的伟大守护者，以保护弱小，遏阻强梁，以及惩罚有罪者。……怨恨，似乎是自然女神赋予我们当防御用，而且也只要我们当防御用的工具。它维护正义，保障无辜；它驱使我们击退伤害我们的企图，并且报复我们所蒙受的伤害，好让冒犯者后悔他的不义，同时也让其他人由于害怕遭到同样的惩罚，不敢违犯同样的罪行。"

如果道德感（同情）不能保障正义，那么就需要法律的暴力潜能来保障正义。亚当·斯密说："有另外一种美德，不是我们自己可以随意自由决定是否遵守，而是可以使用武力强求的，违反这种美德将遭到怨恨，因此受到惩罚。这种美德就是正义，违反正义就是伤害：它实际对特定某些人造成绝对的伤害，而且出于一些自然不会被赞许的动机。所以，它是怨恨的适当对象，也是惩罚的适当对象，因为惩罚是怨恨自然导致的结果。由于人们附和与赞许使用武力报复不义的行为所造成的伤害，所以他们会更加附和与赞许使用武力阻止或击退伤害，约束违犯者不得伤害他的同胞。图谋不义的人，自己对这一点了然于胸，并且觉得，他即将要伤害的那个人以及其他任何人，为了阻止他犯行，或为了惩罚他已犯下的罪行，都可极端合宜地使用武力。

"换言之，我们觉得，任何人都可以极其合宜正当地使用武力强制我们遵守正义的规则，并且全人类也会赞许，但决不能使用武力强制我们服从其他美德的告诫。

"社会不可能存在，除非正义的法律在相当程度内尚被遵守；如果人们通常不想克制，彼此伤害，他们之间便不可能形成社会的交往，因此，有人曾经认为，我们之所以赞许以惩罚不法为手段厉行正义的法律，乃是基于这个必要性的考量。

"违背正义的事情必然倾向摧毁社会，所以，一有违背正义的事情发生，他都会感到震惊，并且会赶紧（如果允许我这么说）跑过去阻止那种如果被纵容继续发展下去，每一件他所心爱的事物都将很快被葬送掉的趋势。如果他用温和公平的手段制止不了它，那他就一定会使用武力猛烈痛打它，无论如何一定要阻止它继续蔓延。他们说，就因为这样，所以，他时常赞许实施正义的法律，甚至以判处违法者死刑为手段，他也不吝惜。扰乱公共安宁的人将因此被移除出这个世界，而其他人也将因他的送命而吓得不敢仿效他的榜样。"

8. 保障正义的法律有什么要求呢？

亚当·斯密说法律的制定者和拥有权力的人应该制定合宜的法律来维护正义，使法律恰当的维护正义，而不是走两个极端。如果忽略了正义的法律，国家恐怕会发生许多极其严重的失序与骇人听闻的罪孽，如果推行过头恐怕又会摧毁一切自由、安全与正义。他在书中这样写道："没错，上级长官，在人民普遍赞许下，有时候也许可以迫使在他统治下的人民遵守一定程度的合宜性，互相亲切、仁慈对待。然而，在立法者的所有责任当中，也许就数这项工作，若想执行得当，最需要大量的谨慎与节制了。完全忽略这项工作，国家恐怕会发生许多极其严重的失序与骇人听闻的罪孽，但是，这项工作推行过了头，恐怕又会摧毁一切自由、安全与正义。"

9. 正义的法律主要保障人类的哪些利益呢？

亚当·斯密说正义的法律首先应该保障人的生存权，然后是财产权，最后是某些利益。他写道："在正义的法律当中，最神圣的，或者说，被违背时要求报复与惩罚的呼声最高亢的，似乎就是保护我们邻人的生命与身体的那些法律；接着是保护他的财产与持有物的那些法律；排在最后的是保护他的所谓个人权利的那些法律，这一类法律保护他基于他人的承诺而该获得的某些利益。"

1.2.2 审慎、合宜与慈善三种学派的分类与核心思想

亚当·斯密在《道德情操论》中论述了三种美德，分别为审慎（利己）、合宜（克己）和慈善（利他），而三种美德分别为心理的自爱、同情和理性三种机能推荐给我们。他说："如果美德不在于情感的合宜，那么，它必定就在于审慎，或在于慈善。除了这三种情形，几乎不可能想象还会有其他任何关于美德性质的理论。历来被认为是赞许之原理的，有自爱、理性与感觉（指同情感）三种不同的源头。对我们自身幸福的关心，把审慎的美德推荐给我们；对他人幸福的关心，把正义与慈善的美德推荐给我们。在后面这两种美德中，前一种制止我们伤害他人，后一种激励我们增进他人的幸福。在这三种美德中，第一种美德最初是由我们对自己的爱心推荐给我们的，而另外那两种美德最初则是由我们对他人的爱心推荐给我们的。"

亚当·斯密在第六章《论好品格》中，分别对审慎（利己）、合宜（克己）和慈善（利他）进行较详细的论述。在第七章《论道德哲学体系》中对三种美德进行了历史起源的梳理和归类，他说："各种关于美德性质的论述，或者说，各种关于什么心性构成卓越且值得称赞的品德的学说，可以被归纳为三个不同的类别。在某些作者看来，美好的心性或品德并不在于哪一种情感，而在于我们的各种情感全都受到适当的治理和引导；那些情感可能是美好的，但也可能是邪恶的，视它们追求什么目标，以及这追求何等激烈而定。根据这些作者的看法，美德在于情感或行为的合宜。根据其他某些作者的看法，美德在于头脑精明地追求我们自己的私人利益与幸福，或在于适当地治理和引导那些自爱的、那些仅仅在乎私人目的的情感。因此，根据这些作者的看法，美德在于审慎。另有一组作者主张，美德在于那些仅以他人的幸福为目的的情感，而不在于那些以我们自己的幸福为目的的情感。因此，根据他们的主张，无私的慈悲心或慈善，是唯一能够为任何行动盖上美德戳记的动机。"

1. 亚当·斯密问题的解答

亚当·斯密在《道德情操论》中强调合宜（克己）对社会发展的重要性，而在《国富论》中强调审慎（利己）对社会发展的重要性，到底哪一种美德对社会发展重要呢？这两本书中所强调的不同产生了矛盾，约瑟

夫·熊彼特称之为"亚当·斯密问题（das'Adam Smith-Problem'）"。亚当·斯密在《国富论》中写道："我们的晚饭并非来自屠夫、酿酒师和面包师的恩惠，而是来自他们对自身利益的关心。我们不是向他们乞怜，而是由于他们的自利心。……他在通常情况下既不是为了提升公共利益，也不知道他能为此做到多少。他选择国内的产品供给而不是国外产品也只是为了他个人的利益，因为这可能会为他带了最大的效用，他只计算自己的得失，就像在很多范例中一样，最终结果是靠一只看不见的手去调节得到的，而不是由于任何个人意愿导致的。"

亚当·斯密强调的是在遵守正义（克己）基础上的自利可以促进最大的社会幸福。人类总是重视自己的事情要超过他人的事情，所以亚当·斯密选择了合宜而放弃了慈善。合宜完美状态的正义是一种可以精确定义的标准，而在遵守正义基础上的自利则能促进社会的发展，只要达到正义的标准即可。亚当·斯密对自利规定了下限，即不伤害他人，这也是正义的标准。他说："美德的极致，在于把我们的一切行为导向增进最大可能的幸福，在于使所有比较低级的情感服从于增进人类全体幸福的愿望，在于把自己看成不过是大多数人中的一个，因此自己的幸福，只有在不违背或有利于整体幸福的程度内，才可以追求。"

所以亚当·斯密在《国富论》中所强调的自利不是无限的利己，而是在不伤害他人的情况下的利己，即在遵守正义（合宜）基础上的利己。

2. 审慎学派的主要原则

审慎学派的代表是伊壁鸠鲁学派，强调身体避免痛苦和获得快乐。斯密写道："主张美德在于审慎，并且还有不少著作流传至今的学说，最古老的，是伊壁鸠鲁的学说。……根据伊壁鸠鲁的看法，身体的快乐与痛苦，是我们天生喜恶的唯一终极对象。心灵的所有快乐与痛苦，在伊壁鸠鲁看来，最后都源自于身体的快乐与痛苦。当心灵想到身体过去的快乐，以及期待身体未来的快乐时，它是快乐的；当它想到身体过去曾忍受的痛苦，以及害怕身体未来会有相同或更大的痛苦时，它是悲惨的。"斯密对于壁鸠鲁学派的心灵的快乐与痛苦也源自身体快乐与痛苦进行了批判和扩展。斯密说："但是，心灵的快乐与痛苦，虽然最终源自身体的快乐与痛苦，却远远大过它们的源头。身体只感受到目前这一刻的感觉，然而心灵还另外感受到过去的和未来的感觉，前者透过回忆，后者透过预期，因此，心灵不仅承受更多痛苦，也享受更多快乐。"

3. 合宜学派的主要原则

合宜学派的代表包括柏拉图、亚里士多德和斯多葛学派，而亚当·斯密也是推崇合宜的，所以亚当·斯密也属于此学派。中国的孔子也属于此学派。柏拉图的美德思想是完满的正义，亚里士多德是中庸，斯多葛学派是圆满正直，亚当·斯密是合宜，中国的孔子是中庸。

柏拉图将美德分为四种，包括理性判断、易怒的热情、好色的热情和正义或公平。亚当·斯密写道："根据此一学说，当心灵的那三种功能都各自固守其本分，绝不企图侵犯其他任何功能的职责时，当理性指挥而热情顺从时，当每一种热情都各自执行其本分的职责，各自顺畅地、欣然地，并且使用和它所追求的价值相称的那个程度的力气与精神，努力对适当的对象发挥它的功能时，于是构成了柏拉图追随从前某些毕达哥拉斯派学者的说法，称之为正义或公平（Justice）那种圆满的美德或完全合宜的品行。……因此，照他的意思，正义里头包含每一种至为圆满的美德。"

亚里士多德的美德核心是中庸。亚当·斯密写道："美德，根据亚里士多德的看法，在于依据正确的理性，力行中庸的习惯。照他的意思，每一种特定的美德都宛如位于两种相反的恶癖之间的正中央似的，这两种恶癖中的某一种，错在过分为某一种事物所感动，而另一种则是错在太少为同一种事物所感动。譬如，刚毅或勇敢的美德位在怯懦与冒昧鲁莽这两种相反的恶癖的正中间，这两种恶癖中的前一种，错在过分为可怕的事物所感动，而后一种则是错在太少为可怕的事物所感动。又譬如，节俭的美德位在贪婪与浪费这两种相反的恶癖的正中间，这两种恶癖中的前一种，错在对私利事物的注意超过适当的程度，而另一种则是错在对私利事物的注意低于适当的程度。"

斯多葛学派的美德核心是圆满正直。亚当·斯密写道："根据斯多葛学派的创始人芝诺的看法，……美德或行为的合宜，就在于所有这些不同的事物与情况的取舍，完全按照它们被自然女神做成比较是或比较不是我们适合选择或拒绝的标的而定；就在于总是从摆在我们眼前的好几个适合我们选择的标的中，选择那最该被选择的，如果我们不能得到它们全部的话；同时也在于总是从摆在我们眼前的好几个合适我们拒绝的标的中，选择那最该被避免的，如果我们无法完全避免它们的话。当我们以这样正确精密的识别能力决定取舍，当我们根据每一件事物在这个自然的事物尺度中所占的地位，恰如其分地给予它应得的注意时，我们的行为便可保持圆满正直，而根据斯多葛学派的观点，美德的本质就在于这行为上的圆满正直。"

亚当·斯密的美德核心是合宜。他说："行为的合宜与否，或者说，行为究竟是端正得体或粗鲁下流，全在于行为根源的情感，对于引发情感的原因或对象是否合适，或是否比例相称。"亚当·斯密强调行为合宜的重要性，而合宜的终极完美是正义，并且正义要比慈善更重要。他说："对社会的存在来说，仁慈不像正义那么根本重要。没有仁慈，社会仍可存在，虽然不是存在于最舒服的状态；但是，普遍失去正义，肯定会彻底摧毁社会。"

4. 慈善学派的主要原则

慈善学派的主要代表是后柏拉图学派，核心思想是慈善，通过模仿神的行为，直到达到这派哲学企图使我们升华达到的那个伟大的目的：直接与神交会沟通。慈善是没有上限的。

亚当·斯密写道："主张美德在于慈善的学说，……它似乎是和奥古斯都大约同一时代以及其后大部分自称为折衷派（Eclectics）的那些哲学家的学说。这派哲学家宣称他们主要追随柏拉图和毕达哥拉斯的主张，因此通常也被人称为后期的柏拉图学派。根据这些作者的观点，在神性当中，慈善或爱是唯一的行动原则，并主导所有其他属性的发挥与运用。神的智慧被用于找出各种方案，以实现他的慈爱所建议的那些目的，正如无限的神力被用于执行那些方案。然而，慈善仍然是最高的统治属性，所有其他的属性都臣服于它，而神的各种行动的卓越性，或者如果容许我用这样的措辞，神的各种行动的道德性，最后也全都源自于慈善。人心的一切完美或美德，在于与神的完美有些类似或联系，或者说，在于充满了同一种影响神的所有行为的慈爱元素。唯有透过慈爱的行为，我们才能——可以说和我们的身份相称地——模仿神的行为，才能表达我们谦卑与虔诚的钦佩与赞美他那无限的完美。透过在我们的内心培养同一种神的原则，我们能把我们自己的情感提升到和他的种种神圣的属性较为类似的地步，从而使我们自己变得更为适合接受他的爱与尊敬，直到最后我们达到这派哲学企图使我们升华达到的那个伟大的目的：直接与神交会沟通。"慈善是没有上限的，亚当·斯密写道："唯有慈善的感情可以这样尽情地发挥，无须顾虑或注意是否合宜，而仍然保有某种可爱迷人的氛围。"

1.3 《中庸》的主要内容

《中庸》是孔子之孙子思所著，论述儒家的核心思想：中庸。《中庸》写道："君子之中庸也，君子而时中。"儒家中庸的含义不是平庸的意思，而是适中，无过无不及的意思。《三字经》对中庸进行了论述为："中不偏，庸不易。"程颐说："不偏之谓中，不易之谓庸；中者，天下之正道，庸者，天下之定理 。"中是适中的意思，不易是不改变的意思。即中庸就是坚持适中，不偏不倚，如图1-2所示。

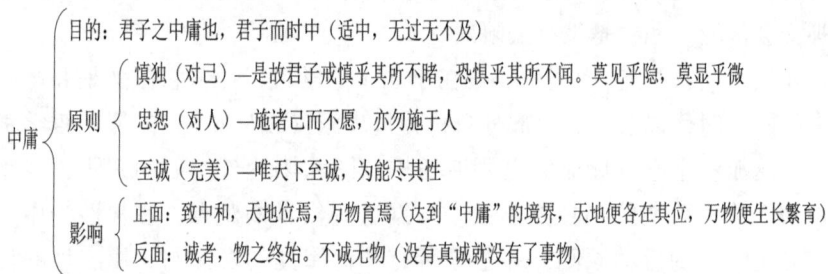

中庸 {
  目的：君子之中庸也，君子而时中（适中，无过无不及）
  原则 {
    慎独（对己）—是故君子戒慎乎其所不睹，恐惧乎其所不闻。莫见乎隐，莫显乎微
    忠恕（对人）—施诸己而不愿，亦勿施于人
    至诚（完美）—唯天下至诚，为能尽其性
  }
  影响 {
    正面：致中和，天地位焉，万物育焉（达到"中庸"的境界，天地便各在其位，万物便生长繁育）
    反面：诚者，物之终始。不诚无物（没有真诚就没有了事物）
  }
}

图1-2　中庸的主要内容

中庸有三个主要原则，一个是慎独修身，是对自己而言。《中庸》写道："君子戒慎乎其所不睹，恐惧乎其所不闻。莫见乎隐，莫显乎微，故君子慎其独也。"意思是说品德高尚的人在一个人的时候也是谨慎的。

二是忠恕宽容，是如何对待他人的方式。《中庸》写道："忠恕违道不远，施诸己而不愿，亦勿施于人。"意思是说自己不愿意的事情，也不要强加于他人。

三是至诚尽性，是中庸的完美境界，是对整体而言的。《中庸》写道："唯天下至诚，为能尽其性；能尽其性，则能尽人之性；能尽人之性，则能尽物之性；能尽物之性，则可以赞天地之化育；可以赞天地之化育，则可以与天地参矣。"极端真诚的人能充分发挥自己的本性，从而发挥众人和万物的本性，使整体繁荣。这一点与亚当·斯密在《道德情操论》的表述是异曲同工的。亚当·斯密说："人，天生就是要有所作为，天生就是要运用他的各种才能，以便在他自己和他人的外在环境中，促成各种似乎最有利于全人类幸福的改变。"亚当·斯密推崇正义，从而为人类创造良好的环境以便人类有所作为。而孔子推崇真诚，从而使人类在这样的环境下可以充分发挥自己的本性，使整体繁荣。

文中论述了中庸正反两方面的影响。从正面讲，达到中庸可以使万物繁荣。文中写道："致中和，天地位焉，万物育焉。"从反面将，没有中庸就没有了事物。文中说："诚者，物之终始；不诚，无物。"

1.4　为什么选择合宜或中庸？

关于美德，柏拉图推崇圆满的正义，亚里士多德推崇中庸，斯多葛学派推崇圆满正直，亚当·斯密推崇合宜，孔子推崇中庸，这些美德都是不走极端，选择适中。为什么这些伟大的思想家和道德家都不约而同的推崇适中的美德呢？

这是为了整个种群的整体繁荣，或者更深入的说是为了种群长久稳定的进化。

1. 哲学上的理由

从哲学上讲，亚当·斯密认为整体的繁荣是我们追求的唯一主要目标，他说："整体的繁荣应该不仅是我们希望实现的主要目标，更是我们希望实现的唯一目标。"所以亚当·斯密需要选择一个能实现整体繁荣的最好的手段。他通过对前人思想的分类总结和自己的思考，将美德分为审慎、合宜与慈善，然后通过对比选择合宜作为推崇的美德，以期实现整体的繁荣。慈善的美德要求人们选择利人，而如果我们将注意力关注与照顾别人，那么谁来照顾我们自己呢？再由别人来照顾我们自己吗？我肯定没有我要照顾的人更加清楚他自己的需求，而他人肯定也没有我们自己更清楚我们自己的需求，所以我们都选择照顾自己肯定比我们都选择照顾别人的效果要好，因为我们更清楚自己的需求，并且可以一直时刻关注自己的需求。

亚当·斯密说："每一个人都被自然女神首先且主要托付给他自己照顾；每一个人无疑在每一方面都更适合也更有能力照顾他自己，甚于照顾其他任何人。每一个人都更显著地感觉到他自己的快乐与痛苦，甚于感觉到他人的快乐与痛苦。……每个人，毫无疑问，都被自然女神推荐给他自己当作首先与主要的照顾对象；而由于他比其他任何人都更适合照顾自己，所以，他也实在很适合、很对、很应当以自己为首要的照顾对象。所以，每个人对凡是直接关系到他自己的事，兴趣都会比较强烈，而对关系到其他任何人的事，就比较没兴趣。"从广义动量定理 $F\alpha t = nmV$ 的角度说，我们有合适的能力 F 和时间 t，并且我们自己更了解我们的需求（作用点），可以将力量 F 和时间 t 花费在最适合的需求方向 α 上，这样会产生更大的成果。所以亚当·斯密在没有选择慈善。而过度的审慎（自利）会伤害到别人的利益，从而使整体的利益减少，不利于群体进化。他说："美德的极致，在于把我们的一切行为导向增进最大可能的幸福，在于使所有比较低级的情感服从于增进人类全体幸福的愿望，在于把自己看成不过是大多数人中的一个，因此自己的幸福，只有在不违背或有利于整体幸福的程度内，才可以追求。"由于慈善的美德产生的效果不如我们照顾自己产生的效果好，而自利又可能会伤害别人的利益而不利于整体的繁荣，所以亚当·斯密并没有选择两个极端，而是选择克己（合宜）作为推崇的美德，正义是合宜的终极完美。人类在遵守正义基础上的自利，能最大促进整体的繁荣，也是亚当·斯密在《国富论》中论述的一个核心内容。

儒家的中庸思想就是适中，无过无不及。即是"中不偏，庸不易。"而中庸的完美是至诚，至诚可以使人们充分发挥本性，从而促进最大的整体繁荣。如果没有诚信，则整体就难以发展，这个社会结构也会崩塌。《中庸》写道："诚者，物之终始。不诚无物。（没有真诚就没有了事物）"没有真诚的社会就是大家互相欺骗和损害别人的利益，而自己也需要处处防止被骗。从广义动量定理 $F\alpha t = nmV$ 角度说，人们将力量 F 和时间 t 用在破坏或防止被破坏的方向 α 上，而不是将力量 F 和时间 t 用在创造成果的方向 α 上，导致总成果 nmV 减少，不利于社会的整体的发展。

2. 经济学上的理由

亚当·斯密在《国富论》中强调自利可以促进整个社会的繁荣，但这个自利是有下限的，这是《道德情操论》的核心，即正义，不伤害他人。所以亚当·斯密所强调的是遵守正义（克己）基础上的自利可以促进最大的社会幸福。亚当·斯密对自利规定了下限，即不伤害他人，这也是正义的标准。他说："美德的极致，在于把我们的一切行为导向增进最大可能的幸福，在于使所有比较低级的情感服从于增进人类全体幸福的愿望，在于把自己看成不过是大多数人中的一个，因此自己的幸福，只有在不违背或有利于整体幸福的程度内，才可以追求。"

在不正义和缺乏诚信的社会中，人们需要花费很多时间和精力在辨别信息的真伪和防止被欺骗上，这样增加了整个社会的交易费用，导致很多资源的无效配置，降低了整个社会的总财富。所以在正义和诚信的社会中，会有效降低交易费用，增加整个社会的总财富。

3. 管理学上的理由

关于社会的整体繁荣是几乎所有伟大思想家的共同目标，甚至很多伟大的企业家也将其视为自己的人生目标。

苹果公司创始人史蒂夫·保罗·乔布斯说："We're here to put a dent in the universe. Otherwise why else even be here？（活着就是为了改变世界，难道还有其他原因吗?）"乔布斯将自己的人生目标定义为改变世界，而他传奇的一生也一直在践行着自己的这个伟大的目标，即使罹患癌症，即使濒临死亡。美国心理学家亚伯拉罕·马斯洛的需求层次理论中的最高层次是自我实现，将自己的能力发挥到最大的程度，这与孔子至诚尽性中的尽性道理是相同的。

日本京瓷和 KDDI 的创始人稻盛和夫推崇"敬天爱人，自利利他"，他说："佛教中有这样一句话'自利利他'，佛教认为要想自己获利必须造福他人，教导人们不要只考虑自己的利益，也要让他人得益。"稻盛和夫认为，自利是人的本性，自利则生；没有自利，人就失去了生存的基本驱动力。同时，利他也是人性的一部分，利他则久；没有利他，人生和事业就会失去平衡并最终导致失败。而京瓷公司一直奉行的经营理念是："在追求全体员工物质和精神两方面幸福的同时，为人类社会发展做出贡献。"前半部分是自利，后半部分是利他。

4. 优化算法上的理由

优化算法的求解目标是最快速的获得极大值，而如果优化算法迭代中的变异过小，则求解最优值的速度变慢，不利于求得最大值；而如果变异越大，偏离前一代的基础越大，前一代的积累优势越不容易继承，前一代的影响越小，从而导致变异越盲目，容易陷入算法早熟，停止算法的进化。所以在优化算法中，变异不能过小，也不能过大，选择适中的变异最有利于算法稳定快速的求得最大值。

5. 进化论上的理由

诺贝尔物理学奖获得者埃尔温·薛定谔在《生命是什么——活细胞的物理学观》一书中，从量子力学的角度给出了突变是基因分子中的量子跃迁引起的结论，提出了近中性突变框架。即突变是近中性的，不是没有，也不是非常大。薛定谔在书中写到："突变实际上是由于基因分子中的量子跃迁引起的。……一种构型转变为另一种构型就是量子跃迁。如果后一种构型具有更大的能量，那么，外界要向这个系统提供不低于两个能级间的能量差额的能量，才能使这种转变成为可能。当然，系统也可以自发地变到较低的能级，通过辐射来消耗多余的能量。"由于分子处于最低的能级，所以只有外界给予其能量才会发生突变。薛定谔写道："在给定的一组原子的若干不连续的状态中，不一定有但其中可能有使原子核彼此紧密靠拢的最低能级。在这种状态下，原子构成了分子。需要着重指出的是，分子必须具有一定的稳定性；除非外界供给它以'泵涌'到邻近的较高能级所需要的能量的差额，否则，构型是不会改变的。因此，这种数量十分确定的能级差定量地决定了分子的稳定性。"自然界对阈值进行了合适的选择，所以导致突变不是剧烈的。薛定谔写道："自然界已成功地对阈值做出了巧妙的选择，这种选择必然使突变成为罕见的。频繁的突变是有害的。对于那些通过突变获得不很稳定的基因构型的个体，他们的'剧烈的'、迅速发生突变的后代能长期生存下去的机会是很小的。物种会抛弃这些个体，并将通过自然选择把稳定的基因收集起来。"即使有哪些"剧烈"突变的个体，他们也很难长期生存。所以从量子突变讨论基因分子的角度说，量子突变需要外界提供较大的能量，而这种能量的提供很少发生，导致突变是近中性的，从而使物种趋于稳定的进化，而不是极端的变化或不变化。

6. 系统思考上的理由

物种需要稳定的进化，而负反馈恰能提供进化需要的稳定性。负反馈是通过输出与目标的偏差来调整系统行为的，最终使系统的输出和目标相同，达到系统的稳定。而负反馈也是需要一个相对稳定的目标值才能使系统稳定。比如以正义这种可以精确定义的美德来说，每个人的系统的输入是稳定的正义这个目标，他的行为是他的输出，如果输出没有达到正义，那么负反馈就会提醒他需要增加努力达到正义；如果超过了正义，负反馈就会提醒他超过，减少这方面的努力。

从系统思考的角度讲，在正义和诚信的社会环境中，信息的反馈要比不正义及欺骗的环境下更加准确，从而系统的信息输入准确，所以系统的决策和反应更加有效果，系统更容易趋于稳定及成果最大化。而在不正义和欺诈的环境中，系统输入的信息与真实情况偏差很大，从而导致系统的决策失误，使系统趋于崩溃。

1.5 哲学如何影响人们的决定?

在《国富论》中，亚当·斯密说利己可以促进社会财富最大化，但是在囚徒困境中为什么自利没有导致财富最大化，而是导致了博弈双方获得较差的结果呢？

我们以"囚徒困境"来分析利己对于博弈双方的影响，并且引入克己和慈善两种美德，来分析哲学是如何影响人们的决策的。

囚徒困境：警方逮捕甲、乙两名嫌疑犯，但没有足够证据指控二人有罪。于是警方分开囚禁嫌疑犯，分别和二人见面，并向双方提供以下相同的选择：

若一人认罪并作证检控对方（相关术语称"背叛"对方），而对方保持沉默，此人将即时获释，沉默者将判监10年；

若二人都保持沉默（相关术语称互相"合作"），则二人同样判监半年；

若二人都互相检举（互相"背叛"），则二人同样判监2年。

用表格概述如表1-1所示。

表1-1 囚徒困境案例

	甲沉默（合作）	甲认罪（背叛）
乙沉默（合作）	二人同服刑半年	甲立刻获释；乙服刑10年
乙认罪（背叛）	甲服刑10年；乙立刻获释	二人同服刑2年

若对方沉默、我背叛会让我获释，所以会选择背叛。

若对方背叛指控我，我也要指控对方才能得到较低的刑期，所以也是会选择背叛。

二人面对的情况一样，所以二人的理性思考都会得出相同的结论——选择背叛。背叛是两种策略之中的支配性策略。因此，这场博弈中唯一可能达到的纳什均衡，就是双方参与者都背叛对方，结果二人同样服刑2年。

这场博弈的纳什均衡，显然不是顾及团体利益的帕累托最优解决方案。以全体利益而言，如果两个参与者都合作保持沉默，两人都只会被判刑半年，总体利益更高，结果也比两人背叛对方而被判刑2年情况的情况好。但根据以上假设，二人均为理性的个人，且只追求自己个人利益。均衡状况会是两个囚徒都选择背叛，结果二人判刑均比合作为高，总体利益比合作低。这就是"困境"所在。

波士顿矩阵分析

当以波士顿矩阵进行分析时，甲与乙均有合作（1）和认罪（0）两种选择，从而组成四格的波士顿矩阵，如表1-2所示。

表1-2　囚徒困境的四种情况

	甲合作 1	甲认罪 0
乙合作 1	0.5+0.5=1	0+10=10
乙认罪 0	10+0=10	2+2=4

在囚徒困境中，一个人的选择不仅影响自己的利益，也会影响对方的利益，而二者处于自己利益最大化的考虑，最终的结果却不是自己的利益最大化。

诺贝尔经济学奖获得者埃尔文·罗斯在《共享经济：市场设计及其应用》中写道："配对在经济学术语中可以解释为，我们如何从生活中得到既是我们所选择的，同时也是选择我们的事物。"而博弈就是选择我们想要选择的，而不让对方选择他们想要选择的。在囚徒困境中，甲和乙均有四种选择，最好的是自己选择认罪，对方选择合作，自己被判0年，对方被判10年；第二种的是自己和对方均合作，每人被判0.5年；第三种是双方都认罪，均被判2年；最差的一种是自己合作，对方认罪，自己被判10年，对方释放，如表1-3所示。

表1-3　囚徒困境的四种配对

配对选择	策略组合		自己被判年数	对方被判年数
第一种配对	自己认罪，对方合作	(0，1)	0	10
第二种配对	自己合作，对方合作	(1，1)	0.5	0.5
第三种配对	自己认罪，对方认罪	(0，0)	2	2
第四种配对	自己合作，对方认罪	(1，0)	10	0

在博弈论中推理中，如果对方选择认罪时，自己选择合作会被判10年，而选择认罪会被判2年，所以在对方认罪的前提下，自己选择认罪是最好的策略。当对方选择合作时，如果自己选择合作，会被判0.5年，而选择认罪会被释放，所以在对方选择合作时，自己选择认罪是最好的策略。对方的推理相同，最后两人都选择了认罪，均被判两年。他们的选择没有达到系

统的最优值，因为如果二者都选择合作，他们均被判0.5年，比2年少。

在四个配对当中，第一种配对对自己是最有利的，但是对对方是最不利的。当自己选择认罪时，给对方的选择是合作或认罪，而认罪要比合作获得的利益多。这个配对是不稳定的，因为对方会因为自己选择认罪而选择认罪，所以第一种配对达不到自己认罪，对方合作的配对组合。在第一种配对中，不仅为自己选择了最大的利益，也为对方选择了最大的损失。

在第二种配对中，甲不仅为自己选择了合适的利益，也为对方选择了合适的利益。但是这种配对也是不稳定的，对于甲来说，如果对方选择了合作，而自己认罪，自己将获得更大的利益，从而达到第一种配对的状态。但是自己获得的利益是以对方更大的损失换来的，所以总的利益会减少。自己增加的利益为少被判刑2年，而对方的损失是多被判刑8年，自己的自利使两人的配对相比之前多被判刑6年。

第三种配对中，双方都选择了认罪，任何单方面的改变，都不会使自己的境遇变得更好，是一个稳定的配对。如果一方选择合作，那么相应的给对方选择了更好的配对，对方将被释放，而自己的损失增加。在第三种配对中，单方面的改变会变为第一种或第四种配对，都是不稳定的配对。

第四种配对中，自己选择了最大的损失，对方选择了最大的利益，在理智的情况之下，只有利他的精神会导致此种配对的发生。

在囚徒困境的假设中，博弈的双方都是理性利己的，追求自身利益的最大化，而第二种配对则是二人博弈的结果。除了自利，还有两种美德影响着人类的选择。亚当·斯密在《道德情操论》中论述了三种美德，分别为审慎（利己），合宜（克己）和慈善（利他），而三种美德分别为心理的自爱，同情和理性三种机能推荐给我们。如果博弈双方存在着一方的利他美德，那么第一种或者第四种配对就会发生，利他的一方以对方利益最大化为出发点，自己选择了合作。而如果双方都是利他的话，第二种配对就会发生，均以对方利益最大化为出发点，而达到二人博弈的整体最优点。在存在利他美德的博弈中，第一种，第二种和第四种配对都是稳定的配对。如果博弈中存在克己的情感，即不伤害他人。当对方选择合作时，如果自己选择认罪，将会使对方遭受更大的损失，自己会选择合作；如果对方选择认罪，自己选择合作会使自己遭受更大的损失，所以自己也会选择认罪。如果双方都是克己的，那么第二种配对就是稳定的配对。如果一方是克己的，一方是利己的，那么第三种配对就是稳定的配对，如表1-4所示。

表1-4 自利，利己和利他情况下的稳定配对

博弈双方		稳定配对	策略组合		自己被判年数	对方被判年数
利己	利己	第三种配对	自己认罪，对方认罪	(0, 0)	2	2
利他	利己	第四种配对	自己合作，对方认罪	(1, 0)	10	0
利他	利他	第二种配对	自己合作，对方合作	(1, 1)	0.5	0.5
克己	利己	第三种配对	自己认罪，对方认罪	(0, 0)	2	2
克己	克己	第二种配对	自己合作，对方合作	(1, 1)	0.5	0.5
克己	利他	第二种配对	自己合作，对方合作	(1, 1)	0.5	0.5

在一个利己的环境中，很难达到个人利益和整体的利益最大化，而在克己或利他的环境中，就可以达到整体的利益和个人的利益最大化。他在《国富论》中论述了自利可以使自己的利益增加，进而使整体的利益增加，而在《道德情操论》论述了审慎（利己），合宜（克己）和慈善（利他）这三种美德中，推崇克己这种美德。亚当·斯密的完整论述是在遵守克己原则下的利己行为，即不伤害他人的行为，既可以达到个人利益最大化，也可以达到整体利益的最大化。囚徒困境中，博弈二人都选择了坦白，得到了纳什均衡，但不是帕累托最优。二人都选择合作，可以达到帕累托最优。在博弈二人均是利己的假设前提下，只能得到纳什均衡这个次优解，而不能达到帕累托最优解。而在二人均是克己的假设下，可以得到帕累托最优这个稳定的解。这也证明了亚当·斯密在《道德情操论》中推崇克己，而不是自利对整个社会发展是更有利的。

现实中，如果人们都是极端利己的，那么他们就会做损人利己的事情，比如破坏环境、制造假冒伪劣的产品、偷窃，甚至于抢劫和杀人。而在一个克己的环境中，大家都是以正义作为决策的基本原则，在不伤害他人的利益的前提下追求自身利益，从而使得社会财富实现最大化。比如在社会中不存在假冒伪劣产品的环境中，大家就可以减少辨别真伪的时间和精力，那么大家就可以更加简单的交易，从而减少交易费用，促进社会财富最大化。

1.6　影响

亚当·斯密在《道德情操论》和《国富论》中论述在遵守正义基础上的自利可以促进整体的繁荣。而如果整个社会缺少正义则人类社会这个伟大的结构，一定会在顷刻间土崩瓦解、化成灰烬。亚当·斯密说："正义则是撑起整座社会建筑的主要栋梁。如果它被移走了，则人类社会这个伟大的结构，

这个无法测量的庞大结构，这个似乎是（如果允许我这么说）自然女神心里头一直特别宠爱挂念，想要在这世界里建造与维持的结构，一定会在顷刻间土崩瓦解、化成灰烬。……违背正义的事情必然倾向摧毁社会。"

利己是一种与生俱来的本能，没有利己，人类就不能生存。亚当·斯密说："每个人，毫无疑问，都被自然女神推荐给他自己当作首先与主要的照顾对象；而由于他比其他任何人都更适合照顾自己，所以，他也实在很适合、很对、很应当以自己为首要的照顾对象。所以，每个人对凡是直接关系到他自己的事，兴趣都会比较强烈，而对关系到其他任何人的事，就比较没兴趣。"所以人类社会的繁荣程度取决于人类在利己和克己（正义）之间所做的权衡。

埃尔温·薛定谔在《生命是什么——活细胞的物理学观》一书中写道："对于单个动物来说，利己主义是优势，它可以保护发展该物种；但在任何集体中，它则是一个具有毁灭性的弊端。一种处于开始形成阶段的动物不限制利己主义将会消亡。像系统发育年代更久的动物蜜蜂、蚂蚁和白蚁，已完全抛弃了利己主义。但个人主义的下一个阶段，民族利己主义或简称民族主义仍在它们中大行其道。一个迷路走错蜂房的工蜂会毫不犹豫地被杀戮。"民族主义的极端表达形式就是民族和国家之间的战争，而现在人类已经发明了足以毁灭整个人类的武器，一旦民族的自利行为导致大规模的战争，则将会终结人类发展了几千年的文明，甚至直接毁灭人类本身。爱因斯坦说："我不知道第三次世界大战会用哪些武器，但第四次世界大战中人们肯定用的是木棍和石块。"

第二章 广义动量定理

内容提要：本章首先通过物理学的动量定理、爱因斯坦的成功方程式和稻盛和夫的成果方程式推导得到广义动量定理 $F\alpha t = nmV$。广义动量定理的本质是力量在时间上的积累效应。然后分析了广义动量定理中力量 F、方向 α、时间 t、作用点、数量 n、质量 m 和广义速度 V 对于成果的影响，对比了广义动量定理与动量定理的区别。本章提出了学习、创新、合作、交易和竞争这五种增加成果的手段，并在优化算法中进行了实验证明。指出了广义动量定理具备层级结构，广义动量定理中的每一项因素还可以通过广义动量定理进行分析。

核心四原则

原则一：力是改变物体状态（运动状态和形变）的唯一原因。所以任何物体状态的改变都是由力引起的。没有力，物体的状态不会改变，改变必定由力引起。人类的终极力量包括暴力、财富和知识，这三种力是改变人类行为结果的原因。

原则二：广义动量定理 $F\alpha t = nmV$ 的本质是力在时间上的积累效应，所以人类的行为和结果可以通过力和时间进行分析。

原则三：合外力决定成果。合外力等于动力减去阻力，合外力决定了整个系统的成果。人类的行为基本上都可以使用利益（动力）–成本（阻力）这种方式进行分析。

原则四：物体（物质）之间的相互作用称为力，因此所有物质之间的相互作用都是力。

其中原则一来自于牛顿第一定律，原则二和原则三来自于牛顿第二定律，原则四和牛顿第三定律表达的含义相同。原则一说明了力的含义：力是改变物体状态的唯一原因。原则二指出了力的作用效果。原则三说明了合力决定作用效果，且合力可以分解为动力和阻力。原则四揭示出力的本质：力是物体间的相互作用。

创新要点

（1）创立了广义动量定理，扩展了动量定理的应用范围，为其他社会学科的分析提供了坚实的理论基础。在广义动量定理中，七种要素均可变。

（2）将人类三种终极力量暴力、财富和知识引入军事学、管理学和经济学的分析，使广义动量定理可以用来分析这三个学科，扩展了物理学中力量的使用范围。使得集中兵力、人力资本、科斯定理和劳动价值论等有了理论依据。

（3）将力量 F 中的方向 α 从力量中分离出来，用来分析战略、战术和专业化，使得军事学、管理学和经济学中的方向有了理论分析依据。

（4）将作用点引入军事学、管理学和经济学的分析，使得攻其弱点、定位、聚焦、比较优势等有了理论的分析依据。

（5）将时间 t 分析引入军事学、管理学和经济学，使得时间派、时间管理、时间经济学有了理论的分析依据。

（6）将数量 n 引入军事学、管理学和经济学的分析，使得数量派、工业工程、产出理论有了理论的分析依据。

（7）将质量 m 引入军事学、管理学和经济学的分析，使得竞质派、质量管理、消费者利益有了理论的分析依据。

（8）速度 V 引入军事学、管理学和经济学的分析，使得闪电战、丰田生产方式和效率理论有了理论的分析依据。

（9）提出了学习、创新、合作、交易和竞争这五种增加成果的手段。

2.1　广义动量定理的定义

将 $F\alpha t = MV$ 称为广义动量定理（General Theorem of Momentum），广义动量定理的本质是力量 F 在 α 方向上施加于作用点，经过时间 t 的积累成广义动量 MV 的效应。广义动量定理也可以写成 $F\alpha t = nmV$，简单地说广义动量定理是力量在时间上的积累效应。

在物理学上，力量是改变物体运动状态的唯一原因，并且力量是改变物体形变的唯一原因。所以，力是改变物体状态（运动状态和形变）的唯一原因。将其扩展，力量是产生成果的原因，没有力量就不会有成果；有成果，必定是由力量产生的。

广义动量定理 $F\alpha t = nmV$ 有七个要素，分别是力量 F、方向 α、作用点、时间 t，数量 n、质量 m 和广义速度 V。将 $nmV(MV)$ 称作成果，而 $F\alpha t$ 是产生成果 nmV 的原因。改变力量 F 的大小、力量的方向 α、力量的作用点以及力量的作用时间 t，就可以改变成果 nmV 的大小。

2.2 广义动量定理的由来

2.2.1 广义动量定理与动量定理

广义动量定理是对动量定理的扩展，以下为动量定理的推导过程。

外力 F 作用于质量为 m 的小方块，时间为 t，v_0 和 v_t 分别表示物体的初速度和末速度，如图 2-1 所示。

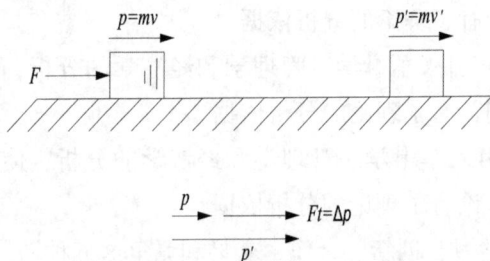

图 2-1 动量定理分析图

由牛顿第二定律得：

$F = am$

推出 $a = F/m$

代入速度公式，得

$v_t = v_0 + at$

得到 $v_t = v_0 + Ft/m$

化简得到

$mv_t - mv_0 = Ft$

即 $Ft = mv_t - mv_0 = \Delta mv$

把 mv 作为描述运动状态的量，叫动量。其适用范围既包含宏观、低速物体，也适用于微观、高速物体。

动量定理为 $Ft = \Delta mv$，因为力量 F 为矢量，包括力的大小和方向，将力的方向用 α 表示出来（α 取值范围为-1 到 1，即力量与速度方向夹角的余弦值），则得到动量定理：$F\alpha t = \Delta mv$。将 m 和 v 换成 M 和 V，则得到广义动量定理：

$$F\alpha t = \Delta MV$$

动量定理 $F\alpha t = \Delta mv$ 反映的是力在时间上的积累。即一外力作用于一质量为 m 的物体，时间为 t。则在时间 t 后物体的速度为 v，质量为 m 未变，动量增量为 mv。即力量 F 作用于质量为 m 物体 t 秒后的积累效应为 Δmv。速度的变化是由力量 F 引起。

广义动能定理 $F\alpha t = \Delta MV$ 反映的也是力在时间上的积累。在动量定理中，物体的质量 m 不可变，速度 v 可变。在广义动量定理中，广义质量和广义速度均可变；力量 F，方向 α，作用点和时间都有了扩展。为了叙述方便，省略增量符号 Δ，广义动量定理公式简化为：

$$F\alpha t = MV$$

其中 MV 表示的广义动量增量。

在广义动量定理 $F\alpha t = MV$ 中，F 表示力量，包括智力、体力和想象力等各种力量，而不局限于物理学上定义的力量；α 表示方向（取值-1 到 1），t 表示时间。MV 为增量，M 表示广义质量（M 是数量 n 和质量 m 之乘积），V 表示广义速度。

2.2.2　广义动量定理与爱因斯坦的成功方程式

有一次，一个美国记者问爱因斯坦关于他成功的秘诀。他回答："早在 1901 年，我还是二十二岁的青年时，我已经发现了成功的公式。我可以把这公式的秘密告诉你，那就是 $A = X + Y + Z$! A 就是成功，X 就是正确的方法，Y 是努力工作，Z 是少说废话! 这公式对我有用，我想对许多人也一样有用。"

爱因斯坦说要想成功，需要有正确的方法，努力工作和少说废话。如果没有正确的方法，或者不努力工作或者总说废话都不会成功，可见正确的方法，努力工作和少说废话是成功的三个要素，需要同时满足，他们之间不是加法的关系而应该用乘法表示，即

$$A = X \times Y \times Z$$

也就是：成功＝正确的方法×努力工作×少说废话

将广义动量定理 $F\alpha t = MV$ 与爱因斯坦的成功方程式进行比较会发现，它们所表达的意义是相同的，成功与成果 MV 对应，努力工作与力量 F 对应，正确的方法与方向 α 对应，少说废话和时间 t 对应。爱因斯坦的成功方程式就是尽可能将力量 F 通过正确的方法 α，花费尽可能多的时间 t 在工作上（作用点），才会取得成功。

2.2.3　广义动量定理与稻盛和夫的结果方程式

日本企业家稻盛和夫在《活法》中写道：

"人生·工作的结果＝思维方式×热情×能力

"总之，人生或工作的结果是由这三个要素用'乘法'算出的乘积，绝不是'加法'。

"首先，所谓能力，也可以换句话说，是指才能、智力，更多是指先天方面的资质。健康的体魄、运动神经应该属于这一类。所谓热情，是指从事本职工作的激情或努力的态度，是可以根据自己意愿进行控制的后天方面的因素。这两个因素都可以分别用零分至一百分表示。

"因为是乘法，所以即使是有能力而缺乏热情也不会有好结果。相反，自知没有能力而以燃烧的激情对待人生和工作，最终将比拥有先天资质者的结果好得多。

"此外，还有'思维方式'的问题。这是三要素中最重要的要素，因此说'思维方式决定人生'也并不过分。思维方式这个词好像很陌生，其实它是精神应有的状态或对待人生的态度，也包括前文提到的哲学、理念或者思想等。

"思维方式之所以重要，是因为它有负数。它不只是零，还有低于零的负数。它的范围很宽，从正 100 分至负 100 分。

"就像刚才所说的那样，有能力，有热情，但是思维方式却犯了方向性的错误，仅此一点就会得到相反的结果。思维方式是负数则用乘法算出的结果只能是负数。"

成果方程式为：人生·工作的结果＝思维方式×热情×能力

将其与广义动量定理 $F\alpha t = MV$ 进行对比，会发现它们所表达的意思是相同的。结果对应于成果 MV，能力对应力量 F，思维方式对应方向 α，热

情对应于时间 t，而人生和工作就是力量的作用点。

稻盛和夫总结的结果的方程式为结果=思维方式×热情×能力，与爱因斯坦的成功方程式成功=正确的方法×努力工作×少说废话相比，会发现两者所说的道理是一样的。成功和结果都是成果，正确的方法和思维方式也是相似的，努力工作和能力是类同的，而少说废话与热情所阐释的都是要多用时间在目标上。

美国已故励志大师厄尔·南丁格尔说："成功是一个持续不断的实现一个有价值理想的过程。"成功就是一种成果，而持续不断就是要一直花费时间，实现则需要力量去达到，而有价值的理想就是正确的方向。

成果与四个因素有关，力量 F 的大小、方向 α 的准确程度、作用点以及在目标上所花费的时间 t。如果想让成果更大，那么增加力量，方向更加正确，选择合适的作用点，增加努力的时间都可以达到增加成果的目的。

2.3　广义动量定理与动量定理的异同

广义动量定理 $F\alpha t = MV$ 与动量定理 $Ft = \Delta mv$ 既有相同点，也有不同点。

相同点

（1）广义动量定理和动量定理的本质均是力量 F 在时间 t 上的积累效应。

（2）分析问题的方法类同，可使用动量定理的分析方法来分析。

不同点

（1）公式表达不同，广义动量定理的公式是 $F\alpha t = MV$，动量定理的公式是 $Ft = \Delta mv$。

（2）广义动量定理将动量定理中的矢量 F 分解成力量 F 的大小、方向 α 和作用点。

（3）动量定理中，力量的三要素包括力量 F 的大小、方向和作用点，三者不分离；在广义动量定理中，力量 F、方向 α 和作用点分离，为相对独立要素。

（4）广义动量定理中的力量 F 主要指暴力、财富和知识等力量，扩展了动量定理中力量的定义。

（5）将动量定理中的质量 m 扩展为广义质量 M，是数量 n 和质量 m 的乘积。

（6）动量定理中，质量 m 不可变，速度可变。在广义动量定理中，数量 n、质量 m 和速度 V 均可变。

2.4 广义动量 MV：目标与成果

将广义动量 MV 称为成果，那么人们追求的是什么呢？成果最大化（最小化可以通过加负号取反成最大化）。

在战争中追求盈余最大化，盈余＝战争利益-战争成本；在管理学和企业中，追求利润最大化，利润＝销售额-成本；在经济学中追求社会财富最大化，社会财富＝社会利益-社会成本。

人做每一件事情都会获得利益并且付出成本，利益包括经济利益、经验利益、成长利益、机会利益、感情利益、愉悦利益等；成本包括经济成本、时间成本、感情成本、风险成本、精力成本等，人们追求利益最大化，成本最小化，也就是人们追求利益与成本之差最大化，即人们追求盈余最大化，盈余＝利益-成本，这条基本公式贯穿着整个人类活动。

盈余最大化这个目标又可以分成利益最大和成本最小化两个子目标，而这两个子目标还可以通过利益-成本进行细分，从而形成目标层级式的结构。每一层相对于下层都是目的，相对上一层又是手段。这符合赫尔伯特·西蒙在《管理行为》中对手段-目的链的论述。

成果 MV 最大化是由广义质量和广义速度合成的，可以分为广义质量 M 最大化和广义速度 V 最大化。在管理学中，生产型企业都是以追求广义速度最大化为首要目标。

2.5 广义动量定理的七要素

广义动量定理 $F\alpha t = nmV$ 包括七要素，分别为广义力量 F、广义方向 α、作用点、时间 t、数量 n、质量 m 和广义速度 V。

2.5.1 广义力量 *F*

1. 广义力量 *F* 的定义

在物理学上，将物体（物质）之间的相互作用称为力。大小、方向和作用点是力的三要素。在广义动量定理中，力量的定义依旧延续物理学的定义，只不过它包含的范围会加大。广义力量不仅包含自然科学中的力量，比如重力、弹力和摩擦力等力量，也包含在社会学的力量，如智力、体力和精力等。

托夫勒说人类的终极的力量来源只有三种：暴力、财富和知识。并且这三者可以互相转化。而暴力可以细分为武力和体力，武力倾向于破坏和胁迫，体力倾向于创造成果，如图 2-2 所示。

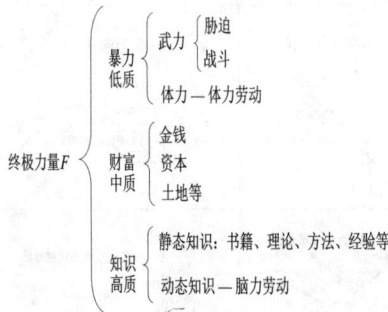

图 2-2　终极力量的分类

从广义动量定理 $F\alpha t = nmV$ 的角度来说，暴力和知识是人类最根本的力量，而财富是暴力和知识在时间上的积累成果 nmV。财富可以转化为暴力和知识。那么，广义动量是力量吗？

是！让我们回到力量的定义上，物体之间的相互作用称作力。而广义动量是可以与其他物体相互作用的，所以广义动量 nmV 也是力量。以挖掘机为例，人们发明了挖掘机，它的挖掘效率要比手工快上很多倍。那么如何来看待一台挖掘机呢？

挖掘机是生产厂家通过使用金钱、工人的智力、体力 F 作用于各种工具和零部件，在生产挖掘机的方向 α 上，经过一段时间 t 而产生的挖掘机这个成果 nmV。每一个零部件也都是通过金钱、工人的智力、体力 F 生产出来的，而金钱最终又是人类智力和体力的积累。所以一台挖掘机可以看作是人类智力和体力在时间上的积累效应。一个人开挖掘机的挖土效率要比一个人用铁锹挖土高很多，挖掘机对土地的方向上施加力量 F，力量作用于挖掘点，经过时间 t，产生了一个想要形状的坑这样一个成果。所以挖掘机这个成果也是一种力量，是人们智力和体力的积累成果。

挖掘要比人手工挖掘的效率高，因为挖掘机的力量 F 要比一个人的力量大。

在广义动量定理 $F\alpha t = nmV$ 中，力量 F 大小的不同，成果 nmV 也会不同。增加力量 F，成果 nmV 就会增大。

2. 力量的三要素

影响成果 nmV 的有四个要素，被称为过程四要素，分别是力量的大小 F、方向 α、作用点和时间 t。增加力量大小 F、增加方向 α 的准确度、增加作用点的准确度以及增加时间 t，都可以增加成果 nmV，如图2-3所示。

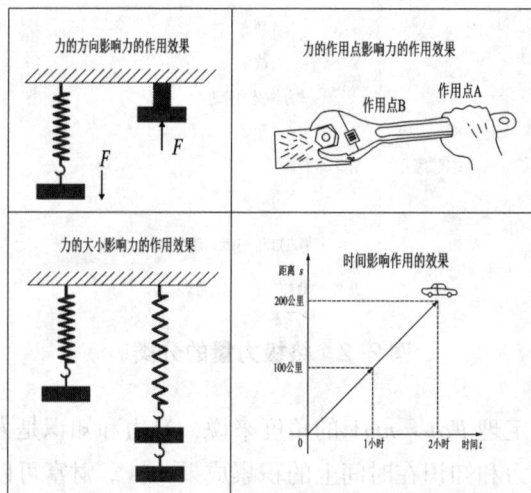

图2-3　广义动量定理过程四要素

力的大小、力的方向和力的作用点中，改变其中任意一个要素，都会改变成果。广义动量定理中为了便于分析，将三要素分开。此处每一个要素引用1个小例子来解释。

（1）力的大小能影响力的作用效果，力越大，效果越大。左边的弹簧下边挂了一个铁块，右边的弹簧下边挂了2个相同重量的铁块。右边弹簧所受的拉力大于左边弹簧所受拉力，右边弹簧的形变效果也大于左边弹簧的形变效果，如图2-4所示。

（2）力的方向能影响力的作用效果，方向越正确，效果越大。左边的弹簧受到铁块向下的拉力，右边的弹簧受到铁块的向上的压力。左边弹簧和右边弹簧所受力的方向不同，弹簧产生的形变效果不同。即受到力的方向不同，产生的效果不同，如图2-5所示。

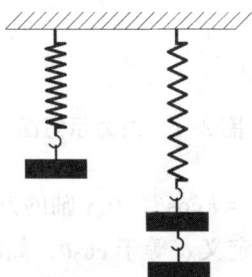

图2-4 力量大小对成果的影响

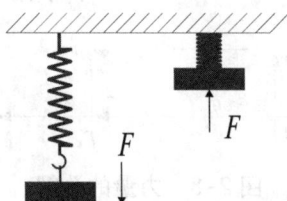

图2-5 力量的方向对成果的影响

（3）力的作用点能影响力的作用效果，作用点越合适，效果越大。用扳手固定螺母，手握在作用点 A 比作用点 B 所花费的力气更小，产生的成果更大，如图2-6所示。

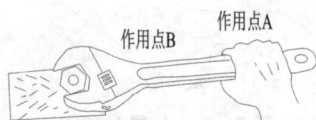

图2-6 力量的作用点对成果的影响

在广义动量定理里，以 α 表示力的方向。力的作用效果与力的大小、方向和作用点有关。而动力定理是力在时间上的积累。即力作用于某物体，经过一段时间 t 之后的产生的结果。广义动量定理 $F\alpha t = nmV$ 与过程四要素力量 F、方向 α、作用点和时间 t 有关。力量 F 越大，方向 α 越正确，作用点越合适，时间 t 越长，成果 nmV 就越大。

3. 力量的分解与合成

力量的分解遵循物理学的分析，拉力 F 作用于质量为 m 的物体，向前拉动物体，如图 2-7 所示。

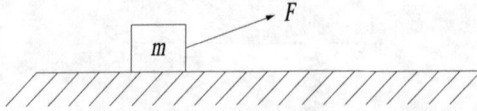

图 2-7　拉力示意图

在 x 轴方向的拉力为 $F_x = F\cos\theta$，在 y 轴的方向为 $F_y = F\sin\theta$。在广义动量定理 $F\alpha t = nmV$ 中，一般定义 α 等于 $\cos\theta$，如图 $2-8$ 所示。

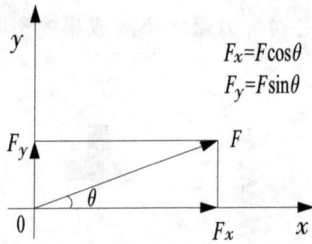

图 2-8　力量的分解

作用于同一点的力量可以通过平行四边形法则进行合成，这里的力量是矢量。力 F_1 和力 F_2 的合力合成为力 F，如图 $2-9$ 所示。

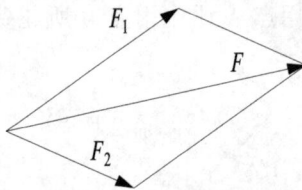

图 2-9　力量的合成

广义动量定理 $F\alpha t = nmV$ 中的力量的分解与合成遵循物理学的分析方法，在广义动量定理中，力量的分析可以进行扩展，比如不同时间的力量。在生产汽车生产过程中，每一个参与生产汽车的工人并不是同时将力量作用于同一辆车，而是流水式生产的，前道工序完成，后道工序才开始。分析时可以结合系统思考进行分析。

2.5.2　广义方向 α

将力量 F 与目标方向夹角的余弦值称为广义方向 α。α 取值范围为−1 到 1，当力量 F 与目标方向完全同向时，夹角为 0°，余弦值为最大值 1；当力量与目标方向垂直时，夹角为 90°，余弦值为 0；当力量 F 与目标方向相反时，夹角为 180°，余弦值为−1。力量 F 与目标的方向偏差越小，广义方向 α 越大，在广义动量定理 $F\alpha t = nmV$ 中，成果 nmV 越大。

稻盛和夫在结果方程式中将思维方式定义为−100 到 100 分与−1 到 1 的定义是相同的，只是衡量的基准不同而已，不影响公式的指导作用和最终成果的衡量。

广义方向 α 在战争中的表现为战略方向、战术方法、战斗方向、火力方向等；在管理学中为企业的战略、战术、方法等；在经济学中的表现为经济方向、专业化、方法等。

在广义动量定理 $F\alpha t = nmV$ 中，即使过程四要素中的力量 F、时间 t、作用点不改变、改变广义方向 α，也可以改变成果 nmV。

2.5.3　作用点

作用点是指力的作用的位置。作用点不同，产生的成果也不同。选择的作用点越准确，成果 nmV 越大。

阿基米德说："给我一个支点和一根足够长的棍子，我就能撬起整个地球。"选择的作用点越远离支点，可以撬动的重量越大。

兵法中强调打击敌人的关键弱点，能产生最大的成果。

选择的作用点不同，产生的成果 nmV 也会不同。选择的作用点越关键，越准确，产生的成果 nmV 就越大。

2.5.4　时间 t

时间是一种尺度，借着时间，事件发生之先后可以按过去−现在−未来之序列得以确定（时间点），也可以衡量事件持续的期间以及事件之间之间隔长短（时间段）。本文采用以上约定的时间定义。

在广义动量定理 $F\alpha t = nmV$ 中，增加时间 t 的长短，可以增加成果 nmV。人们也越来越认识到时间对成果的影响，而通过时间管理的方法可以增加成果的产出。时间的长短能影响力的作用效果，时间越长，效果越大。汽车 1 小时可以行驶 100 公里，2 小时可以行驶 200 公里，时间越长，产生的成果越大，如图 2-10 所示。

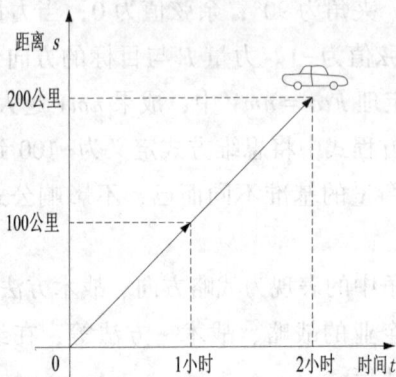

图 2-10　时间对成果的影响

时间除了长短这一属性，还有发生的时刻的属性。发生的时刻不同，产生的最终成果也会不同。在《曹刿论战》中，曹刿说："夫战，勇气也。一鼓作气，再而衰，三而竭。彼竭我盈，故克之。"曹刿选择在敌人第三次击打战鼓后，士气衰竭时进行击鼓进攻，打败敌军。此时我军的战斗力在三鼓前后并没有改变，但敌军的士气已经由胜转衰，选择这个时刻进攻比敌人第一次击鼓时进攻能取得更大的成果。我方的战斗力相当于动力没有变化，而敌方的战斗力相当于我方阻力减小了，所以我方与敌方的合外力 F 相当于增加了，因此成果 nmV 变大了。

时间的长短和发生的时刻不同，产生的成果也会不同。在广义动量定理 $F\alpha t = nmV$ 中，时间 t 越长，成果 nmV 越大。事件发生的时刻越合适，效果越大。

2.5.5　数量 n

广义质量 M 是物体或者事件的一个综合属性。广义质量 M 可以分解为 nm，其中 n 表示数量，比如 5 个花篮中的 5 就表示数量。

2.5.6　质量 *m*

质量 *m* 可以表示品质、重量、种类、可靠性等，根据不同的环境，含义会有所区别。

物理学对质量的定义为：质量是物体所具有的一种物理属性，是物质的量的量度，它是一个正的标量。《质量管理体系基础和术语》中对质量的定义是：一组固有特性满足要求的程度。质量 *m* 包括以上含义。

以手工编花篮为例，一女工一小时可以编 10 个花篮，合格的产品的质量 *m* 比不合格产品的质量高。为了追求成果 *nmV* 最大化，提高产品的质量 *m*，可以增加成果 *nmV*；通过增加产出数量 *n*，也可以增加成果 *nmV*。

以人工铁锹铲运沙子为例，工人每次铲运 8kg 的沙子，每分钟可以铲运 10 次。为了追求成果 *nmV* 最大化，提高每次铲运的重量 *m*，可以增加成果 *nmV*；增加铲运的总次数 *n*，也可以使成果 *nmV* 增加。每次铲运多少重量合适，这是工业工程所涉及的内容，弗雷德里克·泰勒在《科学管理原理》对铲运的例子进行了论述。

第一个例子中的质量表示产品的品质，第二个例子中的质量表示产品的重量。质量有许多属性，一块表的质量包括是否准时、产品的材质、外观、佩戴的舒适度、是否防水等。

2.5.7　广义速度 *V*

物理学将在单位时间内走过的路程称为速度。在广义动量定理中，将单位时间内的产出称为广义速度 *V*。

以编花篮为例，一女工一小时可以编 10 个花篮，那么 10 个花篮/小时就是这名女工的广义速度。在铲运的例子中，10 次/分就是这名铲运工人工作的广义速度。

如果想要增加成果 *nmV*，通过增加广义速度 *V*，可以增加成果 *nmV*。如果女工编花篮的速度从一小时 10 个上涨到每小时 12 个，那么她的广义速度增加了，从而成果 *nmV* 也增加了。

对于一个生产型的企业，要使企业的成果 *MV* 最大化，要么增加广义质量 *M*，要么增加广义速度 *V*。而对于生产型的企业来说（*M* = *nm*），产品的

质量 m 只要合乎标准就是合格品，就满足要求了。只能通过增加工作的时间 t 来增加产品的产出数量 n，而时间对于竞争的企业来说是平等的，不能在时间上创造什么优势，除非比他人更努力；并且增加工作时间会相应的增加成本。所以高德拉特说生产型企业的首要目标就是提高产品的产出速度 V，以此为目标而产生了福特的流水线生产，大野耐一的丰田生产方式和高德拉特的 TOC 制约理论三大生产理论。增加广义速度 V，就能增加生产企业的成果 MV。

2.6 成果 *MV* 与影响

广义动量定理 $F\alpha t = nmV$ 没有适用范围的约束，既适用于大的系统，也适用于小的系统。可以使用广义动量定理分析大的系统，然后还可以使用广义动量定理分析大系统的次级系统，可以一直分析下去。

2.7 广义动量定理的应用案例分析

广义动量定理 $F\alpha t = nmV$ 中有力量 F、方向 α、作用点、时间 t、数量 n、质量 m 和速度 V 这七个要素。其中力量 F、方向 α、作用点和时间 t 是过程四要素，没有这 4 个要素，就不会有成果。数量 n、质量 m 和速度 V 是成果三要素，要来描述获得成果的程度。书中以各种理论侧重的重点来将它们进行归类分析，从手段–目的链的角度说，有的理论侧重于过程要素，如核心竞争力侧重于过程要素中的力量 F，有的理论侧重于目的要素，比如质量管理中的质量 m。

本节将使用广义动量定理 $F\alpha t = nmV$ 分析几个军事学、管理学和经济学的理论，作为案例讲解，以方便读者掌握分析的方法和逻辑。

2.7.1 力量 *F* 的应用分析

从广义动量定理 $F\alpha t = nmV$ 的角度说，改变力量 F，就可以改变成果 nmV。力量派以调整力量 F 的大小作为达成目的的手段。

2.7.1.1 力量 *F* 应用于《战争论》

理论简介：《战争论》是世界十大兵书之一，作者是德国军事大师卡尔·菲利普·戈特弗里德·冯·克劳塞维茨。他在《战争论》中总结了会战四原则：

（1）用最高的精力使用我们所可能动用的一切兵力。

（2）尽可能集中兵力在准备作决定性打击的点上。

（3）不可浪费时间，行动快速获得先机。奇袭，为制胜的最强力因素。

（4）用最高的精力来追随已获的成功。追击已败的敌人实为获胜的唯一手段，如图 2-11 所示。

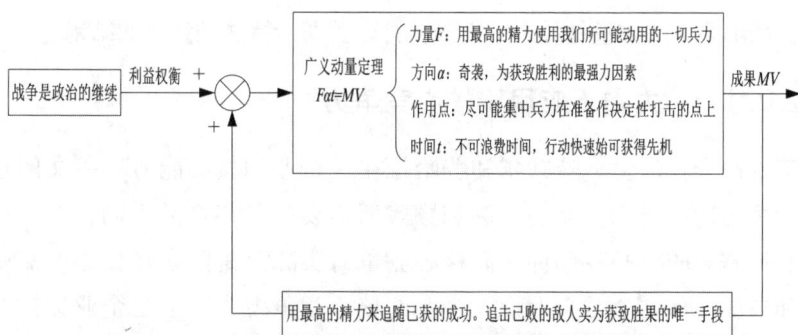

图 2-11　《战争论》主要原则

克劳塞维茨在《战争论》中强调集中兵力的重要性，他写道："数量上的优势不论在战术上还是战略上都是最普遍的制胜因素。战略上最重要而又最简单的准则是集中兵力。数量优势的程度不同，它可以是一倍，也可以是两倍，三倍等。每个人都懂得，如果照这样增加上去，数量上的优势必然会压倒其他一切。在一般条件下进行的大小战斗中，不论其他方面的条件如何不利，只要有显著的数量上的优势，而且无需超过一倍，就足以取得胜利了。如果我们不抱偏见地研究现代战史，那就必须承认，数量上的优势越来越起着决定性的作用。因此，在决定性的战斗中尽可能多地集中兵力这个原则，在现在必须提到比过去更高的地位。数量上的优势应该看作是基本原则，不论在什么地方都是应该首先和尽量争取的。"

分析逻辑

（1）克劳塞维茨强调兵力大小的重要性，也就是广义动量定理过程四要素中的 *F*，所以他属于力量派。

（2）克劳塞维茨的逻辑是：抛开其他因素，对战的一方不断地增加自己的兵力大小，数量上的优势必定会压倒一切而取得胜利。既然不断地增加兵力肯定会获得胜利，那么保证胜利的最小兵力是多少呢？克劳塞维茨通过研究战争史，得到只要兵力是对方的 2 倍，就足以保证胜利。

（3）既然克劳塞维茨给出了 2 倍兵力便能保证胜利，那么其他军事家是否也有数量上的论述呢？在兰切斯特法则中，使用兰切斯特第一法则远距离作战时，兵力数量是敌人的 3 倍，敌人反败为胜就再无可能；近距离作战时，兵力数量只要是敌人的 $\sqrt{3}$ 倍，就足以打败敌人。兰切斯特法则描述了两种极端的作战情况，现实的战争是两种极端情况不同比例的组合。所以现实战争时，保证足以打败敌人的数量应该在 $\sqrt{3}$ 和 3 之间。克劳塞维茨通过研究多次战史，得出兵力的数量是敌人的 2 倍，符合兰切斯特法则计算的结果。

2.7.1.2　力量 F 应用于核心竞争力

理论简介：加里·哈默尔和普哈拉在《企业的核心能力》一文阐述了核心竞争力这一概念。他们认为和顾客所需要的最终产品不同，核心产品是企业最基本的核心零部件，而核心竞争力实际上是隐含在核心产品中的知识和技能。从这个意义上说，企业的核心竞争力实际上是企业保持竞争优势的源泉。

分析逻辑

（1）核心竞争力理论直接论述的就是广义动量定理过程四要素的力量 F，所以属于力量派。

（2）在广义动量定理的核心原则一中："力是改变物体状态的唯一原因。所以任何物体状态的改变都是由力引起的。没有力，物体的状态不会改变，改变必定由力引起。"在许多力量共同产生的成果中，不同的力量对成果的贡献是不同的，核心力量对成果的贡献最大，是产生成果的关键因素。既然存在核心竞争力，那么就存在非核心竞争力，只是对物体的影响不同，可以勾画一个例子，表现核心竞争力的影响，如图 2-12 所示。

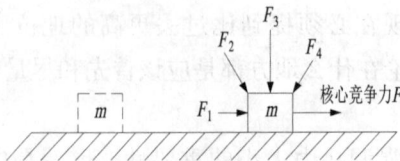

图 2-12　核心竞争力

在使小木块 m 从左向右的运动过程中，有五种力量，分别是 F_1、F_2、F_3、F_4 和 F，F 在木块向右运动中起到核心作用，所以 F 是核心竞争力。

（3）增加核心竞争力可以增加企业的竞争优势，那么企业的重点就应该加强核心竞争力。既然有对企业发展有重大推动作用的核心竞争力，那么必然也存在阻碍企业发展的核心阻力，减少核心阻力，同样也可以促进企业快速发展，核心阻力类似于木桶的短板，这块短板决定了木桶的盛水高度。增加核心竞争力或者减少核心阻力，合外力都增加。由广义动量定理的核心原则三："合外力决定成果。合外力等于动力减去阻力，合外力决定了整个系统的成果。"所以，增加合外力可以增加成果，因此增加企业的核心竞争力，减少企业的核心阻力，都能使企业快速发展。

2.7.1.3　力量 F 应用于科斯定理

理论简介：科斯定理是由罗纳德·科斯提出的一种观点，认为在某些条件下，经济的外部性或曰非效率可以通过当事人的谈判而得到纠正，从而达到社会效益最大化。关于科斯定理，比较流行的说法是：只要财产权是明确的，并且交易成本为零或者很小，那么，无论在开始时将财产权赋予谁，市场均衡的最终结果都是有效率的，实现资源配置的帕雷托最优。

科斯定理有三个：

（1）在交易费用为零的情况下，不管权利如何进行初始配置，当事人之间的谈判都会导致资源配置的帕雷托最优。

（2）在交易费用不为零的情况下，不同的权利配置界定会带来不同的资源配置。

（3）因为交易费用的存在，不同的权利界定和分配，则会带来不同效益的资源配置，所以产权制度的设置是优化资源配置的基础（达到帕累托最优）。

分析逻辑

（1）首先分析科斯定理中力量，包括产权和交易费用，产权是资源配置的动力，交易费用是资源配置的阻力。主要还是过程要素力量 F 的分析，那么是不是可以使用"合外力决定成果"这个原则？

（2）配置的成果达没达到帕累托最优配置？从三个定理来看，是交易费用影响了是否达到帕累托配置？由广义动量定理的核心原则"力是改变物体状态的唯一原因。所以任何物体状态的改变都是由力引起的。没有力，物体的状态不会改变，改变必定由力引起"可知，资源配置这个不同的结果必定由力量变化引起，没有力量变化，不会有成果变化。

（3）从三个定理来看，产权的大小和资源配置成果正相关，产权越大，资源配置越好；交易费用和资源配置负相关，交易费用越大，资源越远离帕累托配置。那么产权就是资源配置的动力，交易费用是资源配置的阻力，成果是资源配置的状态。

（4）那么由"合外力决定成果"这个原则可以得到：动力-阻力这个合外力决定资源配置这个成果 nmV，设产权这个动力为 F，交易费用这个阻力为 f，那么 $F - f$ 这个合外力决定了资源配置结果 nmV。

（5）将产权是资源配置的动力，交易费用是资源配置的阻力代回到科斯三个定理进行验证，可知，力量的分析是合乎逻辑的。

（6）既然科斯定理论述了动力和阻力对结果的影响，那么物理学中是否有关于这方面的例子呢？我们发现伽利略斜面滚小球的实验和科斯定理很像，可以做一下类比。

在伽利略斜面滚小球的实验中，小球所在位置 A 点的重力势能是小球滚动高度或滚动长度的动力，类似于科斯定理的初始产权配置 F。斜面的摩擦力是小球滚动的阻力 f，类似于科斯定理的交易费用。重力势能 F 和摩擦力 f 之间的合力决定了小球滚动的高度，这个合力类似于产权与交易费用之间的合力，而小球滚动的高度类似于资源配置的结果。

当摩擦力 $f_1 = f_2 = 0$ 时，初始势能都是 F，无论是 f_1 对应的斜面还是 f_2 对应的斜面，小球都能达到和 A 点相同的高度。两个不同的斜面对应于产权配置给甲和乙，初始产权相同都是 F，交易费用对应于 f_1 和 f_2，交易费用为 0，相当于产权没有任何损失，转化为最大的资源配置，即帕累托配置，图中为小球滚动的高度结果都为 h，即虚线所对应的位置。这个图形和科斯的第一个定理论述的内容类同。即对应科斯第一定理的论述：在交易费用为零的情况下，不管权利如何进行初始配置，当事人之间的谈判都会导致资源配置的帕雷托最优，如图 2-13 所示。

当初始产权相同，即小球的势能相同，而每个斜面的摩擦力不同，相当于交易费用不同。甲的斜面的摩擦力 f_1 大于乙斜面的摩擦力 f_2，相当于产权配置给甲后，甲的交易费用大于乙的交易费用。由于合外力决定成果，产权大小相同，甲的阻力大，所以甲的合外力小，甲的资源配置结果是 D_1，

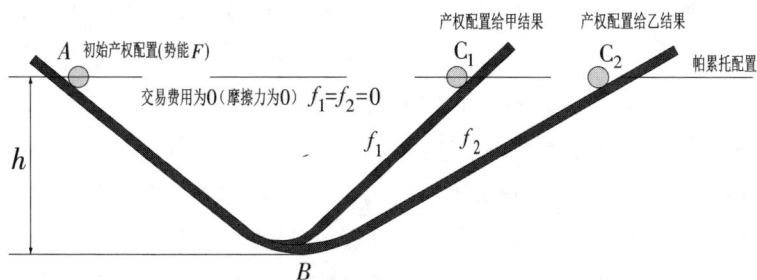

图 2-13　科斯第一定理的类比

要差于乙的资源配置结果 D_2。这就对应了科斯第二定理的论述：在交易费用不为零的情况下，不同的权利配置界定会带来不同的资源配置，如图 2-14 所示。

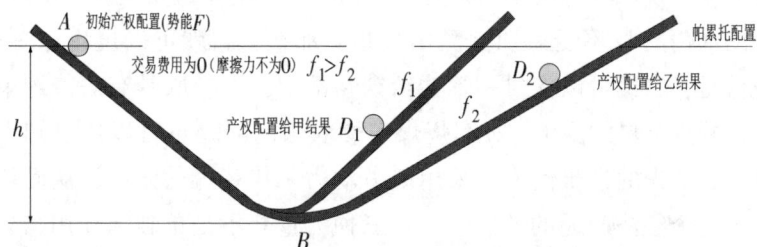

图 2-14　科斯第二和第三定理的类比

科斯第三定理是第二定理的推论，因为交易费用不同，产权配置给甲或者乙，产生的最终资源配置也会产生不同，所以第三条强调了产权配置对资源配置的重要性，即对应于：因为交易费用的存在，不同的权利界定和分配，则会带来不同效益的资源配置，所以产权制度的设置是优化资源配置的基础（达到帕累托最优）。

以物理学作类比，科斯发现了经济学中的动力和摩擦力。

（7）科斯定理论述了以财富手段代替暴力手段，即以议价代替法律限制，那么是否可以使用知识这种力量来解决这些问题呢？因为知识是最高质量的力量，财富是中等质量的力量，暴力是最低质量的力量。

科斯定理的本质是财富和暴力两种力量的相互转化，通过经济手段代替暴力手段，达到社会效益的最大化。财富的力量是比暴力质量高的力量，所以财富的力量获得的成果要比暴力的效果好。而知识是比财富质量高的力量，知识可以获得更好的成果。无论是火车烧煤引燃农田的问题，污染问题还是牛吃小麦问题等案列，通过合理的产权配置，从而引起双方的议价，最终可以使社会效益最大化。法律限制是一种暴力手段，产权配置是一种经济（财富）手段，科斯定理通过财富的力量替代暴力手段解决经济的外部性或曰非效率。科斯的案例是通过财富的力量代替暴力来解决经济的外部性，由于力量的终极来源有暴力、财富和知识，并且三种力量可以相互转化，那么知识的力量也可以解决这个经济的外部性。比如火车烧煤引燃农田的问题，既可通过暴力手段解决，也可以通过财富的手段解决，也可以通过知识的手段解决。政府通过法律（暴力潜能）强制铁路部门安装降低火灾的装置，或者强制农民将谷物远离铁路放置来减少火灾的发生。政府也可以通过财富手段的产权配置来解决，如果农民有权禁止铁路部门运营，那么，他们就可以出售这一权利。具体说就是，铁路部门支付一笔钱给农民，以换取具有法律约束力的承诺——不禁止铁路运营。反过来说，如果铁路部门有权不受惩罚地溅出火星，那么，它就可以出售这一权利。具体说就是，农民可以支付一笔钱给铁路部门，以换取具有法律约束力的承诺——减少火星的溅出。火车烧煤引燃农田的问题也可以通过知识的手段来解决，知识的进步使火车采用电力动力来代替煤的使用，从而从根本上解决了这个经济问题的外部性。这三种力量并不是单独起作用，只是其中的一种为主要力量。比如产权的配置是一种财富力量，那么是什么保证产权的配置得到遵守呢，是暴力潜能。

2.7.2 方向 α 的应用分析

从广义动量定理 $F\alpha t = nmV$ 的角度说，改变方向 α，就可以改变成果 nmV。方向派以调整方向 α 的准确度作为达成目的的手段。

2.7.2.1 方向 α 应用于《战略论》

理论简介：李德·哈特《战略论》的基本真理为："要想成功，有两个主要问题必须加以解决——'颠覆'和'扩张'。一在实际打击之前，一在实际打击之后；而实际打击本身，却是一个比较简单的行动。除非你先创造出一个颠覆的机会，否则对于敌人的打击不会具有效力；接着除非你能在他尚未恢复之前，即扩张第二个机会，否则你这个打击的效力，也绝不会具有决定性。所谓间接路线的战略，其目的就是要设法使敌人丧失平衡，以产生一个决定性的战果。若是一个人沿着敌人所'自然期待的路线'，'直接'地向他的精神目标或物质目标进攻，则产生的常常是负面的结果。沿着敌人'自然期待的路线'采取行动，结果足以巩固敌人的平衡，因而也增强了他的抵抗力量。在多数战役中，首先使敌人在心理和物质上丧失平衡，常常足以奠定胜利的基础。"

分析逻辑

（1）间接战略是对应于直接战略来说的，直接战略和间接战略都是对应于将力量用于哪个方向上。从广义动量定理 $F\alpha t = nmV$ 的角度说，在力量 F 大小不变的情况下，将力量用于不同的方向 α 上，获得的成果 nmV 不同。

（2）那么什么是直接战略呢？就是正面直接进攻你的对手，那么间接战略就是不直接正面进攻你的对手。

（3）直接战略又是什么缺点而需要提出间接战略呢？直接战略直接进攻你的对手，是对手期待的路线，对手有准备，这样的进攻代价大，效果差。

（4）那么什么是间接战略呢？间接战略就是：颠覆，为对手创造弱点；扩张，打击对手的这个弱点。总之，就是以较小的代价获得更大的成果。

（5）间接战略有形象的类比吗？以人推翻巨石为例，巨石是这个人的敌人，这个人的目标就是推翻巨石。如果按照直接战略，那么就是直接正面的去推动巨石，以期待将其推翻。这是"自然期待的路线"，费力并且很可能推不翻，达不到目的。在这个类比中，人的力量的大小没有改变，但是通过间接战略来使用力量，获得了比直接战略更好的效果，如图 2-15 所示。

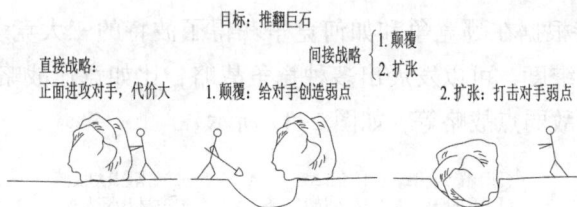

图 2-15　直接战略和间接战略类比

间接战略是：

（1）创造颠覆。给对手制造弱点。比如在巨石的背后先挖一个大坑，这样使石头容易丧失平衡。

（2）扩张。打击对手的弱点，从背后将石头推入挖好的大坑中，从而达到推翻巨石的目的。李德·哈特所强调的是使敌人丧失平衡，然后再进行打击。由于给敌人创造了弱点，并且打击了这个弱点，从而以较小的代价获得了更大的成果。

2.7.2.2　方向 α 应用于竞争战略

理论简介：波特的竞争战略包括总成本领先战略、差异化战略和专一化战略。战略是一个企业长期努力的方向，其他目标应该符合战略以保证战略的顺利完成。

分析逻辑

（1）战略方向有很多种，选用不同的战略获得的成果不同，所以应该选用可以获得最大成果的战略。波特的三大竞争战略就是要体现自身的优势，以优势打击对手的劣势，进而在竞争中获胜。

（2）竞争就存在着在哪竞争和以什么优势竞争的问题？在哪竞争可以区分为宽泛的市场和特定的细分市场，而如何竞争则包括总成本领先和差异化的方式，如图 2-16 所示。

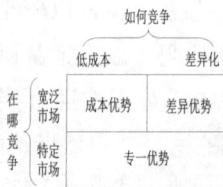

图 2-16　波特的竞争战略

（3）波特根据在哪竞争和如何竞争获得了波特的三大竞争战略，而市场竞争有多个维度，可以发展出多种竞争战略，比如竞速战略、学习战略、协同战略和攻敌弱点战略等，如图 2-17 所示。

31种企业战略		
①力量最大化战略	⑪合作战略	㉑销售量最大化战略
②歧异化战略	⑫交易战略	㉒成本最小化战略
③聚焦战略	⑬竞争战略	㉓渠道战略
④竞时战略	⑭协同战略	㉔创造需求战略
⑤数量战略	⑮正反馈战略	㉕攻敌弱点战略
⑥竞质战略	⑯负反馈战略	㉖对手竞争力最小化战略
⑦竞速战略	⑰信息优势战略	㉗消耗战略战略
⑧空间战略	⑱消费者利益最大化战略	㉘进攻战略
⑨学习战略	⑲价格战略	㉙防守战略
⑩创新战略	⑳营销战略	㉚侧翼战略战略
		㉛游击战略战略

图 2-17　31种企业战略

2.7.2.3 方向 α 应用于专业化

理论简介：亚当·斯密在《国富论》中阐释了分工和专业化可以增加产出，他举了扣针工厂的例子——一个没有受过专门训练的劳动者，无论如何努力，一天也生产不了 20 枚扣针，但有了分工之后，经过前后 18 道工序，每人每天可以生产 48 000 枚扣针。这体现出分工的高效率性。斯密分析的分工理论提高效率的原因：第一，分工专业化使劳动者的劳动技巧或熟练程度日益增进；第二，分工可以减少由一种工作换到另一种工作损失的时间；第三，分工使劳动简单化、专门化，从而为机械的发明和使用创造了条件。

分析逻辑

（1）亚当·斯密给出了专业化和分工可以增加产出的 3 个理由。那么应该如何来分析这三个理由呢？

根据广义动量定理的原则一：力是改变物体状态的唯一原因。所以任何物体状态的改变都是由力引起的。没有力，物体的状态不会改变，改变必定由力引起。产出的增加必定由力的变化引起，过程四要素包括力量 F 的大小、方向 α、作用点和时间 t，可以从这四要素进行分析。

（2）从广义动量定理 $F\alpha t = nmV$ 的角度来分析斯密所说的原因：第一，劳动技巧，熟练程度的提高和机械的发明都是增加了力量 F；第二，减少转换时间的损失就是增加了有效工作时间 t；第三，劳动简单化和专门化就是力量的作用点明确，力量的方向 α 偏差减少，使方向 α 增加，增加了力量的准确度并减少力量转变的损失。因此，增加了力量 F、时间 t 和方向 α，成果 nmV 会增加。

2.7.3 作用点的应用分析

从广义动量定理 $F\alpha t = nmV$ 的角度说，改变作用点，就可以改变成果 nmV。作用点派以调整作用点的准确度作为达成目的的手段。

2.7.3.1 作用点应用于聚焦理论

理论简介：聚焦理论使企业集中力量于某几个细分市场，主攻某个特殊的顾客群、产品系列的一部分或某个地区市场，而不是在整个产业和整个市场范围内进行全面出击。聚焦理论就是缩小力量的作用点，从而使力量在此作用点上的成果增加。

分析逻辑：聚焦理论论述的是力量的作用点，即将力量集中于一点，这一点的成果会增加。力量的作用点不同产生的成果不同，选择合适的作用点可以增加产生的成果。

是否有类似的例子，来阐述这种现象呢？

在物理学上，使用凸透镜聚焦阳光可以增加焦点的热量，将火柴点燃。只有阳光（力量），或阳光不集中（方向不正确），火柴都不能被点燃；有阳光，力量也集中，即产生了聚焦作用，但是焦点不正确，也无法引燃火柴；有了阳光，力量集中，焦点正确才能点燃火柴，如图2-18所示。

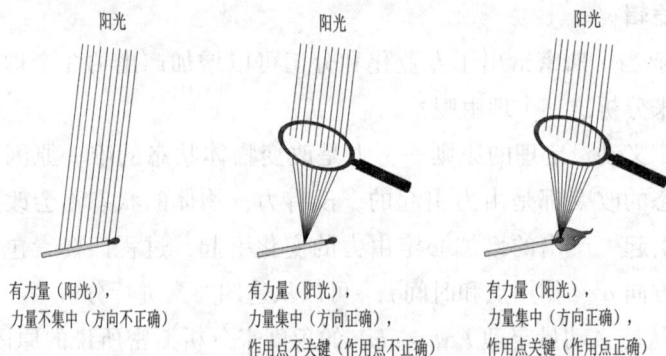

有力量（阳光），
力量不集中（方向不正确）

有力量（阳光），
力量集中（方向正确）
作用点不关键（作用点不正确）

有力量（阳光），
力量集中（方向正确）
作用点关键（作用点正确）

图2-18　凸透镜聚焦阳光点燃火柴

乔布斯通过聚焦战略拯救苹果。他的一个过人之处就是知道如何做到专注。乔布斯刚回到濒临破产的苹果公司时，苹果的产品线十分不集中，光是Mac就有很多版本。"我让他们给我解释了三个星期，"乔布斯说，"我还是搞不明白。"最后他干脆开始问一些简单的问题，比如："我应该让我的朋友们买哪些？"当无法得到简单的回答时，他就开始大刀阔斧地砍掉不同的型号和产品。很快他就砍掉了70%。几个星期过去了，乔布斯终于受够了。"停！"他在一次大型产品战略会议上喊道，"这真是疯了。"他抓起记号笔，走向白板，在上面画了一根横线一根竖线，做成一个方形四格表。"这是我们需要的，"他继续说。在两列的顶端，他写上"消费级"和"专业级"。在两行的标题处，他写上"台式"和"便携"。他说，他们的工作就是做四个伟大的产品，每格一个，如表2-1所示。

表 2-1　乔布斯的聚集案例

	专业级	消费级
台式	Power Macintosh G3	iMac
便携	PowerBook G3	iBook

结果，苹果的工程师和管理人员突然高度集中在四个领域。专业级台式电脑，他们开发出了 Power Macintosh G3；专业级便携电脑，开发出了 PowerBook G3；消费级台式电脑，后来发展成了 iMac；消费级便携电脑，就是后来的 iBook。到 1997 年 9 月乔布斯成为临时 CEO 时，之前的一个财政年度苹果已经亏损了 10.4 亿美元。"我们离破产不到 90 天。"他回忆说。1998 年整个财年，苹果实现了 3.09 亿美元的赢利。乔布斯归来，苹果归来。

2.7.4　时间 t 的应用分析

从广义动量定理 $F\alpha t = nmV$ 的角度说，改变时间 t，就可以改变成果 nmV。时间派以调整时间 t 的发生时刻和长短作为达成目的的手段。

2.7.4.1　时间 t 应用于科维的时间管理法

理论简介：时间"四象限"法是美国的管理学家史蒂芬·科维提出的一个时间管理的理论，把工作按照重要和紧急两个不同的程度进行了划分，基本上可以分为四个象限：既紧急又重要、重要但不紧急、紧急但不重要、既不紧急也不重要。按处理顺序划分：先是既紧急又重要的，接着是重要但不紧急的，再到紧急但不重要的，最后才是既不紧急也不重要的。有了时间四象限的分类，就可以针对每一类采用不同的处理方法，这样可以提高效率，增加产出，如图 2-19 所示。

分析逻辑：时间有两个重要属性，分别是长短和时刻。科维的时间四象限管理法使用的是波士顿矩阵分析法。科维的时间管理法从发生的时刻与事情的重要性两个维度进行分析。事情按照发生的时刻来区分，有需要现在去做的，即紧急的；或者以后做的，即不紧急的两个维度。事情从重要程度来分也有两个维度，即重要的和不重要。两个维度时间和两个维度的事情重要程度就组合成了四矩阵。从广义动量定理 $F\alpha t = nmV$ 的角度说，

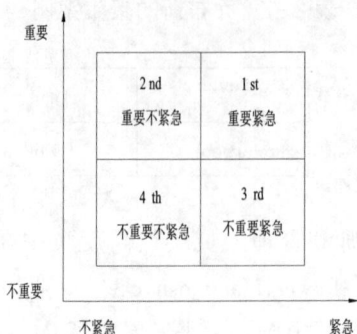

图 2-19　四象限时间管理

使用时间的不同方式产生的成果不同。

2.7.4.2　时间 t 应用于贝克尔的时间分配理论

理论简介：诺贝尔经济学奖获得者加里·S·贝克尔创立了"时间经济学"理论。他证明了经济学中人的"偏好稳定"的基本假设，可以从个人偏好或需求结构随时间的推移而变化加以发展，重要的是"唯一改变的是时间的价值"。贝克尔的时间经济学是广义的时间消费效用研究，研究时间的消费效用的最大化的。贝克尔在《人类行为的经济分析》的第五章论述了"时间分配理论"。

分析逻辑：时间有长短和时刻两个属性，而贝克尔的时间分配理论论述的就是时间长短的分配问题，即多少时间用于工作，多少时间用于享受。他的逻辑是：购买消费品的花费和总收入相等，总支出等于总收入，也就是均衡。

$$px = V + (T - T_c)w$$

等式左边是消费品数量 x 和价格 p 的乘积，右边是其他收入 V 和工资收入之和，其中 T 表示总时间，T_c 表示用于消费的时间，$(T - T_c)$ 表示工作时间，w 表示工资。而家庭效用函数 ZV 是消费品 x 和消费时间 T_c 的乘积，即 $ZV = xT_c$，从广义动量定理的角度说，消费品就是力量 F，消费时间对应于时间 t，而成果 nmV 对应 ZV，就是消费品 x 在时间 T_c 上的积累效应。增加工作时间可以增加报酬 $(T - T_c)w$，进而增加消费品数量 x，但是会减少消费时间 T_c；反过来，减少工作时间可以减少报酬 $(T - T_c)w$，进而减少消费品数量 x，但是会增加消费时间 T_c。为了追求 $ZV = xT_c$ 的最大值，必定会存在一个最优时间值 T_c，使得家庭效用 ZV 获得最大值，如图2 - 20所示。

$$\text{Max}(ZV)$$

约束：$px = V+(T-T_c)w$, $ZV=xT_c$

消费时间 T　　　工作时间 $T-T_c$

总时间 T

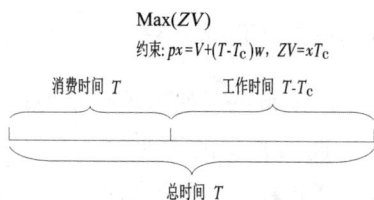

图 2-20　时间分配理论

贝克尔的时间分配理论可以写成下列函数

$\text{Max}(ZV)$

$ZV = xT_c$

$px = V + (T - T_c)w$

分别将等式中的 x 带入函数 ZV，可以获得抛物线函数，进而获得 T_c 的最优值。

通过等式约束，得到 x 的表达式

$$x = \frac{V + Tw - T_c w}{p}$$

将 x 带入 ZV，得到

$$ZV = \frac{V + Tw - T_c w}{p}T_c$$

求 ZV 的极大值，对 T_c 求导

$$\frac{\partial(ZV)}{T_c} = \frac{V + Tw - 2T_c w}{p} = 0$$

得到 T_c 最优值为

$$T_c = \frac{V}{2w} + \frac{T}{2}$$

此结果的含义是为了达到家庭效用函数极大化，当其他收入 V 越多时，则消费的时间 T_c 应该越多；而当工资 w 越高时，消费时间应该越少，因为工资越高可以购买的商品越多，商品越多，则效用函数越大。

2.7.5　数量 n 的应用分析

从广义动量定理 $F\alpha t = nmV$ 的角度说，改变数量 n，就可以改变成果 nmV。数量派以改变数量 n 作为其主要目的。

2.7.5.1　数量 n 应用于工业工程

内容提要：弗兰克·吉尔布雷斯的理论包括时间研究和动作研究。时间研究就是研究在一定时间内合理的作业量，即定额，是一种定量管理。动作研究是将动作分解为最小单位，研究各种工作所需要的最少动作组合，消除无用动作，增加产出数量。弗兰克·吉尔布雷斯说："世界上最大的浪费，莫过于动作的浪费。"

分析逻辑：吉尔布雷斯的工业工程是以增加成果数量 n 为目的的，所以他属于数量派。吉尔布雷斯通过对生产流程进行优化，减少不必要的动作，进而提高产出数量 n。

在锡焊的作业中，改善之前需要五步骤，改善之后只需要三步骤，锡焊作业时间大大减少，产出数量显著增加。在改善之前，需要做的步骤是：①左手取工件放在操作台上，右手空手等待；②左手拿起焊丝，右手拿起电烙铁；③左手锡焊，右手锡焊；④左手放下焊丝，右手放下电烙铁；⑤左手将工件放入成品箱，右手空手等待。从动作过程中可以看到左手有二步骤在空手等待，没有达到"两手应尽量同时使用"的原则，可以通过重排的方法合理分配两手的动作，将"拿起焊丝"的工作分配给右手；"取工件放在操作台上""空手等待"和"拿起电烙铁"的步骤可以按照"动作单元要尽量减少"的原则进行取消；"拿起电烙铁"的步骤按照"动作单元要尽量减少"的原则进行取消和简化，使用固定操作台来固定电烙铁，如图 2-21 所示。

锡焊作业的改善					
改善前—五步			改善后—三步		
顺序	左手	右手	顺序	左手	右手
1	取工件放在操作台上	空手等待	1	取制品	拿住焊丝（等待）
2	拿起焊丝	拿起电烙铁	2	锡焊	锡焊
3	锡焊	锡焊	3	将工件放入成品箱	拿住焊丝（等待）
4	放下焊丝	放下电烙铁			
5	将工件放入成品箱	空手等待			

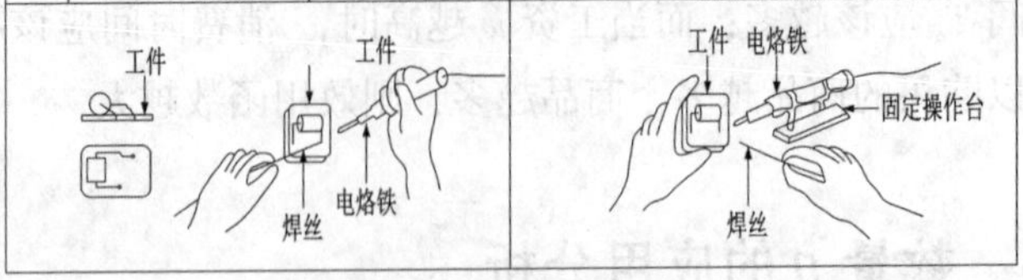

图 2-21　锡焊作业的改善

2.7.6　质量 m 的应用分析

从广义动量定理 $F\alpha t = nmV$ 的角度说，改变质量 m，就可以改变成果 nmV。质量派以改变质量 m 作为其主要目的。

2.7.6.1　质量 m 应用于质量管理

内容提要：戴明是一个质量管理专家，他提出了戴明十四要点和发展了 PDCA 环。PDCA 包括 Plan（计划）、Do（执行）、Check（检查）和 Action（纠正），PDCA 循环就它按照这样的顺序进行质量管理，并且循环不止地进行下去的科学程序。1950 年，戴明对日本工业振兴提出了"以较低的价格和较好的质量占领市场"的战略思想。许多质量管理专家认为，戴明的理论帮助日本从一个衰退的工业国转变成了世界经济强国。戴明的管理可以总结为 14 要点，如图 2-22 所示。

戴明的十四要点

1. 树立改进产品和服务的长久使命
2. 接受新的理念
3. 不要将质量依赖于检验
4. 不要只是根据价格来做生意，要着眼于总成本最低
5. 通过持续不断的改进生产和服务系统来实现质量和生产率的改进和成本的降低
6. 做好培训
7. 进行领导。领导意味着帮助人们把工作做好，而非指手画脚或惩罚威吓
8. 消除恐惧以使每一个人都能为组织有效的工作
9. 拆除部门间的壁垒
10. 取消面向一般员工的口号、标语和数字目标
11. 取消定额或指标
12. 消除影响工作完美的障碍
13. 开展强有力的教育和自我提高活动
14. 使组织中的每个人都行动起来去实现转变

图 2-22　戴明的十四要点

分析逻辑：戴明的质量管理是以提高质量 m 为目的，他提出的戴明十四要点和 PDCA 循环是达到提高质量 m 的手段，所以质量管理属于质量派，是以增加广义动量定理成果 nmV 中的 m 为目标。

2.7.7　速度 V 的应用分析

从广义动量定理 $F\alpha t = nmV$ 的角度说，改变速度 V，就可以改变成果

nmV。速度派以改变速度 V 作为其主要目的。

2.7.7.1 速度 V 应用于兵贵神速

理论简介：三国时期曹操的谋士郭嘉说："兵贵神速。"

孙子在九地篇中说："兵之情主速，乘人之不及，由不虞之道，攻其所不戒也。"意思是说用兵之理贵在神速，要乘敌人措手不及的时机，走敌人意料不到的道路，攻击敌人没有戒备的地方。

拿破仑说："军队的力量与力学中的动力相似，是质量与速度的乘积。快速的行军，能够提高军队的士气，足以增加取胜的机会。"

李德·哈特在《战略论：间接路线》中写道："法国大革命时，法军每分钟走 120 步，而他们的敌人坚持每分钟走 70 步的传统。法军可以迅速的调动，随时把打击的力量集中在选定的要点上，用拿破仑惯用的术语来说，就是无论在战略还是战术上，都可以实行'质量乘速度'的原理。"

德国的海因茨·威廉·古德里安创造了闪电战，是第二次世界大战期间德军经常使用的一种战术，它充分利用飞机、坦克的快捷优势，以突然袭击的方式制敌取胜。闪击战三个重要要素：快、奇、集中。古德里安也因此与曼施坦因、隆美尔被后人并称为二战期间纳粹德国的三大名将。

富勒在《装甲战》中写道："部队摩托化和机械化的优点就在于：以节省时间来缩短空间，换言之，我们运动的速度越快，我们所要防御的地区范围就越小。在战略上，时间和空间是相对的。正如战争历史一再表明的，只在短时间内停留在一个地点的部队，要比长时间（二十四小时以上）停留在同一地点，兵力比之大九倍的部队对战争的作用更大。"

郭嘉、孙子、拿破仑、李德·哈特、古德里安和富勒 6 个人都在强调军队速度的重要性，提高军队的速度就可以增加获胜的成果。

分析逻辑

（1）在广义动量定理公式 $F\alpha t = nmV$ 中，增加速度 V 可以增加成果 nmV。而在军事上增加军队的反应速度 V 时，即可增加军事成果 nmV。

闪电战的 3 要素是快、奇、集中。快指速度快，敌人没时间准备，相对于敌人我方增加了时间 t；奇指 α，奇袭，对手没有准备，可以获得更大的成果；集中指增加力量 F，即可增加成果。

（2）而如果增加军队的速度 V，可以有效增加军事成果 nmV，那么是不是只要增加速度就是有利的呢？

孙子在军争篇中说："故军争为利，军争为危。举军而争利则不及，委军而争利则辎重捐。是故卷甲而趋，日夜不处，倍道兼行，百里而争利，则擒三军将，劲者先，疲者后，其法十一而至；五十里而争利，则蹶上将军，其法半至；三十里而争利，则三分之二至。是故军无辎重则亡，无粮食则亡，无委积则亡。"

孙子说丢弃辎重、粮食和战备物资储备减少了军队携带的质量，可以提高行军的速度去与敌人争利，但军队由于没有辎重、粮食和战备物资储备这些物资，军队也没办法生存。

减少质量可以提高速度，但减少质量会威胁生存。以减少质量而提高的速度，其成果可能是负作用的。

2.7.7.2 速度 *V* 应用于生产理论

理论简介：流水线生产、精益生产（包括丰田生产方式）和 TOC 制约理论是世界三大生产理论，他们的主要目标都是加快流动。

高德拉特在《站在巨人的肩膀上》写道："整个制造型企业运行模式的彻底改变由两个伟大的思想家所主持，他们分别是亨利·福特和大野耐一，福特通过导入流水线实现了大批量生产方式，而大野耐一则在他的 TPS 里将福特的概念带向更高的应用层次，他做出突出的贡献是使整个制造性企业将库存视为资产的看法改成库存是负债的看法。

"概括而论，福特和大野都遵循以下四个概念（供应链概念）：

"（1）加快流动（或缩短生产所需时间）是工厂的主要目标。

"（2）这个主要目标应该被转化成一套具体的机制，以指导何时不应生产（以防止过度生产）。

"（3）局部效率必须废止。

"（4）一套平衡流动的聚焦程序必须就位。"

文中提出了一个核心论点，认为亨利·福特的装配流水线和大野耐一的丰田生产系统（TPS）都是源于对物料流动的重视。

丰田的生产方式的创始人大野耐一说："我们所做的，其实就是注意从接到顾客订单到向顾客收账这期间的作业时间，由此剔除不能创造价值的浪费，以缩短作业时间。"

所以，加快流动（或缩短生产所需时间）是工厂的主要目标，如图 2-23 所示。

```
                    ┌─ 1. 目标: 提高系统产出速度
                    │
                    │                   ┌─ 流水线: 设立空间缓冲
                    │                   │
                    ├─ 2. 防止过量生产 ─┼─ LP&TPS: 设立库存缓冲
                    │                   │
                    │                   └─ TOC: 设立时间缓冲
供应链四原则 ───────┤
                    │                   ┌─ 流水线: 空间填满, 停止生产
                    │                   │
                    ├─ 3. 废除局部效率 ─┼─ LP&TPS: 只生产看板要求的数量
                    │                   │
                    │                   └─ TOC: 有工作快速完成, 没工作就停止
                    │
                    │                   ┌─ 流水线: 减少空间缓冲
                    │                   │
                    └─ 4. 不断平衡流动 ─┼─ LP&TPS: 减少库存缓冲, 快速换模, 多能工
                                        │
                                        └─ TOC: 减少时间缓冲
```

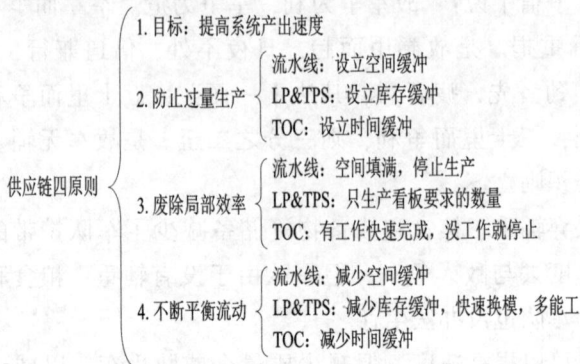

图 2-23　供应链四原则

　　分析逻辑: 世界三大生产理论的主要目标就是提高系统的产出速度 V, 也就是以广义动量定理成果 nmV 中的速度 V 作为目标。所以世界三大生产理论属于速度派。高德拉特总结的供应链的另外三个原则是达到增加系统速度 V 的手段。主要目标是增加系统产出速度 V, 手段可以有多种。

　　作者将以广义动量定理来解释为什么加快流动是工厂的主要目标。在广义动量定理公式 $F\alpha t = MV$ 中, MV 表示成果, 如果要增加成果, 要么增加广义质量 M, 要么增加广义速度 V。增加广义质量(nm)是工业工程和质量管理的核心目标。而增加广义速度是生产方法的核心目标, 代表包括福特的流水线生产、大野耐一的丰田生产方式、精益生产和高德拉特的 TOC 制约理论。对于生产型企业, 可以认为质量 m 是既定的, 只要生产出的产品能达到要求即可。而客户需要的数量 n 也是既定的了, 即广义质量 $M(nm)$ 是既定的了。比如顾客订购了某型号的一辆轿车, 则轿车的发动机, 轮胎等都是既定的了, 不会再要求去增加此产品的性能质量 m, 数量 n 也是既定一辆。为了增加成果 MV, 只能增加广义速度 V, 所以对于生产型企业广义速度则是工厂的主要目标, 提高广义速度, 就能提高成果。因此福特、大野耐一和高德拉特都将加快流动（或缩短生产所需时间）视为工厂的主要目标。

2.8　五种增加成果的手段

　　广义动量定理是最基本的原理, 那么它在现实中有哪些表现手段呢?

现实中有五种增加成果的手段，分别为学习、创新、合作、交易和竞争，如图 2-24 所示。

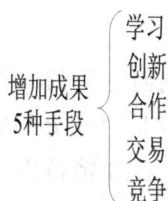

增加成果
5种手段 {
学习
创新
合作
交易
竞争
}

图 2-24　增加成果的五种手段

这五种手段彼此不同，但有互相交叉和互相可以替代的部分。罗纳德·科斯在《企业的性质》中说："企业的显著特征就是作为价格机制的替代物。"其本质是企业员工的合作可以代替产品通过价格的交易，合作与交易（交换）这两种手段有替代关系，但不是完全替代。从广义动量定理 $F\alpha t = nmV$ 的角度说，合作是力量之间的合作，从而产生成果 nmV，而通过价格机制的交易是成果 nmV 的交易，即产品的交易。力量 F 比产品具有更大的灵活性。企业各部门甚至是员工之间通过力量的合作来完成成果，也可以通过交易来完成成果。日本企业家稻盛和夫的阿米巴经营就是将交易引入企业，各部门之间不是通过力量来合作，而是通过部门之间的交易来完成，如图 2-25 所示。

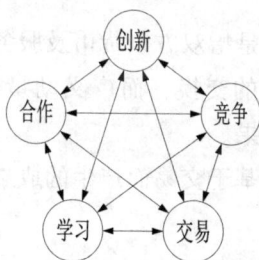

图 2-25　五种手段可以相互替换

1. 学习

在百科中，学习的定义是指通过阅读、听讲、研究、观察、实践等获得知识或技能的过程，是一种使个体可以得到持续变化（知识和技能，方法与过程，情感与价值的改善和升华）的行为方式。

学习可以增加广义力量 F、方向选择的经验、作用点选择的经验和时间的合理使用，通过学习可以增加成果。学习本身也是一种获得成果的过程。

2. 创新

在百科中，创新就是改进或创造新的事物并获得有益效果的行为，定义中创新能产生成果。创新可以是力量上的创新，比如蒸汽机的发明增加了动力；可以是方法上的创新，比如精益生产方法的产生增加了企业的成果；可以是作用点选择的创新，比如定位理论与 TOC 制约理论可增加成果；可以是时间管理上的创新，比如番茄工作法可有效利用时间来增加成果。

创新是种群发展的唯一根本动力。一个种群如果没有创新，那么这个种群最终会停止进化。种群的创新总是过小时，种群的进化速度缓慢；创新过大时，相当于系统受到很大的扰动，可能会导致系统崩溃。

3. 合作

在百科中，合作的定义就是人与人、群体与群体之间为达到共同目的，彼此相互配合的一种联合行动、方式。

合作可以是相同力量的合作，也可以是不同力量的合作，相互合作可以增加力量 F，从而增加成果 nmV。不同比例的暴力、财富和知识的合作可以创造出不同的成果。

4. 交易

在百科中，交易的定义是指双方以货币及服务为媒介的价值的交换。

交易的本质是广义动量的交换，而广义动量也是一种力量，所以交易可以增加力量，从而增加成果。

现代的社会发展成果是基于交易而产生的成果的。

5. 竞争

在百科中，竞争的定义是不同主体争夺有限资源的过程。

竞争可以增加个体投入更多的时间和精力，从而产生更大的成果。竞争有利于有限资源的合理配置，发挥出更大的作用。

6. 军事学、管理学和经济学的类同性

军事学、管理学和经济学有什么类同性呢？除了广义动量定理和系统思考的基本原理外，他们在表现形式上有很大的类同性，即学习、合作、创新、竞争和交易这五大手段，如表 2-2 所示。

表 2-2　增加成果的五种手段

增加成果的五种手段					
	生物学	优化算法	战争	管理学	经济学	
根本目的	进化					
目标（nmV）	生存可能最大	数值最大化	利益最大化	利润最大化	财富最大化	
手段 （增加产出Fαt）	学习	学习	学习	学习	学习	交互影响 （系统思考）
	合作	合作	合作	合作	合作	
	变异	变异	奇战	创新	创新	
	竞争	竞争	竞争	商业竞争	竞争	
	遗传交叉	交叉	遗传交叉	商业交易	市场交易	

　　在这五个领域中，追求的根本目的都是进化，具体目标都是最大化，只是最大化的内容有所不同。在生物学上，动物追求最大的生存可能性；在优化算法上，追求数值最大化；在战争中，对阵双方追求利益最大化；在商业管理上，企业追求利润最大化；在经济学上，人民追求国民物质财富最大化。实现最大化有五种基本的手段，分别为学习、竞争、合作、创新和交易。这五种手段在不同领域的称呼不同，比如在生物学和函数优化上叫做学习，在管理学上叫做模仿，在经济学上叫资源优化配置。虽然叫法不同，但本质是相同的。

　　在生物学上，小动物要向父母学习捕食、竞争、逃亡等经验以保证自身的生存。在人类的进化史中，文字的发明使人类的经验可以延续，加快了经验的渗透作用，提高了人类的学习能力。在函数优化中，不好的自变量要向好的自变量学习，以促使整个种群的因子趋向最优方向。在企业管理中，企业之间互相学习对方的优点，增加自身的实力，从而增加利润。在经济学上，理性人将资源向最有效率的方向优化配置，来增加社会的物质财富。学习和优化是有极限的，最多只能达到与环境中最好的个体相同的结果。竞争是用来比较哪一个个体更有效率，哪一个数值最大化，从而优胜劣汰，为进化指出方向。合作是为了获得更大的成果。在生物学上，狼以合作获得更大的成果而闻名。在函数优化上，一维函数是不需要合作的，越高维的函数越需要自变量之间的合作。在战争中，军队通过士兵间的合作产生协同作用，从而更有效的消灭对手。在企业管理上，员工通过合作来创造更大的成果。在经济学上，即使基于李嘉图的静态的比较优势，分工合作也可以增加产出。亚当·斯密与杨小凯论述了分工可以促进专业化能力的提高，持续增加产出。越复杂的工作越需要合作来完成。在生物学上，没有变异，生物最终会停止进化。在函数优化上，没有变异，函数会陷入局部极值点而产生早熟。过小的变异会使函数跳不出局部极值点，而过大的变异会使种群不稳定，不能使好的因素通过学习而渗透，从而增加了寻优的时间。在战争中，军队依靠出奇制胜。在企业管理学上，企业通过创新来创造市场，创新是企业的两项职能之一。在经济学上，创新是经济发展的根本动力，没有创新，经济最终会停止发展。在生物界很少有交换的发生，它们也很少有分工，没有人看到过两只狗用两根骨头彼此进行公平的有意识的交换。在生物遗传上，父母的基因会进行交换，以期产生出更好的后代，但这是非自主的。在优化算法中，需要进行因子交换，以期能产生更好的解；在高维函数的优化中，如果没有自变量的交换，函数是无法求解到最优解的。在战争中，通过利益交换可以拉拢同盟者来增加自己一方的力量；失败方通过割地赔款等交易来获得免受侵略的结果，当然这是非自愿的。在商业和经济上，消费者和生产者通过市场交易进行交换，以此获得更大的利益。

学习、合作、竞争、创新和交易都会影响对方的利益和市场环境，而对方的行为和市场环境也会影响自己的行为，这种相互式的影响需要用系统思考来分析。

7. 五种手段在优化算法中的应用

优化算法和生物进化、军事、管理学、经济学以及人类的发展在追求利益最大化上是类同的。优化算法追求系统的目标最优，生物是追求生存可能最大化，军事战斗追求战斗力盈余最大化，管理学追求利润最大化，经济学追求财富最大化。作者研究生的论文为多智能体差分进化算法。智能体是模拟人类智能，它能感知周围的环境，对环境做出反应，也能影响周围的环境，如图 2-26 所示。

图 2-26　智能体示意图

多个智能体集合在一起用来模拟人类社会的智能。多智能体有五种算子，分别为创新算子、学习算子、合作算子、交易算子和竞争算子。每个圆圈表示一个智能体，圈中的数字则表示该智能体处在网格中的位置，而只有连线的两个智能体才能发生相互作用，如图 2-27 所示。

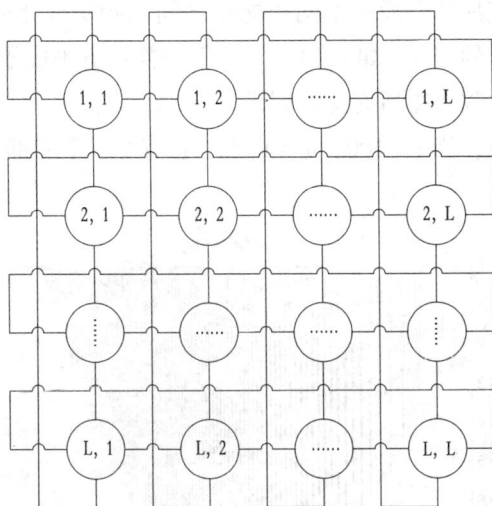

图2-27 多智能体网络

以高维函数为优化对象（一维函数不存在合作），测试算法的性能。此处只选取高维函数中最复杂的 F01 进行测试，F01 为 100 维函数。

$$\min[f(x)] = -\sum_{i=1}^{n} \sin(x_i) \sin^{20}(\frac{i \times x_i^2}{\pi}), \quad S = [0, \pi]^n$$

F01 函数为 100 维函数，即 $i = 1$，$n = 100$，自变量的取值范围为 $[0, \pi]$，能查到文献均写此函数最优值未知。

F01 函数的最优解形式如下：

$$x_{ij} = (x_1, x_2, x_3 \cdots x_{100})$$

通过这个函数，我们来解释每一个算子的作用。

合作算子：由于这是一个多维函数，所以只有这 100 维全部获得最对应的优解，x_{ij} 才能获得最优解，即需要这 100 维函数之间的合作来获得最优解，x_{ij} 对应的 $f(x)$ 值是 100 维函数合作获得的。

竞争算子：竞争算子是用来比较大小的，如果没有竞争算子，算法就没办法进行下去，每一个智能体只和邻域的算子进行竞争，如果这个智能体大于邻域，那么邻域智能体需要学习这个智能体。

学习算子：学习算子在学习邻域最好的智能体，进行小范围优化，找到局部范围的极值点。

创新算子：创新算子首先在 $[0, \pi]$ 的区间内随机生成 $L \times L$ 个智能体，然后在一轮竞争过后，在最大智能体上进行创新，从而变异成新的智能体。

交易算子：交易算子通过不同智能体之间互相交换相同维对应的数值，从而筛选出最优秀的因子。如 x_{11} 和 x_{12} 之间交换第五维因子。通过正交交叉算法可以以最小次数获得所有优秀因子。

对于 F01 函数，当 $i = 100$，$n = 1$ 时，它有 100 个局部极值点，如图 2-28 所示。

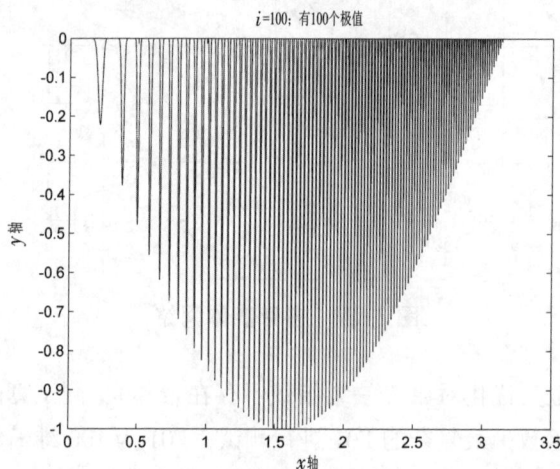

图 2-28　$i = 100$，$n = 1$，有 100 个极值点

当 $i = 1$，2，$n = 2$ 时，它有 $1 \times 2 = 2$ 个极值点，如图 2 - 29 所示。

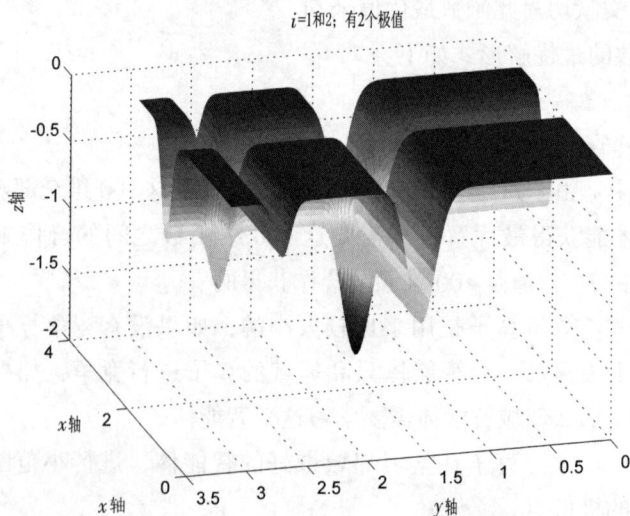

图 2-29　$i = 1$，2，$n = 2$，有 2 个极值点

当 $i = 9$，10，$n = 2$ 时，它有 $9 \times 10 = 90$ 个极值点，如图 2 - 30 所示。

$i=9$和10；有90个极值

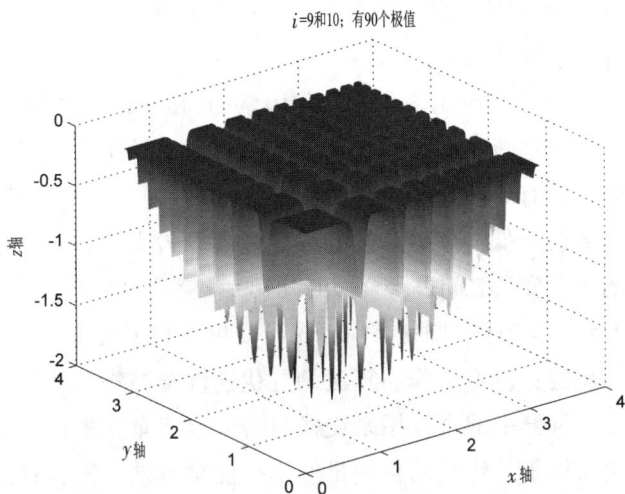

图 2-30 $i = 9$，10，$n = 2$，有 90 个极值点

当 $i = 99$，100，$n = 2$ 时，它有 $99 \times 100 = 9\,900$ 个极值点，如图 2 - 31 所示。

$i=99$和100；有9 900个极值

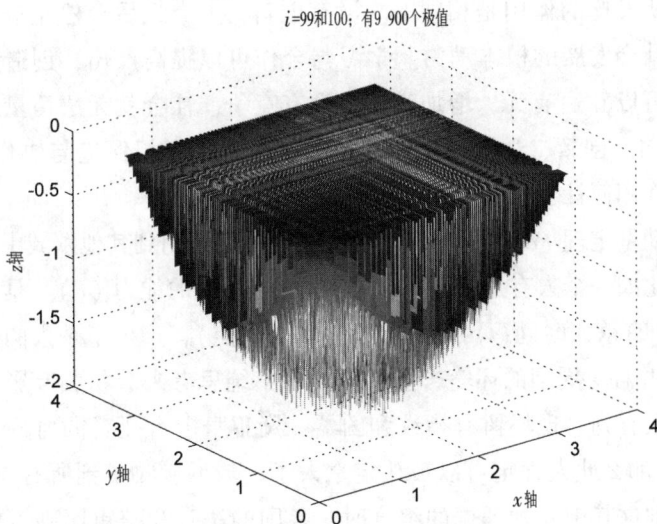

图 2-31 $i = 99$，100，$n = 2$，有 9 900 个极值点

当 $i = 1$，2，$\cdots$，n，并且 $n = 100$ 时，即此函数是 100 维时，这个函数的局部极值点有 100！个极值点，数量为 9.33×10^{157} 个，所以，它成为了测试高维函数寻优能力最好的测试函数。多智能体差分进化算法在个人笔记本电脑上花费 96 小时所求的最小值为：-99. 620 194 0，比可以查到的文献所给出的最优值都要好。

创新算子（变异）是用来创造新的因素的，如果没有创新，算法会陷入局部峰值，停止更新而产生早熟现象。学习算子是用来学习其他智能体的优良因素的，没有学习算子，好的因素不能渗透，下一次创新算子产生的好因素的概率会降低，整个算法的寻优速度会大大减慢。合作算子是用来使智能体的各个变量之间进行合作的（100 维就是 100 个自变量之间的合作），如果没有合作算子，即使其中许多自变量达到了最优解，整个智能体的数值还是很小的；没有合作，算法的寻优速度会减慢，并且达不到最优值。交叉算子是种群中的个体用来交换自身的自变量，来追求自身函数值最大，没有交叉算子，优良的自变量便不可能被有效选出，算法也不会达到最优值。竞争算子是用来比较每个智能体大小的，没有竞争，就无法判定哪一个智能体更趋近于最优解；没有竞争，算法肯定不会得到最优解，也无法进行下去。

创新、学习、合作、交易和竞争在军事学、管理学、经济学以及人类的发展上所发挥的作用是相同的。没有创新，人类最后会停止进步，所以说创新是社会发展的根本动力。学习与合作可以提高产出，创造更多的利益。交换可以互通有无，增加产出。没有竞争，社会就无法衡量优劣，就没有了方向。创新、学习、合作、交易与竞争是互相促进与协作的关系，它们共同作用使社会不断的发展和进步。

广义动量定理 $F\alpha t = nmV$ 和系统思考也可以运用到其他领域中，如法证和法律。比如一个人有杀人动机（趋势），有杀人的能力（F），具备杀人的方法（α），有杀人时间（t），有杀人工具（作用点），产生了杀人的事实结果（nmV），并且对周围的环境产生了影响（系统思考来分析相互影响，比如杀人被别人看到，现场留有指纹和凶器，疑犯身上有死者的血迹等对环境的影响），那么此人肯定可以被认定杀人了。当不能收集到所有这些证据，而只收集到这其中几种证据的组合时，各国的法官和陪审团则需要依据法律以及这些仅有的证据作出自己的判断。

比如使用广义动量定理 $F\alpha t = nmV$ 和系统思考分析篮球运动，球员有力量 F 派，比如沙奎尔·奥尼尔；有技巧 α 派，比如乔丹；有善于打时间 t 差的，比如科比，利用各种假动作来创造时间差；有质量 M 派的，比如身高优势的天钩贾巴尔；有速度 V 派的，比如威斯布鲁克；有协调组织派的，比如纳什和基德。在多个队员协作上，则有更多的打法，比如利用无球队员挡拆，创造时间差来完成投篮；利用突破分球吸引防守力量，造成投篮点防守真空，创造时间差来完成投篮。

2.9 广义动量定理的层级结构

广义动量定理 $F\alpha t = nmV$ 可以用于层级结构中任何层级的分析，它具有层级性。可以通过广义动量定理分析上一层级如何获得成果，然后还可以通过广义动量定理分析上一层级中广义动量定理的每个要素。以战争为例，一个国家在一场战争中所获得的利益 nmV 是这个国家通过合力 F 在战略方向 α 上，打击敌人（作用点），经过时间 t 所积累的成果。而上层的战略方向 α 又可以分成更多的战术方向 α，这些战术还可以细分为更多的战术。上一层的战略方向 α 可以通过广义动量定理 $F\alpha t = nmV$ 来分析是如何获得成果的，而分析的作用点就是战略方向 α。大的战略成果是小的战术成果的合成，大的战略成果可以通过广义动量定理来分析，小的战术成果也可以通过广义动量定理来分析。

2.10 广义动量定理的适用范围

在物理上，动量定理适用于大到天体，小到如质子、中子等基本粒子，它没有适用范围的限制。动量定理是自然界中最重要、最普遍的客观规律之一。广义动量定理扩展了动量定理的意义，表达了更广泛的力量在时间上的积累效应，所以广义动量定理也没有适用范围的限制。广义动量定理可以用来分析军事学、管理学和经济学，也可以用于分析其他学科。广义动量定理是最基础的理论，是最普遍的客观规律。

第三章　系统思考

内容提要：系统思考来源于控制理论，它用来分析各种因素之间的相互影响，系统思考包括负反馈和正反馈两种基本模型。负反馈系统通过目标与实际值之间的偏差来控制自己的输出，当偏差为 0 时，即实际值达到目标值时停止输出，它是一个趋于稳定的系统。正反馈系统通过目标与实际值之间的和来控制自己的输出，导致系统的输出不断增加，正反馈是趋于增强的系统。

3.1　系统思考的定义

定义：系统思考（System Thinking）是从系统的角度来分析各种因素的相互影响，系统思考包含负反馈和正反馈两种基本模型。

正反馈和负反馈的组成要素一般包括输入、控制、被控对象、输出、反馈、偏差、扰动和时间延迟等。输入和反馈是不同符号的系统是负反馈系统，输入和反馈是同符号的系统是正反馈系统。

负反馈系统通过目标与实际值之间的偏差来控制自己的输出，其中偏差＝目标−反馈，当偏差为 0 时，即实际值和目标值相等时停止输出，它是一个趋于稳定的系统。绝大多数稳定的系统都是负反馈系统，比如空调和冰箱系统，它们都可以保持稳定的温度输出。还有火箭发射系统、管理学的丰田生产方式、精益生产和 TOC 制约理论等都是负反馈系统。经济学的马歇尔的均衡价格论也是负反馈系统。负反馈系统在我们身边随处可见，如图 3-1 所示。

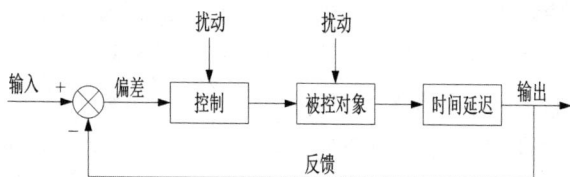

图 3-1　完整的负反馈模型

正反馈系统通过目标与实际值之间的和来控制自己的输出，导致系统的输出不断增加，正反馈是趋于增强的系统。比如原子弹的爆炸过程就是正反馈系统；股票市场的价格越高，购买量越多的现象也是正反馈系统，金融家索罗斯称其为反身理论；比尔·盖茨打败其他操作系统的方法也是正反馈系统；巴菲特在投资上的滚雪球理论也是正反馈系统，如图 3-2 所示。

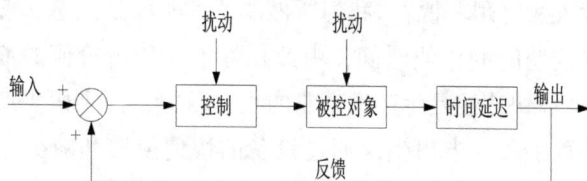

图 3-2　完整的正反馈模型

在不引起歧义的情况下，为了方便，有时可以不画被控对象，扰动和时间延迟，这样可以得到简化的负反馈和正反馈模型，如图 3-3 和图 3-4 所示。

图 3-3　简化的负反馈模型

图 3-4　简化的正反馈模型

控制有三个主要的性能指标，分别是：稳定性、快速性和准确性。稳定性是系统可以工作的首要条件，比如一台汽车不稳定，每次以相同力度踩油门，汽车的加速却时快时慢；转动方向盘时，汽车转向时大时小，那么这个汽车的稳定性就不好，很不容易控制，很容易发生车祸。在管理学上，质量的稳定性也是质量的重要衡量指标。对于经济来说，稳定性也是一个非常重要的指标，如果经济上的一点变化就导致经济大幅震动，那么这个经济的稳定性就不好。稳定性越好的系统，抗扰动的冲击能力越强。快速性也是控制的一个重要性能指标，指的是从暂态达到稳态所需要的时间，也可以认为是从现状达到目标的时间。比如相同环境的 2 个空调系统，都是在室温为 30 度的屋子内，A 空调从 30 度制冷到 20 度用了 20 分钟，B 空调从 30 度制冷到 20 度用了 40 分钟，那么 A 空调的快速性要优于 B 空调。汽车的百公里加速也是衡量汽车快速性的指标。准确性指控制的精度，比如导弹的射击精度是导弹系统的一个重要衡量指标。

我们以稳定性、快速性和准确性来分析一下丰田生产方式。丰田的生产方式的创始人大野耐一说："我们所做的，其实就是注意从接到顾客订单到向顾客收账这期间的作业时间，由此剔除不能创造价值的浪费，以缩短作业时间。"所以快速性是生产型企业的主要目标，而丰田生产方式是实现快速生产的一种手段。丰田生产通过设备的快速换模和减少库存等方法来增加生产的快速性。如果生产不稳定就会发生各种生产波动，影响生产速度。各种扰动也会影响生产的速度。丰田生产方式通过合理的库存来应对扰动，从而使生产稳定进行。合理的库存通过看板反馈系统来完成，丰田生产方式就是一个负反馈系统。对于准确性，丰田只生产下游客户需要的东西，而不过量生产。比如下游工序需要 1 个左汽车后视镜和 1 个右汽车后视镜，那么上游工序就应该准确的生产这 2 个汽车后视镜，在数量和品种上都保证准确，即上游工序应该生产 1 个左后视镜和一个右后视镜而不是 3 个或者 4 个，是生产汽车左右后视镜而不是生产车内后视镜。

3.2　系统思考的发展

牛顿力学在 19 世纪末陷入了深刻的矛盾。一方面表现为它对一些新发现的物理现象不能圆满地加以解释，另一方面则是机械性的局限性日益明显地暴露出来。在牛顿看来，宇宙的一切都是按牛顿力学规律精确地、必然地运行着的。宇宙是一个严密的组织，未来的一切都是由过去的一切严格决定着的。对于某一个系统，我们只要确切地知道它的初始位置和初始动量，就必然能够确切地预见到它在今后某一确定时刻的状态。这是一种机械式的决断论。事实上，在绝大多数情况下，要满足这种条件是不容易的，甚至是不可能的。比如从某国向 500 英里的一个海岛发射多枚导弹，如果是根据牛顿力学来控制，那么就要精确的计算风速、阻力等众多因素，并且还要考虑天气情况。然而即使计算得到了结果，导弹也不能准确打到那个小岛上，因为实际过程中会有各种变化的因素影响导弹的飞行，从而使导弹偏离目标。控制理论负反馈模型的出现有效地解决了这个问题，就好像开船一样，有了一个目标，然后开船向目标行驶，当发现和目标方向产生偏差时，通过不断调整航向，最终就能准确的到达目的地。而安装负反馈控制系统的导弹也是一样，飞行过程中会遇到各种变化，比如风速大小的变化，风向的变化都会引起导弹偏离设定目标，而负反馈控制系统就是根据目标和自己实际方向的偏差，不断的调整自己飞行的方向，就可以准确的击中目标。工业上几乎所有的控制都是以控制理论为基础的，而控制理论对其他很多学科的产生起到了至关重要的作用。

1948 年，诺伯特·维纳吸收了控制理论的思想而创立了控制论，1956 年，杰伊·福瑞斯特在控制论的基础上创立了系统动力学。控制理论、控制论和系统动力学都包含了正反馈和负反馈这两种基本模型，所以从这三个学科都可以衍生出系统思考这种分析方法，如图 3-5 所示。

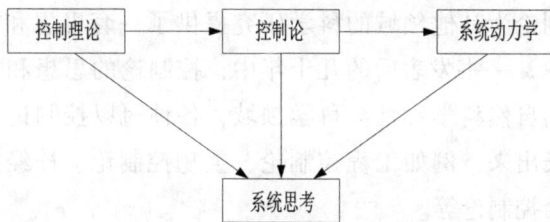

图 3-5 系统思考的衍生

控制理论（Control Theory）的起源很早，古代就有了控制理论的萌芽，比如北宋时代（1086—1089）苏颂和韩公廉利用天衡装置制造的水运仪象台，就是一个按负反馈原理构成的闭环非线性自动控制系统。随着科学技术与工业生产的发展，到十七八世纪自动控制技术逐渐应用到现代工业中。1681 年法国物理学家巴本（D. Papin）发明了用做安全调节装置的锅炉压力调节器。1765 年俄国人普尔佐诺夫（I. Polzunov）发明了蒸汽锅炉水位调节器等。1788 年，英国人瓦特（J. Watt）在他发明的蒸汽机上使用了离心调速器，解决了蒸汽机的速度控制问题，引起了人们对控制技术的重视。以后人们曾经试图改善调速器的准确性，却常常导致系统产生振荡。自动控制技术的逐步应用，加速了第一次工业革命的步伐。实践中出现的问题，促使科学家们从理论上进行探索研究。1868年，英国物理学家麦克斯韦（J. C. Maxwell）通过对调速系统线性常微分方程的建立和分析，解释了瓦特蒸汽机速度控制系统中出现的剧烈振荡的不稳定问题，提出了简单的稳定性代数判据，开辟了用数学方法研究控制系统的途径。后来英国数学家劳斯（E. J. Routh）、德国数学家胡尔维茨（A. Hurwitz）、美国物理学家奈奎斯特（H. Nyquist）、伯德（H. W. Bode）和尼科尔斯（N. B. Nichols）均对控制理论的发展做出了巨大贡献，从而形成了经典控制理论，或者称自动控制理论，经典控制理论包含正反馈和负反馈两种基本模型。后期，控制理论又有了长足的发展，控制理论可以划分为经典控制理论，现代控制理论和大系统理论，它的复杂程度也是逐渐加强的。

1948年诺伯特·维纳发表了《控制论——关于在动物和机器中控制和通讯的科学》一书，标志着控制论（Cybernetics）的创立，而维纳也理所当然地成为了控制论的创始人。维纳把控制论看作是一门研究机器、生命社会中控制和通讯的一般规律的科学，是研究动态系统在变的环境条件下如何保持平衡状态或稳定状态的科学。系统论也包含了负反馈和正反馈两种分析模型。控制论为其他领域的科学研究提供了一套思想和技术，以致在维纳的《控制论》一书发表后的几十年中，控制论的思想和方法已经渗透到了几乎所有的自然科学和社会科学领域，各种冠以控制论名称的学科如雨后春笋般生长出来，例如工程控制论、生物控制论、神经控制论、经济控制论以及社会控制论等。

系统动力学（简称 SD—System Dynamics）出现于1956年，创始人为美国麻省理工学院的杰伊·福瑞斯特（J. W. Forrester）教授。系统动力学分析研究信息反馈系统，它基于系统论，吸收控制论、信息论的精髓，是一门认识系统问题和解决系统问题交叉、综合性的新学科。系统动力学也包含正反馈和负反馈两种基本模型。1958年，福瑞斯特发表的论文《工业动力学—决策的一个重要突破口》，首次把系统动力学运用于工业研究；1965年，他又发表论文《企业的新设计》，进一步深化了系统动力学在工业中的运用；1968年，他出版的《系统原理》一书，全面论述了系统动力学的基本原理和方法，至此，系统动力学从理论上整体完成；1971年，他又把研究的对象延伸到了世界范围，出版《世界动力学》一书，提出了研究全球发展问题的"世界模型"（World Model）。他的学生梅多斯（D. H. Meadows）出版了《增长的极限》，进一步提出了更为细致的"世界模型Ⅲ"。这两个模型在世界范围内引起了极大的反响。1990 年，福瑞斯特的弟子彼得·圣吉将系统动力学引入管理学分析，出版了著名管理学名著《第五项修炼——学习型组织的艺术与实践》。《第五项修炼》中提出了系统思考的方法，也对正反馈和负反馈模型进行了介绍和应用。

控制理论是最早产生的，然后是系统论，最后是系统动力学。这三个学科既有区别，又有联系。1990 年，彼得·圣吉在《第五项修炼》中提出了系统思考的方法，因为它是系统动力学创始人的弟子，所以可以认为他的系统思考来源于系统动力学。2002 年，丹尼斯·舍伍德在其著作《系统思考》中分别介绍了控制论和系统动力学，可以认为他的系统思考来源于控制论和系统动力学。作者是控制理论专业的学生，我的系统思考方法来源于控制理论。也就是说，控制理论、控制论和系统动力学这三个学科都包含了正反馈和负反馈的模型，所以从这三个学科都可以衍生出系统思考这个方法。殊途同归，虽然大家研究的起点不同，但是都得到了系统思考这个分析方法。系统思考从哪个学科衍生出来并不重要，因为它的核心模型相同，都是正反馈模型和负反馈模型。

3.3　系统思考的介绍

在控制理论中，分为开环控制系统和闭环控制系统。开环控制系统是不将控制的结果反馈回来影响当前控制的系统。闭环控制系统是将控制的结果反馈回来影响当前控制的系统。反馈指将系统的输出返回到输入端并以某种方式改变输入，进而影响系统功能的过程。简单地说就是系统不加入反馈环节，就叫开环系统；系统加入反馈环节，就叫闭环系统。

开环系统包含输入量、控制器、执行器、被控对象和输出量这些系统要素，带有箭头的直线代表要素之间的连接，要素之间的功能关系通过这些连接来表示。开环系统不包含反馈环节，如图 3-6 所示。

给定量
（输入量） → 控制器 → 执行器 →控制量→ 被控对象 →被控量（输出量）

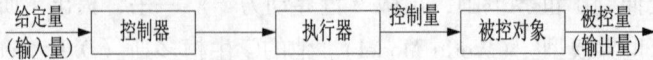

图 3-6　开环系统框图

在水泵抽水的开环控制实例中，给定量是接通电源，然后控制回路得电开始控制水泵，水泵开始抽水工作，被控对象是水管，被控量即输出量是水管排出水，如图 3-7 所示。

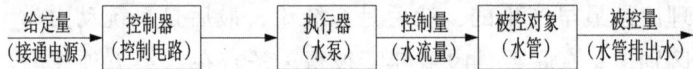

给定量
（接通电源） → 控制器（控制电路） → 执行器（水泵） →控制量（水流量）→ 被控对象（水管） →被控量（水管排出水）

图 3-7　开环系统实例框图

闭环控制系统又分为负反馈控制系统和正反馈控制系统。

负反馈系统中输入量和反馈量的符号是相反的。在负反馈的系统框图中包含了给定量、比较器、偏差、控制器、执行器、被控对象、被控量和反馈等。当系统收到目标之后，控制器按照给定的目标对执行器进行控制，执行器输出控制量来控制被控对象，使得被控对象改变。检测装置将被控对象的实际情况反馈给比较器，通过和给定量之间的比较，得到偏差，即还差多少可以达到目标，控制器按照偏差继续控制执行器，直到偏差为 0，即实际结果和目标相等，达到了闭环控制的目的，如图 3-8 所示。

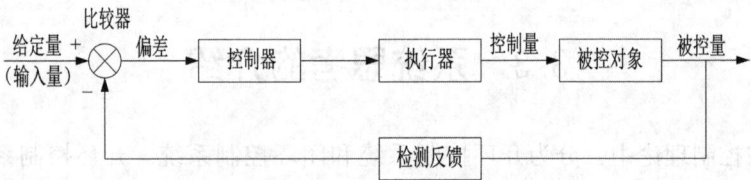

比较器
给定量 +
（输入量） − →偏差→ 控制器 → 执行器 →控制量→ 被控对象 →被控量

检测反馈

图 3-8　负反馈系统框图

在空调控制室温的负反馈控制系统中，输入量是控制者要求的温度，它通过遥控器将目标设定温度发给空调系统。空调系统通过设定温度和实际温度的偏差进行控制。控制器控制制冷装置根据不同的偏差来输出制冷量，从而使室温降低，当实际的室温和设定的温度相等时，偏差为 0，空调系统完成了室温的闭环控制目标。如果当室温升高时，偏差大于 0，空调又开始制冷，使得室温和目标设定温度相同，这样就能使室温稳定在设定的温度，如图 3-9 所示。

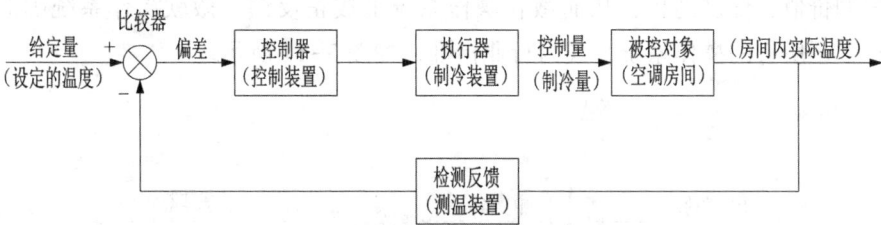

图3-9　负反馈系统实例框图

正反馈系统中输入量和反馈量的符号是相同的。在正反馈的系统框图中包含了给定量、比较器、控制器、执行器、被控对象、被控量和反馈等。在正反馈的系统中，控制器控制执行器进行输出，而被控量的结果被反馈到输入，和输入相加之后，控制器的输入不断增加，从而使被控量不断增加，而增加的被控量又反馈到输入，从而使得控制量的输入不断增加，所以正反馈是一个加强的系统，如图3-10所示。

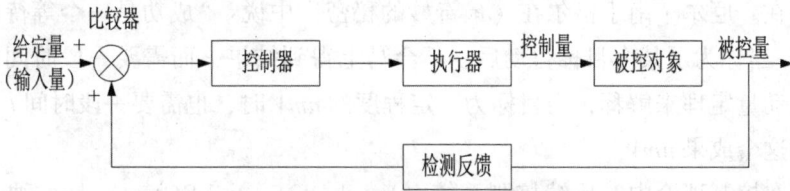

图3-10　正反馈系统框图

在微软打败所有操作系统的正反馈模型中，为了使微软系统快速达到最大的用户量而成为行业标准，微软采用了几个增加微软使用量的方法。一是微软系统本身给消费者带来的利益，这个是和购买量正相关的，微软系统带来的利益越大，购买量越多。价格是和购买量负相关的，价格越低，购买量越高。兼容软件带了的利益与购买量正相关，兼容软件越多，购买量越多。所以微软正反馈的输入是操作系统带来的利益，而输出是操作系统的购买量。

购买函数的输入=消费者利益-价格+兼容软件带来的利益，就是消费者可以获得的盈余，消费者盈余越多，购买量越多。微软的操作系统通过较低的价格在市场上获得了数量上的一点领先，为微软系统编写软件的利益就大些，那么为微软编写兼容软件就比为其他操作系统多，而这些兼容软件增加了微软操作系统的价值，又促进了更多人购买和使用微软系统，然后导致给微软编写软件的利益增加，兼容软件增多，又增加了微软操作系统的价值，促进销售，从而微软操作系统形成正反馈。微软操作系统因此打败了所有的操作系统，成为行业标准，如图3-11所示。

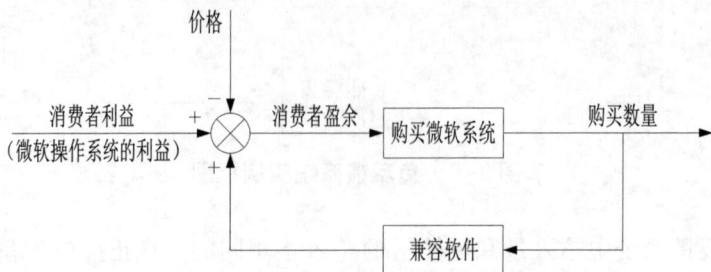

图 3-11　正反馈系统实例框图

任何系统都存在延时，即使开枪到子弹的射出也是存在延时的，只是延时很小而已。从广义动量定理 $F\alpha t = nmV$ 的角度来说，成果 nmV 是力量 F 在时间上的积累，所以时间是到达成果的必经过程。行动和结果的延时无处不在。厄尔·南丁格尔在《最奇妙的秘密》中说："成功是一个等待的过程。"当你为了某个目标行动后，不会马上得到结果，而需要一段时间。以广义动量定理来解释，当目标为一定程度的 nmV 时，也需要一段时间 t 才能达到这个成果 nmV。

在控制理论中，反馈控制系统（Feedback Control System）是一种"闭环"系统，是控制理论的基本概念，而负反馈与正反馈是最基本的模型。负反馈使输出起到与输入相反的作用，使系统输出与系统目标的误差减小，系统趋于稳定；正反馈使输出起到与输入相似的作用，使系统偏差不断增大，使系统加强，可以放大控制作用。

系统中不仅包含延迟这个因素，还包含了能量和信息，它们通过连接来表示流动的方向。在空调调节室温的负反馈中，给定的温度是空调系统的给定信息，空调系统根据设定的温度来控制制冷装置进行制冷或者停止制冷，空调制冷会使屋内的温度降低，空调的温度检测装置会检测当前的温度并将这个温度信息反馈给空调的输入，与给定温度进行对比，当反馈温度与给定温度相等时，偏差为零，控制器的输入为0，空调停止工作；当屋内温度上升，反馈与偏差温度增大，系统开始制冷，直到屋内温度与设定温度相同。电力的能量通过输入空调系统转化为制冷空气，降低室内的温度。

输入除了给定的目标之外，还会受到其他不可控或无法预知因素的影响，称这种输入为扰动，扰动可能会发生在一个系统的任何环节，扰动会使系统的稳定性降低，甚至完全摧毁整个系统。电压的波动对于空调系统就是扰动，而如果电压波动过大，可能直接毁坏空调系统。

负反馈和正反馈是最基本的模型，是系统最基本的组成部分。在管理学中，精益生产就是一个大的负反馈系统，其中每一个单元又是一个小的负反馈系统；比尔·盖茨使用正反馈战略打败所有操作系统，成为世界首富。在经济学中，马歇尔的均衡价格论是负反馈系统；而索罗斯的反身理论是正反馈系统。这些分析作者会在对应的章节进行讲解。负反馈系统和正反馈系统又可以组成无数种更大的系统，就好比二进制的 0 和 1 一样，可以组合成各种不同的系统。

3.4 系统思考的使用

如何使用系统思考来分析一个系统呢？

第一，确定要分析的对象；

第二，确定输入和输出；

第三，查找影响对象的主要因素。如果多个因素可以合成一个因素，可以通过比较器来表示；

第四，通过带箭头的线将各种因素连接起来，箭头指向能量和信息的流向；

第五，如果分析需要，添加扰动输入，时间延迟等因素；

第六，如果需要，可以通过上述方式将这些因素细化。

在空调的系统中，屋内的温度是分析的对象，影响屋内温度的主要因素是空调，输入的是温度设定值，空调的输出是对温度的影响，空调内部的检测装置是反馈，将输入温度、反馈、空调和输出的温度使用带箭头的直线连接，构成了整个空调温度控制系统。

3.5 系统思考的影响

一个系统的各种因素不仅会对这个系统产生影响，也会对周围的环境和更大的系统产生影响。一个很典型的例子就是蝴蝶效应。每一种因素对环境影响是不同的，关键的因素对环境影响最大。在企业中，瓶颈是系统的关键因素，高德拉特基于生产系统瓶颈因素的研究创立了 TOC 制约理论。

3.6　系统思考的层级结构

系统思考是用来分析各种因素的相互影响，每一个要素都不是孤立存在的，要素对周围的环境有影响，周围的环境也对要素有影响，要素本身就可以看作一个系统，而各种要素互相影响，组成了大一些的系统，大一些的系统互相影响，形成了更大的系统，从而产生了层级性。

负反馈和正反馈模型为基本的系统结构，将其称为系统单元，当反馈与输入同号时为正反馈，当反馈与输入不同号时为负反馈。此系统中，广义动量定理用来产生成果，系统思考来指导和分析各种因素的相互影响，如图 3-12 所示。

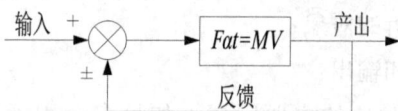

图 3-12　广义动量定理与系统思考

系统单元之间可以串联、并联和混联，从而组成更复杂的系统。系统是具备层级结构的，一个系统可以细分为多个子系统，而子系统还可以再细分为更小的子系统，系统单元为最小的系统。流水线生产、丰田生产方式、TOC 制约理论、阿米巴经营都是多个负反馈的组合。德鲁克的目标管理与自我控制也是一个负反馈系统，广义经济学的产出-投入理论也是多个反馈组成的决策系统，如图 3-13 所示。

赫尔伯特·西蒙所提出的手段-目的链也是具备层级结构的，下一层的目的是达到上一层目的的手段，上一层的目的是达到更上层目的的手段。目的可以是唯一的，但是达到目的的手段具有多样性。

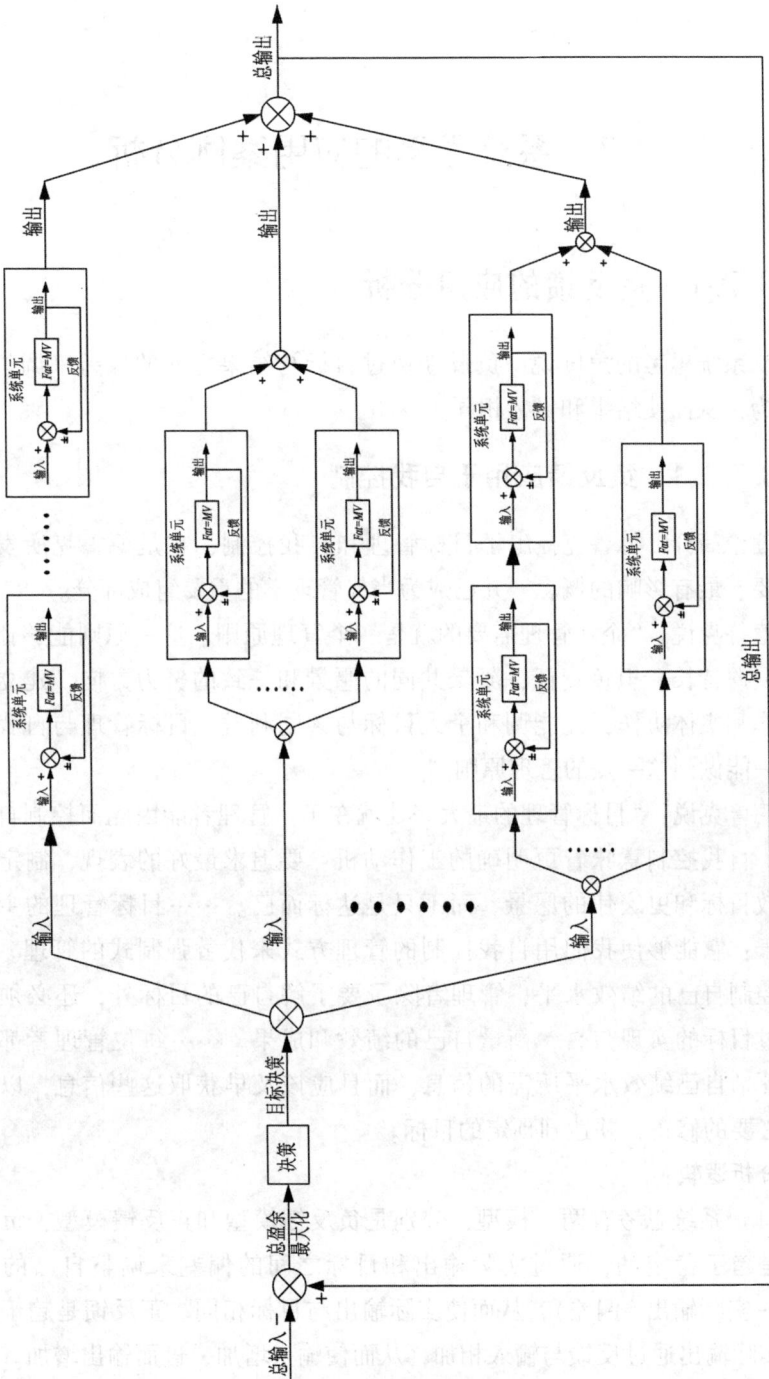

图 3-13 系统的层级结构

3.7 系统思考的应用案例分析

3.7.1 负反馈的应用分析

从系统思考的角度说，负反馈通过目标与结果之间的偏差来调整自己的行为，从而使结果和目标相同。

3.7.1.1 负反馈应用于自我控制

理论简介： 德鲁克提出了目标管理和自我控制，它是德鲁克所发明的最重要、最有影响的概念，并已成为当代管理学的重要组成部分。

德鲁克说："企业管理需要的就是一个管理原则。这一原则能够让个人充分发挥特长、担负责任，凝聚共同的愿景和一致的努力方向，建立起团队合作和集体协作，并能调和个人目标与共同利益。目标管理与自我控制是唯一能做到这一点的管理原则。"

德鲁克说："目标管理的最大好处就在于：管理者能因此而控制自己的绩效。自我控制意味着更明确的工作动机：要追求最好的表现，制定更高的绩效目标和更宏伟的愿景，而不只是达标而已。……目标管理的主要贡献在于：它能够使我们用自我控制的管理方式来代替强制式的管理。……为了控制自己的绩效水平，管理者除了要了解自己的目标外，还必须有能力通过目标的实现与否，衡量自己的绩效和成果。……每位管理者都应该拥有评估自己绩效水平所需的信息，而且应该及早获取这些信息，以便能做出必要的修正，并达到预定的目标。"

分析逻辑：

（1）系统思考有两大模型，分别是负反馈模型和正反馈模型，负反馈模型是趋于稳定的，通过实际输出和目标之间的偏差来调整自己的行为（目标−实际输出＝偏差），从而使实际输出与目标相同。正反馈是趋于加强的，实际输出通过反馈与输入相加，从而使输入增加，进而输出增加。

（2）按照德鲁克的论述，目标管理与自我控制是为了使自己的成果与目标相同。如"为了控制自己的绩效水平，管理者除了要了解自己的目标外，还必须有能力通过目标的实现与否，衡量自己的绩效和成果。……每位管理者都应该拥有评估自己绩效水平所需的信息，而且应该及早获取这些信息，以便能做出必要的修正，并达到预定的目标。"这段话包含了目标，也就是输入；达到的目标也就是输出；获取评估自己绩效水平所需的信息也就是反馈；做出修正也就是根据目标和结果之间的偏差来修正自己的行为。

（3）一个典型的负反馈包含输入目标、控制、输出结果、反馈和偏差。根据德鲁克论述的目标管理与自我控制，就可以画成它的负反馈框图，如图 3-14 所示。

图 3-14　目标管理与自我控制

（4）目标管理使管理者可以通过广义动量定理 $F\alpha t = MV$ 来产生需要的成果 MV，然后通过获取自己成果的信息，与目标进行比较来调整自己的行为，并达到预定的目标。目标管理可以使管理者调整自己的投入从而影响产出，而自我控制在于通过实际与目标之间的偏差来调整投入的程度，最终达到目标。目标管理和自我控制使得命令式的管理模式变为自主式的管理模式，细分了控制的层级机构，从而更加快速和准确的响应现实的变化，使系统的产出增加。

（5）既然目标管理和自我控制是负反馈模型，那么知道了它是负反馈模型有什么好处吗？系统思考的负反馈模型是一个经典和被深入研究的模型，所以系统思考的负反馈模型中的结论可以套用到目标管理和自我控制中，这样既有了理论支撑，也可以快速获得类同的经验。比如反馈的衡量信息要准确、及时、有效理解等，这样可以增加产出。如果反馈信息不准确，那么目标与反馈信息之间的偏差就是不准确的，从而导致控制的不准确。如果信息反馈不及时，那么控制就会不准确。例如一座高楼的图纸，在施工中发现到问题，没有及时反馈到设计人员处进行修改，而导致整个高楼不得不返工。反馈的信息如果不能被目标管理者理解，那么这个反馈就是无效的，不能导致正确的决策。

3.7.1.2　负反馈应用于均衡价格论

理论简介：经济学家阿尔弗雷德·马歇尔在《经济学原理》提出均衡价格论，均衡价格论是该书的核心。马歇尔以英国古典经济学中生产费用论为基础，吸收边际分析和心理概念，论述价格的供给一方；又以边际效用学派中的边际效用递减规律为基础，对其进行修改，论述价格的需求一方，认为商品的市场价格决定于供需双方的力量均衡，犹如剪刀之两刃，是同时起作用的，从而建立起均衡价格论。马歇尔的价格均衡的如图形所示，需求曲线 DD 为向下倾斜的递减曲线，供给曲线 SS 为向上倾斜的递增曲线，两条曲线相交与均衡点 E。对应的购买量 Q_E 为均衡购买量，对应的价格 P_E 为均衡价格，如图 3-15 所示。

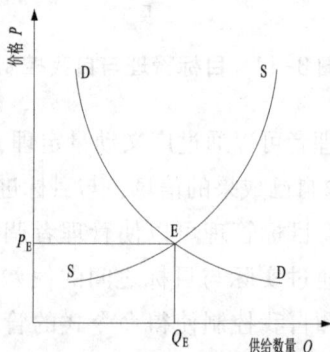

图 3-15　马歇尔的供需均衡

马歇尔在《经济学原理》中写道：

"当供求均衡时，一个单位时间内所生产的商品量可以叫做均衡产量，它的售价可以叫做均衡价格。

这种均衡是稳定的均衡；这就是说，如价格与它稍有背离，将有恢复的趋势，像钟摆沿着它的最低点来回摇摆一样。

我们将会看到，所有稳定均衡都有这样一个特点，那就是，在均衡状态中，需求价格大于供给价格的那些数量，恰恰也就是小于均衡数量的那些数量，反之亦然。因为当需求价格大于供给价格时，产量有增加的趋势。因此，如果需求价格大于供给价格的那些数量恰恰是小于均衡产量的那些数量，这时如果生产规模暂时减至稍低于均衡产量，则它就有恢复的趋势；可见，就向着那个方向移动而论，均衡是稳定的。如果需求价格高于供给价格的那些数量恰恰也就是小于均衡数量的那些数量，那么，大于均衡数量的那些数量的需求价格必然低于供给价格。因此，如果生产量多少扩大到均衡数量以上，则它将有恢复的趋势；而就向着那个方向发生的变动而论，这种均衡也将是稳定的。

当供求处于稳定均衡时，如有任何意外之事使得生产规模离开它的均衡位置，则将有某些力量立即发生作用，它们有使它恢复均衡位置的趋势；正如同一条线所悬着的一块石子如果离开了它的均衡位置，地心引力将立即有使它恢复均衡位置的趋势一样。生产数量围绕着它的均衡位置发生的种种动荡，具有相同的性质。"

均衡价格论认为在其他条件不变的情况下，商品价格是由商品的供求状况决定的，是由商品的均衡价格衡量的观点，这是马歇尔经济学说的核心和基础。均衡价格是指一种商品的需求价格和供给价格相一致时的价格，也就是这种商品的市场需求曲线与市场供给曲线相交时的价格。均衡价格被认为是经过市场供求的自发调节而形成的。需求价格是买者对一定数量的商品所愿付的价格，是由该商品的边际效用决定的；供给价格是卖者为提供一定数量商品所愿接受的价格，是由生产商品的边际成本决定的。

分析逻辑

（1）首先我们分析一下供需均衡中的需求曲线和供给曲线的公式是什么？

根据广义动量定理的核心原则三：合外力决定成果。合外力等于动力减去阻力，合外力决定了整个系统的成果。在需求曲线中，商品给消费者带来的利益 B 是消费者购买的动力，价格 P 是消费者购买的阻力，合外力为 $B-P$。根据合外力决定成果 Q 可知，是 $B-P$ 决定了 Q，而这个盈余转化率为 K，则有 $Q=K(B-P)$。在供给曲线中，价格 P 是供给者供给的动力，成本 C 是供给者供给的阻力，二者的合外力为 $P-C$。根据合外力决定成果 Q_S 可知，是 $P-C$ 决定了 Q_S，而这个供给者转化率设为 K_S，则有 $Q_S=K_S(P-C)$。

在一个竞争的市场中，所有的需求者和供给者均是商品价值的接受者，每个人的需求量和供给量的变化不会影响商品的相对价值 B，即商品的价值 B 是恒定的，那么需求曲线是一条向上倾斜的直线，需求曲线为 $Q=K(B-P)$。而如果供给者的成本 C 是固定的，那么供给曲线的公式为 $Q_S=K_S(P-C)$。供需均衡是两条线段的交点 E，如图 3-16 所示。

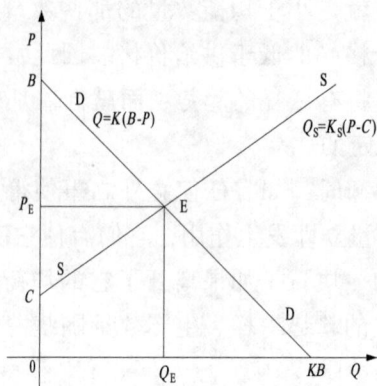

图 3-16　绝对价值论的供需均衡

（2）剪刀的双刃是什么呢？因为价格均衡论是一个稳定的系统，那么它很可能就是一个负反馈系统。

（3）理解马歇尔的逻辑。

当价格从 P_E 上升到 P_F 时，需求量从 Q_E 下降到 Q_G，供给量从 Q_E 上升到 Q_F，供给大于需求，促使价格向 P_E 下降，形成动态的供需均衡。而当价格下降时，道理是类同的，如图 3 - 17 所示。

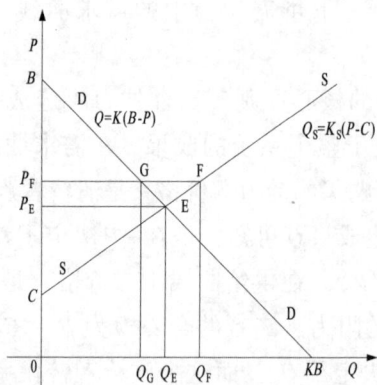

图 3-17　动态供需均衡

（4）分析负反馈环中的各种因素。价格的变化会引起需求量和供给量的变化，而需求量和供给量的变化又会引起价格的调整。根据合外力决定成果，需求量和供给量之差决定了成果，这个成果即价格增量，也就是负反馈环中的偏差 e。在需求定律公式中，需求量大于供给量使得偏差 e 大于

0，从而价格增量 ΔP_1 大于 0，进而导致价格增量 ΔP 大于 0。在需求定律公式 $Q = K(B - P)$ 中会增加价格增量，即变为 $Q = K(B - P - \Delta P)$，使得合外力减小，从而使需求量 Q 减小。

在供给量的反馈环中，正的偏差 e 使得价格 ΔP_1 大于 0，进而导致价格增量 ΔP 大于 0，促进供给量增加量为 Δn，总供给量变为 $n + \Delta n$。供给者根据利润最大化原则来提高供给量 n，从而使得 $Q - n$ 的偏差减小。需求量负反馈环减少 Q，供给量负反馈环增加 n，最终使得 $Q - n$ 的偏差为 0，达到均衡。

（5）所以剪刀的两刃就是需求定律负反馈和供给负反馈。

由于供给与需求的相互作用，最后两条曲线相交于均衡点 E 点。考虑到其他因素的影响，可以扩展马歇尔的均衡价格论，从而得到均衡价格论的模型，如图 3-18 所示。

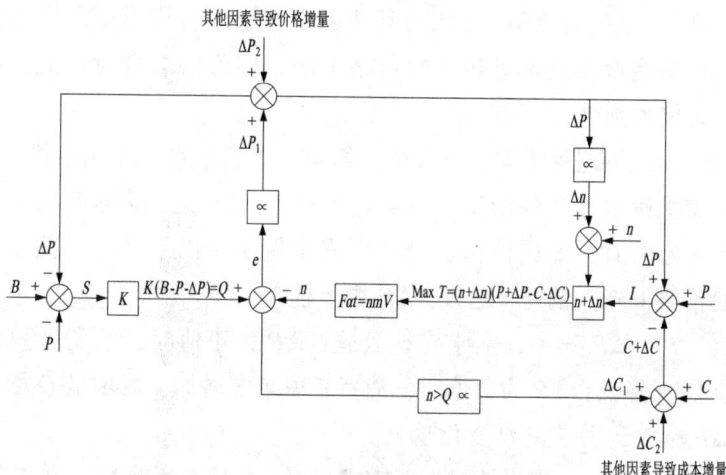

图 3-18 马歇尔的均衡价值论系统思考图

其中，

B：Benefit，消费者利益；

P：Price，原价格；

S：Surplus，消费者盈余；

K：消费者盈余转化系数；

Q：Quantity，需求数量；

$\propto$：正相关符号；

Δ：增量符号，增量可以是正的，也可以是负的。ΔP 为正值表示价格上升，ΔP 为负值表示价格下降。

e：error，偏差；

n：原供给数量；

C：Cost，原成本；

I：Interest，利润；

T：Total Interest，表示总利润。

（6）详细分析每一种因素对于均衡价格论的影响。

马歇尔的均衡理论由左右两个负反馈环构成，左边的负反馈是需求定律，右边的负反馈是供给框图。两个负反馈互相影响，使价格和需求量动态均衡。

$\Delta P = \Delta P_1 + \Delta P_2$，价格增量与偏差 e 正相关 $\Delta P_1 \propto e$，偏差增加，ΔP_1 增加，ΔP 增加；偏差减少，ΔP_1 减少，ΔP 减少；偏差 e 为正值，ΔP_1 为正值；偏差 e 为负值，ΔP_1 为负值。ΔP_2 为其他因素引起的价格增量，比如技术进步引起的价格增量，技术进步导致价格下降，即价格增量为负值，技术进步越大，价格增量越大。

$e = Q - n$，偏差等于需求量减去供给量，需求量 Q 大于供给量 n，偏差为正值；需求量 Q 小于供给量 n，偏差为负值。也就是当需求量大于供给量时，偏差 e 为正值，促进价格上升；当需求量小于供给量时，偏差 e 为负值，促使价格下降。偏差 e 越大，ΔP 增量越大。

$K(B - P - \Delta P) = Q$，需求定律公式，ΔP 为正值时，消费者盈余 S 减少，需求量 Q 降低；ΔP 为负值时，消费者盈余 S 增加，需求量 Q 增加。价格增量 ΔP 越大，需求量 Q 变化越大。

$\Delta C = \Delta C_1 + \Delta C_2$，当供给量大于需求量 $n > Q$ 时，负偏差 $-e$ 与成本增量 ΔC_1 正相关，供给量大于需求量越多，负偏差 $-e$ 越大，库存越多，成本增量越大。库存是负债是丰田的大野耐一对管理学的贡献。

$I = (P + \Delta P) - (C + \Delta C)$，单个产品的利润 I 等于产品的价格 P 减去成本 C，价格提高（ΔP 为正值），单位利润增加；成本增加（ΔC 为正值），单位利润减少。

$\Delta P \propto \Delta n$，价格增量与供给产品数量增量正相关，价格提高，增加产出 n 可以增加总利润；价格降低，单位利润减少，甚至为负值，厂商倾向于降低供给。

$Max\ T = (n + \Delta n)(P + \Delta P - C - \Delta C)$，厂商追求利润 T 最大化，通过衡量利润最大化来权衡生产量 $n + \Delta n$ 和价格 $P + \Delta P$。

$F\alpha t = nmV$，厂商通过广义动量定理 $F\alpha t = nmV$ 来产生供给数量 n。

当需求量 Q 大于供给量 n 时，偏差 e 为正值，从而使价格增量 ΔP 为正值，导致价格上升，从而使消费者盈余 S 减少，使需求量 Q 降低，趋近使需求量下降到与供给量 n 相等。在供给负反馈中，价格上升导致单位利润 I 增加，促进供给量 n 的增加，供给量 n 上升趋近使 n 上升到与 Q 相等。需求量越大于供给量，偏差 e 越大，价格增量 ΔP 越大，价格上升越大，消费者盈余越小，需求量 Q 降低越多。价格增量 ΔP 越大，单位利润 I 越大，厂商增加的供给量 n 越大。

当需求量 Q 小于供给量 n 时，偏差 e 为负值，从而使价格增量 ΔP 为负值，导致价格下降，从而使消费者盈余 S 增加，使需求量 Q 升高，趋近使需求量上升到与供给量 n 相等。在供给负反馈中，价格下降导致单位利润 I 下降，供给量大于需求量导致库存增加，库存增加导致成本增加，成本增加使利润下降，促进供给量 n 的下降，供给量 n 下降趋近使 n 下降到与 Q 相等。需求量越小于供给量，负偏差 e 越大，负的价格增量 ΔP 越大，价格下降越大，消费者盈余越大，需求量 Q 上升越多。负的价格增量 ΔP 越大，单位利润 I 越小，厂商减少的供给量 n 越大。

每一个因素的变化同时影响两个负反馈，同时趋近使需求量和供给量相等，供给量与需求量是动态均衡的。

3.7.2　正反馈的应用分析

从系统思考的角度说，正反馈通过目标与结果之间的相加来增加输入，从而使结果不断增加。

3.7.2.1　正反馈应用于比尔·盖茨的正反馈模型

内容提要：比尔·盖茨在《未来之路》中介绍了他是如何通过正反馈理论打败所有竞争对手，使微软系统成为行业标准的。微软系统的低价策略使得比其他竞争对手卖出更多产品，而卖出的产品多，给他做兼容软件的厂家就多，从而增加了微软系统的影响，进而促进更多人购买微软系统，形成正反馈效应。比尔·盖茨通过正反馈理论击败苹果操作系统和 UNIX 等众多实力强大的对少，使微软系统称为行业标准，自己也成为世界首富。

具体参见第七章《比尔·盖茨的正反馈理论》。

3.8 系统思考的适用范围

系统思考是用来分析各种因素的相互影响，各种因素都不是孤立存在的，所以系统思考适用于各种因素之间影响的分析。系统思考没有适用范围的限制，它适用于各种因素的分析。系统思考一般包含正反馈和负反馈模型，经典控制理论除了这两个模型，还有前馈等模型。现代控制理论则要复杂的更多。

第四章　管理学目的与概论

4.1　管理学的目的

管理学家德鲁克说："企业的宗旨只有一种恰当的定义：那就是创造顾客。"企业的宗旨是创造顾客，企业通过产生产品或服务并且将其出售给消费者进而产生顾客。从广义动量定理 $F\alpha t = nmV$ 的角度说，企业的本质是通过 $F\alpha t$ 产生成果 nmV，管理学是指导企业如何产生成果的。

企业通过产生产品或服务而创造顾客，进而促使社会物质财富最大化。

4.2　管理学概述

在管理学理论中，以广义动量定理 $F\alpha t = nmV$ 和系统思考来分析主要的管理学理论，管理学的目的是成果最大化，其本质是广义动量 nmV 的产生。管理学的基本原则是：增加和集中力量 F，选择合适的方向 α 与合适的作用点，增加有效的工作时间 t，在局部形成对比优势，使成果 nmV 逐渐扩大。通过负反馈的层级式结构，使用目标与结果的偏差来指导何时产生什么样的成果，使系统的产出最大化。

企业和管理学的根本目的是为了人类的进化，即为了社会的发展和人类的进步。企业的直接目的是利润最大化，企业只有满足顾客的需求才能创造利润，满足客户需求而创造利润的过程就是在增加社会的物质财富，进而促进了社会的发展和人类的进步。每一个企业都有自身的使命，利用自身的专长来创造物质财富。利润是考量企业有效性的一种指标，大部分时候是和社会的发展正相关的。一旦企业超越了生存的危机，就应该进化去重视社会贡献，而不只是关注于利润。

《可以量化的管理学》中将主要的管理学理论进行了归类分析，如图4-1所示。

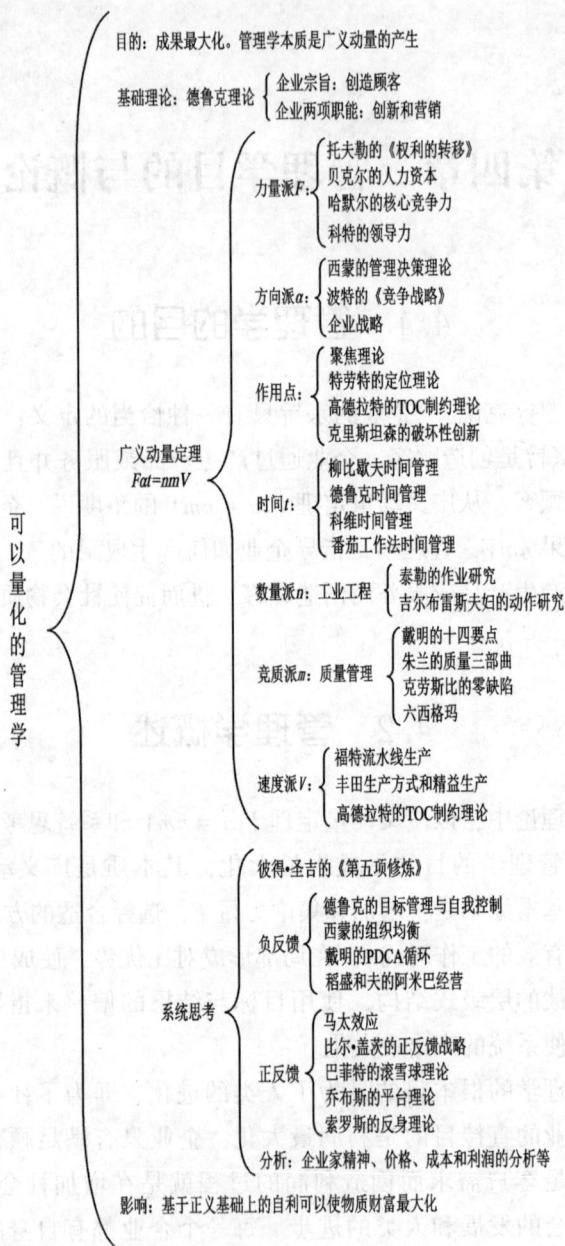

图 4-1 《可以量化的管理学》主要内容

作者根据各管理理论强调的重点，通过广义动量定理与系统思考对管理理论进行了分类和分析。管理学被分为十大流派，分别为基础派、力量派、方向派、作用点派、时间派、数量派、质量派、速度派、负反馈派和正反馈派。

（1）基础派，彼得·德鲁克的理论是管理学的基础理论，企业的宗旨是创造顾客，企业的两项职能是创新和营销。这和经济学上的专业化与分工合作有异曲同工之妙，创新和专业化都能增加有效产出，市场营销和分工合作都可以增加交易量。

在德鲁克对企业的论述中，企业的宗旨是创造顾客，所以企业只有创新和市场营销两项基本职能。创新和市场营销都是为了创造顾客，创新增加了消费者盈余，从而增加销售量，市场营销增加了消费者盈余转化率，从而增加销售量，二者的目的都是为了创造顾客，如图4-2所示。

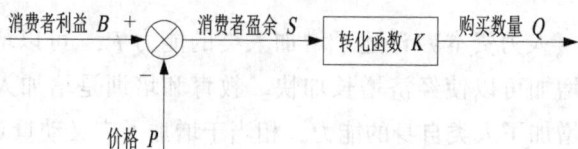

图4-2　需求定律框图

在目标管理和自我控制中，目标管理和自我控制是一个负反馈模型，有了目标管理，才能集中自己的力量、资源和时间向完成这个目标的方向努力，而没有目标的话，那么这些力量、资源和时间就没有方向，不会有什么成果。在有了目标之后，向目标方向努力会产生成果，而成果和目标之间会有偏差，通过自我控制来调整自己的力量，资源和时间，而不是别人的命令，来使得结果和目标相同，这就是控制理论中的负反馈模型，通过目标与结果之间的偏差调整输出，使得结果和目标相同，如图4-3所示。

图4-3　目标管理与自我控制

（2）力量派 F，以托夫勒的《权利的转移》、贝克尔的人力资本、哈默尔的核心竞争力和科特的领导力为代表。力量派的核心是不同的力量产生的成果不同，核心力量产生核心成果，增加力量可以增加成果，其本质是改变广义动量定理 $F\alpha t = nmV$ 中的力量 F，就可以改变成果 nmV。

托夫勒的《权利的转移》论述了力量 F 的属性和分类，人类的终极力量有暴力、财富和知识三种。暴力又分为体力和武力两种，暴力是低质量的力量，财富是中等质量的力量，知识是高等质量的力量。三种力量可以相互转化。暴力创造了农业时代，财富创造了工业时代，知识创造了信息时代，如图4-4所示。

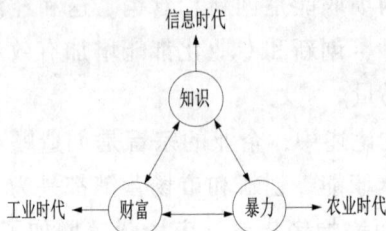

图4-4 三种终极力量对应的时代

贝克尔的《人力资本》论述了增加人类的能力 F，可以增加成果，人力资本投资的增加可以使经济增长加快。教育和培训是增加人力资本的主要手段，它们增加了人类自身的能力，相当于增加了广义动量定理中的 F，所以成果可以随着人力资本的增加而增加，如图4-5所示。

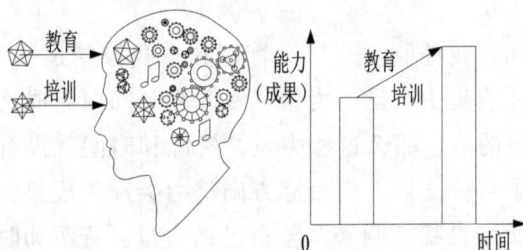

图4-5 人力资本的增加

哈默尔的核心竞争力论述了不同力量 F 对成果的贡献不同，核心力量对成果的贡献最大，是产生成果的关键因素。有力量才会有成果，没有力量就没有成果。这和物理学中力量是改变物体状态的唯一原因类同。不同种类的力量产生的成果不同，核心力量产生核心成果，如图4-6所示。

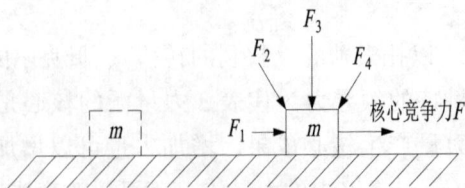

图4-6 核心竞争力

科特的领导力论述了领导与管理的不同，管理的职能是处理复杂的事物，而领导是处理变革；管理通过原有的层级结构完成复杂的任务，而领导是建立新的层级结构完成新的战略目标，如表4-1所示。

表4-1　管理与领导的对比

	管理	领导
职能	处理复杂的事物	处理变革
三个任务	计划与预算	设立变革方向
	组织和配备人员	人员结盟
	控制和解决问题	激励人们

（3）方向派 α，以西蒙的管理决策理论、波特的《竞争战略》和企业战略为代表。方向派的核心是选择合适的方向可以增加成果，其本质是改变广义动量定理 $F\alpha t = nmV$ 中的方向 α，就可以改变成果 nmV。

西蒙给出了"管理就是决策"的著名论断并建立了系统的管理决策理论，决策就是选择合适的方向 α，组织通过权威、沟通、培训、效率和认同使个人的行为与组织的总体模式相符，如图4-7所示。

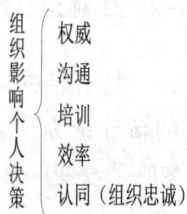

组织影响个人决策 ｛ 权威 沟通 培训 效率 认同（组织忠诚）

图4-7　组织影响个人决策的方式

波特的《竞争战略》提出了总成本领先、差异化和专一化三大战略方向 α。战略是一个企业长期努力的方向，其他目标应该符合战略以保证战略的顺利完成，如图4-8所示。

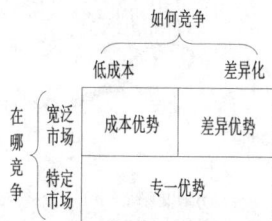

如何竞争

	低成本	差异化
宽泛市场（在哪竞争）	成本优势	差异优势
特定市场	专一优势	

图4-8　波特的竞争战略

企业战略总结出31种战略，分别为：力量最大化战略、歧异化战略、聚焦战略、竞时战略、数量战略、竞质战略、竞速战略、空间战略、学习战略、创新战略、合作战略、交易战略、竞争战略、协同战略、正反馈战略、负反馈战略、信息优势战略、消费者利益最大化战略、价格战略、营销战略、销售量最大化战略、成本最小化战略、渠道战略、创造需求战略、攻敌弱点战略、对手竞争力最小化战略、消耗战战略、进攻战略、防守战略、侧翼战战略和游击战战略，如图4-9所示。

图 4-9　31 种企业战略

（4）作用点派：以聚焦理论、特劳特的定位理论、高德拉特的 TOC 制约理论和克里斯坦森的破坏性创新理论为代表。作用点派的核心是选择合适的作用点可以增加成果，其本质是改变广义动量定理 $F\alpha t = nmV$ 中的作用点，就可以改变成果 nmV。

聚焦理论论述了缩小力量的作用点，就可以增加该点上的效果。聚焦战略就是缩小力量的作用点，从而使力量在此作用点上的成果增加，如图4-10所示。

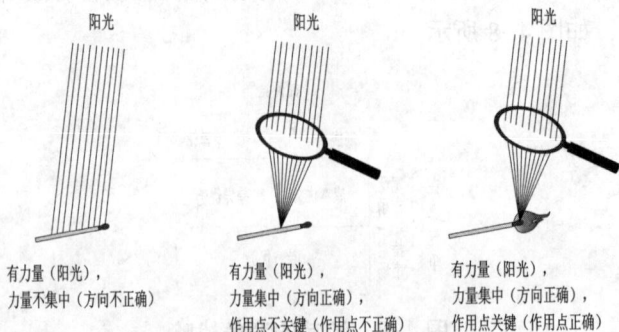

图 4-10　凸透镜聚焦阳光点燃火柴

特劳特的定位理论论述了选择合适的营销作用点，就可以增加产品的销量。定位理论来自于《战争论》四原则的第二条原则："尽可能集中兵力在准备作决定性打击的点上。"决定性的作用点产生的成果最大，所以定位就是选择产生最大成果的作用点。定位的本质就是集中力量打击影响销量的决定点。定位有四步骤和八方法，四步骤包括分析行业、区隔定位、支持力量和传播应用。八方法包括抢占、搭车、代替、补充、僵化、扩充、细分和打散，也就是抢搭替补，僵扩分散，如图 4-11 所示。

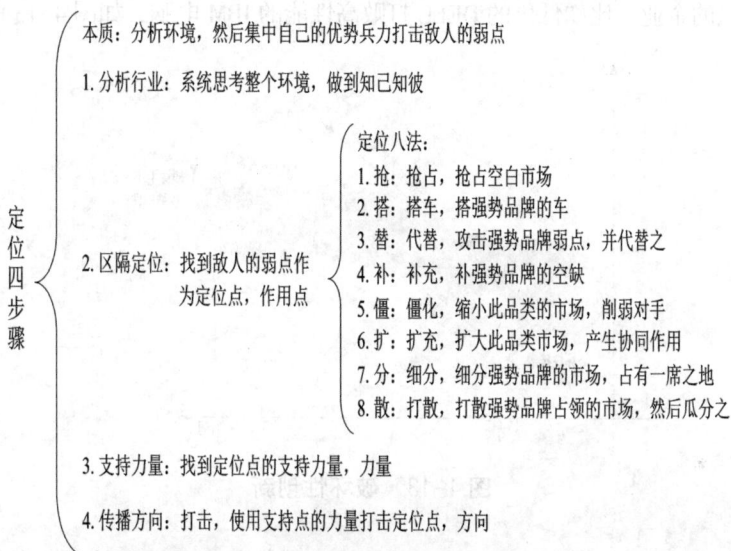

本质：分析环境，然后集中自己的优势兵力打击敌人的弱点

1. 分析行业：系统思考整个环境，做到知己知彼

2. 区隔定位：找到敌人的弱点作为定位点，作用点

定位八法：
1. 抢：抢占，抢占空白市场
2. 搭：搭车，搭强势品牌的车
3. 替：代替，攻击强势品牌弱点，并代替之
4. 补：补充，补强势品牌的空缺
5. 僵：僵化，缩小此品类的市场，削弱对手
6. 扩：扩充，扩大此品类市场，产生协同作用
7. 分：细分，细分强势品牌的市场，占有一席之地
8. 散：打散，打散强势品牌占领的市场，然后瓜分之

3. 支持力量：找到定位点的支持力量，力量

4. 传播方向：打击，使用支持点的力量打击定位点，方向

定位四步骤

图 4-11　定位四步骤和八方法

高德拉特的 TOC 制约理论论述了系统的瓶颈决定系统的产出，将力量作用于瓶颈这个作用点，可以产生最大的系统产出，如图 4-12 所示。

加强位置 错!

加强位置 对!
TOC 聚焦瓶颈

图 4-12　木桶理论

克里斯坦森的破坏性创新理论论述了消费者的需求有上限，消费者的需求焦点会随着产品的发展而从功能性到可靠性、到便利性、最后将焦点转移到价格上。克里斯坦森所创造的破坏性创新就是指消费者需求焦点的转移，最开始成功的企业是商品功能最好的企业，但随着商品功能的发展超过了主流消费者的需求时，功能的进步不再会成为消费者选择的重点，消费者的需求焦点开始向可靠性、便利性和价格转移，而此时破坏性的创新恰以更可靠、更便利或更便宜的商品出现，满足了消费者需求的转移，从而打败了在功能研发上最强的企业。比如低价的 DELL 打败高性能的 IBM 电脑，如图 4-13 所示。

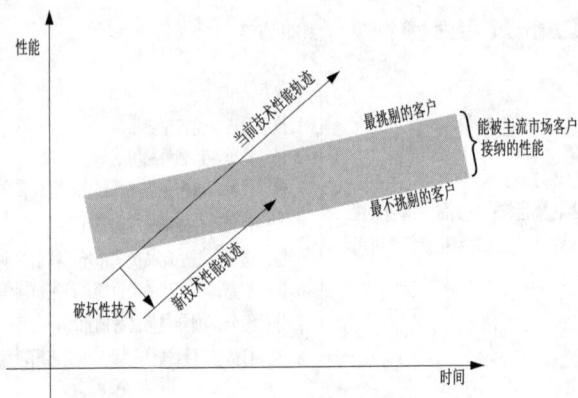

图 4-13　破坏性创新

（5）时间派 t：以柳比歇夫的时间管理、德鲁克的时间管理、科维的时间管理和番茄工作法时间管理为代表。时间派的核心是增加有效工作时间可以增加成果，其本质是改变广义动量定理 $F\alpha t = nmV$ 中的时间 t，就可以改变成果 nmV。四种时间管理均是通过减少时间浪费，增加有效工作时间 t，从而使成果增加。

柳比歇夫时间管理法就是要记录时间、统计时间、分析时间浪费、重新安排自己的时间，是个人时间定量管理的方法，如图 4-14 所示。

柳比歇夫时间管理
（1）记录。准确地记录时间耗费情况
（2）统计。统计各项时间的耗时情况
（3）分析。分析和找出浪费时间的因素
（4）反馈。制订消除浪费时间因素的计划，并反馈于下一时段

图 4-14　柳比歇夫的时间管理法

德鲁克时间管理法是记录时间、杜绝浪费、集中时间和集中精力。记录时间，然后就可以分析浪费情况，从而有效利用时间；而集中时间和精力则相当于聚焦，产生的成果增加，如图4-15所示。

德鲁克时间管理
(1) 记录时间
(2) 杜绝浪费时间的因素
(3) 统一安排可以自由支配的时间
(4) 要事第一与一次只做好一件事

图 4-15 德鲁克的时间管理法

时间有两个重要属性，分别是长短和时刻。科维的时间四象限管理法是将时间的时刻这个属性和事情的重要程度属性相结合的矩阵分析方法。同一件事情做得时刻不同，产生的成果不同。不同的事情在相同时刻做而产生的成果也不同。不同的做事次序产生的成果不同，为了让产生的成果最大化，就产生了一个四象限的做事次序，顺序为紧急又重要、重要但不紧急、紧急但不重要、既不紧急也不重要，如图4-16所示。

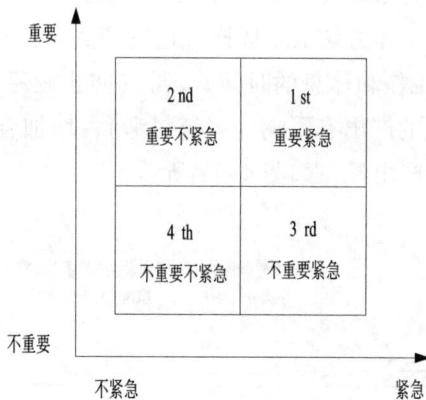

	重要	
	2 nd 重要不紧急	1 st 重要紧急
	4 th 不重要不紧急	3 rd 不重要紧急
不重要		
	不紧急	紧急

图 4-16 四象限时间管理

番茄工作法划分工作和休息时间，将时间划分为小块，有利于提高工作和休息的效率，提高时间的感知和掌控，如表4-2所示。

表4-2　番茄工作法流程的五个阶段

事件	时间	内容
计划	一天的开始	计划一天要做的事情
追踪	全天时间	记录好这一天内做过的工作、学习等所有事情，作为原始数据，包括工作时间和其他感兴趣的指标
记录	一天的结束	建立一个日工作档案，收集原始数据
分析	一天的结束	由原始数据分析出有用的信息（有用信息即能帮助你提高效率的信息）
可视化处理	一天的结束	把有用的信息用鲜明的方式表达出来，以便清楚地看到自己的进步

帕金森定律是一个关于论述时间是如何被浪费的。帕金森定律表明：只要还有时间，工作就会不断扩展，直到用完所有的时间。换一种说法是：工作总是会拖到最后一刻才会被完成。

（6）数量派 n，以泰勒的作业研究和吉尔布雷斯夫妇的动作研究的工业工程为代表。数量派的核心是通过作业和动作研究可以增加产出数量，其本质是改变广义动量定理 $F\alpha t = nmV$ 中的数量 n，就可以改变成果 nmV。

泰勒的科学管理原理的四要素为：形成一门真正的科学；科学的选择工人；对工人进行教育和培训；管理者与工人之间亲密友好的合作。科学原理就是形成最佳的工作方法 α，选择合适的工人 F，进行教育和培训（增加 F），通过合理的工作和休息的时间 t 安排（防止疲劳），完成最大的产出 nmV。管理者对工人的产出有影响（系统思考），增加合作可以增加由管理者和工人组成系统的产出量，如图4-17所示。

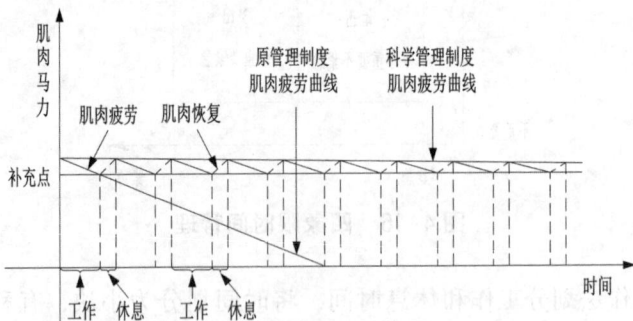

图4-17　搬生铁案例的肌肉疲劳曲线

弗兰克·吉尔布雷斯的理论包括时间研究和动作研究。时间研究就是研究在一定时间内合理的作业量，即定额，是一种定量管理。动作研究是将动作分解为最小单位，研究各种工作所需要的最少动作组合，消除无用动作，增加产出数量。可以通过动作改善 ECRS 四工具对动作进行改善。ECRS 分析法是工业工程学中程序分析的四大原则，用于对生产工序进行优化，以减少不必要的工序，达到更高的生产效率，如图 4-18 所示。

锡焊作业的改善					
改善前—五步			改善后—三步		
顺序	左手	右手	顺序	左手	右手
1	取工件放在操作台上	空手等待	1	取制品	拿住焊丝（等待）
2	拿起焊丝	拿起电烙铁	2	锡焊	锡焊
3	锡焊	锡焊	3	将工件放入成品箱	拿住焊丝（等待）
4	放下焊丝	放下电烙铁			
5	将工件放入成品箱	空手等待			

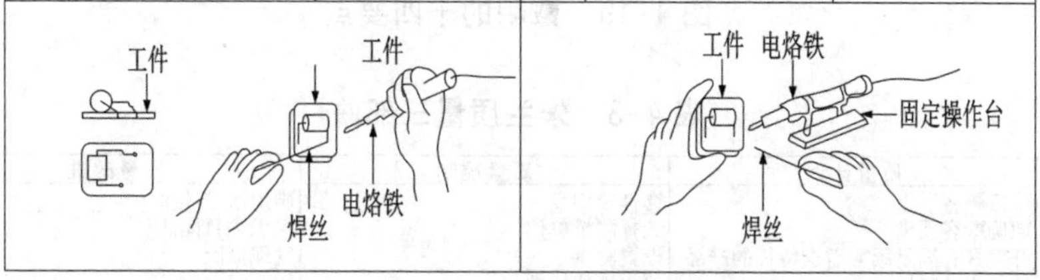

图 4-18　锡焊作业的改善

（7）质量派 m，以戴明的 14 要点、朱兰的质量三部曲、克劳斯比的零缺陷和六西格玛为代表。质量派的核心是通过质量管理可以增加产出的质量，其本质是改变广义动量定理 $F\alpha t = nmV$ 中的质量 m，就可以改变成果 nmV。戴明的十四要点、朱兰的质量三部曲、克劳斯比的零缺陷和六西格玛通过系统的质量管理方法来提高产品和服务的质量 m，从而使成果 nmV 增加。

戴明是一个质量管理专家，他提出了戴明十四要点和发展 PDCA 环。PDCA 包括 Plan（计划）、Do（执行）、Check（检查）和 Action（纠正），PDCA 循环就它按照这样的顺序进行质量管理，并且循环不止地进行下去的科学程序，如图 4-19 所示。

约瑟夫·M·朱兰博士是举世公认的现代质量管理的领军人物。他的"质量计划、质量控制和质量改进"被称为"朱兰三部曲"，如表 4-3 所示。

戴明的十四要点

1. 树立改进产品和服务的长久使命
2. 接受新的理念
3. 不要将质量依赖于检验
4. 不要只是根据价格来做生意，要着眼于总成本最低
5. 通过持续不断的改进生产和服务系统来实现质量和生产率的改进和成本的降低
6. 做好培训
7. 进行领导。领导意味着帮助人们把工作做好，而非指手画脚或惩罚威吓
8. 消除恐惧以使每一个人都能为组织有效的工作
9. 拆除部门间的壁垒
10. 取消面向一般员工的口号、标语和数字目标
11. 取消定额或指标
12. 消除影响工作完美的障碍
13. 开展强有力的教育和自我提高活动
14. 使组织中的每个人都行动起来去实现转变

图 4-19　戴明的十四要点

表 4-3　朱兰质量三部曲

因素	质量计划	质量控制	质量改进
实施步骤	确定顾客	选择控制点	确定改进项目
	明确顾客要求	选择测量单位	组织项目团队
	开发具有满足顾客需求特征的产品	设置测量	发现原因
	建立产品目标	建立性能标准	找出解决方案
	开发流程满足产品目标	测量实际性能	证明措施的有效性
	证明流程能力	分析标准与实际性能的区别	处理文化冲突
		采取纠正措施	对取得的成果采取控制程序

　　质量管理大师菲利浦·克劳士比是零缺陷之父，提出了第一次就把正确的事情做正确，如图 4-20 所示。

克劳士比管理哲学基本原则

一个核心：第一次就把正确的事情做正确

二个基本点
- 有用的
- 可信赖的

三个需要
- 满足客户的需要
- 满足员工的需要
- 满足供应商的需要

四个基本原则
- 质量就是符合要求
- 预防的系统产生质量
- 质量的工作准则是零缺陷
- 必须用质量代价（金钱）来衡量质量表现

图 4-20　克劳士比管理哲学基本原则

　　6σ 管理是通过减少波动、不断创新、质量缺陷达到或逼近百万分之三点四的质量水平，以实现顾客满意和最大收益的系统科学。六西格玛的实施过程是 DMAIC，从系统思考的角度说，DMAIC 是一个负反馈模型，

如图 4-21 所示。

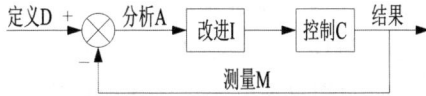

图 4-21　DMAIC 循环

（8）速度派 V，以福特的流水线生产、大野耐一的丰田生产方式、精益生产和高德拉特的 TOC 制约理论为代表。速度派的核心是通过负反馈等方式可以增加系统的产出速度，其本质是改变广义动量定理 $F\alpha t = nmV$ 中的速度 V，就可以改变成果 nmV。四种生产理论的首要目标都是增加系统的产出速度 V，并通过多个负反馈的来实现这个目标。四种理论设定缓冲的目标来达到防止过量生产，并保证多个负反馈环的物流和信息流的连续。流水线通过空间做缓冲，丰田生产方式和精益生产通过库存做缓冲，TOC 制约理论通过时间做缓冲。四种生产方法通过目标缓冲与实际缓冲的偏差指导生产，当实际缓冲小于目标缓冲时，开始生产；当实际缓冲等于目标缓冲时，停止生产。过量生产会产生库存，库存是负债，占用资源和时间，并且会使系统由于产品过多而导致管理和生产的混乱，降低系统的产出速度。过少的目标缓冲会使系统遇到突发情况时导致下道工序无料可以生产，降低系统的产出速度，如图 4-22 所示。

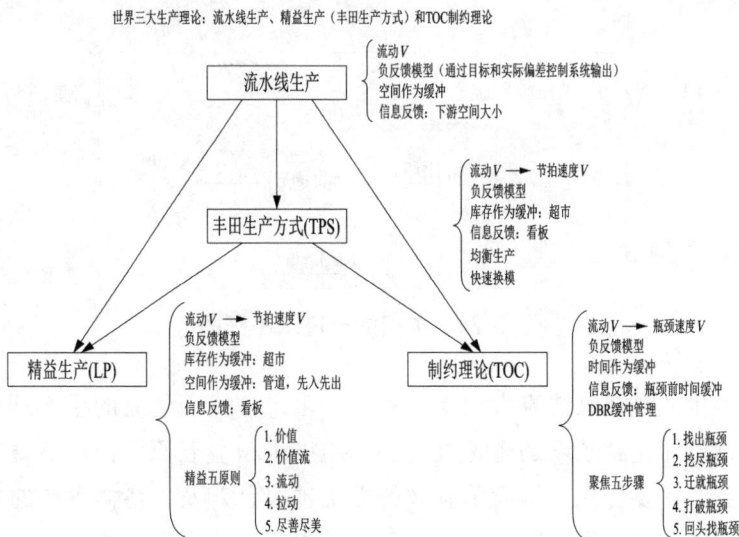

图 4-22　世界三大生产理论之间的关系

流水线生产是一个连续的生产过程，它按照工序流程连续生产来增加产出的速度。流水线生产开创了工业生产理论的先河，它以增加产出速度为目标，以工序之间的空间作为缓冲，当空间被填满后就停止生产来预防局部效率，从而增加产线的产出速度，如图 4-23 所示。

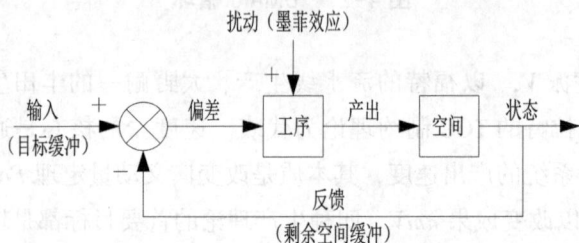

图 4-23　流水线系统框图

丰田生产方式受到流水线生产的启发，又吸收了工业工程的精髓而创立，所以丰田生产方式既可以通过流水线的精髓而提高生产速度，又可以因为工业工程而降低成本。丰田生产方式通过使用库存缓冲来代替流水线的空间缓冲，以及快速换模这两点来解决产品小批量而多样化的需求。库存是负债，因为需求是小批量的，那么大库存是不经济的，所以使用少量库存缓冲代替大的空间缓冲。由于需求多样，所以需要设备的快速换模和多能工在不同产品生产之间快速切换，从而缩短每种产品的生产周期，如图 4-24 所示。

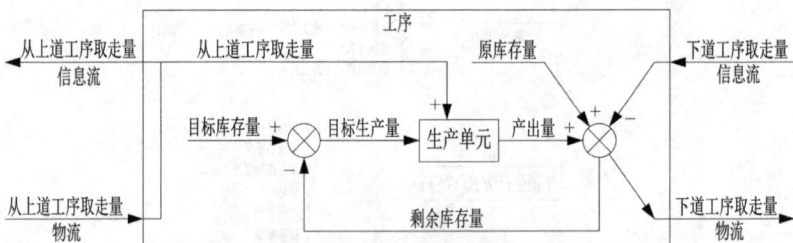

图 4-24　丰田的一道工序框图

精益生产是在总结流水线生产和丰田生产方式而创立的生产理论，它将生产理论简化到了新的理论高度，总结出了精益五原则，对精益生产的推广起到了重要作用，越简单有效的方法越容易普及。精益生产的主要目标还是增加产出速度，同时也兼顾降低成本。精益生产以价值流分析作为工具，跟踪价值的产生过程，删除不必要的环节，从而缩短生产周期并降低成本。精益生产以空间或者库存作为缓冲，来防止工序的过量生产，从而保证系统的产出速度，如图 4-25 所示。

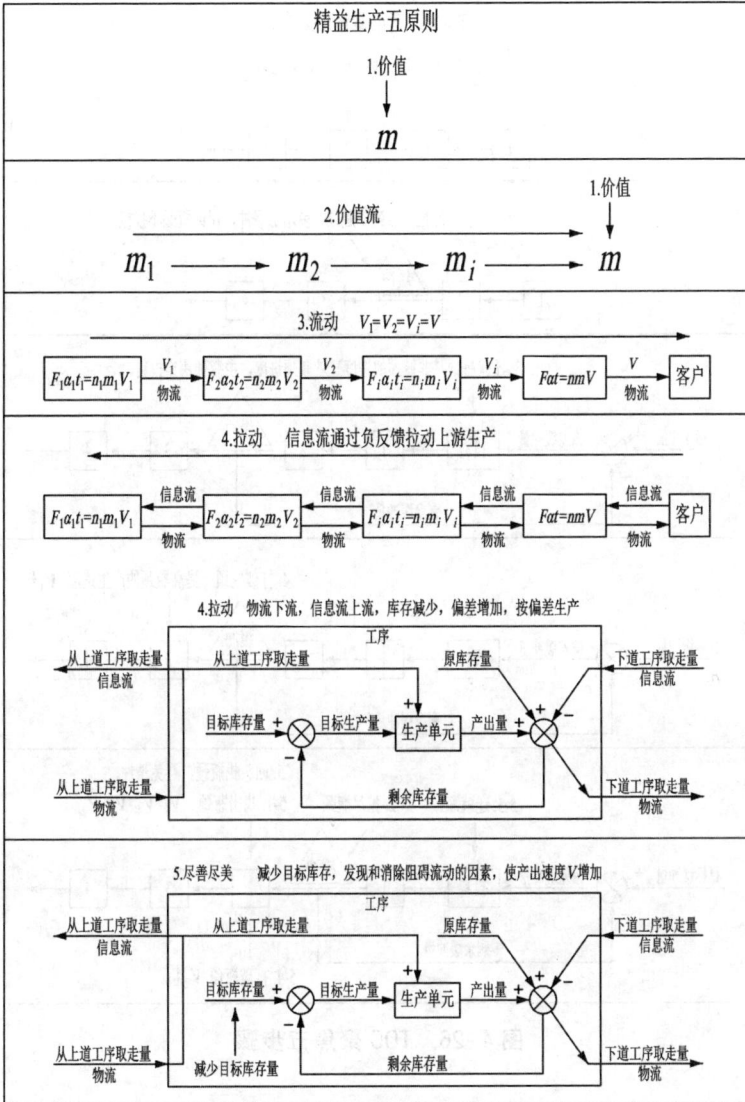

图 4-25　精益生产五原则

　　TOC 制约理论是总结流水线生产和丰田生产方式而创立的生产理论，它通过时间缓冲代替流水线的空间缓冲和丰田生产方式的库存缓冲，来达到保证系统产出速度的目标。TOC 制约理论指出了瓶颈的产出速度决定系统的产出速度，通过聚焦五步骤来改善瓶颈的产出速度，从而增加了系统的产出速度，如图 4-26 所示。

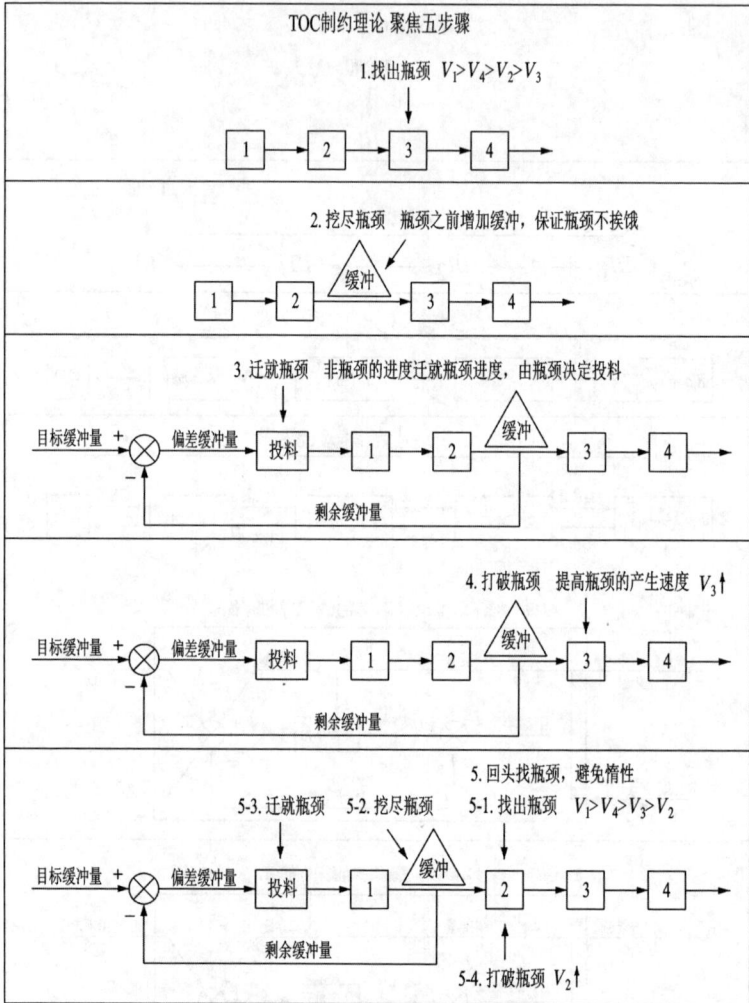

图 4-26 TOC 聚焦五步骤

流水线生产、丰田生产方式、精益生产和 TOC 制约理论的主要目标都是加快流动，四种生产理论通过系统思考的负反馈来指导生产，防止过量生产，通过不同的缓冲方式来防止墨菲效应，使系统产出最大化。四种生产理论与工业工程相结合，这四种理论负责指导如何产生成果，而工业工程负责产生成果。生产理论也均强调不断的完善来增加系统的产出，TPS 称之为改善，精益生产称之为尽善尽美，TOC 称之为回头防止惰性，如图 4-27 所示。

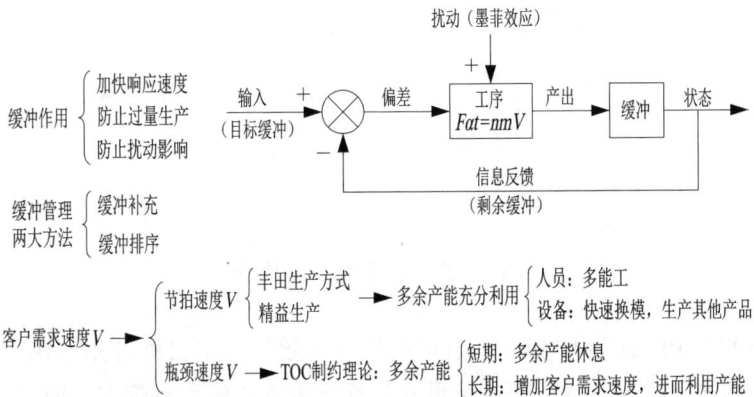

图 4-27　缓冲的作用

在系统思考上，彼得·圣吉通过《第五项修炼》将控制理论的负反馈和正反馈引入管理学。负反馈系统中目标与反馈信号的符号相反，系统通过目标与反馈的偏差量来控制产出。正反馈系统中目标与反馈信号的符号相同，反馈和目标相加导致系统的产出持续增加，如图 4-28 所示。

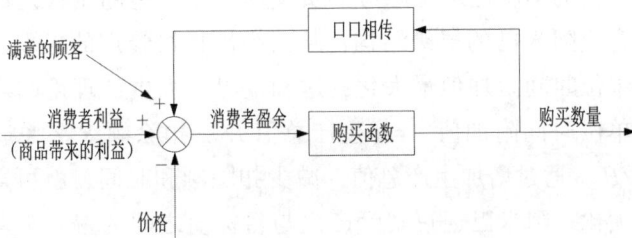

图 4-28　口口相传的正反馈框图

（9）负反馈派，在负反馈模型上，包括德鲁克的目标管理与自我控制、西蒙的组织均衡、戴明的 PDCA 环和稻盛和夫的阿米巴经营。

目标管理可以使管理者调整自己的投入从而影响产出，而自我控制在于通过实际与目标之间的偏差来调整投入的程度，最终达到目标。目标管理和自我控制使得命令式的管理模式变为自主式的管理模式，细分了控制的层级机构，从而更加快速和准确的响应现实的变化，使系统的产出增加。

西蒙的组织均衡是一个负反馈模型，组织通过目标与结果的偏差，使用权威、沟通、培训、效率和认同这五种方式来影响成员的行为使其符合组织目标，完成组织均衡的负反馈控制，如图 4-29 所示。

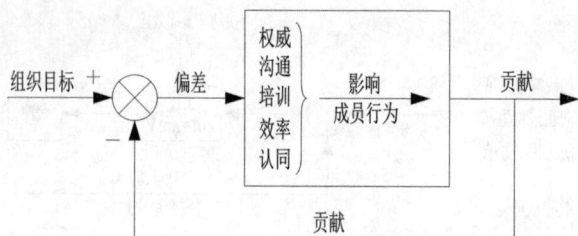

图 4-29　西蒙的组织均衡

戴明的 PDCA 循环是一个负反馈模型，通过制定目标计划，执行计划，检查反馈执行结果，然后通过结果和目标计划作比较得到偏差，通过修正偏差来指导新的执行，不断循环，最终是结果和目标一致，如图 4-30 所示。

图 4-30　PDCA 环的系统思考图

阿米巴经营的本质是系统思考的负反馈模型，是趋于稳定的。多个负反馈模型组合成阿米巴的层级结构，从而突破集权管理的极限。阿米巴追求的目标是单位时间附加值最大化，这和世界三大生产理论的产出速度最大化类同。单位时间附加值 $I = ($生产总值 $E -$ 扣除额 $F) /$ 总时间 H，即 $I = (E - F)/H$，通过增加生产总值，减少扣除额和时间，就可以使单位时间附加值最大化。阿米巴通过实际产出与目标值之间的偏差来调整自己的行为，从而促使产出最大化，如图 4-31 所示。

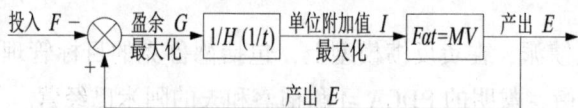

图 4-31　阿米巴单元

（10）正反馈派，在正反馈模型上，包括《圣经》中的马太效应、比尔·盖茨的正反馈理论、巴菲特的滚雪球理论、乔布斯的平台理论和索罗斯的反身理论。

马太效应是圣经里的一则寓言，用来阐述一旦获得一点优势，这个优势就会不断扩大，取得的成功也会越来越大，是一种正反馈现象。

比尔·盖茨在《未来之路》中介绍了他是如何通过正反馈理论打败所

有竞争对手，使微软系统成为行业标准的。微软系统的低价策略使得比其他竞争对手卖出更多产品，而卖出的产品多，给他做兼容软件的厂家就多，从而增加了微软系统的影响，进而促进更多人购买微软系统，形成正反馈效应，如图4-32所示。

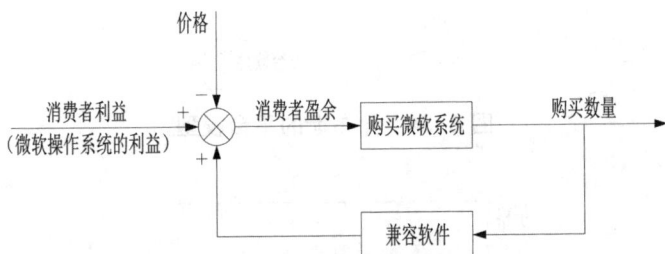

图4-32　比尔·盖茨的正反馈模型

巴菲特的滚雪球理论是一个正反馈效应，他将源源不断的资金流投入股票市场，而他所投资的股票的公司都是经过他严格筛选的，具有增长潜力的。这样投入的资金会有较大的增值，然后他再将增值的资金再次投入较高成长公司的股票，从而利用正反馈，赚到巨大财富，如图4-33所示。

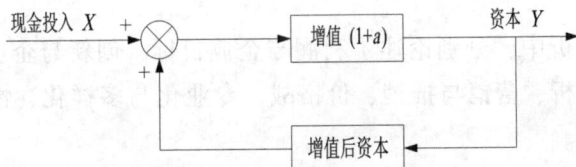

图4-33　巴菲特的滚雪球模型

乔布斯的平台理论是一个正反馈模型，苹果平台上提供的歌曲、电影和软件等越多，苹果的硬件产品就越有价值，购买的人就越多；而购买硬件的人越多，苹果平台的价值就越大，给苹果平台提供歌曲、电影和软件等就越有价值，从而形成苹果产品和平台销量相互促进的正反馈，如图4-34所示。

索罗斯的反身理论是一个正反馈模型，索罗斯使用反身理论，狙击英格兰银行，引发亚洲金融危机，是世界上最有力量的投机大师。主流预期是投机者购买的合外力，合外力决定了金融产品的价格涨跌，而金融产品价格的涨跌又影响主流预期，二者相互加强，形成正反馈效应，如图4-35所示。

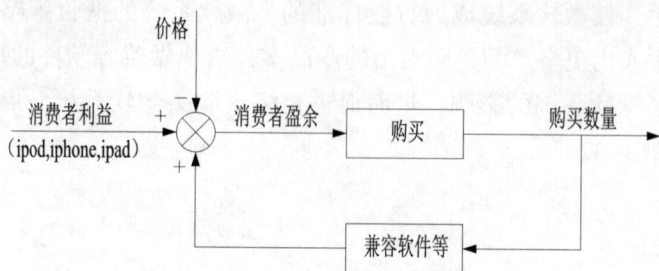

图 4-34　乔布斯的平台模型

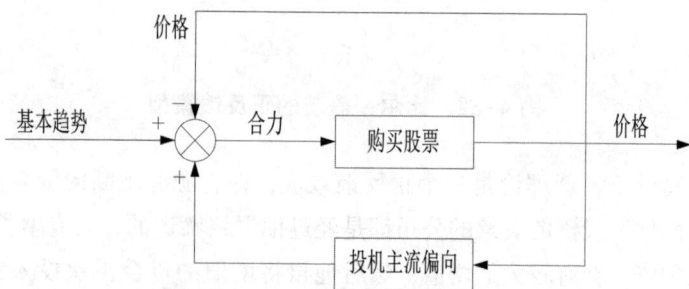

图 4-35　索罗斯的股票反身理论模

在系统分析中，分别论述了利润与企业目标、创新与企业家精神、价格和总利润分析、营销与推销、价格战、专业化与多样化、情报决策和未来的商业模式。

在利润与企业目标中，企业的目标促进社会的发展，利润这是衡量企业效能的指标。

在创新与企业家精神中，创新是社会发展的根本动力，没有创新，社会最终就会停止发展。群体之间的创新有助于产生协同性，从而加快创新。八个天才的叛逆、苹果的群体创新、PayPal 黑帮和维也纳精神分析小组的创新和企业家精神是可以学习和互相促进而产生。环境对个人发展的影响很重要，好的环境会让人们之间互相学习、合作及竞争，思想碰撞会产生新的想法，如图 4-36 所示。

图 4-36　八个天才的叛逆

在价格和总利润中，总利润等于单位产品利润乘以销售量。降低产品的价格，会增加销售量，进而影响总利润；但是降低产品价格，会降低单位产品利润，进而影响总利润。所以必定存在一个最优价格点，使得单位产品利润和价格均衡，从而使销售总利润最大化，如图 4-37 所示。

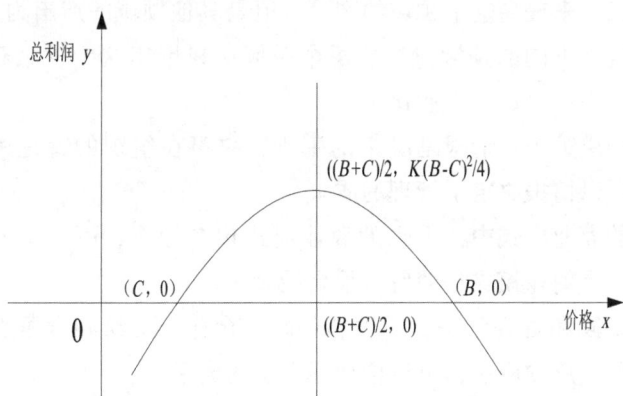

图 4-37　价格和总利润图形

在营销和推销中，营销和推销可以增加产品的销售量，进而增加总利润。营销辐射受众广，单位受众打击力度小，单位成本和收益较低，但总的销量大。推销辐射受众小，单位受众打击力度大，单位成本和收益高，总销量小。大众产品适于营销，特殊产品适于推销。

在价格战中，价格战可以提高本产品的销售量，但是单位产品的利润减少，总利润可能增加或者减少。恶性价格战只能使总利润减少，如图4-38所示。

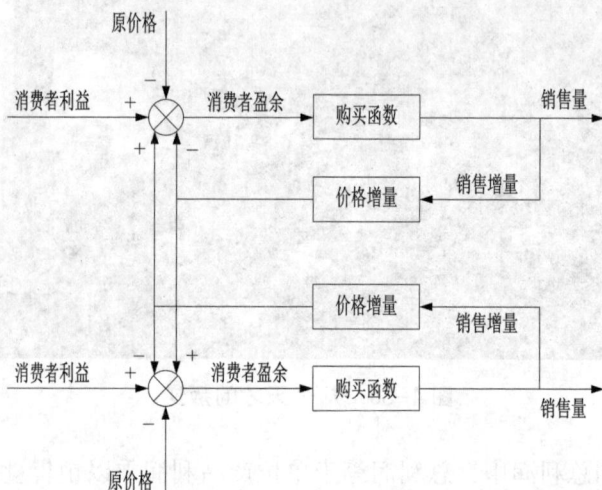

图4-38　价格战框图

在专业化和多样化中，专业化通过将力量聚焦于某个领域，类似于凸透镜引燃火柴，来提高这个领域的产出，但是其他领域的产出为0；多样化通过分散力量于不同的领域，虽然每个领域比只聚焦这个领域获得的成果少，但是总成果不一定比专业化小。

在情报与决策中，情报是决策的基础，决策在组织的管理中起着决定性的作用，所以情报决定了管理的成果。

在未来的商业模式中，未来的商业模式包含两个，下一个商业模式是免费，再下一个商业模式是消费者盈余最大化。

在五种手段和管理学中，学习、创新、合作、交易和竞争五种手段在管理学中有着广泛的应用，可以增加管理学的成果。

管理学的本质是广义动量的产生，基于正义基础上的自利行为可以使人类的物质财富最大化，从而促进人类种群的整体进化。

第五章　管理学基础理论

德鲁克的管理学理论是管理学的基础理论，他创立了现代管理学，他是基础理论学派的代表。

5.1　管理学的基础理论—德鲁克理论

内容提要：企业的宗旨是创造顾客，所以企业只有创新和市场营销两项基本职能。创新和市场营销都是为了创造顾客，创新增加了消费者盈余，从而增加销售量，市场营销增加了消费者盈余转化率，从而增加销售量，二者的目的都是为了创造顾客。

管理学家德鲁克说："企业的宗旨只有一种恰当的定义：那就是创造顾客。企业的宗旨是创造顾客，所以企业有且只有两项基本职能：创新和市场营销。创新不等同与发明。创新是一种经济上的术语，而非技术上的术语"，如图5-1所示。

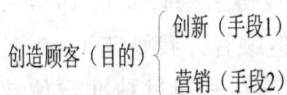

$$\text{创造顾客（目的）}\begin{cases}\text{创新（手段1）}\\[4pt]\text{营销（手段2）}\end{cases}$$

图5-1　企业的目的与手段

从手段目的链的角度说，创造顾客是企业的目的，而创新和市场营销是企业达到目的的手段。创新是产生新的消费者盈余，而营销是将消费者盈余转化为销售量。企业包含两种主要的活动，一种是创造价值的活动，一种是交易价值的活动。从广义动量定理 $F\alpha t = nmV$ 的角度说，企业通过组织员工的力量和资源 F，将其用在创造价值的的方向上 α，并作用于某种原材料，经过时间 t，从而产生成果 nmV。这是企业创造价值的过程。企业通过将产生的成果 nmV 与客户进行交易，从而完成创造顾客的过程，而交易的是双方的广义动量 nmV。

管理学上的基础理论与经济学的基础理论有异曲同工之妙，其本质是相同的。在经济学上，消费者利益（商品的价值）与购买量正相关，消费者利益越大，购买量越多；消费者成本与购买量负相关，消费者成本越高，购买量越少。消费者盈余＝消费者利益–消费者成本，所以消费者盈余与购买量正相关。由于商品的价格是消费者成本的主要因素，所以以商品价格代表消费者成本。

设商品的价值为 B（Benefit），商品的价格为 P（Price），消费者盈余为 S（Surplus），购买量为 Q（Quantity），消费者盈余转化为购买量的函数为 K，则

$$Q = K(B - P)$$

将此公式称为需求定律公式或需求公式，如图 5-2 所示。

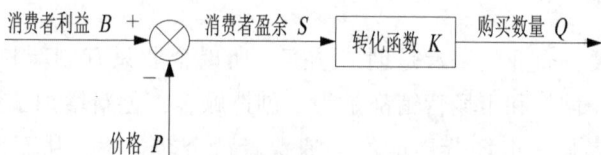

消费者利益 B ＋　　消费者盈余 S　　转化函数 K　　购买数量 Q

价格 P

图 5-2　需求定律框图

消费者盈余转化率 K 在市场中的表现形式为市场营销和推销，即在消费者利益和价格不变的情况下，改变消费者盈余转化率 K，也可以改变购买量。

杰克·特劳特说："彼得·德鲁克自 1954 年开始，终其一生都在说：企业存在的唯一目的是创造顾客。我则花了 40 多年时间，来告诉全球的企业人士如何创造顾客：关键在于通过精准定位获得顾客心智的认同。"杰克·特劳特在市场营销上创造了定位理论，通过定位理论可以提高消费者盈余转化率 K，从而增加购买量 Q。

企业创造了消费者盈余（$B - P$），通过市场营销增加了盈余转化率 K，进而创造了购买量 $Q = K(B - P)$，则企业实现了自己的宗旨：创造顾客。所以，有三种因素会影响购买量：消费者利益（商品的价值）、商品的价格和盈余转化率。

如果将单个产品的利润设为 I（Interest），产品的成本设为 C（Cost），则 $I = P - C$。结合需求定律公式 $Q = K(B - P)$，总利润 T（Total）等于购买量乘以单个产品的利润，即 $T = QI = K(B - P)(P - C)$。

5.2 成果 *MV* 与德鲁克的目标管理

内容提要：目标管理和自我控制是一个负反馈模型，有了目标管理，才能集中自己的力量、资源和时间向完成这个目标的方向努力，而没有目标的话，那么这些力量、资源和时间就没有方向，不会有什么成果。在有了目标之后，向目标方向努力会产生成果，而成果和目标之间会有偏差，通过自我控制来调整自己的力量、资源和时间，而不是别人的命令，来使得结果和目标相同，这就是控制理论中的负反馈模型，通过目标与结果之间的偏差调整输出，使得结果和目标相同。

1954 年，德鲁克提出了一个具有划时代意义的概念——目标管理（Management By Objectives，简称为 MBO），它是德鲁克所发明的最重要、最有影响的概念，并已成为当代管理学的重要组成部分。目标就是要达成的成果 *MV*。

德鲁克说："企业管理需要的就是一个管理原则。这一原则能够让个人充分发挥特长、担负责任，凝聚共同的愿景和一致的努力方向，建立起团队合作和集体协作，并能调和个人目标与共同利益。目标管理与自我控制是唯一能做到这一点的管理原则。"

目标管理指出了企业要达到的成果 *MV*，员工和管理者需要将自己和企业的力量 *F* 作用于资源（作用点），花费时间 *t* 用在达成成果的方向 α 上，来获得成果 *MV*。有了目标的管理，使企业集中力量完成目标而不是做些无用功，有利于企业的发展。

德鲁克说："目标管理的最大好处就在于：管理者能因此而控制自己的绩效。自我控制意味着更明确的工作动机：要追求最好的表现，制定更高的绩效目标和更宏伟的愿景，而不只是达标而已。……目标管理的主要贡献在于：它能够使我们用自我控制的管理方式来代替强制式的管理。……为了控制自己的绩效水平，管理者除了要了解自己的目标外，还必须有能力通过目标的实现与否，衡量自己的绩效和成果。……每位管理者都应该拥有评估自己绩效水平所需的信息，而且应该及早获取这些信息，以便能做出必要的修正，并达到预定的目标。"目标管理使管理者可以通过广义动量定理 $F\alpha t = MV$ 来产生需要的成果 *MV*，然后通过获取自己成果的信息，与目标进行比较来调整自己的行为，并达到预定的目标。目标与结果比较，然后以偏差修正行为的方式是系统思考的负反馈，如图 5-3 所示。

图 5-3 目标管理与自我控制

所以，目标管理和自我控制是广义动量定理 $F\alpha t = MV$ 与系统思考的负反馈的结合。

分权管理或者权利下放，就是目标管理的层级分解，每一层级控制自己的输入来达到上级要求的目标，其本质是在下一层级形成自己的负反馈系统，通过结果和目标的偏差来指导完成目标。

制定目标的 SMART 原则：

S——Specific：具体，目标必须是具体的；

M——Measurable：可测量，目标必须是可以衡量的；

A——Attainable：可实现，目标必须是可以达到的；

R——Relevant：相关，目标必须和其他目标具有相关性；

T——Time-based：时效，目标必须具有明确的截止期限；

神经语言程序学 NLP 为 SMART 增加了两项，变成了 PE-SMART；

P——Positively Phrase：运用正面词语；

E——Ecologically Sound：符合整体平衡，人力、财力、时间、都要符合。

使用目标管理可以将企业的战略目标分解成若干战术目标，再将战术目标分解成更小的战术目标，一直分解到可以执行的目标。管理人员和员工通过自我控制来完成每一个小的战术目标，形成许多小的负反馈环，小的战术目标完成就可以合成大的战术目标，然后再合成更大的战术目标直到战略目标的完成，每一个战术和战略目标的完成也是更大一层级的负反馈，每一层级都通过广义动量定理产出成果，通过负反馈的目标和成果的偏差指导完成预定目标。目标通过分解而容易完成和控制，成果通过合成则形成最大的成果。

质量管理专家戴明为什么强烈反对目标管理呢？

德鲁克在他 1954 年写成的管理学奠基之作《管理的实践》中提出目标

管理思想。他从福特汽车公司濒临倒闭的案例中得出结论，"指导和控制管理者行为的应该是绩效目标而非他的老板"，"（目标管理）能让追求共同福祉成为每位管理者的目标，以更加严格、精确和有效的内部控制取代外部控制"。

威廉·爱德华兹·戴明则对目标导向的管理持强烈的批判态度。戴明在 1980 年十分明确的告诫："绩效考核、不管称它为控制管理或什么其他名字，包括目标管理在内，是唯一对今日美国管理最具有破坏性的力量。"

他们的争论是目标导向还是过程导向的差异。没有目标的过程，结果会很随机和难以控制；没有过程的目标，是不现实的。从广义动量定理 $F\alpha t = MV$ 的角度来看，德鲁克和戴明只是强调的重点不同而已，戴明强调的是过程导向 $F\alpha t$，德鲁克强调的是成果导向 MV，它们是不可分割的。并且德鲁克的目标管理与自我控制和戴明的 PDCA 环都是负反馈模型。

第六章 广义动量定理与管理学

本章通过广义动量 $F\alpha t = nmV$ 来分析各种管理学理论，包括力量派、方向派、作用点派、时间派、数量派、质量派和速度派这七个学派。

在力量学派中，以托夫勒的《权利的转移》、贝克尔的人力资本、哈默尔的核心竞争力和科特的领导力为代表。

在方向学派中，以西蒙的管理决策理论、波特的竞争战略和高广宇的企业战略为代表。

在作用点派中，以聚焦理论、特劳特的定位理论、高德拉特的 TOC 制约理论和克里斯坦森的破坏性创新为代表。

在时间学派中，以柳比歇夫的时间管理法、德鲁克的时间管理法、科维的时间管理法和番茄工作法为代表。

在数量学派中，以泰勒的科学管理和吉尔布雷斯的动作研究为代表。

在质量学派中，戴明的十四要点、朱兰的质量三部曲、克劳斯比的零缺陷和六西格玛管理为代表。

在速度学派中，福特的流水线生产、丰田生产方式、精益生产和高德拉特的 TOC 制约理论为代表。

6.1 力量 F 与管理理论

在力量 F 中，首先介绍三种终极力量来源为暴力（包括武力和体力）、财富和知识，而财富是暴力和知识的积累效应，即人的暴力和财富是最终极的力量来源。其次介绍人力资本，即人力的重要性；再次介绍核心竞争力，力量有很多种，核心竞争力在过程中起着核心的作用；而科特的领导力则是建立新的层级结构。

6.1.1　力量 *F* 与托夫勒的《权利的转移》

内容提要：人类力量的终极来源包括暴力、财富和知识，三种力量可以相互转化。暴力创造了农业时代，财富创造了工业时代，知识创造了信息时代。三种力量的引入有利于使用广义动量定理中的力量分析人类的行为。战争的核心力量是暴力，管理学的核心力量是财富，经济学的核心力量是知识。

未来学家阿尔文·托夫勒在《权利的转移》中认为在无数可能的力量源泉中，主要的力量源泉有三种：暴力、财富和知识，它们是各种社会力量的终级源泉。托夫勒说终极力量的来源有三种，分别是暴力、财富和知识。暴力是低质量的力量，财富是中等质量的力量，知识是最高级质量的力量。力量是一个数量问题，其中起决定的因素是力量的质量。托夫勒所谓的"力量"是指施加于人的有意识的力量，排除了施加于自然或事物的力量。暴力又可以细分为武力和体力，武力的主要弱点在于没有灵活性，只能用来惩罚。武力是低质量的力量。财富比武力要灵活得多，财富是中等质量的力量。质量最高的力量来自应用知识。高质量的力量不是仅仅产生影响，不是仅仅能为所欲为，使别人做你想做的事情，它意味着效率——利用最少的力量实现目标。暴力、财富和知识构成一个相互作用的体系。在某些条件下，一种力量可以转变成另一种。暴力可以使你得到钱，也可以强迫一个受害者说出秘密的信息。钱可以为你购买信息（知识），或者买一枝枪（暴力）。信息可以被用来增加你手头的钱，或者增加你掌握的武力。它们之间的关系决定了社会力量的特点，如图6-1所示。

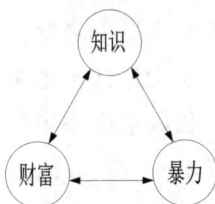

图6-1　三种终极力量之间的互相转化

托夫勒在《第三次浪潮》根据产业结构尤其是技术在社会发展过程中的作用，将人类社会的发展划分为农业浪潮、工业浪潮和知识浪潮。托夫勒认为，人类到现在已经经历了两次巨大的变革浪潮。这两次浪潮都淹没了早先的文明和文化，都以前人所不能想象的生活方式替代了原来的生活方式。第一次变化是历时数千年的农业革命。第二次浪潮的变革是工业文明的兴起，至今不过几百年。今天的历史发展更快，第三次浪潮的变革可能只要几十年就会完成。我们正好生长在这急剧转变的时刻，因而在生活中感受到第三次浪潮的全面冲击。如果联想到《权利的转移》，那么三次浪潮会更容易理解，暴力（体力）创造农业浪潮，财富创造了工业浪潮，而知识创造了知识浪潮（信息浪潮）。社会的核心力量从暴力转移到财富，然后再转移到知识，而社会的主要形态也随者核心力量的改变而改变，人类所创造的文明也随之力量的升级而升级。

托夫勒在《财富的革命》中揭示了创造财富的知识原理、空间原理和时间原理。这里的财富所指的包括金钱财富和非金钱财富。

从广义动量定理 $F\alpha t = nmV$ 来解释托夫勒的思想，知识就是力量对应着 F，空间对应着方向 α，时间对应着时间 t，财富对应着成果 nmV。即托夫勒的《财富的革命》的核心原理就是广义动量定理。社会力量的终级源泉又包括暴力、财富（金钱）和知识三种质量不同的力量。暴力（体力）创造了农业时代，财富创造了工业时代，财富（金钱）是以前成果的积累，现在又转化为体力和知识的力量，然后才能取得成果，即金钱财富创造了工业时代。知识创造了信息时代。社会核心力量从暴力、财富转移到知识，时代也从农业转为工业时代再到信息时代。

在从农业向工业转化的过程中，农业的核心力量暴力与工业的核心力量财富产生了碰撞，两种力量竞争资源的使用权，使代表工业和农业的双方产生了阶级矛盾，矛盾升级进而产生了战争。在美国爆发的南北战争，核心矛盾就是北方工厂主和南方农场主之间的矛盾。北方的资本家需要大量的人力来进入工厂做工，需要大量的土地来开设更多的工厂，以及大量廉价的原材料；南方的农场主和奴隶主手中控制着大量的人力、土地和原材料却不愿意提供给北方的资本家。双方因为竞争资源的使用权而爆发战争。而在此时世界范围内爆发的大部分战争都是由于财富和暴力的对抗产生的。

那么从工业时代的核心力量财富向信息时代的核心力量知识转变的过程中，为什么没有像以前一样产生大规模的战争呢？

其原因是知识具有公用性或者说是非对抗性。一个人使用知识不会妨碍别人也使用知识，知识具有公用性，非独占性。而财富和暴力所竞争的资源如土地，矿产资源等具有独占性，一个人使用了别人就不能使用。而知识和财富及暴力是可以相容的。比如某人发现了有效的时间管理方法，使用它可以增加有效产出。一个人使用这个方法会提高自己的有效产出，另一个人使用也可以提高他的产出，许多人同时使用这个方法也不会使这个方法变为稀缺品。所以由于知识具有公用性和非对抗性，从工业时代向信息时代的过渡没有产生战争，如图 6-2 所示。

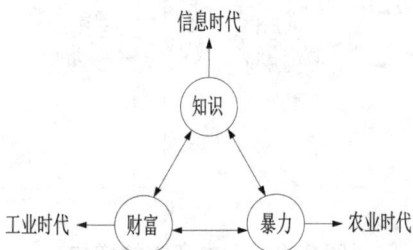

图 6-2　三种终极力量对应的时代

6.1.2　力量 F 与贝克尔的人力资本

内容提要： 人类是暴力和知识这两种力量的终极来源，所以增加人力资本就可以增加成果。

力量的最终极来源是暴力和知识，而暴力和知识的实施主体就是人类本身。所以人类本身是终极力量的源点。从广义动量定理 $F\alpha t = nmV$ 的角度来说，增加人类本身的力量 F，就能增加成果 nmV。诺贝尔经济学奖获得者加里·斯坦利·贝克尔的《人力资本》是西方人力资本理论方面的经典，是席卷 60 年代经济学界的"经济思想上的人力投资革命"的起点，他系统地阐述了形成人力资本的各类投资及其产生的收益。贝克尔在《生活中的经济学》的人力资本投资一章中写道："在现代经济里，增长离不开受到良好教育且训练有素的劳动力。……当人力资本的投资报酬率上升，或是教育投资增加时，经济增长就会加快。"贝克尔的论述阐述了增加人力资本 F 的大小，就能使经济增加加快，因为从广义动量定理的角度说，增加力量 F 可以增加成果 nmV。终极的力量来源有暴力、财富和知识，知识是最好质量的力量，增加知识这种力量可以最大的增加成果 nmV，所以对于知识的投资可以增加最高质量的力量，从而增加成果，促使经济发展加快。增加人力资本的投资（如教育，培训）是通过人类能力 F 的增加，从而增加成果 nmV。德鲁克说："日本人和韩国人对培训的应用成为他们国家经济腾飞的基础。"教育和培训是增加人力资本的主要手段，它们增加了人类自身的能力，相当于增加了广义动量定理中的 F，所以成果可以随着人力资本的增加而增加，如图6-3所示。

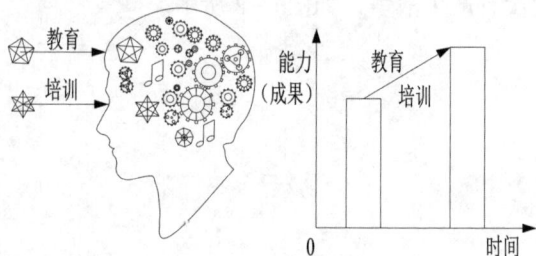

图6-3　人力资本的增加

而今，家庭、企业和社会本身都越来越重视对个人能力的培养来增加其能力，以便产生更大的成果。一个孩子从孕育开始就开始接受胎教，然后是学前教育，10多年的在校教育，工作后的在职培训以及自学，几乎每个人的一生都可以学习。学习本身可以通过广义动量定理 $F\alpha t = nmV$ 来解释，学习而获得的某种能力也是一种成果 nmV，而为了获得这一成果 nmV，需要将学习能力 F 用在增加这项能力的方向 α 上，将力量的作用点用在这项知识上，经过一段时间 t 的积累，才能获得这种能力成果 nmV。

6.1.3　力量 F 与哈默尔的核心竞争力

内容提要：有力量才会有成果，没有力量就没有成果。这和物理学中力量是改变状态的唯一原因类同。不同种类的力量产生的成果不同，核心力量产生核心成果。增加核心竞争力可以增加企业的竞争优势，那么企业的重点就应该加强核心竞争力。

在许多力量共同产生的成果中，不同的力量对成果的贡献是不同的，核心力量对成果的贡献最大，是产生成果的关键因素。在使小木块 m 从左向右的运动过程中，有五种力量，分别是 F_1、F_2、F_3、F_4 和 F，F 在木块向右运动中起到核心作用，所以 F 是核心竞争力，如图6-4所示。

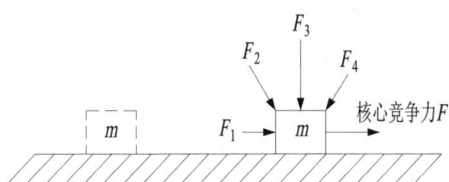

图 6-4　核心竞争力

1990 年，加里·哈默尔（Gary Hamel）和普哈拉（C. K. Prahalad）在《哈佛商业评论》上发表《企业的核心能力》一文，阐述了核心竞争力这一概念。他们认为和顾客所需要的最终产品不同，核心产品是企业最基本的核心零部件，而核心竞争力实际上是隐含在核心产品中的知识和技能。从这个意义上说，企业的核心竞争力实际上是企业保持竞争优势的源泉，但是如何将这种核心竞争力转化为竞争优势，需要一定的条件。

在短期内，一个公司的竞争优势源于现有产品的性价比特性。但是在第一轮全球竞争中存活下来的企业，无论是西方公司还是日本公司，现在都已趋向于采用相似的严格的产品成本和质量标准。达到这些标准实际上已经成为继续留在竞争队伍中的最低要求，它们对于形成差异化优势的重要性已越来越小。从长期来看，竞争优势将取决于企业能否以比对手更低的成本和更快的速度构建核心竞争力，这些核心竞争力将为公司催生出意想不到的产品。管理层有能力把整个公司的技术和生产技能整合成核心竞争力，使各项业务能够及时把握不断变化的机遇，这才是优势的真正所在。

核心竞争力是组织内的集体学习能力，尤其是如何协调各种生产技能并且把多种技术整合在一起的能力。核心竞争力不仅仅是整合各种技术，同时它还意味着对工作进行组织和提供价值核心竞争力是沟通，是参与，是对跨越组织界限协同工作的深度承诺。它涉及所有职能部门和很多级别的员工。核心竞争力并不会随着使用的增多而减少。

核心竞争力的确定与丧失。

首先，核心竞争力能够为公司进入多个市场提供方便；

其次，核心竞争力应当对最终产品为客户带来的可感知价值有重大贡献；

最后，核心竞争力应当是竞争对手难以模仿的。

核心竞争力与货币一样，其效用的大小不仅取决于公司有多少存量，还取决于其流通速度。这一点与广义动量 MV 中质量和速度的乘积的道理是相同的，也符合兰切斯特第一法则。

在两人合著的《竞争大未来》中指出，企业必须打破旧有的思想框架，以积极开放的胸怀去思考、接受不同的经营架构，把握未来趋势、建立战略架构、组织核心能力，从而在创新中掌握竞争优势。在另一本著名的著作《引导革命》中，哈默尔提出企业的创新不是传统上所认为的开发新产品或采用新技术，而是要产生"新概念"。因此企业要积极开发新的概念，并将概念转为现实的企业核心竞争优势。

从广义动量定理 $F\alpha t = nmV$ 的角度来看，增加力量 F，可以增加成果 nmV；从系统思考的角度来说，增加核心力量 F，增加的成果最大。

6.1.4 力量 F 与约翰·科特的领导力

内容提要：管理和领导不同，管理的职能是处理复杂的事物，它通过系统思考负反馈层级结构来完成复杂的目标；而领导的职能是处理变革，它通过建立新的层级结构完成新的目标。

约翰·科特认为管理与领导不同，管理的职能是处理复杂的事物，而领导的职能是处理变革。管理的三个主要任务是计划与预算、组织和配备人员、控制和解决问题；而领导的三个任务是设立变革方向、人员结盟和激励人们，如表 6-1 所示。

表 6-1　管理与领导的对比

	管理	领导
职能	处理复杂的事物	处理变革
三个任务	计划与预算	设立变革方向
	组织和配备人员	人员结盟
	控制和解决问题	激励人们

从广义动量定理 $F\alpha t = nmV$ 与系统思考的角度说，管理对应系统思考，领导对应广义动量定理。

管理对应于系统思考，通过负反馈的控制完成处理复杂事物的职能，正如他在《领导力革命》中写道："按照管理的逻辑，控制机制会将系统行为与计划相比较，当发现偏差时，就会采取行动。"领导对应于广义动量定理，需要去构建愿景 nmV，设立变革的方向 α，通过人员结盟和激励人们来增加人们的力量 F，从而完成目标。管理和领导是企业必不可少的，即广义动量定理与系统思考是必不可少的，它们结合完成目标。约翰·科特在《领导者应该做什么》写道："领导与管理是两种并不相同而又互为补充的行为个体，各有自己的功能和特点。在日趋复杂、变化无常的商业环境中，这两者都是取得成功的必备条件。领导能力强、管理能力弱并不一定比相反的情况要好，事实上有时甚至更糟。真正的挑战是，把很强的领导能力和很强的管理能力结合起来，并使两者相互制衡。"

约翰·科特在《领导变革》一书中写道领导变革的八个步骤为：

①树立紧迫感；②组建领导团队；③设计愿景战略；④沟通变革愿景；⑤善于授权赋能；⑥积累短期胜利；⑦促进变革深入；⑧成果融入文化。

管理通过原有的层级结构完成任务，而领导是建立完成新目标的层级结构。约翰·科特在《领导力革命》一书中写道："在比较稳定的世界中，主要的活动是管理，重要的工作都是通过层级体系来完成的。"如图 6-5 所示。

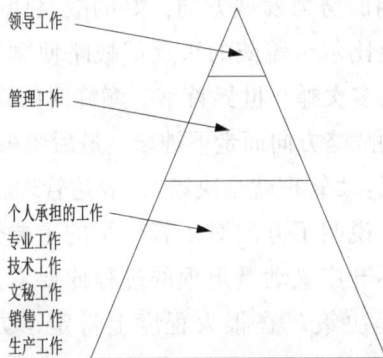

图 6-5　管理与领导的层级结构

树立紧迫感是要在现在进行变革，而不是在未来。因为现在的商业世界竞争更急激烈、更加变化无常。德鲁克认为，组织成长的主要障碍是管理者们改变态度和行为的速度跟不上组织的需要。领导和管理通过建立与完善新的层级结构来实现新的企业愿景和目标。约翰·科特在《领导变革》中论述了管理与领导对于企业实现目标的关系，他写道："管理的基本目的是保持现有系统正常发挥作用，而领导的基本目的是进行有益的变革，通常是非渐进式的变革。两者都不能太多或太少。没有管理的强有力领导带了的风险是混乱，组织可能冲入危险的深渊。没有领导的强有力管理则可能把组织困在极度的官僚主义之中。"

组建领导团队就是建立层级结构的顶层，善于授权赋能是下放权力，形成下一层的层级结构。设计愿景战略是设立企业的目标 nmV，而沟通变革愿景是为了让员工了解企业的目标 nmV，进而形成各层级式的努力方向 α。下一层的目标是完成上一层目标的手段，当下一层的所有目标都完成后，合成的上一层目标也就完成了。积累短期胜利，促进变革深入和成果融入文化则是对新的层级结构的发展，稳固和优化，进而更快、更有效的实现企业的愿景和目标。

6.2 方向 α 与管理理论

在广义动量定理 $F\alpha t = nmV$ 中，选择合适的方向 α，可以增加成果 nmV。在管理学上，战略方向就是方向 α 主要表现形式。战略对于企业非常重要，它是一个较长期的努力发展方向，好的战略使企业走向辉煌，差的战略可以使企业破产。比尔·盖茨的正反馈战略使微软成为世界最强大的企业之一，并且使自己多次蝉联世界首富。巅峰时的诺基亚出现战略错误，它未能抓住智能手机的战略方向而走下神坛，最后惨被收购。

赫尔伯特·西蒙说："管理就是决策"，表达管理就是选择合适的方向，这样就可以增加成果，说明了方向对于管理学的重要性。在获得任何成果 nmV 的过程中，都离不开广义动量定理的过程四要素，而方向就是其中的一个，所以"管理就是决策"在很大程度上肯定了方向对于获得成果的影响。

迈克尔·波特提出了三大战略，对管理学的战略管理理论起着重要的推动作用，使战略管理上升到了一个新的高度。

作者总结出多种企业战略，将在文中一一讲解。

6.2.1 方向 α 与西蒙的管理决策理论

内容提要：西蒙的管理决策理论论述了管理就是决策，决策的制定包括四个主要阶段：①收集情报；②列出可行方案；③择优选择方案；④对选择的方案和实施进行评价。组织通过权威、沟通、培训、效率和认同（组织忠诚）影响个人决策，从而使个人的行为符合组织的总体模式，如图 6-6 所示。

$$
\text{组织影响个人决策}\begin{cases} \text{权威} \\ \text{沟通} \\ \text{培训} \\ \text{效率} \\ \text{认同（组织忠诚）} \end{cases}
$$

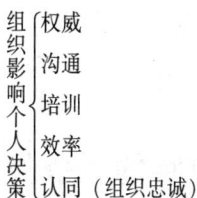

图6-6　组织影响个人决策的方式

诺贝尔经济学奖获得者赫尔伯特·西蒙说："管理就是决策。"他也是诺贝尔经济学奖获得者中唯一的一名管理学家。瑞典皇家科学院总结性地指出："他的名字主要是与经济组织中的结构和决策这一相当新的经济研究领域联系在一起的，现代企业经济学和管理研究大部分都基于西蒙的思想。"西蒙在管理学上的第一个贡献是提出了管理的决策职能。西蒙对管理学的第二个贡献是建立了系统的决策理论，并提出了人有限度理性行为的命题和"令人满意的决策"的准则。决策是管理的中心，决策贯穿管理的全过程。本书也在多处使用了西蒙提出的手段—目的链和目的的层级性的分析方法。西蒙认为，任何作业开始之前都要先做决策，而制定计划就是决策，组织、领导和控制也都离不开决策。

决策的制定包括四个主要阶段：①收集情报；②列出可行方案；③择优选择方案；④对选择的方案和实施进行评价，如图6-7所示。

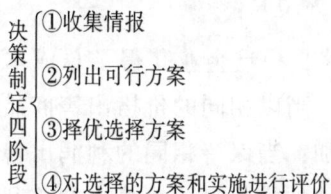

$$
\text{决策制定四阶段}\begin{cases} ①\text{收集情报} \\ ②\text{列出可行方案} \\ ③\text{择优选择方案} \\ ④\text{对选择的方案和实施进行评价} \end{cases}
$$

图6-7　决策制定的四个阶段

西蒙的决策理论是选择将力量用在哪个方向上，从广义动量定理 $F\alpha t = nmV$ 的角度来看，选择正确的方向 α，可以增加成果 nmV。

西蒙在《管理行为》中提出了组织影响个人决策的五种方式，从而使个人的行为符合组织的总体模式。五种方式为权威、沟通、培训、效率和认同（组织忠诚），这五种方式和作者提出的增加成果的五种手段几乎是一一对应的。权威对应于创新，创新是产生不同的事物和做法，而推行不同的事物和做法时才需要权威，大家认同的准则是不需要再推动的；沟通对应着交易，交易的内容是双方的想法及情感；培训对应着学习，培训和学习都是增加能力和经验；效率对应着竞争，竞争可以增加成果，从而提高效率；认同对应着合作，认同和合作都是向同一方向努力，认同方向之后则更容易合作。

6.2.2　方向 α 与波特的竞争战略

内容提要：波特的竞争战略包括总成本领先战略、差异化战略和专一化战略。战略是一个企业长期努力的方向，其他目标应该符合战略以保证战略的顺利完成。

迈克尔·波特（Michael E. Porter）认为有三类成功型战略思想，这三种思路是：①总成本领先战略；②差异化战略；③专一化战略。如图6-8所示。

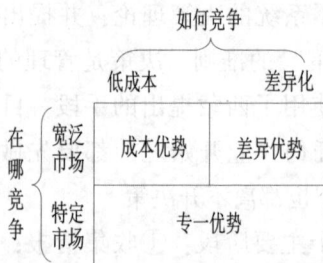

图 6-8　波特的竞争战略

对于总成本领先战略，一旦企业获得了总成本领先的优势，那么在价格方面便更加有竞争力。当以相同的价格出售商品时，单个商品的利润比对手多，从而总利润增加；当保持相同的利润出售商品时，商品的价格可以比竞争对手低，从而增加销售量，最终增加总利润，总成本领先优势使得企业在价格方面的容错性增加。

对于差异化战略，人们是偏向多样化消费的，即使对于同一种商品，有人喜欢 A 产品，也有人不喜欢 A 产品，那么即使 A 产品是市场领导产品，那么它也不能满足所有人的需求，这就给了差异化进行竞争的基础，差异化保持与竞争对手不同，从而覆盖了不同需求的消费者。

对于专一化优势，一般适用于特定市场，它的原理就是缩小力量的作用点，作用点就是特定市场，从而从这个特定市场获得的成果增加，和凸透镜聚焦阳光引燃火柴的道理相同。

波特认为，这些战略类型的目标是使企业的经营在产业竞争中高人一筹：在一些产业中，这意味着企业可取得较高的收益；而在另外一些产业中，一种战略的成功可能只是企业在绝对意义上能获取些微收益的必要条件。有时企业追逐的基本目标可能不止一个，但波特认为这种情况实现的可能性是很小的。因为贯彻任何一种战略，通常都需要全力以赴，并且要有一个支持这一战略的组织安排。如果企业的基本目标不止一个，则这些方面的资源将被分散。这与经济学上专业化一个方向可以增加这个方向上的产出道理相同。

1. 总成本领先战略

成本领先要求坚决地建立起高效规模的生产设施，在经验的基础上全力以赴降低成本，抓紧成本与管理费用的控制，以及最大限度地减小研究开发、服务、推销、广告等方面的成本费用。

为了达到这些目标，就要在管理方面对成本给予高度的重视。尽管质量、服务以及其他方面也不容忽视，但贯穿于整个战略之中的是使成本低于竞争对手。该公司成本较低，意味着当别的公司在竞争过程中已失去利润时，这个公司依然可以获得利润。

赢得总成本最低的有利地位通常要求具备较高的相对市场份额或其他优势，诸如与原材料供应方面的良好联系等，或许也可能要求产品的设计要便于制造生产，易于保持一个较宽的相关产品线以分散固定成本，以及为建立起批量而对所有主要顾客群进行服务。

总成本领先地位非常吸引人。一旦公司赢得了这样的地位，所获得的较高的边际利润又可以重新对新设备、现代设施进行投资以维护成本上的领先地位，而这种再投资往往是保持低成本状态的先决条件。

2. 差异化战略

差异化战略是将产品或公司提供的服务差异化，树立起一些全产业范围中具有独特性的东西。实现差异化战略可以有许多方式：设计名牌形象、技术上的独特、性能特点、顾客服务、商业网络及其他方面的独特性。最理想的情况是公司在几个方面都有其差异化特点。例如履带拖拉机公司Caterpillar不仅以其商业网络和优良的零配件供应服务著称，而且以其优质耐用的产品质量享有盛誉。

如果差异化战略成功地实施了，它就成为在一个产业中赢得高水平收益的积极战略，因为它建立起防御阵地对付五种竞争力量，虽然其防御的形式与成本领先有所不同。波特认为，推行差异化战略有时会与争取占有更大的市场份额的活动相矛盾。推行差异化战略往往要求公司对于这一战略的排他性有思想准备。这一战略与提高市场份额两者不可兼顾。在建立公司的差异化战略的活动中总是伴随着很高的成本代价，有时即便全产业范围的顾客都了解公司的独特优点，也并不是所有顾客都将愿意或有能力支付公司要求的高价格。

3. 专一化战略

专一化战略是主攻某个特殊的顾客群、某产品线的一个细分区段或某一地区市场。正如差异化战略一样，专一化战略可以具有许多形式。虽然低成本与差异化战略都是要在全产业围内实现其目标，专一化战略的整体却是围绕着很好地为某一特殊目标服务这一中心建立的，它所开发推行的每一项职能化方针都要考虑这一中心思想。这一战略依靠的前提思想是：公司业务的专一化能够以高的效率、更好的效果为某一狭窄的战略对象服务，从而超过在较广阔范围内竞争的对手们。波特认为这样做的结果，是公司或者通过满足特殊对象的需要而实现了差异化，或者在为这一对象服务时实现了低成本，或者二者兼得。这样的公司可以使其赢利的潜力超过产业的普遍水平。这些优势保护公司抵御各种竞争力量的威胁。

但专一化战略常常意味着限制了可以获取的整体市场份额。专一化战略必然地包含着利润率与销售额之间互以对方为代价的关系。专一化战略将力量集中于某一局部市场，从而在该市场上产生力量的竞争优势，这与战争理论的集中兵力，创造局部兵力优势的理论是相同的。

波特在《竞争战略》中还对三种通用战略实施的要求进行了详细的分析。波特认为，这三种战略是每一个公司必须明确的，因为徘徊其间的公司处于极其糟糕的战略地位。这样的公司缺少市场占有率，缺少资本投资，从而削弱了"打低成本牌"的资本。全产业范围的差异化的必要条件是放弃对低成本的努力。而采用专一化战略，在更加有限的范围内建立起差异化或低成本优势，更会有同样的问题。徘徊其间的公司几乎注定是低利润的，所以它必须做出一种根本性战略决策，向三种通用战略靠拢。一旦公司处于徘徊状况，摆脱这种令人不快的状态往往要花费时间并经过一段持续的努力；而相继采用三个战略，波特认为注定会失败，因为它们要求的条件是不一致的。

对于总成本领先战略通常会将成本优势通过降低价格来实现其成本优

势。通过降低价格来提高消费者盈余，从而增加销售量。丰田汽车的丰田生产方式是一种很好的降低成本的方法。而对于许多高科技企业，他们的生产都是外包给台湾富士康等企业来实现降低生产成本的目的。而对于研发和设计的工作，特别是研发，你无法预测未来对资源和人力的需求是多少，在投入上很难使用总成本领先战略。并且投入较多的资源和人力通常对应着较高概率的研发成功的可能性，从而可以增加消费者盈余，创造更多的销售。总成本领先需要一套完善的方法，福特创造了流水线生产；大野耐一创造了丰田生产方式，高德拉特创造了 TOC，稻盛和夫创造了阿米巴经营模式。这几种生产方式各有优点，适应的环境也不同。从广义动量定理来说，总成本领先战略是以降低成本为方向 α。

差异化战略是为了增加消费者利益，而不能增加消费者利益的差异化是没有意义的。差异化的战略类似于细分市场。

专一化战略是一种聚焦战略，将有限的力量聚焦于某种产品，服务或者客户群。从广义动量定理的角度看是缩小作用点，从而得到较好的成果。这种战略和战争中局部地区集中兵力形成优势而歼灭敌人是一样的。

波特除了提出竞争战略，还提出了五力模型，他认为行业中存在着决定竞争规模和程度的五种力量，这五种力量综合起来影响着产业的吸引力以及现有企业的竞争战略决策。五种力量分别为同行业内现有竞争者的竞争能力、潜在竞争者进入的能力、替代品的替代能力、供应商的讨价还价能力、购买者的讨价还价能力，如图 6-9 所示。

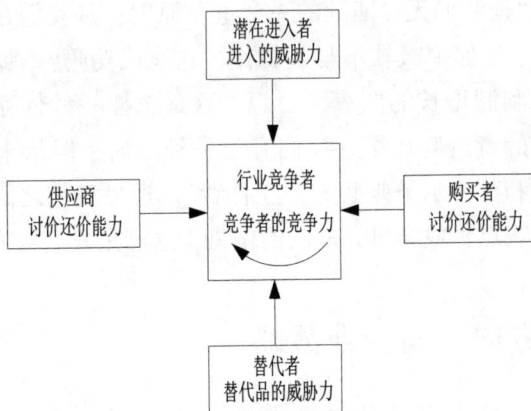

图 6-9　五力模型

Intel 的 CEO 安迪·格鲁夫提出了第六种力：互补企业的力量。互补企业提供的力量，可以促进两家企业的发展，产生协同作用。他在《只有偏执狂才能生存》中写道："互补企业就是为客户提供互补型产品的其他企业。每个公司的产品都要和其他公司的产品互相结合，才能发挥更大的作用。有的产品甚至不与其他产品结合就无法使用。汽车需要汽油，汽油也需要汽车。计算机离不开软件，软件也离不开计算机。

"互补企业通常和你的公司在利益上同呼吸、共命运，它们的经营方向和你们通常是一致的。我把它们叫做'旅伴'。你们双方齐心合力之时，便能共同前进，相互支持。可是，新技术新方法能够颠覆旧秩序，改变互补企业对你的影响，甚至使你的旅伴与你分道扬镳。"

互补企业可以互相支持，从而产生协同作用，进而创造更大的成果。自 1978 年开始，英特尔公司总裁安迪·格鲁夫和微软公司总裁比尔·盖茨联手，建立了美国公司有史以来最赚钱的商业联盟。他们通过竞争与互补的崭新商业合作方式，从称霸世界的苹果电脑和 IBM 手中夺得了个人电脑产业的霸主地位。

比尔·盖茨说："是的，康柏决定在 IBM 之前采用 386 系统是一个伟大的转折。不过，它还未能在电脑功能方面处于领导地位。自那以后，个人电脑工业没有领导者，我们俩都觉得有必要，也有机会去填补这一空白。在最后几年中，我们双方的合作更为密切。自 80 年代后期起至今，英特尔和微软填补了这一空白，成为个人电脑产业的霸主，建立了牢不可破的地位。"

格鲁夫说："使我们无可匹敌的一个重要原因，是我们在精神上相互依靠。有人问过我：'如果微软不与人合作，它能成功吗?'那天晚上，我看着微软和英特尔利润增长的图表，心想：这是怎样一种依存关系！又创造了怎样一种成功的奇迹呢！尽管我们有过种种矛盾，但从未挡住过彼此发展的道路。微软和英特尔是典型的'互补者'。通过我们之间的合作，我们学会了容纳他人观点，放弃目光短浅的偏见，这已是我们双方的共识。"

6.2.3 方向 α 与企业战略

内容提要： 参照广义动量定理 $F\alpha t = nmV$，利润函数最大值 $K(B - C)^2/4$，需求框图，战争理论，迈克尔·波特三大战略和系统思考，作者总结了 31 种企业战略，如图 6-10 所示。

	①力量最大化战略	⑪合作战略	㉑销售量最大化战略
31种企业战略	②歧异化战略	⑫交易战略	㉒成本最小化战略
	③聚焦战略	⑬竞争战略	㉓渠道战略
	④竞时战略	⑭协同战略	㉔创造需求战略
	⑤数量战略	⑮正反馈战略	㉕攻敌弱点战略
	⑥竞质战略	⑯负反馈战略	㉖对手竞争力最小化战略
	⑦竞速战略	⑰信息优势战略	㉗消耗战略
	⑧空间战略	⑱消费者利益最大化战略	㉘进攻战略
	⑨学习战略	⑲价格战略	㉙防守战略
	⑩创新战略	⑳营销战略	㉚侧翼战略
			㉛游击战战略

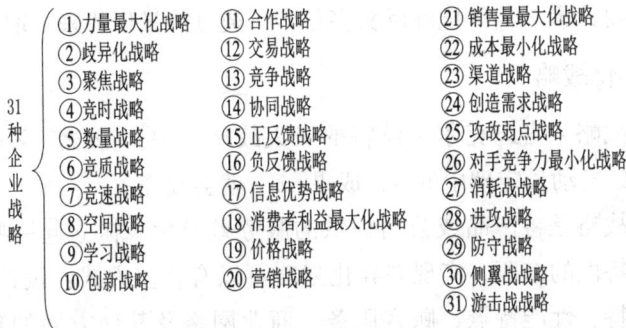

图 6-10　31 种企业战略

多种企业战略为：

①力量最大化战略；②歧异化战略；③聚焦战略；④竞时战略；⑤数量战略；⑥竞质战略；⑦竞速战略；⑧空间战略；⑨学习战略；⑩创新战略；⑪合作战略；⑫交易战略；⑬竞争战略；⑭协同战略；⑮正反馈战略；⑯负反馈战略；⑰信息优势战略；⑱消费者利益最大化战略；⑲价格战略；⑳营销战略；㉑销售量最大化战略；㉒成本最小化战略；㉓渠道战略；㉔创造需求战略；㉕攻敌弱点战略；㉖对手竞争力最小化战略；㉗消耗战略；㉘进攻战略；㉙防守战略；㉚侧翼战战略；㉛游击战战略。

其中战略 1 到 7 来自于广义动量定理；战略 8 来自动能定理；战略 9 到 13 来自于五种手段；战略 14 到 17 来自于系统思考；战略 18 到 24 来自于需求定律；战略 25 到 31 来自于战争理论。利润最大化是大部分企业的目标，所以不将其归为企业战略。战略是一个大的、长期的目标和方向 α，而战术是一个相对小的、短期的目标。战略是战术所要实现的目标，战术是实现战略目标的手段。为什么需要战略呢？从广义动量定理 $F\alpha t = nmV$ 的角度说，成果 nmV 是力量 F 作用于方向 α，经历时间 t 的积累效应。要想在某一方向 α 的成果最大化，那么这个方向就应该是长期的，因为时间越长，积累的成果越大，从而形成某种专业化，进而成为比较优势。

1. 力量最大化战略

力量最大化战略来自于广义动量定理中的 F。增加广义动量定理中的 F，成果 nmV 就会增加。

华为的狼文化通过群狼的合作可以击退老虎和狮子。华为开始时在技术上不如爱立信等国际电信巨头时，采用的就是狼文化。在工程师上，华为的工程师要比爱立信等国际巨头多很多，通过数量优势来赢取利益。

2. 歧异化战略

歧异化战略来自迈克尔·波特的三大战略之一，符合广义动量定理中的 α。改变广义动量定理中的 α，成果 nmV 就会改变。

歧异化战略是将产品或公司提供的服务差异化，树立起一些全产业范围中具有独特性的东西。实现差异化战略可以有许多方式：设计名牌形象、技术上的独特、性能特点、顾客服务、商业网络及其他方面的独特性。最理想的情况是公司在几个方面都有其差异化特点。创新也是一种歧异化。

3. 聚焦战略

这条战略与迈克尔·波特专一化战略是相同的。其原理是广义动量定理的作用点，在不增加力量的情况下，缩小作用点会提高力量在该作用点上的效果。选择合适的作用点，也可以增加成果 nmV。

产品聚焦会提高消费者利益，从而增加战斗力，增加利润；客户需求聚焦会提高打击的精确度，从而提高打击效果。聚焦战略的核心原则为缩小作用点。

初创企业或实力较弱的企业实力无法与市场领导者进行正面竞争，就要采取游击的方式，选择领导企业实力覆盖较弱的市场，集中力量在局部形成竞争优势，争取局部市场的胜利，从而积累力量、资本和技术，如果以后实力足够强，再与领导者逐步进行竞争，如果实力一直较弱，那么一直采用游击战方式。

华为初创时，实力无法与爱立信等通讯设备领导者正面竞争，任正非采用了毛泽东的游击战略。华为从广大农村和福建等落后省份开始，把自己力量聚焦于竞争实力薄弱的市场，然后，华为再采取"人海战术"（集中兵力），个个击破市场空白（拿下一个县一个县的电信局）。由于农村市场线路条件差、利润薄，国外厂商都没有精力，也不屑去拓展，从而给国内通信设备厂商带来了机会。华为的销售员全部深入到县级和乡镇市场，因此生存下来，并一路由小做大，逐渐进攻到市级、省级，直到国家级的骨干网市场。华为国际市场开拓，还是沿用国内市场所采用的"农村包围城市"的先易后难策略，首先瞄准的是深圳的近邻香港。1996 年，华为与长江实业旗下的和记电信合作，提供以窄带交换机为核心产品的"商业网"产品。随后，华为开始考虑发展中国家的市场开拓，重点是市场规模相对较大的俄罗斯和南美地区。2000 年之后，华为开始在其他地区全面拓展，包括泰国、新加坡、马来西亚等东南亚市场，以及中东、非洲等区域市场。此后，华为开始进入发达国家市场。而华为已成为成为全球最大的电信设备服务供应商之一。

4. 竞时战略

竞时战略是指增加广义动量定理中的时间 t，可以提高成果 nmV。竞时战略包括两个小战略，一个是竞争时间的长短，一个竞争的是时机。

增加广义动量定理中的 t 的大小，可以增加成果 nmV；有效的使用时间 t，也可以增加成果 nmV。

华为员工的平均工作时间要比一般企业员工工作的时间长，所以产出也多。

对于时机，企业进入和退出一个行业的时机不同，结果也会相差很大。英裔加拿大人马尔科姆·格拉德威尔在《异类：不一样的成功启示录》写道："比尔·盖茨（1955），保罗·艾伦（1953），史蒂夫·鲍尔默（1956），史蒂夫·乔布斯（1955），Novell 的创始人埃里克·施密特（1955），太阳微系统的四个创始人比尔·乔伊（1954），斯科特·麦克尼利（1954），维诺德·克什拉（1955），安迪·贝托尔斯梅姆（1955）都是在五十年代出生，在 1975 年时他们都 20 岁左右。再来看个人计算机的发展史，1975 年 1 月是一个重要时刻。那时，《大众电子》杂志报道了 Altair 8800 计算机，它标志着世界上第一台微机的诞生。如果 1975 年，你已经毕业多年，那么你也许想的是买房结婚、为人父母，你不可能放弃优厚的工作，捣鼓微机。而如果你还是个中学生，那么你无疑还太年轻。而上述这些人正好 20 多岁，没有牵绊，又是创造力最强的时期，他们抓住了时代的机遇，成就了自己的事业。所以个人和企业的成功，总是和时代的机遇分不开。"

在比尔·盖茨和乔布斯的时代，科技创业成功相对容易，因为那时竞争企业少，需求量则相对大，很多第一家公司的产品标准都成了行业标准。雷军在做小米手机时说："在对的时候，干了对的事情。毫无疑问，我们找对了一个风口，连猪都能飞起来的风口。能引起这么大的关注，有这么多人知道，就是形势比人强。"

5. 数量战略

在广义动量定理 $F\alpha t = MV$ 中，增加广义质量 $M(nm)$ 中的数量 n，可以

增加成果 MV。数量战略也是产出战略，工业工程是增加数量 n 的理论。

6. 竞质战略

竞质战略是指增加广义质量 M 中的 m，可以提高成果 MV。这个质量 m 是一个广泛的概念，包括产品的质量、服务的质量和管理的质量等。

二战后，日本企业通过提高产品质量，在国际市场上所向披靡，打败了众多企业。

7. 竞速战略

竞速战略是指增加产出速度 V，可以提高成果。这个战略是增加广义动量定理中的 V，成果 nmV 会增加。

西班牙 ZARA 采用的就是速度战略。从设计到把成衣摆在柜台上出售的时间，中国服装业一般为 6~9 个月，国际名牌一般可到 120 天，而 ZARA 最厉害时最短只有 7 天，一般为 12 天。而他的老板阿曼西奥·奥尔特加·高纳的财富一直排在世界前十。服装业还有其他使用竞速战略的企业，比如日本的优衣库、瑞典的 H&M 和美国的 GAP 等，它们重新定义了服装，开创了服装快消这个领域。服装快消市场巨大，利润丰厚，仅仅从模仿战略的角度来说，中国也缺乏一家服装快消企业。

对于流通和销售型的企业，他们不能改变产品的广义质量 M，而价格的可调范围很小，所以流通速度 V 的竞争就成了这些企业竞争的核心，提高广义速度 V 可以增加成果 nmV。流通速度包括销售的速度和商品流通的速度。以京东商城为例，刘强东创立京东商城时，中国已经有了淘宝网、当当网和卓越亚马逊三家大的电商，这三家电商已经具有相当大的规模，京东商城的实力根本无法比拼，并且京东商城的商业模式并没有什么创新，不具备颠覆的力量。而一个后起之秀如何能在三大电商的竞争夹缝中生存和发展，甚至于四分电商市场呢？京东商城的力量有限，也没有这三家已有的广大客户群、商品来源、流通渠道和管理等方面的积累优势。那么如何将有限的力量用在正确的方向上，在短时间内使企业成果最大化，就是管理的核心问题。

流通和销售型的企业的竞争核心是流通速度 V，通过提高流通速度使企业的成果 nmV 最大化，流通速度包括销售速度和商品的流通速度。淘宝网、当当网和卓越亚马逊三家电商开始只做销售，而商品的流通（快递）都是通过第三方公司完成的，所以这三家只关注销售的速度，这给了京东商城一个机会。京东商城将有限的力量主要用在了广义速度上，也就是通过增加商品的销售速度和商品的流通速度来使企业的成果 nmV 最大化。京东商城将竞速战略分成两部分来实现，一方面是尽可能增加商品的销售速度，一方面是尽可能增加商品的流通速度。问题是如何实现呢？在经济学的需求定律上，商品的价格降低，销售量会增加。所以京东通过尽可能压低商品的销售价格，以微利甚至不盈利的价格销售商品，来提高京东商城的商品销售速度。如果战略实行的较激进的话，甚至可以以低于采购价的价格销售。因为京东需要建立和完善电商平台，营销和管理等也需要巨大的资金投入，所以京东一直处于亏损状态，需要不断的融资，来维持这样的商业战略执行。在商品的流通上，京东通过自建物流体系来提高商品的流通速度。自建物流可以提高售出商品的流通速度，使商品更快的到达客户手中，减少客户的时间成本。自建物流可以提高流通速度，增加商品流通的可控性，也可以享受速度提高带来的利益。但是与其他三家电商使用第三方物流比，京东需要投入更大的成本。自建物流至少有三点好处，一是可以提高商品的流通速度，减少客户的时间等待成本，从而与其他电商相比增加了优势，增加了京东被选择的可能性；二是可以降低物流成本，从而增加利润，也可以将此利润来补贴销售，从而使京东商品价格更低，增加购买量，销售量越大，物流的价值越大；三是增加物流的可控，灵活以及与电商销售平台的协同性，京东可以让客户指定时间送货，也可以在新年其他物流放假时依旧送货，物流与销售平台有协同性，如着装统一，服务周到的物流人员对销售平台有营销作用。

只要有资金来源保证京东的资金流不断裂，京东商城就可以以超过竞争对手的速度成长，从而在短时间内实现成果 nmV 最大化，积累客户、平台和管理等方面的经验，最后四分电商市场。

后创立的企业要想接近甚至超越市场的领导者，必须要比领导者的成长速度快。这就好比同一条路上的两辆车，后边的车被前边的车落下一段距离，后边的车要想超越前边的车，就必须比前边的车的速度快。速度越快，超越所需时间越短。华为也是靠高速的成长速度用了 20 年左右的时间从一个小企业超越众多对手，成为世界三大电信设备供应商之一。华为追求的不是利润最大化，而是成长速度最大化。

8. 空间战略

空间战略来自军事理论与动能定理，力量 F 作用于空间会做功。动能

定理的公式为 $W = Fs = 1/2mv^2$。市场地位和份额的竞争均属于空间战略。特劳特说："成为第一胜过做得更好。"这句话阐述在消费者的头脑这个空间的争夺中，占领第一的位置可以获得更高的成果。杰克·韦尔奇的"数一数二战略"是市场份额的竞争，在市场空间中获得领先地位，可以获得更多的利益。

在韦尔奇接任 GE 时，他拜访了德鲁克。德鲁克反问韦尔奇："如果你当初不在这家企业，那么今天你是否还愿意选择加入进来？如果答案为否的话，你打算对这家企业采取些什么措施？"韦尔奇的数一数二，正是对这两个问题的答复。

韦尔奇提出，GE 的所有业务，必须在全球范围内相关领域中占据数一数二的地位，否则，这些业务将被"整顿、出售，或者关闭"。

韦尔奇初掌通用之时，通用电气的销售额为 250 亿美元，盈利 15 亿美元，市场价值在全美上市公司中仅排名第十，而到 1999 年，通用电气实现了 1 110 亿美元的销售收入（世界第五）和 107 亿美元的盈利（全球第一），市值已位居世界第二。2002 年时的市值已高达 4 900 亿美元，通用电气已成为当时世界最有价值的公司。

GE 之所以能成为赫赫有名的"经理人摇篮""商界的西点军校"，能有超过 1/3 的 CEO 都是从这家公司中走出，除了严格淘汰的人才体制，最重要的就是这种无边界的学习型组织。在这样的组织下，每一个经理人无时无刻不在自觉地精心雕刻自己，从专业知识到职业技能，从管理手段到说话方式，从画好一张表格到接好一个电话，写好一个 E-mail，到日常生活的一点一滴，目的是随时能够接受更高的挑战。

我们来解读一下德鲁克的两个问题的含义，他问的问题的核心是什么？数一数二战略是唯一的战略吗？它适合其他所有公司吗？

（1）如果你当初不在这家企业，那么今天你是否还愿意选择加入进来？

第一个问题的含义这家企业是什么吸引你（人才）加入的？

（2）如果答案为否的话，你打算对这家企业采取些什么措施？

第二个问题的含义是如果这家企业不能吸引你（人才）的加入，那么你应该采取什么措施来吸引人才的加入。

其中德鲁克问这个问题有一个最重要，其基本的假设是：人才对公司的发展具有最重大作用。事实上，人才是一个企业发展的最大动力，是一个企业的根本。

既然吸引人才对一个企业发展特别重要，那么要采取什么战略呢？

对于通用电气来说，他有许许多多的子公司，他有许多选择，他需要将时间、资本和人才投入到最有发展和盈利的企业，而市场上数一数二的企业位置最有发展及盈利前景，所以杰克·韦尔奇才有了数一数二战略，否则"整顿、出售，或者关闭"。

而对于其他企业，特别是初创的企业，数一数二战略合适吗？成功需要一个等待的过程，如果不能在短期内成为市场上的数一数二企业，就要把企业"整顿、出售，或者关闭"吗？对于这样的企业，如果使用数一数二战略，只能加速企业走向衰退。因为此战略不适用于这样的企业。

首先要明确一点，你做出的决定有赖于自身条件和环境，你的企业自身条件是否允许你做出数一数二战略？

而从最根本上来说，人才是一个企业发展最根本，最重要的动力。德鲁克所说的是需要吸引人才，通过人才的力量使企业强大。而数一数二战略只是吸引人才的一个战略而已。所有能吸引人才又适合自己企业和环境的战略都是好战略。包括提高薪资，好的员工发展前景，舒适的工作环境，诱人的企业远景等。日本软银总裁孙正义就是靠大梦想来吸引人才的。

9. 学习战略

学习战略来自增加成果的五种手段，学习可以增加广义力量 F，方向选择的经验，作用点选择的经验和时间的合理使用，通过学习可以增加成果。学习本身也是一种获得成果的过程。企业通过学习可以增加产出。学习型组织的理念来自于管理学家彼得·圣吉。模仿战略是学习战略的一种表现形式。

模仿战略是指企业的业务模式建立在模仿竞争者提供的产品或服务的基础上，通过学习模仿来实施追随策略并达到快速发展的目的。

而使用模仿战略的企业很多，几乎所有企业都可以不同程度的使用，模仿战略可以快速模仿别人的成功模式，有效减少研发和试错的成本。微软、百事可乐和华为都采用模仿战略。

任正非曾公开承认："至今为止，华为并没有一项原创性的产品发明。我们主要是在西方公司的研发成果上进行了一些功能、特性上的改进，以及集成能力的提升，我们的研发成果更多表现在工程设计、工程实现方面的技术进步上。"

日本软银董事长兼总裁孙正义发明了"时间机器"的理论，在某种程度上也是一种学习战略，其内容为："由于发达国家和发展中国家 IT 行业的发展阶段不同，在后者的产业还不成熟时，先在前者的市场上开展业务。等时机恰当时杀回后者，就仿佛坐上了时间机器，回到几年前的前者。"孙正义依靠此理论投资了数百家公司，其中包括：盛大网络、阿里巴巴、雅虎、新浪、网易、8848、当当网上书店、UT 斯达康、携程旅游网、263 集团、人人网。孙正义甚至曾经超越过比尔·盖茨，当过世界首富。在发达国家成功的商业模式，移植到发展中国家一般也能成功。孙正义投资的很多国内公司，并不是因为这些公司有着多么创新的商业模式，而是这些公司模仿了美国成功公司的方法。比如阿里巴巴模仿亚马逊和 eBay，当当网模仿亚马逊，人人网模仿 Facebook。模仿成功公司的商业模式，减少了试错的时间和成本，增加了成功的可能。

10. 创新战略

创新战略来自于五种增加成果的手段，企业通过创新创造更大的价值而发展，创新是社会发展的根本动力。谷歌公司通过创新一直保持着很高的发展速度。

11. 合作战略

合作战略来自于增加成果的五种手段，合作战略是通过与别人合作来增加力量，从而增加产出。这个战略是增加广义动量定理中的 F，所以 nmV 会增加，力量最大化战略是内部寻求力量最大化，合作战略是外部寻求力量最大化。

在科技界，最著名的合作应该是微软与 Intel 之间的合作了，被称为 Wintel。自 20 世纪 80 年代起，微软和英特尔为推动 PC 产业的发展，而组成了 Wintel 联盟，即两家公司在 PC 产业内密切合作，以推动 Windows 操作系统在基于英特尔 CPU 的 PC 机上。Wintel 联盟垄断桌面端长达 20 多年。依靠英特尔的摩尔定律和微软 Windows 系统的升级换代，双方通过共同辖制下游 PC 生产商而不断攫取巨额利润。

通用电气的韦尔奇的无边界管理也是合作的典型案例。德鲁克问韦尔奇："如果你的客厅闲着，你能不能把它借给别人用一用呢?"这个问题帮助韦尔奇认识到通用电气公司与其他组织合作的潜力。

德鲁克先生认为如果你没有激情来做好某一项特定的业务活动，可以找到一个兼具专业技能和激情的同盟者来做这项工作，这样往往能把工作做得更好，要通过专业并且富有激情的同盟者将通用雄厚资源的效能充分释放，所以韦尔奇也说，"通用公司意识到自己不可能成为世界上最好的软件设计者，于是比其他企业早20多年就找到一家对软件设计充满激情的印度企业，来帮助自己做这方面的工作。"在德鲁克先生的启发下，韦尔奇逐渐将这种模式发展成为时下流行的"无边界管理"。很多企业把拥有资源当做自己的强项，而事实上，释放资源效能的能力才能构成企业真正的优势，因为资源必须经过有效的实践才算有效。能力只是潜在的优势，发挥出能力才是真正的优势。在军事上，通过计谋限制对手发挥其优势，往往是取胜的关键。三国时期，曹操率领80万大军讨伐东吴，东吴与曹操兵力相差悬殊，以长江两岸对峙。东吴通过连环计诱使曹操将所有战船以铁索连接，来满足曹操北方士卒不习惯坐船之苦；以苦肉计诱骗曹操使其误以为东吴黄盖投降；以黄盖"投敌"之船行使火攻，最后烧毁所有连锁大船，使曹操的兵力优势完全没有发挥。

12. 交易战略

交易战略来自于增加成果的五种手段，通过交易战略来增加企业的成果。经济的本质就是广义动量的交换，交易覆盖着经济和企业的方方面面。企业通过刺激物（如工资，奖励）来交换员工的劳动，调整刺激物的大小可以获得的劳动质量和成果也随之改变。孙子说："施无法之赏，悬无政之令。犯三军之众，若使一人。"给予将士更多的利益刺激，可以激励将士付出更多的努力，从而军队获得更大的成果。企业也可以通过调整利益激励来交易员工的不同劳动成果，需要多少劳动成果是由市场需求决定的。企业通过让渡消费者盈余（消费者利益-消费者成本）的大小来交易消费者的购买量。企业也可以通过交易公司的所有权来增加企业的力量，从而增加在消费市场的成果。思科公司通过金钱和股权与其他公司进行交易，使思科从单一提供路由器产品的小企业走向一家提供"端到端"联网方案的行业巨头。

13. 竞争战略

竞争战略来自于增加成果的五种手段。所有的战略都可以看成是一种竞争战略，而竞争本身也是一种战略。达尔文说："物竞天择，适者生存。"这强调竞争的重要性。竞争可以激发个体更努力的付出，以求获得比对手更好，更大的成果。甲骨文的老板拉里·埃里森说："在创立甲骨文时，我们想在公司尽可能地创造这种文化，一方面很好斗，另一方面很谦虚。如果你能平衡这两者，你在竞争中取得成功的机会就会大大增加，这对个人和集体都一样。"好斗就是竞争的一种表现，好斗可以激发更大的热情去创造更多的成果。企业之间的竞争一方面使企业更加努力地去追求创造成果，一方面使资源得到了更合理的配置，使社会的物质财富增加。

14. 协同战略

协同战略是指在 A 上所做的事情在 B 上也产生了效果。在公司运营的很多方面都可以采用协同战略，如管理协同、营销协同和创新协同等。此处举苹果 iPod 营销和三星手机营销的例子。

乔布斯说："我当时有了这个疯狂的想法——通过宣传 iPod 来销售更多的苹果机。另外，iPod 也能把苹果定位成一个创新和年轻的品牌。所以我把 7 500 万美元（原本要为 iMac 广告花费）转移到 iPod 的广告费用上。虽然从产品类别上来说连对其投入其中的 1% 都嫌多，但这意味着我们完全占领了音乐播放器的市场。我们的投入是其他公司的数百倍。"

苹果通过将 iMac 电脑的广告费花在 iPod 的广告费上，不仅使 iPod 占领了音乐播放市场，还促进了 iMac 的销售，这就是营销协同作用。

三星在智能手机上的做法是类同的，三星有多款不同价位的智能手机，但三星只重点营销其中的几个机型，同样也带动了其他机型的销售。

15. 正反馈战略

正反馈战略在前边已经举过很多例子，正反馈的效果是巨大的，看看比尔·盖茨、巴菲特和索罗斯所获得的财富，你会知道正反馈的力量有多大。原子弹就是利用正反馈作用完成爆炸的。

16. 负反馈战略

负反馈战略通过目标与结果之间的偏差来调整行为，最终使目标与结果相同。德鲁克的目标管理与自我控制、戴明的 PDCA 环、流水线生产、丰田生产方式、精益生产、TOC 制约理论和阿米巴经营等都是负反馈战略。当完成的结果和目标相同时，即完成已设定的目标后，可以通过提高目标来增加目标与结果之间的偏差，从而使行为来弥补这个偏差，促使成果增加。这种目标逐渐提高式的负反馈是一个渐进的增长过程，也可以说是一种进化过程。这种逐渐进化的方式，在丰田生产方式中称为改善，在精益生产中称为尽善尽美，在 TOC 制约理论中称为回头防止惰性，在阿米巴经营中则是对单位时间附加值最大化的追求。

17. 信息优势战略

西蒙说："管理就是决策。"而决策的基础是信息，在获得更准确，更快速的信息后，就可以做出更合理的决策，从而产生更大的成果。信息优势战略来自军事理论与系统思考，现代企业对"大数据"的重视，就是信息优势战略的表现。比其他企业更快，更准确的了解客户与对手的信息，可以产生信息优势，从而做出最有利于企业的决策，进而增加成果。

18. 消费者利益最大化战略

在利润函数最大值 $K(B-C)^2/4$ 中，提高消费者利益 B 就会提高总利润额。提高消费者利益有很多方法，比如提高产品性能，增加产品的功能（有时减少功能也会提高消费者利益），增加产品可靠性，简化产品的操作等。创造新的产品或者服务也会提高消费者利益，而在新品类上，以前的消费者利益为零，那么创造了新的品类，企业面临的竞争少，企业产品销售量大。

苹果公司在提高消费者利益方面做的很出色，他们主要依靠创新来提高消费者利益。乔布斯说："领袖和跟风者的区别就在于创新。""成为卓越的代名词，很多人并不能适合需要杰出素质的环境。"乔布斯在不同的领域通过创新而成为领导者。

19. 价格战略

在需求定律公式 $Q=K(B-P)$ 中，调整价格可以调整销售的数量 Q，进而通过利润公式 $T=K(B-P)(P-C)$ 来影响总的利润。所以定价战略也是一种非常重要的战略，价格战略的实施成本较小，实施速度快。如果以总利润最大化为目标，提高价格会增加单位产品的利润 $(P-C)$，但是会降低消费者盈余 $(B-P)$，从而降低销售量 Q；降低价格会减少单位产品的利润，但会增加销量，而总利润是单位利润与销量的乘积。

稻盛和夫说："定价即经营。做生意的诀窍在于，找到能够得到客户认同、心甘情愿付钱购买的最高价格，然后以这个价格销售产品。定价是攸关一家企业生死存亡的重要决策。"

价格战略也有许多小的分支策略，比如总成本加成定价法、目标收益定价法、边际成本定价法、盈亏平衡定价法、随行就市定价法、产品差别定价法、密封投标定价法、理解价值定价法、需求差异定价法、逆向定价法、撇脂定价法、渗透定价法、尾数定价、声望性定价、习惯性定价、折扣定价、歧视定价等多种定价方式。沃尔玛等大型超市采用的都是低价方式，而机票则采用歧视定价法。

20. 营销战略

在需求定律公式 $Q = K(B - P)$ 中，调整盈余转化率 K 就可以调整销售的数量 Q，进而通过利润公式 $T = K(B - P)(P - C)$ 来影响总的利润。推销和营销是提高盈余转化率 K 的主要方式，对于需要大量销售的产品而言，推销的成本较高，而营销则成为主要的提高盈余转化率 K 的手段。德鲁克说："营销的目的就是要使推销成为多余。"营销理论包括现代营销学之父菲利普·科特勒的《营销管理》，杰克·特劳特的定位等众多理论。营销方式包括：服务营销、体验营销、知识营销、情感营销、教育营销、差异化营销、直销、网络营销等多种方式。苹果专卖店将体验营销提高到了一个新的层次。广告是营销的重要表现形式，现代广告业的大师级传奇人物大卫·奥格威说："我们做广告是为了销售产品，否则就不是做广告。"广告通过提高盈余转化率 K 来提高销售量 Q。

从整个饮料市场的种类来看，可乐只是饮料种类中的一个分支，为什么可乐却占有了饮料市场的大部分份额呢？

可口可乐与百事可乐通过全方位的营销竞争，提高了消费者需求，增加了可乐这个分支在饮料市场中的份额。可口可乐的一个高管说："没有什么比品牌大战更能吸引消费者的眼球了。"百事可乐公司为百事可乐所做的广告也会提高可口可乐的需求量，可口可乐公司为可口可乐所做的广告也会提高百事可乐的需求量。他们之间营销的激烈竞争提高了消费者的对可乐这个品类的关注度，从而提高了可乐在饮料市场上的份额。如果当年可口可乐接受了百事可乐被收购的申请时，可乐的市场规模会比今天小很多。

21. 销售量最大化战略

在需求定律公式 $Q = K(B - P)$ 中，通过调整 B、P、K 就可以调整销售的数量 Q，这三种方式可以同时使用以达到调整销售量的目的。

新创企业要想与市场的领导企业竞争，至少需要与领导企业在规模上处在同一数量级上。京东商城初创时，规模与淘宝网、当当网、卓越亚马逊相差太多，所以它必须要达到与它们差不多的企业规模才能真正去竞争，否则你永远就是一个小企业。京东商城通过降低销售价格来实现销售量最大化，培养顾客和提高企业规模，而京东还需要付出优化销售平台、营销、管理、人力、自建物流等费用，从而导致京东一直是亏损的，所以京东需要不断的融资，因为他的低价策略负担不起他的费用。如果战略比较激进的话，可能会以低于成本的价格来增加销售量。京东通过低价来达到销售量最大化的目的。

1998 年 12 月 Ken Howery、Max Levchin、Elon Musk、Luke Nosek 及 Peter Thiel 创建 PayPal，它是因特网第三方支付服务商。PayPal 创立之初，面临着如何推广在线支付概念和如何获取用户的困难。他们考察到做广告投入高，收益小。从而采取了新的推广模式：只要开通 PayPal 账户，就获得 10 美元存款进入 PayPal 账户，介绍其他人，还会获得 10 美元。这一做法遭到了很多批评，被评为有史以来最愚蠢的计划。PayPal 的创始人说："即使那时候也是硅谷疯子经典案例，就是以 85 美分的价格亏本出售 1 美元美钞。别总想赚没赚钱，你只要用你的 1 美元换别人的 85 美分，人们就会买。批评的专家们没有计算我们平均花费在顾客身上是 20 美元，和其他赢得顾客的方法花费差不多。"PayPal 通过这种病毒式营销迅速推广了自己的产品，以指数增长的方式赢得了大量客户，并且远超过竞争对手的客户量，成为客户的首选。eBay 看到了 PayPal 的巨大潜力，最终以 15 亿美元收购了 PayPal。PayPal 通过提高消费者利益与病毒营销来达到销售量最大化的目的。

22. 成本最小化战略

在总利润公式 $T=K(B-P)(P-C)$ 中，降低成本 C 可以提高总利润 T。降低成本可以使价格有一个更大的选择空间，从而增加企业的价格优势和利润优势。迈克尔·波特的三大战略中也有成本最小化战略。

戴尔靠低成本战略打败 IBM。在 1984 年，年仅 19 岁的迈克尔·戴尔对他的父母说：他不想再上学了，因为他发现了打败 IBM 的方法。然后戴尔创办了 DELL 公司，并让后者进入了 20 世纪最伟大公司之列。戴尔公司通过直销模式来降低产品成本，依靠成本最小化，提供上门维修而减少了消费者付出的代价，从而打败了众多电脑生产企业，成为世界电脑生产厂商的领导者。这里的成本是一个广泛的含义，确切地说应该叫消费者代价最小化，代价包括金钱成本、时间成本、精力成本、体力成本、产品故障成本等。在利润函数最大值 $K(B-C)^2/4$ 中，减少消费者成本会提高总利润。

同样的产品，繁华地点的商店可以比繁华程度差点地点商店卖的贵，依然可以卖出去，就是因为他可以节省顾客的时间和体力成本。

对于网络商店或网络平台，大家从同一厂家以相同价格拿到同样的产品，以同样的价格在网上售卖。当各家商店诚信等均为消费者认同时，送货的速度快的会成为一种优势，因为降低了消费者的时间成本，而送货速度也不是越快越好，越快的成本会越高，并且会存在克里斯坦森所说的过度满足的功能对于消费者来说，其重要性会降低很多。

23. 渠道战略

渠道战略来自于需求定律框图的供应函数，同样的产品在不同的渠道，所获得的结果也会有很大差别。

DELL 采用直销渠道这种模式打败了 IBM。苹果和 GAP 这样的企业选择自己建立终端来销售自己的产品，而不是和别的产品摆在一起，同样成功地赢得顾客。

24. 创造需求战略

创造需求战略来自于需求定律，提高消费者的需求可以提高销售量。提高消费者需求也包含两种，一种为提高消费者的需求数量，一种为提高消费者的需求质量。

提高消费者需求有许多方法，营销就是其中一种较有效的方法。提高消费者的需求量可以提高销售量。

保险销售的核心就是保险推销员先要创造消费者对保险的需求，然后将保险卖给他。

而提高消费者的需求质量是为了防止克里斯坦森所说的破坏性创新的发生，使客户关注在产品的功能上而不发生转移。

Intel 的格鲁夫宣布：英特尔将自己创造需求。他解释说："如果电脑不能用来做更多的事，以后几年我们生产的芯片将无人问津。因此，我们得自己'创造'用户来使用我们的微处理器。依靠我们的辛勤努力，投资及不断调整经营策略，我们能促成市场需求的增长，这样我们才能赚钱。这一点已铭刻在我们每一个人心灵深处。"

25. 攻敌弱点战略

攻敌弱点的战略来自于军事，孙子说："攻其无备，出其不意。此兵家之胜，不可先传也。"敌人没有防备和想不到的地方就是敌人的弱点，德鲁克在企业家战略中将其称为攻其软肋。

26. 对手竞争力最小化战略

对手竞争力最小化战略来源于军事，是李德·哈特所著《战略论：间接路线》的核心原则。这条原则在军事上使用无可厚非，而在商业上使用可能会涉及违反道德和增加监管的问题，这也是作者不喜欢这条原则的原因，但它在很多时候很管用。监管本身并不能创造价值，是一种交易成本。如果企业都很遵守法律和法规，监管的费用就会降低，德国在这方面做得较好，所以监管费用较小。降低竞争对手力量有许多种方法，包括挖对手核心人员，反营销，窃取对手的关键技术和情报等。

在智能手机的领域，三星和 HTC 在争夺安卓手机的领导地位。台湾公平交易委员会（FTC）官网上宣布："三星台湾雇佣学生网络抹黑 HTC。"三星抹黑 HTC 一事查证属实，对三星处以 34 万美元的罚款。

对三星的罚款对于 HTC 并没有什么帮助，因为三星成为安卓手机的领导者的既成事实无法改变。当然，HTC 的衰落是由于它有产品没营销，对营销的投入太小，而三星的负面营销只是加速了 HTC 的衰落而已。

27. 消耗战战略

消耗战战略来自于军事的消耗战，在商业上，有时以恶性价格战为表现形式。竞争的商家通过低于成本的价格销售产品，挤压竞争对手的利润和市场份额，竞争对手也以相同的形式应战，双方在消耗自身的资源，比拼谁能坚持到最后。

28. 进攻战略

进攻战略、防守战略、侧翼战战略和游击战略来源于军事理论，《商战》将四种战略用于营销市场。《商战》的理论来源于克劳塞维茨所著的《战争论》，书中的主要观点与《战争论》中的观点是相同的，书中也大量引用了《战争论》中的论述。

进攻战略适合市场第 2 名和第 3 名使用，用来进攻领导者，抢占领导者市场。

《商战》中总结的三条进攻原则为：

（1）领导者位置的强势是重要的考量因素。

（2）要在领导者强势中找到弱点，并向这一弱点发起攻击。

（3）在尽可能狭窄的战线上发起进攻。

三条原则与《战争论》中的第三条原则"尽可能集中兵力在做决定性打击的点上"类同。创造兵力优势是战斗胜利的重要保障。克劳塞维茨也说："如果无法获得绝对的优势，你必须灵活运用你现有的力量，在决定性的地点创造相对优势。"在狭窄的战线上发起进攻，敌人无法或者认为没必要投入大量的兵力，所以你才能产生局部的兵力优势，从而保证胜利。孙子在虚实篇中说："以吾度之，越人之兵虽多，亦奚益于胜败哉？故曰：胜可为也。敌虽众，可使无斗。"敌人的兵力虽多，但通过使他们不能参加战斗，那么他们的兵力优势就不能产生成果。

从广义动量定理 $F\alpha t = nmV$ 的角度说，增加力量 F 和选择合适的作用点，可以增加成果 nmV，而攻击领导者强势中的弱点，就是选择合适的作用点，这样攻击的成果会增加。

29. 防御战略

防御战略适合市场第 1 名，也就是领导者，用来维持自己和扩大自己的市场份额。

《商战》中总结的三条防御战战略原则为：

（1）只有市场领先者才应考虑进行防御。

（2）最好的防御策略是进攻自我的勇气。

（3）要时刻准备组织竞争者的强大营销攻势。

在《战争论》中，克劳塞维茨写道："战争的防御形式较强于攻击形式。"因为在战争中防御者有地形之利和等待之利，防御者的能力如果不能在进攻上可以与对手达到均衡，却可以利用防御来与对手达到力量上的均衡，因为地形和等待增加了防御者的力量。但是随着武器性能的进步，防御的地形和等待之利越来越小，防御阵地的升级速度远小于武器的升级速度。而在营销中，市场营销是一种覆盖面很广的打击，可以达到很大的受众面积，接近于兰切斯特的近距离作战法则，即使你不去攻击别人，对手的营销也会降低你的产品销量，可以说营销是无时无刻不在的，而现实中的战争却不是，现实中的战争的大部分时间是对峙和等待，真正作战的时间较少。在战斗开始后，防御方和进攻方都会互相开火，此时很难分辨出谁是进攻方，谁是防御方。而在营销战中，一方进攻另一方，另一方可能不还击。《商战》中防御的三条原则是领导者有比其他竞争者有更大的力量，所以领导者可以忍受攻击，而市场其他位置的竞争者很难忍受营销攻击。进攻自我是产品或服务的更新，相当于增加了自己竞争力，这一点与《战争论》第一条"用最高的精力使用我们所能动用的一切兵力"类同，都是增加自己的力量 F。第三条是虽然领导者可以忍受进攻而不还击，但是忍受的程度是有限度的，如果进攻者组织的力量足够大，领导者也没办法再忍受攻击而保持领导者的地位，必须予以还击。孙子在九变篇中写道："故用兵之法，无恃其不来，恃吾有以待也。无恃其不攻，恃吾有所不可攻也。"孙子意思是说，不寄希望于敌人不来进犯，而要依靠自己做好充分的准备，整装待发；不寄希望于敌人不会攻击，而要依靠自己防守坚固，使敌人不可攻破。

30. 侧翼战战略

侧翼战战略适合市场第 2 到第 n 名使用，用来避免和领导者正面竞争，采用侧面竞争的方式获得市场份额。其中第 n 名的含义是实力不够大，但也没有小到可以忽略的地步。

《商战》中总结的三条侧翼战战略原则为：

（1）最佳的侧翼行动应该在无争地带进行。

（2）战术奇袭应该成为计划里的一个重要组成部分。

（3）追击与进攻同等重要。

第一条原则是说在没有竞争的市场展开行动，那么没有竞争对手的阻力，成果会增加。合力决定总的成果大小，自己的力量是动力，而竞争对手的力量是自己取得成果的阻力，阻力越小，产生的成果越大。第二条原则与《战争论》中的第三条"奇袭，为获致胜利的最强力因素"类同。第三条与《战争论》中的第四条"用最高的精力来追随已获的成功。追击已败的敌人实为获致胜果的唯一手段"类同。

31. 游击战战略

游击战战略适合市场最后几名使用，用来避免和其他竞争者正面竞争，采用打一枪换一个地方的方式，使用灵活的手段在夹缝中生存。

《商战》中总结的三条游击战战略原则为：

（1）找一块细分市场，要小的足以守得住。

（2）不要你多么成功，也不要使自己的行动像一个领先者。

（3）一旦有失败迹象，随时准备撤退。

游击战原则是《战争论》会战四原则的反运用，在《商战》中，是领导者原则的反运用，防御战是强者战略，游击战是弱者战略，强者可以抵御一定程度的进攻，而弱者不能，所以弱者需要找到可以守住的细分市场。领导者可以与进攻者进行正面的对抗，但是弱者不能，弱者的战略不能像强者那样，弱者实力不足以进行任何对抗，所以一旦有失败迹象，撤退是最好的选择。弱者的核心是在不与强者对抗的情况下，抢食细分市场。

多种战略可以组合使用，衍生出的战略难以计数。而战术是为战略服务的，是为了实现战略目标的。在军事上可以衍生的战术太多，不便一一叙述。中国的36计就是36条战术，而《孙子兵法》和《战争论》可以演化出的战术更是难以计数。

6.3　作用点与管理理论

在广义动量定理 $F\alpha t = nmV$ 中，选择合适的作用点，可以增加成果 nmV。在管理学中，聚焦理论、定位理论和 TOC 制约理论都是通过选择合适的作用点来增加成果的。

6.3.1　作用点与聚焦理论

内容提要：聚焦理论就是缩小力量的作用点，从而使力量在此作用点上的成果增加。

在物理学上，使用凸透镜聚焦阳光可以增加焦点的热量，将火柴点燃。只有阳光（力量），阳光不集中（方向不正确），火柴不能被点燃；有阳光，力量也集中，即产生了聚焦作用，但是焦点不正确，也无法引燃火柴；有了阳光，力量集中，焦点正确，才能点燃火柴，如图 6-11 所示。

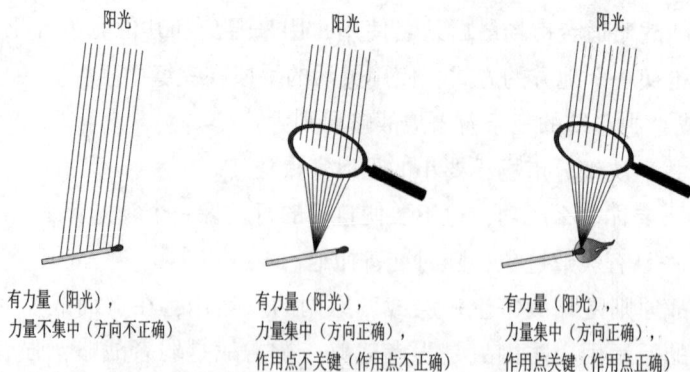

阳光　　　　　阳光　　　　　阳光

有力量（阳光），　　有力量（阳光），　　有力量（阳光），
力量不集中（方向不正确）　力量集中（方向正确），　力量集中（方向正确），
　　　　　　作用点不关键（作用点不正确）　作用点关键（作用点正确）

图 6-11　凸透镜聚焦阳光点燃火柴

乔布斯通过聚焦战略拯救苹果。他的一个过人之处就是知道如何做到

专注。乔布斯刚回到濒临破产的苹果公司时，苹果的产品线十分不集中，光是 Mac 就有很多版本。"我让他们给我解释了三个星期，"乔布斯说，"我还是搞不明白。"最后他干脆开始问一些简单的问题，比如："我应该让我的朋友们买哪些？"当无法得到简单的回答时，他就开始大刀阔斧地砍掉不同的型号和产品。很快他就砍掉了 70%。几个星期过去了，乔布斯终于受够了。"停！"他在一次大型产品战略会议上喊道，"这真是疯了。"他抓起记号笔，走向白板，在上面画了一根横线一根竖线，做成一个方形四格表。"这是我们需要的，"他继续说。在两列的顶端，他写上"消费级"和"专业级"。在两行的标题处，他写上"台式"和"便携"。他说，他们的工作就是做四个伟大的产品，每格一个，如表 6-2 所示。

表 6-2　乔布斯的聚焦案例

	专业级	消费级
台式	Power Macintosh G3	iMac
便携	PowerBook G3	iBook

结果，苹果的工程师和管理人员突然高度集中在四个领域。专业级台式电脑，他们开发出了 Power Macintosh G3；专业级便携电脑，开发出了 PowerBook G3；消费级台式电脑，后来发展成了 iMac；消费级便携电脑，就是后来的 iBook。到 1997 年 9 月乔布斯成为临时 CEO 时，之前的一个财政年度苹果已经亏损了 10.4 亿美元。"我们离破产不到 90 天。"他回忆说。1998 年整个财年，苹果实现了 3.09 亿美元的赢利。乔布斯归来，苹果归来。

6.3.2　作用点与特劳特的定位理论

内容提要：定位理论是一个营销理论，通过选择合适的营销点，增加销售量。定位理论来源于克劳塞维茨《战争论》中会战四原则的第二条："尽可能集中兵力在准备作决定性打击的点上。"定位的本质就是集中力量打击影响销量的决定点。此处给出八种定位方法，包括抢占、搭车、代替、补充、僵化、扩充、细分和打散，也就是抢搭替补，僵扩分散。

在凸透镜聚焦阳光引燃火柴的例子中，只有阳光（力量），阳光不集中（方向不正确），火柴不能被点燃；有阳光，力量也集中，即产生了聚焦作用，但是焦点不正确，也无法引燃火柴；有了阳光，力量集中，焦点正确才能点燃火柴。而这个关键的焦点就是营销理论中所要寻找的定位。

6.3.2.1　作用点与特劳特的定位理论

定位理论是杰克·特劳特和艾·里斯开创的，被美国营销学会评为"有史以来对美国营销影响最大的观念"。

1. 营销定位介绍

1981年，《定位》面世，书中写道："定位要从一个产品开始。那产品可能是一种商品、一项服务、一个机构甚至是一个人，也许就是你自己。但是，定位不是你对产品要做的事。定位是你对预期客户要做的事。换句话说，你要在预期客户的头脑里给产品定位，确保产品在预期客户头脑里占据一个真正有价值的地位。"新版《定位》写道："定位的新定义是：如何让你在潜在的客户的心智中与众不同。"杰克·特劳特说："所谓定位，就是令你的企业和产品与众不同，形成核心竞争力；对受众而言，即鲜明地建立品牌。"艾·里斯说："定位就是在顾客头脑中寻找一块空地，扎扎实实地占据下来，作为'根据地'，不被别人抢占。"

1985年，两人合著的《商战》将《战争论》中的思想，成功地运用到"营销战"之中，从战争的角度出发，为处于不同行业地位的企业选择四种不同的营销战略形式——防御战原则、进攻战原则、侧翼战原则和游击战原则。

定位理论受到了《战争论》的启发，其理论来源于会战四原则的第二条原则："尽可能集中兵力在准备作决定性打击的点上。"

杰克·特劳特说："彼得·德鲁克自1954年开始，终其一生都在说：企业存在的唯一目的是创造顾客。我则花了40多年时间，来告诉全球的企业人士如何创造顾客：关键在于通过精准定位获得顾客心智的认同。"

2. 定位四步骤和八方法

定位四步骤是定位理论的实施步骤，而定位八方法是如何找到这个定位点，即关键作用点，类似于找到凸透镜引燃火柴案例中的火柴头。

品牌定位四步骤，如图6-12所示。

定位，就是使品牌实现区隔。

第一步：分析行业环境；

第二步：寻找区隔概念；

第三步：找到支持点；

第四步：传播与应用。

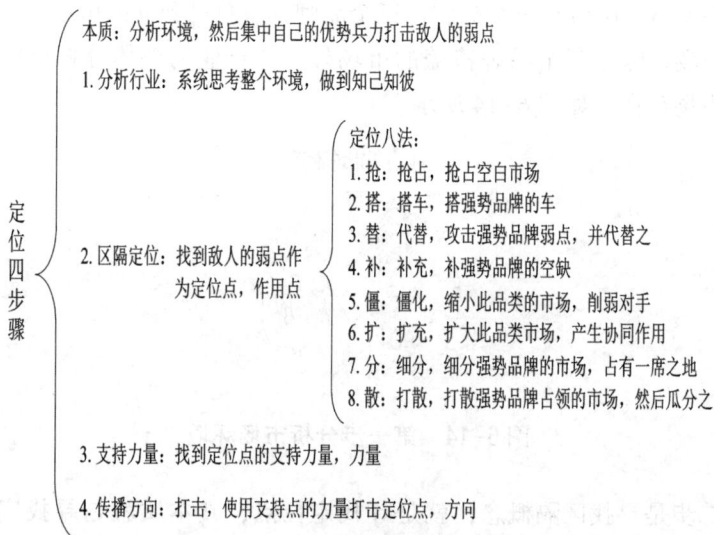

定位四步骤

本质：分析环境，然后集中自己的优势兵力打击敌人的弱点

1.分析行业：系统思考整个环境，做到知己知彼

2.区隔定位：找到敌人的弱点作为定位点，作用点

定位八法：
1.抢：抢占，抢占空白市场
2.搭：搭车，搭强势品牌的车
3.替：代替，攻击强势品牌弱点，并代替之
4.补：补充，补强势品牌的空缺
5.僵：僵化，缩小此品类的市场，削弱对手
6.扩：扩充，扩大此品类市场，产生协同作用
7.分：细分，细分强势品牌的市场，占有一席之地
8.散：打散，打散强势品牌占领的市场，然后瓜分之

3.支持力量：找到定位点的支持力量，力量

4.传播方向：打击，使用支持点的力量打击定位点，方向

图 6-12　定位四步骤和八方法

品牌定位四步骤的本质就是集中自己的优势兵力打击敌人的弱点，并且防止敌人集中他的优势兵力打击自己的弱点。在凸透镜引燃火柴的例子中，阳光是力量，没有凸透镜，阳光不能集中指向一个方向，也就不能引燃火柴。而如果选择的作用点不是火柴头，也不能引燃火柴，选择合适的作用点才能获得最大的成果，如图 6-13 所示。

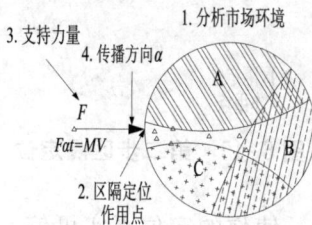

图 6-13　定位四步骤

第一步是分析行业环境，从系统整体的角度来思考各种因素的相互影响。做到知己知彼，知道自己的优势和弱点才能有效利用自己的优势并隐藏自己的弱点，而知道敌人的优势和弱点才能避开敌人的优势并打击敌人的弱点。不能找到对手的弱点，打击不会有效；不能集中自己的优势兵力，

成果不能巨大。而不了解对手的优势，容易被反击，被敌人抓住自己的弱点，容易被定点打击。知己知彼，才能做到百战不殆。在一个品类的市场中，已经有 A、B 和 C 三个品牌。三个品牌都有自己独立的市场，也有相互交叉的市场。除了三个品牌覆盖的市场外，从行业的整体分析可以看到还有空白市场存在，如图 6-14 所示。

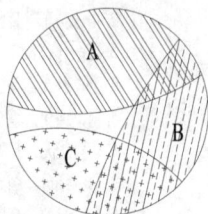

图 6-14　第一步分析市场环境

第二步是寻找区隔概念，就是寻找定位点，其本质就是寻找广义动量定理中的作用点，作用点越关键，取得的效果越大。在分析行业环境之后，你需要寻找一个概念来使自己与竞争者区别开来。找到敌人的弱点，这个敌人可以是竞争对手，也可以是消费者。这里可以使用下边介绍的定位方法来完成，比如发现一个空白的市场，那么赶快占有它，空白市场就是消费者的弱点，如图 6-15 所示。

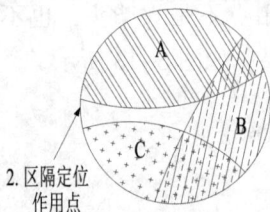

图 6-15　第二步区隔定位

第三步是找到支持点，使你的定位真实可信。从广义动量定理的角度说就是寻找力量，这个支持点越有力量，那么打击在区隔的定位点上取得的效果越大，如图 6-16 所示。

3.支持力量

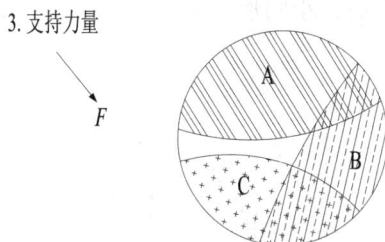

图 6-16　第三步寻找支持力量

第四步是传播与应用，在找到了定位和支持力量之后，并不能产生成果，因为这个力量没有打击到消费者，所以消费者的头脑就是力量的作用方向。从广义动量定理的角度说，传播和应用就是将支持的力量打击到消费者头脑中那个区隔的定位点上，才能产生成果。有了阳光（力量），有了火柴头这个作用点，需要通过凸透镜（营销手段）将阳光聚焦于火柴头，才能产生点燃火柴头这个成果，如图 6-17 所示。

4.传播方向α

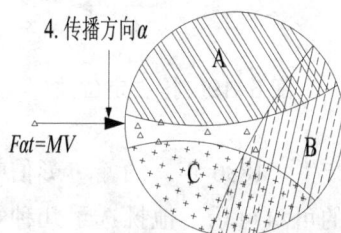

图 6-17　第四步传播和应用

定位方法：

如何使用广义动量定理 $F\alpha t = nmV$ 来分析定位的方法呢？定位的核心就是寻找能影响销量的决定性营销点，然后使用力量打击这个点，这个点就是广义动量定理中的作用点。影响成果 nmV 的过程要素除了作用点还包括力量的大小 F、方向 α 和时间，改变这三个要素也可以改变成果。而考虑自己和对手的力量、方向、作用点和时间这些要素，那么各种组合的情形会不计其数。为了抛砖引玉，这里给出几种定位的方法和原理，以方便读者能举一反三。此处给出八种定位方法，包括抢占、搭车、代替、补充、僵化、扩充、细分和打散，也就是抢搭替补，僵扩分散。

大写 F 表示对手的力量，小写 f 表示自己的力量，带箭头的线表示力量的方向，箭头所接触的点表示力量的作用点。大的圆形表示消费者市场，小三角形表示对手的产品，小圆形表示自己的产品，如图 6-18 所示。

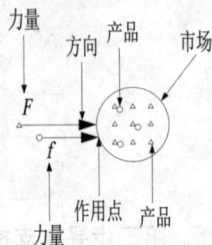

图 6-18　定位方法图例

定位方法 1：抢占

原理：发现消费者心智中有价值的阶梯位置空白，无人占据，就第一个全力去抢占它，如图 6-19 所示。

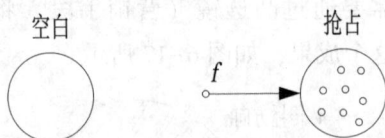

图 6-19　抢占定位法

案例：可口可乐的产生。1886 年，约翰·彭伯顿在乔治亚州的亚特兰大发明了随后风靡全球的可口可乐。他挑选了几种特别成分然后把它们混合加热配制成一种奇特的糖浆，他感觉美味可口，于是就把这种糖浆带到了雅各药房，将糖浆加水卖 5 分钱一杯。一个偶然的机会，药店的伙计把糖浆兑上了苏打水并且加了几块冰给了客人，结果客人赞不绝口，于是一种怡神畅快的饮料就诞生了。1888 年，阿萨·坎德勒发现了可口可乐这个空白的市场，他从彭伯顿那购买可口可乐的秘方，并专门生产和经营可口可乐，抢占可口可乐这个空白的市场。坎德勒是个市场营销天才，使出种种新颖的手法推广产品甚至把装运可口可乐的桶刷成引人注目的红色，越来越多的人发现了这款怡神畅快的饮料，可口可乐开始遍布美国各地。

定位方法 2：搭车

原理：发现某个阶梯上的首要位置已被别人占据，品牌可以努力与阶梯中的强势品牌或产品关联起来，搭强势品牌的便车，使消费者在首选强势品牌/产品的同时，紧接着联想到自己，作为第二选择。市场已经被竞争对手占领，通过模仿和关联等方式将自己与对手关联起来，利用对手在消费者中的营销成果，当消费者购买此类产品时，在想到对手之后，也能将自己作为备选方案。请名人做广告也是一种搭车策略，如图6-20所示。

图 6-20　搭车定位法

案例：安飞士租车定位第二。美国租车行业中，赫兹是行业老大，接下来才是安飞士和全美租车公司，安飞士将自己定位于第二名，与第一名关联，参照市场领导者建立起自己的定位，使其扭亏为盈。安飞士的广告是："安飞士在租车行业只不过是第二，为什么还找我们？我们工作更努力。"而更努力的妙处是让读者联想到比第一名赫兹更努力，从而在考虑赫兹时，会联想到更努力的安飞士，而可能给他机会。

《藏金屋》通过打兔子的系列广告（《花花公子》的刊徽是一只白兔），将自己和成人杂志的领导者《花花公子》关联起来，一举坐上仅次于《花花公子》的第二把交椅。

定位方法3：代替

原理：当强势品牌有着潜在的弱点，而且易于引起消费者的注意和认同，可以借助打击此弱点的方法，挤开对手，取代其位置。将自己的力量作用于对手的弱点，使对手对消费者的营销打击偏离方向，减少对手对消费者的影响，增加自己对消费者的影响，从而逐渐代替强势品牌，如图6-21所示。

图 6-21　替代定位法

案例：IBM和戴尔。IBM在电脑行业中占有绝对的霸主地位，它通过中间商来卖电脑。而戴尔电脑通过将自己定位于直卖电脑，其优点是价格低，并且反应快。戴尔通过直卖电脑的优点来攻击IBM电脑的高价和反应慢的弱点，从而打败IBM，成为电脑行业的领导者。戴尔曾经做过一个广告：用户要买一个冰激凌，但是中间商在冰激凌上舔了一圈之后才交到用户手中，然后戴尔电脑的广告语出来了："没有中间商赚差价。"当时这个形象的广告彻底激怒了中间商，最终广告被禁播，但是戴尔电脑直卖的定位却永远存在用户的心中。戴尔通过自己的优势打击领导者 IBM 的弱点，最后逐渐取代 IBM 成为电脑行业的领导者。

定位方法 4：补充

原理：当强势品牌已经占领市场，可以通过补充强势品牌功能等的方式，使消费者可以获得更多成果。当消费者购买强势品牌时，会想起这个补充产品，以使得强势品牌的功能得到更大的发挥。这不同于搭车，搭车时和强势品牌是竞争关系，而补充和强势品牌是协同关系，如图 6-22 所示。

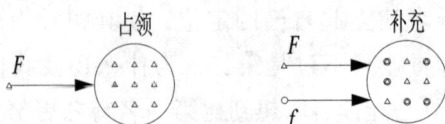

图 6-22　补充定位法

案例：B 化妆品公司开发出了粉底，想要在市场上大力宣传自己的产品，但是 B 化妆品公司是一个相对弱小的公司，如何才能通过定位给自己带来最大的销量呢？B 化妆品公司开会讨论营销方案，有人建议给市场领导者 A 公司的粉饼做配套，作为 A 公司粉饼的补充，而另一些人强烈反对这个方法，认为自己是独立的品牌，不应该给 A 公司做宣传。后来公司选择了前者，广告语为："在使用 A 粉饼之前，使用 B 粉底，效果更好。"B 公司将自己的粉底和强势品牌 A 的粉饼关联，作为 A 的补充功能，使消费者在购买 A 产品的时候，也会想起配套购买 B 的粉底，从而大大增加了 B 公司粉底的销量。

定位方法 5：僵化

原理：当对手已经占领市场时，可以通过攻击此类产品的弱点或者价格等方式来缩小对手所占领的市场，已达到在与对手的竞争中获得优势地位的目的，如图 6-23 所示。

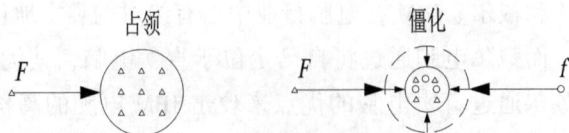

图 6-23　僵化定位法

案例：雅马哈和本田摩托之战。爆发于20世纪80年代初的日本本田与雅马哈公司之间的摩托市场之争，被称为摩托车行业的第一恶战。这场历时两年的恶斗以本田大获全胜而结束。本田通过降价和加快产品的推出，僵化了雅马哈的摩托车市场，使得雅马哈的市场不断缩小，雅马不得不降低自己的产量，裁员，还失去了行业第二的位置，并且很久都无法恢复元气。

20世纪70年代，日本的摩托车市场基本上是四分天下，依次为本田、雅马哈、铃木和川崎。60年代末和70年代初本田进军汽车市场，将最好的资源都投入到汽车市场，从而使得摩托车部门出现空虚和停滞的状态。雅马哈认为此时是一个竞争世界第一的好机会，因此它不惜一切代价积极拓展摩托车市场。在雅马哈的猛烈攻势下，本田公司节节败退。1970年本田的销售额以3∶1领先于雅马哈，到1981年，雅马哈的市场占有率与本田已不相上下。1981年，雅马哈的经理公开露出拿下本田的意图，并说："本田正在拼命推销汽车，有经验的摩托车推销员几乎都集中在汽车部门，我们可以在摩托车上与它一决雌雄。只要有生产能力，我就可以击败本田。"基于这样的思路，同年8月，雅马哈公司开始建厂扩张。

面对雅马哈的挑战和攻势，本田怎能善罢甘休？本田开始采用了大幅度降价策略，增加促销费用和销售点。在竞争最激烈时，一般车型摩托车的零售价降价幅度都超过1/3，以致一部50 CC的本田摩托车价格比一辆10变速的自行车还便宜。由于本田公司除做摩托车生产外，还有汽车生产，特别是80年代初汽车销售稳定上升，因此，"东边不亮西边亮"，它完全可以通过汽车的赢利来弥补摩托车价格战的损失，最终达到打击雅马哈，扩大市场份额的目的。雅马哈公司则是一个专业的摩托车生产厂商，它的生存完全依赖摩托车。因为投资建厂造成企业的成本投入较大，如果采用与本田公司相同的降价策略，公司本身是无法负担的；但如果不降价或降价幅度较小，那就只有在价格大战中失败。显然，在价格战上，雅马哈公司已处于劣势。

本田采取的另一策略是加快产品的更新换代，迅速使产品多样化。雅以哈难以承受巨大的损失，节节败退；雅马哈不得不制定应急措施，摩托车的产量被迫削减到150万辆，此后又降为138万辆，裁员规模也继续扩大，约占全部员工的20%。为了避免破产，雅马哈开始拍卖资产。从1983年4月到1984年4月的一年时间里，雅马哈出卖了相当于160亿日元的土地、建筑物和设备。走投无路的雅马哈公司终于于1983年6月向本田举出白旗。它不仅没有实现争夺摩托车霸主的梦想，反而丢了第二把交椅的位置。这场竞争使雅马哈公司伤痕累累，很久都无法恢复元气。

定位方法 6：扩张

原理：通过和对手的良性竞争，形成协同作用，来扩大此品类的市场总份额，从而增加自己和对手的销售额。对手的营销会增加自己的销售量，自己的营销也可以增加对手的销售量，二者的协同力量增加了这个品类的总市场份额，从而增加了自己与对手的销售量，如图 6-24 所示。

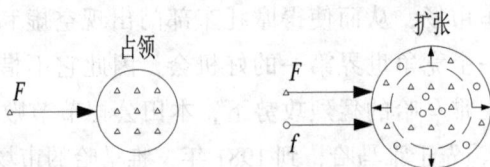

图 6-24　扩张定位法

案例：可乐大战。百事可乐与可口可乐之间的营销大战，扩大了可乐这个品类的市场，使得两家企业都赚到了巨额财富。从饮料市场的整体来看，有许多饮料分类，可乐只是这些分类中的一种而已，然而可乐这个品类的销售额却在饮料市场中占用巨大份额。百事可乐与可口可乐之间的营销大战成为营销史上的重要里程碑，百事可乐定位的"年轻一代的选择"和可口可乐定位的"正宗"等案例均成为营销上的经典案列，可乐大战活跃于各种国际重大赛事，可口可乐的一个高管说："没有什么比品牌大战更能吸引消费者的眼球了。"他们之间营销的激烈竞争提高了消费者的对可乐这个品类的关注度，扩张了可乐这个品类在饮料市场上的份额，从而产生了协同作用。

定位方法 7：细分

原理：当强势品牌已经占领市场，可以通过细分消费者需求来达到细分市场的目的，从而占领部分市场。将力量聚焦于某一个点，此点可以获得的成果增加，类似于使用凸透镜点燃火柴的聚焦原理。市场不宜无限细分，越细分的市场，消费者越少。细分市场的限度是它的大小能支持企业存活，如图 6-25 所示。

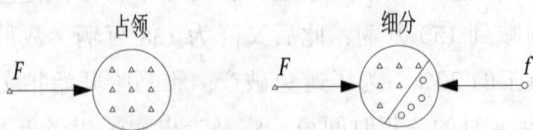

图 6-25　细分定位法

案例：米勒细分啤酒市场。米勒公司原本是一个业绩平平的企业，60年代末期，在全美啤酒行业中排名第七，市场占有率仅为4%。到1983年，米勒公司的市场占有率达到21%，仅次于排名第一的布什公司（市场占有率为34%），但已将排名第三、第四的公司远远抛在了后头，以至于当时人们普遍认为米勒公司创造了一个奇迹。那么米勒公司是如何创造这一奇迹的呢？米勒通过细分啤酒市场，获得消费者的支持，从而创造奇迹。

米勒公司在做出营销决策前，经过调查发现，根据对啤酒饮用程度的不同，可将消费者分为两类：一类是轻度饮用者，另一类是重度饮用者，而且其饮用量是轻度饮用者的八倍。结果一出来，米勒公司马上意识到他们面对的是怎样一个消费群体：多数为蓝领阶层，年龄在30岁左右，爱好体育运动。于是，米勒公司果断的决定将"海雷夫"啤酒定位于多数为蓝领阶层的重度饮用者身上，并将定位体现于米勒公司的新广告上。广告画面中出现的都是激动人心的场面：年轻人骑着摩托车冲下陡坡，船员们在狂风巨浪中驾驶轮船，甚至还请来了篮球明星助阵。新产品上市后，市场反应热烈，很快赢得了蓝领阶层的喜爱。米勒公司并没有就此罢手，他们决定乘胜追击。根据啤酒热量的高低，划分出高热度啤酒市场和低热度啤酒市场，并进入低热度啤酒市场，推出了"莱特"牌啤酒。开始，许多啤酒商并不看好米勒公司的这一决策，但米勒公司并没有放弃，他们从广告宣传上入手，反复强调莱特啤酒的优点，还对其进行了重新的包装。产品投入市场后，当年在美国销售量就达200万箱，并在以后几年迅速上升。米勒公司的啤酒销售取得了巨大的成功，被人们称为"世纪口味的啤酒公司"。

定位方法8：打散

原理：当对手已经占领市场，通过攻击对手的弱点或者这个品类的弱点，将消费者群打散，在混乱中建立自己的消费者群体，从而增加销售量。《战争论》的一个核心原则是："尽可能集中兵力在准备作决定性打击的点上。"对手已经找到这个决定其销量的关键作用点，那么我们不能分散对手的力量，但是可以通过分散这个关键的定位点来减少对手的销售量，从而在重新洗牌的过程中建立自己的消费者群里，从而增加自己的销售量，如图6-26所示。

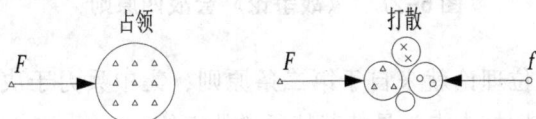

图6-26 打散定位法

案例：苹果攻击功能机。2007 年，苹果公司的智能手机横空出世，当时手机市场的霸主是诺基亚，它已经牢牢占领手机霸主很多年，紧随其后的是摩托罗拉，他们都是生产功能手机。手机的份额绝大部分都在诺基亚和摩托罗拉公司的手中，以苹果手机为代表的智能机要想获得市场份额，必须从领导者的手中抢夺，才能得到大的市场份额。苹果手机通过利用自己智能手机的优势，攻击功能手机这个品类的各种弱点，使得诺基亚和摩托罗拉节节败退，功能手机市场被打散，苹果和安卓手机厂商瓜分了功能机的市场份额。

特劳特定位理论的核心是选择合适的作用点；从广义动量定理 $F\alpha t = nmV$ 的角度来看，选择合适的作用点，成果 nmV 会增加。

3. 定位理论的分析与局限

杰克·特劳特的定位理论来自于军事，并且他是最了解克劳塞维茨《战争论》的人之一，他和艾·里斯合著的《商战》的核心思想就来自《战争论》，他们在书中大量引用了《战争论》的文字。

战争论中总结的会战四原则为：①用最高的精力使用我们所可能动用的一切兵力；②尽可能集中兵力在准备作决定性打击的点上；③不可浪费时间，行动快速可获得先机。奇袭，为获致胜利的最强力因素；④最后，用最高的精力来追随已获的成功。追击已败的敌人实为获致胜果的唯一手段，如图 6-27 所示。

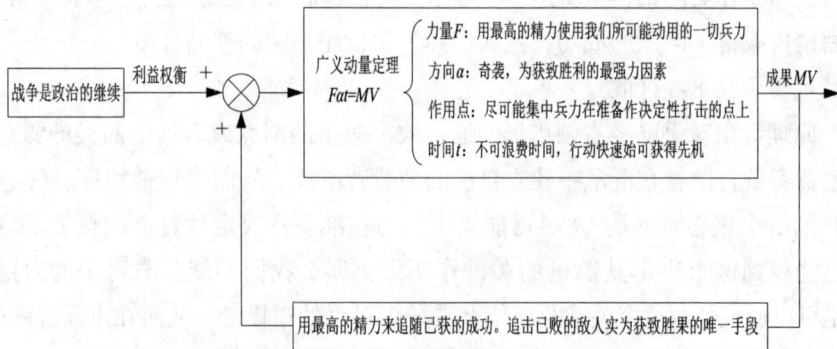

图 6-27 《战争论》会战四原则

特劳特的定位理论就来自于第二条原则，集中兵力于决定性的打击点上，其中的决定性打击点就是特劳特所说的定位。

从广义动量定理 $F\alpha t = nmV$ 来说，会战第一条原则为力量 F，第二条为

时间 t 和方向 α（奇袭），第三条为力的作用点。第四条原则属于系统思考。前三条原则论述了广义动量定理过程四要素，力量 F、方向 α、时间 t 和作用点，改变过程的四要素，就能改变成果 nmV。特劳特的定位理论强调改变作用点来增加成果 nmV，是有理论根据的。但是定位营销学家将企业的成功归结为定位的成功，将企业的失败归结为定位的失败是不可取的，这会误导企业只重视定位而忽略了其他，从而错失了其他企业战略导致企业失去发展的机会。作者举几个反例来说明定位战略的局限。

（1）三星智能手机的产品是宽泛的，三星只对其中几款手机进行营销，其他手机的销售量也在增加，这一点定位理论解释不了，因为这条战略属于系统思考中的协同战略。

（2）当年苹果和微软在操作系统上的竞争，苹果《1984》的广告震撼人心，堪称经典，苹果将自己定位为反叛者的形象深入人心，为什么最后胜利的是微软呢？定位理论也解释不了，因为这条战略属于系统思考中的正反馈战略，正反馈的效果要比定位大得多。

（3）对于家电企业的多品类产品，如生产冰箱、洗衣机和电风扇等，定位营销学家说这是品牌延伸陷阱，家电企业应该聚焦只生产一个品类，否则会被专业化的厂商打败。定位专家看到了缩小作用点可以加强该点的成果，但是没有看到家电企业产品的协同作用。家电企业生产的这些产品在原料采购、研发、设计、生产，渠道、营销、销售上是类同的，企业在不同品类之间的转换成本很小，在这些环节上都有协同的作用。比如冰箱的渠道建立之后，洗衣机和空调也可以利用；营销电冰箱，大品牌下的洗衣机的销量也会增加。并且不是所有的企业都适合在产品的功能上进行专业化的。中国的格力只做空调，取得了很好的结果，这算是定位的成功，而如果又多几家企业定位于空调的话，格力的境况会比现在差很多。对于功能宽泛的产品是不适合定位的，因为任何一个功能的定位都会减少其他功能所带来的销量，比如电脑。

从广义定量定理 $F\alpha t = nmV$ 来说，包括七条战略：力量最大化战略（F）、歧异化战略（α）、聚焦战略（营销定位属于聚焦战略）、竞时战略（t）、数量战略（n）、竞质战略（m）和竞速战略（V，ZARA 属于竞速战略）。定位战略只是多种战略的一种，以一种战略来解释所有企业的成功和失败过于局限，解释力也太弱。作者明白定位专家将所有企业的成功和失败均归结为定位是一种营销，只是定位理论的成功营销也容易使企业只关注于定位战略而忽略了其他企业战略，从而使企业丧失了发展的机会，也丧失了对社会做出贡献的机会。所以对于所有企业，一律采取缩小定位点（作用点）的做法是不明智的，这需要衡量企业自身的环境，竞争对手的环境，市场的环境以及市场未来的发展趋势再做决策，而不是直接缩小定位点。

为什么定位理论如此的受欢迎呢？

因为定位理论只是改变力量的打击点就可以获得不同的成果，相对投入较小，见效快。一家企业可以不改变营销的投入，而只增加打击的准确性，就可以增加成果。同时，定位理论几乎每个人都可以使用，增加了定位理论受众人数，而较小的成本付出和相对较大的成果改变吸引着更多的人使用定位理论。

我们来分析一下定位能取得的成果。一旦企业缩小作用点，选择了产品的定位，那么这个定位一般是不改变的，因为如果定位变化，在这个点的营销等积累的优势就不存在了。如果企业将定位战略作为企业的唯一战略，那么企业可以取得的成果最大值也就确定了，因为定位无法提供持续的力量，在产品上的定位不改变，那么可以取得成果的最大值也就不会改变，定位是有成果上限的。企业有多种战略，我们仅拿广义动量定理来对比就能分析出定位的成果局限。在广义动量定理 $F\alpha t = nmV$ 中，过程量有四要素，分别为力量 F、方向 α、时间 t 和作用点。对应着就有四种企业战略：力量 F 最大化战略、歧异化战略（α）、竞时战略和聚焦战略（定位战略）。成果 nmV 还对应着数量战略、质量战略和速度战略。我们仅分析四个过程量的战略。从广义动量定理可知，为了增加成果，增加力量，增加方向的正确度，增加时间和缩小作用点都可以增加成果。定位战略只是广义动量定理过程四种战略的一种，一旦定位战略确定下来，定位是不变的，那么最大成果也就确定了。既然定位理论来自于军事中的"选择决战地点"，那么选择了决战地点就能胜利吗？力量最大化和竞时战略，可以通过增加力量和有效工作的时间来增加成果，他们的成果是可以增加的，力量最大化战略在理论上可以无限增大，可以取得的成果也是没有上限的，而定位战略的最大成果是有上限的。在实际中，一般力量最大化战略的成果上限是市场的容量。

定位理论并非万能，我们来简要分析一下定位创始人特劳特 2 次使用定位理论挑战其他领域的失败。

杰克·特劳特多次采用定位理论挑战迈克尔·波特在战略领域的领导

地位，但是并没有撼动波特战略大师的地位。特劳特通过《什么是战略》这本书来挑战波特的战略，我们来分析一下特劳特失败的原因。首先，特劳特对于战略的分类本身就产生了错误，战略是一个长期努力的方向，而定位是一种聚焦理论。从广义动量定理 $F\alpha t = nmV$ 的角度来说，战略对应着力量的方向 α，而聚焦对应着力的作用点，也就是说波特的三大战略是战略理论的一部分，本质属于力量的方向 α。而定位理论属于聚焦理论的一部分，本质属于力量的作用点。那么将定位混淆为战略，本身就是一个认知的错误，所以不可能挑战成功。战略和聚焦理论在一个层级上，而波特的三大战略和定位在一个层级上，但是严格意义来说，定位不应该算是一种战略。

杰克·特劳特当年企图通过《人生定位》这本书来挑战安东尼·罗宾在个人培训领域的领导地位，最后宣告失败。作者认为他可能没有明白自己会失败的原因。我们在此做简要的分析。

安东尼·罗宾基于 NLP 等理论创造了神经联想科学（NAC）。NAC 有三大要素：①对自己下决心；②干扰原形：干扰现有的负面联想的形态；③创造新的联想。安东尼·罗宾举了他家找调音师为一架老钢琴调音的例子，老钢琴需要调音师多次来调音才能使钢琴的声音一直好听，这指出了时间 t 的重要性。

所以 NAC 是和广义动量定理相符合的，下决心去改变自己才能真正的用力 F，干扰原型和创造新联想是改变原有负面联想，并以新联想取代，是指改变方向 α，持续不断的付出努力是指时间 t。并且安东尼·罗宾注重顾客的需求就是重视力量的作用点。安东尼·罗宾的理论包括了广义动量定理的四要素，力量、方向、时间和作用点，所以安东尼·罗宾可以取得更大的成果 nmV。而杰克·特劳特只关注于定位（作用点），他的理论能产生的效果要比安东尼的 NAC 理论少许多，挑战失败在所难免。

定位理论告诫我们不要掉入品牌延伸陷阱，而特劳特本身就陷入了"定位"延伸陷阱，认为"定位"可以解决所有问题，并且还是最好的方法，所以才有了他使用"定位"来挑战战略大师波特和励志大师安东尼·罗宾。

4. 品牌、消费者、感性和理性

一件产品会包含感性的因素和理性的因素，理性的因素一般指产品本身的性能、质量、可靠性和价格等因素，而感性的因素则包括品牌、文化、价值观和受众的人群等因素。

一个消费者购买一双耐克的运动鞋，不仅看重鞋本身的舒适性和耐用性，也关注耐克品牌带来的价值。不同的产品所包含的感性因素和理性因素不相同；不同消费者对于同一品类产品的感性因素和理性因素的偏好也不相同。低收入者更关心产品性价比和实用性；高收入消费者更关注除了产品自身属性之外的品牌等因素。消费者也分为感性消费者和理性消费者，他们按照自己的偏好购买产品。在企业市场中，消费者更加倾向理性消费，他们更关注产品本身的性能指标，比如汽车企业采购零件，他们考量的重要因素是产品性能是否达标，价格是否低廉。营销除了宣传产品的属性外，还会增加产品的感性因素，塑造品牌。营销在个人消费市场中比企业消费市场更流行，因为个人消费市场塑造的品牌因素可以增加购买量；而在企业市场中，企业客户衡量的重要因素不是品牌，而是产品本身的性能和价格。

6.3.2.2 广告营销与采样定理

广告营销的效果是否可以量化呢？广告被记住是购买的某种前提，广告越简单，越容易被记住；广告播放的次数越多，越容易被记住。请名人做广告容易被人记住，这是什么原理呢？如果把广告比作信号源，人类的大脑比作存储机构，人类通过视觉和听觉等对广告这个信号源进行采样，然后存储到大脑中。当未来的某个时候他恰巧有广告产品这方面的需求时，他会在大脑中进行搜索，然后找到备选方案，在大脑中还原广告，最后再决定购买哪种产品。

大脑对广告的采样和还原过程，可以通过数字信号领域的采样定理进行类比理解和量化。通讯系统包含信源（发端设备或人）、信道（传输媒介）和信宿（收端设备或人），而广告类似于信源，电视和网络等媒体渠道类似于信道，广告受众类似于信宿，即广告通过电视和网络等媒体渠道传输给消费者。在传输过程中还会有噪声干扰传输，而对手的广告就可以看作噪声干扰，这个可以使用通讯的模型来量化广告的效果，比如对手的广告播放的频率越高，可以看作噪音越大，那么如何使消费者在高噪音的情况下准确接收到我们的广告，就可以参照通讯系统的处理方式。

采样定理是美国电信工程师 H. 奈奎斯特在 1928 年提出的，在数字信号处理领域中，采样定理是连续时间信号（通常称为"模拟信号"）和离散时间信号（通常称为"数字信号"）之间的基本桥梁。该定理说明采样频率与信号频谱之间的关系，是连续信号离散化的基本依据。它为采样率建立了一个足够的条件，该采样率允许离散采样序列从有限带宽的连续时间信号中捕获所有信息，如图 6-28 所示。

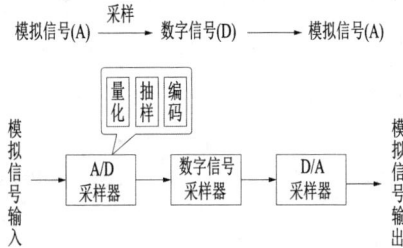

图 6-28　数字信号处理系统框图

信息论创始人香农提出了著名的香农采样定理，为现代通信奠定了理论基础。其内容为：在进行模拟/数字信号的转换过程中，当采样频率大于信号中最高频率的 2 倍时，采样之后的数字信号完整地保留了原始信号中的信息。一般实际应用中保证采样频率为信号最高频率的 2.56~4 倍，如图 6-29所示。

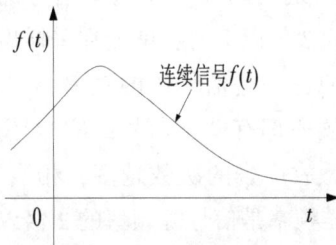

图 6-29　连续信号

连续信号经过采样后变成离散信号或者脉冲序列。采样过程如图 6-30 所示。

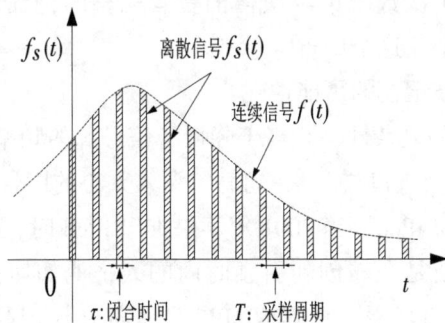

图 6-30　采样过程

其特点是，开关合上才有输出，其值等于采样时刻的模拟量 $f(t)$；开关打开时没有输出。由于开关合上时间 τ 远小于采样周期 T，因此可略去，则离散信号 $f_s(t)$ 变成脉冲序列，T 通常为常数，采样频率是采样周期的倒数 ω $= 1/T$，如图 6 - 31 所示。

连续信号 $f(t)$　　T　　离散信号 $f_s(t)$

采样器

图 6-31　采样器

采样定理给了我们一个类比广告营销的消费者记忆过程。消费者在看到广告时，相当于对这个广告的信息进行采样，然后存储到自己的大脑中，当日后需要这个功能时，他会根据大脑的记忆信息进行还原，然后确定是否要购买，广告被记住是购买的前提。广告相当于被采样的信号源，眼睛和耳朵等是采样器，大脑是编码和存储这些信号的地方。在采样定理中，采样频率是信号源频率的 2 倍以上时，就能在采样后完全复原原信号。即有两个地方影响信号的还原，一是信号源的频率，二是采样的频率，降低信号源的频率和提高采样频率都有助于信号的完全还原。广告越简单，相当于信号的频率越低，而播放广告的次数越多，相当于消费者采样的频率越高。在采样定理中，采样频率是信号源频率的 2 倍以上时，就能完全保留原始信号的信息，那么对于一个既定的广告来说，必定有一个最低的播放次数，以保证消费者可以完全记住这个广告。而每次播放广告是有成本的，并且消费者的采样频率大于广告频率的二倍时就能完整的还原广告，那么超过 2 倍以上的播放次数就是不需要的了，即在 0 和无限大之间存在一个最优的播放次数，这个次数既可以使得消费者完整的记住广告，也可以以最小的成本让消费者记住这个广告。

如何增加广告被记住的可能性呢？

（1）降低广告的复杂性，相当于降低了信号源的频率。

"把 1 000 首歌装进口袋"，一句简单深入人心的广告语让人瞬间就记住了苹果的音乐播放器 iPod。当 2001 年苹果推出 iPod 时，MP3 播放器已经发明好几年了，乔布斯是个靠创新引领时尚的人，他如何去引领一个已经存在了的 MP3 播放器市场呢？在其他 MP3 厂家都在比产品内存，比参数时，苹果独辟蹊径，它不去推广自己的内存有多大，而是告诉你它能为你带来什么。"将 1 000 首歌装进口袋"这句广告语体现了它能存储 1 000 首歌曲,足够你听很久。同时也体现了播放器的小巧便捷,它能装进你的口袋,你可以随时带着它。iPod 不仅为苹果创造了数以亿计的盈利,也帮助苹果成功摆脱了财政困难,而且一举取代了当时市场占有率第一的索尼 WLAKMAN 系列,在过去的十年中缔造了一个属于苹果的神话。"把 1 000 首歌装进口袋"这句广告语没有复杂的术语,没有冰冷的参数,而是简单而生动的表达了 iPod 的特性,这也体现了乔布斯推崇的一句话:"至繁归于至简。"

(2)增加广告的播放频率,相当于增加了消费者采样的频率。

广告播放的频率越高,消费者看到的次数就越高,消费者这次记住一部分,下次记住另一部分,相当于增加了消费者的采样频率,这样广告被记住的概率就增加了。

(3)增加广告的记忆点,相当于增加消费者的采样频率。

消费者对于喜欢的东西或者新奇的东西会增加关注度,这样就增加了消费者对广告的采样频率。

钻石有坚硬的质地和晶莹剔透的光泽,但是它的市场开始很小。南非钻石家族奥本海默为了推广钻石,希望更多的人购买。奥本海默首先把钻石定位为时尚,与奢侈品香奈儿合作生产饰品,但是销路不佳。后来奥本海默家族将钻石和爱情联系在一起,将钻石的晶莹、坚硬持久与爱情的纯洁长久相类比,请了著名的广告公司设计了简单的广告语:"A diamond lasts forever."中文广告语为:"钻石恒久远,一颗永流传。"这句简单的广告语将爱情和钻石紧密的关联到了一起,人们想到为爱人送礼物,就会想到钻石这个选择。这个广告彻底的打开了钻石的市场。

除了将产品与特定的情感关联可以增加销量外,还有很多方法,比如请名人做广告。其原理是认识名人的人很多,当看到名人做广告时,会产生亲近感和信任度,名人效应增加了消费者在这个广告上的注意力,增加了消费者对广告的采样频率,所以更容易记住这个广告。

可乐大战是美国营销史上的一个里程碑。可口可乐以其正宗牢牢占据着可乐市场的大部分份额,其他可乐公司只能苟延残喘,百事可乐甚至想把公司卖给可口可乐,但是没成功。百事可乐痛定思痛,花费了 1 500 万美元请当时最炙手可热的摇滚明星迈克尔·杰克逊做了 90 秒的广告,将百事可乐描述为:"百事可乐,新一代的选择。"那时年龄大一点的人并不喜欢杰克逊,甚至不认识杰克逊,他们不是百事可乐的消费受众。可口可乐的正宗被百事可乐定位为"老、落伍、脱节、过时",而将自己定位为年轻,青少年以喝百事可乐而显示自己的叛逆。而杰克逊恰恰符合百事可乐的这个年轻叛逆的形象,他的歌迷大都年龄较小,这样百事可乐就和杰克逊的形象完美融合了,杰克逊为百事可乐做广告的名人效应增加了百事可乐的受关注度,使年轻的受众很快就记住了百事可乐。百事可乐靠着营销上的奇迹,最终发展到与可口可乐分庭抗礼。

与领导者关联也可以增加自己被关在的程度,比如七喜的"非可乐"。

(4)调整广告的播放时机,相当于增加消费者的采样频率。

广告播放是时机不同,产生的效果也不同。在不同的时间,人的状态是不同的,接受广告的程度也是不同的。在不同时间,广告的受众数量也是不同的,晚上8点时的受众要比半夜多。超级碗(Super Bowl)是美国国家美式足球联盟(也称为国家橄榄球联盟)的年度冠军赛,在超级碗上播放广告的受众更广,影响力更大,苹果就喜欢在超级碗上播放广告。

(5)增加采样的手段,相当于增加了消费者的采样频率。

视觉和听觉是人类主要的采样手段,但是除了这两种,还有触觉、味觉、嗅觉和直觉,这些都可以作为广告采样的手段,设计不同的广告以适应这些采样手段,来增加消费者的采样频率。苹果手机的试用就是增加了消费者触觉、听觉、视觉等采样。

从采样的角度说,可以有不同方法增加广告的效果。广告经过采样,还需要存储到消费者的大脑中,那么从存储的角度说,有什么增加广告效果的方法吗?

人的大脑好比是一个电脑,而大脑的存储就好比是电脑的硬盘,我们如何存储大量资料呢?分类存储。将相同类别的资料存储在一起以方便查找。哈佛大学心理认知学教授乔治·米勒说:"人们处理信息的方式是首先把信息归类,然后在类中处理信息。"所以定位专家艾·里斯强调"品类",品类这个概念受到了《物种起源》的启发:自然界的分化和进化的交互作用为商业界提供了现成的模型。艾·里斯指出:"打造品牌最重要的商业力量是分化,企业要获得成功,关键在于开创一个新品类。"

我们如何对新资料的进行存储呢?如果这个新资料是以前没有的,那么新建一个类别将它放进去,如果新的资料和现存的资料有同类别的,那么就把它们放到一起,如果新资料比旧资料好,可以把旧资料删除,存储新资料,如果新资料没什么用处,那就忽略,不存储了。我们来解释一下定位的几种方法，抢占先位，就是消费者头脑中这个存储位置没人占据，抢先占据，这相当于以前没有资料，现在有了资料，消费者新建类别把它存好。关联，就是首要位置被强占，新品牌将其和强势品牌关联，这相当于以前有这个分类，消费者把它和原分类放到一起。为领导者重新定位，就是找到强势品牌的弱点，然后打击弱点。这相当于使用新资料替代部分原有资料。

6.3.2.3 霍普金斯的试销实验

克劳德·霍普金斯是美国广告史上著名的广告文案撰稿人。他撰写的广告文案，使很多产品闻名于世，他发明新产品强行铺货的方法，发明了试销，发明了用兑换券散发样品，发明了广告文案研究。他对奥格威等广告人产生了重要的影响。

克劳德·霍普金斯在《我的广告生涯》中写道："一个好的产品，它最好的推销员就是它自己。如果没有样品让顾客试用，仅靠书面或口头的宣传，要想卖出东西去，真比爬山还累。推销产品的方法就在产品本身。这种推销就是要靠样品和演示，你演示的越吸引人，你收到的效果就越好。"比如苹果手机的试用吸引众多的潜在消费者，在他们亲自体会苹果手机后，他们放弃了其他手机而选择了苹果。而在苹果手机之前，各大商场出售手机时，消费者只能看到手机模型。

霍普金斯发明了试销的方法，当他产生一个营销方案之后，他便在一个小城市进行试销测试，然后测量这个营销方案所产生的结果，如果结果好于营销方案制定的目标，那么就在其他城市进行复制推广；如果产生的结果差于目标，那么就放弃，再去尝试其他营销方案。

从系统思考的角度来说，试销的方法是负反馈模型，系统的输入是营销方案的目标，控制过程是试销营销方案，然后测量试销结果，反馈给目标进行比较，如果反馈结果好于目标就进行大面积推广，如果反馈目标低于目标就放弃这个营销方案，如图 6-32 所示。

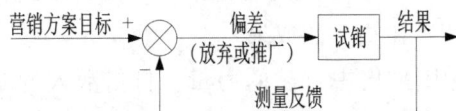

图 6-32 霍普金斯的试销实验

霍普金斯说："这大概是广告成功的唯一办法。靠猜测，50 次中大约能有一次猜对。但是做试验，50 次试验会 50 次告诉你应该怎么做，应该避免什么。"

乔布斯的苹果零售店也是一个试销过程。1999 年时，当乔布斯提出苹果零售店的设想时，董事会并未露出喜悦之情。他们提出，捷威计算机就是在郊区开了零售店之后走向了衰落。后来董事会同意乔布斯在苹果园区建立一个模拟商店，按照正式的商店进行装潢布置，然后在那里讨论不断改进。后来乔布斯将完整的想法用于苹果第一家零售店，第一家零售店在弗吉尼亚州的高端购物中心开业，每周的平均客流量达到了 5 400 人，远大于捷威计算机的 250 人。苹果通过样板店的试销成功，然后在世界各地复制推广苹果零售店。苹果零售店第一年的收入就达到了 12 亿美元，创下了零售业的新纪录。

史玉柱在其著作《史玉柱自述：我的营销心得》写到："试销就很重要，不要怕因为试销耽误 3 个月、耽误 6 个月，不要怕，因为它让你少犯错误，它会让公司更安全。所以我们一个新广告出来，即使我们销售已经都在全国推开了，销量比较稳定了，我们每修改一个广告还是要拿到很多城市里去做测试，跟踪 3 到 6 个月，看效果。如果通过终端消费者的调查，发现没有效，我们还是要把它否定掉。"史玉柱推广脑白金的过程也是先有广告营销方案，然后在一个城市进行试销，测试效果，如果发现效果好，就在全国各大城市复制推广。

霍普金斯说："透过广告活动测试，几乎所有问题都可在极短时间、花费不高下获得解答，而不是靠争论。"

6.3.3 作用点与高德拉特的 TOC 制约理论

内容提要：TOC 制约理论通过系统思考的方法，从整体上进行分析来确定系统的瓶颈。由于瓶颈决定系统的产出，将力量作用于系统的瓶颈（关键作用点），可以产生更大的成果。

军事学的核心原则是集中自己的力量，打击敌人的弱点，即力量的作用点是敌人的弱点。而在管理学中，对于自己的弱点，则是要加强，即要将力量用于弥补自己的弱点，这样可以产生更大的成果。

艾利·高德拉特博士是以色列物理学家、企业管理大师，"TOC 制约法"的创造者。TOC 提供一套基于系统方式的整体流程与规则，去挖掘复杂系统固有的简单性，通过聚焦于少数"实体的"和"逻辑的""杠杆点"，使系统各部分同步运行，从而达成系统整体绩效持续改善的理论。

TOC 认为，任何系统至少存在着一个制约因素——瓶颈，否则它就可能有无限的产出。因此要提高一个系统（任何企业或组织均可视为一个系统）的产出，必须要打破系统的瓶颈。任何系统可以想象成由一连串的环所构成，环与环相扣，这个系统的强度就取决于其最薄弱的一环，而不是其最强的一环。相同的道理，我们也可以将我们的企业或机构视为一条链条，每一个部门是这个链条其中的一环。如果我们想达成预期的目标，我们必须从最弱的一环，也就是从瓶颈的一环下手，才可得到显著的改善。换句话说，如果这个瓶颈决定一个企业或组织达成目标的速率，我们必须从克服该瓶颈着手，才可以更快速的步伐在短时间内显著地提高系统的产出，如图 6-33 所示。

图 6-33　链条最弱的一环决定整个链条强度

彼得·圣吉在《第五项修炼》中写道："系统思考还指出：微小的、集中的行动，如果选对地方，有时会带来可观的、可持续的改善。系统思考学者们把这个原则叫做'杠杆作用'。管理方针：此时不要尝试去推动成长，而要除掉限制成长的因素。"

彼得·圣吉和高德拉特的方法都是系统思考的方法，他们都认为集中力量于限制因素会使系统的产出有持续的增加。

系统最终的产出将受到系统内最薄弱环节的限制。换言之，任何一个链条的牢固程度取决与它最薄弱的环节。TOC 理论的约束与木桶理论很像，是木桶最低的那块板决定木桶能装水的高度，而不是最高的那块板。所以 TOC 制约理论从整体上分析，要加强的是最低的那块木板，即加强这个木桶的瓶颈而不是其他地方，如图 6-34 所示。

图6-34　木桶理论

某公司有一条生产线，产品经过 A-B-C-D-E 这5道工序变成产成品，为了增加这条产线的效率，有两种提案，你会选择哪一种呢？如图 6-35 所示。

提案1：花1 000元购买一夹具，可以将 B 工序产能提高25%。

提案2：花2 000元购买一设备，可以将 D 工序产能提高25%。

对于两种提案，同样都能使一道工序的效率提高25%，但是提案1所花费的金钱只是提案2的一半，那么是否就应该因此选择提案1呢？

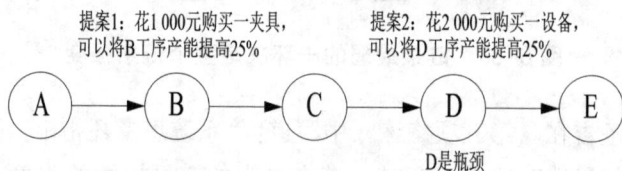

图6-35　聚焦瓶颈实例

从 TOC 制约理论的角度来说，系统的瓶颈决定系统的产出而不是系统的非瓶颈决定系统的产出，B 工序不是系统的瓶颈，提高 B 工序的产能并不能使整个产线的产能增加，D 工序是系统的瓶颈，提高 D 工序的产能，才能使这条产线的产能增加，所以应该选择提案2而不是提案1。

6.3.4　作用点与克里斯坦森的破坏性创新

内容提要：消费者对商品的需求焦点会随着商品的发展而从功能性到可靠性、到便利性、最后转移到价格。克莱顿·克里斯坦森（Clayton M. Christensen）创造的破坏性创新就是指消费者需求焦点的转移，最开始成功的企业是商品功能最好的企业，但随着商品功能的发展超过了主流消费者的需求时，功能的进步不再会成为消费者选择的重点，消费者的需求焦点开始向可靠性、便利性和价格转移，而此时破坏性的创新恰以更可靠、更便利或更便宜的商品出现，满足了消费者需求的转移，从而打败了在功能研发上最强的企业。比如低价的 DELL 打败高性能的 IBM 电脑。

在《创新者的窘境》中，克里斯坦森提出了这样一个问题：为什么管理良好的企业会遭遇失败。他的结论是，让这些企业取得成功的管理模式阻碍了公司进行颠覆性创新。而这些新技术最终使公司的业务遭到淘汰。

最开始成功的企业是因为赢得了性能之战，所以赢得了市场。随着商品市场的发展，消费者的需求开始转移，那些在上一轮性能之战中的获胜者还坚持以前获得胜利的方式，坚持做出性能最好的产品，以为性能是最好的武器，一定能打中消费者这个靶子。然而消费者需求焦点却是一个移动的靶子，固定的枪口必将偏离移动的靶心。那些在上一轮性能之战的获胜者依然赢得了性能之战，但是却输了市场。

克里斯坦森在《滑向未来利润源》中写道：

破坏性技术模型把技术进步的速度同客户利用这种进步的能力作了对照。根据这一模型，每个市场中都存在两种性能轨迹。阴影区域所描绘的那一条轨迹显示了在一段时间内某种产品或服务的改进有多少能被客户吸纳。另一条用实线表示的轨迹描述了行业创新者在推出新型改良产品时性能的提高幅度。

第二条轨迹反映的是技术创新的速度，它几乎总是会超越某一特定市场层级上客户的吸纳能力。这就为创新型公司凭借'破坏性技术'——价格更低，功能更简单，使用更方便的产品或服务——进入下级市场提供了可能性。而大多数情况下，占主导地位的公司总是太过于热衷于在高端市场搞创新来满足他们最老练，最有利可图的客户，结果却错失了破坏性创新的机会。破坏性技术导致许多曾经最成功的公司陷入危机和失败，如图6-36所示。

本田的 Super Cub 摩托车及英特尔的 8088 处理器就是两个绝好的例子，它们改写了竞争的规律。这两家公司推出产品时没有宏大的商业计划，它们从市场的底层打入后，逐步扩展，最终在市场高端将对手挤走。

克里斯坦森的破坏性创新其实讲的是客户需求的转移。一件产品会同时具有若干属性，而这些属性的重要性是不同的。当第一属性已经能满足客户的需求时，客户就不会再重点关注这一属性，而此时第二属性的重要

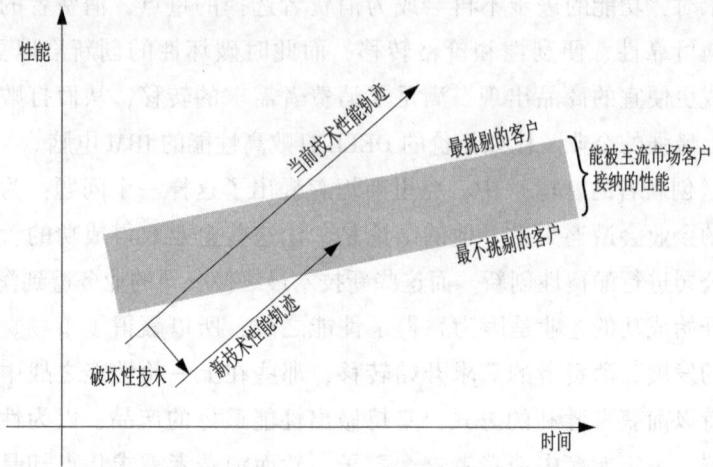

图6-36　破坏性创新

性就会增加，更受到关注；而当第二属性也已经能满足客户需求时，第三属性的重要性就会提升，以此类推。许多企业只关注或更关注产品的第一属性，当产品的性能已经超过主流客户需求时，此性能客户已不关注，而超出的性能并不能为客户带来利益。并且更高的性能一般都伴随更高的价格。当性能超过主流客户需求时，性能的提高不能带来消费者利益的提高，而产品的价格提高了，则消费者盈余（＝消费者利益－价格）降低了，所以更高的性能如果降低了消费者的盈余，销售量会下降。

产品的功能性一般为产品的第一属性，如能打电话是电话的第一属性；其次下来一般为可靠性、便利性和价格等。企业如果不能根据消费者需求焦点转移而改变自己打击的方向，而是一直认定性能是消费的需求焦点，那么就不能打中消费者的需求，从而空有性能而失去消费者和市场，如图6-37所示。

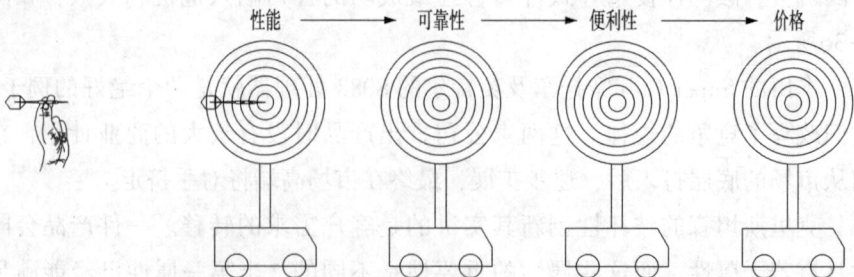

图6-37　客户需求焦点的转移

克里斯坦森在《创新者的窘境》中写道硬盘的例子。对于硬盘来说，存储容量是硬盘的第一属性。而容量更小、体积更小的硬盘就是破坏性技术，虽然开始它的容量很小，占有市场很少，但随技术的进步，容量逐渐增大，在第一属性上的差距与体积大的硬盘差距变小，而体积小的优势的重要性变大，后逐渐取代了体积大硬盘所占领的主流市场。

产品给消费者所带来的利益包括产品的所有属性，是产品所有属性所带来利益之和。比如体积更小、容量更小的硬盘虽然在容量这个属性上提供的消费者利益不如体积大的硬盘提供的多，但体积更小这个属性又带来了新的消费者利益，并且如果它的价格较低的话，消费者盈余是增加的。企业过分注重产品的第一属性时，产品的第一属性超过了主流客户的需求，那么超出的属性并不能创造消费者利益，并且更高的性能意味着更高的价格，这样就将低端的消费者排除在外了，因为价格决定消费者的最低层次。此时一些破坏性厂商通过降低性能而降低产品价格进入低端市场，消费者盈余不一定就是减少的，因为价格和消费者利益都在减少。而当低端市场的厂商可以使消费者利益的增长超过价格的增长时，消费者盈余在扩大，则销售量在扩大，市场占有率在扩大，最后侵蚀到高端市场。

当消费者的需求焦点发生转移时，企业的竞争焦点也应该随之转移。当然还有第二种方法，当消费者的需求发生转移时，通过营销等方式，将消费者的需求焦点拉回到产品的性能上。克里斯坦森的破坏性创新就是消费者的需求焦点从产品的性能向可靠性、便捷性和价格过渡，所以导致企业的竞争焦点的转移，破坏性创新的本质是广义动量定理中力量 F 的作用点的转移。

在个人电脑市场上，摩尔定律说每 18 个月芯片的性能会提高一倍或价格降低一半。随着时间的推移，电脑芯片的性能提高速度很可能会超出消费者的需求，而此时消费者的关注点可能会转移到价格上。当有许多厂商的 CPU 的性能都能达到消费者的需求时，消费者将关注重点转移到价格上，会引起 CPU 厂商的价格战，而价格战胜出的厂商不是 CPU 性能最好，研发能力最强的厂商，而是成本控制最好的厂商。此时，intel 可能就被打败了。所以，在个人电脑市场中，intel 等厂商通过营销等方式，将消费者的关注点吸引到 CPU 的性能上。在微软推出 Window XP 的多年后，硬件厂商的产品性能有超越消费者需求的趋势，所以 intel、硬盘、PC 兼容机等厂商迫切的希望微软能推出新的操作系统，此操作系统必须需要更高的硬件配置来支持，这样就会又将消费者的主要需求拉回到产品的性能上，也会促使消费者更新硬件，使硬件厂商产生新的销售。甚至于许多硬件厂商的产品都不支持 XP 操作系统，或者使该硬件在运行 XP 操作系统时的性能会降低很多，迫使消费者产生新一轮的追求硬件性能的需求。而在微软方面，也放弃了对 XP 系统的技术支持，迫使 XP 消费者使用新的操作系统。这样微软会增加销售额，intel 等厂商会增加销售额，PC 兼容机厂商也会增加销售额。

消费者利益有上限，成本有下限。消费者利益的上限通常较难达到，而一旦达到消费者上限，很容易促发价格战。成本有下限，成本越降，进一步下降的难度越大，而成本的极限是 0，但不可能降到 0。

从消费者的角度看，破坏性创新是消费者的需求转移，消费者的关注重点从功能性向可靠性、便利性和价格转移；从企业的角度看是企业竞争焦点的转移，其本质是广义动量定理中的作用点的转移。在市场初期，消费者的关注重点是产品的功能，此时市场胜利的衡量标准是性能，所以市场初期的胜利者都是研发能力最强的企业。而市场后期，产品的性能已过度满足消费者需求，消费者的关注重点从功能性转向价格，市场的胜利标准也转向了价格，此时的市场胜出者不是功能研发能力最强的企业，而是成本控制最好而价格最低的企业。在电脑市场，最初的胜利者是研发能力最强的 IBM，而后期的胜利者则是依靠直销降低成本的 DELL。

克里斯坦森的破坏性创新的本质是竞争焦点的转移；从广义动量定理 $F\alpha t = nmV$ 的角度来看，是作用点的转移。作用点发生变化，成果 nmV 也会不同，如图 6-38 所示。

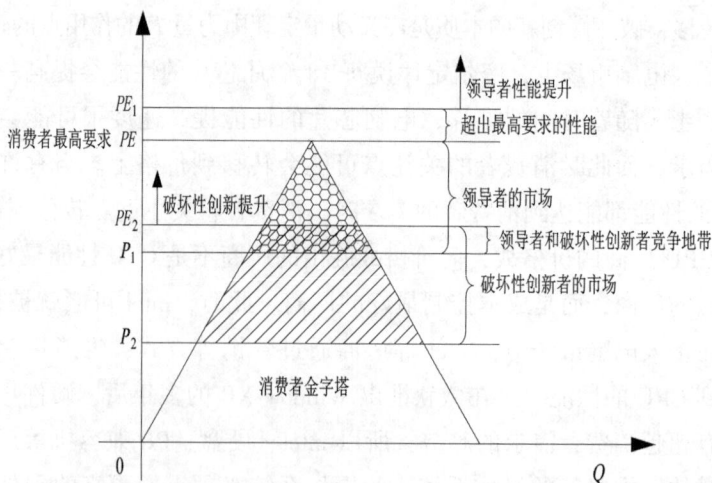

图 6-38　破坏性创新和消费者金字塔

或许克里斯坦森的破坏性创新的图形不容易理解，我们换一个更直观的图形来解释破坏性创新。领导者提供产品的性能为 PE_1（performance），价格为 P_1；破坏性创新者提供的产品性能为 PE_2，价格为 P_2，破坏者创者提供的产品性能和价格都低于领导者，二者覆盖的消费者区域不同。消费者按照数量来看是一个金字塔形状的，低端的消费者最多，高端的消费者最少。市场上主流消费者要求的最高的产品性能为 PE，而领导者提供的产品性能已经超过了消费者的最高要求，超出的这部分不能创造消费者的购买量，它覆盖的消费者为 0。领导者当初靠产品的性能赢得消费者，这是他们成功的原因，也成为他们认为企业可以继续成功的原因，所以领导者执着于不断的提高产品的性能，而产品性能提高的同时，价格也随着提高，在消费者金字塔上不断上升，覆盖的消费者越来越少。同时，破坏性创新者以较低的性能和较低的价格进入低端市场，随着它技术的发展和客户的积累，它的性能也开始提升，不断侵蚀领导者市场中的低端消费者，最终，领导者的由于高性能和高价格的产品失去市场，最终失败，而破坏性创新者占领了市场。一个市场开始时，产品性能最高者是市场的赢家，随着市场的发展，领导者的产品性能超过了主流市场的需求，最终是产品成本控制最好的企业赢得市场。

6.4　时间 t 与管理理论

在广义动量定理 $F\alpha t = nmV$ 中，增加时间 t，可以增加成果 nmV。选择合适的时机也可以增加成果 nmV。柳比歇夫的时间、德鲁克的时间管理法、科维的时间管理法和番茄工作法均是通过增加有效工作时间来增加成果 nmV。

除了增加时间 t 的大小可以增加成果外，选择合适的时刻也可以增加成果 nmV。在丰田生产方式中的两大支柱之一就是准时化，指在需要的时刻产生需要数量的零件，零件产生的早了会变成库存，增加负债；生产晚了会影响下一道工序的生产，延长交付期，降低了系统的速度 V，使成果 nmV 变小；只有在合适的时刻生产，整个系统的成果 nmV 才能最大化。

6.4.1 时间 t 与柳比歇夫的时间管理法

内容提要：柳比歇夫时间管理法就是要记录时间、统计时间、分析时间浪费、重新安排自己的时间，是个人时间定量管理的方法。

柳比歇夫时间管理法是苏联昆虫学家柳比歇夫 56 年如一日对个人时间进行定量管理而得名的，他一生发布了 70 余部学术著作。这种方法建立在数学统计的基础之上，重点是对消耗时间的记录进行分析，使人们能正确认识自己的时间利用状况，并养成管理自己时间的习惯。简单地说，柳比歇夫时间管理法就是要记录时间、统计时间、分析时间浪费、重新安排自己的时间，是个人时间定量管理的方法。

时间管理要点

（1）保持时间记录的真实性、准确性。真实是指工作现场的记录，而不是补记的。准确是要求记录的误差不大于 15 分钟，否则记录就无使用价值。

（2）切勿相信凭记忆的估计，人对时间这种抽象物质的记忆是十分不可靠的。

（3）选择的时间记录区段要有代表性。

（4）及时调整时间分配计划。在检查时间记录时，要找出上一时段计划时间与实耗时间的差，并以此为根据，对下一时段的时间耗用予以重新分配。

（5）坚持就是成功。

时间管理步骤

柳比歇夫的时间管理法时间管理包括四步骤，分别为记录、统计、分析和反馈，如图 6-39 所示。

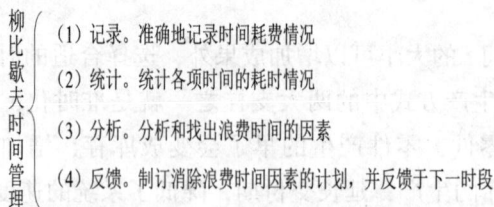

柳比歇夫时间管理

(1) 记录。准确地记录时间耗费情况

(2) 统计。统计各项时间的耗时情况

(3) 分析。分析和找出浪费时间的因素

(4) 反馈。制订消除浪费时间因素的计划，并反馈于下一时段

图 6-39 柳比歇夫的时间管理法

（1）记录。运用各种各样的耗时记录卡准确地记录时间耗费情况。工

作记实表，真实准确。

（2）统计。每填完一个时间区段后，对时间耗费情况进行分类统计，看看用于开会、听汇报、检查工作、调查研究、走访用户、读书看报等项目的时间比例有多大，并绘成图表。

（3）分析。对照工作效果，分析时间耗费的情况，找出浪费时间的因素。浪费时间的因素主要表现在：做了不该做的工作；做了应该由别人做的工作；做了浪费别人时间的工作；犯了过去犯过的错误；开会和处理人事关系时间过长；等等。

（4）反馈。根据分析结果制订消除浪费时间因素的计划，并反馈于下一时段。

每个人一天可以利用的时间都是 24 小时，但是将这些时间用于不同地方产生的成果不同。柳比歇夫的时间管理法就是要对时间进行量化管理，找出浪费时间的因素，并且消除这些因素，那么可以利用的有效工作时间就增加了，成果也就增加了。从广义动量定理 $F\alpha t = nmV$ 的角度来说，增加工作时间 t，成果 nmV 会增加。

6.4.2　时间 t 与德鲁克的时间管理法

内容提要：德鲁克时间管理法是记录时间、杜绝浪费、集中时间和集中精力。记录时间，然后就可以分析浪费情况，从而有效利用时间；而集中时间和精力则相当于聚焦，产生的成果增加。

彼得·德鲁克在《卓有成效的管理者》中写道："如果知识工作者想取得任何绩效，那他必须将精力集中到整个机构的工作成果和绩效目标上来。这也就是说他必须省出时间来做这些事情，必须将目光从自己的工作转向出成效，从自己的专业转向外部世界，因为只有外部世界才有绩效可谈。"如图 6-40 所示。

德鲁克时间管理
（1）记录时间
（2）杜绝浪费时间的因素
（3）统一安排可以自由支配的时间
（4）要事第一与一次只做好一件事

图 6-40　德鲁克的时间管理法

记录时间是为了采集样本，然后才能进行分析。通过分析，就可以消除浪费时间的因素，从而增加产出，这一点和丰田生产方式中的杜绝浪费是同一个道理。第三点和第四点可以通过广义动量定理进行分析，广义动量定理的本质是力量 F 在时间上的积累效应。那么要想成果增加，就需要集中力量和时间，并且将力量和时间用于关键的事件上，关键事件才能产生关键成果，所以第三条是集中时间 t，第四条对应于集中精力 F 和选择合适的作用点，这个合适的作用点就是重要事件。

1. 记录时间

要使管理工作卓有成效，第一步就是要将他实际使用时间的情况记录下来。许多卓有成效的管理者都保持着做这种记录的习惯，并对这些记录每月定期进行检查。卓有成效的管理者至少每年两次、每次 3~4 个星期要亲自来做自己的工作记录。每次亲自做过记录之后，管理者就有必要重新考虑并修订他们的时间安排。但不到六个月，他们肯定会发现自己又有所偏离，常常会在一些无关紧要的琐事上浪费时间。这是一种练习，只有通过反复练习才能学会有效地使用自己的时间，也只有反复不断地作出努力来管好自己的时间，才能避免上述这种偏离现象。

2. 杜绝浪费时间的因素

第二步就是要对时间进行有序的管理。为此，需要找出自己的哪些活动是浪费时间、不产生效果的，并尽可能将这些活动从时间表上排除出去。要做到这一点，这里有些诊断性的问题，可以问一问自己。

（1）首先必须发现并排除那些根本不需要去做的事情和那些纯粹浪费时间而又不产生效果的事情。

（2）下一个问题便是："记录上的哪些活动可以由别人代为参加而又不影响效果的？"

（3）通常来说，浪费时间往往发生在管理者可以控制的范围之内，他自己完全能够消除这种浪费现象。他所浪费的时间往往是别人的时间。

以上三个诊断性的问题旨在说明管理者自己能控制哪些耗费时间又不产生效果的活动。每位知识工作者、每位管理者都该用以上几个问题来检查一下自己。但是，经理也要关心因管理不善或机构有缺陷而产生的时间流失现象。管理不善不但会浪费大家的时间，特别会浪费经理自己的时间。

（1）首先必须找出那些因缺乏制度或远见卓识而产生的浪费时间现象。

（2）机构臃肿、人浮于事是产生浪费时间的原因。

（3）另一个常见的浪费时间的原因是机构功能不健全，其主要症状就是会议过多。

（4）最后一个浪费时间的原因是信息功能不健全。

3. 统一安排可以自由支配的时间

卓有成效的管理者明白：必须用好自己可以支配的时间。他知道自己需要的是整块的时间，零零碎碎的时间是派不上用场的。如果能把零星时间合并成大块时间，就是只有四分之一个工作日，也可以完成一件重要的事情，假如这些时间都是零敲碎打的，这里 15 分钟、那里半小时，就是有四分之三个工作日，也干不成什么事情。

所以，管理好时间的最后一条措施就是如何把记录和分析所显示的、通常是属于管理者自己可以支配的时间集中起来。

4. 要事第一与一次只做好一件事

如果卓有成效还有什么"秘密"的话，那就是善于集中精力。卓有成效的管理者总是把重要的事情放在前面先做，一次做好一件事情。

做事集中精力，这不但是出于管理者工作性质的需要，也是由人的特点所决定的。其理由是：要做的重要贡献非常多，而可做贡献的时间却十分有限。

集中精力做好一件工作之所以必要，是因为管理者总有许多工作要做。一次做好一件工作，恰恰就是加快工作速度的最佳办法。管理者越是善于集中时间、精力和各种其他资源，那么他就越能完成好各种各样的任务。

6.4.3 时间 t 与科维的时间管理法

内容提要：时间有 2 个重要属性，分别是长短和时刻。科维的时间四象限管理法是将时间的时刻这个属性和事情的重要程度属性相结合的矩阵分析方法。同一件事情做得时刻不同，产生的成果不同。不同的事情在相同时刻做而产生的成果也不同。不同的做事次序产生的成果不同，为了让产生的成果最大化，就产生了一个四象限的做事次序，顺序为紧急又重要、重要但不紧急、紧急但不重要、既不紧急也不重要。

时间"四象限"法是美国的管理学家史蒂芬·科维提出的一个时间管

理的理论，把工作按照重要和紧急两个不同的程度进行了划分。

按处理顺序划分：先是既紧急又重要的，接着是重要但不紧急的，再到紧急但不重要的，最后才是既不紧急也不重要的。"四象限"法的关键在于第二和第三类的顺序问题，必须非常小心区分。另外，也要注意划分好第一和第三类事，都是紧急的，分别就在于前者能带来价值，实现某种重要目标，而后者不能，如图6-41所示。

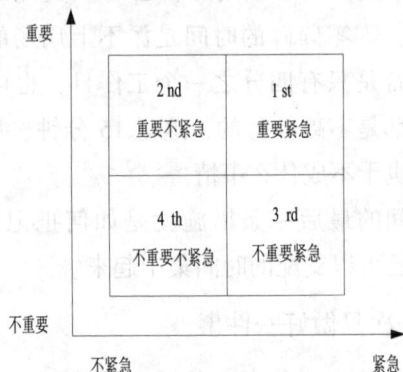

图6-41　四象限时间管理

（1）第一象限：重要又急迫的事，立即去做。

举例：诸如应付难缠的客户、准时完成工作、住院开刀等。

这是考验我们的经验、判断力的时刻，也是可以用心耕耘的园地。如果荒废了，我们很会可能变成行尸走肉。但我们也不能忘记，很多重要的事都是因为一拖再拖或事前准备不足，而变成迫在眉睫。

该象限的本质是缺乏有效的工作计划导致本处于"重要但不紧急"第二象限的事情转变过来的，这也是传统思维状态下的管理者的通常状况，就是"忙"。

（2）第二象限：重要但不紧急的事，有计划重点去做。

案例：主要是与生活品质有关，包括长期的规划、问题的发掘与预防、参加培训、向上级提出问题处理的建议等事项。

荒废这个领域将使第一象限日益扩大，使我们陷入更大的压力，在危机中疲于应付。反之，多投入一些时间在这个领域有利于提高实践能力，缩小第一象限的范围。做好事先的规划、准备与预防措施，很多急事将无从产生。这个领域的事情不会对我们造成催促力量，所以必须主动去做，这是发挥个人领导力的领域。

这更是传统低效管理者与高效卓越管理者的重要区别标志，建议管理者要把80%的精力投入到该象限的工作，以使第一象限的"急"事无限变少，不再瞎"忙"。

（3）第三象限：紧急但不重要的事，尽量少做。

举例：电话、会议、突来访客都属于这一类。

表面看似第一象限，因为迫切的呼声会让我们产生"这件事很重要"的错觉——实际上就算重要也是对别人而言。我们花很多时间在这个里面打转，自以为是在第一象限，其实不过是在满足别人的期望与标准。这样的事情应该少做或授权给别人做。

（4）第四象限：不紧急也不重要的事，尽量不做。

举例：阅读令人上瘾的无聊小说、毫无内容的电视节目、办公室聊天等。

简而言之就是浪费生命，所以根本不值得花半点时间在这个象限。但我们往往在一、三象限来回奔走，忙得焦头烂额，不得不到第四象限去疗养一番再出发。这部分范围倒不见得都是休闲活动，因为真正有创造意义的休闲活动是很有价值的。然而像阅读令人上瘾的无聊小说、毫无内容的电视节目、办公室聊天等，这样的休息不但不是为了走更长的路，反而是对身心的毁损，刚开始时也许有滋有味，到后来你就会发现其实是很空虚的。从广义动量定理的角度说，时刻不同，产生的成果不同。

波士顿矩阵分析

看到了科维的时间管理的四象限分析法，很容易联想到波士顿矩阵，波士顿矩阵也是横坐标有2个维度，纵坐标有2个维度，2×2变成了4个维度。波士顿矩阵由美国著名的管理学家、波士顿咨询公司创始人布鲁斯·亨德森于1970年首创。亨德森从两个方向分析产品市场，分别为产品的增长率和相对市场占有率。增长率分为高增长和低增长2个维度，相对市场占有率分为高占有和低占有2个维度，这样就将产品分为了四类，包括高增长高占有的明星型产品、高增长低占有的问题型产品、低增长高占有的金牛型产品和低增长和低占有的瘦狗型产品。对于四类产品，采取四种方法，明星型产品要加大投资，问题型产品要选择性投资，金牛型产品要回收资金，瘦狗型产品要放弃，如图6-42所示。

图 6-42　波士顿矩阵

科维的四象限时间管理法通过从时间的发生时刻和事件的重要性两个方向进行分析，从事件发生的时刻说，现在需要做的事情就是紧急的，以后需要做的事情就是不紧急的。从而得到了重要紧急、重要不紧急、不重要紧急和不重要不紧急四象限，然后再分别对这四象限采样不同的处理方法。

学习波士顿矩阵后，可以通过它来对问题进行分类，然后采用不同的方式对待不同类型的问题，提高工作效率和产出。经典的波士顿矩阵和科维的四象限时间管理法都是从两个方向进行分析，每个方向上有两个维度，然后获得四种组合。如果一个方向上是 A 和 B，另一个是 a 和 b，那么就会 Aa、Ab、Ba 和 Bb 这四种组合，这和经典的波士顿矩阵以及时间四象限管理法的模型相同，如图 6-43 所示。

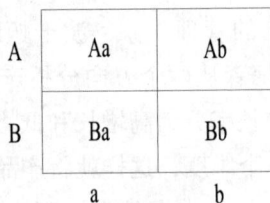

图 6-43　4 组合波士顿矩阵模型

比如从两个方向分析，一个方向上有 A、B 和 C，另一个方向上是 a、b、c，那么就有九种组合，如图 6-44 所示。

A	Aa	Ab	Ac
B	Ba	Bb	Bc
C	Ca	Cb	Cc
	a	b	c

图 6-44 九组合波士顿矩阵模型

波士顿矩阵模型在方向数量和每个方向上的维度，并没有限制。波士顿矩阵模型可以扩展出 n 种形式，具体采用哪种形式，可以根据实际情况灵活处理。波士顿矩阵模型并不局限用于管理学，也可以用于其他学科。

迈尔斯-布里格斯性格分类法（MBTI）是性格分类的一种，其基本理论是根据瑞士心理分析家荣格于 1921 年所出版的书籍中的心理类型。MBTI 从四个方向对人类性格进行了分析。

（1）如何获取和发泄能量：你是"外向"（Extrovert）（E）还是"内向"（Introvert）（I）？

（2）认识外在世界的方法：你是"感觉"（Sensing）（S）还是"直觉"（Intuition）（N）？

（3）倚赖什么方式做决定：你是"理性"（Thinking）（T）还是"情感"（Feeling）（F）？

（4）生活方式和处事态度：你是"判断"（Judging）（J）还是"理解"（Perceiving）（P）？

MBTI 从四个方向进行分析人类的性格，每个方向 2 个维度，共 $2×2×2×2=16$ 种人类性格类型，如图 6-45 所示。

ISTJ 调查员	ISFJ 保护者	INFJ 咨询师	INFP 策划人
ESTJ 大管家	ESFJ 销售员	ENFJ 教师	ENFP 倡导者
ISTP 操作员	ISFP 艺术家	INTJ 科学家	INTP 建筑师
ESTP 发起者	ESFJ 庄主	ENTJ 领袖	ENTP 发明家

图 6-45 十六组合 MBTI 性格分类

MBTI 性格分类法的逻辑其实比较简单，它根据荣格的心理学总结了四个问题，每个问题只有是和否两个回答，然后就获得了 16 种性格分类。比如针对第一个问题，你的回答如果是"是"，那么你就是外向（E），如果回答是否，那就是内向的（I）。这只是一个定性的分析，因为一个问题只能判断你是外向或内向的，这只是定性的，类似于经济学的博弈论。但是却不能知道你外向或内向的程度，即如何进行定量分析呢？可以针对外向和内向给出 10 个问题，每个问题 10 分，比如回答是，那么外向获得 10 分，回答否，那么内向获得 10 分。这样就得到了以 100 分来量化外向和内向的定量分析了，外向最大值对应 100 分，最小值对应 0 分，从而实现了对于性格的定量分析。

6.4.4　时间 *t* 与番茄工作法

内容提要：番茄工作法划分工作和休息时间，将时间划分为小块，有利于提高工作和休息的效率，提高时间的感知和掌控。

番茄工作法是简单易行的时间管理方法，是由弗朗西斯科·西里洛于 1992 年创立的一种时间管理方法。

理念：利用整个番茄时间，专注于某一段时间，减少打断，提高时间的感知和掌控。

概念：番茄时间为 25min 工作+5min 休息，3~4 个番茄时间为一轮，之后休息 10~15min，如图 6-46 所示。

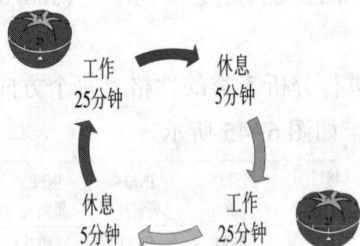

工作
25分钟
休息
5分钟
休息
5分钟
工作
25分钟

图 6-46　番茄工作法

番茄工作法的流程有五个阶段，分别为计划、追踪、记录、分析和可视化处理，如表 6-3 所示。

表 6-3　番茄工作法流程的五个阶段

事件	时间	内容
计划	一天的开始	计划一天要做的事情
追踪	全天时间	记录好这一天内做过的工作、学习等所有事情，作为原始数据，包括工作时间和其他感兴趣的指标
记录	一天的结束	建立一个日工作档案，收集原始数据
分析	一天的结束	由原始数据分析出有用的信息（有用信息即能帮助你提高效率的信息）
可视化处理	一天的结束	把有用的信息用鲜明的方式表达出来，以便清楚地看到自己的进步

番茄工作法提高工作效率的原因：

（1）颠覆对时间的依赖

将抽象的时间变成具体连续的事件，使我们能抓住时间，不再是分分秒秒地去追赶时间。番茄时间的概念，特别是倒计时，产生了一种有利于工作的积极的紧迫感。

（2）复杂的事情简单化

大任务分散番茄时间，小任务合并番茄时间。对简单的任务进行估测会更加容易，估测的质量也会提高，把复杂的事情简单化，能鼓励自己实现目标。

（3）放轻松

保持劳逸结合，保持大脑高效运转和思维敏捷。每 25 分钟的休息，人们会从不同角度思考问题，因而能激发创造力，放松提高了连续工作的效率。

（4）有利于自我观察和分析

番茄工作法代表着每 25 分钟一次的自我观察，掌握并直接影响我们的工作进程，使效率不断提高，这能大大激发我们的兴趣，自发地完成工作和任务。

（5）可持续的节奏

尊重工作时间，同时也尊重休息时间，这会让你获得持续的高工作效率。

从广义动量定理 $F\alpha t = nmV$ 角度分析，时间管理法增加了有效的工作时间 t，会使成果 nmV 增加。

6.4.5　帕金森定律在时间上的运用

内容提要：帕金森定律是一个论述时间是如何被浪费的定律。帕金森定律表明：只要还有时间，工作就会不断扩展，直到用完所有的时间。换一种说法是：工作总是会拖到最后一刻才会被完成。帕金森定律还有在组织上的应用，也叫"金字塔上升"，指的是在组织上的运用是用能力更差的下级来填满组织金字塔，导致团队战斗力下降。

前四种方法讲述的是如何有效利用时间，提高产出；帕金森定律则讲述时间是如何被浪费掉的。

帕金森定律表明：只要还有时间，工作就会不断扩展，直到用完所有的时间。换一种说法是：工作总是会拖到最后一刻才会被完成。如果一个人被分配了 1 个小时的具体工作，那么他会在前 7 个小时做和工作无关的事情把时间填满。等到最后 1 小时才开始去做被分配的工作，而前 7 个小时本来也可以用来工作而增加成果，但却被浪费掉了。从广义动量定理 $F\alpha t = nmV$ 的角度来说，工作时间 8 小时没有改变，但是他只把 1 小时的时间用于工作上，所以获得的成果减少。

诺斯古德·帕金森经过多年调查研究，发现一个人做一件事所耗费的时间差别如此之大：他可以在 10 分钟内看完一份报纸，也可以看半天；一个忙人 20 分钟可以寄出一叠明信片，但一个无所事事的老太太为了给远方的外甥女寄张明信片，可以足足花一整天：找明信片一个钟头，寻眼镜一个钟头，查地址半个钟头，写问候的话一个钟头零一刻钟。特别是在工作中，工作会自动地膨胀，占满一个人所有可用的时间，如果时间充裕，他就会放慢工作节奏或是增添其他项目以便用掉所有的时间。

帕金森定律除了在时间上的运用，最经典的是在组织上的运用。在时间上，帕金森定律描述的是用无用的事情将时间填满，导致工作效率低下。在组织上的运用是用能力更差的下级来填满组织金字塔，导致团队战斗力下降。

帕金森定律是官僚主义或官僚主义现象的一种别称，也可称之为"官场病""组织麻痹病"或者"大企业病"，源于帕金森 1958 年出版的《帕金森定律》一书的标题。帕金森定律常常被人们转载传诵，用来解释官场的形形色色。帕金森在书中阐述了机构人员膨胀的原因及后果：一个不称职的官员，可能有三条出路，第一是申请退职，把位子让给能干的人；第二是让一位能干的人来协助自己工作；第三是任用两个水平比自己更低的人当助手。这第一条路是万万走不得的，因为那样会丧失许多权利；第二条路也不能走，因为那个能干的人会成为自己的对手；看来只有第三条路最适宜。于是，两个平庸的助手分担了他的工作，他自己则高高在上发号施令，他们不会对自己的权利构成威胁。两个助手既然无能，他们就上行下效，再为自己找两个更加无能的助手。如此类推，就形成了一个机构臃肿，人浮于事，相互扯皮，效率低下的领导体系。帕金森得出结论：在行政管理中，行政机构会像金字塔一样不断增多，行政人员会不断膨胀，每个人都很忙，但组织效率越来越低下。这条定律又被称为"金字塔上升"现象，如图 6-47 所示。

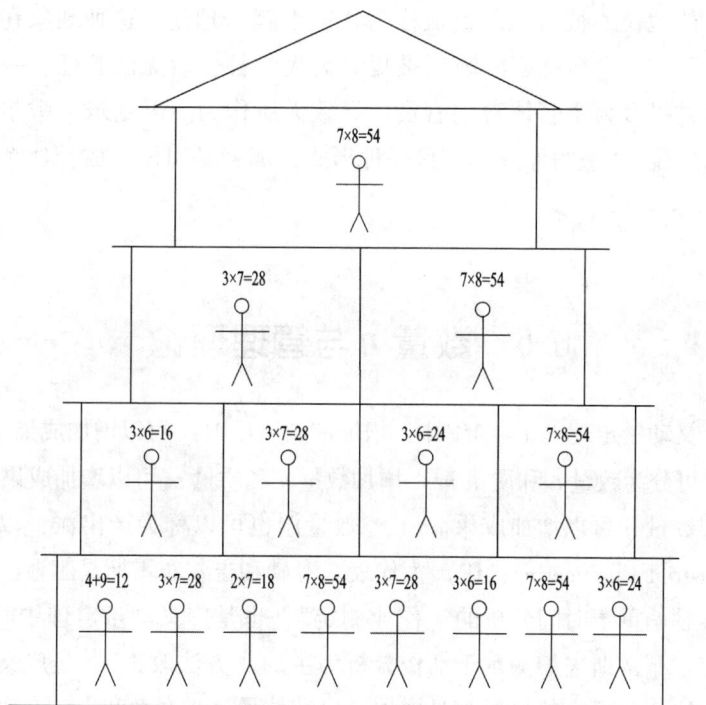

图 6-47　金字塔上升

从广义动量定理 $F\alpha t = nmV$ 的角度来说，不称职的官员有三个选择方向 α，而他选择了一个最有利于自己而不利于整体的方向。

苹果公司原 CEO 乔布斯为了防止帕金森定律而导致的企业笨蛋大爆炸，

在招聘新员工时，他会安排候选人直接面见公司的主要负责人——库克、泰瓦尼安、席勒、鲁宾斯坦，还有艾弗——而不是只见一下部门经理。"然后我们就会一起讨论他们能不能入选。"乔布斯说。他这样做的目的是避免"笨蛋大爆炸"，免得公司上下充斥着"二流人才"。

"帕金森定律""墨菲定律"和"彼德原理"并称为20世纪西方文化中最杰出的三大发现。

墨菲定律的极端表述为：如果坏事有可能发生，不管这种可能性有多小，它总会发生，并造成最大可能的破坏。管理学家高德拉特的TOC制约理论中通过时间缓冲来应对墨菲效应的发生，减少扰动对系统的影响，从而增加系统的有效产出。

彼得原理的表述为：在一个等级制度中，每个职工趋向于上升到他所不能胜任的地位。彼得原理也被称为"向上爬"理论。这种现象在现实生活中无处不在：一名称职的教授被提升为大学校长后无法胜任；一个优秀的运动员被提升为主管体育的官员，导致无所作为。迈克尔·戴尔在斯坦福的演讲中说："彼得原理还有另一种形式，那就是岗位的成长比个人成长得快。"

6.5 数量 n 与管理理论

在广义动量定理 $F\alpha t = MV$ 中，增加广义质量 M，可以增加成果 MV。广义质量又可分为数量 n 和质量 m，增加数量 n 和质量 m 可以增加成果 MV。

增加数量 n 可以增加成果 nmV，数量派也可以称为产出派，以工业工程（Industrial Engineering，IE）为代表。泰勒和吉尔布雷斯是工业工程的创始人。泰勒偏重于时间分析的"作业测定"，也是广义动量定理中时间 t 的研究；吉尔布雷斯夫妇侧重于动作分析为主的"方法改善"，是广义动量定理中 α 的研究。两人的目标都是增加产出的数量 n。泰勒和吉尔布雷斯分别通过自己的实践，仔细观察工人的作业方式，再寻找效率最高的作业方法，开创了工业工程研究的先河。

美国质量管理权威朱兰说："美国值得向全世界夸耀的东西就是IE，美国之所以打赢第一次世界大战，又有打赢第二次世界的力量，就是因为美国有IE。"富士康科技集团CEO郭台铭说："没有工业工程就没有我郭台铭的今天。"日本大野耐一说："丰田生产方式就是丰田式工业工程。"

6.5.1 数量 n 与泰勒的《科学管理原理》

内容提要：泰勒的科学管理原理的四要素为：形成一门真正的科学，科学的选择工人，对工人进行教育和培训，管理者与工人之间亲密友好的合作。从广义动量定理 $F\alpha t = nmV$ 的角度说，科学原理就是形成最佳的工作方法 α，选择合适的工人 F，进行教育和培训（增加 F），通过合理的工作和休息的时间 t 安排（防止疲劳），完成最大的产出 nmV。管理者对工人的产出有影响（系统思考），增加合作可以增加管理者和工人组成系统的产出量。

弗雷德里克·泰勒在《科学管理原理》说："管理的主要目标应该是使雇主的财富最大化，同时也使每一位雇员的财富最大化，……财富最大化只能是生产率最大化的结果。"雇主和雇员财富最大化是管理的主要目标，而生产率最大化是实现这个目标的手段。科学管理原理四要素是实现生产率最大化的手段。科学管理原理的四要素为：

（1）形成一门真正的科学。

（2）科学的选择工人。

（3）对工人进行教育和培训。

（4）管理者与工人之间亲密友好的合作。

科学原理就是形成最佳的工作方法 α，选择合适的工人 F，进行教育和培训（增加 F），通过合理的工作和休息的时间 t 安排（防止疲劳），完成最大的产出 nmV。管理者对工人的产出有影响（系统思考），增加合作可以增加管理者和工人组成系统的产出量。培训（学习）与合作也是增加成果的 5 种手段中的两种。形成真正的科学包含创新，科学的选择工人是工人对职位的竞争，给予工人相对的高工资是为了交易工人更努力的工作。

泰勒在书中举了搬运生铁、铲运、砌砖、检验钢珠和操作金属切割机的 5 个例子来说明科学管理原理是如何增加产出量 n 的。

以搬生铁这个最原始的劳动为例，工作内容是搬运工人弯下腰，用双手将约 92 磅重的生铁搬起，移动数英尺，然后把生铁撂倒地上或者堆起来。在未实行科学管理前，每人每日可搬运生铁 12.5 长吨，实施科学管理后每人每日可搬运 47.5 长吨，产出量是以前的 3.8 倍；工人的工资从每日 1.15

美元上升到每日 1.88 美元，工资提高了 65%。生产率提高，雇主和工人所获得的物质财富都增加了很多，如表 6-4 所示。

表 6-4　科学管理原理的搬生铁案例

因素	原管理制度	科学管理制度	改善成果
搬运生铁（搬运数量/天）	12.5长吨	47.5长吨	效率提高280%
日工资	1.15美元	1.88美元	工资提高65%

泰勒是如何提高工人的产出量 n 呢？

泰勒通过实验发现工人一天可搬运的生铁量与他的疲劳反映没有恒定的关系。频繁的解除工人的负荷，可以使工人搬运更多的生铁量而不劳累。如果他持续的搬运生铁而不休息，很快就会彻底累到，产出量也不会很大。如果有一个懂这个规律的人站在他旁边，指导他何时搬运及何时休息，对其进行培训，直至他养成这个习惯，他就能每天按照这个速度搬运生铁而不劳累，并且能达到最大的产出量。在肌肉马力和时间的图形中，如果工人一直在工作，那么肌肉疲劳会导致肌肉马力持续降低，最终无法工作。而如果工作一段时间就进行休息使得肌肉恢复，那么就可以工作更长的时间，如图 6-48 所示。

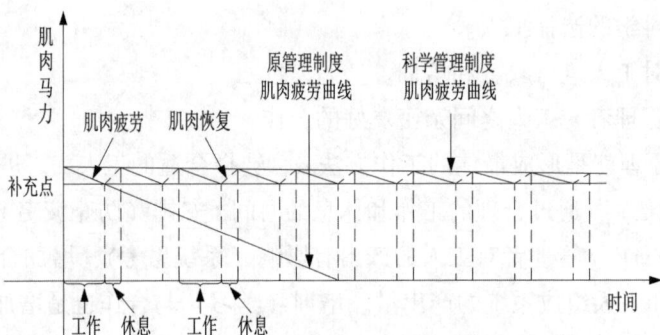

图 6-48　搬生铁案例的肌肉疲劳曲线

泰勒在《科学管理原理》中写道：当劳动者搬运重约 92 磅的生铁时，无论是站着承受负重，还是坐着承受负重，他都会感觉一样累，因为无论是否移动，他手臂的肌肉都处于十分紧绷的状态。然而，如果工人站着不动，即使他处于负重状态，也不会产生任何马力，这就印证了这样的事实：在各种重体力劳动中，工人消耗多少英尺磅的能量与他的疲劳反应程度之间不存在稳定的关系。同样应该明确的是，在这类工作中，有必要经常让工人的胳膊摆脱负重（也就是说，让工人休息一下）。在工人处于负重状态的全部时间里，其胳膊上的肌肉组织一直处在损耗状态，经常地休息可以利用血液循环让这些组织得以复原。

现在，让我们回到关于伯利恒钢铁公司生铁搬运工的那个案例。如果施密特为赚取更高的工资而选择每天搬运 47 长吨的生铁，但没有人指导或引导他掌握生铁搬运的技巧或科学，那么，也许只干到中午 11 点或 12 点，他就该累倒了。适当的休息是肌肉复原所必需的，他不间断地搬运，致使肌肉得不到适当的休息，因而，每天早早地就被累垮了。但是，如果有一个了解这条规律的人站在他旁边，指导他工作，日复一日，直到他养成了每隔一段时间就休息一下的习惯，那么，每天他就能匀速搬运，整天下来他都不会感到太过疲惫。

搬生铁选拔的工人是那些愚蠢、冷漠、在体力上表现的像公牛的人，智力上机警和聪明的人不适合做这个工作，这表达了泰勒专业分工的思想。选拔完合适的工人，管理者用这个科学原理的规律对其进行培训和教育，工人按照管理者的指导来工作，双方进行亲密友好的合作，最后工人的产出会达到最大化，从而使生产率最大化，并且雇主和工人均能获得最大的财富。

6.5.2 数量 n 与吉尔布雷斯的动作研究

内容提要：弗兰克·吉尔布雷斯的理论包括时间研究和动作研究。时间研究就是研究在一定时间内合理的作业量，即定额，是一种定量管理。动作研究是将动作分解为最小单位，研究各种工作所需要的最少动作组合，消除无用动作，增加产出数量。弗兰克·吉尔布雷斯说："世界上最大的浪费，莫过于动作的浪费。"

没有动作研究的定额，定额数量不准确，不易于控制。太少的定额，容易完成，但产量下降；太多的定额不能完成，生产计划失败。没有定额的动作研究就没有目标，没有目标就不能进行目标管理，产出不确定。从广义动量定理 $F\alpha t = nmV$ 的角度说，动作研究就是消除无用动作，节省力量 F 和时间 t，从而在相同的情况下，产出更多的数量 n。从系统思考的角度说，定量管理是一个负反馈的控制过程，定额为控制的目标，人员通过调整自己的行为使产出与目标相同。

吉尔布雷斯夫妇改进了泰勒的方法，泰勒方法称为"工作研究"，而他们的方法称为"运动研究"。其差别在于，泰勒是基于在生产线上找工人做实验的方法，吉尔布雷斯夫妇发明了一个"动素"的概念，把人的所有动作归纳成 17 个动素，如手腕动作称为一个动素，就可以把所有的作业分解成一些动素的和。对每个动素做了定量研究之后，就可以分析每个作业需要花多少时间。

动作分析

动作分析的意义：在缜密分析工作中的各细微身体动作（Motions），删除其无效动作，促进有效动作。在相同力量 F 和时间的投入下，减少力量和时间的浪费，输出的数量会增加。

动作分析的目的：

（1）发现人员在动作方面的无效或浪费，简化操作方法，减少疲劳，进而订立标准操作方法。

（2）发现空闲时间，删除不必要的动作，进而预定动作时间标准。

动作研究主要包括三种方法，它们是目视动作分析、动素分析和影片分析，三种方法的分析精度逐渐加强。目视动作分析：即以目视观测方法而寻求改进。动素分析：细分动作之构成要素，得到 17 种动素，将工作中所用之各动素逐项分析，谋求改进。影片分析：即以摄影机对各操作拍撞成影片，回放影片而加以分析。影片分析因其拍摄速度不同，又可分为细微动作研究及微速度动作研究两种。

动作研究是把作业动作分解为最小的分析单位，然后通过定性分析，找出最合理的动作，以使作业达到高效、省力和标准化的方法。吉尔布雷斯把手的动作分为 17 种基本动作，如拿工具这一动作可以分解成 17 个基本动素：寻找、选择、抓取、移动、定位、装备、使用、拆卸、检验、预对、放手、运空、延迟（避免）、故延（可避免）、休息、计划、夹持。动作研究是研究和确定完成一个特定任务的最佳动作的个数及其组合。弗兰克·吉尔布雷斯被公认为"动作研究之父"。

由于人类身体各种部位动作耗费的能力和时间不同，于是便产生了人体最佳的动作顺序。比如对于手的活动来说，手指的动作比手腕动作经济，手腕动作比前臂动作经济，越经济的动作所需时间越短，所耗费的体力越少。手部活动的最佳顺序为：手>手腕>前臂>上臂>肩>躯体>腰；足部活动的最佳顺序为：足>腿；眼部活动的最佳顺序为：眼>头>躯体。根据动作的经济原则，尽量使用最经济的动作方式，减少力量和时间的浪费，从而增加产出数量，如图 6-49 所示。

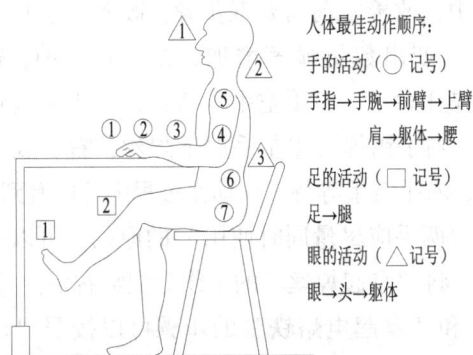

人体最佳动作顺序：

手的活动（○记号）

手指→手腕→前臂→上臂
肩→躯体→腰

足的活动（□记号）

足→腿

眼的活动（△记号）

眼→头→躯体

图6-49　人体最佳动作顺序

吉尔布雷斯对动作的经济原则有4点要求：

（1）两手应尽量同时使用，并取对称反向路线。

（2）动作单元要尽量减少。

（3）动作距离要尽量缩短。

（4）尽量使工作舒适化。

同时使用双手可以增加力量 F，从而增加成果 nmV。这和《五轮书》中的"既有双刀何不用双刀，武器尽出，胜算大矣。"所阐述的道理是一样的。减少不必要的动作和减少动作距离可以节省时间 t，从而增加产出量。工作舒适化可以减缓工人的疲劳感，相对的延长了工人可以高效工作的时间，从而增加产出量。

可以通过动作改善 ECRS 四工具对动作进行改善。ECRS 分析法是工业工程学中程序分析的四大原则，用于对生产工序进行优化，以减少不必要的工序，达到更高的生产效率。ECRS，即取消（Eliminate）、合并（Combine）、调整顺序（Rearrange）和简化（Simplify）。

取消（Eliminate）：作业要素能完成什么，完成是否有价值？是否必要动作或作业？为什么要完成它？该作业取消对其他作业或动作是否有影响。

合并（Combine）：如果工作或动作不能取消，则考虑能否可与其他工作合并，或部分动作或工作合并到其他可合并的动作或作业中。

重排（Rearrange）：对工作的顺序进行重新排列。

简化（Simplify）：指工作内容和步骤的简化，亦指动作的简化，能量的节省。

运用 ECRS 四原则，可以帮助人们找到更好的效能和更佳的工序方法。

在锡焊的作业中，改善之前需要五步骤，改善之后只需要三步骤，锡焊作业时间大大减少，产出数量显著增加。在改善之前，需要做的步骤是：①左手取工件放在操作台上，右手空手等待；②左手拿起焊丝，右手拿起电烙铁；③左手锡焊，右手锡焊；④左手放下焊丝，右手放下电烙铁；⑤左手将工件放入成品箱，右手空手等待。从动作过程中可以看到左手有2步骤在空手等待，没有达到"两手应尽量同时使用"的原则，可以通过重排的方法合理分配两手的动作，将"拿起焊丝"的工作分配给右手；"取工件放在操作台上"、"空手等待"和"拿起电烙铁"的步骤可以按照"动作单元要尽量减少"的原则进行取消；"拿起电烙铁"的步骤按照"动作单元要尽量减少"的原则进行取消和简化，使用固定操作台来固定电烙铁，如图6-50所示。

锡焊作业的改善					
改善前—五步			改善后—三步		
顺序	左手	右手	顺序	左手	右手
1	取工件放在操作台上	空手等待	1	取制品	拿住焊丝（等待）
2	拿起焊丝	拿起电烙铁	2	锡焊	锡焊
3	锡焊	锡焊	3	将工件放入成品箱	拿住焊丝（等待）
4	放下焊丝	放下电烙铁			
5	将工件放入成品箱	空手等待			

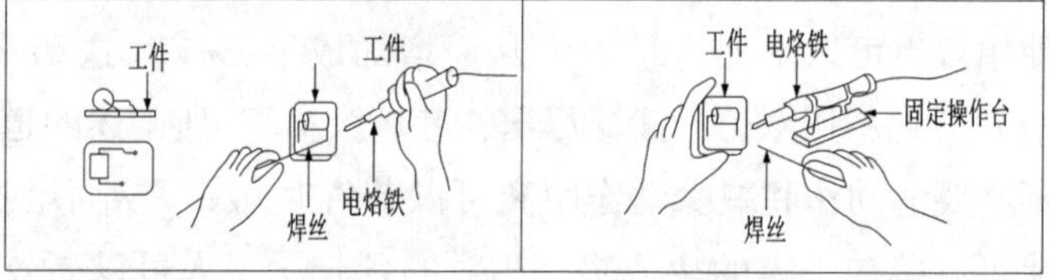

图6-50 锡焊作业的改善

吉尔布雷斯对砌砖方法进行了研究，使得工人每人每小时的砌砖速度从120块上升到350块，工作效率是以前的2.92倍，效率提升192%，增加了产出数量，如表6-5所示。

表6-5 砌砖作业的改善

因素	改善前	改善后	改善成果
动作数	18	5	动作减少13步
工作效率（砌砖数/小时）	120	350	效率提高192%

那么他是如何做到的呢？

吉尔布雷斯教会工人使用双手进行工作。他对砌砖动作进行了研究，消除了不必要的动作，将原来的18个动作压缩为5个，在某种情况下，甚至可以减少为2个。他设计了可调整高度的脚手架和放置砖块的框架，减少了动作的距离，使得工人不必每次弯腰拿砖，使得工作更舒适化。通过以上这些方法，这样工人的砌砖速度得到了很大提升，使得产出量增加。

定量管理

时间研究就是研究各项作业所需的合理时间，亦即在一定时间内所应达到的或合理的作业量。进行时间研究的目的，是为了制定作业的基本定额。吉尔布雷斯夫妇指出，收益分享制和奖金制存在的一个通病，就是它们在完成作业所需的时间规定上都缺乏科学的依据，因而对作业过程就无法给予合理的指导和控制。而这一点，对雇主和工人双方来说都是极为重要的。

对于相同的产品，如果每个人可以产出的数量都不相同，那么在管理上就不容易控制。对于不同的产品，如果没有准确的定额，那么它的产量的波动就会影响整个生产线的产量波动，不利于生产线的管理。在丰田生产方式和精益生产上，定额管理和生产节拍相结合来制定每个环节的产出速度。比如张三每小时产能是 18~20 套，而李四每小时产能是 15~18 套，产出的不确定增加了控制的难度，而当生产线越长，生产环节越多，这种不确定性带来的混乱越强烈，以致于生产难以管理，如表 6-6 所示。

表 6-6　作业成果差距

作业内容	姓名	作业时间（分）	小时产能（套）
单人装配汽车零件	张三	60	18-20
	李四	60	15-18
	老王	60	15-20
	小赵	60	12-15

所以定额管理对于提高系统产出和稳定非常重要。吉尔布雷斯夫妇认为，要取得作业的高效率，以实现高工资与低劳动成本相结合的目的，就必须做到：

第一，要规定明确的高标准的作业量——对企业所有员工，不论职位高低，都必须规定其任务；这个任务必须是明确的、详细的，并非轻而易举就能完成的。他们主张，在一个组织完备的企业里，作业任务的难度应当达到非第一流工人不能完成的地步。

第二，要有标准的作业条件——要对每个工人提供标准的作业条件（从操作方法到材料、工具、设备），以保证他能够完成标准的作业量。

第三，完成任务者付给高工资——如果工人完成了给他规定的标准作业量，就应付给他高工资。

第四，完不成任务者要承担损失——如果工人不能完成给他规定的标准作业量，他迟早必须承担由此造成的损失。

上述内容是指要科学地规定作业标准和作业条件，实行刺激性的工资制度。其中，作业标准和作业条件必须通过时间研究和动作研究才能确定下来，而这种刺激性的工资制度，也就是差别计件工资制。

从系统思考的角度说，定额是负反馈模型，定额的数量是系统的目标，工人通过广义动量定理产生成果 n，产出成果通过检查返回到输入，然后通过定额-成果就可以获得这个工人与定额的偏差。如果偏差大于 0，即工人没有完成定额，那么控制策略就是惩罚工人，以期他可以调整自己的行为来完成偏差。如果偏差小于 0，即工人超额完成定额，那么控制策略就是奖励，以期他可以保持自己的行为，如图 6-51 所示。

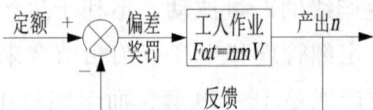

图 6-51　定额管理框图

在世界三大生产理论，流水线生产、精益生产（包括丰田生产方式）和 TOC 制约理论中，生产工人只需完成定额目标即可，不需要超额完成定额，因为对于生产线来说，系统的产出由瓶颈决定，局部的效率只能产生库存，而库存是负债。

对于各种事物应该如何量化呢?

道格拉斯·W·哈伯德在其著作《数据化决策》中给出了答案，他认为量化就是减少不确定性，是优化问题的有效手段。哈伯德认为任何事物都可以量化，比如通过随机抽样和控制实验等手段实现量化的目的。他在书中举了一个"五人法则"的例子，通过对五个人的抽样，就能得到置信水平大于90%的结果。他在书中写道：假设你考虑为你的业务增加更多的远程办公系统，此时，一个相关因素是每个雇员每天花在通信上的平均时间是多少。

你或许会在全公司范围内进行一次正式调查，但那太费时费钱，而且你并不需要太精确的结果。如果你只是随机地挑出 5 个人，那样是不是更好些? 现在，你就闭着眼睛从员工名录中挑几个名字吧。然后把这些人叫来，问他们每天用于通信的常规时间是多少。一个人的回答算一个数据，当你统计到 5 个人时就停止。

现在假设你得到的值是 30 分钟、60 分钟、45 分钟、80 分钟和 60 分钟，其中最大值和最小值分别为 30 和 80。因此所有员工用时的中间值，有 93.75% 的可能在这两个值之间，我把这个方法叫做"5 人法则"。5 人法则简单实用，而且在统计学上有着广泛应用，样本数量也比你以前估计的数量要小，但适用范围大，确实算得上一种优良的量化方法。仅仅 5 个随机样本就可获得 93.75% 的确定性，这看起来似乎是不可能的，但事实就是这样。该方法之所以有效，是因为它估计的是群体的中间值。所谓"中间值"，就是群体中有一半的值大于它，而另一半值小于它。如果我们随机选取 5 个都大于或都小于中间值的数，那么中间值肯定在范围之外，但这样的机会到底有多大呢？

随机选取一个值，根据定义，它大于中间值的机会是 50%，这和扔硬币得到正面的机会是一样的。而随机选取 5 个值，恰好都大于中间值的机会，和连续扔 5 次硬币都得到正面是一样的，因此机会是 1/32，也就是 3.125%。连续扔 5 次硬币都得到反面的机会也一样，所以扔 5 次硬币不会得到都是正面或反面的机会就是 100%-3.125%×2，也就是 93.75%。因此，在 5 个样本中，至少有一个大于中间值且至少有一个小于中间值的机会就是 93.75%，如果保守一点，可以取整，即 93% 甚至 90%。一些读者或许会记得小样本的统计学课程，当中的方法比 5 人法则复杂多了，但是结果却好不到哪儿去。

他在书中还举了其他很多例子，比如诺贝尔物理学奖获得者恩里科·费米如何通过碎纸片飘过的距离预估第一枚原子弹的爆炸当量，如何预估芝加哥调音师的数量，费米估算法提供了量化复杂问题的方法。书中还举了古希腊人埃拉托色尼如何在图书馆内就计算出了地球的周长；9 岁小女孩如何只花费 10 美元就揭穿了医学谎言等。

量化是在数量上减少不确定性的观测结果，或者简单点说，量化就是减少不确定性。20 世纪 40 年代克劳德·香农将信号中不确定性的减少量作为信息的数学定义，新的信息减少了接收者的一些不确定性。香农对信息的定义是："信息是事物运动状态或存在方式的不确定性的描述。"而逆香农信息的定义是："信息是确定性的增加。"量化就是减少了不确定性，也就是增加了确定性。信息系统就是广义的通信系统，泛指某种信息从一处传送到另一处所需的全部设备所构成的系统。1948 年香农在题为《通讯的数学理论》的论文中系统地提出了关于信息的论述，创立了信息论。由于现代通讯技术飞速发展和其他学科的交叉渗透，信息论的研究已经从香农当年仅限于通信系统的数学理论的狭义范围扩展开来，而成为现在称之为信息科学的庞大体系。

谷歌广告系统是世界上最赚钱的系统，那么谷歌如何量化网民的需求，从而减少不确定性，实现广告的精准投放呢？量化过程就是一个网民通过google 引擎搜索"手机"时，那么就表明他对"手机"这个关键词感兴趣，而谷歌就可以在其搜索到的界面中嵌入手机商家的广告，而不是洗衣机的广告。通过关键词，谷歌量化了网民的需求，减少了广告投放的不确定性，从而更有效的连接了网民和商家。手机商家不是按照广告的显示次数，而是按照广告的点击量付费，这就使得谷歌的广告比其他传统广告，以及其他的互联网广告先进的多。手机商家按照广告点击量付费，然后可以量化自己由于这些广告带来多少利润。比如每 10 000 次点击量可以带来 100 元的利润，而每次点击的付费是 0.005 元。那么每次广告带来的利润是 0.01 元，利润大于广告成本，量化的结果告诉厂家在 google 投放广告有利可图，所以手机商家的策略就是坚持在 google 投放广告。谷歌广告系统通过复杂的算法，准确而自动地连接网民和商家，使得谷歌广告系统成为了最赚钱的系统。

6.6 质量 m 与管理理论

质量管理专家朱兰说："质量是一种实用性，即产品在使用期间能满足使用者的要求。"

增加质量 m 可以增加成果 nmV，质量 m 在管理学中属于质量管理方面，以戴明的 14 要点、朱兰的质量三部曲、克劳斯比的零缺陷和六西格玛质量管理为代表。

6.6.1 戴明的 14 要点

内容提要：戴明是一个质量管理专家，他提出了戴明十四要点和发展了 PDCA 环。PDCA 包括 Plan（计划）、Do（执行）、Check（检查）和 Action（纠正），PDCA 循环就是按照这样的顺序进行质量管理，并且循环不止地进行下去的科学程序。

威廉·爱德华兹·戴明（W. Edwards. Deming）博士是世界著名的质量管理专家，他因对世界质量管理发展做出的卓越贡献而享誉全球。他认为，"质量是一种以最经济的手段，制造出市场上最有用的产品。一旦改进了产品质量，生产率就会自动提高。"

1950年，戴明对日本工业振兴提出了"以较低的价格和较好的质量占领市场"的战略思想。许多质量管理专家认为，戴明的理论帮助日本从一个衰退的工业国转变成了世界经济强国。戴明的管理可以总结为14要点（如图6-52所示）。

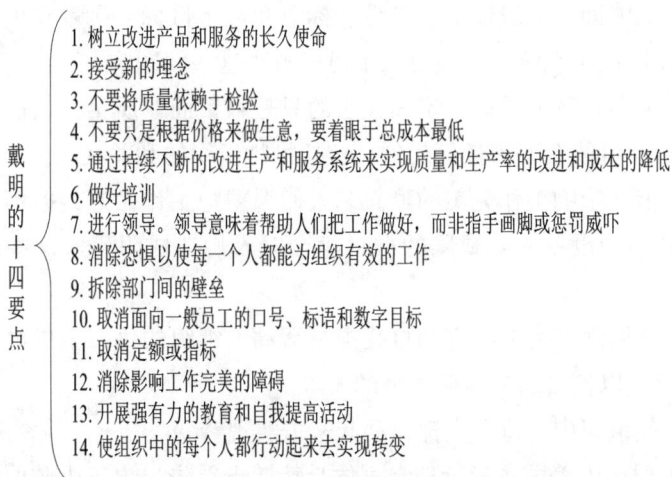

戴明的十四要点
1. 树立改进产品和服务的长久使命
2. 接受新的理念
3. 不要将质量依赖于检验
4. 不要只是根据价格来做生意，要着眼于总成本最低
5. 通过持续不断的改进生产和服务系统来实现质量和生产率的改进和成本的降低
6. 做好培训
7. 进行领导。领导意味着帮助人们把工作做好，而非指手画脚或惩罚威吓
8. 消除恐惧以使每一个人都能为组织有效的工作
9. 拆除部门间的壁垒
10. 取消面向一般员工的口号、标语和数字目标
11. 取消定额或指标
12. 消除影响工作完美的障碍
13. 开展强有力的教育和自我提高活动
14. 使组织中的每个人都行动起来去实现转变

图6-52　戴明的14要点

戴明14点：

（1）树立改进产品和服务的长久使命，以使企业保持竞争力，确保企业的生存和发展并能够向人们提供工作机会。

（2）接受新的理念。在一个新的经济时代，管理者必须意识到自己的责任，直面挑战，领导变革。

（3）不要将质量依赖于检验。

（4）不要只是根据价格来做生意，要着眼于总成本最低。要立足于长期的忠诚与信任，最终做到一个物品只跟一个供应商打交道。

（5）通过持续不断的改进生产和服务系统来实现质量和生产率的改进和成本的降低。

（6）做好培训。由于缺乏充分的培训，人们常常因为不懂得如何工作而不能把工作做好。

（7）进行领导。领导意味着帮助人们把工作做好，而非指手画脚或惩罚威吓。

（8）消除恐惧以使每一个人都能为组织有效的工作。许多雇员害怕提问或拿主意，即使他们不清楚自己的职责或不明白对或错时。最愚蠢的提问也胜于不提问。

（9）拆除部门间的壁垒。不同部门的成员应当以一种团队的方式工作，以发现和解决产品和服务在生产和使用中可能遇到的问题。

（10）取消面向一般员工的口号、标语和数字目标。质量和生产率低下的大部分原因在于系统，一般员工不可能解决这些问题。

（11）取消定额或指标。定额关心的只是数量而非质量，人们为了追求定额或目标，可能会不惜任何代价，包括牺牲组织的利益在内。

（12）消除影响工作完美的障碍。人们渴望把工作做好，但不得法的管理者、不适当的设备、有缺陷的材料等会对人们造成阻碍。这些因素必须加以消除。

（13）开展强有力的教育和自我提高活动。组织的每一个成员都应该不断发展自己，以使自己能适应未来的要求。

（14）使组织中的每个人都行动起来去实现转变。

PDCA 循环由美国质量管理专家休哈特博士首先提出，由戴明采纳、宣传，获得普及，所以又叫戴明环，它是全面质量管理所应遵循的科学程序。PDCA 是英语单词 Plan（计划）、Do（执行）、Check（检查）和 Action（纠正）的第一个字母，PDCA 循环就是按照这样的顺序进行质量管理，并且循环不止地进行下去的科学程序。

（1）P（Plan）计划，包括方针和目标的确定，以及活动规划的制定。

（2）D（Do）执行，根据已知的信息，设计具体的方法、方案和计划布局；再根据设计和布局，进行具体运作，实现计划中的内容。

（3）C（Check）检查，总结执行计划的结果，分清哪些对了，哪些错了，明确效果，找出问题。

（4）A（Action）纠正，对总结检查的结果进行处理，对成功的经验加以肯定，并予以标准化；对于失败的教训也要总结，引起重视。对于没有解决的问题，应提交给下一个 PDCA 循环中去解决。

以上四个过程不是运行一次就结束，而是周而复始的进行，一个循环完了，解决一些问题，未解决的问题进入下一个循环，这样阶梯式上升的。

全面质量管理活动的全部过程，就是质量计划的制订和组织实现的过程，这个过程就是按照 PDCA 循环，不停顿地运转的。PDCA 循环不仅在质量管理体系中运用，也适用于一切循序渐进的管理工作，如图 6-53 所示。

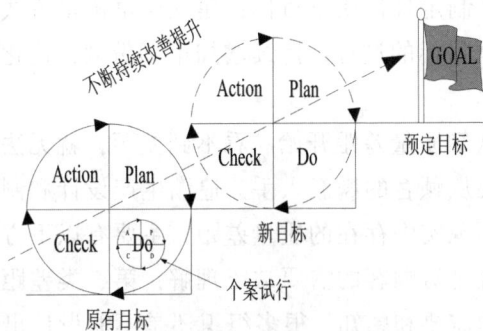

图 6-53 PDCA 循环改善

渊博知识体系

渊博知识体系有四大部分组成，彼此相互关联：

（1）对于系统的体认。

（2）有关变异的知识。

（3）知识的理论。

（4）心理学。

要了解渊博知识体系知识，并不需要对于上述任何一部分或全部相当精通。适用于产业界、教育界以及政府的 14 要点，就是这种外来知识的自然应用，可以将西方现行的管理风格，转型为对整个系统最为有利的做法。渊博知识体系的任何一部分，都不宜单独分开，因为它们彼此相关。

6.6.2 朱兰的质量三部曲

内容提要：约瑟夫·M·朱兰（Joseph M. Juran）博士是举世公认的现代质量管理的领军人物。他的"质量计划、质量控制和质量改进"被称为"朱兰三部曲"。

朱兰的《质量计划》一书中可能是对他的思想和整个公司质量计划的构成方法明确的向导。朱兰的质量计划是公司内部实现质量管理方法三步曲中的第一步。除此还有质量控制，它评估质量绩效用已经制定的目标比较绩效，并弥合实际绩效和设定目标之间的差距。朱兰将第三步质量改进作为持续发展的过程，这一过程包括建立形成质量改进循环的必要组织基础设施。他建议使用团队合作和逐个项目运作的方式来努力保持持续改进和突破改进两种形式。他对实行组织内部质量策划的主要观点包括：识别客户和客户需求；制定最佳质量目标；建立质量衡量方式；设计策划在运作条件下满足质量目标的过程；持续增加市场份额；优化价格，降低公司或工厂中的错误率。

质量计划从认知质量差距开始。看不到差距，就无法确定目标。而这种差距的定位，要从顾客的满意入手，追溯生产设计和制造过程，就能使存在问题清晰化。现实中存在的质量差距，主要有以下方面：第一类差距是理解差距，也就是对顾客的需要缺乏理解；第二类差距是设计差距，即使完全了解顾客的需要和感知，很多组织还是不能设计出与这种了解完全一致的产品或服务；第三类差距是过程差距，由于创造有形产品或提供服务的过程不能始终与设计相符合，使许多优秀的设计遭遇失败，这种过程能力的缺乏是各种质量差距中最持久、最难缠的问题之一；第四类差距是运作差距，也就是用来运作和控制过程的各种手段在最终产品或服务的提供中会产生副作用，如表6-7所示。

表6-7　朱兰质量三部曲

因素	质量计划	质量控制	质量改进
实施步骤	确定顾客	选择控制点	确定改进项目
	明确顾客要求	选择测量单位	组织项目团队
	开发具有满足顾客需求特征的产品	设置测量	发现原因
	建立产品目标	建立性能标准	找出解决方案
	开发流程满足产品目标	测量实际性能	证明措施的有效性
	证明流程能力	分析标准与实际性能的区别	处理文化冲突
		采取纠正措施	对取得的成果采取控制程序

1. 质量计划（Quality Planning）

为了消除上述各种类型的质量差距，并确保最终的总质量差距最小，作为质量计划的解决方案，朱兰列出了6个步骤：①确定顾客；②明确顾客要求；③开发具有满足顾客需求特征的产品；④建立产品目标；⑤开发流程满足产品目标；⑥证明流程能力。

2. 质量控制（Quality Control）

朱兰将质量控制定义为：制定和运用一定的操作方法，以确保各项工作过程按原设计方案进行并最终达到目标。朱兰强调，质量控制并不是优化一个过程（优化表现在质量计划和质量改进之中，如果控制中需要优化，就必须回过头去调整计划，或者转入质量改进），而是对计划的执行。他列出了质量控制的 7 个步骤：①选择控制点；②选择测量单位；③设置测量；④建立性能标准；⑤测量实际性能；⑥分析标准与实际性能的区别；⑦采取纠正措施。

3. 质量改进（Quality Improvement）

质量改进是指管理者通过打破旧的平稳状态而达到新的管理水平。更合理和有效的管理方式往往是在质量改进中被挖掘出来的。质量改进的 7 步骤是：①确定改进项目；②组织项目团队；③发现原因；④找出解决方案；⑤证明措施的有效性；⑥处理文化冲突；⑦对取得的成果采取控制程序。

"质量螺旋"是朱兰博士提出的另一个关于质量控制的重要理论。朱兰认为，为获得产品的最佳使用效果，需要进行一系列相关的质量管理活动。这些活动主要包括市场研究、开发设计、计划采购、生产控制、检验、销售、反馈等各个环节。同时，这些环节又在整个过程周而复始的循环中螺旋式上升。因此，它也可被称为"质量进展螺旋"。在质量进展螺旋的工作实践中，朱兰博士依据大量的实际调查和统计分析认为：在所发生的所有质量问题中，仅有 20% 是由基层操作人员的失误造成的，而其中 80% 的质量问题是领导者造成的。此外，他还得出 80% 的质量问题是在 20% 的环节中产生的，如图 6-54 所示。

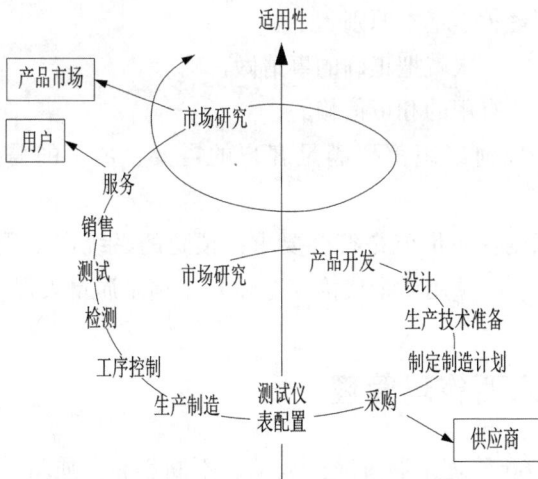

图 6-54　质量螺旋

6.6.3 克劳斯比的零缺陷

内容提要：质量管理大师菲利浦·克劳士比是零缺陷之父，提出了第一次就把正确的事情做正确。

质量管理大师菲利浦·克劳士比（Philip B. Crosby）对世人有卓越贡献及深远影响，被誉为当代"伟大的管理思想家""零缺陷之父""世界质量先生"，终身致力于"质量管理"哲学的发展和应用，引发全球质量活动由生产制造业扩大到工商企业领域，如图6-55所示。

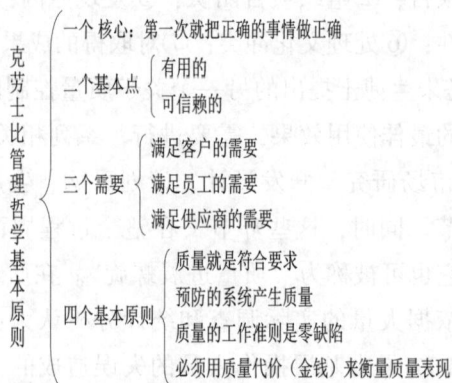

克劳士比管理哲学基本原则
├─ 一个核心：第一次就正确的事情做正确
├─ 二个基本点 ┬ 有用的
│   └ 可信赖的
├─ 三个需要 ┬ 满足客户的需要
│   ├ 满足员工的需要
│   └ 满足供应商的需要
└─ 四个基本原则 ┬ 质量就是符合要求
                ├ 预防的系统产生质量
                ├ 质量的工作准则是零缺陷
                └ 必须用质量代价（金钱）来衡量质量表现

图6-55 克劳士比管理哲学基本原则

克劳士比管理哲学基本原则：

一个核心：第一次就把正确的事情做正确。

二个基本点：有用的和可信赖的。

三个需要：任何组织都要满足客户的需要、员工的需要和供应商的需要。

四个基本原则：质量就是符合要求；预防的系统产生质量；质量的工作准则是零缺陷；必须用质量代价（金钱）来衡量质量表现。

6.6.4 六西格玛管理

内容提要：6σ管理是通过减少波动、不断创新、质量缺陷达到或逼近百万分之三点四的质量水平，以实现顾客满意和最大收益的系统科学。

六西格玛（6σ）概念于1986年由摩托罗拉公司的比尔·史密斯提出，

旨在生产过程中降低产品及流程的缺陷次数，防止产品变异，提升品质。6σ管理是通过减少波动、不断创新、质量缺陷达到或逼近百万分之三点四的质量水平，以实现顾客满意和最大收益的系统科学。

六西格玛（Six Sigma）是在90年代中期开始被GE从一种全面质量管理方法演变成为一个高度有效的企业流程设计、改善和优化的技术，并提供了一系列同等地适用于设计、生产和服务的新产品开发工具。继而与GE的全球化、服务化、电子商务等战略齐头并进，成为全世界上追求管理卓越性的企业最为重要的战略举措。六西格玛逐步发展成为以顾客为主体来确定企业战略目标和产品开发设计的标尺，追求持续进步的一种管理哲学，如图6-56所示。

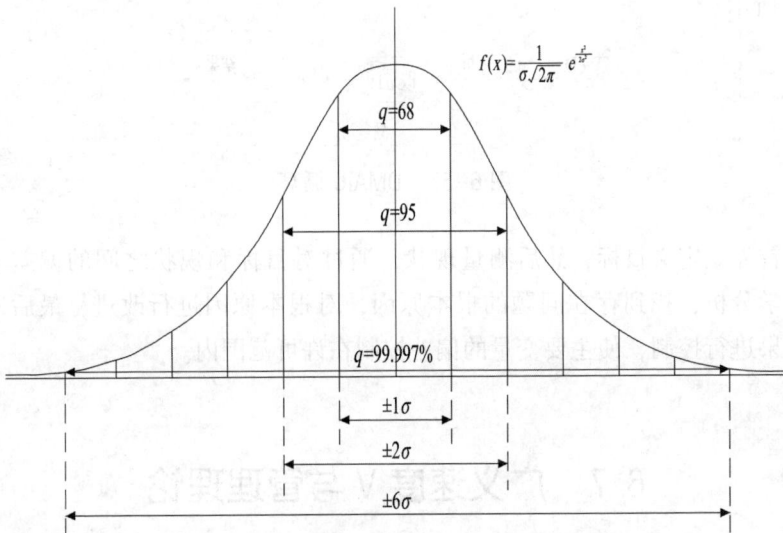

$$f(x)=\frac{1}{\sigma\sqrt{2\pi}}\,e^{\frac{x}{\sigma^2}}$$

图 6-56　六西格玛

六西格玛管理含义

一般来讲，包含以下三层含义：

（1）是一种质量尺度和追求的目标。

（2）是一套科学的工具和管理方法，运用 DMAIC（改善）或 DFSS（设计）的过程进行流程的设计和改善。

（3）是一种经营管理策略。六西格玛管理是在提高顾客满意程度的同时降低经营成本和周期的过程革新方法，它是通过提高组织核心过程的运行质量，进而提升企业盈利能力的管理方式，也是在新经济环境下企业获得竞争力和持续发展能力的经营策略。

实施步骤：

定义（Define）：辨认需改进的产品或过程，确定项目所需的资源和目标。

测量（Measure）：定义缺陷，收集整理数据，为量化分析做好准备。

分析（Analyze）：运用多种统计技术方法找出存在问题的根本原因。

改进（Improve）：优化解决方案，使其满足或超过项目质量改进目标。

控制（Control）：确保过程改进能继续保持下去，而不会返回到先前的状态。

从系统思考的角度说，六西格玛的 DMAIC 是一个负反馈模型，如图 6-57所示。

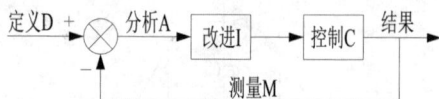

图 6-57 DMAIC 循环

首先是定义目标，然后测量现状，通过对目标和现状之间的偏差进行统计学分析，找到存在问题的根本原因，对根本原因进行改进，最后对改进成果进行控制，使主要变量的偏差控制在许可范围内。

6.7 广义速度 V 与管理理论

6.7.1 世界三大生产理论之间的关系

内容提要：在广义动量定理 $F\alpha t = nmV$ 中，增加广义速度 V，可以增加成果 nmV。有三大生产理论可以增加广义速度 V，分别为福特的流水线生产，精益生产（包括大野耐一的丰田生产方式）和高德拉特的 TOC 制约理论。加快产出速度 V 是工厂的主要目标，高德拉特说："加快流动（或缩短生产所需时间）是工厂的主要目标。"大野耐一说："我们所做的，其实就是注意从接到顾客订单到向顾客收账这期间的作业时间，由此剔除不能创造价值的浪费，以缩短作业时间。"三种生产理论是广义动量定理与系统思考的结合，广义动量定理用来产生成果 nmV，系统思考用来指导何时产生，产生多少，产生什么样的成果才能使系统的产出最大化。在三大生产理论中，以广义动量定理所阐述的工业工程来增加成果，以系统思考的负反馈来指导生产。

以前一般企业的各种工序是按照功能而不是按照产品线进行划分的，每种功能区域都集中在一起，比如切割机群、焊接机群、喷涂机群等。生产计划部门向工序下达目标命令，工序按照目标命令完成，然后反馈给生产计划部门，这样就形成了负反馈的闭环控制。因为每道工序和生产计划部门各自形成了自己的闭环控制系统，那么工序之间就几乎没什么联系。即使下道工序出现故障，上道工序还是继续生产，从而导致在制品不断增加。另外由于按照功能布置的各个工序，工序之间搬运时间较长，从而导致生产周期较长。每道工序只对自己的绩效负责，就会导致局部效率，每道工序都不断增加自己的产出，导致库存量巨大，如图 6-58 所示。

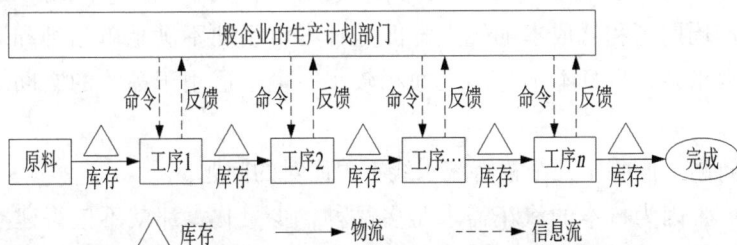

图 6-58　一般企业的生产闭环控制系统

福特的流水线生产改进了一般企业的生产系统。

第一，工序之间不是按照功能划分，而是按照产品线进行划分，这样上道工序和下道工序之间的搬运距离减少，有利于缩短产品的生产周期。

第二，流水线生产在两道工序之间只留了一个较小的空间，当这个空间被上道工序填满后，上道工序就必须停止生产，因为没有地方存放新的在制品，这样就有效减少了库存数量，在制品数量的减少有利于缩短生产周期，产品成本也大幅降低。

第三，福特的流水线生产减少了各工序和生产计划部门之间的闭环控制，而只是给第一道工序下达命令，然后检测最后一道工序的产出量，将所有工序看成一个整体，给这个整体一个命令，然后检测其输出。由于福特时期供不应求，库存是被看成资产的，所以福特并不限制成品库存的数量。

第四，在各道工序之间，采取的是推式生产的方式，即上道工序生产完就把在制品推给下道工序，并不关心下道工序是否需要。因为当时流水线采用的是单一化的产品，所以上道工序生产的产品就是下道工序需要的产品，只是可能需求的时间不同步，如图6-59所示。

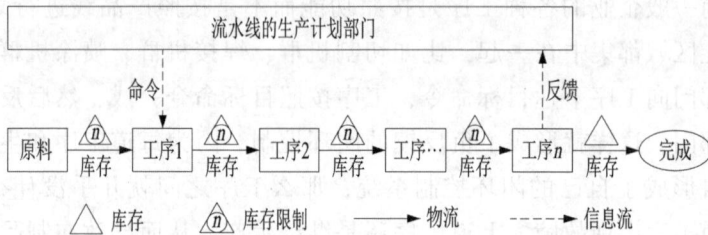

图 6-59　流水线的闭环控制系统

丰田的大野耐一在借鉴福特的流水线生产时，发现福特的流水线适用于单品种，需求量大的产品，并且生产周期短，成本低。大野耐一想要流水线生产周期短和低成本的优点，但是日本市场却不满足单品种和大批量生产的要求，并且日本本身国土面积较小，也不适用于福特的空间缓冲的方法。

大野耐一面临了几个福特流水线不曾面对的问题。

第一，因为日本的汽车需求是多品种，少量化，那就不值得建立一条专生产一种汽车的流水线。

第二，日本国土相对狭小，也不适合福特采用的空间缓冲的方法。

面对第一个问题，大野耐一采用了一种设备可以完成多种产品生产，一个工人可以胜任多种工作的方法来应对多样化，也就是多功能设备和多功能员工，后期便有了快速换模技术和多能工。

面对第二个问题，大野耐一吸收了超市的思想：只补充被消费者买走的商品，这样货架上的商品不会过量。大野耐一采取了拉式生产来代替推式生产的方式，将生产命令从下达到第一道工序变成了下达给最后一道工序。大野耐一采取了库存缓冲来替代空间缓冲，为每一道工序的每种在制品规定了库存数量，只有在下道工序取走时，才生产取走的数量，这样有效的减少了在制品数量，也减少了在制品所占的空间问题。因为每道工序可以生产多种产品，如何才能知道这道工序应该生产哪种产品，生产多少呢？大野耐一引入了看板系统，用来反馈下道工序取走的数量，从而给上道工序下达了一个生产目标，当上道工序完成了这个生产目标，它自己就完成了闭环控制。

另外，大野耐一处于一个供过于求的时代，过量生产的产品很可能不能被卖出去而变成负债，所以大野耐一发展了这个思想，将库存看成负债，严格限制在制品和成品库存的数量。

为了降低成本，丰田生产方式引入的浪费的概念，不能产生价值的工作都是浪费。而如果设备的能力和员工的能力没有被充分利用，那也是浪费，所以丰田生产方式采用均衡化生产的方法充分利用了这些资源。这就出现了一种情况，如果设备和员工的能力都被充分利用了，那么一旦需求增加，企业就很难应对这种需求波动，因为设备和员工的能力都已经被充分利用了。

于是，大野耐一发明了一个适用于多样化，小批量，需求稳定的生产系统，如图 6-60 所示。

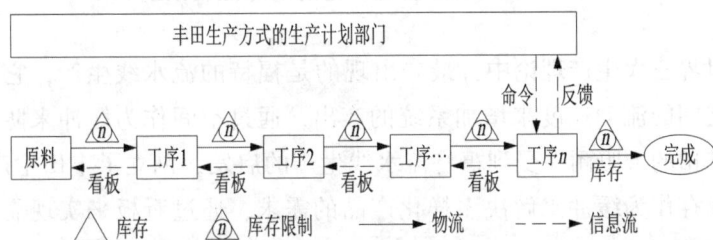

图 6-60　丰田生产方式的闭环控制系统

高德拉特的 TOC 制约理论是在总结流水线生产和丰田生产方式的精髓而发展出来的理论。既然丰田生产方式都已经那么成功了，为什么还要发展另外一个生产理论呢？丰田生产方式本身有两个重大的弱点，一是丰田生产方式不适应需求波动的产品，因为它的生产系统是多个负反馈环互相连接的结果，如果每次更改每个反馈环的目标，改动量较大。二是丰田生产方式较复杂，导入时间长，成功率低，见效慢。

高德拉特发现生产系统中，系统的产出速度是由系统中速度最慢的环节决定的，即瓶颈速度决定了系统的产出速度，非瓶颈速度对于系统的产出速度没有影响。所以只要让瓶颈最大化生产即可，即要保证瓶颈一直有料可以加工而不挨饿。为了避免非瓶颈工序的过量生产而产生过多库存，只要控制投料环节即可，如果不投料就不可能过量生产。投放原料 10 个单位只能生产 10 单位的产品，不会产生过多生产的问题。TOC 制约理论的生产计划部门只对投料进行控制，然后对于瓶颈进行检测，这样就完成了单个负反馈闭环控制系统。相比丰田生产方式，TOC 制约理论的逻辑简单，反馈环数量少，也不需要看板反馈系统。因为它只需要调整投料和控制瓶颈的缓冲就可以完成闭环控制，它的调整更容易，更合适需求波动的生产环境。在瓶颈前的生产方式类似于拉式生产，而瓶颈后的方式类似于推式生产。另外 TOC 制约理论采用时间缓冲来代替丰田生产方式的库存缓冲，在逻辑上更容易理解，如图 6-61 所示。

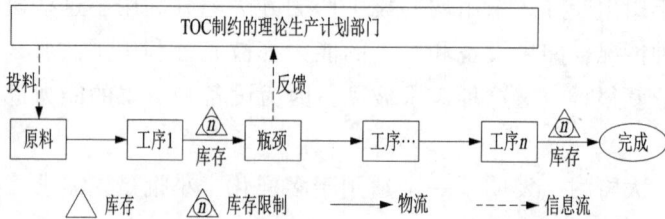

图 6-61　TOC 制约理论的闭环控制系统

在世界三大生产理论中，最先出现的是福特的流水线生产，它通过增加工序之间的流动速度来增加系统的产出，通过空间作为缓冲来防止过量生产。丰田的大野耐一受到福特流水线生产的启发，创立了丰田生产方式，他使用库存作为缓冲来解决多样化产品的需求，通过看板来实现需求信息向上游反馈，从而指导上游工序的生产。詹姆斯 P. 沃麦克团队通过研究丰田生产方式和流水线生产，创立了精益生产，它是这两种理论融合的产物。它在不同的环节使用空间或者库存作为缓冲，并且将二者的理论进行了简化，得到了著名的精益生产五原则。以色列物理学家艾利·高德拉特深入研究了流水线生产和丰田生产方式，以时间缓冲代替空间和库存缓冲，创立了 TOC 制约理论，并且给出了聚集五步骤，时间缓冲的概念在逻辑上相对好理解一些。三种缓冲可以互相转化，比如 A 在制品的生产速度是每分钟 1 个，那么 10 个库存缓冲可以转化为 10 分钟的时间缓冲，也可以做一个容纳 10 个 A 在制品的容器，即可以转化为空间缓冲。这三大生产理论的模型都是负反馈模型，通过目标缓冲和实际缓冲的偏差来指导生产什么，生产多少以及何时生产，如图 6-62 所示。

缓冲就是提前生产一些在制品，这样下道工序需要这些在制品时，可以直接从上道工序取走，减少等待时间，加快产品的交付速度，缓冲除了可以加快响应速度，还能防止过量生产以及防止扰动（墨菲效应）影响生产的稳定性。缓冲越大，此道工序发生问题时，只要在剩余缓冲时间内修

世界三大生产理论：流水线生产、精益生产（丰田生产方式）和TOC制约理论

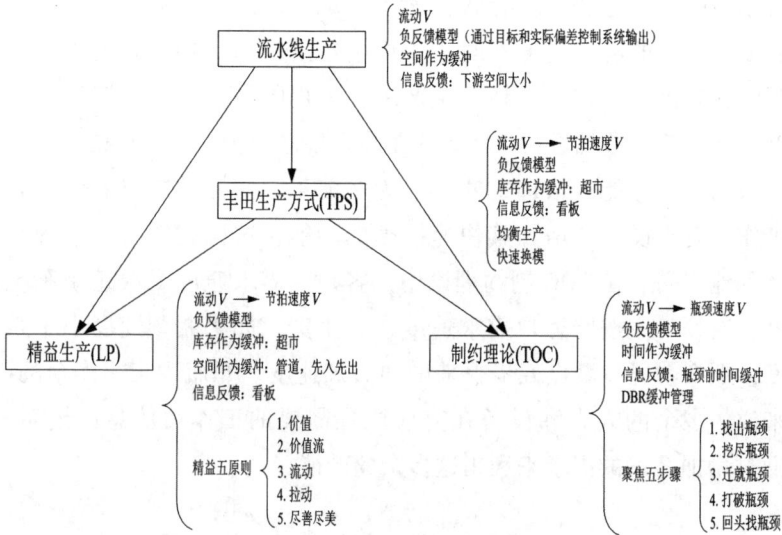

图 6-62　世界三大生产理论之间的关系

复好，那么就不影响整个系统的产出，缓冲越大，系统抗扰动能力越大。但是缓冲即库存，是负债，缓冲越多，负债越多，所以需要一个合适的缓冲，既能有效抵抗扰动，又能降低负债。当缓冲设置成一个目标时，实际生产量等于目标缓冲，就停止生产，这样就能防止过量生产，从而避免局部效率。缓冲管理有两大方法，分别为缓冲补充和缓冲排序。系统的有效产出由瓶颈工序决定，局部效率不能增加系统的产出，相反增加了负债，过多的在制品会使生产产生混乱，如图 6-63 所示。

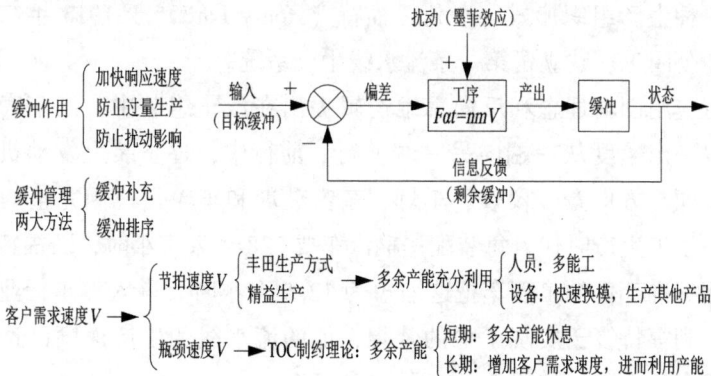

图 6-63　缓冲的作用

生产的速度如何确定呢？在福特的流水线建立时期，客户的需求速度大于流水线的产出速度，供给小于需求，所以流水线以最大速度进行产出。到了后期，客户的需求速度有时小于供给速度，那么如何确定工厂的供给速度呢？在丰田生产方式和精益生产中，客户的需求速度决定工序的节拍速度 V，工序按照节拍进行生产。为了尽可能减少浪费，多余的产能也被利用。多余的人力产能，培训这些人成为多能工，这样就能将剩余的时间做其他工作。对于设备，增加其快速换模的功能，这样就能将剩余的产能用于生产其他产品。在 TOC 制约理论中，客户的需求速度 V 决定了系统的产出速度，瓶颈工序按照客户需求速度进行生产。如果瓶颈速度小于客户需求速度，那么就通过聚焦五步骤来增加瓶颈速度。非瓶颈工序多余的产能，短期来说，多余的人力和设备在完成瓶颈需要的工作后休息；长期来说，TOC 通过增加客户的需求来利用这多余的产能。

6.7.2　福特的流水线生产

内容提要：流水线生产是一个连续的生产过程，它按照工序流程连续生产来增加产出的速度。流水线生产开创了工业生产理论的先河，它以增加产出速度为目标，以工序之间的空间作为缓冲，当空间被填满后就停止生产来预防局部效率，从而增加产线的产出速度。

流水线生产，指劳动对象按一定的工艺路线和统一的生产速度，连续不断地通过各个工作地，按顺序地进行加工并生产出产品的一种生产组织形式。它是像专业化组织形式的进一步发展，是劳动分工较细、生产效率较高的一种生产组织形式。亨利·福特（Henry Ford）于 1913 年在密歇根州的高地公园工厂建立了第一条流水线生产系统。

福特应用创新理念和反向思维逻辑提出在汽车组装中，汽车底盘在传送带上以一定速度从一端向另一端前行。前行中，逐步装上发动机、操控系统、车厢、方向盘、仪表、车灯、车窗玻璃和车轮，一辆完整的车组装成了。在手工生产时代，每装配一辆汽车要 728 个人工小时，而福特简化设计，使用标准部件的 T 型车把这缩短为 12.5 个小时。进入汽车行业的第十二年，亨利福特终于实现了他的梦想，他的流水线的生产速度已达到了每分钟一辆车的水平，如图 6-64 所示。

流水线是怎样提高速度的？

图 6-64　福特汽车流水线

　　流水线把生产工序分割成一个个的子过程，每个子过程可以和其他子过程并行运作提高速度。工人间的专业分工更为细致，产品的质量和产量大幅度提高，极大促进了生产工艺过程和产品的标准化。制成品被大量生产出来，尤其是多样的日用品在流水线上变成了标准化商品。福特的流水线不仅把汽车放在流水线上组装，也花费大量精力研究提高劳动生产率。福特把装配汽车的零件装在敞口箱里，放在输送带上，送到技工面前，工人只需站在输送带两边，节省了来往取零件的时间。而且装配底盘时，让工人拖着底盘通过预先排列好的一堆零件，负责装配的工人只需安装，这样装配速度自然加快了。汽车生产流水线以标准化、大批量生产来降低生产成本，提高生产效率的方式适应了美国当时的国情，汽车工业迅速成为美国的一大支柱产业。福特公司在一年之中生产几十万辆汽车，这个新的系统既有效又经济。结果福特把汽车的价格削减了一半，降至每辆 260 美元，1913 年，美国人均收入为 5 301 美元，工人工作一段时间就可以买一辆 T 型车。

　　亚当·斯密在《国富论》中阐述了分工理论提高效率的原因：第一，分工专业化是劳动者的劳动技巧或熟练程度日益增进；第二，分工可以减少由一种工作换到另一种工作损失的时间；第三，分工使劳动简单化、专门化，从而为机械的发明和使用创造了条件。

6.7.2.1　流水线生产和负反馈分析

以带字母的方框来代表生产单元，以向左的线来表示物流，向右的线来表示信息流。通过系统框图来分析流水线生产，精益生产和 TOC 制约理论。

在福特的流水线生产中，产品单一，需求量大，两道工序之间有放置上道工序成品的空间。福特的流水线是一个大的负反馈系统，目标生产量=客户需求量-已生产量，由于客户需求巨大，客户需求量一直大于生产量，所以目标生产量一直是正值，即生产系统需要一直生产此品种的产品直至到满足客户的需求为止。由于产品单一且需求量大，值得花费金钱和人力为此产品专门建立一条产线，如图 6-65 所示。

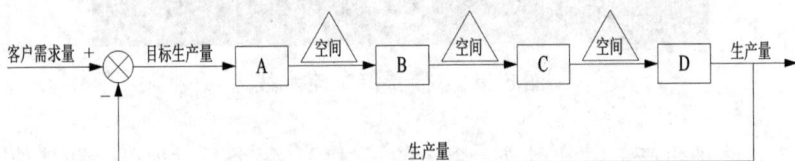

图 6-65　流水线生产框图

两道工序之间的空间用来防止上道工序过量生产，一旦空间被填满就必须停止生产，过量生产会产生不必要的库存，从而增加企业的成本。过量生产也会导致生产线混乱，从而降低企业的产出速度。空间缓冲还能应对扰动，从而使产出速度稳定，如图 6-66 所示。

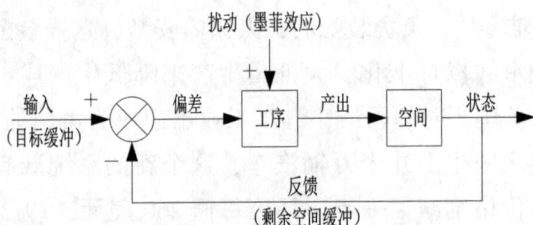

图 6-66　流水线系统框图

每道工序也是一个小的负反馈系统，两道工序之间的空间可容纳的数量是上道工序可以生产的最大生产量，当空间被填满，则必须停止生产，因为没有空间放置新产品。所以每道工序需要生产的数量=空间可容纳数量-空间已容纳数量。

流水线生产的空间缓冲类似于管道，使用管道来限制在制品的数量，管道被填满后就停止生产。管道遵循先进先出（First Input First Output）的原则，这样可以防止后进先出而扰乱生产排程。

一个生产流程有注塑、涂装和组装 3 道工序。在接到客户订单之后，生产管理部门开始排产，并将排产流程下发到注塑工序，注塑工序开始生产，当它之后的管道被填满后便停止生产，防止生产过多的在制品。涂装工序也是相同。当组装工序生产完成品之后，运输部门将成品送给客户，从而完成这个订单，如图 6-67 所示。

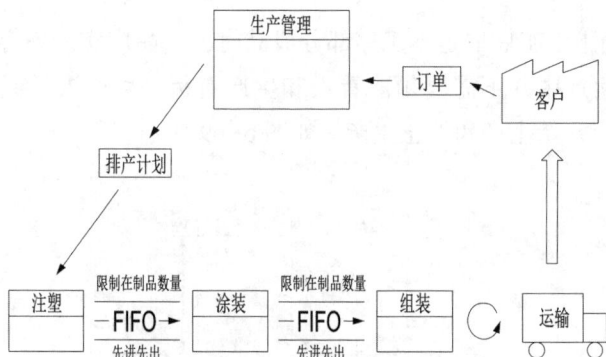

图 6-67 流水线生产的一个案例

6.7.2.2 使用水库模型分析流水线生产

内容提要：流水线生产可以使用物理学中的水库模型进行分析。每一个生产单元都包含 1 个水库，为成品库。生产人员控制生产阀门的打开和关闭来控制生产的开始和停止。打开生产阀门，生产开始，成品库库存增加；关闭生产阀门，生产停止，成品库存停止增加。生产人员通过控制生产阀门，使得实际库存与目标库存相同。

（1）初始状态时，成品库实际库存等于目标库存，生产阀门关闭。在流水线生产中，每一道工序都有一个成品库存，这个成品库存是与下道工序之间的一个空间，这个空间用来放置本工序的成品，被称为空间库存。当此空间不满时，生产阀门打开，生产人员开始生产，使成品库实际库存增加，当实际库存等于目标库存时，生产人员停止生产以防止过量生产。因为下游空间被成品填满，再生产的成品也无处放置，从而确保了防止过量生产，如图 6-68 所示。

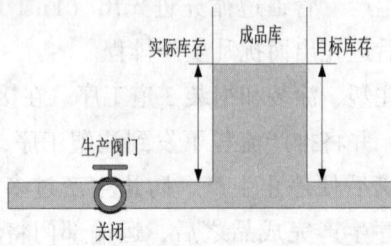

图 6-68 流水线生产的水库模型状态一

（2）当下游工序取走本工序部分成品时，成品库实际库存小于目标库存。流水线生产中并不需要领取看板和生产看板，生产人员只根据自己的库存状态决定开始生产和停止生产，如图 6-69 所示。

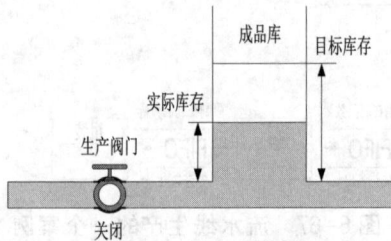

图 6-69 流水线生产的水库模型状态二

（3）当生产人员发现成品库实际库存小于目标库存时，生产人员打开生产阀门，开始进行生产，成品库实际库存增加。生产的数量＝目标库存－实际库存，如图 6-70 所示。

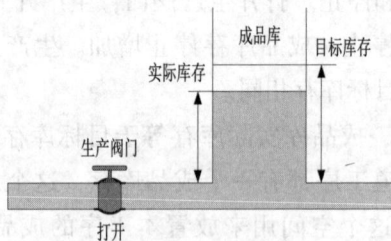

图 6-70 流水线生产的水库模型状态三

（4）当生产的成品使得实际库存等于目标库存时，生产人员关闭阀门，回到初始状态，如图 6-71 所示。

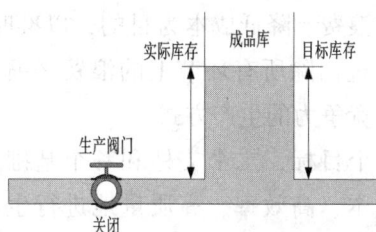

图6-71　流水线生产的水库模型状态四

当多个生产单元的水库模型连接到一起，就组成了多工序的流水线生产模型。每个生产单元有一个成品库和一个生产阀门。生产人员通过目标库存和实际库存之差来决定开始生产和结束生产。通过打开和关闭生产阀门来实现生产和结束生产，如图6-72所示。

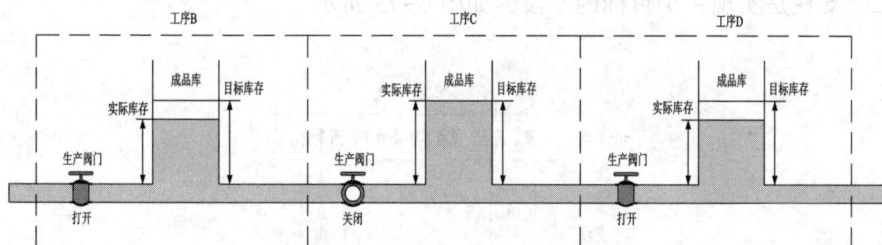

图6-72　流水线生产的水库模型

流水线适用条件：产品单一，需求量大的产品。

6.7.3　丰田生产方式（TPS）

内容提要：丰田生产方式受到流水线生产的启发，又吸收了工业工程的精髓而创立，所以丰田生产方式既可以通过流水线的精髓而提高生产速度，又可以因为工业工程而降低成本。丰田生产方式通过使用库存缓冲来代替流水线的空间缓冲，并且使用快速换模和多能工来解决产品小批量而多样化的需求。库存是负债，因为需求是小批量的，因而大库存是不经济的，所以使用少量库存缓冲代替大的空间缓冲。由于需求多样，所以需要设备的快速换模和多能工在不同产品生产之间快速切换，从而缩短每种产品的生产周期。

丰田生产方式（TPS）是日本丰田汽车公司所创造的一套进行生产管理

的方式、方法，以消除浪费、降低成本为目的，以准时化和自动化为支柱，以改善活动为基础，通过消除所有环节上的浪费来缩短产品从生产到客户手中时间从而提升企业竞争力的生产方式。

丰田生产方式有一个目标，二个支柱和一个基础。丰田生产方式有一个目标，其目标是低成本、高效率、高质量地进行生产，最大限度地使顾客满意。两个支柱分别为准时化和自动化，丰田生产方式通过准时化生产来达到高效率，准时化生产的实现工具是看板。丰田生产方式通过带人字旁的自动化来实现高质量，发现质量问题立即暂停生产线，直到找到问题的本质原因并解决了才重新开始生产，有效避免了不合格产品流到后边工序，进而产生更大的质量问题。丰田生产方式的一个基础是持续改善，和精益生产的尽善尽美类似，就是不断的优化。从手段—目的链的角度说，二个支柱是实现一个目标的手段，如图 6-73 所示。

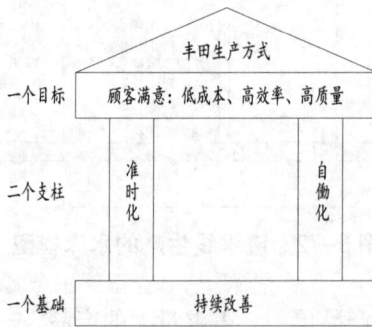

图 6-73　丰田生产方式架构屋

从广义动量定理 $F\alpha t = nmV$ 的角度来说，丰田生产方式通过准时化和自动化使得成果 nmV 最大化，而其中准时化使得有效产出 n 最大化，自动化使得质量 m 最大化，而节拍时间使得速度 V 最大化，从而确保了整个成果 nmV 的最大化，如图 6-74 所示。

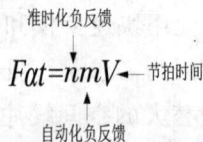

图 6-74　丰田生产方式成果与广义动量定理

从系统思考的角度来说，准时化的实现工具看板是负反馈系统，准时化有一个目标库存，而看板来反馈实际偏差，通过看板来控制生产或者领料，使得偏差为零。自动化也是一个负反馈系统，它有一个质量目标，当产品的质量出现异常时，即产品的实际质量和目标质量产生偏差时，通过人为控制来停止生产线，直到找到和解决质量问题为止。

6.7.3.1 大野耐一的丰田生产方式分析

"彻底的杜绝浪费"是丰田生产的基本思想，准时化和自动化是其两大支柱。丰田生产方式所追求的目标是成本最小化，彻底的杜绝浪费，就可以以最小的成本生产出产品，从而保持企业的竞争力，而准时化和自动化是实现彻底的杜绝浪费的手段。TPS 系统迫使整个工业界转变对库存的看法，从视之为资产转变为视之为负债。所以准时化生产可以实现最小库存的目标，从而减少成本。看板是实现准时化生产的手段。人性自动化可以防止生产不合格的产品，不合格的产品会增加公司成本，所以自动化也是实现成本最小化的手段。增加系统的产出速度可以有效减少成本。

丰田生产方式是广义动量定理与系统思考的结合，广义动量定理所阐述的工业工程用来分析如何产生成果，如何减少浪费，标准化作业等；系统思考的负反馈用来指导工业工程何时产生成果，产生什么样的成果，产生多少成果使系统的有效产出最大。

从系统的角度说，下一级流程都是上一级的客户，下一级在某时刻需要，需要某个数量，某种类型的产品是客户需求，恰在需要的这个时刻，给予客户需要数量的某种产品正好可以满足客户的需求。过早或过量地生产不需要产品都会产生库存，从而增加企业成本；过晚或过少地生产不能满足客户的需求，不能将客户的需求转化为企业的销售，从而不能为企业创造价值。

丰田生产方式

在丰田的生产方式中，每一个工作单元会从事多种产品的生产，这样的工人叫做多能工，而不像福特的流水线中的工人只负责一种工作。丰田生产方式适用于多品种，小批量的产品。由于每种产品需求量少，不值得去建立专有产线，这就要求员工的多能以适应多品种的不同需求。A 生产单元就是一个可以生产多种产品部件的单元，分别给三条生产线提供产品。一条生产线由多个负反馈系统组成，而每个生产单元又包含多个负反馈系统。丰田生产方式使用拉动式的生产，通过看板来实现拉动式生产的信息传递，如图 6-75 所示。

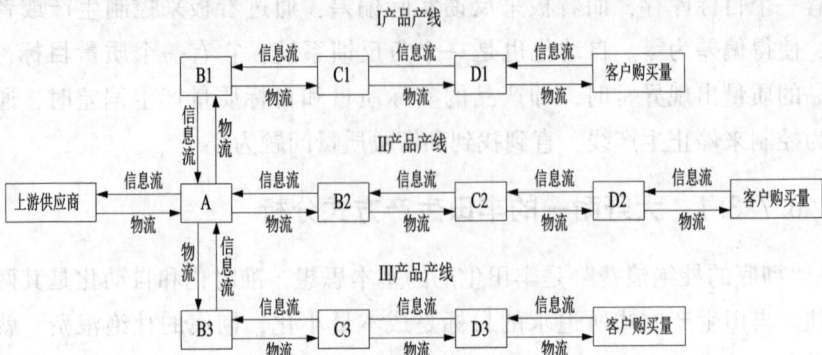

图 6-75　丰田生产方式框图

其中的每一工序都是一个的负反馈系统，如图 6-76 所示。

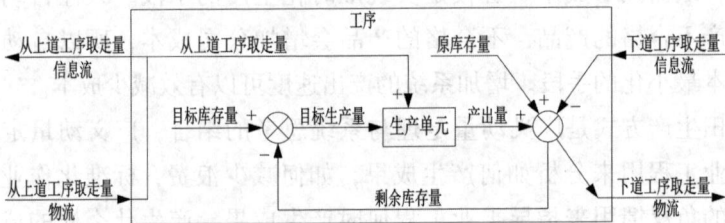

图 6-76　丰田的一道工序框图

　　生产单元通过目标生产量的指导来生产指定数量，指定型号的产品。目标生产量＝目标库存量－剩余库存量＝目标库存量－（原库存量＋产出量－下道工序取走量）＝目标库存量－原库存量＋下道工序取走量－产出量。如果在下道工序取货之前，此工序的原库存量等于目标库存量，并且系统没有正在生产的在制品，那么目标生产量就等于下道工序取走量，即看板反馈的数量。下道工序在取走货物时，物流向下流动，同时通过看板系统将信息上传到此工作单元以指导其生产。

　　有库存是为了缩短交付期，过多的库存会增加成本，所以系统需要有合适的库存量。如果 I 产线的客户需要一件产品，而 D1 有库存，那么生产期为0；如果 D1 没有库存，C1 有库存，那么生产周期最少是 D1 的生产时间。从广义动量定理 $F\alpha t = nmV$ 的角度说，丰田生产方式要求每道工序的平均生产速度以及产品的平均流通流通与系统的生产速度相等。对于其中的每一道工序而言，它的成果为 nmV，n 代表产品的数量，m 代表产品的种类和质量，V 代表产出速度，即每道工序的平均产出速度 V 应该与系统的产出速度相等。

以汽车生产为例，一辆汽车需要 5 个轮胎和一个方向盘。如果汽车的产出速度为 1 辆每分钟，那么轮胎的平均产出速度则应为 5 个每分钟，而方向盘的平均产出速度应为 1 个每分钟。设轮胎的质量为 m_1，每分钟产出数量为 n_1，速度为 V_1 每分钟，则生产轮胎的单元每分钟的产出成果 nmV 为 $n_1 m_1 V_1$，生产单元的节拍速度应该等于系统的产出速度。

如果其中一道工序的平均产出速度大于系统的产出速度，则会产生过量的库存，大野耐一通过多能工来平衡每道工序的产出速度；从广义动量定理的角度说，产出速度过快，此道工序就需要间断性的等待或者降低自己的速度来保证自己的产出速度与系统的产出速度相等，此时这道工序的时间和力量并没有完全发挥作用，时间和力量没有得到有效的利用，这样会增加企业的成本，不符合 TPS "彻底杜绝浪费" 的基本思想。多余的产能如果继续生产此道工序的产品，就会过量生产，进而产生库存。那么丰田生产方式如何处理多余产能呢？它通过多能工和快速换模技术去生产其他需要的产品，从而充分利用产能。如果一道工序的平均产出速度小于系统的产出速度，那么就会成为系统的瓶颈，系统的产出速度由瓶颈速度决定，则系统的产出速度会降低到与此单元的产出速度相等，影响系统的产出成果。需要通过各种改善方式增加此单元的产出速度，从而使其变成非瓶颈。

6.7.3.2　看板原理和负反馈分析

看板（Kanban）一词起源于日语，是传递信号控制生产的工具。看板管理是协调管理全公司的一个生产信息系统，就是利用看板在各工序、各车间、各工厂以及与协作厂之间传送作业命令，使各工序都按照看板所传递的信息执行，以此保证在必需时间制造必需数量的必需产品，最终达到准时化生产的目的。

看板管理的理论依据是：工厂生产的目的是为了满足用户的需求，如果用户没有用户需求，就没有必要生产。看板管理的本质是负反馈模型中的反馈环节，将需求信息反馈到输入，用来影响系统的生产决策。

看板一般包含生产看板和领取看板，看板的管理方式可以分为双看板方式和单看板方式。

1. 双看板原理分析

双看板方式包含两个负反馈环，分别是领取反馈环和生产反馈环。当后工序 D 使用工序 C 的零件进行加工时，工序 D 摘下容纳 C 零件容器箱上的领取看板，将领取看板放到领取看板接收箱内。在工序 D 这里会存放部分零件 C 的库存，这是为了让工序 D 有料生产而不需要等待物料配送员现在去取零件 C。物料配送人员拿着领取看板和空容器到工序 C 的库存区。库存区存放工序 C 已完成的零件，零件和生产看板都放在了容器内。物料配送人员将生产看板摘下，连同空容器放到指定区域，这就给工序 C 下达了一个生产看板数量和品种的生产指令。物料人员将领取看板放到刚才摘下生产看板的容器内，将生产好的零件 C 和领取看板送到工序 D 处，其中领取看板领取的数量及品种和容器内已生产完的 C 零件一致，即目标领取数量和实际领取数量相同，偏差为零，完成了领取的闭环负反馈控制，如图 6-77 所示。

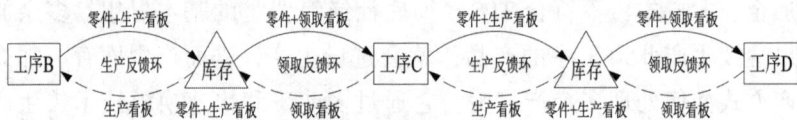

图 6-77　多工序双看板循环系统

工序 C 收到了工序 D 下达的生产看板命令，要生产相同数量和品种的零件 C。同样，工序 C 将存放零件 B 的容器内的领取看板摘下，放入领取看板接收箱内，这样物料配送人员就可以完成零件 B 的领取反馈环了。工序 C 对零件 B 进行加工生产，生产的数量及品种和工序 D 下达的生产看板一致。工序 C 将生产好的零件放入空容器中，当加工数量达到生产看板要求后，将生产看板和零件都放入到容器内，然后放入自己的零件 C 库存中，此时实际生产的数量及品种和生产看板要求一致，偏差为 0，工序 C 停止生产 C 零件，完成生产反馈环的闭环控制。

我们截取工序 C 和工序 D 来分析丰田的双看板循环是如何工作的。工序 C 的工作是将原料 B 加工为成品 C，而工序 D 的工作是将原料 C 加工为成品 D。工序 C 内有部分原料 B，原料 B 和 B 的领取看板一起放在了容器内；工序 D 内有部分原料 C，原料 C 和 C 的领取看板一起放在了容器内。工序 C 和工序 D 之间为工序 C 的成品库，工序 C 将原料 B 加工成成品 C 后放入成品库内保存。成品库内成品 C 和 C 的生产看板一起放在容器内。图的下方有 5 个图例，分别为领取看板、生产看板、零件、容器和看板接收箱。这里要讲解工序 D 的领取循环和工序 C 的生产循环，如图 6-78 所示。

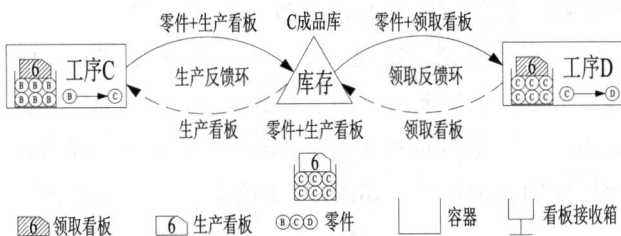

图 6-78　双看板循环系统

当 D 的下游工序对 D 产生需求，领取了 6 个 D 零件后，就对工序 D 下达了一个生产 6 个 D 成品的生产看板命令。那么工序 D 在开始加工原料 C 的同时，如何领取 6 个原料 C 而防止稍后物料缺料呢？

第一步，摘下领取看板，放入看板接收箱。工序 D 摘下工序 D 原料 C 容器中的领取看板，放入看板接收箱。这样就为物料配送员下达了物料领取命令。领取的数量和型号就是领取看板上标注的数量和型号，如图 6-79 所示。

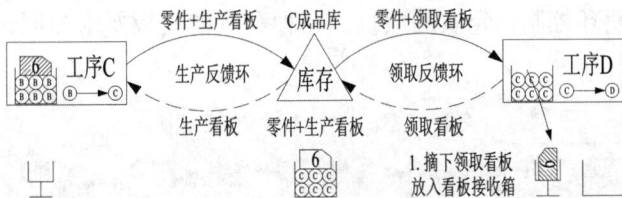

图 6-79　领取循环系统第一步

第二步，配送员带上领取看板和空容器到库存存放地。物料配送员取下看板接收箱内的领取看板，然后带上空容器，达到工序 C 的成品库，如图 6-80 所示。

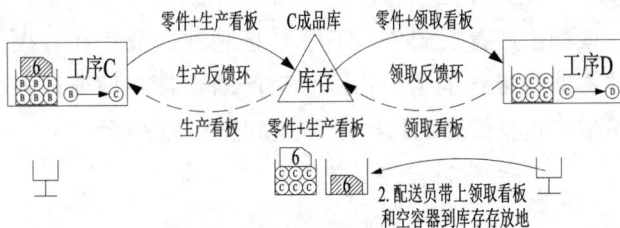

图 6-80　领取循环系统第二步

第三步，生产看板放入接收箱，空容器放到指定地点，领取看板放入装有原料的容器内。物料配送员将成品库内存放成品 C 的容器中的生产看板放入工序 C 的看板接收箱，这就给工序 C 下达了生产 6 个成品 C 的生产命令。将空容器放入指定的地点，用于存放未来生产的成品 C。最后将领取成品 C 的领取看板放入盛放成品 C 的容器内，并且核对容器内的数量和型号与领取看板标注的完全相同，如图 6-81 所示。

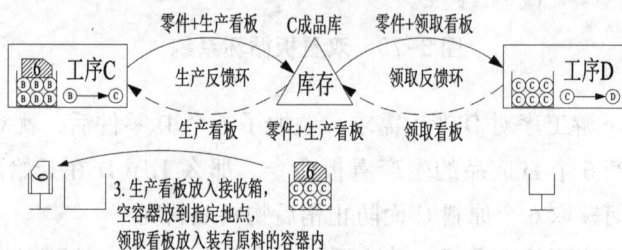

图 6-81　领取循环系统第三步

第四步，将领取看板和原料 C 运到工序 D 的原料库存处。物料配送员将存放原料 C 和领取看板的容器运到工序 D 的原料库存处，这样就完成了领取反馈的闭环控制，领取的数量及品种和领取看板要求相同，如图 6-82 所示。

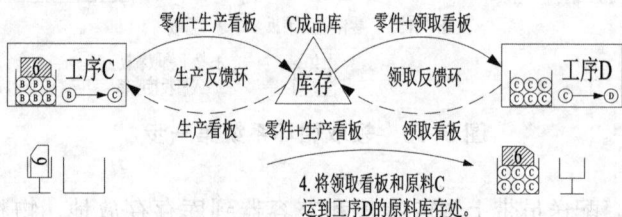

图 6-82　领取循环系统第四步

工序 C 的生产反馈环工作方式：

第一步，接到生产看板命令。工序 C 接到配送员放在看板接收箱内的生产看板，这样他就接到了生产命令。生产的数量和种类在生产看板中均有标明，这是生产负反馈环的目标输入，如图 6-83 所示。

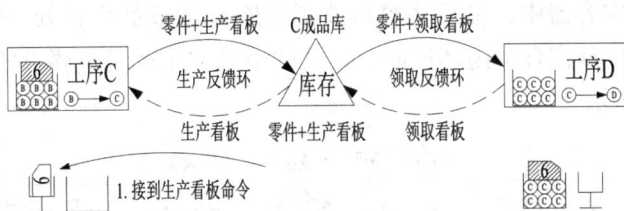

图 6-83　生产循环系统第一步

第二步，摘下领取看板放入看板接收箱。工序 C 的生产人员摘下自己原料库存区装有原料 B 容器中的领料看板，将领料看板放入看板接收箱，这就给物料配送员下达了领取原料 B 的命令，这是工序 C 领料反馈环的目标输入，如图 6-84 所示。

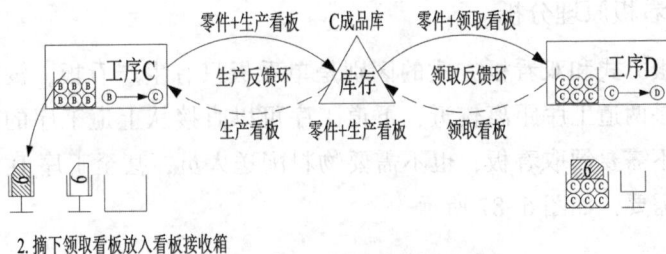

2.摘下领取看板放入看板接收箱

图 6-84　生产循环系统第二步

第三步，按照生产看板进行生产，将完成的成品放入空容器。工序 C 的生产人员按照生产看板对原料 B 进行加工，使其变成成品 C。然后将完成的成品 C 和生产看板放入空容器内，如图 6-85 所示。

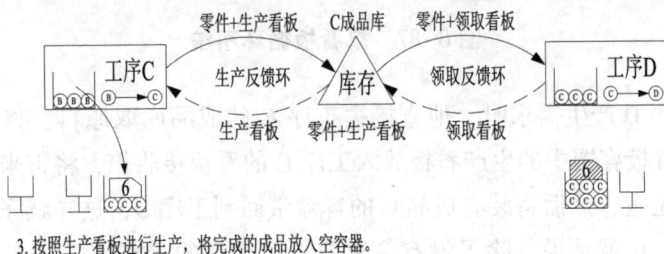

3.按照生产看板进行生产，将完成的成品放入空容器。

图 6-85　生产循环系统第三步

第四步，完成看板要求数量的成品 C 和生产看板放入工序 C 的成品库存处。工序 C 的生产人员按照生产看板的数量生产成品 C，当生产的数量达到生产看板要求后，停止生产以防止过量生产。然后将完成的成品 C 和生

产看板放入空容器中，最后将容器放到工序 C 的成品库存处。这样工序 C
就完成了生产反馈环的闭环控制，生产的结果和生产看板要求的目标相同，
如图 6-86 所示。

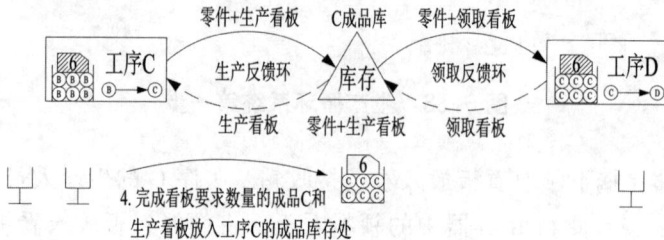

图 6-86　生产循环系统第四步

2. 单看板原理分析

单看板方式和双看板方式的区别是单看板只有生产看板，没有领取看
板，一般是两道工序距离较近，下道工序可以直接从上道工序的成品库取
原料，而不需要领取看板，也不需要物料配送人员，甚至工序 D 自己的原
料库也不需要，如图 6-87 所示。

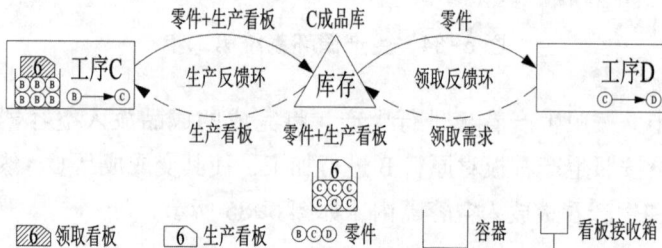

图 6-87　单看板循环系统

当工序 D 产生需求时，他直接去工序 C 的成品库取原料，将装有成品
C 和生产看板容器中的生产看板放入工序 C 的看板接收箱，将带来的空容器
放到指定位置，然后将装有成品 C 的容器带回到工序 D，这样就完成了领取
的反馈环。也就是说，除了没有领取看板，其他的运作方式和双看板方式
是一样的。

工序自己的原料库存是不是必需的呢？这取决于原料领取时间等因素。
比如工序 D 如果没有原料库存，那么当下游工序对工序 D 下达生产看板时，
工序 D 并不能马上加工，因为它没有原料 C。他需要等待物料配送员去工序

C 的成品库领取之后，他才可以开始生产。那么工序 D 这个等待就是浪费，并且加长了产品的生产周期。所以，当两道工序之间距离较远时，工序就需要有自己的原料库存。

从系统思考负反馈的角度来说，领取系统是一个负反馈环，它的目标输入是领取目标，也就是领取看板标注的本工序领取数量，反馈是实际的取货数量，偏差为目标取货数量－实际取货数量，控制为去上游领取的过程，当实际领取数量等于目标领取数量时，偏差为 0，完成取货环节的闭环控制，如图 6-88 所示。

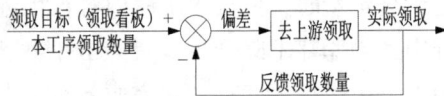

图 6-88　领取系统的负反馈闭环控制

实际上领取系统是以本工序的原料库存作为目标的，原料库有一个目标库存，当实际库存小于目标库存时，领取数量＝原料目标库存－实际库存；而实际库存＝原料库现有库存+实际领取数量－本工序领取数量。在没有开始领取的初始状态时，原料库现有库存＝原料目标库存，实际领取数量＝0，所以领取数量＝原料目标库存－实际库存＝原料目标库存－（原料库现有库存+实际领取数量－本工序领取数量）＝本工序领取数量＝领取看板。

生产系统也是系统思考的负反馈过程。系统的输入是生产目标，也就是生产看板反馈的下游工序领取数量，反馈是实际生产的数量，控制是本工序的生产过程，当生产目标等于实际生产数量时，偏差为 0，完成了生产的闭环控制，如图 6-89 所示。

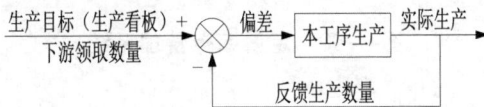

图 6-89　生产系统的负反馈闭环控制

生产系统也是以自己的成品目标库存作为目标的，推导过程和原料库库存的相同。

6.7.3.3　看板数量的计算

看板是丰田生产方式实现准时化的工具，从手段-目的链的角度来说，准时化是目的，看板是手段。看板是用来实现领取物料和生产订单传递的工具，物料配送员和生产人员按照看板进行领料和生产。

在库存管理中，有定量订货方式、定期订货方式和最大最小订货方式，丰田生产方式一般采用定量订货方式的方法。

在定量订货的方式中，每次订货量是确定的，所以也叫固定量订货方式，但是每次订货的时间间隔 T 不同。

库存缓冲是为了应对扰动，来保证系统的稳定运行，库存缓冲也可以缩短产品的交货期。前道工序看板接收箱不断收集工序内看板，当某一型号物品的看板数量达到规定量时，便放入工序内看板箱进行排序生产。

在定量订货系统中，当库存下降到再订货点 B 时，系统发出订货订单，订货数量为 Q，经过时间 L 之后，库存补充完成。每一次的订货间隔 T 是不固定的，如图 6-90 所示。

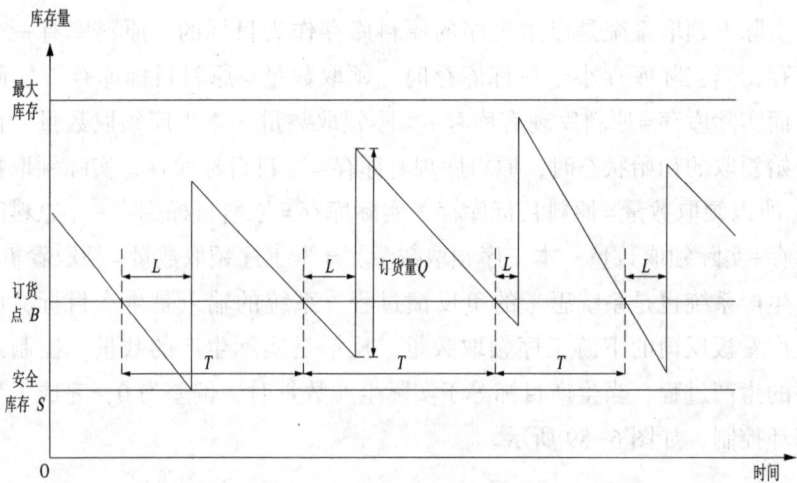

图 6-90　定量库存管理系统

在定量订货系统中，以最大库存量作为订货库存量，所以看板总数必须满足最大库存量的需求。在定量订货的库存管理方式中，订货点库存量为：

$$B = \overline{D}L + S$$

式中，B 为订货点库存量；$\overline{D}$ 为平均日需求量；L 为采购提前期；S 为安全库存量。其中安全库存 S 可以通过一个系数 α 来表示，这样，订货点库存公式变为：

$$B = \bar{D}L(1 + \alpha)$$

由看板数量 N 和容器容量 C 的乘积 NC 等于订货点库存得到，订货点库存量可以得到看板的数量为：

$$N = \frac{\bar{D}L(1 + \alpha)}{C}$$

式中，L 为订货提前期，指的是从看板摘下到物料达到存放处的时间，简称生产过程时间，一般包含物料加工时间、搬运时间、看板回收时间和等待时间等。

例子：某零件的每日需求量为 3 000 个，每箱零件为 20 个，每箱零件需要的加工时间为 0.04 天，搬运需要 0.02 天，看板回收需要 0.01 天，等待需要 0.03 天，假设安全库存为需求量的 10%，那么看板的数量是多少？

解答：根据看板计算公式，$\bar{D} = 3\ 000$，$L = 0.04+0.02+0.01+0.03 = 0.1$，$\alpha = 10\%$，$C = 20$，则看板数量 N 为：

$$N = \frac{\bar{D}L(1 + \alpha)}{C} = \frac{3\ 000 \times 0.1 \times (1 + 10\%)}{20} = 16.5 \approx 17$$

看板数量需要 17 张。

看板数量并不是固定不变的，在丰田生产方式中，通过不断的减少库存缓冲来找到流动的阻碍，从而使流动的速度加快。而在减少库存缓冲的同时，看板数量也需要进行相应的减少。

6.7.3.4　使用水库模型分析丰田生产方式

内容提要：丰田生产方式可以使用物理学中的水库模型进行分析。每一个生产单元都包含 2 个水库，分别是原料库和成品库。生产人员控制原料阀门和生产阀门。打开原料阀门，领料过程开始，原料库库存增加；打开生产阀门，生产过程开始，成品库库存增加。生产人员通过控制原料阀门和生产阀门，使得实际库存与目标库存相同。

（1）初始状态实际库存等于目标库存，原料阀门和生产阀门关闭。生产阀门关闭表示此工序停止生产，而原料阀门关闭表示此工序不需要原料配送。原料经过生产阀门之后便成了此工序的成品，生产阀门相当于加工过程。此工序的生产人员有两个目标需要完成，一个是原料库目标库存，另一个是成品库目标库存。当实际库存等于目标库存时，目标完成，停止生产以防过量生产而产生不必要的库存，进而造成浪费。当成品库实际库存小于目标库存时，生产人员打开生产阀门开始加工，原料库库存降低，成品库库存升高。打开生产阀门的同时，生产人员也打开原料阀门，使得原料库实际库存升高，直到和目标库存相等为止，如图 6-91 所示。

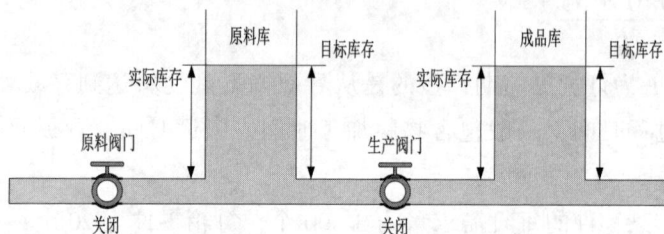

图 6-91　TPS 的水库模型状态一

（2）成品库实际库存小于目标库存，原料阀门和生产阀门关闭。此状态相当于下游工序取走此工序的部分成品，从而使得此工序成品库实际库存小于目标库存。在丰田生产方式中，本工序成品库存的减少是因为下游工序通过领取看板将本工序成品库的部分库存领走，领走的数量就是目标库存与实际库存之差，如图 6-92 所示。

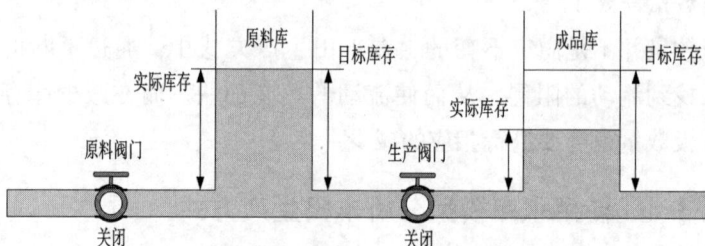

图 6-92　TPS 的水库模型状态二

（3）生产阀门打开，成品库实际库存增加，原料库实际库存减少。当生产人员发现自己的成品库实际库存小于目标库存时，他就要打开生产阀门，对原材料进行加工，增加成品库库存，直到成品库实际库存等于目标库存为止。在丰田生产方式中，下游工序在取走本工序一定数量的成品时，会给本工序下一个同样数量的生产看板命令。本工序生产人员在接到生产看板时开始生产，在完成生产看板要求的数量时停止生产。生产的数量是下游工序领走的数量，也是目标库存与实际库存之差，如图 6-93 所示。

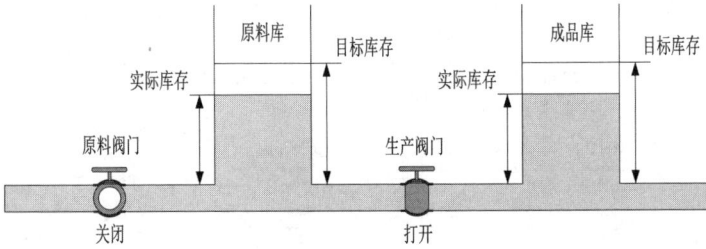

图 6-93　TPS 的水库模型状态三

（4）原料阀门打开，原料库库存增加。由于上一步中生产阀门打开对原材料进行加工，所以原材料库存开始下降。这时原料实际库存小于目标库存，生产人员就需要打开原料阀门，使得原材料从上游工序的成品库流入本工序的原料库，从而使得本工序原料库库存增加，直到实际库存等于目标库存。生产阀门可以和原料阀门同时打开，只要原料库实际库存不大于目标库存就可以。在丰田生产方式中，本工序开始使用自己的原料库原料进行生产，会导致原料库库存减少，所以此时丰田生产方式会产生一个和成品库生产数量相同的原料库领料看板，促使原料配送员去上游工序领取原料以补充自己的原料库库存，领取的数量和自己下游取走的数量相同，进而将下游需求传到上游，产生拉动的效果，如图 6-94 所示。

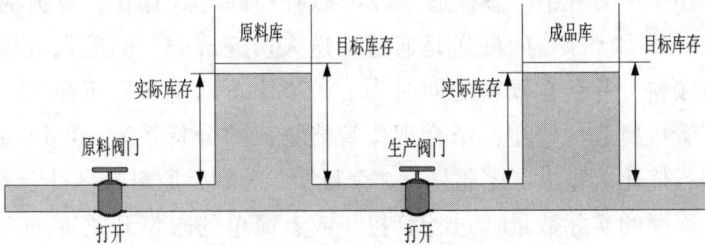

图 6-94　TPS 的水库模型状态四

（5）原料阀门和生产阀门关闭，实际库存等于目标库存。当成品库的实际库存等于目标库存时，生产目标完成，关闭生产阀门以防过量生产；当原料库实际库存等于目标库存时，关闭原料阀门。进而恢复到了初始状态。在丰田生产方式中，当生产人员完成了下游下达的看板生产命令时，本工序停止生产。当原料配送员领取回本工序下达的领取看板命令时，本工序停止领取。此时实际库存均等于目标库存，如图 6-95 所示。

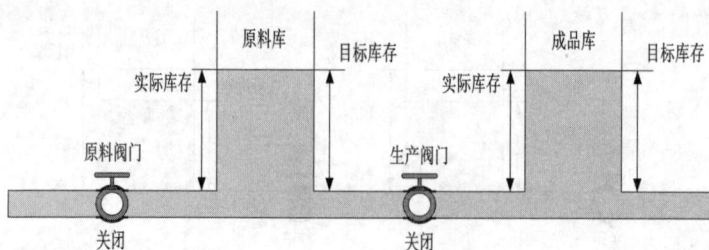

图 6-95　TPS 的水库模型状态五

在丰田生产方式中，生产看板是生产开始的命令，完成生产看板规定的数量时是停止生产的命令。领取看板是领取原料开始的命令，完成领取看板规定领取的数量是停止领取的命令。在水库管理的模型中，实际库存小于成品库目标库存是生产开始的命令，实际库存等于目标库存是生产停止的命令。原料库中实际库存小于目标库存是开始领取的命令，而实际库存等于目标库存是停止领取的命令。这其中可以看到生产看板或者领取看板的数量等于目标库存减实际库存，这其中看板起到了计算目标库存和实际库存偏差的作用，即看板规定数量＝目标库存－实际库存。从完成这个功能的角度来说，看板不是必需的，比如流水线生产和 TOC 制约理论中就没有看板的存在。另外，纸质看板的方式是可以进行优化的。

在丰田生产方式中，看板通常以纸质看板的方式存在，看板的更改相对比较费时费力。原料的配送是通过配送人员完成的，配送人员按照领取看板进行领料，并且在领料的同时为上游工序下达生产看板命令。因为我们知道了看板所起的作用，结合现代智能物流的分货系统，可以对丰田生产方式进行优化。每道工序还是有 2 个目标，分别是原料库存目标和成品库存目标。库存的实际数量通过计算机，或者简单的限位开关等进行实时测量。比如成品库目标库存是 8 个，每 4 个放在一个容器中，每放一个成品，容器中的限位开关被触发或者光线被遮挡，自动记录完成 1 个，这样就实现了实时检测实际库存的目的，需要生产的数量＝目标库存－实际库存，这样就达到了使用生产看板的目的，也就是生产看板不需要使用了。当本工序进行生产时，会使用自己的原料库存，这样原料库存就会减少，原料库存也采取类似的检测方式，从而需要领取的数量＝原料库目标库存－实际库存。这个领取命令通过有线网络传送给上游工序，上游工序的智能传送带按照这个数量进行原料传送。这个领取命令也可以通过无线的方式传送给智能配送机器人，类似于物流系统的分货机器人，这些机器人自动进行配送。

每道工序包含自己的原料库和成品库，每道工序都有原料阀门和生产阀门，将各个工序连接起来就形成了多工序的丰田生产方式，如图6-96所示。

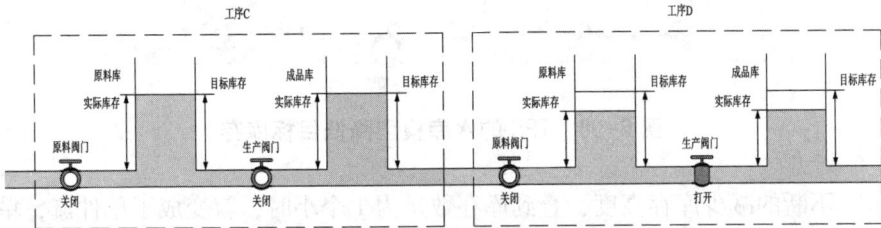

图6-96　TPS的水库模型的双库存

在工序之间距离较近或者配送及时的环境中，工序的原料库可以取消，直接使用上道工序的成品库作为自己的原料库，比如工序D就取消了自己的原料库，如图6-97所示。

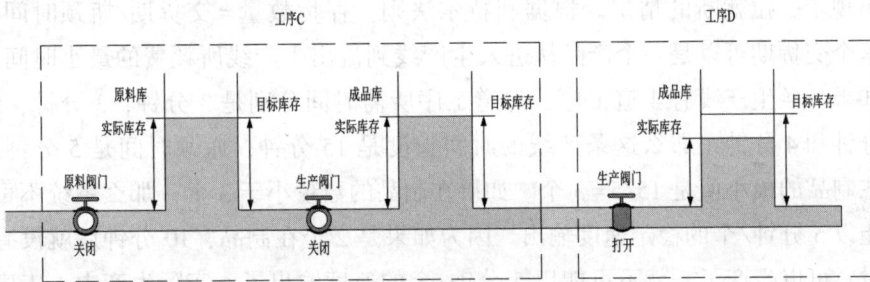

图6-97　TPS的水库模型单库存

在丰田生产方式中，目标库存越多，交货期越长。因为库存是成本，成本也就越高，为了缩短交货期和减少成本，丰田生产方式不断的减少库存数量。在水库的模型中，水库的目标库存越多，水从流入水库到流出水库所花费的时间越多，水流入水库到流出水库就相当于原料流入生产企业到流出生产企业。而水停留的时间越久，越容易腐败，类似于大量库存而导致产品不能卖出。将水库的目标库存从原目标库存降低到现目标库存，目标库存的数量减少，水流入流出水库的时间减少，如图6-98所示。

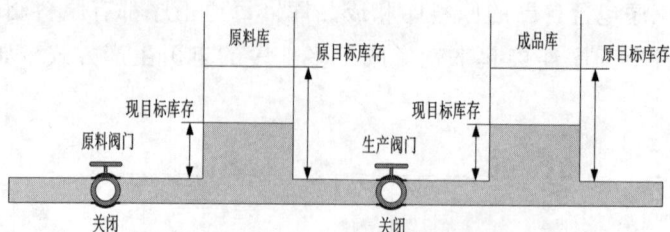

图 6-98　TPS 的水库模型降低目标库存

不断的减少库存高度，直到库存数量为 1 个小时，就变成了单件流，单件流是极限库存状态。为什么很多企业在实行单件流时一拉就断呢，即实行单件流时，工序经常挨饿。单件流一拉就断的原因是在制品数量小于极限在制品要求的数量。那么极限在制品数量如何计算呢？

从 TOC 制约理论的角度说，系统的速度由瓶颈速度决定。当实行单件流时，如果系统的产出速度小于瓶颈速度，那么瓶颈工序肯定挨饿了，即出现了一拉就断的情况。根据利特尔法则：存货数量＝交货期/瓶颈时间，这个交货期可以是一个产品从进入生产线到流出生产线所耗费的最小时间。如果一条生产线有 4 道工序，每道工序所需时间分别是 3 分钟，3 分钟，5 分钟和 4 分钟，那么这条产线的时间长度是 15 分钟，瓶颈时间是 5 分钟。在制品的极小值是 15/5＝3 个。如果在制品的数量小于 3 个，那么系统不可能以 5 分钟/个的稳定速度输出。因为如果是 2 个在制品，10 分钟后就没有材料可以生产了，就不可能以 5 分钟/个的速度输出了。实际生产中，工序之间除了生产时间之外，还有等待和搬运的时间，加上这些时间之后，交货期会加长，而存货数量＝交货期/瓶颈时间，瓶颈生产时间不变，交货期增加，那么只有在制品的数量增加才能保证系统按照瓶颈的速度输出，不出现一拉就断的情况。

6.7.3.5　自动化与负反馈分析

丰田生产方式的两个支柱是准时化和自动化，自动化也是一个负反馈的控制过程。系统有一个质量标准，然后系统对于生产的零件进行实时检测，并且将检测的质量反馈给输入，与质量标准进行比较，当检测的产品质量与质量标准有偏差时，系统自动停止运行，这样迫使现场的管理人员和维修技术人员立刻进行问题分析，可以利用 5 个为什么寻找原因，在找到质量问题的原因后进行修正，然后继续进行生产，如图 6-99 所示。

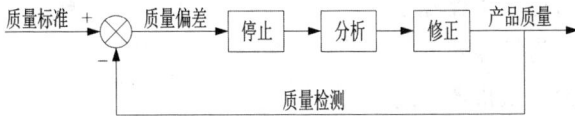

图 6-99　自动化与负反馈

从系统思考负反馈的角度来说，丰田生产方式的自动化是一个负反馈过程，它的输入是产品的质量标准，它的输出是产品的实时质量，它的反馈是检测到的产品质量，反馈的质量和质量标准进行比较，也就是作差，如果产品的质量偏差超过了规定的要求，那么产线停止生产，进行问题分析，找到问题之后进行修正，继续生产，防止有问题的产品流入下道工序。其中停止、分析和修正是负反馈的控制环节。

丰田生产方式的自动化包含：异常情况的自动化检测，异常情况下的自动化停机和异常情况下的自动化报警。自动化检测的质量结果和质量标准进行对比，就可以区分正常和异常情况。异常情况自动停机就是在比较质量标准和质量检测之差之后，发现质量偏差大于规定值时，设备进行自动停机，防止不良产品继续生产，造成浪费。异常情况下的自动报警是在发生异常时，不仅需要停机，还需要将这个信息传达给现场的管理人员和维修技术人员，这样他们才能最快的知道异常情况，以便即时进行处理，减少停工的浪费。

从控制的角度来说，控制有三个主要的性能指标，分别是稳定性、快速性和准确性。如果检测到异常情况，立刻进行了停机，然后对问题进行了简单处理，满足了质量要求，又投入生产。而过了不久，又出现质量问题，然后再简单处理满足要求，投入生产。那么就会陷入不断的停机，不断处理问题的恶性循环，产生了停机的浪费。这样的系统不满足控制稳定性的要求，所以丰田生产方式要求彻底的解决问题，而不是简单的解决问题。丰田生产方式采用现场、现物和现实的三现主义，就是说，当发生问题的时候，管理者要快速到"现场"去，亲眼确认"现物"，认真探究"现实"，并据此提出和落实符合实际的解决办法。丰田生产方式除了三现主义，还要求深层的发现问题的原因，也就是找到出现问题的根本原因，彻底的解决问题，这样可以有效的减少停机和不良品的浪费。丰田寻找问题根本原因的方法是五个为什么，也就是对一个问题点连续以五个"为什么"来自问，以追究其根本原因。

丰田汽车公司前副社长大野耐一曾举了一个例子来找出停机的真正原因。

问题一：为什么机器停了？

答案一：因为机器超载，保险丝烧断了。

问题二：为什么机器会超载？

答案二：因为轴承的润滑不足。

问题三：为什么轴承会润滑不足？

答案三：因为润滑泵失灵了。

问题四：为什么润滑泵会失灵？

答案四：因为它的轮轴耗损了。

问题五：为什么润滑泵的轮轴会耗损？

答案五：因为杂质跑到里面去了。

经过连续五次不停地问"为什么"，才找到问题的真正原因和解决的方法，在润滑泵上加装滤网。

如果员工没有以这种追根究底的精神来发掘问题，他们很可能只是换根保险丝草草了事，真正的问题还是没有解决。

丰田生产方式通过三现主义和五个为什么找到产生质量问题的根本原因，从而确保了控制的稳定性。

而在控制的快速性中，则要求所有的环节反应快速，比如检测环节反应迅速，反馈迅速，判断偏差迅速，停机迅速，任何一个环节反应慢，都会导致产生过多的不良品。比如停机环节慢，那么在已经检测到了不良品之后，由于停机速度慢，那么设备还在生产不良品，这就产生了浪费。对产品进行全数实时的检测，可以有效的降低不良品率。全数检测要比抽样检测的反馈更加迅速，进行全数检测，一旦发现一个在制品质量缺陷，就会进行停机处理，提高了产品的良品率，防止不良品流到下一个环节，进而造成更大的质量问题。而进行抽样检验时，不良品可能不被抽中，而在抽样检测到不良品时，可能已经有不良品进入了下一个环节而产生更大的质量问题，这样的检测就不是快速的。

在控制的准确性的要求中，需要控制的各个环节的数据和控制准确。比如检测的不准确就会导致控制的不准确，从而经常没有发生质量异常而停机，或者发生了质量异常而不停机，这都会产生浪费。而控制的不准确也会导致各种浪费发生。设备的自动化不一定能检测出所有质量异常，有时候需要辅助生产人员的人为判断，进而增加检测的准确性。

丰田生产方式通过不断的降低库存缓冲来提高生产线的流动速度，而降低库存缓冲是通过降低看板数量来实现的。在丰田生产方式中，生产人员只生产看板上要求的数量 n 和种类 m，并且按照节拍速度 V 进行生产，即按照广义动量定理的成果 nmV 进行生产，这样就能防止过量生产。丰田生产方式通过不断的降低库存缓冲来提高生产线的速度，那些阻碍因素就像藏在水面下的石头一样一一呈现，而各种浪费也是阻碍生产流动的因素，会不断的暴露出来，然后丰田生产方式通过不断的降低库存水平面来消除这些浪费，进而达到低成本、高效率和高质量生产的目的。

6.7.3.6 丰田生产方式的浪费观

丰田生产方式的目标是低成本、高效率、高质量地进行生产，要达到低成本的目的，就要消除生产环节中的一切浪费，这样可以达到成本最小化，在价格相同的前提下，可以保证自己的利润最大化。浪费的产生也会消耗资、人力和时间，而这些完全不能创造价值，如果将这些资源运用到满足消费者的需求上，可以提高自己的效率。另外不良品等产生的浪费使得产品质量下降，消除不良品可以完成高质量生产的目标。所以消除浪费可以促进完成低成本、高效率和高质量的目标。

从广义动量定理 $F\alpha t = nmV$ 的角度来说，在成果相同的前提下，如何使用最小的资源力量 F 和时间 t 来完成最大的成果，就可以达到最小成本的目的。

使用波士顿矩阵可以分析生产活动，将生产活动按照是否增值和是否必要进行划分，可以得到四格的波士顿矩阵，其中包括必要增值、非必要增值、必要非增值和非必要非增值活动，而丰田生产方式只需要必要增值活动，而将其他三种看作浪费，要彻底的消除这些浪费，如表 6-8 所示。

表 6-8 浪费的波士顿矩阵分析

	必要	非必要
增值	必要增值	非必要增值
非增值	必要非增值	非必要非增值

生产的加工环节是必要的增值活动；而很多搬运都是必要非增值活动，因为它不能消除，但也没有增加产品的价值；生产不良品就是非必要非增值活动。对于非必要的增值活动，这稍微有点难以区分。质量管理专家朱兰说："质量是一种实用性，即产品在使用期间能满足使用者的要求。"很多产品的性能超出了客户的需求，那么超出这部分虽然从性能的角度来说是增加了产品的价值，但是这种增值是非必要的，只要满足客户使用期间

的要求即可，过度的满足也是一种浪费。

从广义动量定理 $F\alpha t = nmV$ 的角度来说，其本质是力在时间上的积累效应。所以可以将时间分为增值时间和非增值时间。传统的生产活动中会有很多的非增值时间，比如运输、存放、检验和库存等，如图 6-100 所示。

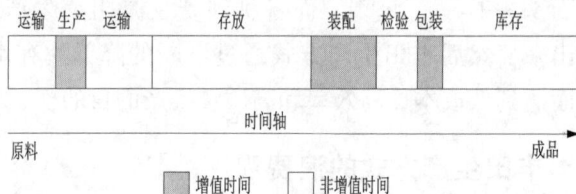

图 6-100　传统生产方式的增值和非增值时间

丰田生产方式通过减少非增值时间来减少浪费，进而达到降低成本的目的。在丰田生产方式中，减少过量生产是最有效的减少浪费的手段，通过不断的减少浪费，还能达到高效率和高质量的目的，如图 6-101 所示。

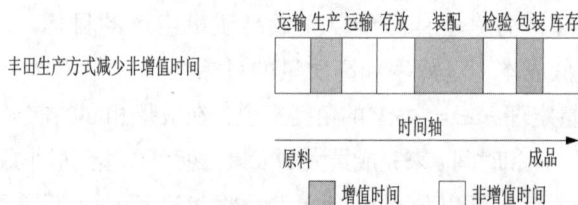

图 6-101　丰田生产方式的增值和非增值时间

在丰田生产方式中，浪费被分为七种，分别是：过量生产浪费、库存浪费、搬运浪费、不良品浪费、过度加工浪费、多余动作浪费和等待浪费。

（1）过量生产浪费：生产了过多的，超出客户或下游工序所需要的量。

（2）过度库存浪费：各工序之间的库存或原材料库存超过必需的量。

（3）搬运浪费：任何不为生产过程所必需的物料搬动或信息流转。

（4）不良品浪费：对产品或服务的检验或返修。

（5）过度加工浪费：从用户的观点看，对产品或服务没有增加价值的努力。

（6）多余动作浪费：任何对生产或服务不增值的人员或机器的动作。

（7）等待浪费：等待是对时间的非产出性应用。

在这七种浪费之中，过量生产是最大的问题，它可以引起其他六种浪费。没有过量生产，就会减少过量的库存浪费；没有那么多在制品也会减少搬运浪费；没有过量的生产，产生不良品就会停止生产线来对不良品进行原因查找，从而减少不良品浪费；没有过量生产，就不会有过多的在制品，也就会减少过度加工的浪费；没有过量生产，多余动作浪费会因为数量少而减少；没有过量生产，生产线运行流畅，就会减少等待的浪费。

6.7.3.7　丰田生产方式少人化案例分析

丰田生产方式通过少人化来减少浪费，降低成本，并且增加了系统的灵活度。

加工齿轮需要 16 台机器设备，分别完成齿轮生产过程的 16 道工序。

丰田的做法：一个作业人员拿起从前一工序中传来的一个齿轮，放入第一个机器当中，同时，马上拿起这个机器中加工好的一个齿轮放入传送带，齿轮就滑向下一个机器，这时作业人员应该转向第二个机器，但是他按下第一个机器和第二个机器中间的一个按钮，马上第一个机器就开始运转了。同样，在第二台机器上实施同样的操作，然后移向第三台机器，边走边按按钮，第二台机器也开始运转。为了工人在做完第 16 道工序时候，紧接着开始做第一道工序，需要把设备布置成 U 型，如图 6-102 所示。

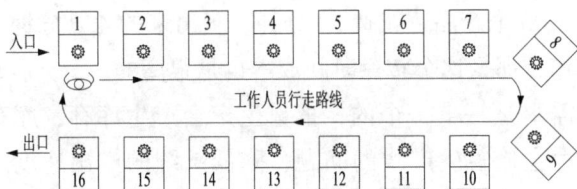

图 6-102　丰田生产方式的少人化

简单地说：就是一个工作人员操作 16 台设备，依次在第一台设备做第一工序，在第二台设备做第二工序，直到在第 16 台设备完成 16 工序，提供成品。16 台设备上有 15 个在制品和 1 个成品。这个工人完成一遍操作需要 5 分钟，也即是说，5 分钟 16 台机器工作一遍就完成了一个齿轮。

如果只是大量并且快速地生产这种齿轮，16 台机器就需要每台都有一个工作人员，单纯计算的话，生产一个齿轮只需要 18 秒。但是，由于使用这些齿轮的汽车是 5 分钟出售一台，也就是说齿轮的生产周期是 5 分钟就足够了，当然不需要 16 个人在这里（TOC 制约理论：汽车装配节拍是 5 分钟一台车，齿轮生产不是瓶颈，所以其平均速度也按照瓶颈的生产速度生产）。

一个人操作 16 台设备，五分钟一个齿轮，而不是 16 个人操作 16 台设备，每 18 秒一个齿轮。

这样做的好处是大大降低了人力资源成本，并且能够适应产能波动。如果产能需求增加，在齿轮生产部分再增加一个人就可以把产量提高一倍，（要找到对 16 个设备都会操作的人）。这个例子展示了丰田的精髓：如果产量下降，就要降低人力资源来提高效率，所以即使开工不足的话，丰田也能够控制成本。国内大多数企业，开工不足，就无法控制成本了。比如 16 个人各自负责一台设备，要提高产量的话，必须再增加 16 个人和 16 台设备才行。如果开工不足，16 个人也一个都不能少，不能控制成本的。

疑问：这个做法确实是减少了不少人力成本，但是这些机器就这么开着，难道就不耗能吗？它们大部分时间是处于不操作状态，这个时间段内难道就不算折旧了吗？假如 100 个产品，原本 1 800 秒就可以完成的，最后要 500 分钟完成，请问这多出来的 470 分钟难道不能用来做其他事情吗？

解答：1 800 秒完成是用 16 个人同时工作，那么就要负担 16 个人的工资。丰田生产方式培养的是多能工，1 个人可以干很多工作，从而使这个人工作饱满，没有工作时间上的浪费，达到降低浪费的作用。而如果说多出来的 470 分钟可以做其他的，那前提是有其他的事情可以去做，16 个人在 1 800 秒完成了 100 个产品，花费 30 分钟，多出来的 470 分钟如果去要到别的作业区做工作，那么这个转换时间成本也是很高的。

因为客户需求是一个一个的，批量生产会产生库存，库存是负债。并且产生大量库存会掩盖生产线的问题，降低系统的产出速度。如果客户的需求速度提高，比如要求 1 分钟每件，那么在这个区域增加 4 个工人就可以了，每个人工人还是向上一个工人一样，一件一件的加工产品，每个工人都是将一件产品从工序 1 加工到工序 16，或者每个人管几台设备。丰田生产方式的这种多能工，增加了整条产线的柔性，不会出现一个工人不能工作而导致产线停止的情况。并且由于多能工的存在，可以以最小的人力成本做出最大的产出。客户需求增加时，可以通过增加多能工来适应客户的需求而不必要扩充产线。

6.7.4　精益生产（LP）

内容提要：精益生产是在总结流水线生产和丰田生产方式而创立的生产理论，它将生产理论简化到了新的理论高度，总结出了精益五原则，对精益生产的推广起到了重要作用，越简单有效的方法越容易普及。精益生产的主要目标还是增加产出速度，同时也兼顾降低成本。精益生产以价值流分析作为工具，跟踪价值的产生过程，删除不必要的环节，从而缩短生产周期并降低成本。精益生产以空间或者库存作为缓冲，来防止工序的过量生产，从而保证系统的产出速度。

精益生产（Lean Production，LP）是美国麻省理工学院数位国际汽车计划组织的专家对日本"丰田 JIT（Just In Time）生产方式"的研究而命名的生产方法。精益生产有五个原则，分别为价值、价值流、流动、拉动和尽善尽美，如图 6-103 所示。

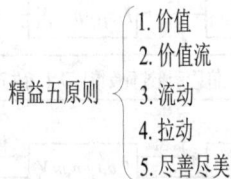

精益五原则 {
1. 价值
2. 价值流
3. 流动
4. 拉动
5. 尽善尽美
}

图 6-103　精益生产五原则

精益生产的五个原则：

（1）价值：精确的定义特定产品的价值。

（2）价值流：识别出每种产品的价值流。

（3）流动：使价值不断流动。

（4）拉动：让顾客从生产方面拉动价值。

（5）尽善尽美：永远的追求尽善尽美，如图 6-104 所示。

如何通过广义动量定理和系统思考来分析精益生产的 5 个原则呢？广义动量定理用来分析如何产生和增加成果，系统思考用来分析各种因素的相互影响。这两种方法该如何使用呢？

精益生产通过价值流分析删除了不产生价值的地方，即消除浪费，相当于减少了质量 m，减少在制品数量就减少了数量 n，从广义动量定理 $F\alpha t = nmV$ 的角度来说，$V = F\alpha t/(nm)$，减少质量 m 和数量 n 可以提高产出速度 V，而这一点和减少汽车质量可以提高速度的原理相同。

（1）价值：精确的定义特定产品的价值，如图 6-105 所示。

精益生产五原则

1.价值

$$m$$

1.价值

2.价值流

$$m_1 \longrightarrow m_2 \longrightarrow m_i \longrightarrow m$$

3.流动　　$V_1=V_2=V_i=V$

| $F_1a_1t_1=n_1m_1V_1$ | $\xrightarrow[物流]{V_1}$ | $F_2a_2t_2=n_2m_2V_2$ | $\xrightarrow[物流]{V_2}$ | $F_ia_it_i=n_im_iV_i$ | $\xrightarrow[物流]{V_i}$ | $Fat=nmV$ | $\xrightarrow[物流]{V}$ | 客户 |

4.拉动　　信息流通过负反馈拉动上游生产

| $F_1a_1t_1=n_1m_1V_1$ | $\xleftarrow[物流]{信息流}$ | $F_2a_2t_2=n_2m_2V_2$ | $\xleftarrow[物流]{信息流}$ | $F_ia_it_i=n_im_iV_i$ | $\xleftarrow[物流]{信息流}$ | $Fat=nmV$ | $\xleftarrow[物流]{信息流}$ | 客户 |

4.拉动　　物流下流，信息流上流，库存减少，偏差增加，按偏差生产

工序

从上道工序取走量　信息流
从上道工序取走量
原库存量
下道工序取走量　信息流
目标库存量　+　目标生产量　生产单元　产出量
从上道工序取走量　物流
剩余库存量
下道工序取走量　物流

5.尽善尽美　　减少目标库存，发现和消除阻碍流动的因素，使产出速度V增加

工序

从上道工序取走量　信息流
从上道工序取走量
原库存量
下道工序取走量　信息流
目标库存量　+　目标生产量　生产单元　产出量
从上道工序取走量　物流
减少目标库存量
剩余库存量
下道工序取走量　物流

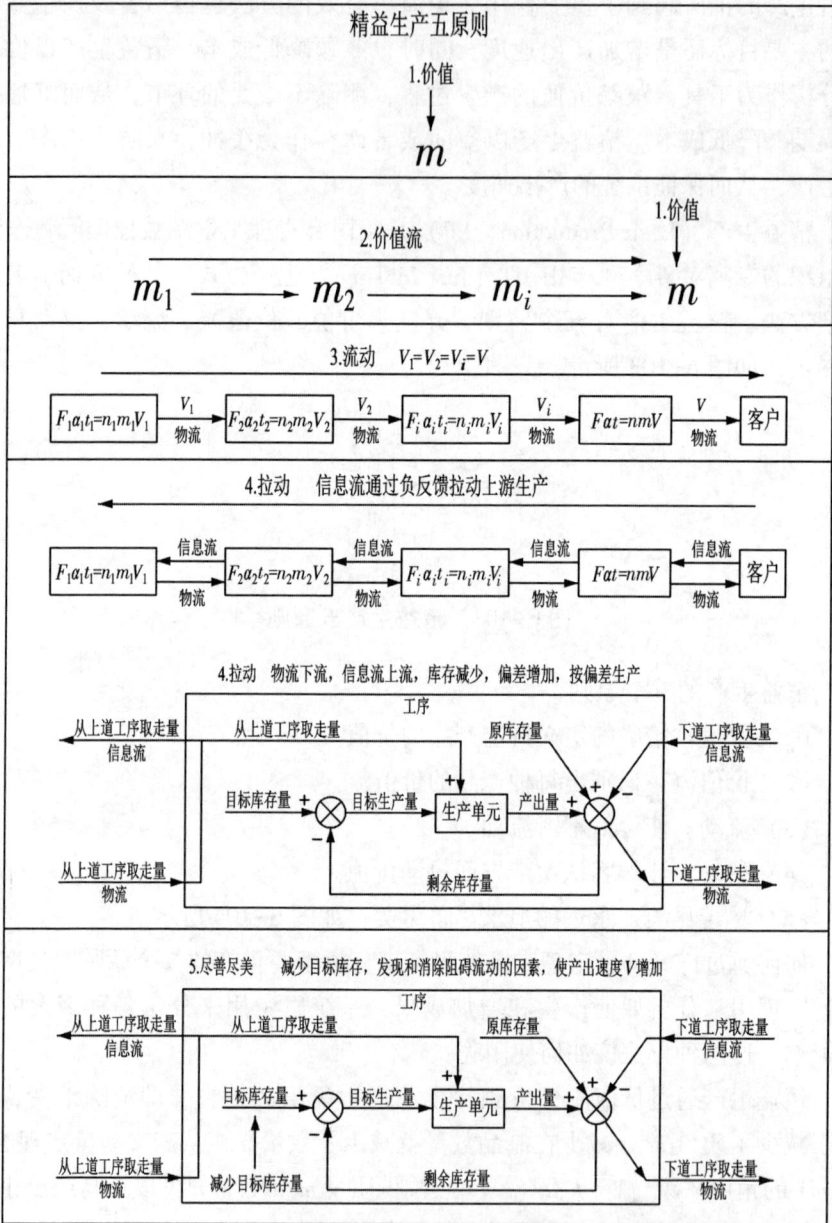

图6-104　精益生产五原则系统

1.价值

$$m$$

图 6-105 价值

定义价值就是定义顾客所需要的产品质量 m，这是生产出的产品需要达到的目标。从广义动量定理的角度说，定义价值就是定义广义动量定理 $F\alpha t = nmV$ 成果 nmV 中的 m，指出了主体通过力量 F、方法 α、时间 t 和力量的作用点而要达到的目标。

（2）价值流：识别出每种产品的价值流，如图 6-106 所示。

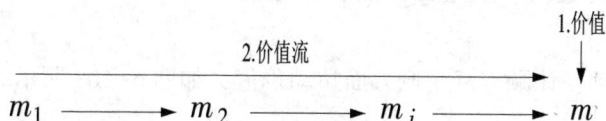

2.价值流   1.价值

$$m_1 \longrightarrow m_2 \longrightarrow m_i \longrightarrow m$$

图 6-106 价值流

价值流是产生价值 m 的过程，价值从原始价值 m_1 增值到 m_2，从 m_2 增值到 m_i，经过多个增值过程，最后增值到目标价值 m。而从原始价值 m_1，最后增值到目标价值 m 的过程就是价值流。也就是广义动量定理的过程市场 $F\alpha t$，不能产生价值 m 的过程应该减少到最小，这一点和工业工程中介绍减少动作动作路程的道理是相同的。减少不必要的步骤可以加快产品的产出速度而提高产出量，也可以减少时间、人力和物料等的成本，这和 TPS 中所说的"消除一切浪费"的思想是相同的。

（3）流动：使价值不断流动，如图 6-107 所示。

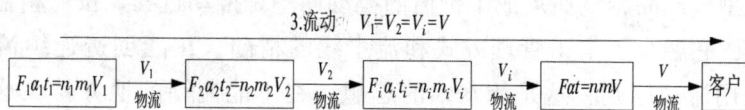

3.流动 $V_1 = V_2 = V_i = V$

$$\boxed{F_1\alpha_1 t_1 = n_1 m_1 V_1} \xrightarrow[\text{物流}]{V_1} \boxed{F_2\alpha_2 t_2 = n_2 m_2 V_2} \xrightarrow[\text{物流}]{V_2} \boxed{F_i\alpha_i t_i = n_i m_i V_i} \xrightarrow[\text{物流}]{V_i} \boxed{F\alpha t = nmV} \xrightarrow[\text{物流}]{V} \text{客户}$$

图 6-107 流动

增加流动速度可以增加产出成果。从广义动量定理 $F\alpha t = nmV$ 的角度说，速度 V 越大，成果 nmV 越大。每一个增加价值的过程也是广义动量定理增加成果的过程，没有过程四要素力量 F、方法 α、时间 t 和作用点，成果不可能发生变化。从 TOC 制约理论的角度说，系统的产出由瓶颈决定，瓶颈的速度决定了系统的产出速度，而当局部速度大于瓶颈速度时，并不能增加系统的产出，反而会增加库存而掩盖问题。那么是谁决定系统产出速度的上限呢？是客户的需求速度，超过客户需求的产出速度只能产生库存。在丰田生产方式和精益生产中，如何处理局部速度高于瓶颈速度的地方呢？它们通过多能工和快速换模来实现人和设备的富余被使用，因为从 TPS 和精益生产的角度说，超出功能需求的能力而不被使用就是浪费，不符合精益的思想。人超出工作需要的能力和时间可以用来做其他的事情，这是多能工的精髓；而设备超出的能力也可以加工其他零件，通过快速换模来减少时间转换的损失。所以在 TPS 和精益生产中，通过使各生产单元的速度 V 相等来平衡产能，从而使产出最大化。每一个生产单元表示价值的增值过程，然后通过箭头的方向表示流动到下一个生产单元。

（4）拉动：让顾客从生产方面拉动价值，如图 6-108 所示。

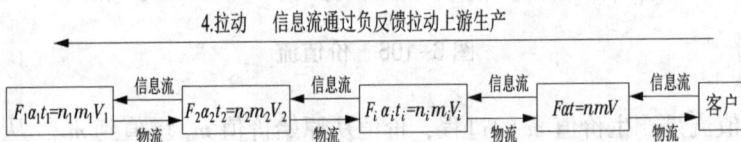

图 6-108　拉动

让顾客拉动价值是为了指导生产客户马上需要的产品，而不是客户不需要的产品，这样可以减少库存，从而减少负债，增加系统的有效产出。从下一个单元取走上一个单元的零部件后，物流是从上一个生产单元流到下一个生产单元，信息流从下一个单元反馈到上一个单元，反馈的信息包括取走器件的型号和数量等，这一个信息就是指导上一个单元生产同样数量的此型号产品，从而形成了价值的拉动而不是推动过程。按照精益生产的思想，它融合了丰田管理方式和流水线的精髓，在能创造连续流的地方就使用流动原则，这是流水线的思想，在不能流动的地方就在这道工序前增加超市库存，也是是库存缓冲，来保证下游的流动，如图 6-109所示。

4.拉动　物流下流，信息流上流，库存减少，偏差增加，按偏差生产

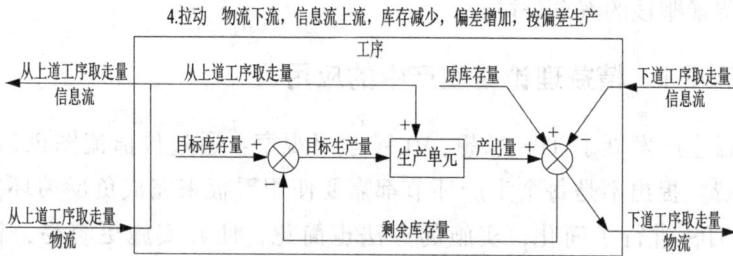

图 6-109　拉动的一道工序

每个生产单元均可以通过负反馈过程表示，每一个单元对于每一种产品都有一个目标库存量，当剩余库存量小于目标库存量时开始生产；当剩余库存量等于目标库存量时停止生产，这样既可以保证整条生产流程的速度一致，也可以防止过量生产而产生负债和扰乱生产秩序。目标生产量＝目标库存量－剩余库存量＝目标库存量－（原库存量－下道工序取走的量）＝目标库存量－原库存量＋下道工序取走的量，如果原库存量与目标库存量相等，那么生产的数量就是下道工序取走的量。单件流不一定是使系统产出最快的方法，有时经济批量比单件流使系统的产出更快。

（5）尽善尽美：永远的追求尽善尽美，如图 6-110 所示。

5.尽善尽美　减少目标库存，发现和消除阻碍流动的因素，使产出速度 V 增加

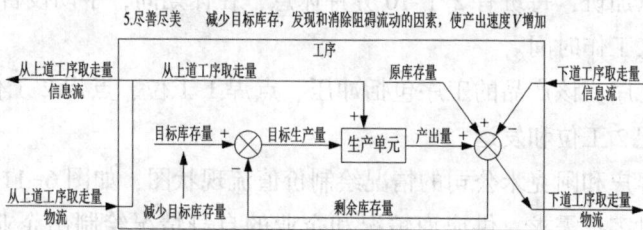

图 6-110　尽善尽美

尽善尽美是不断的优化上述四个过程，使成果 nmV 越来越大。通过减少目标库存，库存量减少，阻碍流动的问题就会像石头一样露出水面，消除这些阻碍流动的因素，就像移走了河流中减缓水流速度的石头，流动的速度会加快，产出成果 nmV 会增加。不断的减少目标库存和优化上述四个过程，使成果 nmV 越来越大。

德国保时捷公司在董事长魏德卿的领导下，引入精益生产，使保时捷

成为世界最赚钱的汽车公司。

6.7.4.1　精益理论在生产中的应用

精益生产发展了 TPS 思想，在《学习观察：通过价值流图创造价值、消除浪费》提出不是每个生产环节都需要使用看板来完成负反馈环，精益思想将 TPS 进行了简化，实施的方法也简化，使其实施更容易，且结果更好。

此处引用《学习观察：通过价值流图创造价值、消除浪费》书中的一个例子，并简要进行讲解。

例子

阿克米冲压公司为汽车装配厂生产钢制转向管柱支架，该产品分为左侧、右侧两种类型，成品发往国家大道汽车装配厂。

顾客需求为每月18 400件，其中：左侧转向支架12 000件，右侧转向支架6 400件。顾客工厂每天按照两班运转；每个货盘中有 20 件产品，一个货箱最多可以放 10 个货盘，顾客以货盘为单位订货。每天用卡车向顾客发一次货。

阿克米工厂数据

工作时间：每月工作日 20 天，所有生产部门每天两班，每班 8 小时，必要时可以加班，每班有 2 个 10 分钟休息，在休期间，手动设备停止工作，午餐不计入工作时间。

生产工序：该产品的工序包括冲压、点焊 1 工位、点焊 2 工位、装配 1 工位、装配 2 工位和发运。

根据客户和阿克米公司的情况绘制价值流现状图，如图 6-111 所示。

通过对客户需求，供应商情况和企业的自身情况绘制出企业的未来状态图，如图 6-112 所示。

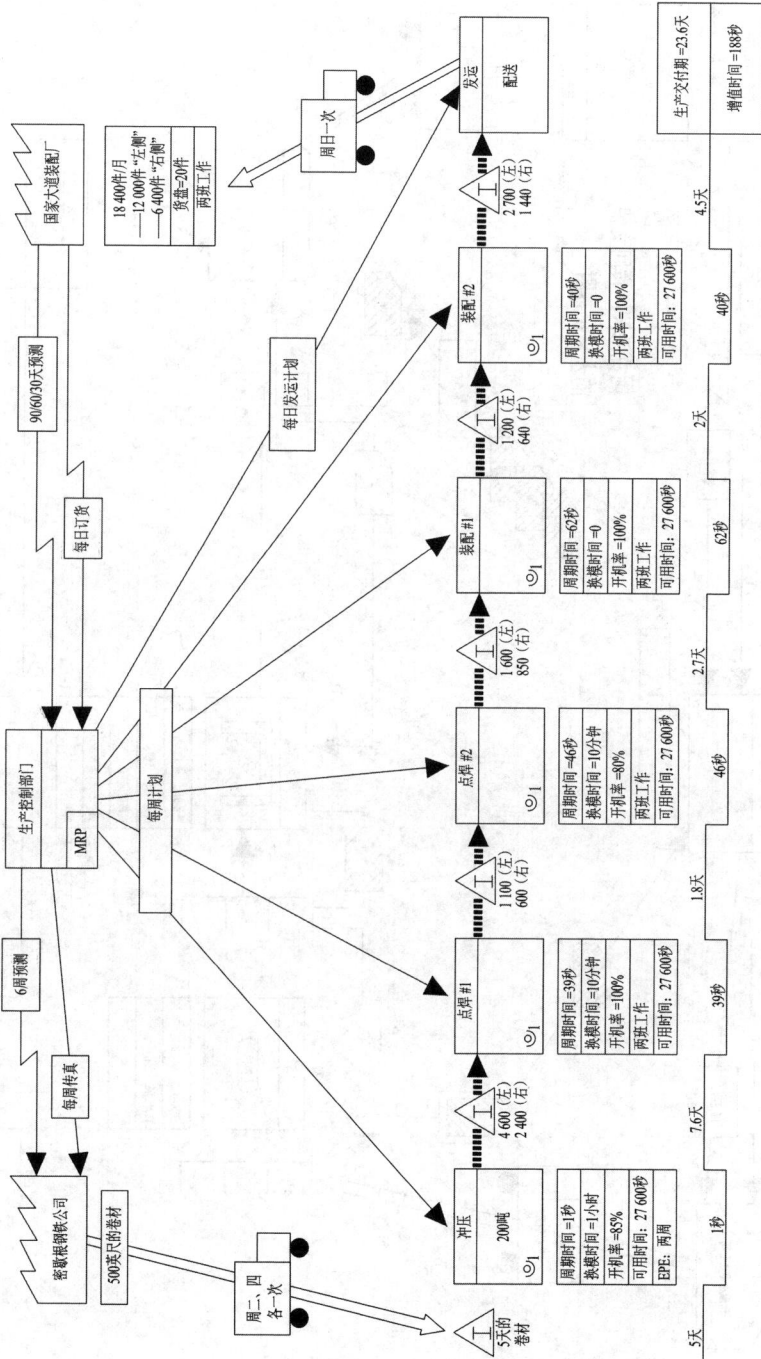

图 6-111　阿克米公司价值流现状图

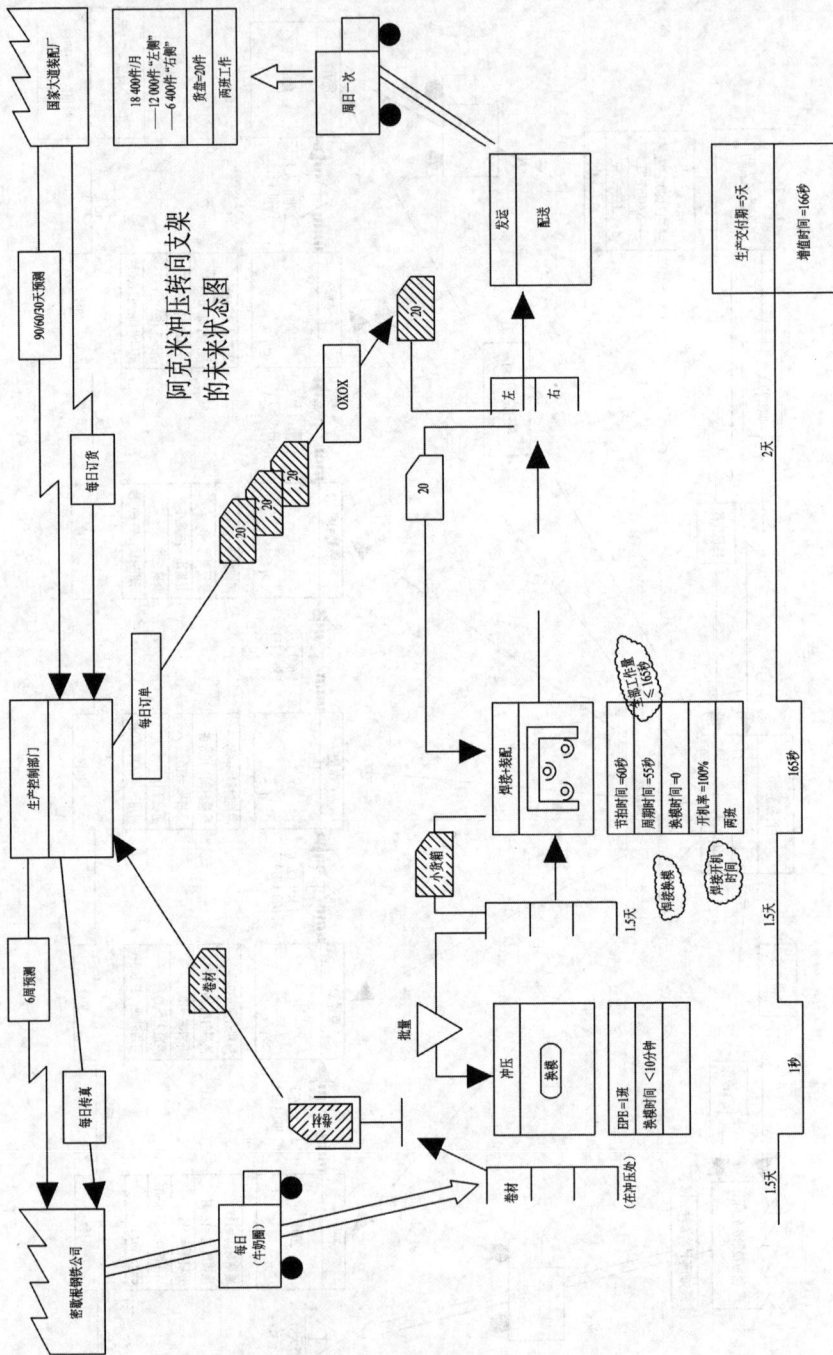

图 6-112 阿克米公司价值流未来图

通过精益价值流的分析，绘制出价值流的未来图。从图中可以看出生产交付期从 23.6 天缩短到 5 天。此工程的未来价值流图包含 3 个负反馈，包括供应商环、冲压环和定拍环。每一个拉动系统的超市都对应着一个负反馈环，如图 6-113 所示。

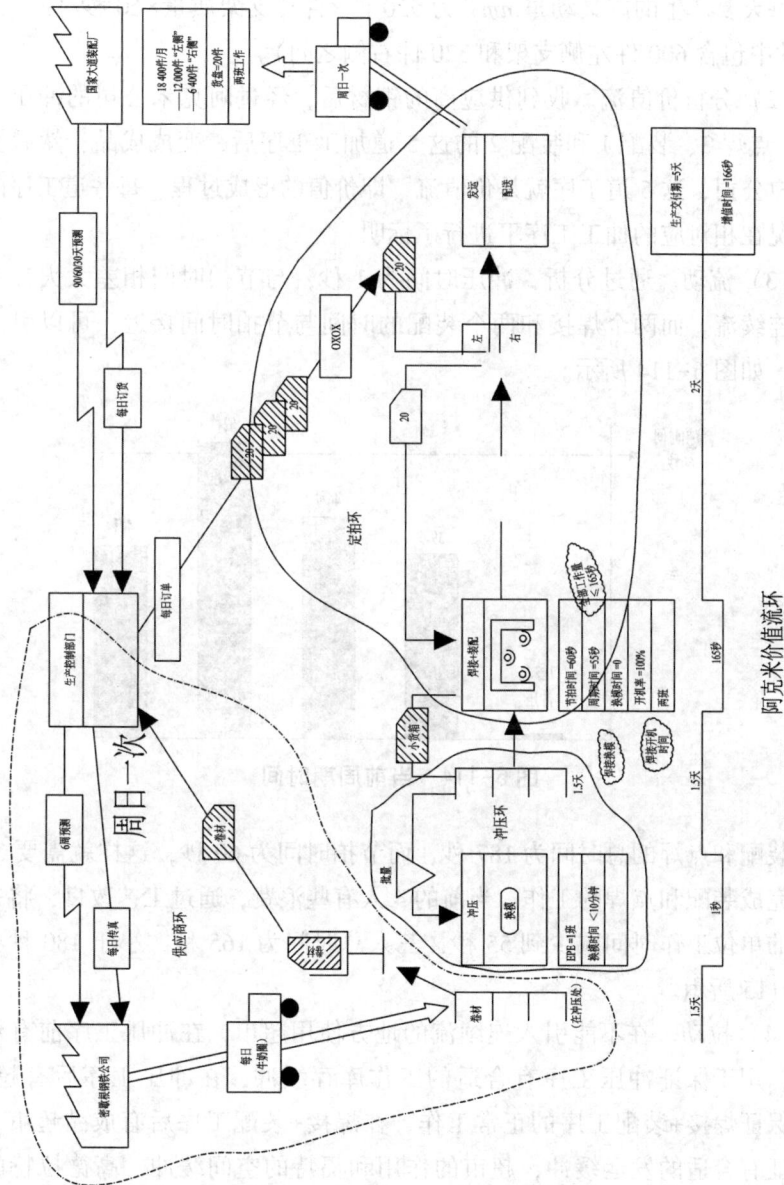

图 6-113 阿克米公司的价值流环

以精益思想的五个原则来分析这个例子：

（1）定义什么是价值。也就是质量 m，价值为生产的左右管柱支架。数量 n 为 12 000 件左侧，6 400 件右侧，速度 V 为 60 秒/件［18 400 件/20 天/2 班=460 件/班，27 600 秒（每班可用工作时间）/460 件=60 秒/件］。所以每天要产生的广义动量 nmV 为 920 件×管柱支架质量×60 秒/件（其中 920 件中包含 600 件左侧支架和 320 件右侧之间）。

（2）分析价值流。收到供应商的钢材后，经过阿克米公司的冲压、点焊1、点焊2、装配1和装配2的这5道加工工序后，变成成品，然后发运到客户公司，这5道工序就是价值流，即价值的形成过程。每一道工序的数据情况在相对应的加工工序下进行了标明。

（3）流动。通过分析，冲压时间为1秒，与节拍时间相差太大，不宜引入连续流。而两个焊接和两个装配的时间与节拍时间接近，可以引入连续流，如图 6-114 所示。

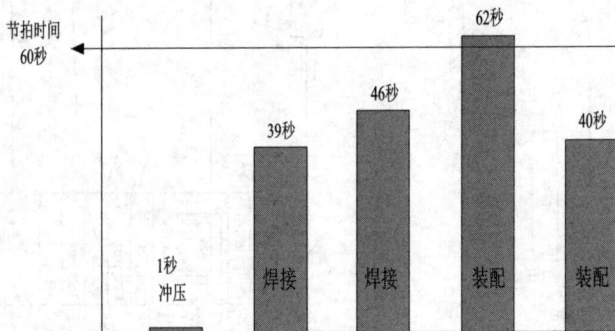

图 6-114　当前周期时间

装配和点焊的总时间为 187 秒，而节拍时间为 60 秒，这样就需要 3.12 人来完成装配和点焊的工作，当前的 4 人有些浪费，通过工艺改良，将每个工人的单位工作时间减少到 55 秒，三人总时间为 165 秒，小于 180 秒，如图 6-115 所示。

（4）拉动。在不能引入连续流的地方使用超市，在冲压工序前有卷材超市，用于保证冲压工序有合适的工作库存缓冲，在冲压工序后有超市，用于保证焊接+装配工序的正常工作，在焊接+装配工序后有成品超市，用于保证有合适的发运缓冲，超市的作用和福特的空间缓冲，高德拉特的时间缓冲作用是相同的，保证下道工序不挨饿，可以正常工作，超市的大小取决于现场的墨菲效应和节拍等，超市的库存量不宜过大，过大则在制品

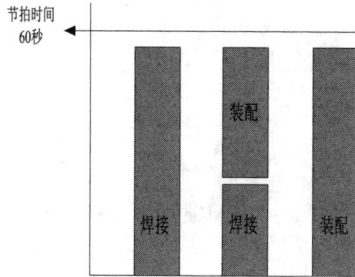

图 6-115　工序改进后的周期时间

过多，易造成生产混乱，并且库存是负债，需要减少；库存也不宜过少，过少的话，一旦发生墨菲效应，下道工序就马上停工，影响系统的总产出。超市是一个负反馈系统，输入的大小为超市的目标库存大小，而生产的目标是偏差库存，偏差库存=目标库存-实际库存，如图 6-116 所示。

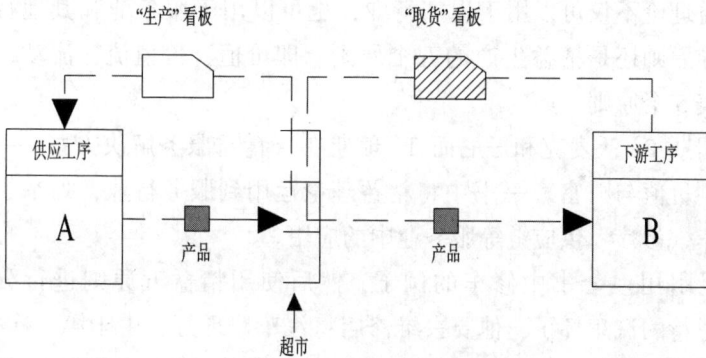

图 6-116　超市拉动系统

（5）尽善尽美。减少各道工序的换模时间，增加开机率到 100%，可以减少生产总时间。通过均衡生产，降低库存量，缩短交货期。各道工序的都可以通过不断改善，从而缩短交货期。

精益价值流图析中，使用反 E 来表示超市，与 TPS 的拉动系统功能是相同的；而先入先出的管道与福特流水线的空间缓冲道理相同，管道有大小容量的限制，达到限制时，停止生产，是负反馈系统。在某些情况下，超市并不适用，比如顾客定制的产品、保质期短的材料，或者很少用的昂贵零件等，就可以使用管道代替超市。精益价值流图使精益生产更容易理解和实施，如图 6-117 所示。

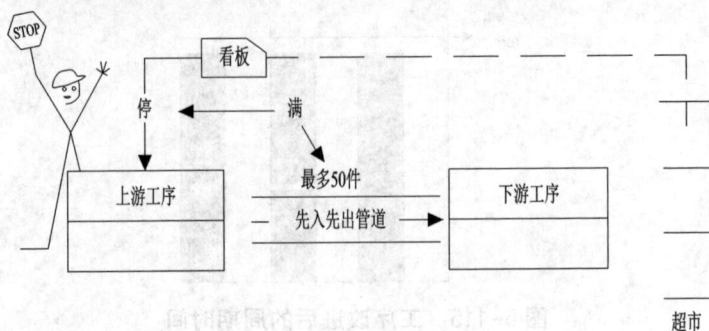

图 6-117 先入先出管道

精益生产适用条件：产品多样，需求较小但稳定的产品。

6.7.4.2 精益理论在服务业中的应用

精益理论不仅可以用于生产行业，也可以用于服务业和其他行业，使用的指导原则还是精益生产的五个原则。即价值、价值流、流动、拉动和尽善尽美 5 个原则。

詹姆斯 P. 沃麦克和丹尼而 T. 琼斯在《精益服务解决方案——公司与顾客共创价值与财富》一书中将精益理论运用到服务行业，列举了精益理论在修车、诊疗、供应链等服务业中的应用。

此处引用一个书中修车的例子，然后使用精益五原则进行分析。鲍勃·史考特的汽车坏了，他要去维修店将汽车修理好，由于第一次去 4S 店修完，在回家途中，车子又出现了相同的问题，他不得不回到 4S 店进行第二次修理。书中给出了车主两次消费的流程图和 4S 店两次维修的流程图，其中标有颜色的是产生价值的地方，没标颜色的地方是没有产生价值的地方。由于 4S 店第二次才将车修好那么第一次维修就是没有产生价值。而车主希望的是第一次就把车修好，所以车主产生的价值的是在第一次，如图 6 -118 和图 6-119 所示。

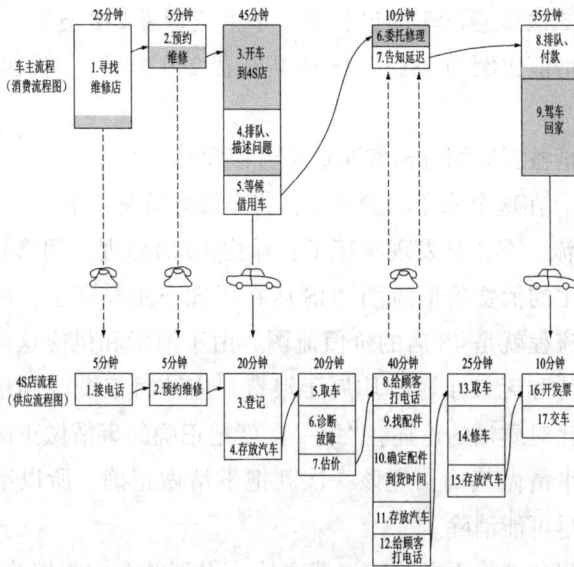

图 6-118　精益改进前的修车图 1

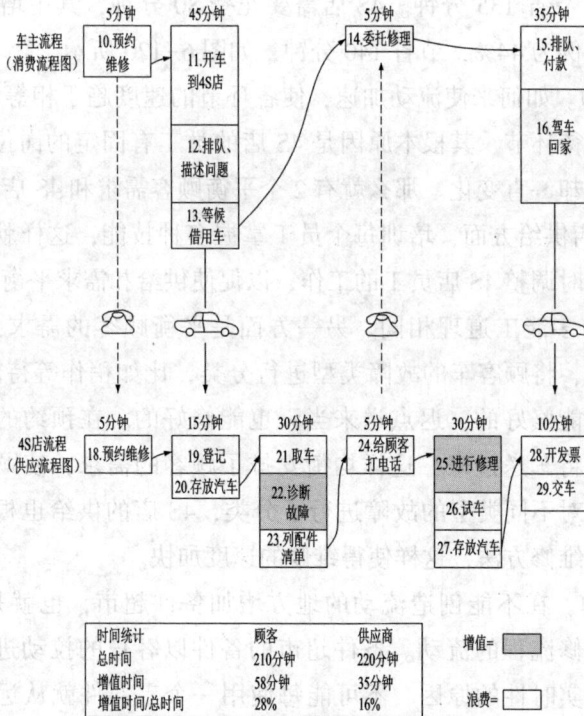

时间统计	顾客	供应商
总时间	210分钟	220分钟
增值时间	58分钟	35分钟
增值时间/总时间	28%	16%

增值＝　浪费＝

图 6-119　精益改进前的修车图 2

在车主的二次维修汽车的过程中，车主花费了 210 分钟，有 58 分钟是产生价值的，增值比例为 28%。4S 店共花费 220 分钟，增值时间 35 分钟，增值比例为 16%。

如何使用精益五原则分析修车这个流程呢？

（1）价值。在这个修车的例子中，将车修好就是价值。

（2）价值流。车主从发现车坏了，寻找 4S 店修理，到修好之后开回家的流程就是车主的消费价值流图。4S 店在得知车主车坏了，准备备件修好汽车到交车的流程就是 4S 店的价值流图。由于消费和供应这两个价值流程中存在太多等待和无效步骤，均属于浪费，应该将浪费降到最低。按照质量专家克劳斯比对质量的论述："第一次就把正确的事情做正确。"而 4S 店花了两次才把事情做正确，应该一次就把事情做正确，所以第二次修车就是浪费，应该尽可能消除。

在优化流程和消除不必要的浪费之后，得到的车主消费流程和 4S 店供应流程要简化很多，车主需要花费 75 分钟，其中增值时间为 53 分钟，增值比例为 71%，节省 135 分钟。4S 店需要花费 80 分钟，其中增值时间为 35 分钟，增值比例为 44%，节省 140 分钟，如图 6-120 所示。

（3）流动。如何来使流动加速，使各环节的速度趋于相等呢？在 4S 店修车有很多等待环节，其根本原因是 4S 店的员工有固定的岗位，而顾客的需求在一天中却一直变化。那么就有 2 个平衡顾客需求和 4S 店供给的方法。一方面在 4S 店供给方面，培训每个员工掌握多种技能，这样就可以根据顾客的需求而随时调整 4S 店员工的工作，以促使供给和需求平衡，减少排队，这和 TPS 中的多能工道理相同。另一方面是平衡顾客的需求，在沟通时，多和顾客聊聊，将顾客车的故障类型进行分类，比如稍作等待就能修好的，需要一整天才能修好的，迟点送来当天也能修好的。在预约的前一天确认顾客可以准时将车送过来，这样均衡安排了顾客的需求，使顾客的排队时间大大减少。对不同类型的故障进行了分类，4S 店的供给也根据不同的分类采取不同的维修方法，这样使得维修的速度加快。

（4）拉动。在不能创造流动的地方增加备件超市，也就是库存缓冲，来平衡整个维修流程的流动。备件超市的备件以客户的拉动进行补充。由于运输成本和实时性的原因，不可能每使用一个零部件就从远方仓库送来一个，补货频率要根据客户的需求而定，比如每天补充一次库存，而补充的大小为每天正好消耗的数量，即以顾客的需求拉动超市的库存，而不是上级仓库将零部件推动到 4S 店，如图 6-121 所示。

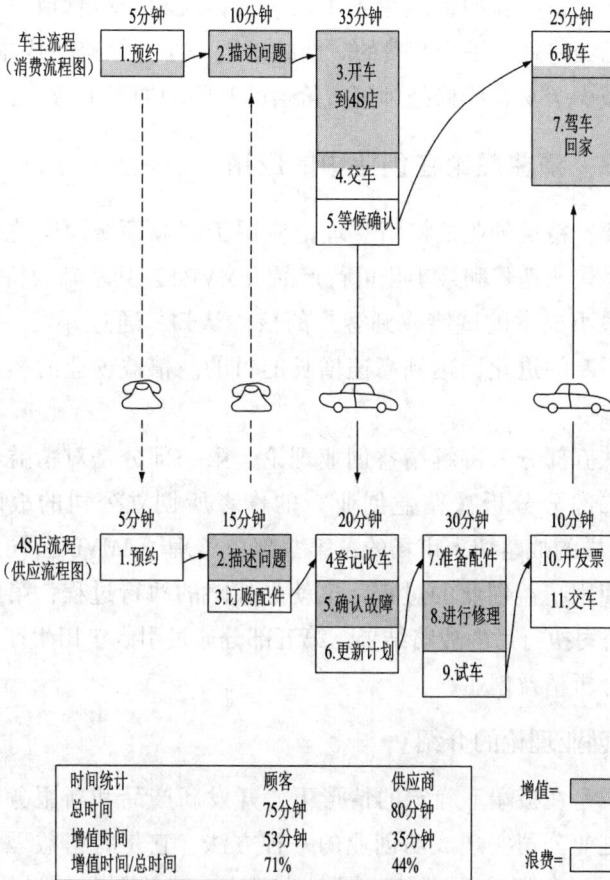

图 6-120　精益修车图

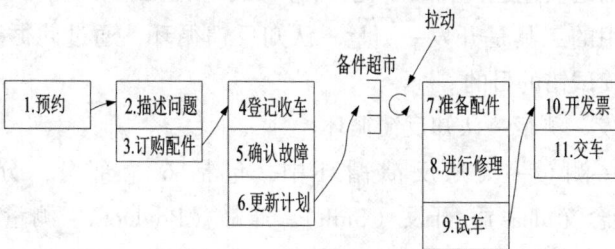

图 6-121　拉动和备件超市

（5）尽善尽美。尽善尽美就是不断的优化上述 4 个步骤，使得维修时间不断减少，维修质量提高，维修成本降低。葡萄牙的第三大经销商费尔南多·西芒集团将精益服务运用到了汽车维修流程，尽管精益之旅还没有结束，公司已经将顾客平均花费的时间缩短近一半，维修总成本减少30%，借用车需求减少75%，维修技师创造价值的时间增加了1倍。

6.7.4.3 精益理论在创业中的应用

内容提要： 精益创业是将精益理论应用于创业领域。精益创业有两大支柱，分别是快速迭代和最小化可行产品（MVP），其基础为持续试错，以最快速度和最小成本的试错找到客户的核心认知，通过开发—测量—认知的快速循环不断的进化，达到高速增长的目的。精益创业的本质是以最小成本快速试错。

本节将从五部分来讲解精益创业理论，第一部分是对精益创业理论进行介绍；第二部分分析《精益创业》的作者所创立公司的战略，也就是IMVU以什么样的战略切入市场的；第三部分整理了IMVU公司从没有使用精益创业到使用精益创业的过程，也就是战略的执行过程；第四部分用来分析IMVU公司执行后的战略结果；第五部分通过引入丰田生产方式和物理实验来对比分析精益创业。

1. 精益创业理论的介绍

创业公司是在极端不确定的情形下，开发新产品和新服务的组织。精益创业就是创业公司实现成功创业的一种方法，它是将精益理论引入创业领域，并结合创业领域的特点而创立的理论。精益创业的目标是低成本、高速度和高成功率的实现创业目的，满足潜在客户的需求。精益创业有两大支柱，分别是快速迭代和最小化可行产品，精益创业的基础是持续试错。精益创业使用的工具是开发—测量—认知反馈循环，通过此循环的快速迭代，达到持续试错的目的。

（1）开发—测量—认知反馈循环

在开发—测量—认知反馈循环中，包括6个部分，分别是认知（Learn）、概念（Ideas）、开发（Built）、产品（Product）、测量（Measure）和数据（Data）。其中认知和概念对应，认知是动作，概念是结果；开发和产品对应，开发是动作，产品是结果；测量和数据对应，测量是动作，数据是结果，如图6-122所示。

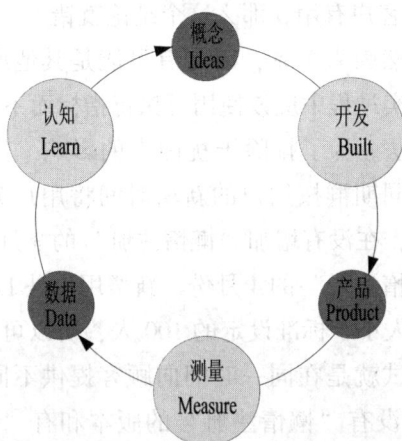

图 6-122　开发—测量—认知反馈循环

认知是一个证实或者证伪的过程，如果一个想法被证明是对的，那这就是一个经证实的认知；如果一个想法还没有被证明，那么就是一个未经证实的认知；如果一个想法被证明错了，那么就是错误的认知。比如 Grockit 公司在网站上增加了"懒惰注册"的功能，即使游客没有注册，也可以使用网站上的功能，公司希望通过减少客户的麻烦来增加网站服务的使用量。"懒惰注册"功能可以增加网站服务使用量就是一个未经证实的认知。Grockit 公司开发了这一功能并且投入市场进行测量，测量得到的数据显示"懒惰注册"并没有增加客户对网站服务的使用量，也就是这个认知是一个错误的认知。认知是否正确需要有一个衡量的标准，比如"懒惰注册"增加多少人算是证实了这个功能有用呢？增加 1 个、100 个还是 1 000 个呢？如果确定 30 日内增加的人数超过 100 人为衡量标准，那么大于 100 人时，"懒惰注册"就对客户有用，小于 100 人就无用。

概念是为了证实认知而产生的一个思想结果。比如为了证实"懒惰注册"有用，直接想法就是要开发一个"懒惰注册"的功能进行测试。

测量是为了得到产品的表现数据，从而为证实认知提供数据支持。因为即使 Grockit 公司不增加"懒惰注册"的功能，每天也会有新的人使用它们网站的功能，那么如何确定网站新增加的用户是不是由"懒惰注册"引起的呢？如果使用虚荣指标，即总的使用人数，那么就得到了错误的数据。因为每天客户的数量都在增加，如果随着时间看总的人数，那么总人数是上升的。而如果在投入"懒惰注册"功能后发现总人数也是上升的，从而得到"懒惰注册"对客户有用，那么这个结论就错了。"懒惰注册"和总用户数量上升不存在必然因果关系，因为有可能是其他原因引起的总用户数量上升。进行认知证实过程中应该使用可执行指标而不是虚荣指标。

同期群和对比方法。为了排除干扰因素的影响，作者莱斯给出了同期群和对比两种方法。同期群按用户的新增时间将用户分群，得到的每个群叫一个同期群。比如，在没有增加"懒惰注册"的 3 月份，新增用户是 120 人，而在增加了"懒惰注册"的 4 月份，新增用户是 126 人。4 月份比三月份多增加 6 人，而 6 人小于标准设定的 100 人，所以可以认为"懒惰注册"对客户无用。对比测试就是在同一时间向顾客提供不同版本的产品。比如向两组人员分别投放没有"懒惰注册"的版本和有"懒惰注册"的版本，测量 2 组人员对于两个版本的不同反应，从而得到"懒惰注册"是否有用。我们设定一个标准用来衡量"懒惰注册"是否有用这个认知，比如我们设定"懒惰注册"组的新增用户如果比另一组多 10%，那么就认为"懒惰注册"对于客户有用。经测量，"懒惰注册"组新增人数为 51 人，而另一组新增 50 人，（51−50）/50×100% = 2%＜10%，所以"懒惰注册"对于用户无用。

开发（Bulit）就是按照想法创建一个新的产品，而产品（Product）就是开发的结果。

对于数据（Data），《精益创业》的数据要满足三个"可"的要求，包括可执行、可使用和可审查。一个产品成绩报告要可执行的话，必须清楚地显示因果关系，否则就是虚荣指标。可使用的要求是产品成绩报告可以理解，这样才能对比从而指导员工和经理人做出决策。可审查是指确保数据对所有员工来说都是可信的。可审查是为了确保大家的分析和沟通是在同一个标准上的，否则很难做到顺畅沟通。比如 A 团队开发了"懒惰测试"功能，测量的反馈结果是此功能对客户无用，而如果 A 团队不认同测试方法，就会认为测试方法或者数据有问题，这样大家就不在同一标准上，就无法有效沟通。

从系统思考的角度说，开发—测量—认知反馈循环是系统思考的负反馈模型。认知是系统的输入，开发是系统的控制，测量是系统的反馈。当测量的反馈结果和认知有偏差时，那么不是调整开发而使得结果和认知相同，而是证明认知错误，如图 6-123 所示。

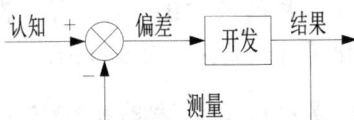

图 6-123　开发—测量—认知单循环模型

开发—测量—认知反馈循环是单个循环过程，因为如果证明认知错误，下一个循环的系统输入就会改变，即输入会变成新的认知，不断通过试错寻找正确的认知。而认知是否正确的主要衡量标准就是客户满意，客户满意之后客户才会使用产品，从而增加产品的使用量。将客户满意作为系统的输入，那么开发—测量—认知反馈循环就会变成多反馈循环，如图 6-124所示。

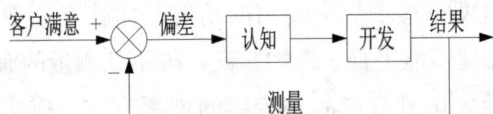

图 6-124　开发—测量—认知多循环模型

每一次有了新的未经证实的认知，就会产生新的概念，然后开发对应的功能投入市场进行测试，测试将结果反馈到输入，和客户满意进行对比，如果不能达到客户满意，那么这个认知就是错误的，需要产生新的认知，继续开发—测量—认知循环。

（2）最小化可行产品和快速迭代

最小化可行产品（Minimum Viable Product）是投入最少的人力和资源建造一个刚刚能够体现创新点或核心价值的产品，并立刻将其投入市场。精益的思维方式把价值定义为"向顾客提供利益"，除此之外的任何东西都是浪费。在制造行业中，只要产品能正常工作，顾客们并不介意它是如何组装的。但在新创企业中，谁是顾客、顾客认为什么东西有价值都是未知数。而如果完善了一个没用的功能，那就是浪费，所以要使用最小化可行产品来以最小的成本验证"概念"是否对用户有价值，如果没有价值，就没有进一步完善的必要，也就有效避免了浪费。

我们以波士顿矩阵的方式来分析为什么要选择最小化可行产品和快速迭代。从产品大小角度可以分为最大化可行产品和最小化可行产品，而从迭代快慢可以分为慢速迭代和快速迭代，这样就会有四种组合：慢速迭代的最大化可行产品、快速迭代的最大化可行产品、慢速迭代的最小化可行产品和快速迭代的最小化可行产品，如表6-9所示。

表6-9　最小化可行产品的波士顿矩阵分析

	慢速迭代	快速迭代
最大化可行产品	慢速迭代的最大化可行产品 传统方式，成本高，浪费多，速度慢，风险高，成功率低	快速迭代的最大化可行产品 成本巨高，浪费多，速度较快，风险一般，成功率一般
最小化可行产品	慢速迭代的最小化可行产品 成本低，浪费少，速度慢，风险高，成功率低，易被淘汰	快速迭代的最小化可行产品 精益创业，成本低，浪费少，速度快，风险最低，成功率高

可行产品的逻辑是，如果什么都没有那就没法验证。随着功能的增加，开发成本增加，如果完善了一个没用的功能，那就是浪费。可行的要求是因为如果不可行那就不能进行客户的验证，得不到测量的有效数据。

慢速迭代的最大化可行产品是传统的创新方式，成本高，浪费多，速度慢，风险高，成功率低。因为创新本来也是创造以前没有的产品，在没有接触到产品之前，客户并不知道自己想要的是什么。汽车大王亨利·福特曾说过："如果我最初是问消费者他们想要什么，他们应该是会告诉我，'要一匹更快的马！'"人们不知道想要什么，直到你把它摆在他们面前。而最大化产品的诸多价值假设都是未经证实的认知，即是否对客户有价值是不确定的，而如果去完善这么多不确定客户是否需要的功能，最后发现客户不需要，那么这些努力就是浪费，既浪费了人力和金钱，也浪费了时间和机会，从而导致开发时间漫长，风险高，成功率低。

快速迭代的最大化可行产品的成本巨高，浪费多，速度较快，风险一般，成功率一般。最大化产品需要的投入巨大，而如果是快速迭代的话，那么需要的人力和资源就需要更大的投入，一般新创业企业负担不起这样的投入，而最大化可行产品不容易验证哪一项功能对客户有用，哪一项对客户无用，这种大批量的投放方式就好像生产线上有巨大的库存，造成开发的混乱从而导致效率降低。

慢速迭代的最小化可行产品的特点是成本低，浪费少，速度慢，风险高，成功率低，易被淘汰。慢速迭代并且还是最小化产品，那么什么时候可以完成一个完整产品的开发呢，这种方式就像工业时代的手工生产一样，效率低下，太容易被淘汰。

快速迭代的最小化可行产品的特点是成本低，浪费少，速度快，风险最低，成功率高，也就是精益创业。

（3）三种增长引擎

莱斯提出了三种增长引擎，包括黏着式增长引擎、病毒式增长引擎和付费式增长引擎。

黏着式增长引擎的分析。《精益创业》写道："控制黏着式增长引擎的规则很简单：如果取得新顾客的比率超过流失率，产品将会增长。增长的速度取决于'复合率'，其实就是自然增长率减去流失率。"黏着式增长引擎和巴菲特的滚雪球理论有些类似。巴菲特说："人生如滚雪球，重要的是找到很湿的雪和很长的山坡。"1994 年 10 月 10 日巴菲特在内布拉斯加大学的演讲中说："复利有点像从山上往下滚雪球。最开始时雪球很小，但是往下滚的时间足够长（从我买入第一只股票至今，我的山坡有 53 年这么长），而且雪球黏得适当紧，最后雪球会很大很大。"如果拿黏着式增长引擎和滚雪球理论进行对比，那么就是雪球在滚动过程中既会黏着新的雪，也会掉下旧的雪，当黏着新的雪大于掉的雪，雪球就会变大，而雪的黏着性越好，黏的新雪越多，掉的旧雪越少，雪球的增长速度越快。

病毒式增长引擎的分析。《精益创业》写道："产品认知度在人群中快速传播，就像病毒散播传染病一样。……病毒式引擎和其他增长引擎一样，由量化的反馈循环提供动力。……如果一个产品的病毒系数为 0.1，即每 10 位顾客中有 1 位会介绍 1 名朋友，这就不是一个可持续的循环。试想有 100 位顾客注册，他们将带来 10 个朋友加入。这 10 个朋友再介绍 1 个人参加，循环就到此为止了。反之，系数大于 1.0 的话，病毒循环将呈几何级数增长，因为每个注册成员会平均带来超过 1 位顾客。"病毒式增长的本质是数学上的等比数列，病毒系数是等比数列的公比。如果开始的人数为 a，病毒系数为 q，那么下一个循环的人数就增加了 aq，再下一个循环就增加了 aq^2，n 表示 n 轮，以此类推。所以总数 S 为：

$$S = a + aq + aq^2 + \cdots + aq^n$$

当 $q = 1$ 时，$S = na$

当 $q \neq 1$ 时，S 等于：

$$S = \frac{a(1 - q^n)}{1 - q}$$

当 q 小于 1，n 趋近于无穷大时，q^n 趋近于 0，S 趋近于 $a/(1-q)$，即当病毒系数 q 小于 1 时，总数是收敛的，最大值为 $a/(1-q)$。

当 q 大于 1，n 趋近于无穷大时，q^n 趋近于无穷大，S 趋近于 $aq^n/(1-q)$，即当病毒系数 q 大于 1 时，总数是趋近无穷大的。病毒系数 q 越大，总数增长越快。

付费式增长引擎的分析。《精益创业》写道："付费式增长引擎和其他引擎一样，由反馈循环提供动力。每位顾客在其'生命周期'内为产品支付一定的费用，扣除可变成本之后，剩下的部分通常被称为顾客的'生命周期价值'（LTV）。这项收入可用于购买广告，作为成长的投资。假设一个广告花费 100 美元，吸引了 50 个新顾客注册使用某项服务，那么这条广告的'每取得成本'（CPA）为 2 美元。在这个例子中，如果产品的生命周期价值大于 2 美元，产品就会有增长。生命周期价值和每取得成本的差额，即边际利润，决定了付费式增长引擎将转动得多快。反过来，如果每取得成本还是 2 美元，但生命周期价值降到 2 美元以下，公司的增长就会放缓。"生命周期价值大于每取得成本，那么公司的增长就会加快。生命周期价值相当于公司获得的利益，是公司获得顾客的动力，而每取得成本则是公司获得顾客的阻力，二者的合外力＝生命周期价值－每取得成本。通过物理学我们知道合外力决定成果，合外力越大，成果越大，即获得的客户数量越多。我们可以通过增加顾客生命周期价值和减少每取得成本来使顾客快速增长。在这里，并不一定非得使用上一期生命周期价值作为吸引下一期客户的投入，这样的话，增长的速度较慢。很多新创的企业都是通过融资等方式先获得大额资金，然后用来吸引大量客户。短期内生命周期价值小于每取得成本，但只要保证长期的生命周期价值大于每取得成本，这个商业模式就是没有问题的，比如很多初创的购物网站都是采用大额融资的方式来吸引新客户的。我们来借此分析一下旁氏骗局，旁氏骗局会许诺给客户一个高额的回报来吸引新的客户，旁氏骗局用下一期客户的本金支付前期客户的利息，只要本金够支付利息，那么旁氏骗局就可以进行下去。从短期来看，生命周期价值大于每取得成本，因为旁氏骗局是将客户的投资本金当做生命周期价值，而高利息是每取得成本。很多时候它并不需要真的支付高利息，因为这些投资者并不将利息兑现。但是旁氏骗局本身没有盈利方式，即从长期看生命周期价值为零，而每取得成本为高利息，从而使得生命周期价值小于每取得成本，所以当出现大额提现等现象时，旁氏骗局就被揭穿。旁氏骗局就是：你想要他的高利息，他想要你的本金。一般超过市场盈利率较多的利息承诺都是旁氏骗局，因为他根本做不到这一点。

（4）口红大厦的世纪骗局

在纽约曼哈顿市中心口红大厦的第 17 层，就是爆出史上最大"庞氏骗局"的案发现场，伯纳德·麦道夫投资证券公司的所在地。美国联邦调查员认为，麦道夫在这里所做的，其实是一宗长达 20 年、涉及 500 亿美元的诈骗案。麦道夫以高额资金回报为诱饵，吸引大量投资者不断注资，以新获得的收入偿付之前的投资利息，形成资金流。这个骗局维持多年，直到 2008 年次贷危机爆发，口红大厦的世纪骗局才暴露在世人眼前。旁氏骗局以其高回报诱惑屡屡得手，以至于连投资银行都会上当受骗。

2. IMVU 公司的战略分析

本节将分析埃里克·莱斯创业前对 IMVU 公司的战略，战略就是公司长期努力的方向，从广义动量定理 $F\alpha t = nmV$ 的角度来说，就是要将力量 F 用在哪个方向 α 上，不同的方向产生的成果 nmV 不同，方向越正确，产生的成果越大。

莱斯在《精益创业》中写到："我们决定进入即时通信（IM）市场。2004 年全球这一市场存在上亿的活跃消费者。但是大多数使用即时通信工具的顾客并没有为这类产品付费。美国在线（AOL）、微软和雅虎这些大型媒体或门户网站公司，为招揽顾客而不惜亏本运作即时通信网络，以此通过其他诸如广告之类的服务赚取一定收入。

即时通信是需要强大'网络效应'的市场例证。IM 和大多数通信网络一样，被认为是符合麦特卡夫定律（Metcalfe's law）的，即：一个通信网络的整体价值，约和这个系统用户数量的平方成正比。换言之，网络中的人越多，该网络的价值越高。单凭直觉想想这也是对的。对每个参与者来说，他可以和多少人交流决定了网络的价值。想象一下，在一个网络环境中，只有你的一部电话，它根本没有价值。只有当其他人也拥有电话时，这个网络环境才有价值。

2004 年，即时通信市场被当时主要的几家企业占据。三大 IM 网络控制了全部使用量的 80% 以上，并且正在整合其获取的市场份额，挤占了很多小企业的利益。大家的共识是，如果不在市场营销上花费大笔资金，要把新的 IM 网络打进市场几乎是不可能的。

产生这种想法的原因很简单。因为网络效应的力量，IM 产品的转换成本非常高。要从一个网络换到另一个，顾客必须要说服他的朋友和同事一起转换。这些对顾客来说的额外工作，造成了业者进入 IM 市场的阻碍：当所有顾客都在使用一个现有网络商的产品时，没有人会离开去搞独立大队。

IMVU 公司制定的产品开发战略是把大众市场上传统的 IM，和单位客户收益高的三维视频游戏及虚拟世界相结合。因为要把新 IM 网络打入市场几乎是不可能的，所以我们决定开发一个 IM 的附加产品，在现有的网络间运行。那么，顾客就可以选用 IMVU 虚拟物品和人像的交流技术，而无须改换 IM 供应商、适应新的用户界面，还有最重要的是，不需要挪动他那整班朋友。

事实上，我们认为最后这一点很关键。要使这项附加产品有用，顾客'必须'和他已有的朋友一起使用。他们的每次交流都会植入要求好友加入 IMVU 的邀请。这样，我们的产品就会通过现有的 IM 网络迅速传播开来。要达到这种病毒式增长，我们的附加产品能支持尽可能多的现有 IM 网络，并能在各种电脑上运行就非常重要了。"

我们将从上边的引用中抽取 IMVU 公司的战略分析，其中包含了市场分析、竞争对手分析和自身分析。《孙子兵法》在地形篇中写到："知吾卒之可以击，而不知敌之不可击，胜之半也；知敌之可击，而不知吾卒之不可以击，胜之半也；知敌之可击，知吾卒之可以击，而不知地形之不可以战，胜之半也。故知兵者，动而不迷，举而不穷。故曰：知彼知己，胜乃不殆；知天知地，胜乃不穷。"孙武说出了影响战争胜利的三个要素，包括自身实力、对手实力和环境，如图 6-125 所示。

在市场分析中，"即时通市场有上亿的消费者"，那么就说明市场巨大，而市场巨大就会有利可图，即使有少部分客户付费，那么总额也会非常大。所以 IMVU 公司决定进入这块市场。

在对手分析中，美国在线（AOL）、微软和雅虎这三大 IM 控制了 80% 的市场，这样就留给小企业的市场空间很小，并且这三大公司还在挤占小企业的利益，还为招揽顾客而不惜亏本运作即时通信网络，所以即时通市场竞争非常激烈。如果不在市场营销上花费大笔资金，要把新的 IM 网络打进市场几乎是不可能的。而初创的 IMVU 公司并不具备大笔资金，没法与三大 IM 正面竞争，所以得出的结论是不正面进入 IM 市场，而是选择做 IM 市场的附加产品，这样可以避开和三大 IM 的正面竞争。

在自身分析中，IM 市场存在网络效应，使用的消费者越多，IM 软件的价值越大。消费者已经有了三大 IM 这些软件，而 IMVU 即使投入市场，开始的客户也不会多，即 IMVU 的网络价值不多。如果要求客户从三大 IM 转

IMVU的战略逻辑分析

实现IMVU的病毒式增长　　增长假设

客户引入原IM朋友

做IM附加的虚拟物品交流　　概念（Idea）

做IM的附加产品　　　　　　虚拟物品和人物交流　　价值假设

进入即时通讯市场　　　不正面进入IM市场　　　直接进入后规模小

市场巨大，有利可图　　即时通讯市场竞争激烈　　消费者不会愿意转换

即时通讯市场巨大　　　挤占小企业利益　　　　消费者转换成本高

即时通讯市场有上亿消费者　　三大IM厂家控制80%市场　　网络效应

市场分析　　　　　　　对手分析　　　　　　　自身分析

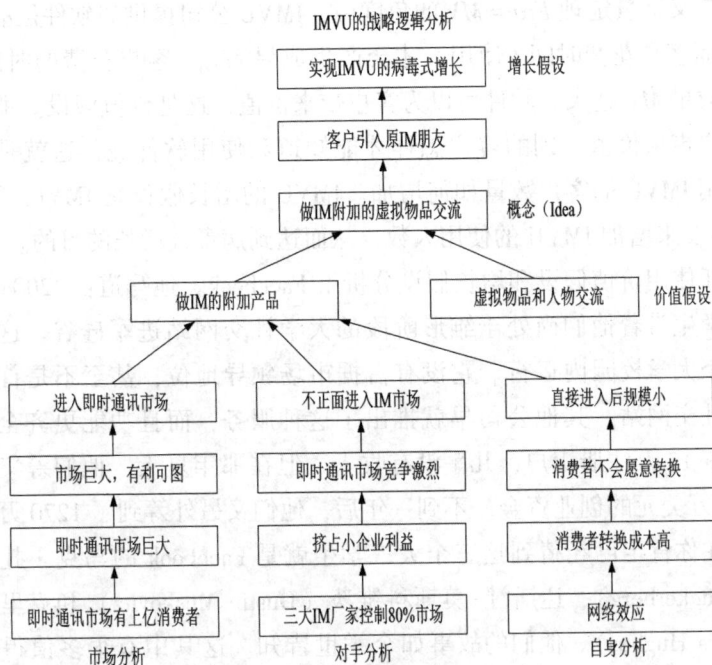

图 6-125　IMVU 公司的战略分析

到自己的 IMVU 软件，那么客户就需要说服同事和朋友一起转换，这样对用户会产生很大的时间成本和精力成本，而如果他不能说服同事和朋友一起转换，那么 IMVU 就不能产生网络效应。

在分析市场，对手和自身的实力之后，IMVU 公司决定做 IM 市场的附加产品，通过连接各大 IM 软件来增加自己软件的价值，也就是想搭其他 IM 软件的便车，从而快速发展。

IMVU 公司切入市场的角度是做虚拟物品和人像交流，书中写到："IMVU 公司制定的产品开发战略是把大众市场上传统的 IM，和单位客户收益高的三维视频游戏及虚拟世界相结合。"这是 IMVU 公司的价值假设，即虚拟像交流技术可以为客户提供价值。

所以 IMVU 公司的战略就变得清晰了，做即时通讯附加的虚拟像交流软件，这样消费者就会邀请其他即时通讯软件的朋友使用，一个客户可以带动多个客户使用，多个客户还可以带动更多的客户，从而达到一传十，十传百的效果，使 IMVU 公司达到用户数量的病毒式增长，使 IMVU 公司成功。病毒式增长就是 IMVU 公司的增大假设。

从广义动量定理 $F\alpha t = MV$ 的角度说，IMVU 公司提供的软件是潜在的力量 F，而客户花费时间 t 使用，才会产生成果 MV，客户花费的时间越多，产生的成果 MV 越大。软件可以为客户带来价值，这是价值假设。那么软件能给客户带来价值，别的客户怎样才能知道和使用软件呢，这就是增长假设，即用 IMVU 的客户数量如何增加。IMVU 的增长假设是 IMVU 通过邀请原 IM 朋友来增加 IMVU 的使用人数，从而达到病毒式增长的目的。

莱斯使用价值假设和增长假设分析了 Facebook。他写道："2004 年，三个大二学生带着他们尚处于雏形阶段的大学社交网站进军硅谷。这个网站只在几个大学校园内运行。它没有占据市场领导地位，甚至不是首个出现的大学社交网站；其他公司早就推出了这种服务，而且功能更齐全。网站当时只有 15 万注册用户，几乎没有收入。但在那年夏天，他们筹集到了第一笔 50 万美元的创业资金。不到一年后，他们又另外筹到了 1270 万美元。

现在你肯定已经猜到这三个大二学生就是 Facebook 的马克·扎克伯格（Mark Zuckerberg）、达斯汀-莫斯科维茨（Dustin Moskovitz）和克里斯·休斯（Chris Hughes）。他们的故事如今举世皆知。这其中有很多值得注意的东西，但我只关注一件事：Facebook 当时如何在实际使用量那么小的情况下，筹到那么多资金？据说，Facebook 早期成长中最打动投资人的有两点。一是它的活跃用户耗费在该网站上的时间量。超过半数的用户每天都会访问 Facebook。这就是一个企业验证其价值假设的例子——客户发现了产品价值。Facebook 早期力量给人留下的第二个深刻印象，是它抢占最初几个大学校园的速度。Facebook 的增长速度是惊人的：它在 2004 年 2 月 4 日创立，到了当月月底，近 3/4 的哈佛学生都在使用它，而它没有在营销和广告上花过一分钱。换言之，Facebook 同时也验证了其增长假设。"Facebook 的案列验证了莱斯提出的创业公司需要解决的两个问题，一是向用户提供的价值是什么，即价值假设；二是客户的数量如何增加，即增长假设。初创公司需要解决这两个核心问题，才可能创业成功。

3. IMVU 公司的战略执行

IMVU 公司在战略上确定了"做 IM 附加的虚拟物交流"软件，它的价值假设是虚拟物交流可以给客户提供价值，而增长假设是使用此软件的用户会邀请其他 IM 软件的朋友，从而实现病毒式增长。我们将以 IMVU 公司创建软件的时间顺序来分析它是如何成功的，如图 6-126 所示。

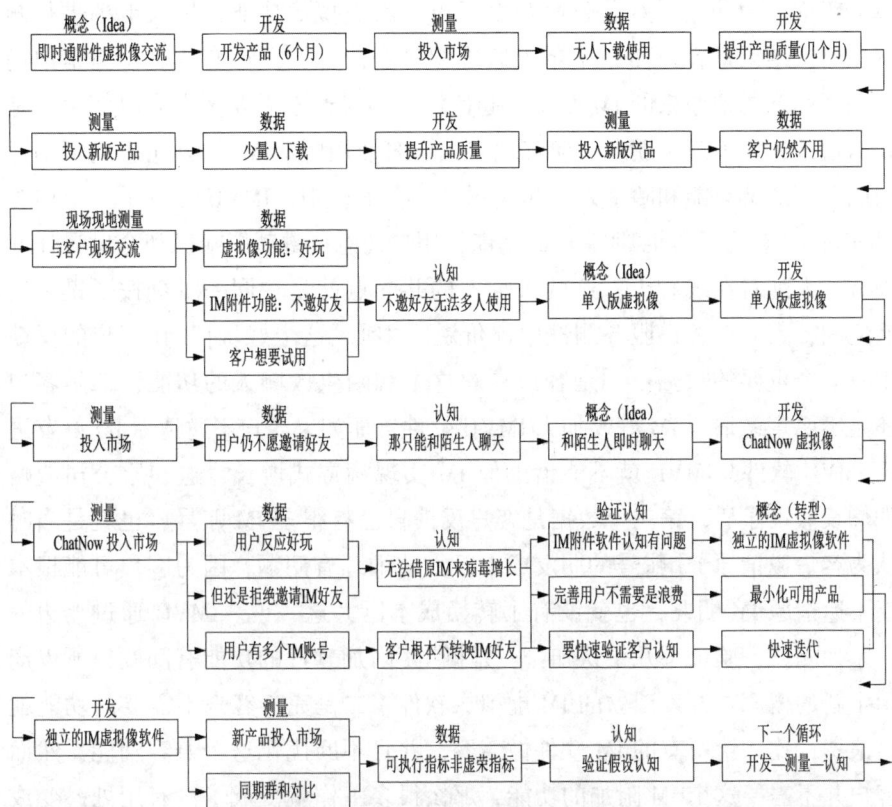

图 6-126　IMVU 公司的战略执行

　　有了做 IM 附加的虚拟物交流软件的概念后，公司花费了 6 个月做了第一版的 IMVU 软件，公司为每个 IM 软件做兼容，这样其他用户就可以在原 IM 软件上使用 IMVU 软件了。公司将 IMVU 软件投入市场，进行效果测量，结果数据反馈是无人下载使用。IMVU 公司又花费了几个月来提升产品的质量，再次将产品投入市场进行测量。测量的数据是只有少数人下载了。公司继续提高产品的质量，再次投入市场进行测量，反馈数据发现客户根本不使用 IMVU 软件。没办法，公司想要知道为什么客户不使用 IMVU 软件，就邀请了客户，进行现场现地的面对面交流。得到了三个主要的信息：一是虚拟像挺好玩的，二是客户不愿意邀请原 IM 好友，三是客户想要亲自试用。从这三个反馈中可以推测，客户反应虚拟像好玩，那么虚拟像就可以给客户带来价值，所以价值假设可能是对的。而客户不愿意邀请原来的 IM 好友，又想试用功能。不邀请好友就不能多人一起使用，IMVU 想到了开发单人版虚拟像功能。然后公司开发了单人版虚拟像功能，投入市场进行测试，测试结果是客户使用了单人版虚拟像功能，觉得很有意思，但是他们还是不愿意邀请原来的 IM 朋友一起使用。即时通讯需要多人同时使用才是即时通讯，而不邀请朋友如何实现多人同时使用呢？IMVU 公司想到了不邀请朋友，那就只能和陌生人一起使用了。在绝望中，IMVU 开发了一个称为 ChatNow（意为"即时聊"）的功能，用户任意按键就能随机和全世界任何地方的人配对在线聊天。这两人唯一的共同点就是在同一时刻按了键。突然之间，人们在客户服务测试中评价说，"哦，这个好玩！"在客户的反馈中有三个重要的数据：一是客户喜欢这个和陌生人聊天的功能，二是客户还是不愿意邀请原 IM 好友加入 IMVU 软件。而如果客户不邀请原 IM 好友进入 IMVU 软件，IMVU 就不能借助原 IM 实现病毒式增长，这和原公司战略的增长假设矛盾。第三个数据是客户反馈自己有很多 IM 账号，也就是当时认为客户邀请原 IM 账号的朋友成本巨大的推理有问题，因为客户可能根本就不邀请原 IM 朋友，也就没有了转换成本巨大这一说。IMVU 通过上边的一系列测试，验证了几个认知：一是做 IM 附加软件的功能有问题，所以产生了新的概念：开发独立的 IM 虚拟像软件；二是完善客户不需要的功能就是浪费，比如给所有的 IM 软件做兼容，并且不断优化这个兼容功能，然而客户并不需要这个 IM 附加的功能，那么很多工作就变成了没有用处，变成了浪费。要测试用户是否喜欢 IM 附加的功能，只需要给一家原 IM 软件做兼容就可以了，没必要给所有家做兼容软件。完善客户不需要的功能就是浪费，所以产生了最小化可行性产品的方法；三是要快速验证客户的认知，因为验证认知越晚，投入的时间、精力和资源就越多，产生的浪费就可能越多。而需要快速得到客户想法，得到了快速迭代的方法。至此，IMVU 公司得到了客户的核心认知：独立的 IMVU 虚拟像软件，而且得到了更快速发展的方法，即最小化可行性产品和快速迭代两种方法。IMVU 公司开发了独立的 IMVU 虚拟像软件投入市场进行测量，在测量过程中发现不同的测量方式导致的结果不同，从而会导致决策不同。IMVU 公司发现了同期群和对比的方法对于测量新功能比较客观，所以在测量时要使用可执行的指标而不是虚荣指标，虚荣指标会导致决策失误。IMVU 公司在得到准确数据后就可以验证先前预设的认知了，然后就可以开始下一个"开发—测量—认知"的循环了，通过不断的试错，不断的找到客户喜欢的功能，从而不断增加 IMVU 对于客户的价值，最终使越来越多的客户使用 IMVU，使 IMVU 企业成功。

4. IMVU 公司的战略结果

本节我们将分析 IMVU 公司的战略结果，战略结果和开始的战略分析产生了很多不同的地方，很多战略分析的错误是致命的。比如开发 IM 附加软件这个功能，如果 IMVU 公司按照传统创业企业的方式，花费几年的时间为所有 IM 软件做兼容，使这个功能"完美"，然后将"完美"版的 IMVU 软件投入市场，得到的反馈就是客户不使用。那么 IMVU 公司就会认为自己的战略错了，甚至连虚拟像功能也认为错了，从而创业失败。因为客户即使下载了 IMVU 软件，因为他们不愿意邀请原 IM 好友，又没法邀请陌生人，那么 IM 软件就成了单机版的软件，和即时通讯没有了关系，也就不能实现网络效应了，如图 6-127 所示。

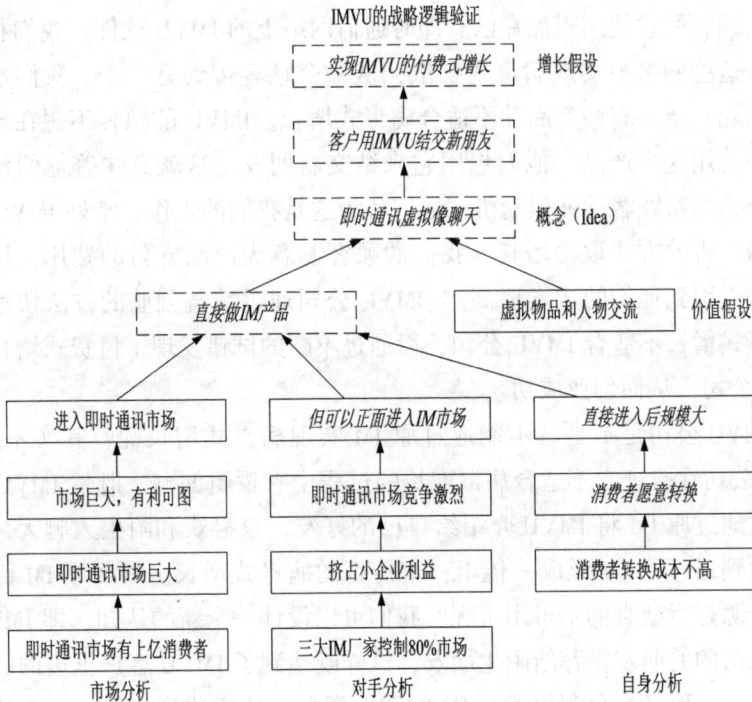

图 6-127　IMVU 公司的战略结果

即时通讯市场竞争激烈就不能正面进入即时通讯市场，因为需要花费大笔钱才能进入 IM 市场，这个推论是错误的。即时通讯市场竞争激烈，但是客户并不是选择一家 IM 就放弃了另一家，IM 软件之间虽然是竞争关系，但对于客户不是互斥关系，即不是选择了一家就要放弃另一家。因为客户喜欢拥有很多 IM 厂家的软件，那么正面进入 IM 市场并不代表完全是和原 IM 抢市场，而是你可以创造新的 IM 市场。网络效应导致消费者转换成本高的推论也是不正确的，因为客户喜欢使用多个 IM 软件，并且喜欢不同的 IM 软件有不同的人，转换成本高的推论就错了，因为客户可能根本就不转换原来的 IM 朋友到新的 IM 中。客户的转换成本不高，那么客户就愿意使用新的 IM 软件，进入之后的市场就非常大，从而推出的结论是开发独立的 IM 软件。产生的概念就是开发独立的 IM 虚拟像软件。客户使用 IMVU 交新的朋友而不是邀请原 IM 软件的朋友，那么就不能借助原 IM 软件实现网络效应，达到病毒增长的目的，原来的增长假设也就被证明是错的。因为 IMVU 软件可以给客户带来价值，客户愿意付费使用，而付费的金额足以吸引新的用户，从而达到付费式增长。莱斯在《精益创业》中写到："我们错误地认为，顾客愿意使用附加在已有即时通信网络上的 IMVU 软件。我们相信产品会在这些网络中实现病毒式扩散，从一个顾客传到另一个。我们这个理论的问题在于，有些产品并不适合病毒式增长。IMVU 的顾客不想在现有朋友圈中使用这个产品。他们想用它来结交新朋友。这就意味着他们没有把产品介绍给新顾客的强烈动机，他们认为这是我们的工作。幸好 IMVU 可以通过做广告的方式取得增长。我们的顾客愿意为产品支付的费用，比我们用广告吸引到他们的成本要高。"IMVU 公司通过精益创业的方法快速验证了病毒式增长不适合 IMVU 公司，而通过不断的试错发现了付费式增长适合 IMVU 公司，从而创业成功。

　　IMVU 公司是不是就不能通过原 IM 实现病毒式增长呢？其实不一定。IMVU 公司在验证它不适合病毒增长的过程中有逻辑漏洞。既然 IMVU 用户不喜欢通过原 IM 将 IMVU 介绍给自己的好友，只喜欢和陌生人聊天，从而不能达到通过原 IM 形成一传十，十传百的病毒式增长。那么原 IM 巨大的朋友资源是否就真的不可用了呢？我们可以设计一个新的认知，即 IMVU 用户将自己的的朋友推荐给陌生朋友，这样既达到了 IMVU 客户里边的朋友都是陌生人，而又充分利用了原 IM 的朋友资源，从而达到一传十，十传百的病毒式增长。这个认知也需要 IMVU 进行验证，也是一个非常需要验证的认知，如果这个认知被证明是正确的，那么 IMVU 公司的增长速度会加倍。

5. 精益创业的分析

　　本节将使用对比的方法来分析精益创业，对比的方法可以有效减少人们的学习时间和学习精力，通过对比方法而触类旁通，快速理解新的理论。

首先使用丰田生产方式和精益创业进行对比，然后使用物理实验来对比精益创业。

精益生产理论来源于丰田生产方式，二者在大多数时候可以看成是同一个理论。丰田生产方式有一个目标，其目标是低成本、高效率、高质量地进行生产，最大限度地使顾客满意。而精益创业也有一个目标，其目标是低成本、高速度、高成功率地进行创新，最大限度地使客户满意。精益的思维方式把价值定义为"向顾客提供利益"，除此之外的任何东西都是浪费。而在精益创业中，完善客户不需要的功能就是浪费。二者的区别在于，在 TPS 中，客户需要的价值是确定的，即参照标准是固定的，只要不能增加客户的价值，那就被看作是浪费。而在精益创业中，客户需要的价值是未知的，即客户和创业公司都不知道客户需要的价值是什么，那么只能通过不断试错来确定客户需要的价值。在试错过程中，要开发最小化可行产品验证这个价值是否是客户需要的，其他的努力都是浪费。丰田生产方式通过准时化生产来达到高效率，准时化生产的实现工具是看板。而精益创业通过快速迭代来实现高速度，快速迭代的实现工具是开发—测量—认知循环。看板和开发—测量—认知循环都是系统思考的负反馈模型。丰田生产方式通过带人字旁的自働化来实现高质量，发现质量问题立即暂停生产线，直到找到问题的本质原因并解决了才重新开始生产，有效避免了不合格产品流到后边工序，进而产生更大的质量问题。精益创业通过最小化可行产品来实现高成功率，最小化可行产品通过不断的试错，发现客户不满意的功能就立即删除，把问题通知到相关团队的每位成员，阻止该团队进行任何进一步的产品改动，并防止问题因进一步的错误更加复杂化，直至找到并修复造成问题的根本原因，如图 6-128 所示。

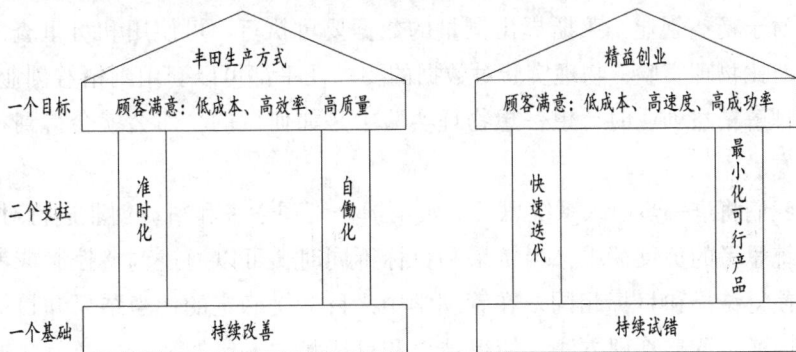

图 6-128　精益创业和丰田生产方式的对比

丰田生产方式有两个支柱，分别是准时化和自动化；精益创业的两个支柱是快速迭代和最小化可行产品。丰田生产方式的一个基础是持续改善，从而可以以更低的成本、更高的效率和更高的质量是顾客满意。而精益创业的一个基础是持续试错，不断的找到客户的核心认知，从而以更低的成本、更快的速度和更高的成功率使客户满意。

我们来对比精益创业和物理实验之间的相同点，二者最大的相同点是目标未知，在物理实验中验证的是假设，而在精益生产中验证的是认知。在物理实验中，当结果和假设不同时，那么证明假设错误。在精益创业中，当结果和认知不同时，那么证明认知错误。物理实验和精益创业都是不断的试错过程，就像爱迪生发明竹丝灯的过程，他经过 13 个月的努力，通过试用了 6 000 多种材料，试验了 7 000 多次，终于有了突破性的进展，发明了竹丝灯。如果爱迪生不是通过不断的试错，那么他不可能发明竹丝灯，而如果爱迪生的验证过程缓慢，即不是快速迭代，那么他不可能在 13 个月验证 6 000 多种材料不合适。如果科学家停止试错，就不可能发明更好的钨丝灯，如图 6-129 所示。

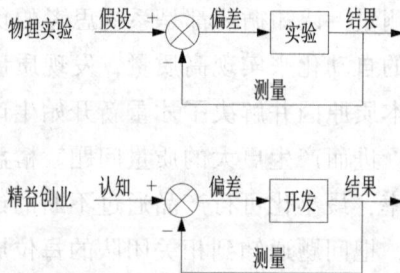

图 6-129　精益创业和物理实验的对比

对于精益创业，莱斯提出测量的数据要可执行、可使用和可审查，而通过对比物理实验，物理实验对数据的要求几乎都可以套用到精益创业中，在不理解精益创业时，想一想物理实验中是如何做的，那么就会得到相应的启发。

我们将进一步引入系统思考的负反馈，管理学来和精益创业进行对比。在系统思考的负反馈中，当结果和目标不同时，可以通过调整控制或者目标来使得结果和目标相同。在管理学中，目标是确定的，当结果和目标不同时，通过调整管理方法，使得结果和目标相同，比如精益生产就是通过看板指导生产的调整使得结果和目标相同。在物理实验和精益创业中，当结果和目标不相同时，不是通过调整实验或者开发使得结果和目标相同，而是以结果作为衡量标准，得出目标假设或者认知错误的结论，如图 6-130 所示。

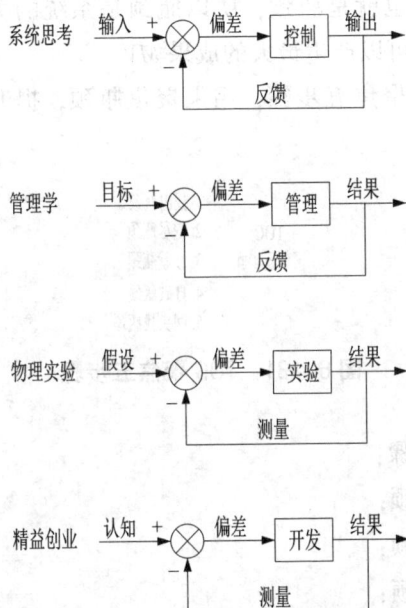

图 6-130　系统思考、管理学、精益创业和物理实验的对比

管理学，物理实验和精益创业的本质都是系统思考的负反馈过程，通过负反馈的不停迭代，取得更好的结果，类似于进化论的种群迭代进化，优秀的基因在竞争中得以保留，差的基因通过优胜劣汰而被淘汰，从而使种群不断进化。

6.7.5　高德拉特的 TOC 制约理论

内容提要： TOC 制约理论是总结流水线生产和丰田生产方式而创立的生产理论，它通过时间缓冲代替流水线的空间缓冲和丰田生产方式的库存缓冲，来达到保证系统产出速度的目标。TOC 制约理论指出了瓶颈的产出速度决定系统的产出速度，通过聚焦五步骤来改善瓶颈的产出速度，从而增加了系统的产出速度。

TOC 提供一套基于系统方式的整体流程与规则，去挖掘复杂系统固有的简单性，通过聚焦于少数"实体的"和"逻辑的""杠杆点"，使系统各部分同步运行，从而达到系统整体绩效持续改善的理论。

从广义动量定理 $F\alpha t = MV$ 的角度说，作用点的选择不同产生的效果不同，作用点越关键，产生的成果越大。从系统的角度说，系统的产出取决于系统的限制因素，也就是瓶颈，所以瓶颈是系统的关键作用点。将力量作用于关键作用点，可以产生最大的成果 MV。

TOC 制约理论有聚焦五步骤，用来聚焦瓶颈，提升系统产出能力，如图 6-131 所示。

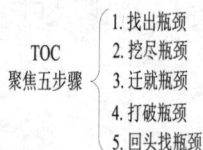

TOC
聚焦五步骤
1. 找出瓶颈
2. 挖尽瓶颈
3. 迁就瓶颈
4. 打破瓶颈
5. 回头找瓶颈

图 6-131　TOC 聚焦五步骤

TOC 的聚焦五步骤：

第一步，找出瓶颈；

第二步，挖尽瓶颈；

第三步，迁就瓶颈；

第四步，打破瓶颈；

第五步，回头找瓶颈，避免惰性。

高德拉特后来又将 TOC 制约理论从生产领域扩展到了项目管理和配销领域等，"瓶颈"也被概括性更广泛的"约束"所代替，聚焦五步骤中的"瓶颈"也都更新为"约束"。

TOC 制约理论可以通过直接表达法来理解，如图 6-132 所示。

第1步：桥

第2步：挖尽桥的产能

第3步：迁就桥，排队、羊爹驮小羊、全速跑步过桥

第4步：打破桥的瓶颈，拓宽桥

第5步：回到第一步

图 6-132　TOC 的直接表达法

如何通过广义动量定理和系统思考来分析 TOC 的聚焦五步骤呢？广义动量定理用来分析如何产生和增加成果，系统思考用来分析各种因素的相互影响。这两种方法该如何使用呢，如图 6-133 所示。

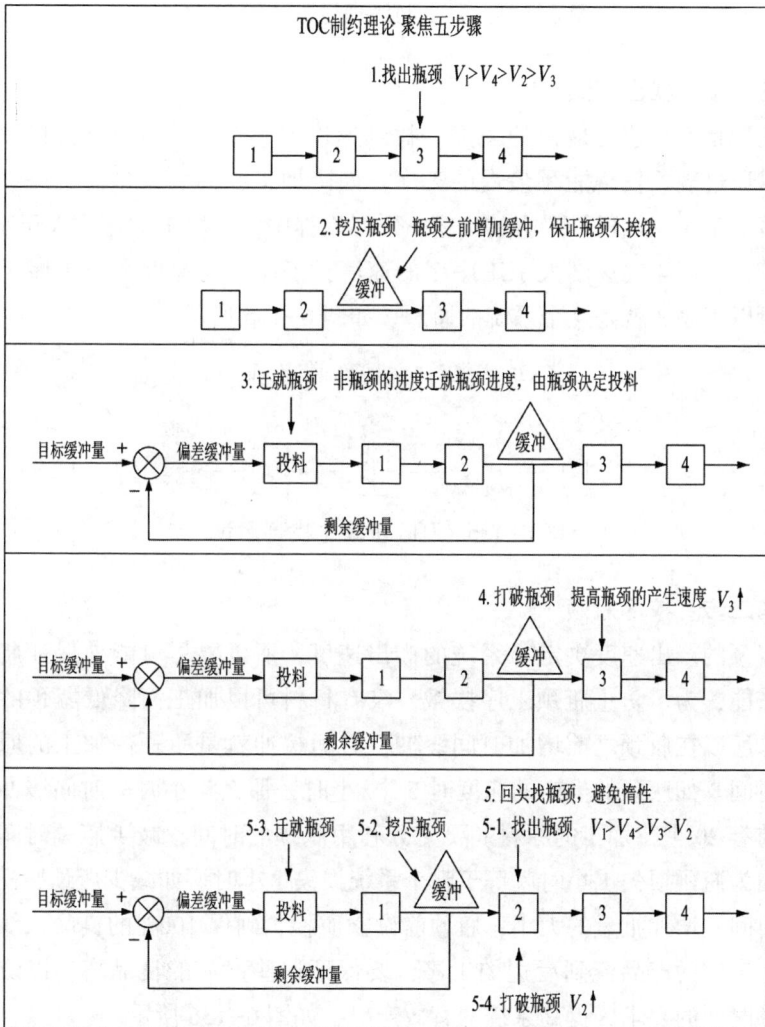

TOC 制约理论 聚焦五步骤

1.找出瓶颈　$V_1 > V_4 > V_2 > V_3$

1　2　3　4

2.挖尽瓶颈　瓶颈之前增加缓冲，保证瓶颈不挨饿

1　2　缓冲　3　4

3.迁就瓶颈　非瓶颈的进度迁就瓶颈进度，由瓶颈决定投料

目标缓冲量 + − 偏差缓冲量　投料　1　2　缓冲　3　4
剩余缓冲量

4.打破瓶颈　提高瓶颈的产生速度　$V_3 \uparrow$

目标缓冲量 + − 偏差缓冲量　投料　1　2　缓冲　3　4
剩余缓冲量

5.回头找瓶颈，避免惰性

5-3.迁就瓶颈　5-2.挖尽瓶颈　5-1.找出瓶颈　$V_1 > V_4 > V_3 > V_2$

目标缓冲量 + − 偏差缓冲量　投料　1　缓冲　2　3　4
剩余缓冲量

5-4.打破瓶颈　$V_2 \uparrow$

图 6-133　TOC 聚焦五步骤系统图

生产型企业的主要目标是提高产出速度 V，也就是广义动量定理 $F\alpha t = nmV$ 中的 V，提高 V 就能提高成果 nmV。由于生产型企业的产品是标准化的产品，产品的质量 m 是保持既定不变的，而数量 n 则是顾客需要的数量，也是确定的，而要想增加成果 nmV，只能增加产出速度 V，如图 6 – 134 所示。

生产企业主要目标：提高产出速度 V

$$Fat=nmV$$

图 6-134　TOC 制约理论的主要目标

第一步：找出瓶颈

瓶颈是生产速度最慢的工序，找到速度最慢的工序也就找到了瓶颈。也可以通过现象发现瓶颈最慢的工序，如待加工在制品最多的工序，被催货最多的工序，加班最严重的工序。下列流程中，工序 1 的速度大于工序 4 的速度，工序 4 的速度大于工序 2 的速度，工序 2 的速度大于工序 3 的速度，所以工序 3 就是这个系统的瓶颈，如图 6-135 所示。

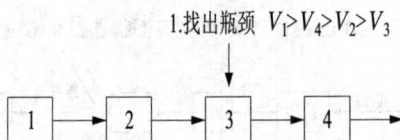

1.找出瓶颈　$V_1>V_4>V_2>V_3$

图 6-135　TOC 步骤 1 找到瓶颈

第二步：挖尽瓶颈

瓶颈的产出速度决定了系统的产出速度，所以要尽可能地保证瓶颈工序的产能，为了防止瓶颈工序挨饿，没有材料可以加工而降低瓶颈的产出速度，所以在瓶颈之前增加时间缓冲，时间缓冲就是瓶颈待加工的原料需要的时间。如瓶颈的生产的速度时 5 个/小时，那么 4 小时的时间缓冲就是瓶颈前有 20 个待加工的原料。要充分利用瓶颈的时间，减少瓶颈时间的损失，因为瓶颈损失 1 小时就等于整个系统损失 1 小时。如减少瓶颈换模的次数和时间，增加批量的大小；瓶颈前设立质检，确保 100% 的良品入线；在瓶颈生产完的产品流到后边的工序，要保证这些产品的良品率，以防止浪费瓶颈时间的要求，提高系统的有效产出，如图 6-136 所示。

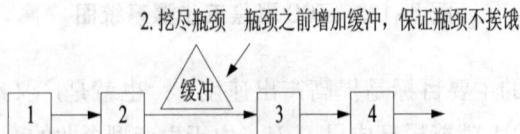

2.挖尽瓶颈　瓶颈之前增加缓冲，保证瓶颈不挨饿

缓冲

图 6-136　TOC 步骤 2 挖尽瓶颈

第三步：迁就瓶颈

非瓶颈工序要迁就瓶颈工序，非瓶颈工序的生产排程由瓶颈的速度决定。通过检测瓶颈前剩余缓冲量的大小，将其反馈与目标缓冲量进行比较，通过偏差量来控制投料的速度，从而保证实际缓冲量和目标缓冲量相等。瓶颈的产出速度是 5 个每小时，如果目标缓冲量设置为 4 小时，那么投料的平均速度应该和瓶颈的生产速度相等，保证瓶颈前的实际缓冲始终是 4 个小时，如图 6-137 所示。

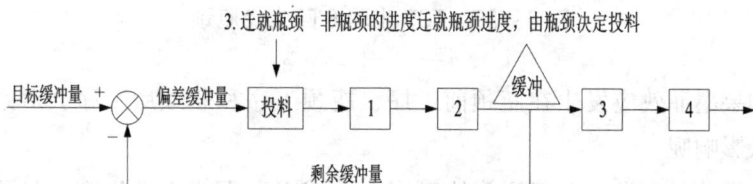

图 6-137　TOC 步骤 3 迁就瓶颈

第四步：打破瓶颈

由于瓶颈的产出速度决定了系统的产出速度，那么提高瓶颈的产出速度就会提高系统的产出速度。系统的产出速度由新的瓶颈速度决定。比如增加工作人员或者设备提高瓶颈的产出速度；寻求新的工艺，减少瓶颈生产零件所需加工时间；甚至可以采取不同的方法，跳过瓶颈，如图 6-138 所示。

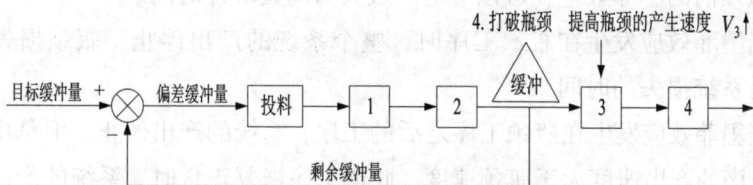

图 6-138　TOC 步骤 4 打破瓶颈

第五步：回头找瓶颈，避免惰性

回头找瓶颈，避免惰性是从第一步开始重新优化整个生产流程，不断地增加系统的产出速度，从而增加系统的有效产出。这一点和精益生产的"尽善尽美"相同。当工序 3 的这个瓶颈被打破后，工序 3 的产出速度增加，工序 3 的速度大于工序 2 的速度，此时工序 2 变成了系统的瓶颈，系统的产出速度从原工序 3 的速度上升到现在工序 2 的速度，整个系统的产出速度增加。然后就是循环不断的执行步骤 1 到步骤 5，不断的提高整个系统的产出速度，如图 6-139 所示。

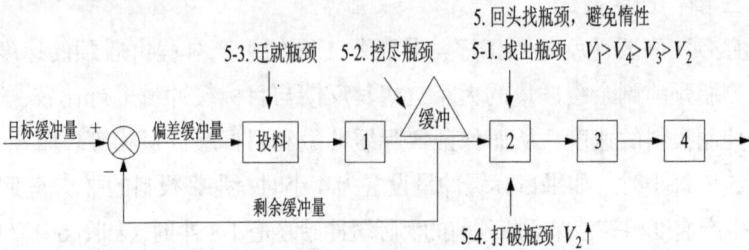

图 6-139　TOC 步骤 5 回头找瓶颈

如果墨菲效应发生在瓶颈前工序、瓶颈工序和瓶颈后工序会对系统产生什么影响呢？

当墨菲效应发生在瓶颈前的工序，此道工序不能正常生产，只要此道工序的停止时间小于缓冲时间，那么系统产出不受影响。因为系统的产出速度由瓶颈的速度决定，只要瓶颈前工序的停止时间小于缓冲时间，瓶颈工序一直没有停止生产，那么系统的产出速度就没有受到影响。即使在制品从非瓶颈到瓶颈工序需要一段时间，一般也不需要考虑从非瓶颈到瓶颈这段时间，因为在非瓶颈停止时，它们之间还有在制品，瓶颈消耗完缓冲和它们之间的在制品，非瓶颈的产出产品已经到达瓶颈前。所以缓冲可以应对瓶颈前的墨菲效应，可以应对的最大时间是缓冲时间。

当墨菲效应发生在瓶颈工序时，整个系统的产出停止，瓶颈损失的时间就是系统损失的时间。

当墨菲效应发生在瓶颈工序之后的工序，系统的产出停止，但是由于非瓶颈工序的产出速度大于瓶颈速度，此道工序恢复正常时，系统的产出速度会增加到此道工序产出速度，直到此非瓶颈供工序和瓶颈工序之间的在制品被消耗完，系统的产出速度降到瓶颈速度。瓶颈后的工序可以应对时间更长的墨菲效应，这和非瓶颈工序和瓶颈工序速度之差正相关。瓶颈工序后最慢的工序决定了瓶颈后所有工序应对墨菲效应的能力，如图 6-140 所示。

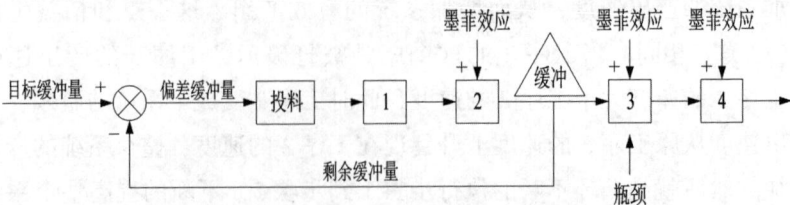

图 6-140　TOC 对不同环节对墨菲效应的应对

6.7.5.1 TOC 制约理论在生产中的应用

丰田生产方式通过看板来指导生产，而 TOC 通过 DBR（Drum 鼓，Buffer 缓冲，Rope 绳子）和 BM（Buffer Management 缓冲管理）来指导生产，如图 6-141 所示。

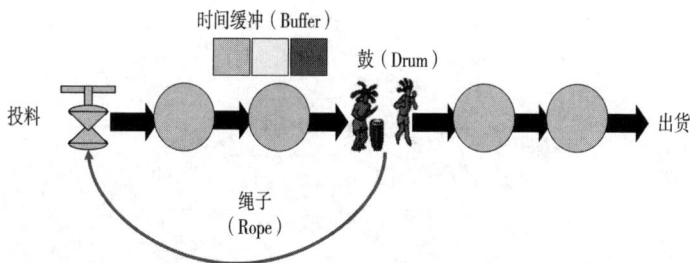

图 6-141 TOC 的 DBR 和 BM

鼓是系统的瓶颈，通过鼓来指导生产节奏，通过时间缓冲来保证瓶颈有最大的产出，通过绳子来控制投料，保证合适的缓冲而不产生过多的库存。

例子中成品需要经过 8 个环节才能实现，每一各环节下边的数字是此道工序每周可以生产的个数。所以工序 D 是瓶颈。在 TOC 中由瓶颈的节奏（鼓）来决定生产计划，由绳子控制原料发料，由 3 种时间缓冲来防止墨菲效应（系统扰动），保证有效产出，如图 6-142 所示。

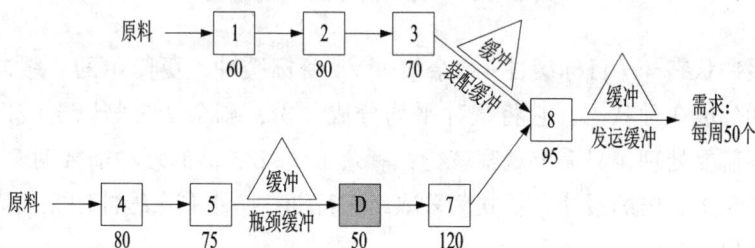

图 6-142 TOC 的案例

高德拉特的 TOC 制约理论是聚焦于改善系统的约束，目标是增加产出速度。从系统思考的角度来说，TOC 制约理论是通过系统分析寻找系统的约束。从广义动量定理 $F\alpha t = nmV$ 的角度来看，选择合适的作用点可以增加广义速度 V，而在 TOC 中合适的作用点就是约束，将力作用于约束，就可

以增加成果 nmV。

TOC 制约理论的系统框图

TOC 制约理论的简单系统框图，包括系统的输入（目标缓冲）、投料和生产、产出、剩余缓冲反馈（剩余缓冲）、偏差（缓冲管理）和扰动（墨菲效应），如图 6-143 所示。

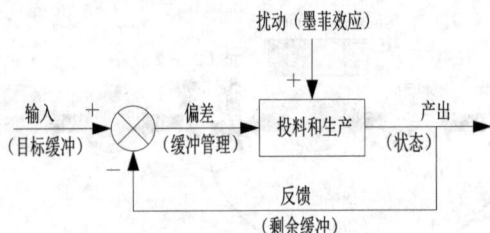

图 6-143　TOC 的系统框图

也可以将投料和生产扩展，这样的系统框图更直观些，如图 6-144 所示。

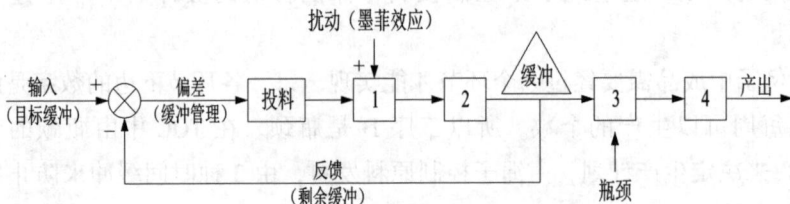

图 6-144　TOC 的完整系统框图

缓冲状态=（目标缓冲-剩余缓冲）/目标缓冲，更简单的，缓冲管理将缓冲分成 3 种状态，它将缓冲平均分成 3 份，剩余 2/3 倍以上缓冲为绿色，不需要处理，只需要观察就行；剩余 1/3-2/3 倍的缓冲需要时刻关注；剩余小于 1/3 倍的缓冲，要立刻采取纠正行动，防止剩余缓冲用完而影响瓶颈的产出，如图 6-145 所示。

图 6-145　TOC 的缓冲管理

在缓冲 TOC 制约理论中，不是两道工序间都需要缓冲，只需求在瓶颈工序前有库存就可以保证瓶颈工序一直在工作，由于瓶颈工序的产出决定系统产出，所以保证瓶颈工序产出最大化就能使系统产出最大化。在 TOC 制约理论中，使用时间缓冲来代替 TPS 的库存缓冲，其本质是相同的。时间缓冲是为了防止发生墨菲效应而导致瓶颈工序挨饿，进而导致系统产出减少。工序 D 是整个系统的瓶颈，所以工序 D 前增加时间缓冲，由工序 D 的速度来指导对 A1、A2 和 A3 工序的投料，这样可以防止过量生产，如图 6-146 所示。

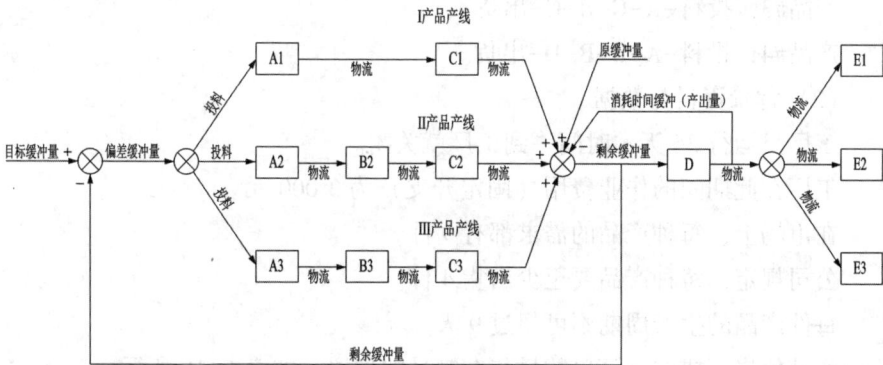

图 6-146　TOC 的系统框图实例

TOC 通过瓶颈的节奏来决定系统的节奏，通过缓冲管理来决定目标缓冲大小，通过绳子控制投料来实现目标缓冲量，TOC 的负反馈系统就是要保持瓶颈前的缓冲量恒定。通过绳子来控制投料的时间，过早投料会产生过多的在制品而导致生产混乱，过晚投料会导致瓶颈物料可生产而影响瓶颈产出。

TOC 通过偏差缓冲量大小来决定最前道工序的投料大小，而每道工序投料的优先级和比例则由客户的重要性和产品盈利的对比等因素决定。

偏差缓冲量＝目标缓冲量－剩余缓冲量＝目标缓冲量－（原缓冲量+在制品缓冲量－产出消耗缓冲量）＝目标缓冲量－原缓冲量－在制品缓冲量+产出消耗缓冲量

如果在制品的数量为零，并且原缓冲量等于目标缓冲量，那么偏差缓冲量就等于产出品消耗的缓冲量。即投料的平均速度与系统瓶颈的产出速度应该相等。

案例1：

（1）工厂的工序布置与产品工艺流程

工厂只有四个工作站：A、B、C 和 D。

工厂只生产四种产品：产品#1、产品#2、产品#3 和产品#4。每个工序每天只能生产一个产品。

四种产品的生产流程，分别为：

产品#1，投料-A-B-A-D-出货；

产品#2，投料-C-D-B-B-出货；

产品#3，投料-A-C-B-C-出货；

产品#4，投料-A-B-B-D-出货。

（2）背景资料与数据

工厂只运行 36 天，时间一到工厂就关闭。

工厂在此期间的作业费用（固定开支）为 3 000 元。

在市场上，每种产品的需求都有 9 件。

公司规定，每种产品要至少出货 4 件。

每件产品的生产周期不可超过 9 天。

产品价格、成本、订单数量与在制品的位置，如表 6-10 所示。

表 6-10　四种产品的生产案例

产品	售价(元)	材料成本	订单数量	期初WIP及所在位置
#1	275	150	9	机台B前有一件
#2	375	110	9	-
#3	240	90	9	机台A前有一件
#4	304	95	9	机台A前有一件

如何在满足上述要求的情况下，赚取最多的利润。

解答：

（1）确定瓶颈工位

A 工位生产 4 种产品需要 2（2 个 A）×9（天）+1×9+1×9＝36 天；B 工位生产 4 种产品需要 1×9+2×9+1×9+2×9＝54 天；C 工位生产 4 种产品需要 1×9+2×9＝27 天；D 工位生产 4 种产品需要 1×9+1×9+1×9＝27 天。B 工位需要的天数最多，所以 B 工位是瓶颈。

（2）画出 TOC 系统流程框图

根据例子和 TOC 制约理论的系统框图可以画出如下的 TOC 系统流程框图，线上的数字表示 4 种产品的流程顺序。如#1 产品使用 11-12-13-14-15 表

示，第一个数字表示它是 1#产品，第二个数字表示它在流程位置。11 表示#1
产品投料开始，12 表示#1 产品从 A 工作站向 B 工作站流动，而 B 工作站前的
圆圈表示时间缓冲。13 表示#1 产品从 B 工作站向 A 工作站流动，14 表示#1
产品从 A 工作站向 D 工作站流动，15 表示#1 产品从 D 工作站流出，即 1#产
品通过"投料-A-B-A-D-出货"完成生产（如图 6-147 所示）。

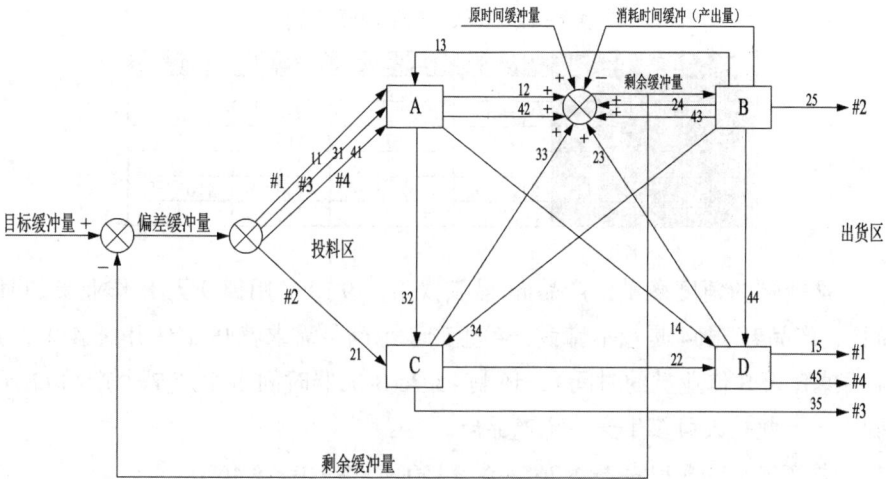

图 6-147　四种产品的 TOC 系统流程图

（3）计算利润，确定每种产品生产数量

下边通过两种计算利润的方法，说明 TOC 制约理论的瓶颈是如何决定
系统产出的。

按照传统方法计算利润：

如何评估产品的价值？以这个工厂为例哪一种产品比较赚钱呢？如表
6-11所示。

表 6-11　传统方法计算利润

产品	#1	#2	#3	#4
售价	$275	$375	$240	$305
材料成本	$150	$110	$90	$95
边际利润（产出）	$125	$265	$150	$210
利润优先级	4	1	3	2

从传统的角度看，产品#2 最赚钱生产 9 个（用掉 18 天 B 作业员的时
间），产品#1 跟#3 是较不赚钱，各生产 4 个满足需求就好（各用掉 4 天 B
作业员的时间），还剩 10 天 B 机器时间生产 5 个产品#4。

总产出 = 4× $125+9× $265+4× $150+5× $210 = $4535

净利 = $4535 – $3000 = $1535

按照 TOC 制约理论来计算利润：

瓶颈决定工厂产出（获利）大小，所以应该使瓶颈的产出最大化，从而使系统的产出最大化（如表 6-12 所示）。

表 6-12　TOC 方法计算利润

产品	#1	#2	#3	#4
售价	$275	$375	$240	$305
材料成本	$150	$110	$90	$95
边际利润（产出）	$125	$265	$150	$210
使用B作业员天数	1	2	1	2
B作业员每天产出值	$125/天	$132.5/天	$150/天	$105/天
利润优先级	3	2	1	4

从瓶颈的角度衡量，产品#3 最赚钱生产 9 个（用掉 9 天 B 作业员的时间），产品#1 跟#4 是较不赚钱，各生产 4 个满足需求就好（#1 用掉 4 天，#4 用掉 8 天 B 作业员的时间），还剩 15 天 B 机器时间可生产 7 个产品#2 还剩 1 天，此一天可多生产一个产品#1。

总产出 = 5× $125+7× $265+9× $150+4× $210 = $4670

净利 = $4670 – $3000 = $1670

此处的两种计算方式的区别显示了传统理论与 TOC 制约理论之间的区别，TOC 计算的方法比传统会计得到的盈利更多，也具体的显示了瓶颈决定系统产出这一原则，瓶颈是系统的关键作用点，从广义动量定理角度说，将力量用于关键作用点，可以获得最大的成果。

（4）设定目标缓冲时间大小

目标缓冲时间是 TOC 中非常重要的一个组成部分，时间缓冲大小决定了投料的早晚，也就决定了有多少在制品。在制品过多会产生过多库存，从而使生产混乱，同时增加负债；在制品过少会使瓶颈挨饿，降低瓶颈的产出，从而使系统产出降低。

时间缓冲的目的是为了防止墨菲（系统扰动）发生而导致瓶颈挨饿的情况发生，所以时间缓冲的大小与系统的稳定性负相关，系统越稳定，时间缓冲可以越小。

此处将瓶颈前的缓冲时间设定为生产周期的 1.5 倍，即 6 天。

（5）根据缓冲时间偏差量决定投料

偏差缓冲量 = 目标缓冲量–原缓冲量–在制品缓冲量+产出消耗缓冲量

机台 B 前有一件#1 产品，所以原缓冲量为 1 天；机台 A 前有一件#3 产品，B 工位需要 1 天能生产一件#3，所以包含在制品 1 天缓冲量；机台 A 前有一件#4 产品，B 工位需要 2 天能生产一件#4，所以包含在制品 2 天缓冲量；在制品的缓冲量时间为 3 天。B 工位每天只能生产一个产品，所以每天消耗的时间缓冲也是 1 天。所以，偏差缓冲量为：

偏差缓冲量＝目标缓冲量－原缓冲量－在制品缓冲量＋产出消耗缓冲量

＝6－1－3＋1＝3

因为每天到结束时才消耗 1 天的时间缓冲，如果投料选择在一天的开始的话，那么第一次的时间缓冲应该不包含产出消耗量，以后每天需要包含。所以偏差缓冲为 2 天，以后每一天的投料只要与产出消耗缓冲量相等就能保证偏差缓冲量为 0。如果投料的是#2 或#4（各包含 2 天的 B 缓冲），那么应该隔一天再投料。

（6）根据时间偏差设定投料

根据 TOC 产出利润最大化，算出来每一种产品需要生产的数量，由于 3 种产品有在制品，所以需要分别减去在制品的数量，获得投料数量，如表 6-13 所示。

表 6-13　四种产品的投料数量

产品	生产流程	目标数量	在制品	投料数量	瓶颈数量
#1	投料-A-B-A-D-出货	5	1	4	1
#2	投料-C-D-B-B-出货	7	0	7	2
#3	投料-A-C-B-C-出货	9	1	8	1
#4	投料-A-B-B-D-出货	4	1	3	2

由于此案例没有换模时间的限制，尽量使三种产品均衡生产，即均衡投料，每天早晨进行投料。也可以有很多其他投料组合，只要能保证时间缓冲即可。括号中的数字表示此产品的第几次投料，如表 6-14 所示。

表 6-14　四种产品的投料排产

日期	投料	日期	投料	日期	投料	日期	投料	早晨剩余缓冲天数
1	#2(1)	10	#2(3)	19	#2(5)	28	#2(7)	6
2	#3(1)	11		20		29		6
3	#3(2)	12	#3(4)	21	#3(6)	30	#3(8)	6
4	#4(1)	13	#4(2)	22	#4(3)	31	#1(4)	6
5		14		23		32		5
6	#2(2)	15	#2(4)	24	#2(6)	33		4
7		16		25		34		3
8	#3(3)	17	#3(5)	26	#3(7)	35		2
9	#1(1)	18	#1(2)	27	#1(3)	36		1

每天早晨投料完成后，B 工位前的时间缓冲为 6 天。当第 31 天早晨投料完成后，B 工位前剩余的时间缓冲为 6 天，而从第 31 天到 36 天正好剩余 6 天，在第 36 天下班时，所有的时间缓冲刚好用完，瓶颈 B 在 36 天内一直在工作，刚好生产 5 个#1 产品，7 个#2 产品，9 个#3 产品和 4 个#4 产品，系统的产出达到了最大化，利润达到了最大化，没有任何在制品和库存。

（7）确保瓶颈产出最大化

各工序尽量遵循先进先出的原则，保证单个产品生产周期小于 9 天的限制。如果非瓶颈工序前有多个在制品，尽量先生产含有 B 工序的产品来保证 B 工序不挨饿；非瓶颈工序遵循小鸟哔哔原则，有工作尽量完成，没有工作则等待。

案例 2：高德拉特难题

高德拉特曾经悬赏 5 000 美金的一道作业排序问题，如何使产出最大化？你能做出的最多产品是多少？

该成品由 4 个零部件组成，每个零部件都需要经过一定的加工流程，具体需要使用的设备和时间在图中有标注，其中 1-10，1-20 表示第一个零件的第 1 和第 2 道工序，A、B 和 C 表示三台加工设备，即资源。A、B 和 C 后边的数字表示这道工序需要的时间，单位为分钟，如图 6-148 所示。

任务：

在 8 周内生产尽可能多的产品，用甘特图表示出在 8 周之内对每台设备的作业排序。

最低要求：

（1）任何时候在制品（WIP）的原料价值不能超过 50 000 美元。

（2）每周至少生产 140 件成品，前四周至少共生产 680 件成品。

限制条件：

（1）A、B 和 C 设备各一台。

（2）一台设备从一个工序转换到另一个工序需要 60 分钟的切换时间，最开始生产时也需要 60 分钟的切换时间。

（3）8 周内，每周工作 5 天，每天 24 小时工作不间断。

（4）原材料供应没有限制。

（5）8 周内系统没有初始库存。

为了计算 WIP 原料和完成的零件库存，假定它们的价值均为 100 美元。一旦 4 个零部件组成一套到达装配线，就马上组装运走。原材料和成品的价

订单

装配与搬运	无 0

1-40		2-40				4-50
C 3		B 15				C 5

1-30		2-30		3-30		4-40
A 7		A 8		B 2		B 11

1-20		2-20		3-20		4-30
B 3		A 3		A 5		B 3

1#零件 生产流程　2#零件 生产流程　3#零件 生产流程　4#零件 生产流程

1-10		2-10		3-10		4-20
A 5		C 2		C 3		A 1

4-10
C 20

1-10	← 工序
A 5	← 每件加工时间

资源A

原材料

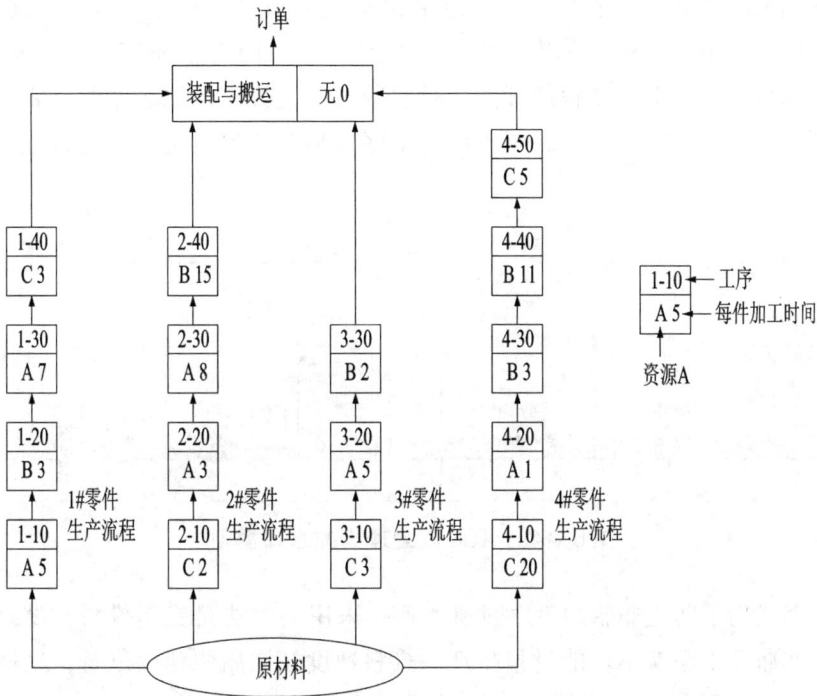

图 6-148　高德拉特难题

值不包括在库存计算里面。

　　这是一道挑战题目，由于解答过程较长，具体解题步骤可参见微信公众号。

6.7.5.2　使用水库模型分析 TOC 制约理论

　　TOC 制约理论可以使用物理学中的水库模型进行分析，TOC 制约理论比丰田生产方式的反馈环要少很多。在丰田生产方式中，每道工序最少都包含一个原料库领取反馈环和成品库生产反馈环，而在 TOC 制约理论当中，反馈环一般只在瓶颈工序和原料库工序存在，并且二者共用一个反馈环。

　　从水流的角度来说，河道的宽度不同，单位时间的流量也不同，河道最窄的地方流量最小，也就是 TOC 制约理论的瓶颈，并且 TOC 制约理论认为是瓶颈速度决定了系统的产出速度，所以只要控制瓶颈的速度即可。瓶颈工序一直进行生产，才能确保系统的产出最大化，也就是说要保证瓶颈不挨饿，TOC 采取在瓶颈工序前建立一个瓶颈原料库，这样即使上游工序出现问题停产，瓶颈工序依然可以使用原料库的库存进行生产而不停止。

在瓶颈为工序 B 的流程中，在工序 B 之前建立瓶颈原料库，以应对扰动，从而保证瓶颈一直有料可以生产。而对于瓶颈前的工序，不需要建立库存，只需要控制整个生产流程最开始的投料即可，当投料达到非瓶颈，非瓶颈抓紧生产，生产完后等待。瓶颈后的工序也是有料抓紧生产，无料等待即可，如图 6-149 所示。

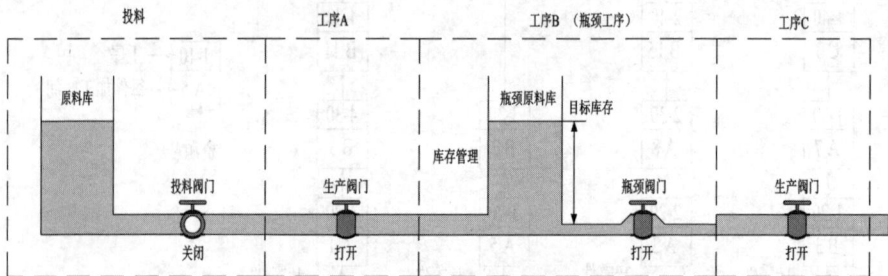

图 6-149　TOC 制约理论的水库模型

但是为了防止非瓶颈工序过量生产，采用的方法是控制投料，没有材料，非瓶颈工序就不可能过量生产。投料速度按照瓶颈速度进行，这样既可以保证瓶颈工序不挨饿，又可以有效防止在制品过量。

瓶颈工序的库存缓冲管理采用了两种方式，一种是库存补充，另一种是订单排序。库存补充的方式适用于单一化的产品，通过库存补充保证瓶颈不挨饿。订单排序使得交货期不同的订单按照紧急程度来排优先级，着急的订单先通过瓶颈，类似于公路上的私家车给救护车让道的原理。

TOC 制约理论适用条件：产品超多样，需求不稳定的产品。

6.7.5.3　TOC 理论傻瓜式排产法

内容提要：根据工序总用时公式创立了 TOC 理论傻瓜式排产法，用来简化 TOC 理论的应用，即使不懂 TOC 制约理论的人，也可以根据此方法对生产进行排产，从而普及 TOC 理论的使用，增加系统的有效产出。此排产法采用倒推式方法，逐步确定瓶颈开始时间、投料时间、投料速度和承诺交货期，并且给出此排产法的步骤以及各步骤的说明。书中给出编程逻辑，以方便读者将其通过程序或 EXCEL 实现。

TOC 理论傻瓜式排产法也可以称为广宇生产排产法或者 Gavin's Scheduling Method，如图 6-150 所示。

（1）绘制生产流程图，标出每道工序速度

（2）确定订单交期，需求数量

（3）确定瓶颈和非瓶颈，计算极限交货期和交货缓冲

T（4）确定瓶颈后工序用时
O
C（5）计算瓶颈工序总用时，确定瓶颈工序开始时刻
理
论（6）计算瓶颈缓冲
傻
瓜（7）计算瓶颈缓冲交货期，确定投料开始时刻
式
排（8）确定投料速度
产
法（9）计算承诺交货期

（10）将上述数据填写到生产流程图中，方便查看

图 6-150　TOC 理论傻瓜式排产法

TOC 理论傻瓜式排产法步骤：

（1）绘制生产流程图，标出每道工序速度。

（2）确定订单交期，需求数量。

（3）确定瓶颈和非瓶颈，计算极限交货期和交货缓冲。

（4）确定瓶颈后工序用时。

（5）计算瓶颈工序总用时，确定瓶颈工序开始时刻。

（6）计算瓶颈缓冲。

（7）计算瓶颈缓冲交货期，确定投料开始时刻。

（8）确定投料速度。

（9）计算承诺交货期。

（10）将上述数据填写到生产流程图中，方便查看。

案例：

某工厂的生产流程有 A、B、C、D、E 和 F 这 6 道工序，每道工序的速度依次为 5 分/件、6 分/件、15 分/件、9 分/件、20 分/件和 10 分/件。客户需要公司明天 17：00 交货，产品数量为 15 个，产品型号为 A 产品。如何排产才能保证按时交货又不过早生产呢？

案例分析：

如何使用 TOC 理论傻瓜式排产法进行排产，从而保证明天 17：00 可以生产完 15 个 A 产品呢？

我们将使用 TOC 理论傻瓜式排产法进行解析。

（1）绘制生产流程图，标出每道工序速度

按照工厂的生产流程和速度绘制生产流程图，向 A 工序投料，从 F 工序加工完就是产成品，标出每道工序的生产速度，如图 6-151 所示。

（1）绘制生产流程图，标出每道工序速度。

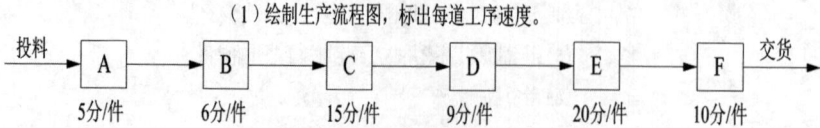

图 6-151　第一步绘制生产流程图

（2）确定订单交期，需求数量

订单的交货期为明天的 17：00，订单数量为 15 个。画出一个时间坐标轴，在 17：00 处标出交货时刻和交货数量，如图 6-152 所示。

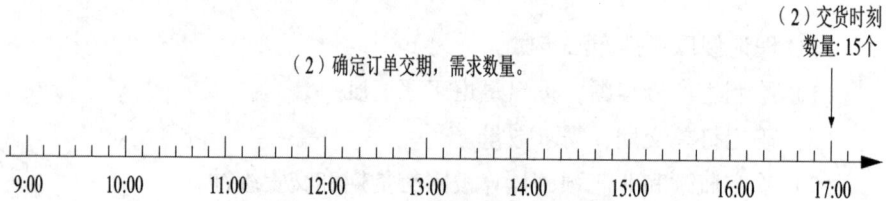

图 6-152　第二步确定交期和数量

（3）确定瓶颈和非瓶颈，计算极限交货期和交货缓冲

查看生产流程图，确定 E 工序为瓶颈，因为它的速度最慢，速度为 20 分/件；其他工序为非瓶颈，非瓶颈总时间为 5+6+15+9+10＝45 分钟。转移批量是 1 个。

根据工序总用时公式得到：

极限交货期＝总数量×瓶颈用时+转移批量×非瓶颈用时

$$＝15×20+1×（5+6+15+9+10）＝345 分钟$$

交货缓冲取极限交货期的 1/5，即 345/5＝69 分钟，为了方便画图，取 70 分钟。在时间坐标轴上从 17：00 向前 70 分钟，绘制出交货缓冲，如图 6-153 所示。

极限交货期是所有环节不出问题的极限时间，极限交货期不包含任何缓冲时间。因为实际生产中会存在墨菲效应，从而延长交货期，所以实际承诺交货期要大于极限交货期。

转移批量越小，工序总用时越少，这个转移批量是需要按照产线实际

（3）确定瓶颈和非瓶颈，计算极限交货期和交货缓冲。

极限交货期=总数量×瓶颈用时+转移批量×非瓶颈用时
=15×20+1×(5+6+15+9+10)=345分钟

交货缓冲取1/5，345/5=69，取70分钟

图6-153　第三步计算极限交货期和交货缓冲

情况得出的。

交货缓冲的作用是为了整条产线出现问题而导致交期延长，类似于关键链中的项目缓冲。比如 F 工序在生产最后一个在制品时出现问题导致设备需要 50 分钟才能修复，那么由于 70 分钟的缓冲大于 50 分钟修复+10 分钟生产时间，这 15 个产品还会在 17：00 准时交货。

交货缓冲主要是为了应对这条产线的墨菲效应，它和整个产线的稳定性有关。产线的稳定性越好，交货缓冲可以越小。订单数量越大，生产周期越长，发生墨菲效应可能性越大，交货缓冲需要越长。如果一条产线的可利用率是 0.95，那么 95 分钟的工作需要 95/0.95＝100 分钟才能做完，其中的 5 分钟是用来应对扰动的。

如果最后一道工序后存在库存缓冲用于应对订单，那么交货缓冲可以取消。

（4）确定瓶颈后工序用时

F 为瓶颈后的工序，速度为 10 分/个。瓶颈后工序用时＝批量×瓶颈后工序用时。如果批量为 1，那么瓶颈后工序用时就是瓶颈后各道工序用时的累加。此处只有 1 道工序，所以是 10 分钟。此处记录的是当瓶颈工序完工，需要延迟多久可以从最后一道工序流出。在时间坐标轴上从 15：50 向前画出 10 分钟瓶颈后用时，如图 6-154 所示。

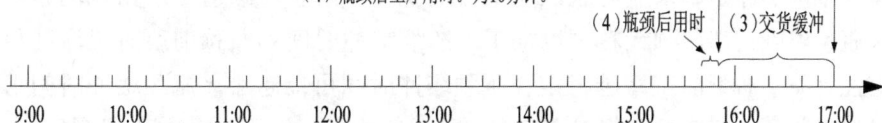

图6-154　第四步确定瓶颈后工序用时

（5）计算瓶颈工序总用时，确定瓶颈工序开始时刻

瓶颈工序速度为 20 分/件，订单数量为 15 个，那么瓶颈工序总用时 = 总数量×瓶颈用时 = 15×20 = 300 分钟。在时间坐标轴上从 15：40 向前画出 300 分钟的瓶颈总用时。10：40 是瓶颈工序开始生产的时刻。瓶颈开始的时间越早，交货可靠性越高，但是产生的库存存放时间越长。为了让系统产出最大化，瓶颈工序一般都是尽可能工作。所以订单的排产也是根据瓶颈工序的情况，如图 6-155 所示。

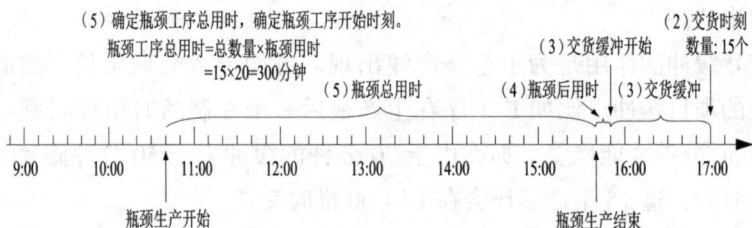

图 6-155　第五步计算瓶颈工序总用时

（6）计算瓶颈缓冲

瓶颈缓冲时间根据经验设定，要大于瓶颈前工序的修复时间，取 60 分钟。因为瓶颈速度是 15 分/个，取 60 分钟是为了方便转化为库存缓冲，即 60/15 = 4 个库存缓冲，如图 6-156 所示。

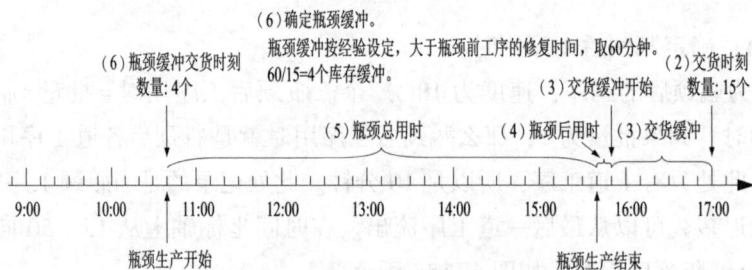

图 6-156　第六步确定瓶颈缓冲

瓶颈缓冲是用来应对瓶颈前工序的扰动，防止瓶颈前工序出现问题导致瓶颈挨饿，即瓶颈无料可以加工。瓶颈缓冲时间和瓶颈前所有工序的稳定性有关，瓶颈前工序越稳定，瓶颈缓冲时间可以越小。瓶颈缓冲时间可以根据瓶颈前工序的可用率来确定，可用率越高，瓶颈缓冲时间可以越小。

瓶颈缓冲只要大于前边工序处理扰动的时间即可。比如前边工序出现扰动，需要 55 分钟可以恢复，那么 60 分钟的时间缓冲就是合适的。瓶颈缓

冲可以根据经验来设定。

（7）计算瓶颈缓冲交货期，确定投料开始时刻

确定瓶颈前所有工序的新瓶颈和新非瓶颈，用来计算投料提前期。瓶颈 E 前工序有 A、B、C、D 这 4 道工序，每道工序的速度依次为 5 分/件、6 分/件、15 分/件和 9 分/件，新瓶颈为 C，新非瓶颈为 A、B 和 D，其中批量为 1。

瓶颈缓冲交货期=缓冲数量×新瓶颈用时+转移批量×新非瓶颈用时

$$=4×15+1×（5+6+9）=80 \text{分钟}（\text{如图 6-157 所示}）$$

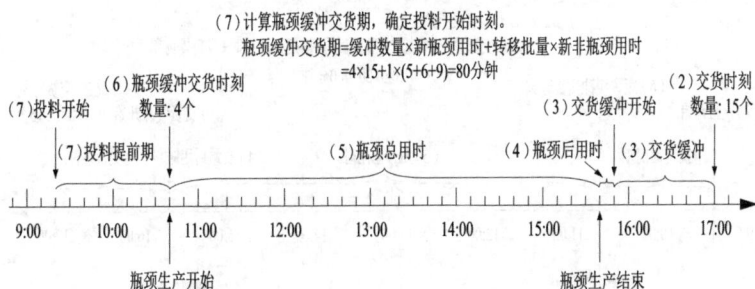

图 6-157　第七步计算投料提前期

投料提前期的计算逻辑也是基于工序总用时公式，相当于瓶颈工序向它之前的所有工序定了一个订单，订单交货期是 10：40，订单数量是 4 个。

（8）确定投料速度

确定投料速度。按照瓶颈速度进行投料，瓶颈工序速度决定系统产出速度，因此一般瓶颈都一直在生产，所以瓶颈生产一个，投料补充一个，这样就能保证瓶颈缓冲大小不变，如图 6-158 所示。

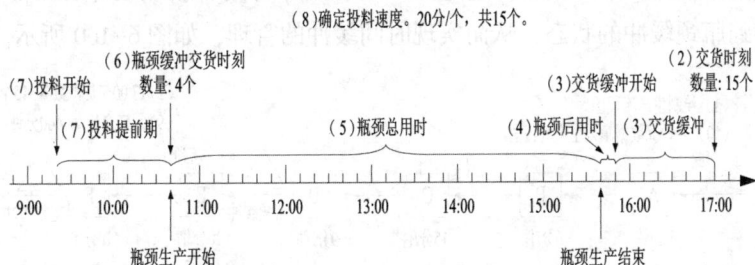

图 6-158　第八步确定投料速度

如果瓶颈前没有缓冲，为了尽快建立缓冲，那么瓶颈缓冲数量按照第

一道工序速度投料，然后按照瓶颈速度投料。瓶颈缓冲数量的 4 个按照 5 分/件投料，然后剩下的 11 个按照 20 分/个投料。前 4 个按照第一道工序投料，是为了尽快建立瓶颈前的缓冲，但是投料速度超过第一道工序的速度，在制品也不能比第一道工序快的速度流到下一道工序。当瓶颈缓冲完成之后，只要按照瓶颈速度进行投料即可保证瓶颈缓冲时间为 1 小时。

（9）计算承诺交货期

承诺交货期＝交货缓冲＋瓶颈后用时＋瓶颈总用时＋投料提前期

＝70＋10＋300＋80＝460 分钟（如图 6-159 所示）

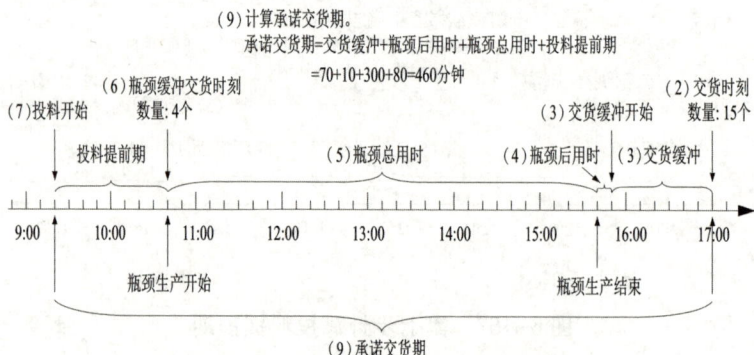

图 6-159　第九步计算承诺交货期

（10）将上述数据填写到生产流程图中，方便查看

将上述数据填写到生产流程图中，以方便查看。其中有一个重要的指导生产的数据。包括投料时间、投料速度、瓶颈缓冲时间和瓶颈工序开始时间。投料开始，物料就会从产线向下道工序流动，投料速度决定了有多少个在制品，在制品越多，库存越多。通过实际瓶颈缓冲时间和瓶颈缓冲时间的对比，可以得到瓶颈缓冲的状态，从而实现时间缓冲的管理，如图 6-160 所示。

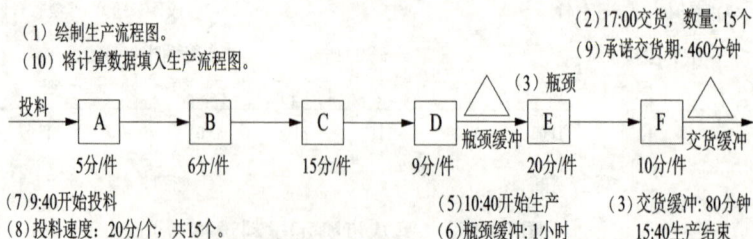

图 6-160　第十步将计算数据填入生产流程图

TOC 理论傻瓜式排产法的 10 步中，并不是每一步都是必需的，可以根据实际应用适当修改，比如是否需要画时间轴。这里画出时间轴等只是为了方便直观上的理解。

TOC 理论傻瓜式排产法的编程逻辑

本文给出 TOC 理论傻瓜式排产法编程的基本逻辑，以方便编程人员编制程序，普及 TOC 理论的应用。TOC 理论傻瓜式排产法的逻辑比较简单，可以使用 EXCEL 实现，也可以将其整合到 ERP 等软件中。

程序外部输入：订单交期、订货数量和订货种类。

程序输出：订单承诺交期、投料开始时间、投料速度、瓶颈工序开始时间、瓶颈缓冲大小和交货缓冲大小等。

程序设计基于原理：工序总用时公式。即工序总用时＝总数×瓶颈时间+转移批量×非瓶颈时间。根据工序总用时的详细介绍，可以将转移时间和等待时间也加入到工序总用时中，使公式反映真实的生产情况。

程序逻辑：

（1）将生产流程编入程序，包括生产流程的先后顺序，每道流程的速度，每道流程的可用率等信息。

（2）比较查找确定瓶颈和非瓶颈，确定转移批量，将工序总用时公式编入程序，用于计算极限交货期，极限交货期＝需求数量×瓶颈时间+转移批量×非瓶颈时间。

（3）计算交货缓冲。简单的方法：交货缓冲＝极限交货期×k，k 为一个比例，比如 1/5，这个可以根据以往的经验进行设置。复杂的方法：订单需要的数量越多，生产周期越长，发生墨菲效应的可能性越大，交货缓冲越大。生产线越稳定，墨菲效应发生概率越小，交货缓冲越小，可以根据订购数量、产线情况和各工序可用率等做一个函数来计算交货缓冲。交货缓冲的作用是用来应对整条产线的墨菲效应，类似于关键链中的项目缓冲。

这个缓冲如果过大，那么就是生产时间过早，产生的在制品存放时间过长，导致库存成本增加。这个缓冲如果过小，那么无法应对墨菲效应，导致延期交货，不能满足客户要求。

如果有适当的库存缓冲作为交货缓冲，那么交货缓冲可以取消。

（4）确定瓶颈后工序用时。找到瓶颈工序后，就可以计算瓶颈工序后的用时，瓶颈后工序用时＝批量×瓶颈后所有工序用时。此处计算的是当瓶颈生产的最后一个（或 1 批）产品转移到后边工序，从最后一道工序产出的时间是多少。

（5）计算瓶颈工序总用时，确定瓶颈工序开始时刻。

瓶颈工序总用时＝总数×瓶颈时间，将此公式编写进程序，用于计算瓶颈总用时。

（6）计算瓶颈缓冲。

瓶颈缓冲时间根据经验设定，要大于瓶颈前工序的修复时间即可。瓶颈缓冲是用来应对瓶颈前工序的扰动，防止瓶颈前工序出现问题导致瓶颈挨饿，即瓶颈无料可以加工。瓶颈缓冲时间和瓶颈前所有工序的稳定性有关，瓶颈前工序越稳定，瓶颈缓冲时间可以越小。瓶颈缓冲时间可以根据瓶颈前工序的可用率来确定，可用率越高，瓶颈缓冲时间可以越小。

瓶颈缓冲只要大于前边工序处理扰动的时间即可。比如前边工序出现扰动，需要 55 分钟可以恢复，那么 60 分钟的时间缓冲就是合适的。瓶颈缓冲可以根据经验来设定。

系统的产出由瓶颈决定，瓶颈损失 1 小时，整个系统损失 1 小时。瓶颈缓冲过大，导致在制品过多，进而导致库存过多，库存是负债，负债增加。在制品过多也容易导致生产混乱。瓶颈缓冲过小，不能应对墨菲效应，导致瓶颈挨饿，进而降低系统产出。瓶颈缓冲的设置可以参照墨菲效应发生的概率、产线的可利用率和订货数量决定。

（7）计算瓶颈缓冲交货期，确定投料开始时刻。

瓶颈缓冲交货期＝瓶颈缓冲数量×新瓶颈＋批量×新非瓶颈。在瓶颈缓冲时间确定后，可以将时间缓冲转换为库存缓冲，即库存缓冲＝时间缓冲/瓶颈速度。这时相当于瓶颈工序是客户，它向它的前边工序下了一个订单，订单需求数量就是瓶颈库存缓冲，交货时间就是瓶颈开始生产的时刻。此时可以将瓶颈前所有工序看作新的产线，那么就有新瓶颈和新非瓶颈，利用瓶颈缓冲极限交货期＝瓶颈缓冲库存数量×新瓶颈时间＋转移批量×新非瓶颈时间，就可以获得投料的提前期。

（8）确定投料速度。

投料速度可以按照瓶颈生产速度进行投料。因为瓶颈影响系统的产出，所以瓶颈一般都在一直工作，瓶颈前也一直有缓冲，那么瓶颈生产一个，投料补充一个，就可以保证瓶颈缓冲大小不变。

如果瓶颈前没有缓冲，那么瓶颈缓冲数量的那几个可以按照第一道工序的速度投料，以便尽快建立起瓶颈缓冲，然后其他的按照瓶颈速度投料即可。

（9）计算承诺交货期。

承诺交货期=交货缓冲+瓶颈后用时+瓶颈总用时+投料提前期，承诺交货期需要的几个时间数据，在上边的步骤中均已经计算好，累加即可。

（10）程序输出承诺交货期、投料时间、投料速度、瓶颈缓冲、交货缓冲和极限交货期等结果。此结果可以输入生产系统，从而指导生产。

在 EXCEL 编程中，使用 MAX 和 MATCH 函数，基本上就可以编写傻瓜式排产法了。MAX 函数用来比较获得瓶颈和新瓶颈，MATCH 函数用来区分瓶颈前的工序和瓶颈后的工序。

6.7.5.4　SDBR 的本质分析和优化

内容提要：本节首先简要介绍什么是 SDBR，分析 SDBR 和 DBR 的区别，接下来介绍 SDBR 的使用方法，然后介绍了 SDBR 广宇计算公式和 SDBR 的优化。在 SDBR 广宇计算公式中，给出了 SDBR 投料时间和安全交期通用的计算方法，假设从投料开始到 CCR 可以开始生产这段时间所占生产缓冲的比例为 a，而从 CCR 可以开始到生产缓冲结束这段时间的比例就是 $1-a$，那么：

投料日期=CCR 计划负荷 $-a×$ 生产缓冲

安全交期=CCR 计划负荷 $+（1-a）×$ 生产缓冲

1. 什么是 SDBR

SDBR（Simplified Drum-Buffer-Rope）简化的鼓-缓冲-绳，它是由斯拉根海默所创立，它的本质和 DBR 相同，但是 SDBR 在逻辑上取消了 DBR 中的瓶颈缓冲和装配缓冲，只保留了交货缓冲。DBR 认为系统的瓶颈在工厂内部，SDBR 认为系统的瓶颈在工厂外部，即市场是瓶颈。在供过于求的时代，市场是瓶颈符合大多数工厂的情况。

DBR 的优势在于能够对瓶颈资源进行详细的生产计划排程，充分利用瓶颈资源的产能，从而获得更多的有效产出。

DBR 关注瓶颈产出最大化，SDBR 更关注交货期。SDBR 通过对生产缓冲的监控、对 CCR（Capacity Constrained Resource，产能限制资源）的展望，确保 SDBR 具有更好的交期保护机制。同时，SDBR 对生产的波动也有更好的应对能力。另外，SDBR 比 DBR 更容易实施。

2. SDBR 和 DBR 的区别和联系

SDBR 和 DBR 有什么区别和联系呢？

（1）瓶颈位置的区别。DBR认为瓶颈在工厂内，是瓶颈产出决定了工厂可以达到的成果。而SDBR认为瓶颈是市场，在工厂外，是市场决定了工厂可以达到的成果。如果工厂的供给小于市场的需求，那么瓶颈就在工厂内部；如果工厂供给大于市场需求，那么瓶颈就是市场。这和经济学中的供不应求和供过应求的道理相同，供不应求，市场迁就工厂；供过于求，工厂迁就市场，其原理就是TOC中的非瓶颈迁就瓶颈。以当前的市场环境来分析，供不应求的企业少于供过于求的企业。

（2）关注点区别。DBR关注于瓶颈产出最大化，而SDBR关注于订单的准时交货。这点区别也是由于瓶颈位置，或者市场的供求关系决定的。DBR处于工厂供不应求的环境中，工厂生产的产品都会被卖出去，而瓶颈决定系统的产出，那么要想工厂的利润最大化，就需要工厂的产出最大化，进而就需要瓶颈产出最大化，所以DBR关注于瓶颈产出最大化。而SDBR处于工厂供过于求的状态，工厂内部的限制资源CCR如果生产最大化，那么必将超过市场需求而形成库存卖不出去，导致工厂的库存成本增加，所以SDBR并不要求CCR产出最大化，而是满足市场需求即可。那么为什么SDBR要关注交货期呢？因为在供过于求的市场中，客户就有很多选择，同类产品的售价几乎相同，那么你如何来显示你比别的厂家有优势呢？可靠的交货期就是SDBR提出相对于其他企业的优势。大家都以相同的售价进行销售，但是SDBR可以给客户一个可靠的交货期承诺，从而保证客户在承诺的交货期拿到货物而不会因为订单没完成对客户造成损失。可靠的交货期相当于减少客户因订单延期而造成的成本，即降低客户损失的风险。实行SDBR还可以区别对待不同交期要求的客户，从而为企业争取到快速订单和超快速订单，进而增加企业的产出。在供不应求的DBR环境和供过于求的SDBR环境中，客户对于交期的忍耐程度是不同的。在DBR中，企业供不应求，即使不能按期交货，客户也需要忍耐，即使客户不忍耐交期而使工厂失去了这个订单也没什么关系，因为供不应求，还会有其他客户抢着购买。在SDBR的环境中，供过于求，客户对于企业的忍耐有限，如果交期不能保证，那么很容易失去客户，而市场是瓶颈，订单的丢失就是企业的损失，因为市场决定了工厂的产出。

（3）缓冲区别。DBR包含瓶颈缓冲、装配缓冲和出货缓冲这三种缓冲，而SDBR只包含出货缓冲这一种缓冲。

DBR在瓶颈工序之前有瓶颈缓冲，用来应对瓶颈前的墨菲效应，防止瓶颈挨饿。装配点前有装配缓冲，用来应对装配点前的墨菲效应，防止装配点挨饿。市场前有出货缓冲，用来应对市场前的墨菲效应，防止客户挨饿。DBR 的瓶颈缓冲、装配缓冲以及出货缓冲和关键链中的资源缓冲、接驳缓冲以及项目缓冲是一一对应的，如图 6-161 所示。

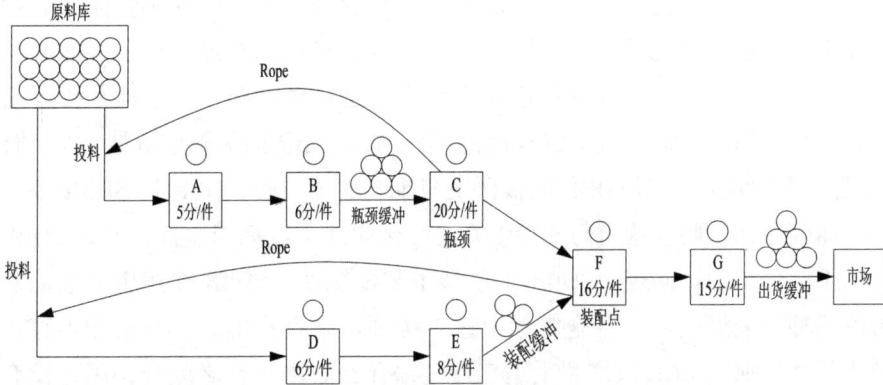

图 6-161　DBR 模型

SDBR 中只有出货一种缓冲，用来应对市场前的所有墨菲效应，为了防止市场挨饿，也就是为了保证订单按期交货。出货缓冲在 SDBR 中被称为生产缓冲，指从投料到订单完成这段时间。SDBR 中的生产缓冲比 DBR 中的出货缓冲保护的范围更长，因为生产缓冲覆盖了 DBR 中瓶颈缓冲和装配缓冲的范围，如图 6-162 所示。

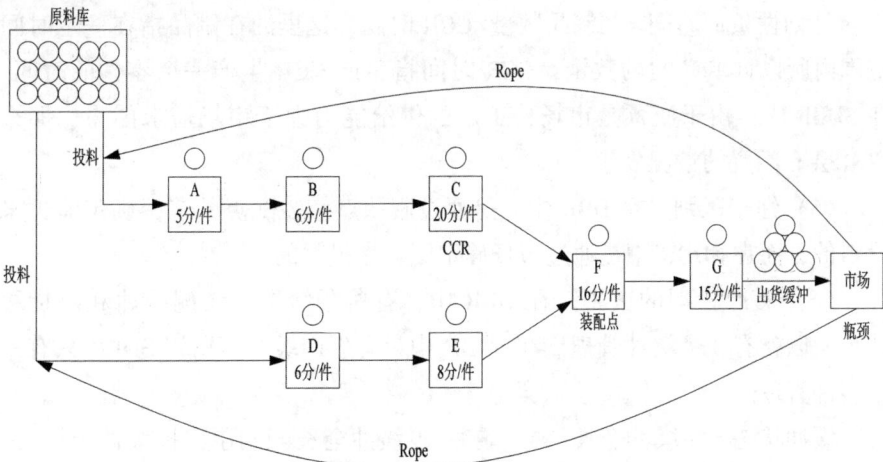

图 6-162　SDBR 模型

　　为什么 SDBR 要取消瓶颈缓冲和装配缓冲呢？这是基于什么逻辑得到的这个结果呢？

　　TOC 中一个核心观点是要平衡流动而不要平衡产能。既然流动对于产出非常重要，斯拉根海默问道："瓶颈缓冲对于流动是不是一种干扰或中断呢？如果瓶颈缓冲是一种中断，那么我们真的需要瓶颈缓冲吗？因为瓶颈缓冲促使了零件的提早发放，而这些零件会提早达到瓶颈工序前，然后等待瓶颈的加工。而这种等待对于流程来说就是一种中断，由于提早投料而延长了交货期。"如果墨菲效应没有发生，那么 DBR 的极限交货期=加工时间+瓶颈缓冲时间，而 SDBR 的极限交货期=加工时间，DBR 比 SDBR 多了一个瓶颈缓冲时间，从而与 SDBR 关注的交期这个目标相违背，所以 SDBR 取消了瓶颈缓冲，同理，SDBR 也取消了装配缓冲。SDBR 在逻辑上取消了瓶颈缓冲和装配缓冲，但是实际中这个缓冲还是存在的。如果实际不存在这个缓冲，那么 CCR 只需要上道工序过来什么就加工什么就行，因为没有其他选择。而缓冲管理却是需要 CCR 按照缓冲状态来决定谁先生产和谁后生产，那么就必然存在选择，也就是有缓冲。

　　（4）鼓区别。在 DBR 中，认为瓶颈在工厂内部，即由工厂内部的瓶颈作鼓，来确定生产节奏和投料速度。而在 SDBR 中，认为市场是瓶颈，由市场作鼓。在 DBR 中，需要按照瓶颈的节奏对生产进行详细的排产。在 SDBR 中，由于取消了瓶颈缓冲，就不需要对瓶颈进行详细的排产，而是使用 CCR 计划性负荷来代替。CCR 计划性负荷可以通过利特尔法则进行计算。CCR 计划性负荷时间=在制品数量×CCR 时间，这里的在制品指在一定时间范围内所以订单订购的数量，CCR 时间指生产 CCR 生产一个零件的时间。在 SDBR 中，由于瓶颈是市场，工厂的供给能力大于市场需求能力，那么 CCR 会有闲置的情况发生。

　　（5）绳子区别。在 DBR 中，是通过瓶颈点和装配点的节奏确定绳长来投料的，而在 SDBR 中是通过市场确定绳长来投料的。

　　（6）缓冲管理的区别。在 DBR 中，有瓶颈缓冲、装配缓冲和出货缓冲，所以就有 3 个缓冲管理。在 SDBR 中只有生产缓冲，所以 SDBR 只有一个缓冲管理。

　　缓冲状态=（缓冲全长−剩余缓冲）/缓冲全长=已用缓冲/缓冲全长

　　比如缓冲全长是 10 天，剩余 2 天，那么缓冲状态就是（10−2）/10=80%，如果缓冲剩余 15 天，那么缓冲状态就是（10−15）/10=−50%。

在 DBR 中的缓冲，有时可以转化为库存缓冲，比如瓶颈前的缓冲。假设瓶颈生产 1 个零件的时间是 20 分钟，而瓶颈前有 3 小时的缓冲，就是瓶颈前有 3 小时的在制品等待瓶颈生产，那么这个瓶颈缓冲可以转化为库存缓冲，库存缓冲 = 瓶颈时间缓冲/瓶颈节拍 = 3×60/20 = 9 个。而在 SDBR 中的生产缓冲就是时间缓冲，没办法转化为库存缓冲，所以时间缓冲的通用性更广一些。

这里介绍一下处理缓冲的两大方法，方法一是缓冲补充，方法二是优先级排序。流水线生产、精益生产和丰田生产方式采用的是缓冲补充的方法，而 TOC 制约理论主要采用优先级排序的方法。

缓冲补充方法：缓冲补充方法就是设定一个缓冲，可以是空间缓冲，库存缓冲或者时间缓冲，当缓冲减少时，通过上道工序的生产将缓冲补充到设定值，然后停止此产品的生产。比如在丰田生产方式中，一个工序的 A 产品的设定库存缓冲是 3 个，当下道工序取走 2 个后，缓冲偏差变为 2 个，此时此道工序生产 2 个来补充这个缓冲到 3 个。而在 TOC 的瓶颈缓冲中，假设瓶颈缓冲是 180 分钟，而由于投料发生延迟问题而导致缓冲变为 120 分钟，那么缓冲偏差就是缓冲设定 − 剩余缓冲 = 缓冲偏差 = 180 − 120 = 60 分钟。如果瓶颈节拍时 20 分钟/个，那么投料可以增加 3 个零件的投料，从而增加 60 分钟的瓶颈缓冲。

优先级排序方法：优先级排序方法是 TOC 制约理论特有的缓冲管理方法，它优先生产缓冲状态高的产品，从而保证此产品先生产完。缓冲状态为 80% 的产品的优先级高于缓冲状态为 60% 的产品。优先级排序在 SDBR 中尤为重要，因为 CCR 没有详细的生产排程，它只能通过缓冲状态来决定先生产哪种产品，从而保证订单交期的可靠性。

优先级排序适用于多样化的产品，特别是交期要求多样的产品。对于单一标准化的产品，优先级排序的作用不大。比如某工厂只生产 1 种标准化的产品，那么生产出来的产品就适用于它的所有客户，任意一个零件先生产出来和后生产出来没有区别，都是同一种零件，都满足客户需求。

3. SDBR 的使用

在 SDBR 中，以市场需求为主，用一个生产缓冲代替原来的瓶颈缓冲和出货缓冲。不再为瓶颈做详细排程，只对投料排程，但须监控 CCR（内部瓶颈工序）的负荷。

SDBR 中有两个重要的日期，一个是投料日期，另一个是安全交货日期。投料日期＝CCR负荷计划−1/2生产缓冲，安全交期＝CCR负荷计划＋1/2生产缓冲。其中生产缓冲是指从订单派遣到订单完成所消耗的时间，而斯拉根海默说这个生产缓冲要充裕，即保证在生产缓冲内订单可以完成。生产缓冲并不包括向客户交货的过程中消耗的运输时间。生产缓冲如何确定呢？斯拉根海默建议将工厂当初的生产提前期减半作为生产缓冲。如果之前这家工厂的生产提前期是20天，那么取20天的一半，即10天作为生产缓冲。这样做的基本原理是，通过消除大批量生产和很高的在制品水平，已经大大减少了流程中的主要中断，考虑到净加工时间只占生产提前期的很小一部分，那么通过将等待时间减半，总的生产提前期就能减半。

一个企业的生产缓冲是10天，CCR的负荷计划排产到13号，那么一个新订单的CCR就增加在13日的后边。这个订单的投料日期＝CCR负荷−1/2生产缓冲＝13−1/2×10＝8号，安全交期＝CCR负荷＋1/2生产缓冲＝13＋1/2×10＝18号，即这个订单的投料日期是8号，而安全交期是18号。市场的同类产品的标准交货期是20天，5号开始需要25号完成，而这个订单在18号完成，还有7天的弹性时间，如图6-163所示。

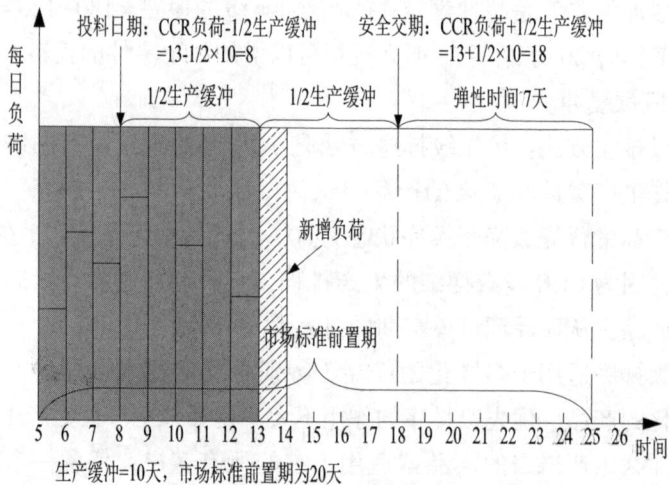

图6-163　SDBR投料和交期计算

这个生产缓冲可以是一个标准订单从投料到完成的时间，比如标准订单的批量是48个，如果大于48个，那么就可以切成几个标准订单进行排产；如果小于48个可以按照标准订单进行排产。

CCR负荷是如何计算的呢？假设工厂内部的CCR速度是10分钟/个，

一天工作 8 小时，那么 8 小时就是 480 分钟，可以生产 48 个产品。如果一个订单是 48 个，那么这个订单就占用了 1 天的 CCR 负荷，而如果一个订单是 24 个，那么它就占用 0.5 天 CCR 负荷，CCR 负荷是一个时间段内所有订单占用 CCR 时间的累加。

为了应对快速订单，CCR 通常留有一定的产能，这样当接到快速订单是，这部分产能就可以去生产这种订单，从而保证快速订单的交期，而又不影响正常订单的交期，因为正常订单是按照 80% 的 CCR 计算的交期，如图 6-164 所示。

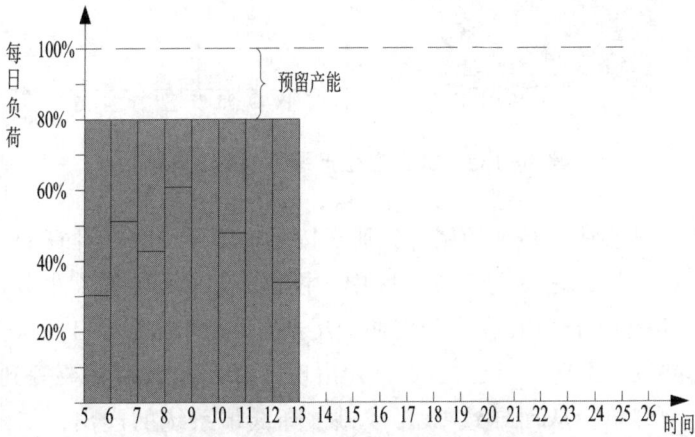

图 6-164　SDBR 预留产能

而如果在这段期间没有接到快速订单，那么这部分 CCR 产能就可以用来生产正常的订单，而不会浪费 CCR 产能。

4. SDBR 的投料时间和安全交期的分析

在 SDBR 中，为什么选用 1/2 生产缓冲来计算投料时间和安全交期呢？那是因为 SDBR 假设 CCR 在生产缓冲的中间部位，而如果实际中 CCR 不在生产缓冲的中间，会出现什么问题呢？

如果 CCR 在生产缓冲的头部，那么按照 1/2 生产缓冲计算的投料时间是 8 号，安全交期是 18 号。而实际中，投料日期应该是 11 号，而安全交期是 21 号。提前投料的影响不是很大，但是安全交期计算少了，很可能不能安全交货，从而带来损失，如图 6-165 所示。

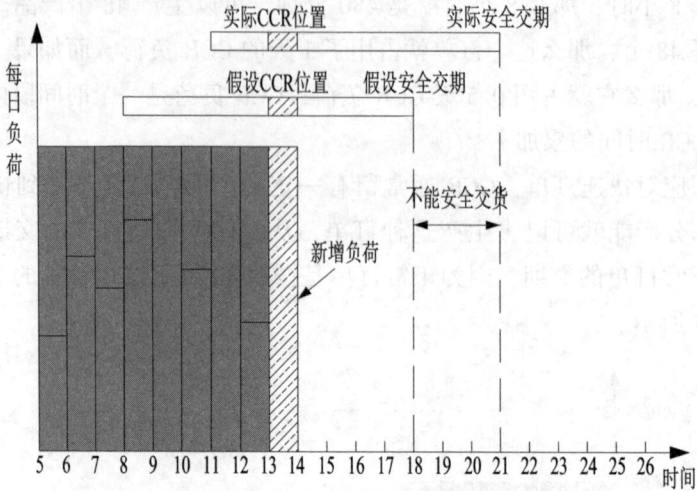

图 6-165　CCR 在生产缓冲头部的影响

如果 CCR 在生产缓冲的尾部，那么按照 1/2 生产缓冲计算的投料时间是 8 号，安全交期是 18 号。而实际中，投料日期和安全交期也分别是 8 号和 18 号。并且由于 CCR 在生产缓冲的尾部，预计在 13 日出现这个订单的 CCR 工作并没有出现，而是在 16 日才出现，那么 CCR 就需要等到 16 日才能加工这个订单，从而导致 CCR 挨饿，降低了系统的产出，如图 6-166 所示。

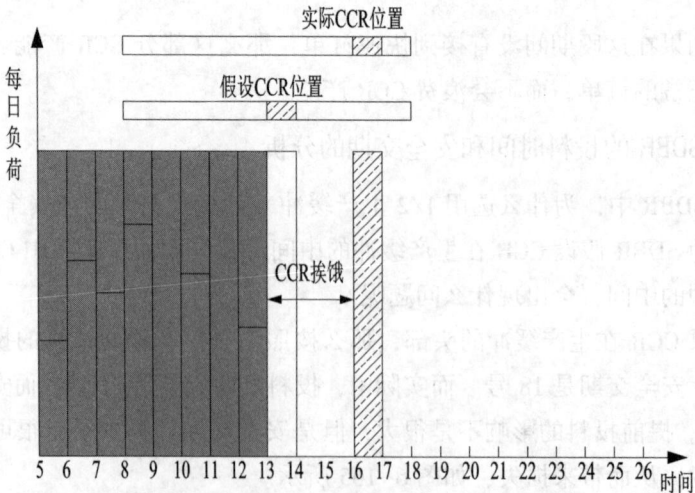

图 6-166　CCR 在生产缓冲尾部的影响

对于这两种情况，TOC 专家给出了建议。如果 CCR 在生产缓冲的头部，那么投料延后 20%，安全交期延后 20%。如果 CCR 在生产缓冲的尾部，那么投料提前 20%，安全交期提前 20%。

斯拉根海默的处理更复杂难懂一些，他在《Supply Chain Management at Warp Speed》中将给出了一个包括前部正常加工，中间长时间加工和后部正常加工的生产流程，如图 6-167 所示。

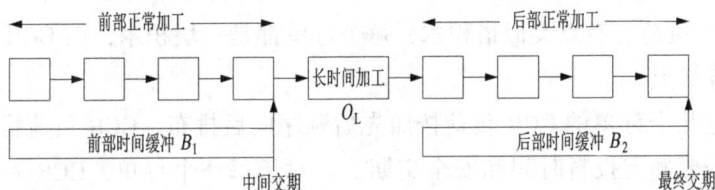

图 6-167　斯拉根海默的例子

他说，如果 CCR 在前部，那么：

安全交期 = $L_P + 1/2B_1 + O_L + B_2$，

(Planned load + half the upstream buffer + length of the long operation + full downstream buffer)；

投料时间 = $L_P - 1/2B_1$

(Planned load- half the upstream buffer)。

如果 CCR 在后部，那么

安全交期 = $L_P + 1/2B_2$

(Planned load + half the last time buffer)；

前部缓冲交期 [or $O_{L\,(START\ DATE)}$] = $L_P - 1/2B_2 - O_L$

(Planned load- half the last time buffer - the time for the long operation)

而投料时间 = $O_{L\,(START\ DATE)} - B_1$

(Due date for the start of the long operation- the first time buffer)

可以整理得到投料时间 = $O_{L\,(START\ DATE)} - B_1 = L_P - 1/2B_2 - O_L - B_1$

之所以这里边还是使用 1/2，那是因为斯拉根海默假设 CCR 在前部或后部正常加工的中间位置。

看完斯拉根海默的原版说明，大家可能更困惑了，投料日期和安全交期到底如何计算，每一次都要去套斯拉根海默的模型吗？计算错误要么导致到期无法提交产品，要么 CCR 挨饿，这都降低了工厂的产出。

5. SDBR 广宇计算公式

作者会介绍一种更加通用而简单的方法来计算投料日期和安全交期。

CCR 的计划负荷是一段时间内订单 CCR 需要时间的累加，我们将新增加订单的 CCR 时间和生产缓冲画到 CCR 计划负荷中，看看能得到什么规律，这里边 CCR 参与了不同产线的生产，所以 CCR 在不同产线中的位置不一样，有的在前部，有的在中间，有的在后部。将订单的 CCR 和生产缓冲在入 CCR 负荷，有点类似搭积木，每个订单都是一块积木，而 CCR 是各个积木的连接点。

将这几个订单的 CCR 负荷按照先后顺序向后排布。CCR 负荷排布完之后，就需要确定投料时间和安全交期了。对于每一个订单，CCR 希望在排好的负荷中，CCR 的前边工序恰好可以在 CCR 排产那时为 CCR 准备好而不影响 CCR 的生产。比如对于 CCR 排产在 13 号的那个订单，CCR 希望在 13 号时，前边的工序已经准备好，CCR 可以在 13 号恰好生产那个订单而不需要等待。那么这个订单什么时候投料合适呢，恰好就在这个生产缓冲的开始，而生产缓冲的结束恰好就是安全交期。比如第一个订单的 CCR 从 13 号开始生产，投料生产，投料日期对应为 8 号，交货期对应为 18 号，如图6-168所示。

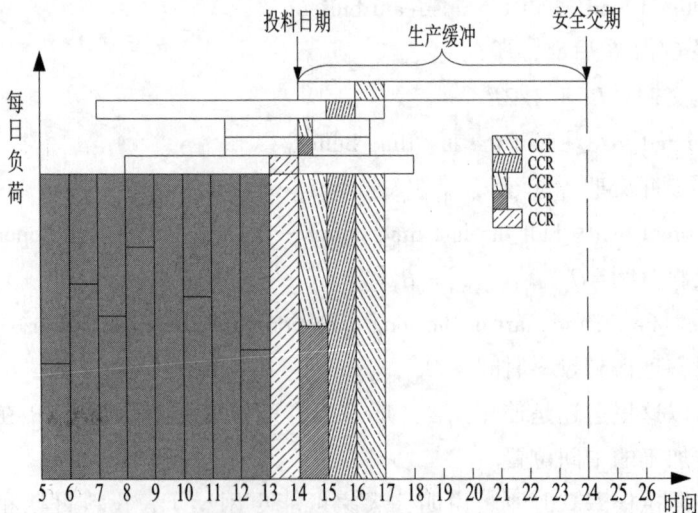

图 6-168　CCR 的堆叠

这样我们就得到了一个通用的规律，当一个订单在 CCR 中排产完成时，生产缓冲的开始就是投料日期，生产缓冲的结束就是安全交期。

那么有没有通用的计算公式而不用每次去确定 CCR 到底在头部还尾部呢？

假设从投料开始到 CCR 可以开始生产这段时间所占生产缓冲的比例为 a，而从 CCR 可以开始到生产缓冲结束这段时间的比例就是 $1-a$，如图 6-169 所示，那么：

投料日期=CCR 计划负荷- a×生产缓冲

安全交期=CCR 计划负荷+（$1-a$）×生产缓冲

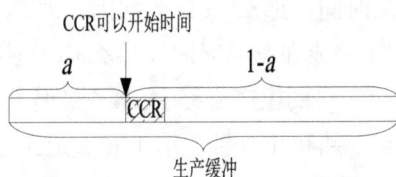

图 6-169　SDBR 广宇计算模型

这两个公式就是投料日期和安全交期的计算公式，简单地说，投料日期=CCR 计划负荷-CCR 可以开始的时间；安全交期=CCR 计划负荷+CCR 开始到生产缓冲结束的时间，将这两个公式称为"SDBR 广宇计算公式"，或者"Gavin's formula of SDBR"。

我们来验证一下斯拉根海默所给的那两个复杂的例子，看看这个公式是否有效。

在 CCR 位于前部正常加工的例子中，前部的缓冲是 B_1，由于斯拉根海默假设 CCR 位于前部的中间，所以 CCR 可以开始的时间是 $1/2B_1$，而从 CCR 可以开始到结束的时间是 $1/2B_1+O_L+B_2$，那么投料日期= $L_P-1/2B_1$，安全交期= $L_P+1/2B_1+O_L+B_2$。

在 CCR 位于后部正常加工的例子中，后部的缓冲是 B_2，由于斯拉根海默假设 CCR 位于后部的中间，所以 CCR 可以开始的时间是 $B_1+O_L+1/2B_2$，而从 CCR 可以开始到结束的时间是 $1/2B_2$，那么投料日期= $L_P-B_1-O_L-1/2B_2$，安全交期= $L_P+1/2B_2$。计算的结果和斯拉根海默给出的结果相同，证明这两个公式是有效的。

还有其他方法计算工序的时间吗？

有利特尔法则和广宇法则，利特尔法则：交货提前期=在制品数量×节拍时间。

广宇法则：工序总用时＝总数×瓶颈用时＋转移批量×非瓶颈用时。

如果 CCR 前有 n 个在制品，而 CCR 生产每个的时间是 t，那么 CCR 完成这些在制品的时间就可以通过利特尔法则进行计算，即 T＝在制品数量×节拍时间＝nt。而在一个没有在制品或者在制品不影响新投料速度的系统中，一个订单的完成时间可以使用广宇法则进行计算，工序总用时＝总数×瓶颈用时＋转移批量×非瓶颈用时＝总数×CCR 用时＋转移批量×资源用时。

那么新投料的零件达到 CCR 的时间如何计算呢？

投料达到瓶颈时间＝转移批量×CCR 前资源时间，如果投料达到 CCR 时间大于 CCR 完成在制品时间，那么 CCR 会空闲，即 CCR 会挨饿。如果投料到达 CCR 时间小于 CCR 完成在制品时间，那么 CCR 不会挨饿。

例1：在一个由 4 个工序的生产流程中，4 个工序加工一个零件的时间分别是 2 分钟，3 分钟，5 分钟和 4 分钟。第 1 和 2 道工序的转移批量是 3 个，第 3 和 4 道工序的转移批量是 1 个，第三道工序是 CCR。总数是 3 个。第 3 道工序前有 2 个在制品，如图 6-170 所示。

解答：在第一个例子中，第 3 道工序是 CCR，CCR 前的在制品是 2 个，那么完成这两个在制品的时间＝在制品数量×节拍时间＝2×5＝10 分钟。而投料达到 CCR 的时间＝转移批量×CCR 前资源时间＝3×2＋3×3＝15 分钟，大于 CCR 加工时间的 10 分钟，CCR 有 5 分钟空闲没有零件可以加工，CCR 挨饿导致产出降低。

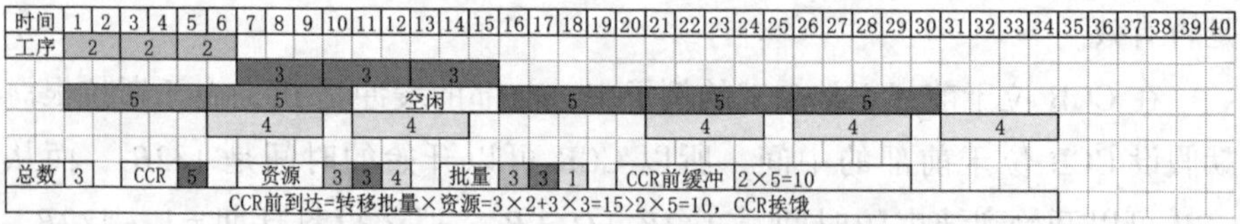

图 6-170 利特尔时间小于广宇时间

例2：总数是 3 个，转移批量为 3 个、3 个、1 个和 1 个，4 道工序生产每个的时间分别是 2 分钟、3 分钟、5 分钟和 4 分钟。第 3 道工序前有 4 个在制品，如图 6-171 所示。

解答：在第二个例子中，CCR 前有 4 个在制品，那么 CCR 完成这 4 个在制品的时间＝在制品数量×节拍时间＝5×4＝20 分钟。投料达到 CCR 时间为 15 分钟，小于 CCR 生产在制品的 20 分钟，CCR 不会挨饿，一直有零件可以加工。

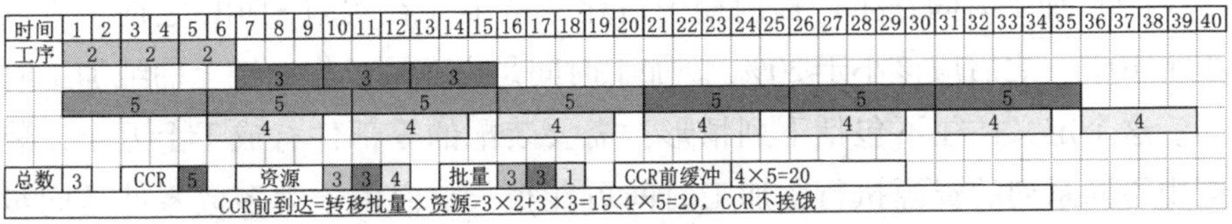

时间	1	2	3	4	5	6	7	8	9	10	11	12	13	14	15	16	17	18	19	20	21	22	23	24	25	26	27	28	29	30	31	32	33	34	35	36	37	38	39	40
工序	2		2		2																																			
							3				3				3																									
					5									5					5					5					5							5				
										4					4				4				4				4				4					4				

总数	3	CCR	5	资源	3	3	4	批量	3	1	CCR前缓冲 4×5=20

CCR前到达=转移批量×资源=3×2+3×3=15＜4×5=20，CCR不挨饿

图6-171　利特尔时间大于广宇时间

交期如何计算？

如果现在产线生产的产品恰好是客户需要的品种，那么交期=在制品数量×节拍。比如客户需要100个，那么交期=100×5=500分钟。

如果现在生产的产品不是客户需要的产品，需要新投料生产的产品，那么利特尔法则和广宇法则计算出来时间长的那个就是交期。

利特尔交期=（订货数量+在制品数量）×节拍+转移批量×CCR后资源用时

广宇交期=订购数量×CCR用时+转移批量×资源用时

在例1中，订购数量是3个，CCR后资源是4分钟/个，CCR前在制品2个。利特尔交期=（订货数量+在制品数量）×节拍+CCR后资源×转移批量=（3+2）×5+1×4=29分钟。广宇交期=订购数量×CCR用时+转移批量×资源用时=3×5+3×2+3×3+1×4=34分钟。广宇交期大于利特尔交期，那么交期为广宇交期34分钟。

在例2中，订购数量是3个，CCR后资源是4分钟/个，CCR前在制品4个。利特尔交期=（订货数量+在制品数量）×节拍+CCR后资源×转移批量=（3+4）×5+1×4=39分钟。广宇交期=订购总数×CCR用时+转移批量×资源用时=3×5+3×2+3×3+1×4=34分钟。广宇交期小于利特尔交期，那么交期为利特尔交期39分钟。

利特尔法则计算的交期和广宇法则计算的交期都是极限交期，即在不发生任何墨菲时的交期，而SDBR中的交期是充分的预估从投料到生产完的时间，所以SDBR的交期要比利特尔法则和广宇法则计算的交期长。

6. SDBR 的适用环境

斯拉根海默在《极简计划与极佳执行》中写道：

SDBR的使用环境有两个必要条件：

（1）任意顺序订单的处理不会明显影响资源的产能。换句话来说，这样的顺序不会导致任何资源变为瓶颈。

（2）加工时间在生产提前期中占比非常小（在实施 SDBR 之前，应该小于 10%，之后应该小于 20%）。加工时间是指在最长作业链上的纯加工时间。这个定义往往不包括下列情形：需要装配的零部件有成千上万个，装配由不同系列的资源执行，加工时间可能很长，但由于大多数零件是同步装配的，实际生产提前期没那么长。在加工时间超过生产提前期 10% 的情形下，关键链项目管理是适用的首选方法。

第一个条件不适用的环境是，生产准备时间的长度不仅取决于要生产的产品是什么，而且取决于已经生产的产品是什么。这种情形通常被称为"与顺序相关的生产准备"。

7. SDBR 的优化

在 SDBR 中，生产缓冲是计算投料日期和安全交期的重要数据，而如果生产缓冲预估的过长，将导致在制品过多，交期过长。而如果生产缓冲预估过短，则会导致 CCR 经常空闲，不能按期交货。斯拉根海默在《极简计划与极佳执行》中说生产缓冲是：充裕估计从订单派遣到订单完成所消耗的时间。我们来看看预估的生产缓冲对于 CCR 和交期的影响。

例 1：每个订单预估加工时间为 6 天，CCR 在中间位置，即从第 3 天开始，一共有 7 个订单，CCR 计划性负荷从 13 号开始。

在第 1 个例子中，生产负荷是从 13 日开始的，新的订单可以从 13 日开始累加。对于一个标准数量的订单，生产时间是 6 天，CCR 需要 1 天，CCR 前所有资源需要 3 天，CCR 后的所有资源需要 2 天。将 CCR 时间按照 7 个订单的先后顺序进行堆叠，生产缓冲的开始是投料日期，生产缓冲的结束是安全交期。从图中可以看出任何时候 CCR 只有 1 个订单可以选择生产。比如在 13 日时，只有订单 1 的 CCR 准备好了，其他的投料还没有到达 CCR 前边，所以 CCR 只能生产订单 1，如图 6-172 所示。

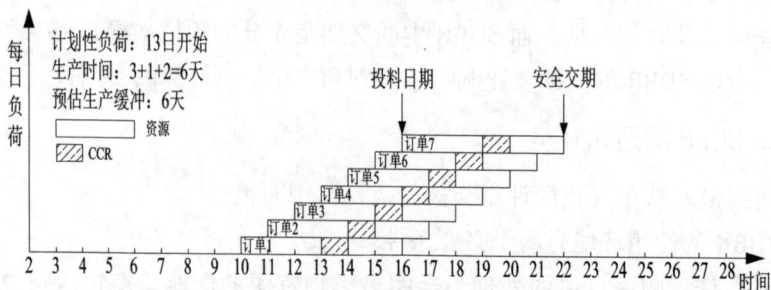

图 6-172　例 1 预估生产缓冲 6 天

例2：在第2个例子中，条件和例1相同，只是预估的生产缓冲变为了12天，即预估时间是生产时间的2倍。

将CCR时间按照7个订单的先后顺序进行堆叠，生产缓冲的开始是投料日期，生产缓冲的结束是安全交期。但是由于CCR前的资源需要3天，那么这些订单都在投料的3天后完成CCR前的工序，然后等待CCR加工。而CCR每完成1个订单，这个订单在2天后就会完成，那么订单完成后距离安全交期还有一段时间。按照计算，订单7的投料日期为19−12×0.5＝13日，安全交期为19+12×0.5＝25日，中间有3天空闲。从图中可以看出任何时候CCR都有4个订单可以选择生产。比如在13日时，有订单1、订单2、订单3和订单4的CCR准备好了，那么CCR就需要根据缓冲状态从这4个订单中选择先生产哪一个订单，如图6-173所示。

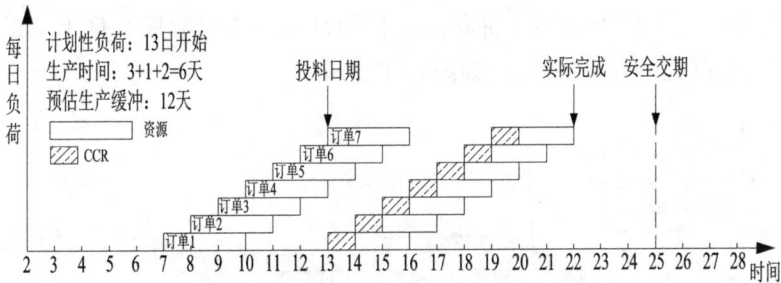

图6-173　例2预估生产缓冲12天

例3：在第3个例子中，条件和例1相同，只是预估的生产缓冲变为了18天，即预估时间是生产时间的3倍。

将CCR时间按照7个订单的先后顺序进行堆叠，生产缓冲的开始是投料日期，生产缓冲的结束是安全交期。但是由于CCR前的资源需要3天，那么这些订单都在投料的3天后完成CCR前的工序，然后等待CCR加工。而CCR每完成1个订单，这个订单在2天后就会完成，那么订单完成后距离安全交期还有一段时间。按照计算，订单7的投料日期为19−18×0.5＝10日，安全交期为19+18×0.5＝28日，中间有6天空闲。从图中可以看出任何时候CCR都有7个订单可以选择生产。比如在13日时，有订单1到订单7的CCR准备好了，那么CCR就需要根据缓冲状态从这7个订单中选择先生产哪一个订单，如图6-174所示。

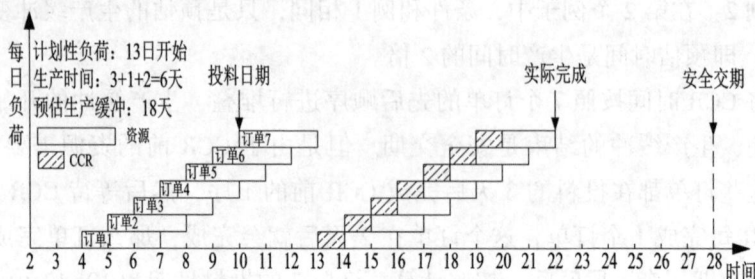

图 6-174　例 3 预估生产缓冲 18 天

例 4：在第 4 个例子中，条件和例 1 相同，只是预估的生产缓冲变为了 18 天，即预估时间是生产时间的 3 倍。例 4 是例 3 的扩展。订单 7 最先生产，订单 1 最后生产。

例 4 中由于 CCR 按照缓冲状态选择的订单的先后顺序，订单 7 最先生产完，而订单 1 最后生产完，如图 6-175 所示。

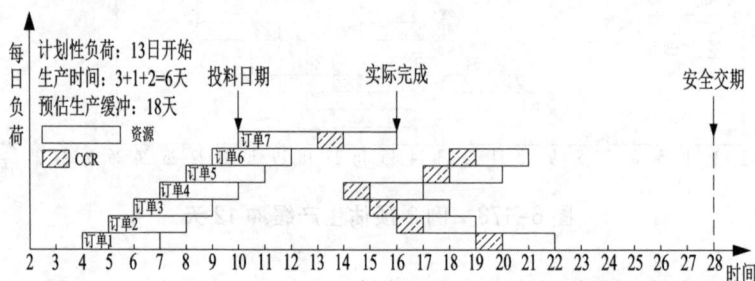

图 6-175　例 4 的 CCR 选择对于交期影响

CCR 可以选择生产的订单越多，说明在制品越多，CCR 的生产越不容易控制。CCR 可以选择生产订单的数量是可以计算的，选择的数量 = a × 生产缓冲 − 实际到达 CCR 时间 +1。比如生产缓冲是 18 天，CCR 在中间，即 $a = 1/2$，投料到达 CCR 实际天数是 3 天，那么 CCR 可以选择的数量 = 1/2 × 18 − 3 + 1 = 7，CCR 可以选择的订单数量是 7 个。CCR 可以选择生产的订单越多，在制品越多，每个订单完成的时间就越长。

SDBR 缺少一个持续优化的方法，这里边给出一个简单的方法，如果 CCR 前在制品过多，可以不断减少生产缓冲，然后再去计算投料日期和安全交期，如果一段时间之后，在制品还是过多并且交期可以满足，那么再减少生产缓冲。每次可以减少 1/3 或者 1/4，也可以是其他比例。

这是从大到小选择最优生产缓冲的方法，也可以换一种方法，从小到大寻找 CCR 最优缓冲的方法，方法如下：

投料日期＝CCR 计划负荷－a×生产缓冲－CCR 缓冲

安全交期＝CCR 计划负荷＋（1－a）×生产缓冲＋出货缓冲

这里边的生产缓冲就是完成一个标准数量订单的平均时间，不需要斯拉根海默的那种充分预估。

CCR 缓冲的作用是为了防止 CCR 挨饿，如果 CCR 前边的工序即使出现问题，也可以在 t 天内修复，那么 CCR 缓冲就可以等于 t 天，即早投料 t 天。早投料 1 天，CCR 前就有 2 个订单可以选择，早投料 2 天，就有 3 个订单可以选择，早投料 7 天就有 8 个订单可以选择。如果允许在墨菲出现时 CCR 可以挨饿，那么 CCR 缓冲可以为 0。因为瓶颈在市场，CCR 的生产速度大于市场，即使有个别挨饿情况也没什么影响，要不 CCR 也会有闲置的情况。

如果 CCR 是这个生产流程中最慢的工序，那么只要订单过了 CCR，就可以顺利向下流动而没有阻塞和面临选择的情况。因为这里的生产缓冲是没有应对墨菲效应的情况，那么在安全交期中就需要增加一个出货缓冲，来应对墨菲效应。

比如一个不经过充分预估的生产缓冲是 6 天，CCR 前需要 3 天，CCR 需要 1 天，CCR 后需要 2 天，CCR 计划负荷排产到 13 日，CCR 缓冲取 0 天，出货缓冲取 2 天，那么投料日期：

投料日期＝CCR 计划负荷－a×生产缓冲－CCR 缓冲＝13－1/2×6－0＝10

安全交期＝CCR 计划负荷＋（1－a）×生产缓冲＋出货缓冲＝13＋1/2×6＋2＝18

即投料日期是 10 日，而安全交期是 18 日。如果安全交期比市场标准前置期短很多，那么出货缓冲可以适当增加。

这样做的好处是减少了在制品的数量，减少了安全交期所需要的时间，增加了按期交货的可靠性。另外在 SDBR 中要求，加工时间小于生产提前期的 1/10，这个限制可以增加很多，计算大于 1/10 时，也可以使用这个方法。

以流量的观点来说，CCR 的流量是工厂内部最少的，只要订单可以在规定时间内通过 CCR，那么它就能可靠的完成，因为后边资源的流动速度比 CCR 快。SDBR 的想法是只要这些订单在规定时间内通过 CCR 就行，而谁先谁后不重要，所以也不需要对 CCR 进行详细的排产。只要 CCR 的时间没有浪费，那么按照 CCR 计划性负荷所算出的这些订单都可以在规定时间通过 CCR，在承诺交期内完成。

6.7.5.5　TOC 制约理论在项目管理中的应用

高德拉特在《关键链》中将 TOC 制约理论引入项目管理，得到了"关键链"这个项目管理的方法。关键链就是用时最长的路径，它是项目的制约，关键链用时越长，项目完工期限越长，关键链上的时间节省就是项目时间的节省，非关键链上时间的节省不影响项目的完工期限。每一个项目都必然有扰动，即墨菲效应影响项目的顺利进行，高德拉特引入 3 种时间缓冲来应对墨菲效应，以保证项目能够按时完成。

第一种是项目缓冲，放在关键链的最末尾，用来应对整个项目的扰动，当扰动发生时，可以使用项目缓冲的这段时间来处理，如图 6-176 所示。

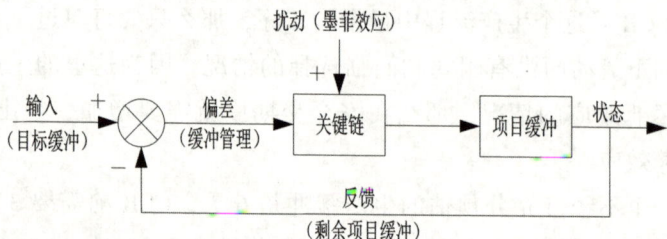

图 6-176　关键链的项目缓冲框图

第二种是接驳缓冲，放在各分支路径与关键链连接的地方，防止各分支路径出现扰动，将其传导给关键链，从而消耗关键链的时间，如图 6-177所示。

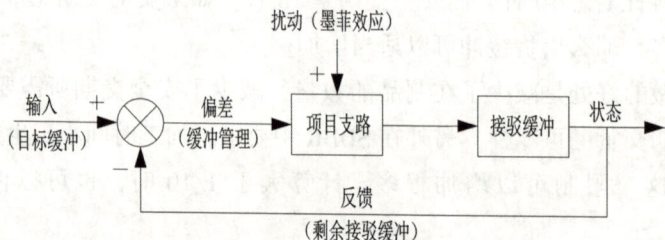

图 6-177　关键链的接驳缓冲框图

第三种是资源缓冲，有时某个资源是制约整个项目的瓶颈，那么就需要在这个资源之前加接驳缓冲，以保证这个资源的最大产出，使其不挨饿，如图 6-178 所示。

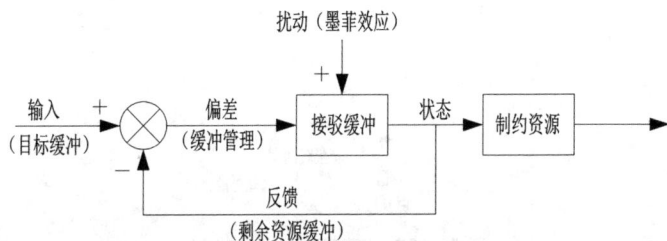

图 6-178　关键链的资源缓冲框图

在项目的关键链末尾增加项目缓冲，来应对关键链上的扰动；在支路与关键链之间增加接驳缓冲，来防止支路的扰动影响关键链的进行；在制约资源 X 之前增加接驳缓冲，来保证制约资源不挨饿，防止制约资源受到影响而影响关键链的进行，如图 6-179 所示。

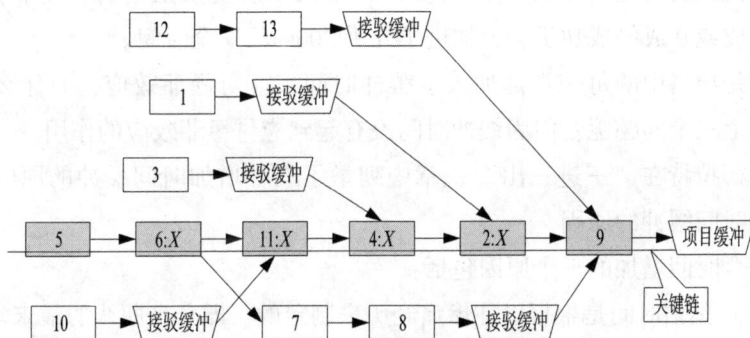

图 6-179　关键链的实例

高德拉特的关键链解决什么了问题呢？

关键链是为了解决项目中出现的以下三个问题：

（1）成本超出预算。

（2）时间超出期限。

（3）项目的规模或设计内容被牺牲。

在项目失败时，正式的解释都说是其他人的错，如天气、供应商和环境等等（事业环境因素）。不确定因素是所有项目的典型特征。不确定因素导致了项目出现各种问题，所以需要增加时间缓冲，如图 6-180 所示。

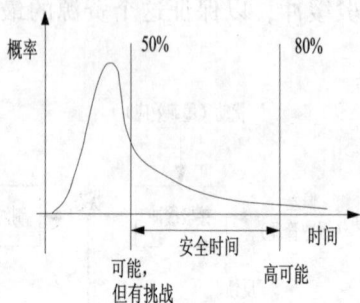

图 6-180　项目的安全时间

以横坐标表示完成需要的时间，以纵坐标表示完成的概率，50%的竖线表示可能完成，但是有挑战，而80%的竖线表示完成此事的概率很高，它们之间就是安全时间。实际人们在估算时留有安全时间，将完工时间设在80%的位置。因为墨菲是存在的，缺乏经验的人才会选择中间值。尤其是大部分机构，提前完工不会获得奖赏，但延误却需要层层解释。也就是说，为了8成或9成的成功机会，加进了几乎200%的安全时间。

可是项目中的每一步都加入了缓冲时间来应对墨菲效应，为什么还会出现以上三个问题呢？因为缓冲时间没有起到应付墨菲效应的作用。

高德拉特在"三进三出"一章中列举了三种增加时间缓冲的原因和三种浪费时间缓冲的原因。

安全时间增加的三个原因包括：

（1）预估时间是根据以往惨痛经历来制定的，即分布曲线的最末端。

（2）涉及管理层越多，完工时间预估会越长，因为每层都会加进各自的安全因素。

（3）预料到高层会削减整体完工时间，各人预先加大安全时间以自保。

而浪费安全时间的三个原因包括：

（1）学生症候群，不用急，到最后一刻才动工。

（2）多任务，横跨在各项目之间，导致不专注。

（3）各步骤之间的依存关系令延误累积，也令提早赚得的时间付诸流水。

为了解决上述问题，《关键链》中引入 TOC 五步法。

步骤一：识别制约因素。

在一个项目中，制约因素就是关键路径。

步骤二：决定怎样挖尽制约因素的潜能。

不浪费关键路径上的时间，因为关键路径上的任何延误都会拖累项目。

对策是把每个步骤的预估时间削减，这样就可以释放出足够的时间来建立一个项目缓冲。比如说把每个步骤的时间减少一半，然后将减少的所有时间的一半作为项目缓冲（Project Buffer）。

步骤三：其他一切都迁就制约因素。

只有这样才能真正挖尽制约因素的潜能。不懂得迁就，其他路径遇到的麻烦便会直接连累制约因素，令它损失时间，换言之，没有好好保护制约因素。

迁就制约因素的方法就是在每条接驳路径与关键路径汇合的地方插入时间缓冲，即接驳缓冲。方法就是在每条接驳路径上，将各步骤原来的预估时间减少一半。然后将减少的时间总和的一半作为该路径的接驳缓冲（Feeding Buffer）。

另外，在某些时候，关键路线上的步骤准备就绪，唯独欠缺相关资源，因为他正忙着其他事情。为了避免这类冲突，可以使用资源缓冲（Resource Buffer）。在资源之前加入接驳缓冲。缓冲的作用就是为了防止墨菲效应发生对项目进度的影响，缓冲的时间就是为了处理墨菲效应。

步骤四：将制约因素松绑。

步骤五：回到步骤一。

书中举了一个例子来说明什么是关键链。有两条支路，一条是兴建建筑物>另建筑物发挥各种功能>在建筑物内安装机器；另一条是挑选机器供应商>制造所需机器>在建筑物内安装机器，如图6-181所示。

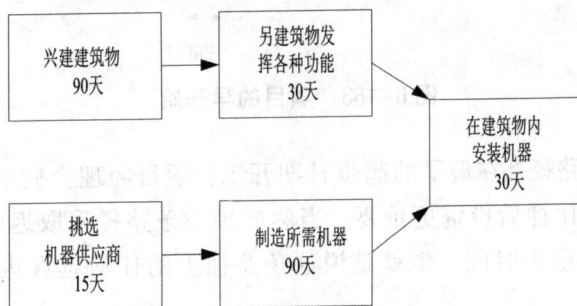

图6-181　项目的最长路径

很明显，（兴建建筑物->发挥各种功能->在建筑物内安装各种机器）

是关键路径，共需 150 天。由于关键路径决定了整个项目的完工期，关键路径上的任何延误都会延误整个项目，所以项目经理一定要特别留意它。

那么对于另一条路径应该在什么时候开始呢？

第一种是晚开始，比如完 15 天开始。晚开始的话，如果非关键链发生墨菲效应，就会影响整个项目的完工时间，使完工时间延长，如图 6-182 所示。

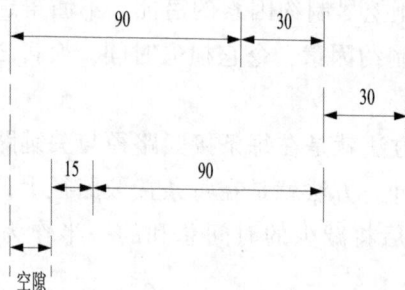

图 6-182　项目的晚开始

第二种是早开始，比如和关键链一起开始。早开始会提早投资，如图 6-183所示。

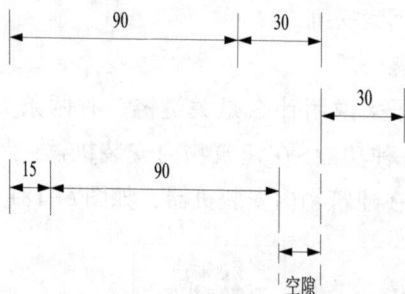

图 6-183　项目的早开始

如果所有路径都在最早的起步日期开工，项目经理会疲于奔命。这一点考虑应该远比押后投资更重要。当然如果一条路径采取迟的起步日期，它就完全没有空当时间，也就是说这条路径上的任何延误也会导致项目延误。

也就是说：如果项目经理采取早的起步日期，他们就无法专注，如果采取迟的起步日期，专注也根本不可能。必须有方法解决这个问题。问题似乎钻进了死胡同。

换一种思路，这里需要一个合适的控制机制来让项目经理保持专注。其实项目都有控制机制用来衡量项目的进展，但问题是，等到进展报告显示有麻烦时，通常已经太迟了。比如说，进展报告会说：花了一年时间，项目的90%都完成了，而剩下的10%又需要整整一年。所以不仅需要关注关键链上的进度，也需要对非关键链上的进度进行及时监控，及早发现延迟及时处理。在一个项目中有3道工序，每道工序后边都有缓冲，如图6-184所示。

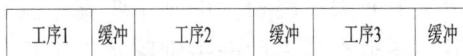

工序1	缓冲	工序2	缓冲	工序3	缓冲

图6-184　一般项目缓冲的位置

假设有两个连续的工序，预估时间都是10天。如果第一个步骤实际上用了12天，那么第二个步骤就会推迟2天开始。但如果第一个步骤提前2天完成的话，第二个步骤并不会提前两天开工。原因大致有如下几个：

（1）提前完工不但不会带来奖赏，而且可能导致老板削减预估时间。

（2）为下一个步骤分配的资源无法到位。

（3）下一步骤的人清楚的知道时间是足够的，不会急于开工。

所以，一个步骤的延误会全部转嫁到下一个步奏，而提前完工赚得的时间通常会被浪费掉。即每个步骤后边的时间缓冲没有被好好利用。关键链将所有时间缓冲放到项目的最后，即将工序1、工序2和工序3的缓冲均放到项目最后作为项目缓冲，如图6-185所示。

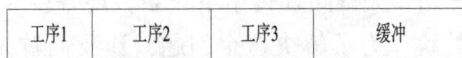

工序1	工序2	工序3	缓冲

图6-185　关键链缓冲的位置

并且将原项目缓冲时间减半，作为新的项目缓冲，如图6-186所示。

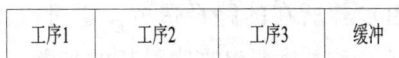

工序1	工序2	工序3	缓冲

图6-186　关键链的缓冲时间

如果按照用时最长的方式确定关键链，那么案例的关键链就是5-6-7-8-9，但是如果某个资源其中一条非关键路径（比如3号）进展的实在太慢了，会令整个接驳缓冲耗尽，并已经开始影响了项目缓冲，但（原先的）

关键路径却很正常。

如果按照一般的管理方式来讲的话，关键路径发生了转移。由于在非关键路径进入关键路径的位置放置了接驳缓冲，改变关键路径，就意味着改变很多接驳缓冲的位置，项目会搞的天翻地覆。但是如果不这样做，在每次关键路径出现严重延误时，就要重整整个项目。

在有些情况下，关键路径是到处跳的。每隔一段时间就会遇到这个问题。在非关键路径上，本来一切好端端的，接驳缓冲丝毫未动，突然间问题来了。在想要开始某个非关键路径上的某个步骤，但它需要的资源却不在了。这个资源在另一条也在延迟的非关键路径上工作。例如下图中的情况。下图中有 X 的步骤是需要专家 X 执行的步骤，如图 6-187 所示。

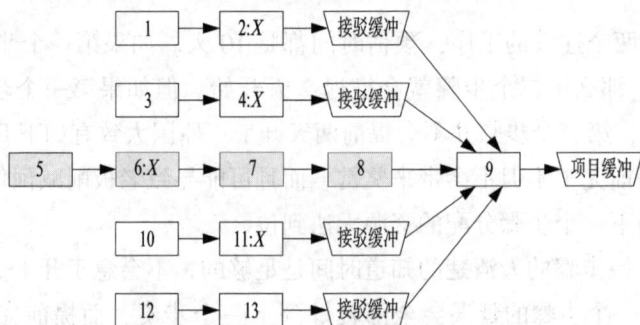

图 6-187　项目案例 1

X 是多个步骤争夺的资源（Resource Contention），以致它负荷过重，造成延误。而延误由一条非关键路径传给下一条，连各接驳缓冲也消化不了，所以关键路径会到处跳。为了解决这个问题，让我们首先回到关键路径的定义：需时最长的一串依存的步骤。但是也不要忽视 X 产能的短缺，不要忽视因共用一个资源而导致两个步骤互相依存的情况。产能极为有限，不可能同时进行两个步骤，只能先后进行，这就是依存关系。这样一来，步骤间的依存关系可以由步骤所在的路径造成，也可以由步骤所共用的资源造成，根据这两类依存关系去找那串需时最长的步骤。

一般说来，最长的一串依存的步骤，由不同的部分组成，一部分由于路径本身，另一部分由于资源分配。为了加以区分我们应该先调整一下用词，关键路径仍然称关键路径，即最长的一条路径，但是我们知道最关键的是制约因素，即最长的一串有依存关系的步骤，由于我们必须承认，依存关系也可以是资源引起的，我们就用一个新名词来代表这一串制约因素所在的步骤：关键链。

在上面的例子中由于关键链已经成成了制约因素，就必须更改接驳缓冲的位置。由于 X 是很多支路均需要的资源，并且只能在一个支路用完 X 之后，其他支路才能开始使用，所以 X 资源存在前后的依存关系，应该被包含在关键链中，如图 6-188 所示。

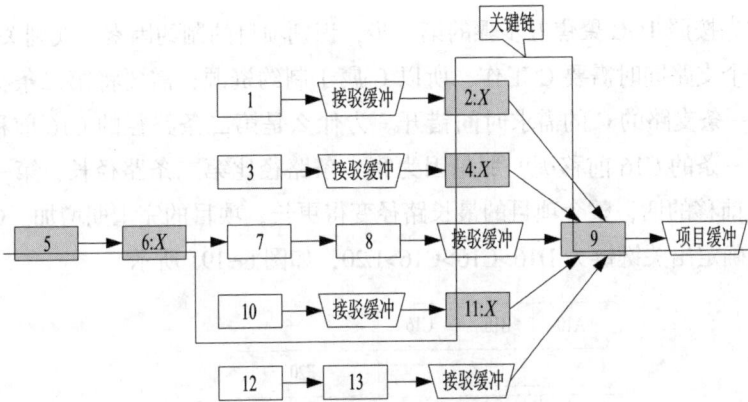

图 6-188　关键链对于项目的优化 1

为了方便理解，可以将上图展开，画成如下所示的图形，这样关键链就一目了然了，如图 6-189 所示。

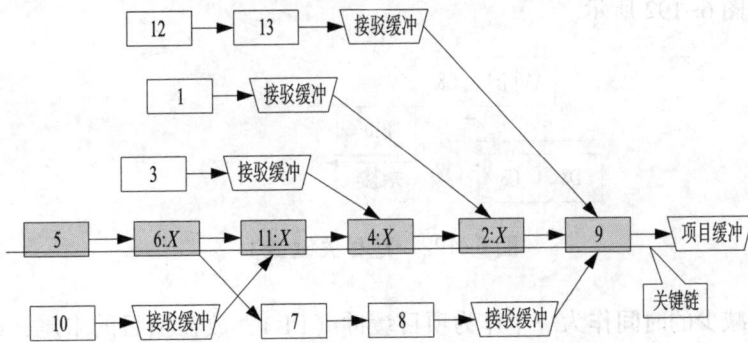

图 6-189　关键链对于项目的优化 2

下边是一个项目的例子，其中字母后边的数字代表了需要的天数。A 需要 10 天，B 需要 10 天，C 分别在 2 个路径上均需要 16 天，D 需要 16 天，E 需要 20 天，如图 6-190 所示。

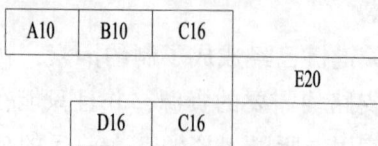

图 6-190　项目案例 2

　　首先按照 TOC 聚焦五步骤的第一步，识别项目的制约因素，找到关键链。由于两个支路同时需要 C 工作，所以 C 属于制约资源，需要将第二条支路的 C 与第一条支路的 C 的需求时间错开。为什么是第二条路径的 C16 前移，而不是第一条的 C16 前移呢？那是因为第一条路径比第二条路径长，第一条路径 C16 前移的话，整个项目的最长路径变得更长，项目的完工期增加。C16 前移后，确定出关键链为 D16>C16>C16>E20，如图 6-191 所示。

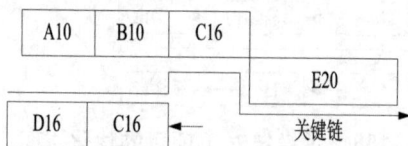

图 6-191　找到关键链

　　第二步，挖尽制约因素的潜能。将每一步的预估时间均减为原来的一半，如图 6-192 所示。

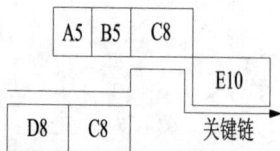

图 6-192　挖尽关键链 1

　　将减少的时间作为一半作为项目缓冲（PB），放在项目的末尾，即（8+8+8+10）/2＝17 天，项目缓冲为 17 天，如图 6-193 所示。

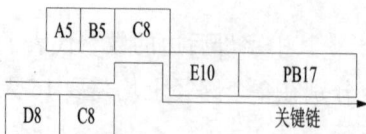

图 6-193　挖尽关键链 2

第三步，其他一切因素迁就制约因素，即迁就关键链，不浪费关键链上的时间。为了防止非关键支路出现墨菲效应而波及关键链，需要在非关键链和关键链的连接处增加资源缓冲 FB。缓冲的大小为此支路减少的时间的一半，即资源缓冲为（5+5）/2＝5 天，如图 6-194 所示。

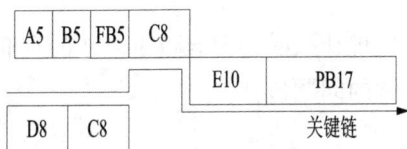

图 6-194　迁就关键链

没有使用关键链前，项目的完成时间是 68 天，使用关键链之后是 51天。使用关键链后，因为关键部位有了缓冲的保护，项目可以按期，按原设计，在成本范围内完成。

步骤四：将制约因素松绑。

关键链上的时间每节省 1 天，项目总时间节省 1 天，非关键链上的时间节省 1 天，项目总时间不变。所以将关键链上的制约因素松绑，可以减少总的项目周期。比如通过人员或者资源的配备将 E10 从 10 天降到 8 天，那么总项目的时间就减少 2 天，如图 6-195 所示。

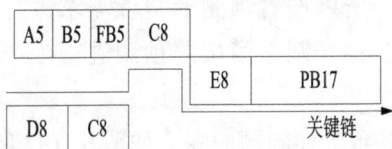

图 6-195　为制约因素松绑

步骤五：回到步骤一。

TOC 制约理论和精益生产一样，都是一个可以不断优化的过程，通过聚焦五步骤可以不断优化。

6.7.5.6　TOC 制约理论在配销行业中的应用

从原材料供应商到制造商，通过分销商和零售商，最终达到客户手中的流程是一个完整的供应链系统，如图 6-196 所示。

图 6-196　完整供应链

那么供应链系统经常出现什么问题而导致供应链的利润下降呢？

传统的推式供应链通常的问题包括：

（1）库存过高。

（2）库存过低而缺货。

（3）预测不准。

（4）补货时间长。

（5）供应商不可靠。

（6）资金占用。

（7）商品卖不出去而折价处理。

（8）跨区域串货。

传统的推式补货是基于什么样的逻辑呢？

在空间上，由于消费点远离生产点，把所有库存放在靠近客户的地方。

在时间上，消费者容忍的等待时间远远小于生产和运输的时间，即消费者希望能尽快获得产品，所以按着预测消费者需求进行生产和补货，于是就产生了推式补货的供应链，制造商按照预测进行生产和补货，并且将大量库存放在零售商处。

那么推式补货是如何导致上述问题的呢，如图 6-197 所示。

比如由于库存处于下游，导致预测分散，而预测分散和预测周期长导致预测不准，如果预测过少，就会导致缺货，缺货时要么需要跨地区串货而导致利润降低（串货有成本），缺货要么导致销售损失，即无货销售给客户而导致利润下降。

在下单、制造、运输各个环节为了节省成本而集批，而集批就会导致补货时间长，因为需要等待足够批量才能制造和生产以降低成本。补货时间变长导致了供应商的供应变得不可靠，进而只能通过多备库存来解决。而预测销售多和需备库会造成库存过高，库存过高同时会导致占用资金变多，不能销售出的商品只能折价出售，存储空间过大导致存储费用过多，这些都降低了利润。

让我们回到我们的目标，我们的目标是为了提高利润，这一点稻盛和

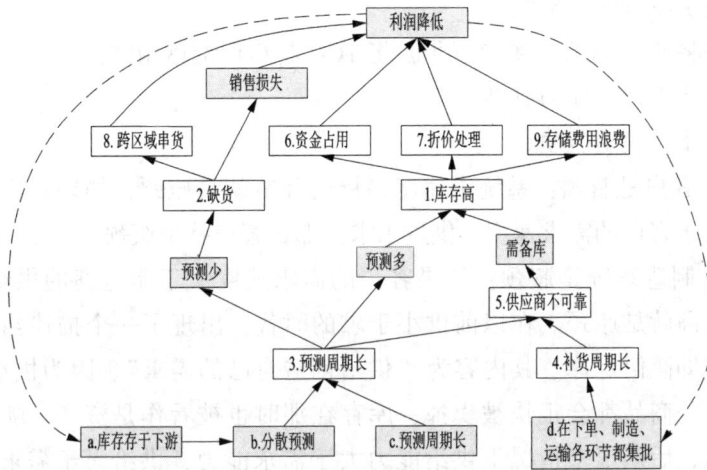

图 6-197　配销系统问题因果图

夫在他的书中强调"利润＝销售额－成本"相同，这是常识，但是很多人并没有意识到。那么为了提高利润就有两种方法，一种是提高销售额，另一种是降低成本。而为了保证有货可以购买，就需要持有库存，而补货时间长、预测不准和供应不可靠导致需要持有高库存；而为了降低成本，就需要持有低库存，因为库存是负债，而库存多导致负债多、现金流变少和库存过时报废而导致需要持有低库存，如图 6-198 所示。

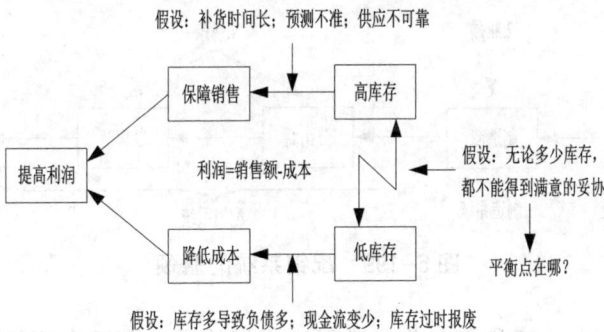

图 6-198　库存的困境

　　无论持有多少库存，都不能在高库存和低库存之间得到令人满意的妥协，那么平衡点在哪呢？

　　一个系统的产出由瓶颈决定，TOC 制约聚焦于系统的瓶颈，通过对瓶颈的处理来提高系统的产出，那么 TOC 制约理论该如何运用到供应链系统，从而提高供应链的产出呢？

我们将使用 TOC 的聚焦五步骤将 TOC 制约理论运用到供应链系统，并且分析将产生什么样的成果？

第一步：找出瓶颈。

（1）客户是瓶颈：系统中速度最慢的环节就是瓶颈，如果零售商的供货速度大于客户的需求速度，供过于求，那么客户就是瓶颈。

（2）制造系统是瓶颈：如果客户的需求速度大于制造商的供给速度，那么制造商就是瓶颈。在以前供小于求的时代，出现了一个描述当时供需的定律，即萨伊定律。其内容为"供给创造自己的需求"。因为供小于求，生产出来的商品都会很快被卖掉，库存在那时也被看作是资产。随着生产力的发展，后期很多情况下供给能力大于需求能力，供给大于需求。丰田的生产方式迫使整个工业界改变对库存的看法，从视之为资产变为视之为负债。而在对库存的管理上从越多越好变为越少越好。

（3）供应系统是瓶颈：如果原料供应商的供货速度小于制造商的供给速度，并且小于客户的需求速度，那么原料供应商就是瓶颈。

（4）配销系统是瓶颈：如果配销系统的速度是整个系统中最慢的，那么配销系统就是瓶颈。比如在新年时，消费者的需求大涨，供应商的供给也大涨，但是货品由于配销系统中的快递环节休息，从而导致供应商的商品销售不出去，消费者购买不到商品，如图6-199所示。

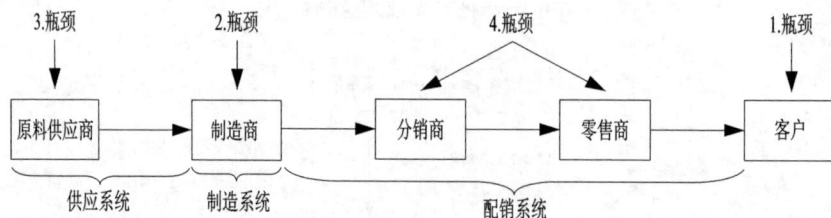

图6-199　配销系统的瓶颈

瓶颈在制造系统我们在前边已经进行了论述，瓶颈在原料供应商系统的处理方法和瓶颈在制造商系统的处理方法类似。这一节我们来论述瓶颈在客户处的处理方法，如图6-200所示。

1.瓶颈

原料供应商 → 制造商 → 分销商 → 零售商 → 客户

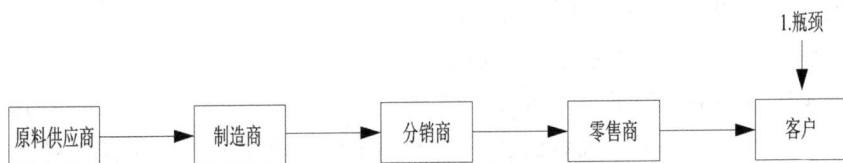

图 6-200　找到配销系统的瓶颈

第二步：挖尽瓶颈。

挖尽瓶颈的潜能，就是尽可能的满足消费者的购买需求，使销售量达到最大化。方式就是在适当的时间、适当的地点、以适当的方式、提供适当数量适当品种商品。在瓶颈前建立库存缓冲，来使顾客始终有货物可以购买，保证客户的购买速度，如图 6-201 所示。

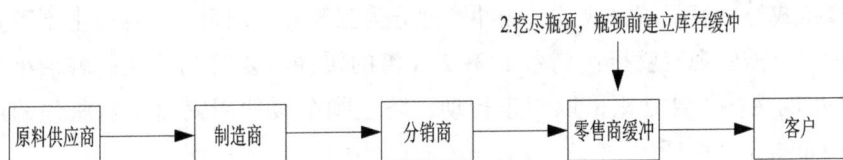

2.挖尽瓶颈，瓶颈前建立库存缓冲

原料供应商 → 制造商 → 分销商 → 零售商缓冲 → 客户

图 6-201　挖尽配销系统的瓶颈

从广义动量定理 $F\alpha t = nmV$ 的角度说，为了使销售成果 nmV 最大化，就需要改变广义动量中的四要素力量 F、方法 α、时间 t 和作用点。顾客购买某种商品并不是为了商品本身，而是为了获得商品带来的利益 F。所以零售商应该选择最能满足消费者利益的那些商品，就是适当的产品；消费者需求商品有一定的数量，所以需要提供消费者需要的数量。数量多产生库存增加负债，数量少不能满足消费者需求，降低了销售额。适当数量的适当商品就是打动消费者购买的力量 F。有了适当的商品，还要有适当的方式方法 α 来促使消费者购买。比如店面要符合商品的特质，苹果电脑不适合摆在百货商店，而 GAP 的服装也不摆在超级市场。合适的方式 α 也包括商品的摆放方式、商品的试用和体验、商品的促销、商品的功能展示等。适当的时间 t 包括 2 个含义，分别为时间的长短和时机。零售商营业的时间长短影响着销售额的大小，营业时间越长，销售额越多。7-11 便利店以前的营业时间是早 7 到晚 11，为了增加销售额，现在是 24 小时营业。大部分零售店都不是 24 小时营业，那么营业时间相同而时机（起止时间）不同，产生的销售额也不一样。比如商业区的百货商场的营业时间是 12 小时，那么从早 6 到晚 6 和从早 9 到晚 9 都是 12 小时，产生的销售额肯定不同。合适的地点（作用点）不仅包含零售商的地理位置，商品的摆放位置等。比如口香糖这种随机购买的物品，摆放在收银台附近可以增加其销量，大部分人去零售店都不是为了专门购买口香糖，口香糖属于一个随机的购买物品，看到了可能就购买了，没看到就不买了。比如宜家家居并不是把同种产品摆在一起而是组合成各种情况，接近家庭的布置方式，这样消费者就能很直观的感觉到这些家具摆在家里的感觉，也利于消费者购买成套的家具。

增加补货的频度，降低零售商的库存缓冲水平可以增加系统的产出速度并有效降低成本。

第三步：迁就瓶颈。

迁就系统的瓶颈，让其他一切迁就瓶颈进度，通过目标库存缓冲和实际剩余缓冲之间的偏差，由缓冲管理来决定补货的时间、数量和品种等，这样拉式补货模式就完成了。缓冲管理分为三等分，剩余 2/3 倍以上不需要处理，只需要观察就行；剩余 1/3-2/3 倍的缓冲需要时刻关注；剩余小于1/3 倍的缓冲，要立刻采取纠正行动，防止剩余缓冲用完而影响瓶颈的产出，如图 6-202 所示。

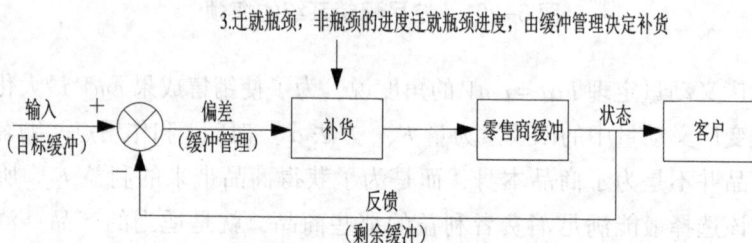

图 6-202　迁就配销系统的瓶颈

第四步：打破瓶颈。

打破瓶颈，提供客户需要的产品，增加顾客的购买速度，从而增加整个供应链的产出速度。有时客户本身不知道自己需要什么，增加产品试销，如果试销结果好就可以在别的店铺推广，试销不好就换产品，如图 6-203 所示。

第五步：回头找瓶颈，避免惰性。

回头找瓶颈，执行步骤一到步骤五，避免惰性成为瓶颈。

在聚焦第二步中我们在瓶颈前增加了库存缓冲，那么这个库存缓冲应该设定多大合适呢？

首先我们先介绍一下传统库存补货的方式，然后再介绍 TOC 库存补货

4.打破瓶颈，提供客户需要的产品，增加客户购买速度

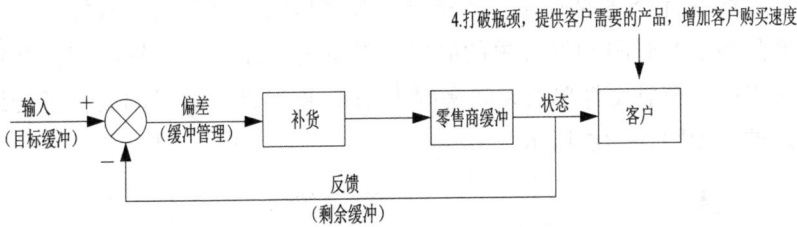

图 6-203　打破配销系统的瓶颈

的方式。

目前的供应链管理很多是应用"再订货点"订货法，最低库存水平和消费的交点是再订货的时间点，当库存降低到最低库存水平时便开始订货，收货点对应的为收货的时间，将库存补充到起始库存量，如图 6-204 所示。

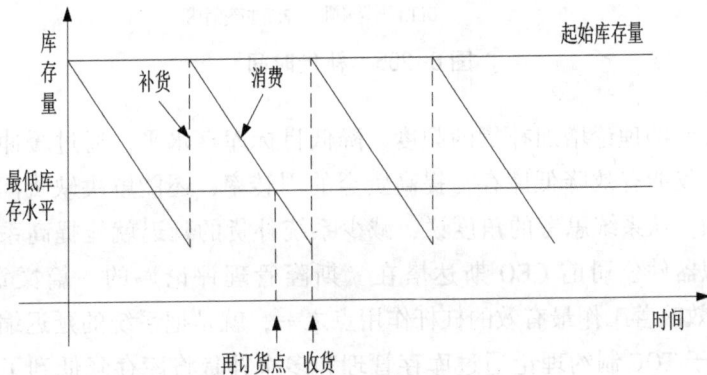

图 6-204　传统的库存订货方式

传统推式供应链系统，补货时间=PLT，而在 TOC 中，补货时间=OLT+PLT。传统的补货时间是指从决定再订购开始，到产品被重新补回；TOC 的补货时间是，从产品被消费开始，到产品被重新补回。

订货提前期 OLT：从上一订单采购的货品到达开始，直至启动下一采购订单。生产提前期 PLT：包含生产及运输时间。

在实际中，当零售商卖出货品时，库存逐渐下降，一旦下跌至预定的最低库存水平线，系统就产生一张订单来补货。然而现实往往并不是这样，发订单也需要时间，传统补货恰恰将其忽略掉了，进而导致了实际补货时间大于预定的补货时间，所以很长时间库存为零，零售店无货可卖，这就降低了销售额，进而降低了利润。TOC 制约理论通过层级式的库存管理，

每一层级均备有合适的库存，这样当下级销售需要补货时，直接发货，节省了产品的生产时间和发订单的时间，补货的速度只是运输时间，补货速度大大提高。节省发订单的时间是因为 TOC 将发订单的时间放在了传统订货点之前，如图 6-205 所示。

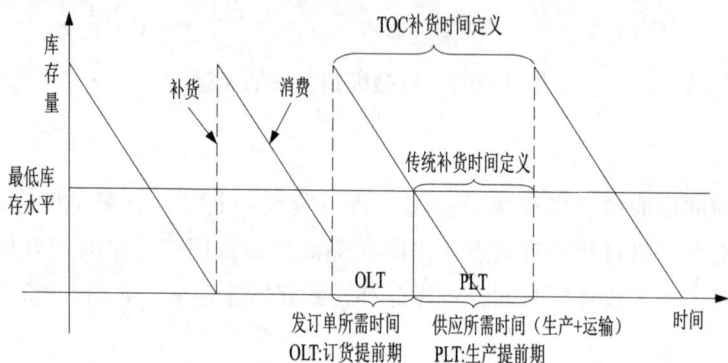

图 6-205　补货时间

TOC 制约理论增加补货的频度，降低目标库存水平，通过缓冲偏差进行补货不仅能有效降低库存，提高资金的周转率，还能解决缺货问题，提高销售额。从系统思考的角度说，减少系统补货的延迟就能提高系统的产出。模拟器件公司前 CEO 斯达塔在《斯隆管理评论》的一篇文章中说："系统绩效改善工作最有效的杠杆作用点之一，就是把系统的延迟缩减到最小。"由于 TOC 制约理论通过库存管理和多次补货将库存降低到了新的水平，库存成本和管理成本大幅降低，并且更能满足客户的需求，如图 6-206所示。

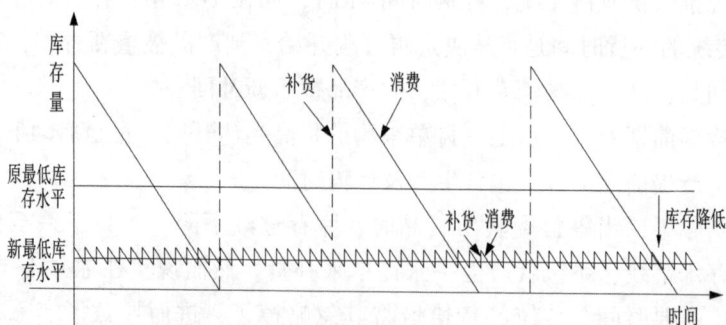

图 6-206　TOC 在配销系统中的库存

缓冲的大小如何设定？

期初库存＝可靠补货时间内的最大需求量

补货时间＝下单周期+供货周期（即生产周期+运输周期）

期初库存＝平均出库量×（下单周期+生产周期+运输周期）×保护系数

如果平均每天销量为 10 件，下单周期 0 天，生产周期 0 天，运输周期 2 天，保护系数为 1.5，那么期初库存＝10×（0+0+1）×1.5＝15 件。

库存扮演供应链上、下游成员间的缓冲，吸收供需的波动。面对不稳定的需求，库存可以保护供应；面对不稳定的供应，库存可以保护需求。在供应链上消费者是零售商的客户，而零售商是区域分销商的客户，区域分销商是制造商的客户，制造商是原料供应商的客户，所以他们之间均可以增加库存来吸收供需的波动，即扰动，如图 6-207 所示。

图 6-207 配销系统的物流和信息流

通过在零售商处设定小库存，并且按照销售量进行补货，比如每天补货的数量为当天销售出去的产品，这样能有效降低库存并增加产出。分销商按照所有下属零售商的补货反馈进行发货并且从制造商库存补充相同数量的存货，制造商按照所有下属分销商的补货反馈进行发货的生产。这样能有效的避免供应链上的牛鞭效应，其原理为统计学的聚合效果。分销商仓库的销售量波动很大，但是每个分销商之间进行汇总，波动就相互抵消了，制造商的销售线就变得很平稳，这有利于制造商的均衡生产，如图 6-208 所示。

在彼得圣吉的《第五项修炼》中有一个典型的供应链游戏：啤酒游戏。下游供应商根据预测进行订货，结果无论谁扮演零售商、分销商或者啤酒厂，最终的结果必定产生牛鞭效应，零售商销售上的一点小波动导致啤酒厂订单的巨大波动。TOC 制约理论按照销量补货和增加补货频度（即减少补货的延迟）可以有效解决供应链上的牛鞭效应，将制造商的生产波动水平降到最低，这不仅增加了制造商的有效产出，还有效降低了制造商的成本，增加了它的利润。

在供应链管理，TOC 给出两个指标：TDD、IDD。

TDD：有效产出元-天（Throughput Dollar-Days），即"延误订单的有

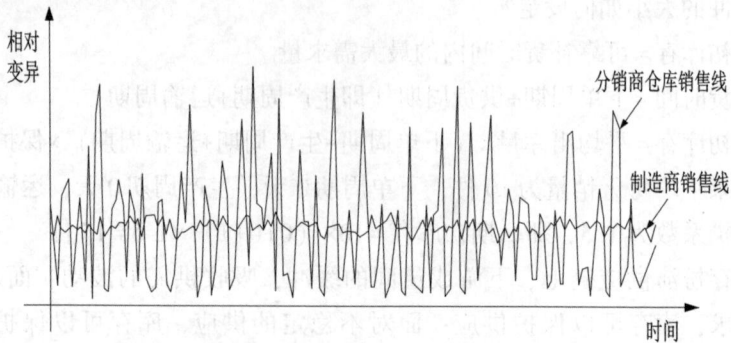

图 6-208 配销系统的聚合效应

效产出×延误天数"，TDD 应争取等于零。TDD 是衡量订单迟交损害有效产出的指标，保证可靠性，即是否应该达到的而没达到。以 TDD 衡量，不再仅仅注重订单的准交率，对于不同订单的重要性差异也考虑进来。

IDD：库存元-天（Inventory Dollar-Days），即"库存价值×持有天数"，应致力于把 IDD 降到最低。衡量库存未正确快速流动而增加库存维持成本的指标。保证有效性，而非做了不该做的无效工作。IDD 会指引我们让库存更快的流动起来，而不是有些库存还躺在那里睡觉，如图 6-209 所示。

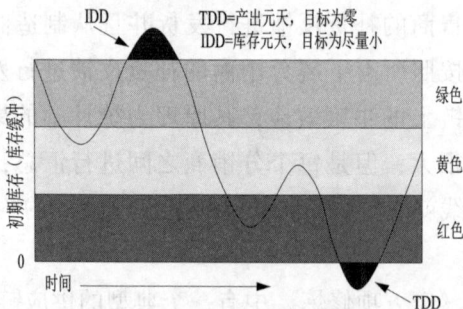

图 6-209 配销系统的衡量目标

从广义动量定理 $F\alpha t = nmV$ 的角度说，财富也是一种力量 F，无论有效产出元-天 TDD，还是库存元-天 IDD，都可以看作是力量 F（金钱）在时间 t 上的积累效应，即元×天。TDD 和 IDD 都是衡量系统产出"差"的指标，应该尽量降低。对于效产出元-天，既要降低延误订单的大小，也要降低延误的天数，使其等于 0。而对于库存元-天，库存是供需之间的缓冲，所以需要有库存；而库存又是负债，所以应该尽量降低库存；库存存放的时间越长，相当于负债的时间越长，所以既要降低库存水平，也要减少库存存放的天数。

6.7.5.7 TOC 的思维流程

内容提要： TOC 的思维流程包括高德拉特三问和 6 种技术工具。高德拉特三问包括：改变什么，改变成什么和怎样改变。这 3 个提问可以称为高德拉特三问或 TOC 三问。这 3 个提问分别对应系统思考的负反馈中的被控对象、目标和控制这 3 个要素。思考过程的 6 种工具包括当前现状树、冲突图（或消云图）、未来树、负效应枝条、条件树和转变树。现状树对应负反馈的现状，冲突图对应偏差，未来树对应目标，条件树对应控制的条件，转变树对应控制的步骤，负效应枝条对应系统产生的不良影响。

1. 高德拉特三问

内容提要： TOC 制约理论解决问题时有 3 个基本提问，即改变什么、改变成什么和怎样改变。这三个提问可以称为高德拉特三问或 TOC 三问。这 3 个提问分别对应系统思考的负反馈中的被控对象、目标和控制这 3 个要素。

（1）改变什么（What to change）

改变什么这个提问中要找到必须改变的本质问题，要在很多问题中找到最主要的问题，这在 TOC 中被称为核心问题。在广义动量定理 $F\alpha t = nmV$ 中，选择合适的作用点可以增加产出成果，而改变什么就是要找到力量要作用的关键点，类似于凸透镜将焦点从火柴杆转移到火柴头才能引燃火柴一样，也和 TOC 聚焦瓶颈的道理相同。在 TOC 生产理论中，要改变的就对象就是瓶颈。从系统思考的角度说，改变什么就是要确定系统思考负反馈中的被控对象，这样才能对被控对象进行控制，如图 6-210 所示。

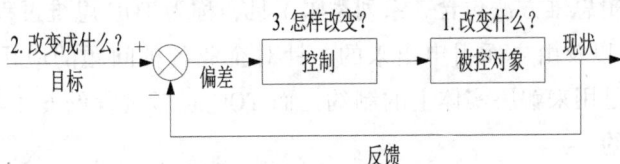

图 6-210 TOC 三问和系统思考

（2）改变成什么（What to change to）

改变成什么这个提问就是要达到的目标，也就是被控对象要达到的目标。在广义动量定理 $F\alpha t = nmV$ 中，要改变成什么就是对应于成果 nmV。在 TOC 生产理论中，因为瓶颈产出决定了系统产出，要改变成什么就是要使瓶颈的产出最大化，即目标是瓶颈的产出最大化。从系统思考负反馈模型的角度说，改变成什么对应的是负反馈模型中的目标输入。既然涉及到未来要达到的目标，那么就涉及到现状，即被控对象现在的状态，而目标和现状之间的偏差就是控制要达到的目标，通过控制使得偏差为 0，即未来的结果和输入目标相同。

（3）怎样改变（How to cause the change）

怎样改变这个提问就是如何控制才能使得被控对象达到改变成什么这个目标。在广义动量定理 $F\alpha t = nmV$ 中，怎样改变对应的是广义动量定理过程中的力量 F、方向 α 和时间 t，即需要多大的力量 F，在什么方向 α 上使用力量，需要多少时间 t，才能达到要改变的成果 nmV。在 TOC 的生产理论中，改变什么对应的是瓶颈，对应聚焦五步骤中的找到瓶颈。改变成什么对应的是瓶颈产出最大化。而怎样改变则对应聚焦五步骤中的挖尽瓶颈、迁就瓶颈和打破瓶颈这三步，从而使系统产出最大化。从系统思考的角度说，怎样改变对应的是负反馈模型中的控制这个要素，即通过控制使得系统的输出结果和目标相同，而目标就是改变成什么，而控制的对象就是改变什么。

2. TP 的 6 种工具

内容提要：TOC 的思考过程用来解决逻辑上的制约。思考过程的 6 种工具包括当前现状树、冲突图（或消云图）、未来树、负效应枝条、条件树和转变树。现状树对应负反馈的现状，冲突图对应偏差，未来树对应目标，条件树对应控制的条件，转变树对应控制的步骤，负效应枝条对应系统产生的不良影响。

TOC 逻辑思维方法包含一系列逻辑工具，称为 TOC 思维过程（Thinking Processes），以及由之而引申出来的、针对企业各种问题的应用专题系统。聚焦五步骤是用来解决实体上的制约，而 TOC 思考过程的 6 工具用来解决逻辑上的制约。

TOC 思维方法主要针对 3 个问题：改变什么，改变成什么和怎样改变？通常的流程是：冲突->现状->核心冲突->未来->分支->条件->转变。与各个流程相对应发展出来的不同思考工具：

（1）现状树（Reality Tree）：识别造成不良效应的核心问题——用逻辑

关系列出不良效应。

（2）消云图（Evaporating Cloud）：也称冲突图，识别问题背后的冲突和假设，化解冲突，实现双赢。

（3）未来树（Future Reality Tree）：描述解决方案与追求目标之间的逻辑关系。

（4）负效应枝条（Negative Effect Branches）：描述解决方案实施后带来的不良后果。

（5）条件树（Prerequisite Tree）：也可称条件图，识别解决方案可能面临的障碍，找到必要条件。

（6）转变树（Transition Tree）：描述克服障碍的详细计划。

从系统思考的角度来说，改变什么是确定了被控对象，而被控对象的现状就是现状树；改变成什么确定了目标输入，而未来要实现的目标就是未来树，未来树和现状树之间的偏差就是冲突图，消除冲突就可以使未来的状态和未来树相同；怎样改变对应的是控制，而控制是需要条件和具体步骤的，它们分别对应条件树和转变树。控制可能会产生不良后果，即经济学所说的负外部效应，对应的就是负效应枝条。在经济学中，有负外部效应也会有正外部效应，因为正外部效应对系统有益，一般不需要向负外部效应那样解决掉。在控制系统中，一般还有扰动和延迟，TOC 思考过程暂时还没有发展针对扰动和延迟的对应工具。系统思考的负反馈模型是一个完成目标的稳定模型，具备完成目标的所有要素，TOC 的思考过程和负反馈模型的本质相同，如图 6-211 所示。

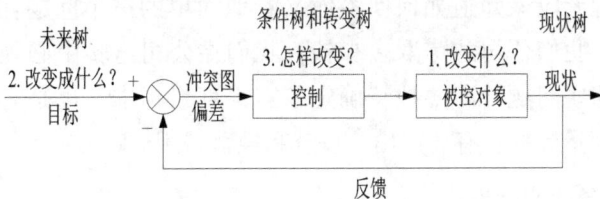

图 6-211　TOC6 种工具和系统思考

6.7.5.8　有效产出会计

内容提要：有效产出会计包含有效产出 T、投资 I 和运营费用 OE 这 3 个资金参数，而这三个资金参数可以组合成净利 $NP = T - OE$、投资报酬率 $ROI = (T - OE)/I$ 和现金流 $CF = T - OE - I$ 这三个财务指标。成本会计不能如实反馈真实情况，会导致决策错误。而有效产出会计由于简单、易用、符合逻辑等优点而比成本会计更有效。有效产出会计可以以投资报酬率 ROI＝（T－OE）／I 作为决策判断标准。有效产出会计的本质是数学中的线性规划。

制约理论的创始人高德拉特博士经常不遗余力地在不同的场合宣扬传统会计是"生产力的敌人"的观点，他这样做的原因来源于《目标》一书中主人公罗哥所面临的情况：片面追求局部环节的效率及利用率导致企业采用错误的行为，经营费用按照传统的成本法或多或少地计入产成品或半成品成本中，从而导致反馈的情况失真，进而导致决策错误。

根据成本会计，当我们从事任何生产加工活动时，它会把我们的这部分成本算到我们的库存中，而这部分成本后面会被解释成是增加的利润，这种说法对吗？也就是说，成本会计鼓励我们在任何生产活动中做得越多越好，哪怕这个生产环节是属于非瓶颈，即使我们所做的已经远远超出瓶颈所需要的上限，因为我们抱着"做的越多，结果越好"。成本会计无法提供好的资讯，因为成本会计假设公司内所有的资源都是同等重要的。实际上不是所有的资源都是同样重要的，系统的产出由瓶颈决定，而成本会计的假设与实际不符，从而导致了成本会计经常出现决策失误。

高德拉特说："告诉我你如何考核我，我就告诉你我将如何行动。如果你的考核不理性的话，那么我的行为很疯狂也没有什么好奇怪的。"因为成本会计的衡量标准不正确，就会导致决策不正确，进而导致公司的行动不正确，最终导致公司赔钱。

成本会计的问题促使了高德拉特对基本的会计原理进行重新思考。1990年他提出管理者应该知道如何回答而又看似简单的三个问题：公司总共创造了多少钱？我们公司共赚取多少钱？我们在公司运转中必须要花费多少钱？为回答这些问题，高德拉特确定了三个度量标准，也是有效产出会计的三个基本度量标准：有效产出、投资和经营费用。

1. 成本会计的问题

案例 1：假设某工厂的资源有 A、B 各一种。每周工作 5 天，每天工作 8 小时，即每周可用工时为 2 400 分钟。运营费用为每周 6 000 元。工厂生产 M 和 N 这 2 种产品，M 产品每件售价 90 元，每周市场需求 100 件；N 产品每件收件 100 元，每周市场需求 50 件。什么样的生产组合可以是公司利润最大化，如图 6-212 所示。

产品 M

产品 M
每件90元 每周需求100件

产品 N

产品 N
每件100元 每周需求50件

B 每件15分钟

B 每件30分钟

A 每件20分钟

A 每件3分钟

原料
每件45元

原料
每件40元

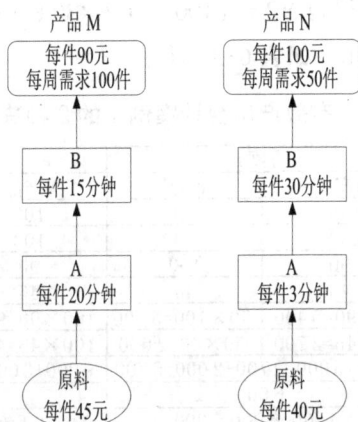

图 6-212　有效产出会计案例 1 流程数据

将案例中的数据进行整理，以方便分析，如表 6-15 所示。

表 6-15　有效产出会计案例 1 数据整理

	M产品	N产品
每周需求	100	50
价格	90	100
原料成本	45	40
资源A时间	20	3
资源B时间	15	30
总作业时间	35	33
单件利润	45	60

从表中可以看出 N 产品价格高，成本低，单位产品利润高，总作业时间少，N 产品全面占优，无论采用何种成本系统来计算，N 产品都是最能获利的产品。那么我们就优先生产 N 产品，如果有剩余时间再生产 M 产品。我们以资源 B 先衡量看看能生产多少 M 产品和 N 产品，再计算资源 A 是否能满足要求即可。生产 50 件 N 产品，资源 B 需要 50×30＝1 500 分钟，总可用时间为 2 400 分钟，剩余 900 分钟可以生产 60 件 M 产品。而资源 A 生产 50 件 N 产品和 60 件 M 产品的时间为 50×3+20×60＝1 350 分，小于 2 400 分钟，满足要求。那么产生的利润是多少呢？利润 NP＝（100−40）×50+（90−45）×60−6 000＝−300 元，产生亏损 300 元。

那么我们试试优先生产 M 产品会产生什么情况，是不是应该亏损的更多呢？生产 100 件 M 产品，资源 B 需要 100×15＝1 500 分钟，剩余 900 分钟可以用来生产 N 产品，可以生产 900/30＝30 件 N 产品。资源 A 生产 100 件 M 产品和 30 件 N 产品需要 100×15+30×3＝1 590 分，小于 2 400 分钟。那么

产生的利润是多少呢？利润 NP =（100-40）×30+（90-45）×100-6 000＝
300 元，产生利润 300 元，如表 6-16 所示。

表6-16 有效产出会计案例1的2种决策方案

	方案1		方案2	
	M产品	N产品	M产品	N产品
每周需求	100	50	100	50
生产数量	60	50	100	30
价格	90	100	90	100
原料成本	45	40	45	40
营业收入	60×90=5 400	50×100=5 000	100×90=9 000	30×100=3 000
物料支出	60×45=2 700	50×40=2 000	100×45=4 500	30×40=1 200
营业毛利	5 400+5 000-2 700-2 000=5 700		9 000+3 000-4 500-1 200=6 300	
运营费用	6 000		6 000	
营业利润	5 700-6 000=-300		6 300-6 000=300	

为什么采用成本会计而选择的方案反倒亏钱呢，其中方案 1 中的 N 产品的价格，单件利润，成本和作业时间都优于 M 产品，为什么得到的结果却是优先生产 M 产品的结果好呢？那么结论就是：成本会计一定存在某种错误。上述例子中只有 2 种资源和 2 种产品，要找出产生利润最高的产品组合都会出错，如果一个公司有成百上千种资源和产品时，那么该怎么办呢？

直到现在，成本会计提供了错误的资讯，即提供了错误的产品获利能力的排序，从而导致我们做了错误的决定。

既然成本会计不能指导我们做出正确的决策，那么是否还有其他方法能指导我们做出正确的决策呢？有，那就是 TOC 制约理论的有效产出会计。

2. 有效产出会计介绍和使用

有效产出会计是一种管理会计，它基于相信系统存在制约因素，而此制约因素制约全局绩效。评估任何提议行动对整体系统的影响，最有效方式是观察全局度量，有效产出（T，Throughput）、投资（I，Investment）与作业费用（OE，Operating Expense）。有效产出会计以 T、I、OE 三个度量建构财务的最终三个数字，分别为净利 NP = T-OE、投资回报率 ROI =（T-OE）/I 和现金流 CF = T-OE-I。

（1）T 有效产出（Throughput）：进入系统的钱。

有效产出是组织透过销售而赚到的钱，有效产出 T = 销售额 R（Revenue）-总变动成本 TVC（Totally Variable Costs）。

总变动成本包括：制造产品才发生的费用，一般为产品的原料成本。可以认为每生产 1 个产品而产生的费用，并且这个费用总数就是产品数量乘以单个可变成本。

有效产出会计不分直接成本和间接成本，只有完全可变成本和不完全可变成本，完全可变成本就是变动成本，不完全可变成本属于运营费用。

（2）I投资（Investment）：系统内部积压的钱。

投资是组织为了销售产品而必须投资在采购上所投入的金钱，包括原材料、设备、土地、厂房等。

（3）OE作业费用（Operating Expense）：流出系统的钱。

作业费用是组织为了使存货转换为有效产出所必须投入的金钱。通用的规则：所有随着时间推移所发生的费用，除了完全变动成本，全部归结为作业费用，包括直接/间接人工工资、制造费用、消耗品、租金、利息、水电、折旧及销售和管理费用等。

（4）净利NP＝T－OE。

（5）投资报酬率ROI＝（T－OE）/I。

（6）现金流CF＝T－OE－I。

有效产出会计是基于TOC制约理论的，它认为系统的制约因素决定系统产出，从而影响系统在金钱上的表现，而有效产出会计就是要聚焦于制约因素，从而使系统利润最大化。

那么如何通过有效产出会计来解答上边的例题呢？

首先找到系统的制约因素，即瓶颈。资源A生产100件M产品和50件N产品需要用时20×100+3×50＝2 150分钟。资源B生产100件M产品和50件N产品需要用时15×100+30×50＝3 000分钟。资源B比资源A需要的时间长，资源B是瓶颈，如表6-17所示。

表6-17　有效产出会计案例1的瓶颈分析

资源	每件M用时	每件N用时	生产M数量	生产N数量	总计用时	每周可用时间
A	20	3	100	50	2 150	2 400
B	15	30	100	50	3 000	2 400

由于资源B需要时间3 000分钟超过总可用时间2 400分钟，所以100件M产品和50件N产品不可能都生产完，需要选择一种产品优先生产，剩余时间用来生产另外一种产品。这就需要通过计算哪种产品赚钱速度快，就优先生产哪种产品。可以使用计算瓶颈的单位时间有效产出（Thoughout per Constrint Uint，T/CU）来计算最赚钱的产品。T＝售价－原料成本，CU＝瓶颈加工一个产品所需要的时间。

瓶颈生产 M 产品需要 15 分钟，单个 M 产品利润为 45 元，所以瓶颈在 M 产品上的赚钱速度 45/15＝3 元/分。

瓶颈生产 N 产品需要 30 分钟，单个 N 产品利润为 60 元，所以瓶颈在 N 产品上的赚钱速度 60/20＝2 元/分。

M 产品赚钱速度更快，所以应该优先生产 M 产品，然后剩余时间用于生产 N 产品。生产 100 件 M 产品需要 100×15＝1 500 分钟，剩余 900 分钟可以生产 30 件 N 产品。利润 NP＝（100-40）×30+（90-45）×100-6 000＝300 元，产生利润 300 元。

案例 2：假设某工厂的资源有 A、B、C 和 D 各一种。每周工作 5 天，每天工作 8 小时，即每周可用工时为 2 400 分钟。运营费用为每周 6 000 元。工厂生产 M 和 N 这 2 种产品，M 产品每件售价 90 元，每周市场需求 100件；N 产品每件售价 100 元，每周市场需求 50 件。什么样的生产组合可以是公司利润最大化，如图 6-213 所示。

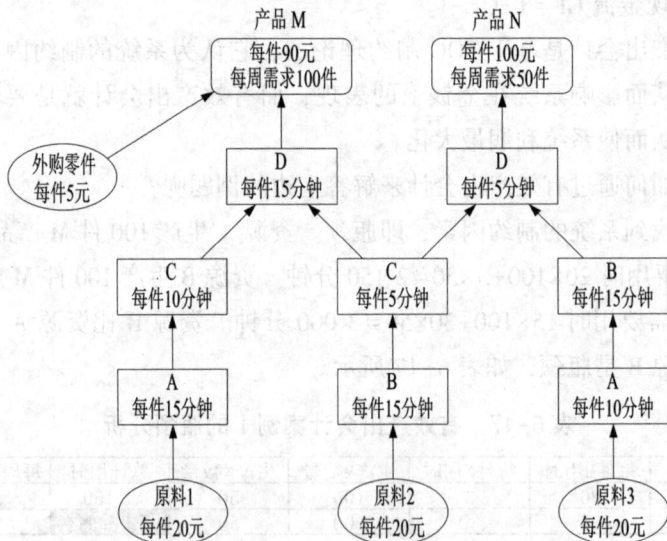

图 6-213　有效产出会计案例 2 流程数据

所有的数据都已经给定，所有的数据也都是精确的，一周内你能赚取的最大利润是多少呢？

大部分人的逻辑为计算 100 件 M 产品的利润，加上 50 件 N 产品的利润，然后减去运营费用就是总利润。

M：100×（90-5-20-20）＝4 500 元

N：50×（100-20-20）＝3 000 元

净利润：NP＝（4 500+3 000）－6 000＝1 500 元

所以一周可以产生的最大利润是 1 500 元。

这种解法对吗？这种解法错误，因为他没有关注系统的瓶颈，工厂真的能一周生产出 100 件 M 产品和 50 件 N 产品吗？

那这道题应该如何去解答呢？

我们使用 TOC 的聚焦五步骤的第一步找到瓶颈。

资源 A 每周生产 100 件 M 产品需要 15×100＝1 500 分钟，生产 50 件 N产品需要 500 分钟，总共需要 2 000 分钟。

同理可以计算资源 B、C 和 D 的每周需要的时间，如表 6-18 所示。

表 6-18　有效产出会计案例 2 数据整理

资源	每件M用时	每件N用时	生产M数量	生产N数量	总计用时	每周可用时间
A	15	10	100	50	2 000	2 400
B	15	30	100	50	3 000	2 400
C	15	5	100	50	1 750	2 400
D	15	5	100	50	1 750	2 400

通过计算发现，B 需要的时间为 3 000 分钟，需要的时间最多，所以 B是瓶颈。并且 B 的时间超过了每周可用 2 400 分钟，所以每周不能生产出100 件 M 产品和 50 件 N 产品。

那么就出现了第二个问题，每周应该生产多少件 M 产品和多少件 N 产品，才能是利润最大化呢？

很多人的逻辑是计算单个 M 产品和 N 产品的利润，哪一个单个产品利润大，就多生产单个利润大的，剩余的时间生产单个利润小的。

单个 M 产品利润＝90-5-20-20＝45 元

单个 N 产品利润＝100-20-20＝60 元

单个 N 产品的利润大，所以优先生产 N 产品，剩余时间生产 M 产品。因为资源 B 是系统瓶颈，所以需要充分利用资源 B，资源 B 生产一个 N 产品需要 30 分钟，生产 50 个 N 产品需要 1 500 分钟。剩余时间用于生产 M 产品，生产 1 个 M 产品需要 15 分钟，剩余时间为 2 400-1 500＝900 分钟，可以生产 60 个 M 产品。那么总利润 NP＝50×60+60×45-6 000＝-300 元，每周利润为-300 元，即每周亏损 300 元。

这种解法是错误的，因为资源 B 是系统的瓶颈，而系统的产出由瓶颈决定，所以系统的赚钱速度也是由瓶颈决定的，因此应该选择瓶颈赚钱速度最快的产品而不是单个产品利润最大的产品。

瓶颈生产 M 产品需要 15 分钟，单个 M 产品利润为 45 元，所以瓶颈在 M 产品上的赚钱速度 45/15＝3 元/分。

瓶颈生产 N 产品需要 30 分钟，单个 N 产品利润为 60 元，所以瓶颈在 N 产品上的赚钱速度 60/30＝2 元/分。

由于瓶颈在 M 产品上的赚钱速度大于 N 产品，所以瓶颈应该优先生产 M 产品。生产 100 件 M 产品需要 1 500 分钟，剩余的 900 分钟可以生产 30 件 N 产品。那么利润 NP＝30×60＋100×45－6 000＝300 元，即利润为 300 元，大于优先生产 N 产品方案的－300 元。

在案例 2 种，如果有 2 种新产品，要从中选择生产其中的一种增加到产品线中，从而形成生产 3 种产品。新产品 E 售价为 106 元，成本为 50 元，生产一个 E 产品，资源 A 需要 10 分钟，资源 B 需要 20 分钟，每周需求量为 6 个。新产品 F 售价为 98 元，成本为 50 元，生产一个 F 产品，资源 A 需要 10 分钟，资源 B 需要 20 分钟，每周需求量为 15 个。那么应该选择生产哪种新产品呢？

我们来计算一下瓶颈单位时间有效产出（Thoughout per Constrint Uint，T/CU）。新产品 E 的 T/CU＝（106－50）/20＝2.8 元/分，新产品 F 的 T/CU＝（98－50）/20＝2.4 元/分，所以应该选择生产 E 产品。生产 100 件 M 产品需要 1 500 分钟，剩下 900 分钟可以用于生产 E 和 N，6 个 E 产品需要 120 分钟，剩余的 780 分钟可以生产 26 个 N 产品，那么利润 NP＝100×45＋6×（106－50）＋26×60－6 000＝396 元。

如果选择生产 F 产品，那么利润是多少呢？生产 100 件 M 产品需要 1 500 分钟，剩下 900 分钟可以用于生产 F 和 N，15 个 F 产品需要 300 分钟，剩余的 600 分钟可以生产 20 个 N 产品，那么利润 NP＝100×45＋15×（98－50）＋20×60－6 000＝420 元。为什么选择瓶颈单位时间有效产出 T/CU 大的 E 产品，反而没有 T/CU 小的 F 产品创造的利润多呢？

所以有时候只衡量 T/CU 是不够的，还要考虑这个产品带来的绝对利润。虽然 E 产品的单位时间的有效产出大于 F 产品，但是它的每周需求量小于 F 产品，总利润小于 F 产品，所以就导致了只按照 T/CU 进行决策而导致了错误。

数学上的分析

如果我不懂瓶颈理论，那么上面的那道题是否还能解答呢？即不用瓶颈理论是否可以解答呢？

可以使用数学中带有约束的函数优化进行求解。我们知道生产一件 M 产品，资源 A、B、C 和 D 各需要 15 分钟；生产一件 N 产品，资源 A、B、C 和 D 资源分别需要 10、30、5 和 5 分钟，而每个资源一周最多可用时间是 2 400 分钟，也就是每个资源生产 2 种产品的总时间不能超过 2 400 分钟。而每个 M 产品的利润是 45 元，需求量是 100 个；每个 N 产品的利润是 60 元，需求量是 100 个，一周的作业费用是 6 000 元，那么该如何获得最大利润呢？

假设生产 x 个 M 产品和 y 个 N 产品，那么得到

Max $[f(x)] = 45x + 60y - 6\ 000$

$15x + 10y \leqslant 2\ 400$

$15x + 30y \leqslant 2\ 400$

$15x + 5y \leqslant 2\ 400$

$x \leqslant 100$

$y \leqslant 100$

可以求得 $x \leqslant 100$，$y \leqslant 30$，当 $x = 100$，$y = 30$ 时，最大利润为 Max $[f(x)] = 45 \times 100 + 60 \times 30 - 6\ 000 = 300$。

也就是说 TOC 制约理论和数学的有约束函数优化得到的结果相同，那么为什么相同呢？因为 TOC 制约理论和有约束的函数优化都是在约束范围内寻找最大值，所以得到的结果相同，并且它们的关注点都是约束，它们的本质相同。所以 TOC 的有效产出会计相当于数学上的有约束函数的求解，求解的目标函数是利润最大化，即 Max（NP）= T−OE，而约束函数为资源工作的时间。

MATLAB 求解和图形

可以在 MATLAB 中输入如下函数，即可得到这道题的直观图形，如图 6-214 所示。

```
[x, y] =meshgrid (0：1：100, 0：1：100);
z= [(45*x+60*y−6 000).*((15*x+10*y−2 400<=0) & (15*x+30*y−2 400<=0) & (15*x+15*y−2 400<=0))];
surf (x, y, z), shading flat
title ('TOC 有效产出会计例题')
xlabel ('x轴 M 产品数量')
```

ylabel（'y 轴 N 产品数量'）

zlabel（'z 轴 利润'）

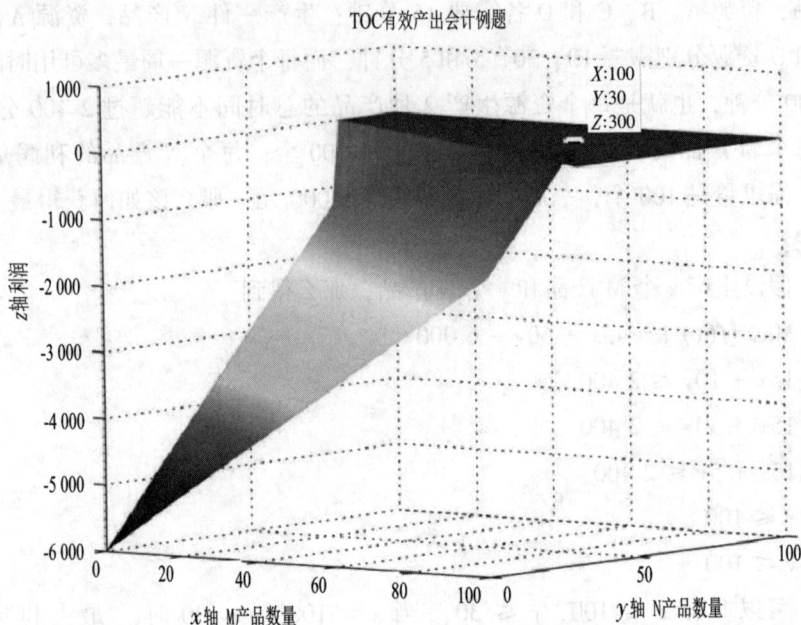

图 6-214　有效产出会计案例 2 图形

有效产出会计和线性规划

我们使用线性规划来求解这道题，可以使用上边的函数。为了和 TOC
制约理论中时间以及 T/CU 相对应，这里使用时间为自变量，并且设资源 B
用于生产 M 的时间为 x，用于生产 N 的时间为 y。那么生产 M 产品的个数
为 $x/15$ 个，每一个利润为 45 元，则 M 产品的利润为总数×利润，即 $x/15 \times$
45 元。$x/15 \times 45$ 也可以写成 $(45/15)x$，其意义为每分钟利润×时间，也等
于总利润，即和 T/CU 的意义相同。生产 N 产品的个数为 $y/30$，每一个 N
产品的利润为 60 元，那么 N 产品的总利润为 $y/30 \times 60$ 元，也可以按照每
分钟利润×时间的方式写成 $(60/30)y$。B 资源生产 M 和 N 产品的总时间不
能超过 2 400 分钟，即 $x+y \le 2\,400$。而 A 资源生产 M 产品需要 15 分钟，生
产了 $x/15$ 个，生产 N 产品需要 10 分钟，生产了 $y/30$ 个，它们的总时间也
不同超过 2 400，即 $x/15 \times 15 + y/30 \times 10 \le 2\,400$，即 $x+y/3 \le 2\,400$。同
理得到资源 C 和资源 D 的约束为 $x+y/6 \le 2\,400$。另外 M 产品的数量不能
超过 100 个，即 $x/15 \le 100$；N 产品的数量不能超过 50 个，即 $y/30 \le 50$。

那么总利润为 M 产品总利润加上 N 产品的总利润，然后减去运营费用，即
$f(x) = 3x + 2y - 6\,000$。得到的完整函数如下：

Max $[f(x)] = 3x + 2y - 6\,000$

$x + y \leqslant 2\,400$

$x + y/3 \leqslant 2\,400$

$x + y/6 \leqslant 2\,400$

$x/15 \leqslant 100$

$y/30 \leqslant 50$

将 5 个约束条件画在以资源 B 生产 M 产品时间为 x 轴，以 N 产品时间为 y 轴的坐标系中，约束条件和坐标轴所构成的阴影区域就是可行域，即 M 和 N 可以取值而不超过约束的区域，阴影部分就是可行域。将目标函数 $f(x) = 3x + 2y + k$ 画入坐标系中，然后在图中做此直线的平行线，平行线可以相交可行域于 e 点和 f 点，由于 e 点在右上方，所以 e 点对应目标函数的最大值，此时 $x = 1\,500$，$y = 1\,500$，最大值 $f(x) = 3 \times 1\,500 + 2 \times 900 - 6\,000 = 300$，最大利润为 300 元，如图 6-215 所示。

我们通过线性规划来解释一下 TOC 有效产出会计的逻辑。

（1）首先有效产出会计需要确定瓶颈，即通过计算获得。A 资源生产 100 个 M 产品需要 1\,500 分钟，生产 50 个 N 产品需要 500 分钟，即对应坐标系中的 a 点，其坐标为（1\,500，500）。因为约束是 2\,400 分钟，而 1\,500 +500 小于 2\,400 分钟，没有超过约束，这一点在图形中的解释是它的取值在可行域以内。B 资源生产 100 个 M 产品需要 1\,500 分钟，生产 50 个 N 产品需要 1\,500 分钟，即对应坐标系中的 b 点，其坐标为（1\,500，1\,500）。因为约束是 2\,400 分钟，而 1\,500+1\,500 大于 2\,400 分钟，超过约束，这一点在图形中的解释是它的取值在可行域以外。同理得到资源 C 和 D 在坐标轴中的对应点 c 和 d，它们的坐标均为（1\,500，250），均在可行域之内。

（2）计算哪种产品最赚钱，就优先生产哪种，采用 T/CU 的方式。M 产品的有效产出是 45，每个需时 15 分钟，T/CU=3；N 产品的有效产出是 60，每个需时 30 分钟，T/CU=2，所以优先生产 M 产品。在线性规划的函数中，总利润函数为 $f(x) = 3x + 2y - 6\,000$，$x + y \leqslant 2\,400$。因为 x 和 y 的都是时间，基准相同，当 x 和 y 竞争时，哪个系数大就应该优先生产哪个，因为总利润函数是一个单调函数。也可以这样理解，因为 b 点在约束函数 $x + y \leqslant 2\,400$ 右上方，那么它在可行域之外，所以只当 $x + y = 2\,400$，$f(x)$ 才

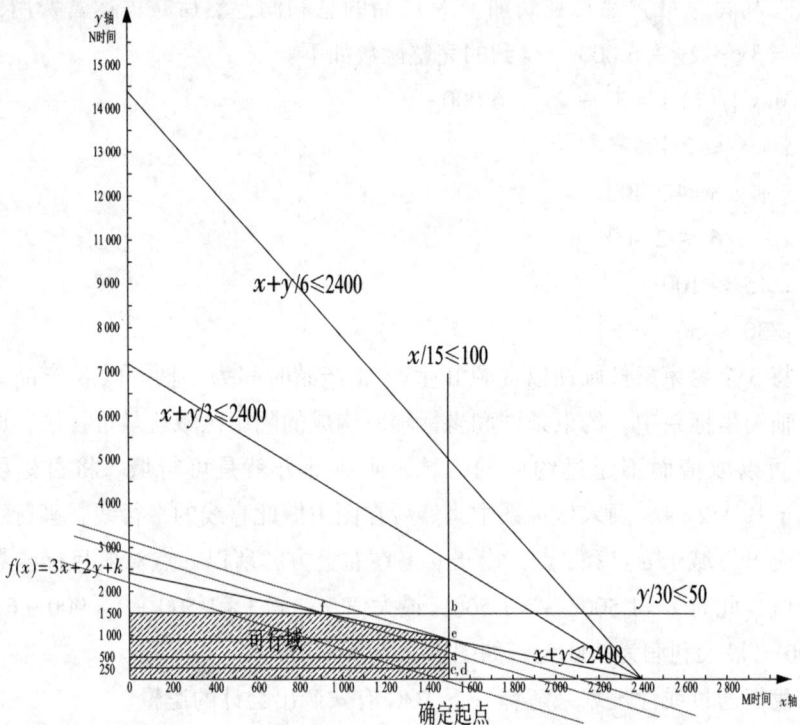

图 6-215　有效产出会计案例 2 的线性规划求解

能得到最大值，将 $y = 2\,400 - x$ 带入 $f(x)$，得到 $f(x) = 3x + 2(2\,400 - x) - 6\,000 = x - 1200$，当 x 取最大值时，函数才能得到最大值 300。

（3）可行域会和 $f(x) = 3x + 2y + k$ 这条直线有多个交点，而确定哪一个资源为瓶颈的意义就是在哪个 x 和 y 的哪个边界上，交点所对应的函数值最大。在 $f(x) = 3x + 2y - 6\,000$ 的函数中，我们知道 x 的系数大于 y 的系数，且 $x + y \leq t$ 中的限制系数均为 1，对应的 b 点在约束之外，那么就应该优先生产 x，即 $3x + 2y + k$ 的平行线从 $x/15 \leq 100$ 对应的直线向上滑，直到边界点 e，得到函数的最大值。

假设生产两种产品为 M 和 N。生产一个 M 产品的时间为 CU_1，单个产品利润，即有效产出为 T_1，t 时间内需求数量为 m；生产一个 N 产品的时间为 CU_2，单个产品利润，即有效产出为 T_2，t 时间内需求数量为 n；运营费用为 OE。那么总利润最大为多少？然后就可以得到如下的函数，包括时间约束和数量约束，其中 a，b，c 和 d 为常数。

$$\text{Max} \ [f(x)] = \frac{T_1}{CU_1}x + \frac{T_2}{CU_2}y - OE$$

$$\frac{x}{a} + \frac{y}{b} \leq t$$

$$\frac{x}{c} + \frac{y}{d} \leq t$$

$$\frac{x}{CU_1} \leq m$$

$$\frac{y}{CU_2} \leq n$$

有效产出会计的本质是线性规划，目标函数对应利润 NP，而自变量的和对应有效产出 T，比如 $45 \times x + 60 \times y$ 对应有效产出 T，常数对应运营费用 OE，这个例子中 6 000 对应于 OE。

在这道例题中，瓶颈在工厂内部，即工厂的产出小于市场需求。而当瓶颈在工厂外部，即瓶颈在市场，工厂产出能力大于市场需求时，也可以使用上边的函数进行计算，比如 M 和 N 产品每周的需求量都是 50，那么也可以求出最大利润。

3. 有效产出会计的决策优化

在现实中会有很多提案，那么有没有通用的标准来衡量一个提案是否应该被选择呢？

我们以案例 1 进行各种提案的分析。其内容为假设某工厂的资源有 A、B 各一种。每周工作 5 天，每天工作 8 小时，即每周可用工时为 2 400 分钟。运营费用为每周 6 000 元。工厂生产 M 和 N 这 2 种产品，M 产品每件售价 90 元，每周市场需求 100 件；N 产品每件收件 100 元，每周市场需求 50 件。生产一个 M 资源 A 需要 20 分钟，资源 B 需要 15 分钟。生产一个 N 产品资源 A 需要 3 分钟，资源 B 需要 30 分钟。什么样的生产组合可以是公司利润最大化？

提案 1：有人提案建议投资 1 000 元购买新的资源 A，使资源 A 的产能提高 1 倍。那么这个提案是否应该被采纳呢？

解答：资源 B 是瓶颈，提高资源 A，有效产出 T 不会增加，那么 $\Delta T = 0$。而投资增加了 1 000 元，所以 $\Delta I = 1 000$。而购买了新的设备，那么折旧费用会增加，即运营费用会增加，假设年折旧率为 10%，那么每年折旧费用就是 $1 000 \times 10\% = 100$ 元，每年有 52 周，每周折旧费用就是 $100/52 = 1.92$

元，所以 $\Delta OE = 1.92$。那么利润增加量为 $\Delta NP = \Delta T - \Delta OE = 0 - 1.92 = -1.92$，而投资回报 ROI 则为负数，所以此方案不能被采纳。

提案 2：有人提案建议投资 10 000 元优化原资源 B，使资源 B 的产能提高 20% 倍。那么这个提案是否应该被采纳呢？

解答：资源 B 是瓶颈，提高资源 B 的产能方法是正确的，需要确认的看是否盈利。因为采取的是优化资源 B 而花费 10 000，所以投资增量 $\Delta I =$ 10 000。而没有增加新的设备等，所以运营费用不变，运营费用增量 $\Delta OE = 0$。资源 B 的产能增加 20%，相当于 B 的可用时间增加 20%，即为 2 400× 1.2 = 2 880 分。生产 100 个 M 需要 100×15 = 1 500 分，剩余 2 880-1 500 = 1 380 分，可以生产 1 380/30 = 46 个 N 产品。那么利润为 NP = 100×45+60×46 -6 000 = 1 260 元。而没有增加产能时的利润是 300 元，利润增量 $\Delta NP = 1$ 260-300 = 960 元。而这个投资提案一年的投资回报率 $ROI = \Delta NP / \Delta I \times 52 =$ 960/10 000×52 = 499.2%，是一个回报率非常高的投资，应该采纳此提案。

提案 3：有人提案建议资源 A 来分担资源 B 的部分工作，资源 B 的产能可以提高 10%，但是资源 A 的产能要下降 15%。那么这个提案是否应该采纳呢？

解答：资源 B 的产能提高，相当于资源 B 的可用时间变为 2 400×1.1 = 2 640 分钟。资源 A 的产能下降 20%，相当于资源 A 的可用时间变为 2 400× 0.80 = 1 920 分钟。生产 100 个 M 产品和 50 个 N 产品，资源 B 需要 100×15 +50×30 = 3 000 分钟，资源 B 的使用率为 3 000/2 640 = 114%。生产 100 个 M 产品和 50 个 N 产品，资源 A 需要 100×20+50×3 = 2 150 分钟，资源 B 的使用率为 2 150/1 920 = 112%。资源 B 的使用率大于资源 A，那么资源 B 还是瓶颈。瓶颈 B 的产能提高，那么有效产出就增加了，即 $\Delta T > 0$。而投资和运营费用没有改变，则 $\Delta OE = 0$，$\Delta I = 0$。利润 $\Delta NP = \Delta T - \Delta OE > 0$，净利润增加，所以应该采纳这个提案。

在现实中，会有各种各样的提案来优化工厂，那么是否有一个通用的判定标准来迅速判断任意一个提案是否应该被采纳呢？

我们选择投资回报率 ROI 作为衡量的标准。其评判标准为：当提案的投资回报率 ROI 大于等于当前的 ROI 时，那么这个提案可以被选择，如果提案的 ROI 小于当前的 ROI，那么提案应该被否决。也可以进一步简化，不计算当前的 ROI，而是对投资回报率设定一个下限，比如 30%，当新投资的回报率大于这个值，那么这个投资就可以被采纳，如图 6 - 216 所示。

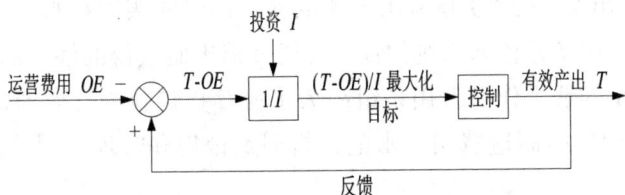

图 6-216　有效产出会计的系统控制图

提案导致有效产出增加量为 ΔT，运营费用的增量为 ΔOE，投资的增量为 ΔI，这三个增量可以是正数、负数或者 0。将增量带入新的 ROI 公式，并且使其大于等于原 ROI，得到：

$$\frac{(T+\Delta T)-(OE+\Delta OE)}{I+\Delta I} \geqslant \frac{T-OE}{I} = ROI$$

当投资增量 ΔI 不为 0 时，整理得到：

$$\frac{\Delta T-\Delta OE}{\Delta I} \geqslant \frac{T-OE}{I}$$

当投资增量 ΔI 为 0 时，整理得到：

$$\Delta T-\Delta OE \geqslant 0$$

所以可以得到在投资增量不为 0 和为 0 时的判断标准，如下：

选择提案条件 $\begin{cases} \dfrac{\Delta T-\Delta OE}{\Delta I} \geqslant \dfrac{T-OE}{I}, & \Delta I \neq 0 \\ \Delta T-\Delta OE \geqslant 0, & \Delta I = 0 \end{cases}$

从逻辑上讲，只有 $(\Delta T-\Delta OE)/\Delta I$ 这一个标准就够了，比如当其大于要求的最小投资回报率 k 时，那么这个投资就是合理的。而在 $\Delta I = 0$ 时，也是可以从逻辑上使用 $(\Delta T-\Delta OE)/\Delta I$ 这个标准的，因为当 $(\Delta T-\Delta OE) > 0$，那么 $(\Delta T-\Delta OE)/\Delta I = \infty > k$，这个投资合理。而当 $(\Delta T-\Delta OE) < 0$，那么 $(\Delta T-\Delta OE)/\Delta I = -\infty < k$，这个投资不合理。很多时候并不需要计算准确的 ROI 的值，比如当投资增量为正数值，即 $\Delta I > 0$ 时，如果 $(\Delta T-\Delta OE) < 0$，那么就可以确定提案不合理了。

6.7.5.9　TOC 金字塔

本节将根据 TOC 在生产中的资金流，物流和信息流等梳理 TOC 在生产中各项参数之间的关系，构成 TOC 金字塔。

在 TOC 的有效产出会计中，有 3 个资金参数，分别是投资 I、运营费用

OE 和有效产出 T。投资 I 是流出系统的钱，用来购买原材料、设备和土地等。而有效产出 T 是流入系统的钱，是通过销售而获得的钱。运营费用 OE 是留在系统里的钱，作业费用是组织为了使存货转换为有效产出所必须投入的金钱。如包括制造费用、水电、折旧及销售和管理费用等，如图 6 - 217 所示。

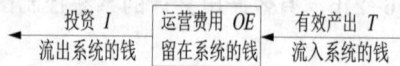

图6-217　有效产出会计的资金流

投资 I、运营费用 OE 和有效产出 T 这三个资金参数可以产生三个财务衡量指标，分别是投资收益率 ROI、净利润 NP 和现金流 CF。其中投资报酬率为 $ROI = (T - OE)/I$、净利为 $NP = T - OE$ 和现金流为 $CF = T - OE - I$。当减少投资 I 和运营费用 OE，增加有效产出 T 时，三个财务衡量指标都变好，从而使得企业现在和将来都能赚钱，如图 6 - 218 所示。

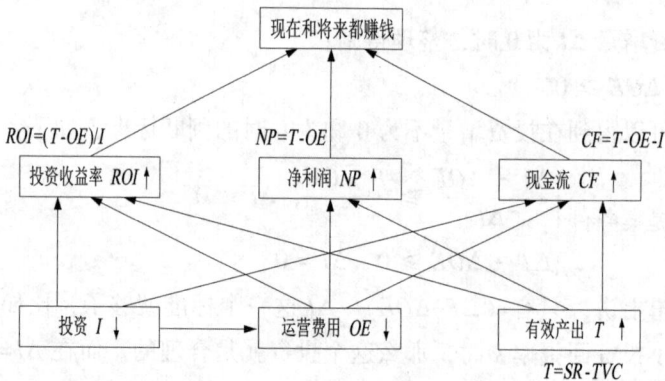

图6-218　有效产出会计的逻辑层级结构

对于企业的物流，企业投入原材料等，经过生产和销售，最终产品从企业流出，产品卖给客户，如图6-219 所示。

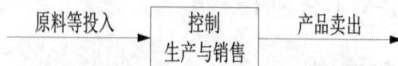

图6-219　有效产出会计的物流

在企业的生产中，有两个指标来衡量企业的生产情况，分别是 TDD 和 IDD。TDD 衡量的是生产部门应该生产而没有生产的订单可能造成的损失，

TDD 就是该生产而没生产。IDD 衡量的是生产部门不应该生产而生产可能导致的库存成本增加，简单地说 IDD 就是不该生产而生产了（从库存管理的角度来说，需要一定的库存来缩短交货周期，所以 IDD 应该在满足交货期的前提下越小越好）。事情分为该做和不该做，而从时间上分为做了和没做，按照波士顿矩阵可以有 4 种组合：做了该做的、做了不该做的、没做该做的和没做不该做的。做了该做的是增加有效产出，做了不该做的是增了成本和库存，没做该做的是浪费了潜在的有效产出，而没做不该做的就是没有浪费力量和时间，如图 6-220 所示。

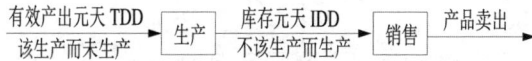

图 6-220　生产衡量指标 TDD 和 IDD

TDD：有效产出元天（Throughput Dollar-Days），即"延误订单的有效产出×延误天数"，TDD 应争取等于零。TDD 是衡量订单迟交损害有效产出的指标，保证可靠性，即是否应该达到的而没达到。

IDD：库存元天（Inventory Dollar-Days），即"库存价值×持有天数"，应致力于把 IDD 降到最低。IDD 衡量得是库存未正确快速流动而增加维持库存成本的指标。IDD 是为了保证销售的有效性，而非做了不该做的无效工作。从生产的角度来说，多余库存是不该生产而生产。

在信息流中，TOC 制约理论使用负反馈的方式来控制生产，设定目标缓冲，然后实际缓冲向上反馈给目标，来实时呈现剩余缓冲。通过目标缓冲和剩余缓冲就可以计算缓冲偏差，然后通过 TOC 的缓冲管理来补充投料或者对缓冲进行排序，使得系统的产出最大化，如图 6-221 所示。

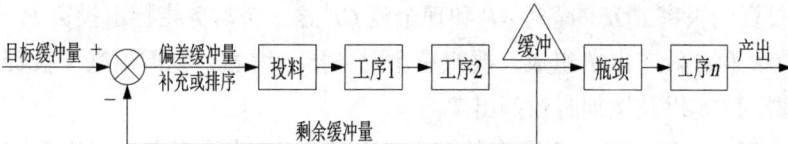

图 6-221　TOC 的系统控制图

通过将上述的资金流、物流和信息流等整合，就可以获得 TOC 金字塔。TOC 金字塔的逻辑为：总目标是为了现在和将来都赚钱，这和高德拉特说的企业的目的是赚钱相同，而总目标下边的层级结构都是为了赚钱这个目标服务，有的是直接的，有的是间接的，如图 6-222 所示。

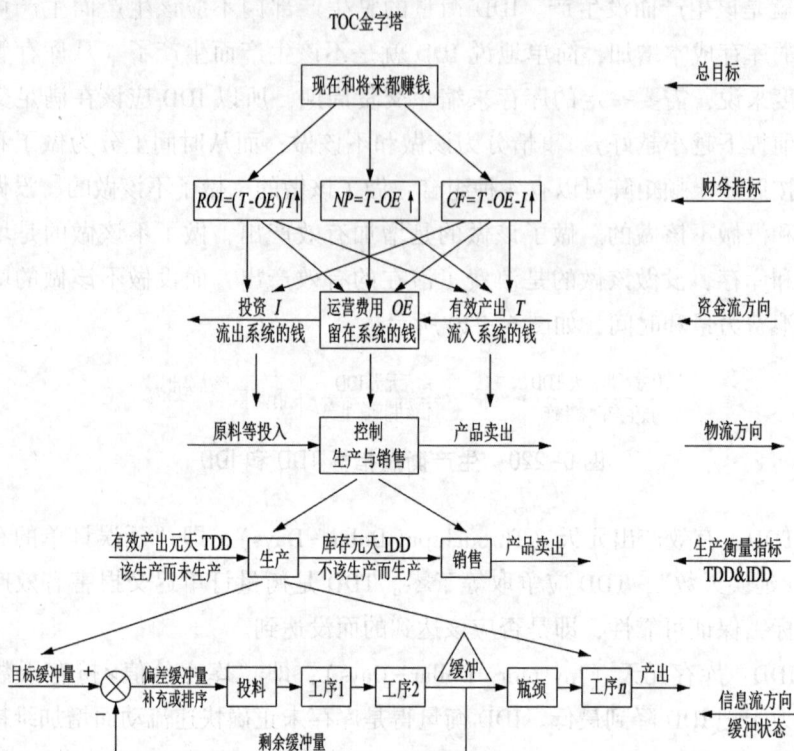

图 6-222 TOC 金字塔

在总目标下，有三个财务衡量指标，来指示是否赚钱了，分别是投资回报率 ROI、净利 NP 和现金流 CF。当这三个财务指标增加时，说明企业赚钱了。而企业现在和未来都赚钱这个总目标就可以分解成了三个子财务指标。

投资回报率 ROI、净利 NP 和现金流 CF 这三个财务指标由投资 I，运营费用 OE 和有效产出 T 组成。要想三个财务指标增加，则需要减少投资 I 和运营费用 OE 以及增加有效产出 T。

投资 I、运营费用 OE 和有效产出 T 这 3 个资金参数又分别对应系统的原材料投入，生产和销售以及产品卖出。当购买原材料进入系统时，投资 I 产生了，资金从系统流出，而材料这个物流流入系统。在生产和销售产品时，运营费用就产生了。当产品生产完卖出后，有效产出流入系统，产品这个物流流出系统。

生产也有 2 个衡量指标来衡量生产情况，它们是 TDD 和 IDD，它们会

对资金参数 I、OE 和 T 产生影响。有效产出元天 TDD 是衡量该生产没而没有生产可能产生的损失，其目标值为 0。库存元天 IDD 是衡量不该生产而生产可能造成的损失，其目标值为最小值，因为库存可以缩短交货交期，所以在满足交货期的前提下越小越好。

既然有了衡量生产情况的指标，那么如何达到这 2 个指标呢？需要使用 TOC 制约理论的生产控制，也就是 DBR 或者 SDBR 来管理生产。瓶颈前缓冲状态向上反馈给设定的缓冲目标，计算出当前的缓冲状态，然后通过缓冲管理的缓冲补充或者缓冲排序来控制生产，从而使系统的产出最大化，进而达到了现在和未来都赚钱的总目标。

6.7.6 流水线生产、精益生产和 TOC 的分析

6.7.6.1 三大生产理论的基本原则

内容提要：流水线生产、精益生产（包括丰田生产方式）和 TOC 制约理论的主要目标都是加快流动，三种生产理论通过系统思考的负反馈来指导生产，防止过量生产，通过不同的缓冲方式来应对墨菲效应，使系统产出最大化。三种生产理论与工业工程相结合，这三种理论负责指导如何产生成果，而工业工程负责产生成果。生产理论也均强调不断的完善来增加系统的产出，TPS 称之为改善，精益生产称之为尽善尽美，TOC 称之为回头防止惰性。

高德拉特在《站在巨人的肩膀上》写到：整个制造型企业运行模式的彻底改变由两个伟大的思想家所主持，他们分别是亨利·福特和大野耐一，福特通过导入流水线实现了大批量生产方式，而大野耐一则在他的 TPS 里将福特的概念带向更高的应用层次，他做出突出的贡献是将整个制造性企业将库存视为资产的看法改成库存是负债的看法。

概括而论，福特和大野都遵循以下四个概念（供应链概念）：

（1）加快流动（或缩短生产所需时间）是工厂的主要目标。

（2）这个主要目标应该被转化成一套具体的机制，以指导何时不应生产（以防止过度生产）。

（3）局部效率必须废止。

（4）一套平衡流动的聚焦程序必须就位。

文中提出了一个核心论点，认为亨利·福特的装配流水线和大野耐一的丰田生产系统（TPS）都是源于对物料流动的重视。

丰田生产方式的创始人大野耐一说："我们所做的，其实就是注意从接到顾客订单到向顾客收账这期间的作业时间，由此剔除不能创造价值的浪费，以缩短作业时间。"

所以加快流动（或缩短生产所需时间）是工厂的主要目标。

高德拉特在文中总结道：

总之，福特和大野耐一都严格遵照供应链的四个核心观念改善自己公司的运营体系。

（1）改善生产的流动性（等同于前置时间）是任何生产运营的首要目标。

（2）这个首要目标可通过设计务实的预防过多生产的机制来完成（预防过多生产）福特通过限制在制品空间的做法，大野耐一通过减少库存的办法（TOC 通过减少时间缓冲）。

（3）所有的局部效率必须废除。

（4）必须有一个能平衡产线流动性的聚焦改善程序。福特使用现场直接观察法，而大野耐一通过逐步减少包装箱数量和容量的做法（TOC 通过逐步减少时间缓冲，如图 6-223 所示）。

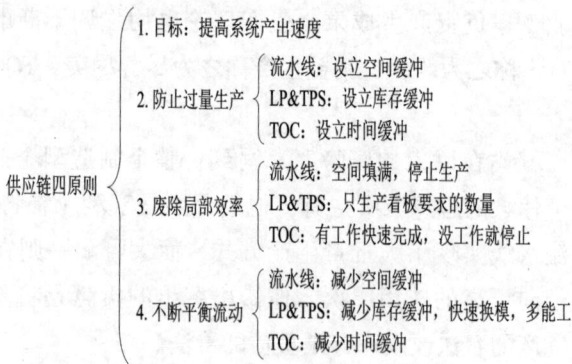

图 6-223　供应链四原则

1. 目标：提高系统的产出速度

作者将以广义动量定理来解释为什么加快流动是工厂的主要目标。在广义动量定理公式 $F\alpha t = nmV$ 中，nmV 表示成果，如果要增加成果，要么增

加广义质量 nm，要么增加广义速度 V。增加广义质量(nm) 是工业工程和质量管理的核心目标。而增加广义速度是生产方法的核心目标，以福特的流水线生产、大野耐一的丰田生产方式、精益生产和高德拉特的 TOC 制约理论为代表。对于生产型企业，可以认为质量 m 是既定的，只要生产出的产品能达到要求即可。客户需要的数量 n 也是既定的，即广义质量 $M(nm)$ 是既定的。如顾客订购某型号的一辆轿车，则轿车的发动机，轮胎等都是既定的，不会再要求去增加此产品的性能质量 m， 数量 n 也是既定一辆。为了增加成果 nmV，只能增加广义速度 V，所以对于生产型企业广义速度则是工厂的主要目标，提高广义速度，就能提高成果。因此福特、大野耐一和高德拉特都将加快流动（或缩短生产所需时间）视为工厂的主要目标。

2. 防止过量生产

如何防止过量生产呢？最简单的逻辑就是设定一个上限，达到这个上限就停止生产，这样就能达到防止过量生产的目的。同样的道理，如何防止局部产量不足呢？设定一个下限，小于这个下限就需要马上进行生产。

在福特的流水线生产中，福特在每道工序后边设定了暂存在制品的空间，一旦这个空间被在制品填满，那么再生产出的在制品没有地方存放，所以这道工序不得不停止生产。当下道工序取走一些在制品时，又有新的空间，这道工序可以再开始生产。

在丰田生产方式和精益生产中，工序之间有库存缓冲，当下道工序取走一些库存，会有看板返回给上道工序，相当于给上道工序下订单，上道按照看板给定的数量和型号进行生产，完成后便停止生产。

在 TOC 制约理论中，通过瓶颈前的时间缓冲来决定投料情况，当瓶颈前的剩余时间缓冲达到预设时间缓冲，就停止投料来防止过量生产。

第 2 条和第 4 条是有区别的，第 2 条可以改善生产流动性，相当于设立了一个可以生产最多数量的初始上限，不是最优的。第 4 条是如何不断的改善流动性，类似于精益生产的尽善尽美，不断的优化这个缓冲的上限。从整个系统的角度来说，第 2 条中，每个环节的缓冲并没有相互配合，来实现产出速度最大化，都是根据自己工序进行局部设置的。

3. 废除局部效率

从 TOC 的角度来说，系统的产出速度由系统的瓶颈决定，非瓶颈的产出速度增加不会增加系统的产出速度。相反，非瓶颈的产出速度增加会增加在制品的数量，从而产生负债，并且扰乱生产秩序。

在流水线生产中，空间缓冲被填满就停止生产，从而达到废除具备效率的目的。

在丰田生产方式和精益生产中，上道工序只生产看板下达的订单数量和品种，生产完成后便停止，不去生产多余产品。

在 TOC 制约理论中，通过生产线最开始的投料来指导生产，当投料达到工序时，这道工序就快速完成，完成之后就可以等待。因为没有料可以加工，想多加工也没办法，从而完成了废除局部效率的目的。

4. 不断平衡流动

设定了缓冲可以提高系统的产出速度，但是如何不断的提高呢？每道工序的生产速度不同，如何来平衡这些工序的速度，从而加快系统的产出速度呢？

其逻辑是找到影响流动的因素，解决这个因素。

在流水线生产中，通过降低空间缓冲的大小，可以发现影响产线流动的因素，然后解决这个因素就能提高系统的产出速度。

在丰田生产方式和精益生产中，通过降低库存缓冲来寻找影响流动的因素，然后解决这个因素就能提高系统的产出速度。

在 TOC 制约理论中，通过降低时间缓冲来寻找影响流动的因素，然后解决这个因素就能提高系统的产出速度。

缓冲是为了防止墨菲效应影响系统的产出，适量的缓冲可以提高系统的产出的速度。福特的流水线生产采用空间做缓冲，大野耐一的 TPS 采用库存做缓冲，高德拉特的 TOC 采用时间做缓冲，理论上还应该存在以速度做缓冲的方法（$s = vt$）。

高德拉特在《站在巨人的肩膀上》一文写到："平衡车间流动性不仅仅需要处理切换的障碍。因为实际上大多数工作中心都不属于单一零件的专用生产线，这种做法使得破坏流动性的真正问题很难通过直接观察而发现。大野耐一认识到有太多的东西需要改善，如果没有一个方法聚焦在改善哪些方面，那么将会花很长时间平衡产线的流动性。而 KANBAN 系统恰巧提供了这样的一种做法。精益水面和石头的比喻恰巧有助于我们了解是如何完成这一改善任务的。水面等同于库存的水位，而石头则代表那些破坏车间流动性的问题。在河床底下有很多石头，而要全部搬掉这些石头需要花很多时间和努力，而真正的问题是，哪些石头值得搬，哪些不值得。明显的答案就是我们把水位降低，那些露出水面的石头是应该被搬走的。在 KAN-BAN 系统导入的初期，为取得合理的产出，大野耐一开始使用多个包装箱包装特定的部件，慢慢减少包装箱的数量和包装容量。如果生产的流动性没有明显被打乱，则进一步减少包装箱数量和包装容量；如果被打乱，则用五个为什么的方法直指问题的真正原因，在进一步减少包装箱数量和容量之前，发现的问题必须有效解决，这需要花些时间，但最后所取得的成果是生产效率的大幅度提升。值得注意的是，即使在过去二十年里，每个汽车制造公司都导入了一个版本或另外一个版本的 TPS，而且也取得了一些成果，但是始终无法与丰田的生产力相比较。这个事实就直接指出了正确选择目标工序作为局部改善的重要性。不幸的是，许多公司的改善活动被误导了，因为他们只专注在成本节约，而非丰田汽车那样专注以改善流动性作为前提。大野耐一没有把自己大部分的精力放在减少切换时间以实现更多的成本节约方面，如果成本节约是他的首要目标的话，那不可能浪费自己改善所节约的时间而进一步减少批量，带来更多的切换次数造成时间的浪费。同时，大野耐一也没有尽力去减少全部不良品的数量而实现减少那些微不足道的成本节约，他解决的品质问题主要是那些阻碍流动性的品质问题。而且大野耐一也没有尽力去压迫供应商以求得更好的材料价格。或者尽力去减少人头开支（成本因素里面的两大项），相反，他将自己大部分的精力放在改善供应链的流动性方面。"

降低水面，最阻碍流动的石头就会露出水面，这块石头就是系统的瓶颈，移除这个阻碍因素，流动就会加快。然后继续降低水面，寻找下一个最阻碍流动的石头，继续移除，系统的流动速度不断加快，如图 6-224 所示。

←水面（库存水平）
←石头（阻碍流动因素）

图 6-224　水面类比库存水平

丰田生产方式通过降低库存来寻找阻碍因素，然后消除阻碍因素，达到提升系统产出速度的目的。TOC 制约理论采用降低时间缓冲的方法来寻找阻碍因素，消除阻碍因素，从而达到提升系统产出速度的目的。

6.7.6.2　三大生产理论的缓冲管理

内容提要：流水线生产、精益生产（包括 TPS）和 TOC 制约理论的本质都是系统思考的负反馈模型，它们包括负反馈的输入目标、比较器、控制、反馈、输出等基本要素。三大生产理论通过对目标缓冲的控制来实现目标和系统的稳定性，而这里的缓冲管理使用了缓冲补充和缓冲排序两大方法。缓冲补充就是补充目标缓冲和实际缓冲的偏差，从而使实际缓冲和目标缓冲相同。缓冲排序就是通过计算缓冲状态的大小，然后根据大小进行排序，缓冲大的先生产，缓冲小的后生产。缓冲补充和缓冲排序都是为了保证目标的顺利完成。

（1）缓冲补充。在缓冲补充的方法中，其计算方法为，缓冲偏差＝目标缓冲-剩余缓冲，而控制方法为补充缓冲偏差，剩余缓冲的反馈有直接观察法和看板两种方式，流水线生产和 TOC 使用直接观察法，而 TPS 和精益生产使用看板的方式，精益生产有时也用直接观察法。缓冲补充法用于流水线的空间缓冲，精益生产及 TPS 的库存缓冲和 TOC 的时间缓冲中，如图 6-225 所示。

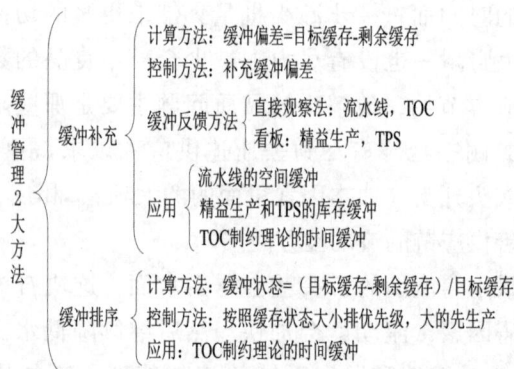

图 6-225　缓冲管理的 2 大方法

在流水线的生产中，两道工序之间使用空间作为缓冲，目标缓冲就是此空间。此时两道工序之间的空间没有被填满，那么上道工序就需要继续生产，补充的数量为目标缓冲-剩余缓冲，即未被填满的空间。上道工序通过观察与下道工序之间的空间缓冲状态作为反馈来决定何时开始及停止生产。

在 TPS 或者精益生产的一道工序中，如果它的目标缓冲库存是 6 个 A 零件，现在剩余库存缓冲也是 6 个零件，那么此道工序会停止生产 A 零件，以防止过量生产。当下游工序取走 2 个 A 零件后，剩余的 A 零件是 4 个，那么缓冲偏差＝6-4＝2 个，这道工序就要对缓冲进行补充，补充的数量就是偏差的数量 2 个。因为取走零件时前，剩余缓冲库存已经等于目标缓冲库存，所以取走的数量就是偏差，而这个偏差是通过看板告诉上道工序的，然后上道工序按照这个偏差进行生产。如果下道工序在取货过程中损坏了 1 个，而下道工序仍然取走 2 个完好的 A 零件，看板的反馈是 2 个，但是目标偏差＝目标缓冲−剩余缓冲＝6−3＝3 个，这道工序要按照偏差的 3 个进行生产，以保证实际库存缓冲等于目标库存缓冲。

在 TOC 制约理论中，如果瓶颈前的目标时间缓冲是 2 小时，而现在只剩下 1 小时，偏差＝目标时间缓冲−剩余时间缓冲＝2−1＝1 小时，那么可以通过多投 1 个小时的料来增加瓶颈的时间缓冲。在以库存为生产方式的 MTS 中，缓冲补充经常被使用。

（2）缓冲排序。在缓冲排序的方法中，其计算方法为，缓冲状态＝（目标缓冲−剩余缓冲）／目标缓冲，而控制方法为按照缓冲状态大小排优先级，缓冲状态大的先生产。缓冲补充法用于 TOC 的时间缓冲中。

在 TOC 理论的 SDBR 生产方法中，SDBR 是以订单的交货期作为主要目标，而目标缓冲就是目标时间缓冲。比如很有 A、B 和 C 这 3 个订单在生产，订单的交期分别是 12 天、10 天和 8 天，而三个订单距离交货期的时间分别是 3 天、6 天和 7 天，那么这三个订单的缓冲状态分别是：A 的缓冲状态＝（12−3）/12×100％＝75％，B 的缓冲状态＝（10−6）/10×100％＝40％，C 的缓冲状态＝（8−7）/8×100％＝12.5％。缓冲排序按照缓冲状态的大小进行排序，缓冲状态大的排在前边，先生产，所以生产顺序是 A−B−C。缓冲排序可以使限制资源和非限制资源优先生产缓冲状态数值大的订单，从而使其较早的完成以保证交货期，这类似于公路上行驶的汽车要给着急的消防车和救护车让道，以便它们更快的达到目的地。

在三大生产理论中，输入都是目标缓冲，比如目标空间缓冲、目标库存缓冲和目标时间缓冲；反馈是剩余的缓冲，这里用了直接观察法和看板这两种方法；而比较器则是用于作差，即偏差＝目标缓冲−反馈的剩余缓冲；控制则是根据缓冲偏差进行缓冲补充或者按照缓冲排序进行生产。输出的是产品数量或者订单的加工状态，它的信息会通过反馈而返回给目标缓冲，进行实时的缓冲计算。在负反馈模型中，目标的精度、反馈的精度和控制的精度都会影响系统的输出精度，比如反馈的精度不准确，那么输出的精度就不会准确。负反馈模型是一个稳定的模型，通过负反馈控制而达到目标。

三大生产理论之间的缓冲转换

流水线生产方式以空间 S 作为缓冲，当空间被填满后停止生产；丰田生产方式和精益生产以库存 n 作为缓冲，当生产数量达到库存数量停止生产；TOC 制约理论以时间 t 作为缓冲，当瓶颈前的缓冲时间达到预设缓冲时间便停止投料。空间缓冲 S、库存缓冲 n 和时间缓冲 t 可以相互转化。如果某工序的生产速度为 V，单个产品的占地体积为 s，那么 $S = n \times s$，$t = S/s/V$，$n = t \times V$。通过这几个公式，就可以在三种缓冲之间互相转换，如图 6 - 226 所示。

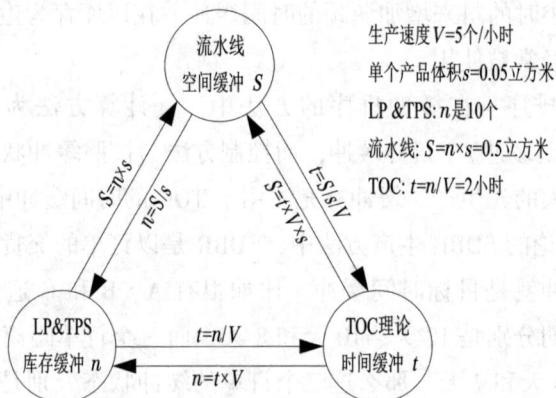

生产速度 V=5个/小时
单个产品体积 s=0.05立方米
LP &TPS: n是10个
流水线: $S = n \times s$=0.5立方米
TOC: $t = n/V$=2小时

流水线
空间缓冲 S

$S = t \times V \times s$

$t = S/s/V$

$S = n \times s$

$n = S/s$

LP&TPS
库存缓冲 n

$t = n/V$

$n = t \times V$

TOC理论
时间缓冲 t

图 6-226　三大生产理论之间的缓冲转换

某工序生产 F 产品的速度 V 为 5 个/小时，每个产品的占地体积 s 为 0.05 立方米。精益生产 LP 和丰田生产方式以数量 n 作为缓冲，如果缓冲数量 n 是 10 个，那么对应的流水线的空间缓冲 $S = n \times s = 10 \times 0.05 = 0.5$ 立方米；对应的 TOC 制约理论的时间缓冲 $t = n/V = 10/5 = 2$ 小时。在 TOC 制约理论中，有些时间缓冲是不能转化为空间缓冲或者库存缓冲的，比如 SDBR 生产中的生产缓冲，而一般 DBR 生产中瓶颈前的时间缓冲是可以转化成库存或空间缓冲的。

高德拉特在《目标》一书中例举了他领带童子军在野外行军的例子，为了让队伍同时达到目标地点，选择让最慢的队员站在队首，快的队员通过调整速度而一直能跟上前边慢的队员，最终一起到达终点，这也说明可以用速度作为缓冲，如图 6-227 所示。

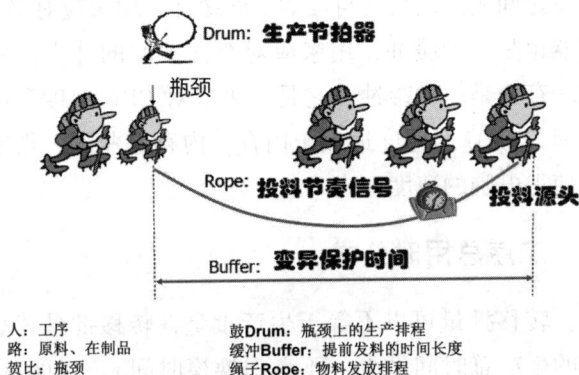

图 6-227 童子军行军与 TOC 的类比

如果以速度作为缓冲，那么系统的产出速度要大于客户要求的速度，当客户的需求速度增加时，通过提高系统的产出来满足客户的需求；当客户的需求速度减少时，通过降低系统的产出速度来适应客户的需求。系统的产出速度随着客户的需求速度进行动态的调整，而不是像丰田生产方式那样需要一个固定的节拍。而当客户的需求信息反馈及时，系统的调整速度可以完全跟随客户的需求速度时，那么智能生产就诞生了，这个智能生产可以完全根据算法来解决各种产品的生产和分配等各种问题。空间缓冲、库存缓冲和时间缓冲是为了应对扰动，防止墨菲效应干扰整个产线的生产。那么对于以速度为缓冲的产线，可以采取双套冗余的配置来应对扰动。正常生产时，两套系统同时承担负荷（也可以一套备用），当其中一套系统的发生问题时，另一套系统承担整个工作。当另一套恢复时，两套可以均提高产出速度以保证交期。或者可以只使用一套系统，通过部分库存缓冲来应对扰动。

缓冲的字面意思是减缓冲击力。缓冲还有抽象的意义。凡是使某种事物进行减慢或减弱变化过程都可以叫缓冲。

经济学家凯恩斯的流动性偏好动机是为了可以及时的使用金钱，使消费速度稳定，流动性偏好就是一种库存缓冲。人们为了生活方便，会去超市购买一些生活用品放在家中，以备不时之需，这些物品也是库存缓冲。人们坐火车或飞机等，会提前到达火车站或者机场，提前的时间就是时间缓冲，如果在去往火车站或机场的过程中容易发生堵车等扰动时，则发生扰动的可能性越大，需要的时间缓冲越长。在高速公路上开车时，自己会和前车保持一段距离，以防止意外发生时自己可以及时反应，应对这个意外。这段车与车之间的距离就是自己的空间缓冲，用来应对墨菲效应。

汽车减震器也是一种缓冲，用来应对路面波动的冲击，使车辆稳定的运行。电脑的缓存也是一种缓冲，它是用来应对 CPU 速度和内存速度的速度差异问题，因为 CPU 的速度远大于内存，内存是瓶颈，需要在内存前建立缓冲，从而使得电脑的速度加快。

6.7.6.3　工序总用时公式

内容提要：转移批量可以不等于生产批量，转移批量越小，生产时间越少。单件流的生产总时间最少（不考虑换模时间）。工序总用时＝总数×瓶颈用时+转移批量×非瓶颈用时，工序总用时公式也称广宇法则或者 Gavin's Law。此公式不仅可以用于 TOC 制约理论，也可以用于流水线生产、精益生产和丰田生产方式。更一般的，如果等待或转移时间是相互依存关系，可以将其看作是一道工序，那么这个公式可以写成工序总用时＝总数×瓶颈用时+转移批量×非瓶颈用时。如果等待或转移时间不是相互依存关系，那么这个公式可以写成工序总用时＝瓶颈总用时+转移批量×非瓶颈用时+转移时间。

生产的总时间总可以画出一个最短的路径，这个路径由工序的首尾相连组成，并且这个路径包含瓶颈工序的所有时间和非瓶颈工序×转移批量的时间。

高德拉特在《站在巨人的肩膀上》写到："我们从福特和大野耐一身上学到的是，不要接受所谓的固定批量。因为经济批量实际上不经济，相反我们应该尽力追求单件流，我们已经深深认识到当我们正在加工一个批量的一件产品时（混合或烘干过程除外），其他的部件都在等待。"我们追求的目标是：改善生产的流动性（等同于前置时间），即追求总工序时间最短。

1. 工序总用时公式的推导

一个生产流程有 A、B 和 C 三道工序，速度分别为 10 分钟/件、11 分钟/件和 10 分钟/件。如果转移批量是 10 件，批次是 1 批，那么生产完 10 件产品需要 310 分钟。如果转移批量是 1 件，批次是 10 批，那么总工序用时是 130 分钟。转移批量减小，等待的时间减少，从而总用时减少，如图 6-228 所示。

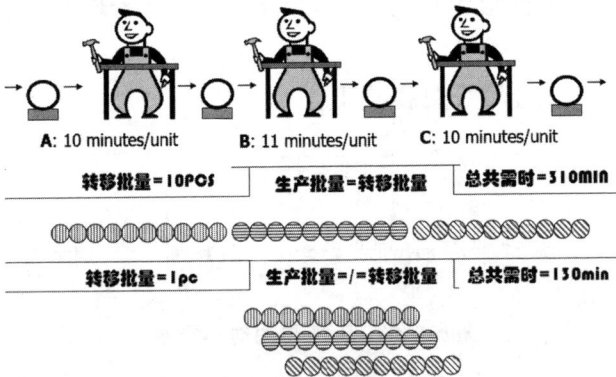

图 6-228　生产批量和移动批量

下边我们来推导工序总用时的公式。一个生产流程有 4 道生产工序，每道工序的速度分别是 2 分钟/件、3 分钟/件、1 分钟/件和 4 分钟/件，工序 4 速度最慢，所以工序 4 是瓶颈，如图 6-229 所示。

图 6-229　生产流程案例

当批量为 1 件，批次为 2 批时，工序 1 耗时 2 分钟，工序 2 耗时 3 分钟，工序 3 耗时 1 分钟，工序 4 耗时 4 分钟，第一批耗时 10 分钟。当工序 1 生产耗时 2 分钟完成本道工序工作后，可以接着完成第二批的工序 1 的工作，耗费 2 分钟后，工序 2 正在生产第一批的产品，还需要 1 分钟才能完成，所以第二批需要等待 1 分钟。接着第 6 分钟时，工序 2 开始生产第二批的产品，花费 3 分钟，此时工序 3 已经完成第一批的生产，所以不需要等待，第二批可以直接进行工序 3 的加工。当工序 3 加工完第二批时，工序 4 正在加工第一批产品，还需要 1 分钟才能完成，所以第二批需要等待 1 分钟才能进入工序 4 的生产。生产完 2 批产品共耗时 14 分钟，其中等待 2 分钟，如图 6-230 所示。

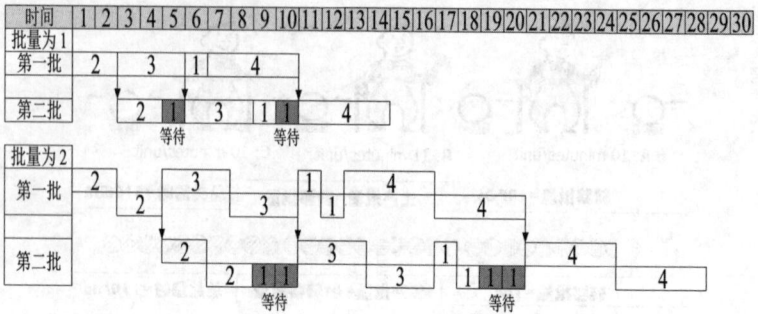

图 6-230　工序总用时示意图

当转移批量为 2 件，批次为 2 批时，第一批耗时 20 分钟。当工序 1 生产耗时 2 分钟完成本道工序工作后，工序 1 接着生产第一批的第 2 件产品，第一批在工序 1 耗时 4 分钟，然后 2 件同时转移到工序 2 进行加工。工序 2 耗时 6 分钟完成 2 件产品的加工，然后顺次将 2 件产品转移到工序 3 和工序 4，第一批共耗时 20 分钟完成生产。在工序 1 完成第一批的 2 件产品后，接着开始生产第二批的 2 件产品。当工序 1 完成第二批的 2 件产品后，工序 2 正在加工第一批产品，所以需要等待 2 分钟才能生产第二批。在对应 10 分钟的时刻时，工序 2 开始生产第二批产品，在对应时刻 16 分钟时完成加工，此时工序 3 已经完成第一批的生产，第二批可以直接进入工序 3 进行加工。在对应时刻 18 分钟时，工序 3 完成第二批的生产，此时工序 4 正在加工第一批的产品，所以第二批需要等待 2 分钟才能进行工序 4 进行加工。两批产品加工一共耗时 28 分钟。

当批量是 1 件，批次是 2 批时，第 2 批工序等待差是 2 分钟，分别在时刻第 4 分钟和第 9 分钟时进行了等待，如表 6-19 所示。

表 6-19　工序用时表格

工序	1	2	3	4	合计
单件用时	2分/件	3分/件	1分/件	4分/件	10分
工序等待差	0	1	-2	1	2

（1）只有 2 批，每批 1 件的情况

工序总用时＝第一件总用时＋第 2 件累计时间＝单件总用时＋（第一道工序用时＋工序累计等待时差）

（2）有多批，每批不只 1 件的情况

工序总用时＝第一批总用时＋剩余批次累计等待用时＝单件总用时×批量＋

（第一道工序用时×批量+累计等待时差×批量）×（总批次数-1）

　　=批量×［单件总用时+（第一道工序用时+工序累计等待时差）×（总批次数-1）］

　　因为第一道工序用时+工序累计等待时差等于瓶颈用时，所以：

　　工序总用时=批量×［单件总用时+瓶颈工序用时×（总批次数-1）］

　　　　　　=批量×单件总用时+批量×瓶颈工序用时×总批次数-批量×瓶颈工序用时

　　　　　　=批量×单件总用时+总数×瓶颈工序用时-批量×瓶颈工序用时

　　　　　　=批量×（非瓶颈用时+瓶颈工序用时）+总数×瓶颈工序用时-批量×瓶颈工序用时

　　　　　　=总数×瓶颈用时+批量×非瓶颈用时

　　结论：工序总用时与总数、瓶颈用时、批量和非瓶颈用时有关。在这个式子中，总数、瓶颈工序用时和非瓶颈用时都是常数不变的，只有批量是可以改变的，即工序总用时大小只与批量大小有关。批量越大，工序总用时越多。

　　设非瓶颈用时为 a，批量为 x，瓶颈用时为 b，总数为 q，瓶颈用时 × 总数等于 bq，为常数不可改。则工序总用时 $y = ax + bq$，如图 6 - 231 所示。

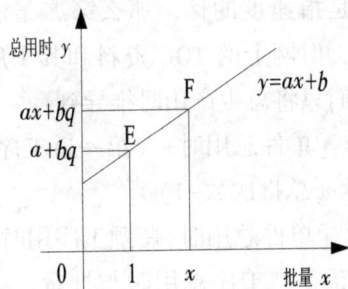

工序总用时 y=非瓶颈用时 a×批量 x+瓶颈用时 b×总数 q

图 6-231　工序总用时

　　工序总用时是一条单调上升的曲线，因为最小的生产批量为 1，所以在批量为 1 时，工序总用时取得最小值为 $a + bq$，当批量为 x 时，工序总用时随着 x 的增加而增加，工序总用时等于 $ax + bq$。

　　如果批量由于某些原因不是最小量 1 时，随着批量的增加，批量×非瓶颈工序用时也在快速增加，此时工序总用时也在快速增加，如果能减少非瓶颈（生产单件产品的此工序时间）的用时，总工序时间也会相应的减少很多。当然，由于瓶颈用时×总数，瓶颈用时每减少1分钟，相当于减少总数分钟的总用时，瓶颈的变化对总用时影响最大。

结论：瓶颈每减少1单位时间，工序总时间减少总数单位个时间；非瓶颈每减少1单位时间，工序总用时减少批量个单位时间。

当批量变成1时，就和丰田生产方式的一件流（One Piece Flow）是一样的了。TOC与丰田生产方式都是追求缩短生产时间。当一台机器需要生产多种产品且是瓶颈时，则需要经常切换工序，而每次切换是需要花时间的，如果采用一件流时，即批量为1时，总工序用时可能不是最小的，因为切换次数过多。下边我们会推导考虑切换工序时的情况。

在TOC理论中有几条黄金法则：

TOC黄金法则一，瓶颈损失一小时等于整个系统损失一小时；

TOC黄金法则二，非瓶颈节省一小时对整体产出没有任何贡献。

对于这两条法则，如果其中的时间不是指瓶颈和非瓶颈的速度，例如瓶颈工序A速度10分钟/件，非瓶颈工序B速度8分钟/件，而只是指总瓶颈和非瓶颈的工作时间，那么这两条是对的。当瓶颈工作时间由7小时变为8小时，则系统损失1小时；当非瓶颈工作时间由8小时变为7小时，对系统没有影响。

但如果其中的时间是指速度的话，那么第二条法则就错了。作者没找到高德拉特对此的解释，但网上的TOC资料和其中所举的例子都是指生产速度。错误的原因是他们只将总生产用时推导到：

工序总用时＝批量×［单件总用时+（第一道工序用时+工序累计等待时差）×（总批次数-1）］

＝批量×［单件总用时+瓶颈工序用时×（总批次数-1）］

所以得出错误的结论是：工序总用时与批量，瓶颈工序用时，单件总用时三个变量相关；对总用时的影响为从大到小排列。

如果进一步推导得到：

工序总用时＝总数×瓶颈用时+转移批量×非瓶颈用时

所以工序总用时与总数、瓶颈用时、批量及非瓶颈用时有关。当非瓶颈的生产速度提高1分钟时，总工序用时则提高批量个分钟。

2. 转移批量和工序总用时关系

工序总用时＝总数×瓶颈用时+转移批量×非瓶颈用时，那么什么是有效转移批量呢？此道工序的转移批量就是下道工序开始生产时累计等待的数量。比如 A 工序每次转移批量是 2 个，而 B 工序在等到 A 转移 10 后开始生产，那么 A 工序的有效转移批量就是 10 个，而不是 2 个。以几个例子来验证工序总用时公式。

转移批量相同时，总用时 = 总数×瓶颈+批量×非瓶颈。转移批量不同时，将不同转移批量看作是独立的工序，分别找到瓶颈和非瓶颈，仍然按照总用时公式进行计算。在转移时间相互依存的情况，即转移或等待需要在上一次完成之后才能开始，那么这时就将转移或等待看成是一道工序即可，按照工序总用时公式进行计算。在转移时间不相互依存的情况，那么总用时 = 总数×瓶颈+批量×非瓶颈+转移时间。

（1）转移批量相同的计算

当转移批量相同时，总用时 = 总数×瓶颈+批量×非瓶颈。

通过改变不同的总数和转移批量，来计算工序总用时是否和时间坐标一致。

例1：总数是 1 个，转移批量都是 1 个，四道工序生产每个的时间分别是 2 分钟、4 分钟、1 分钟和 3 分钟，如图 6-232 所示。

解答：第二道工序的 4 分钟是瓶颈，其他三道工序是非瓶颈，总数是 1 个，转移批量是 1 个。总用时 = 总数×瓶颈+批量×非瓶颈 = 1×4+1×2+1×3+1×1 = 10 分钟。

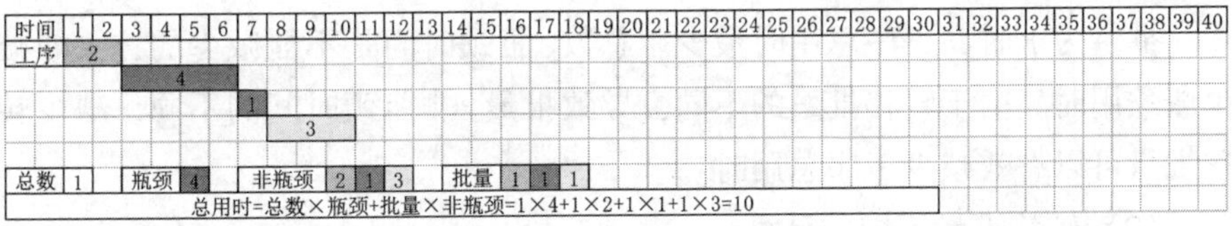

图 6-232 总数 1，批量 1

例2：总数是 2 个，转移批量都是 2 个，如图 6-233 所示。

解答：总用时 = 总数×瓶颈+批量×非瓶颈 = 2×4+2×2+2×3+2×1 = 20 分钟

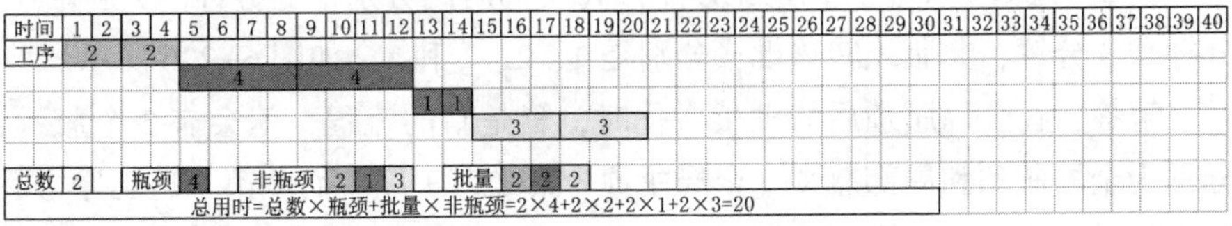

图 6-233 总数 2，批量 2

例 3：总数是 4 个，转移批量都是 4 个，如图 6-234 所示。

解答：总用时 = 总数×瓶颈+批量×非瓶颈 = 4×4+4×2+4×1+4×3 = 40 分钟

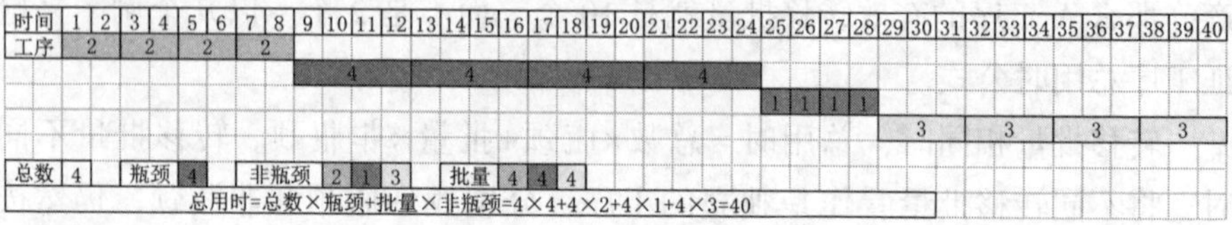

时间	1	2	3	4	5	6	7	8	9	10	11	12	13	14	15	16	17	18	19	20	21	22	23	24	25	26	27	28	29	30	31	32	33	34	35	36	37	38	39	40

工序行：2 2 2 2 2；4 4 4 4；1 1 1 1；3 3 3 3

总数	4		瓶颈	4		非瓶颈	2	1	3		批量	4	4	4	

总用时=总数×瓶颈+批量×非瓶颈=4×4+4×2+4×1+4×3=40

图 6-234　总数 4，批量 4

例 4：总数是 4 个，转移批量都是 2 个，如图 6-235 所示。

解答：总用时 = 总数×瓶颈+批量×非瓶颈 = 4×4+2×2+2×1+2×3 = 28 分钟

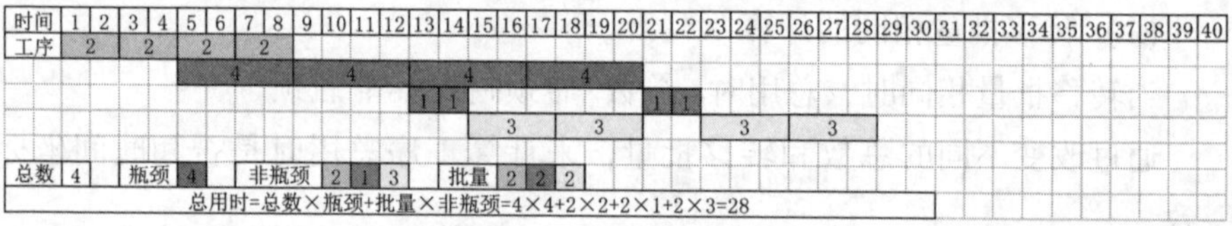

总数	4		瓶颈	4		非瓶颈	2	1	3		批量	2	2	2	

总用时=总数×瓶颈+批量×非瓶颈=4×4+2×2+2×1+2×3=28

图 6-235　总数 4，批量 2

如果第一道工序向第二道工序的转移批量是 1 个，但是第二道工序在得到 3 个在制品才开始生产，那么有效转移批量就是 3 个，而不是 1 个，因为有效转移批量是从下道工序开始生产时累积的数量，才是上一道工序的有效转移批量。

批量为 1 时，工序总用时最少。总数×瓶颈时间是不能减少的，除非减少瓶颈用时。由于转移批量的不同，导致批量×非瓶颈时间的不同，减少转移批量可以有效减少工序总用时。

（2）转移批量不同的计算

当转移批量相同时，以全局瓶颈分界，将流程分成 2 部分，分别按照工序总用时公式进行计算。总用时 = 总数×全局瓶颈+批量×非瓶颈+局部总数×局部瓶颈。

例 5：总数是 4 个，四道工序生产每个的时间分别是 2 分钟、4 分钟、1 分钟和 3 分钟，非瓶颈转移批量分别是 4、2、1 和 1，如图 6-236 所示。

解答：在全局瓶颈后的批量变化时，算是新的流程，就会有 2 个瓶颈，分别为全局瓶颈和局部瓶颈。全局瓶颈为第 2 道工序，而从第二道工序之后的批量和前边不一致，可以看成新的流程。流程 1 的瓶颈是 4 分，总数是 4 个，非瓶颈是 2 分，批量是 4 个，则流程 1 总用时 = 总数×瓶颈+批量×非瓶颈=4×4+4×2＝24分钟。全局瓶颈后的瓶颈是3，总数是2个，非瓶颈是1分，转移批量是1，则流程2总用时＝局部总数×局部瓶颈+批量×非瓶颈＝2×3+1×1＝7分钟。总工序用时＝流程1用时+流程2用时＝24+7＝31分钟。也可以这样计算：总用时＝总数×全局瓶颈+批量×非瓶颈+局部总数×局部瓶颈＝4×4+4×2+1×1+2×3＝31分钟。

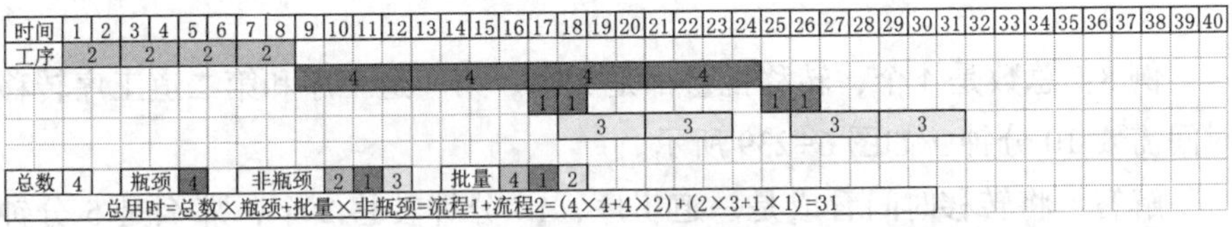

图6-236　总数4，批量4、2、1和1

例6：总数是4个，四道工序生产每个的时间分别是2分钟、4分钟、3分钟和1分钟，转移批量分别是4、2、1和1，如图6-237所示。

解答：此题和上题的区别是第三和第四道工序互换了位置。总用时＝总数×全局瓶颈+批量×非瓶颈+局部总数×局部瓶颈＝4×4+4×2+1×1+2×3＝31分钟。

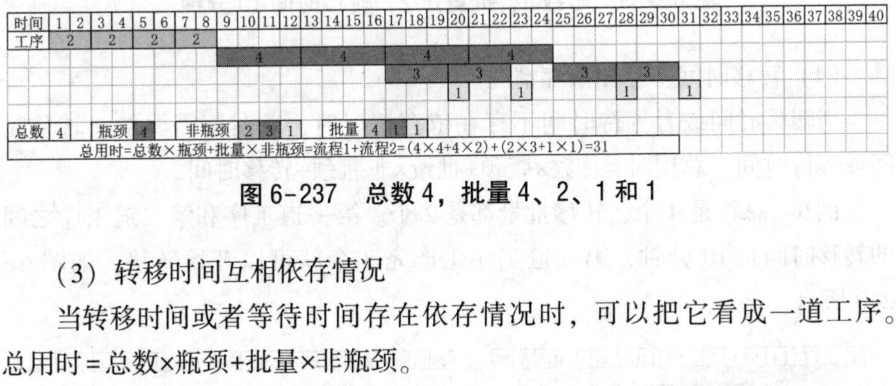

图6-237　总数4，批量4、2、1和1

（3）转移时间互相依存情况

当转移时间或者等待时间存在依存情况时，可以把它看成一道工序。总用时＝总数×瓶颈+批量×非瓶颈。

例7：总数是4个，转移批量是2个。第一道工序和第二道工序每6分钟转移2个（如图6-238所示）。

解答：因为第二个转移时间6分钟和第一个6分钟是相互依存关系，等到第一个6分钟转移完成，第二个转移才能开始，所以将转移时间看成是一道工序，6分钟转移2个，那么速度是3分钟转移1个，速度小于4分钟，所以第二道工序是瓶颈。总用时＝总数×瓶颈+批量×非瓶颈＝4×4+2×2+2×3+2×1+2×3＝34分钟。

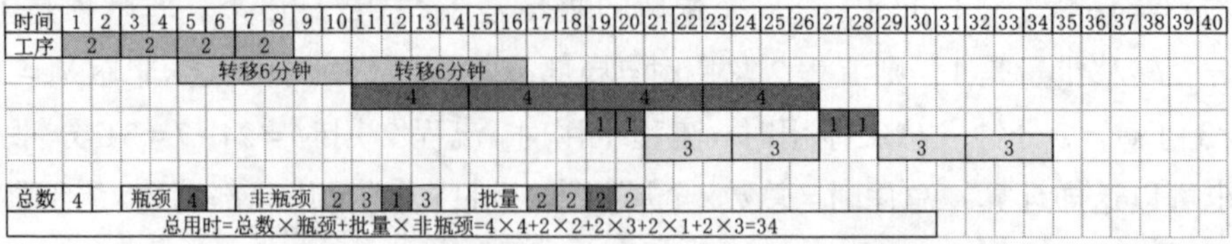

时间 1 2 3 4 5 6 7 8 9 10 11 12 13 14 15 16 17 18 19 20 21 22 23 24 25 26 27 28 29 30 31 32 33 34 35 36 37 38 39 40

工序 2 2 2 2　转移6分钟　转移6分钟　4　4　4　4　1 1　1 1　3　3　3　3

总数 4 | 瓶颈 4 | 非瓶颈 2 3 1 3 | 批量 2 2 2 2

总用时=总数×瓶颈+批量×非瓶颈=4×4+2×2+2×3+2×1+2×3=34

图6-238　总数4，批量2，转移时间6分钟

例8：总数是4个，转移批量都是2个。第一道工序和第二道工序转移时间需要10分钟，如图6-239所示。

解答：将转移时间看成是一道工序，10分钟转移2个，那么是5分钟转移1个，速度最慢，所以转移时间是瓶颈。总用时＝总数×瓶颈+批量×非瓶颈＝4×5+2×2+2×3+2×4+2×1=40分钟。

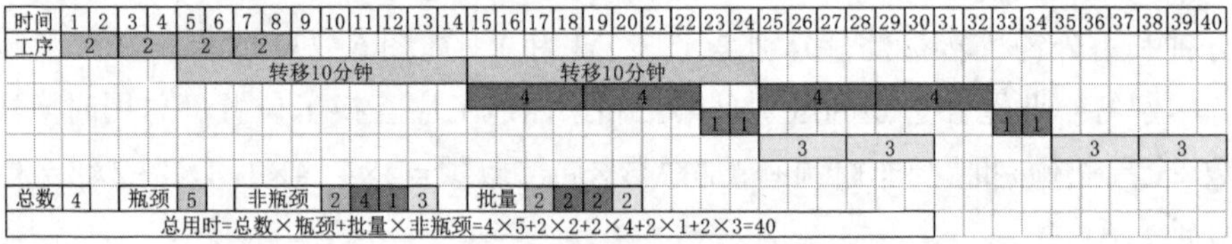

时间 1 2 3 4 5 6 7 8 9 10 11 12 13 14 15 16 17 18 19 20 21 22 23 24 25 26 27 28 29 30 31 32 33 34 35 36 37 38 39 40

工序 2 2 2 2　转移10分钟　转移10分钟　4　4　4　1 1　1 1　3　3　3　3

总数 4 | 瓶颈 5 | 非瓶颈 2 4 1 3 | 批量 2 2 2 2

总用时=总数×瓶颈+批量×非瓶颈=4×5+2×2+2×4+2×1+2×3=40

图6-239　总数4，批量是2，转移时间10分钟

（4）转移时间不互相依存情况

当转移时间或者等待时间不存在依存情况时，总时间需要加上转移时间或等待时间。总用时＝总数×瓶颈+批量×非瓶颈+转移时间。

例9：总数是4个，转移批量都是2个。第一道工序和第二道工序之间的转移时间是10分钟，第一道工序生产完2个就可以开始转移，如图6-240所示。

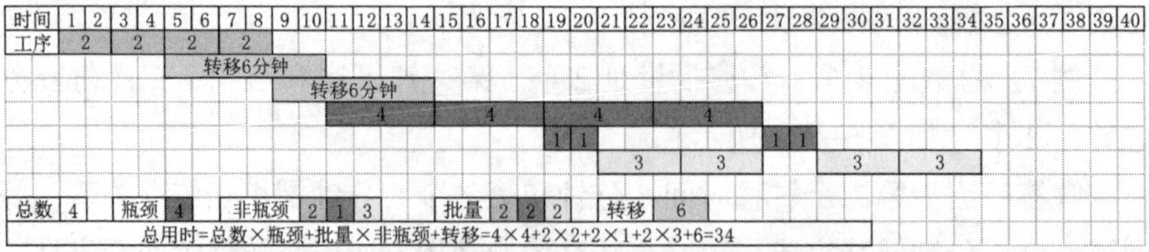

时间 1 2 3 4 5 6 7 8 9 10 11 12 13 14 15 16 17 18 19 20 21 22 23 24 25 26 27 28 29 30 31 32 33 34 35 36 37 38 39 40

工序 2 2 2 2　转移6分钟　转移6分钟　4　4　4　4　1 1　1 1　3　3

总数 4 | 瓶颈 4 | 非瓶颈 2 1 3 | 批量 2 2 2 | 转移 6

总用时=总数×瓶颈+批量×非瓶颈+转移=4×4+2×2+2×1+2×3+6=34

图6-240　总数4，批量是2，转移时间6分钟

解答：由于转移步骤不是相互依存的，即只要生产完2个就可以转移而不需要上一次转移完成才开始，那么总用时＝总数×瓶颈+批量×非瓶颈+转移时间＝4×4＋2×2＋2×1＋2×3＋6＝34 分钟。

例 10：总数是 4 个，转移批量都是 2 个。第一道工序和第二道工序之间的转移时间是 18 分钟，第一道工序生产完 2 个就可以开始转移，如图 6-241 所示。

解答：由于转移步骤不是相互依存的，即只要生产完 2 个就可以转移而不需要上一次转移完成才开始，虽然转移时间 18 分钟大于工序最长的 16 分钟，但是瓶颈还是工序的 16 分钟。总用时＝总数×瓶颈＋批量×非瓶颈＋转移时间＝4×4＋2×2＋2×1＋2×3＋18＝46 分钟。

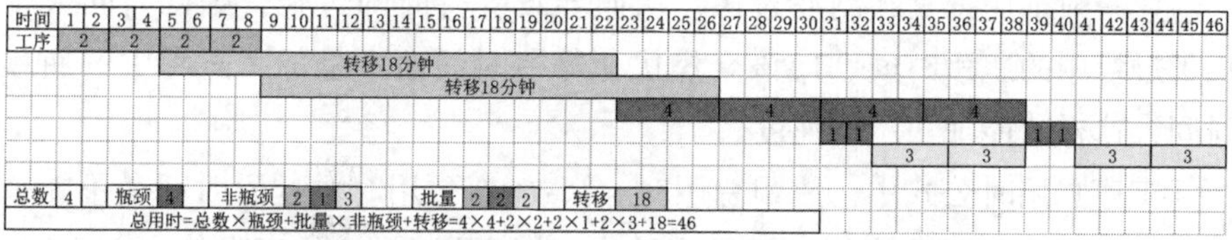

图 6-241　总数 4，批量是 2，转移时间 18 分钟

例 11：总数是 4 个，转移批量都是 2 个。第一道工序和第二道工序之间的转移时间是 10 分钟，第二道工序和第三道工序之间的转移时间是 6 分钟，如图 6-242 所示。

解答：第一个转移是相互依存的，速度是 5 分钟/个，大于 4 分钟/个，所以它是瓶颈。第二个转移不是相互依存的。所以总用时＝总数×瓶颈＋批量×非瓶颈＋转移时间＝4×5＋2×2＋2×4＋2×1＋2×3＋6＝46 分钟。

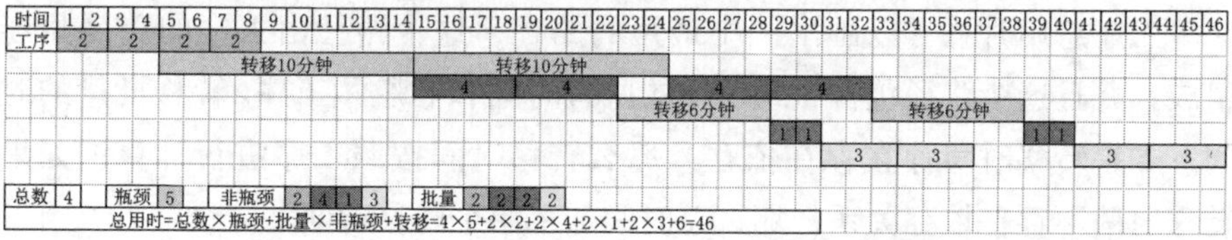

图 6-242　总数 4，批量是 2，4，2，瓶颈前等待 10 分钟

（5）有在制品时的计算

当存在在制品的情况时，前道工序到达而不能开始生产会产生等待时间，总用时＝总数×瓶颈＋批量×非瓶颈＋等待时间。

例 12：总数是 4 个，转移批量都是 2 个。第二道工序前有 5 个在制品，如图 6-243 所示。

解答：瓶颈是第二道工序，第一道工序生产完 2 个之后需要等待 16 分钟，第二道工序才能开始生产。总用时 = 总数×瓶颈+批量×非瓶颈+等待时间 = 4×4+2×2+2×1+2×3+16 = 44 分钟。

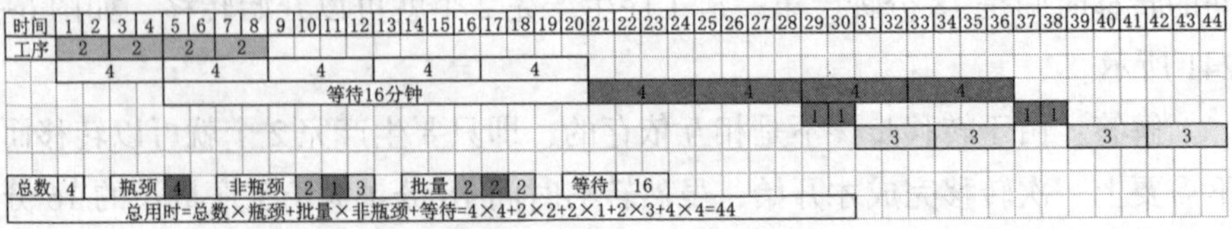

图 6-243　总数 4，批量是 2，瓶颈前有 5 个在制品

在一般工厂都是在制品过多，从而导致等待时间过长，等待时间大于加工过程中的瓶颈时间，应该聚焦优化等待时间而不是加工过程中的瓶颈时间，这样才能加快产出速度。

工序总用时公式中，瓶颈总用时 = 总数×瓶颈用时，这段时间是不能被覆盖的。其他需要计算的时间就是批量×非瓶颈用时，在存在依存关系时，等待或转移时间可以看作是一道工序。从投料到生产完成的所有时间要么是生产时间，要么是等待和转移的时间，它们都可以在工序总用时公式中进行表示。有了工序总用时公式，要想减少订单的交期，那么就可以知道改变其中每一项因素对交期有什么影响。比如减少在制品数量，那么新投料达到瓶颈后等待的时间变短，交期变短。而如果瓶颈工序每个产品减少 1 分钟，交期减少总数×1 分钟。

3. 工序总用时与最短路径关系

工序总用时总可以画出一个最短的路径，这个路径由工序的首尾相连组成，并且这个路径包含瓶颈工序的所有时间和非瓶颈工序×转移批量的时间。如果转移时间存在存在依存，那么转移时间按照工序进行计算；如果转移时间不存在依存关系，那么总时间加上单个转移时间。

例 13：总数是 4 个，转移批量都是 2 个，如图 6-244 所示。

解答：在这个例子中，瓶颈时间是 4 分钟，转移批量是 2 个。因为工序总用时由工序首尾相连组成，并且这个路径包含瓶颈工序的所有时间和非瓶颈工序×转移批量的时间。瓶颈总时间为 4×4 = 16 分钟，转移批量为 2，非瓶颈时间为 2、1 和 3，所以总用时 = 总数×瓶颈+批量×非瓶颈 = 4×4+2×2+2×1+2×3 = 28 分钟。工序总用时包含了瓶颈用时的 16 分钟，这个是不能被其他工序覆盖的，非瓶颈×转移批量的时间也不能被覆盖，所以可以画出一条由工序首尾相连而组成的最短路径时间。

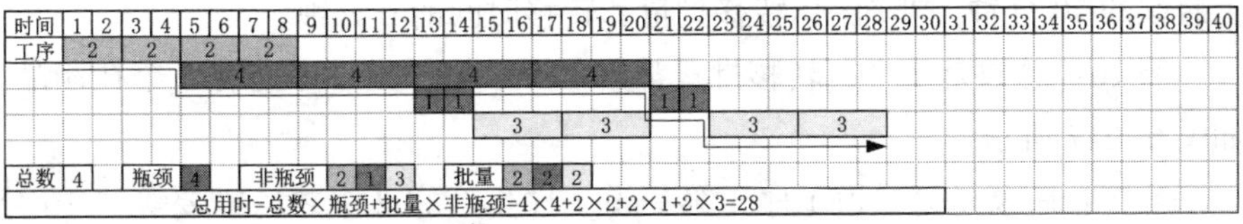

图 6-244　总数 4，批量 2

例 14：总数是 4 个，转移批量是 2 个。第一道工序和第二道工序每 6 分钟转移 2 个，如图 6-245 所示。

解答：因为第二个转移时间 6 分钟和第一个 6 分钟是相互依存关系，等到第一个 6 分钟转移完成，第二个转移才能开始，所以将转移时间看成是一道工序，6 分钟转移 2 个，那么速度是 3 分钟转移 1 个，速度最慢的是第二道工序，所以第二道工序是瓶颈。这个转移时间存在依存关系，将转移时间按照工序看待即可。总用时＝总数×瓶颈＋批量×非瓶颈＝4×4+2×2+2×3+2×1+2×3＝34 分钟。

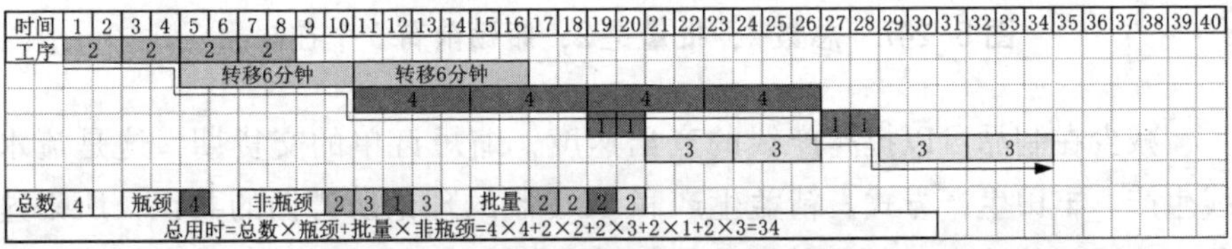

图 6-245　总数 4，批量 2，转移时间 6 分钟

例 15：总数是 4 个，转移批量都是 2 个。第一道工序和第二道工序之间的转移时间是 10 分钟，第二道工序和第三道工序之间的转移时间是 6 分钟，如图 6-246 所示。

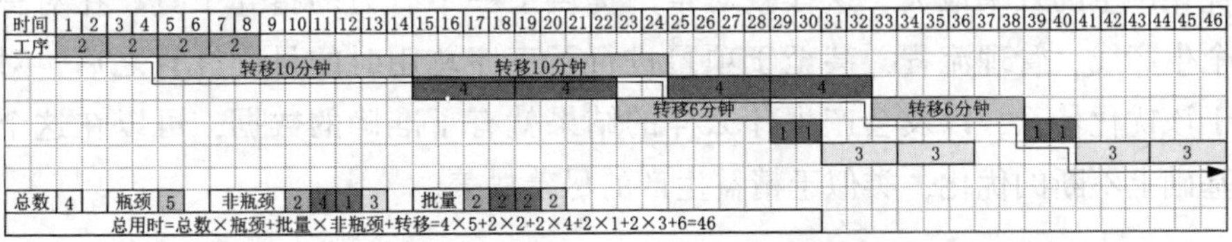

图 6-246　总数 4，批量是 2，4，2，瓶颈前等待 10 分钟

解答：第一个转移是相互依存的，速度是 5 分钟/个，速度最慢，所以它是瓶颈。第二个转移不是相互依存的。所以总用时＝总数×瓶颈＋批量×非瓶颈＋转移时间＝4×5+2×2+2×4+2×1+2×3+6＝46 分钟。这个最短路径包含

了瓶颈的 20 分钟，非瓶颈×转移批量和转移时间的 6 分钟。

例 16：总数是 4 个，转移批量都是 2 个。第二道工序前有 5 个在制品，如图 6-247 所示。

解答：瓶颈是第二道工序，第一道工序生产完 2 个之后需要等待 16 分钟，第二道工序才能开始生产。总用时 = 总数×瓶颈+批量×非瓶颈+等待时间 = 4×4+2×2+2×1+2×3+16 = 44 分钟。在工序前有在制品的情况下，需要考虑上道工序达到多久才可以进行加工，而这段时间就是等待时间，第一道工序在 4 分钟之后，瓶颈就可以开始加工这批产品了，但是瓶颈前有 5 个在制品，需要 20 分能完成，所以需要等待 20-（2×2）= 16 分钟，才能开始加工这批产品，等待时间需要考虑。

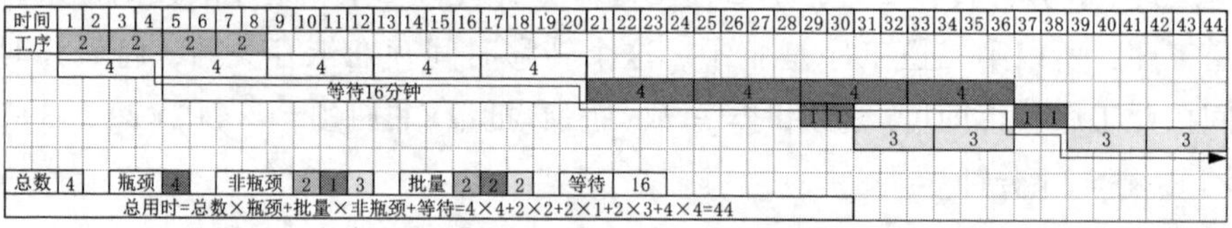

图 6-247　总数 4，批量是 2，瓶颈前有 5 个在制品

减少在制品可以提高产线的产出速度，缩短订单的交货期，这是流水线生产、丰田生产方式、精益生产和 TOC 制约理论所遵循的共识，所以这些理论不断的减小在制品数量来缩短交货期，这个共识可以在上边工序总用时的例子中直观地得到。

因为工序总用时公式包含了从开始加工到加工完成的所有时间，这其中包含加工时间、等待时间和转移时间等。在对每一种时间都进行了量化之后，就会知道优化哪一种时间对总时间的影响是多少，对哪一种时间的优化产生的效果最大，这样就对生产提供了一个有力的指导工具。在对一个生产线，管理流程，甚至于项目进行了工序总用时的量化计算之后，对于该优化什么，以及会产生什么样的结果就有了准确的数据，可以在这个基础上不断的优化，类似于精益生产的尽善尽美。

6.7.6.4　利特尔法则

内容提要：利特尔法则为交货提前期 = 在制品数量×节拍时间。它是一个有关提前期与在制品关系的简单数学公式，这一法则为精益生产的改善方向指明了道路。一是可以通过减少在制品数量来减少交货提前期，二是通过减少节拍时间来减少交货提前期。利特尔法则的本质和物理学的路程 =

速度×时间的本质相同，它是物理学的匀速运动，类似于匀速运动的火车。

利特尔法则，英文名：Little's law（Little's result, theorem, lemma or formula），在一个稳定的系统中，长时间观察到的平均顾客数量 L，等于长时间观察到的有效到达速率 λ 与平均每个顾客在系统中花费的时间之乘积，即 $L = \lambda W$。

利特尔法则由麻省理工大学斯隆商学院（MIT Sloan School of Management）的教授 John Little，于 1961 年所提出与证明。

利特尔法则也叫做排队理论，在生活和工作中最常遇到的一种现象，比如买火车票排队，吃饭排队，在制品在生产线上的排队。如何描述一个排队的程度呢？可以通过个数来描述，比如我排在队伍的第 8 位，再经过 7 个人就轮到我了。也可以通过时间来描述，如再过 4 分钟就轮到我了。排队数量 L 和排队时间通过系统的处理速率来切换二者。

如果顾客到达的速率 λ 为 2 个/分，每个顾客从等待到从系统中走出的平均时间是 4 分钟，那么排队人数 $L = \lambda W = 2$ 个/分×4 分钟＝8 个，这个排队程度也可以通过时间表示，即 $W = L/\lambda = 8$ 个/（2 个/分）＝4 分，如图 6-248 所示。

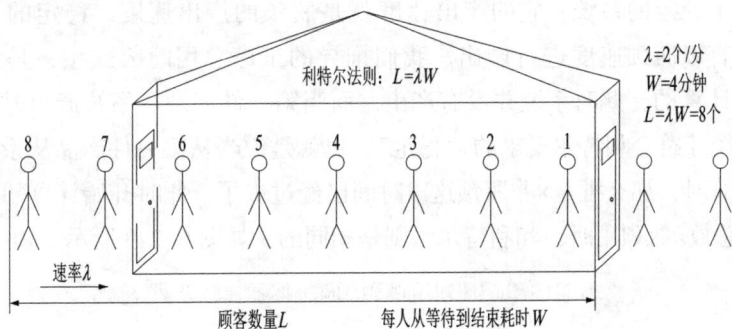

图 6-248　利特尔法则图示

利特尔法则也可以表述为：产出时间（Lead Time）＝存货数量×生产节拍，也可写为：TH（生产效率）＝WIP（存货数量）/CT（周期时间）。任一项目从完工日期算起倒推到开始日期这段生产周期，称为提前期。存货数量是指原材料和在制品的数量。生产节拍是指每生产一个产品所要的时间，流水线上一般是等于瓶颈时间。

利特尔法则是一个有关提前期与在制品关系的简单数学公式，这一法则为精益生产的改善方向指明了道路。如何有效地缩短生产周期呢？利特尔法则已经很明显地指出了方向。一个方向是提高产能，从而降低生产节拍。另一个方向就是压缩存货数量。然而，提高产能往往意味着增加很大的投入。另外，生产能力的提升虽然可以缩短生产周期，但是，生产能力的提升总有个限度，我们无法容忍生产能力远远超过市场的需求。一般来说，每个公司在一定时期内的生产能力是大致不变的，而从长期来看，各公司也会力图使自己公司的产能与市场需求相吻合。因此，最有效地缩短生产周期的方法就是压缩在制品数量。利特尔法则不仅适用于整个系统，而且也适用于系统的任何一部分。

交货期 = 存货数量/生产速度

存货数量是指原材料和在制品的数量。生产速度是指单位时间内生产的个数（生产速度是生产节拍的倒数），流水线上一般是等于瓶颈时间。客户的容忍时间需要满足否则就无法获得订单，所以交货期要小于等于客户的需求时间。

利特尔法则和我们推导的工序总用时有什么关系呢？

工序总用时=总数×瓶颈用时+批量×非瓶颈用时，而利特尔法则可以写成交货期=库存数量×瓶颈用时，那么二者有什么关系呢？

一个稳定的系统，它的产出速度就是瓶颈的产出速度，稳定的意思是产品一直以瓶颈速度进行产出。我们推导的工序总用时公式中，是从头开始进行计算的，此时系统并没有产出，而当第一件产品从系统产出时，那么这个系统才符合利特尔要求的"稳定"，也就是说当从第一件产品从系统产出开始计算时，那么批量×非瓶颈这段时间已经过去了，此时开始计算的工序总用时=总数×瓶颈用时，和利特尔法则是相同的，如图6-249所示。

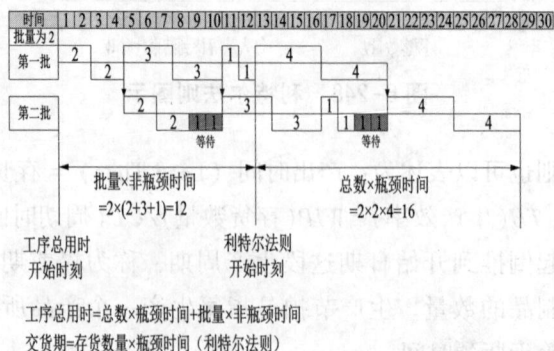

图6-249　利特尔法则和工序总用时公式

工序总用时公式和利特尔法则记录时间的起点不同，工序总用时公式是从开始生产第一个产品开始计时，此时任何工序没有库存，而利特尔法则是从完成第一个产品进行计时，或者更准确的说是开始稳定输出开始计时的。如果系统是稳定运行的，那么产出速度就是 4 分钟/个，此时在时刻 12 分钟处，相当于是上一个产品刚完成，然后有 4 个在制品。

利特尔法则的本质

利特尔法则的本质和物理学中路程＝速度×时间（$s=vt$）的本质相同，路程 s 对应于 L，速率 λ 对应速度 v，花费的时间 W 对应时间 t。利特尔法则要求的稳定系统是速率 λ 恒定，相当于物理学中的匀速运动。

利特尔法则为：在一个稳定的系统中，长时间观察到的平均顾客数量 L，等于长时间观察到的有效到达速率 λ 与平均每个顾客在系统中花费的时间之乘积，即 $L=\lambda W$。对于一个系统来说，恒定的到达速率，并且每个产品在系统花费的平均时间相同，那么相当于每个产品经过相同的时间延迟，便可以从系统中流出，也就是说系统的产出速度和到达速度相同，所以利特尔法则在使用时，很多时候所说的速度是系统产出的速度。利特尔法则论述的是一个排队理论，以火车经过 A 点来进行类比。火车的长度为 s，相当于利特尔法则中排队长度 L；火车的速度 v 相当于利特尔法则中的速率 λ，每个顾客在系统中花费的时间 W 相当于每节车厢在系统中花费的时间 t，就是从进入系统到离开系统的时间，这其中包括等待时间。在 A 点进行观测，火车从车头进入 A 点到车尾离开 A 点的时间为 t，那么火车长度 s 可以通过 $s=vt$ 进行计算，如图 6-250 所示。

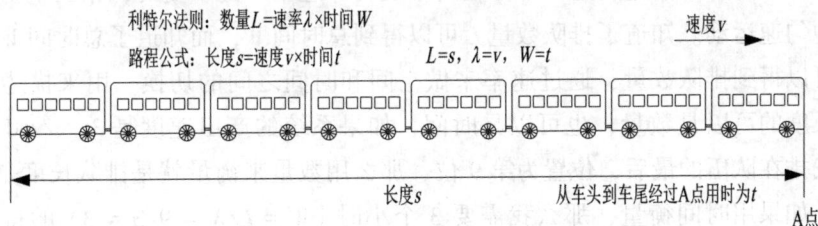

图 6-250　利特尔法则的类比

利特尔法则可以表述为：**交货期＝存货数量×瓶颈时间**，存货数量是利特尔法则中排队的产品，相当于火车的节数，瓶颈时间相当于每节车厢从此节车厢从头到尾经过 A 点的时间。瓶颈时间可以转化为瓶颈的产出速度，如瓶颈时间是 5 分钟，那么瓶颈的速度就是 1/5＝0.2 个/分。交货期＝存货数量×瓶颈时间也可以改为交货期＝存货数量/瓶颈速度。减少存货数量可以缩短交货期，减少火车节数，可以缩短火车经过 A 点的时间；提高瓶颈速度，可以缩短交货期，提高火车速度，可以减少整个火车经过 A 点的时间。

让我们来对比一下利特尔法则和路程公式之间的相似性。利特尔法则 $L = \lambda W$ 和路程公式 $s = vt$ 都是 $A = BC$ 这种形式，并且都有速度这个因素 B 和时间这个因素 C。L 的单位是个，s 的单位是米。如果利特尔法则中的每个个体的长度为 d，那么将利特尔法则左右同时乘以 d，得到 $Ld = \lambda Wd$，左边是数量个乘以单个长度得到：$Ld = $ 个 × 米 / 个 = 米，得到总长度 s，单位为米；右边 $\lambda d = $ 个 / 分 × 米 / 个 = 米 / 分 $= v$；而时间 W 和时间 t 都是时间，单位为分，只是符号不同。所以 $Ld = \lambda Wd \rightarrow s = vt$。如果将路程公式左右同时除以 d，也可以得到利特尔法则，如表 6 - 20 所示。

表 6-20　利特尔法则与路程公式的类比

法则名称	代码	含义	单位
利特尔法则 $L = \lambda W$	L	数量	个
	λ	速率	个/分
	W	时间	分钟
	$L = \lambda W = $个/分×分钟=个		
公式切换	如果每个产品长度为d，那么 $Ld = \lambda dW \rightarrow s = vt$		
路程公式 $s = vt$	s	路程	米
	v	速度	米/分
	t	时间	钟
	$s = vt = $米/分×分钟=米		

利特尔法则描述的是一个稳定的系统，即速率 λ 是不变的，相当于物理学中匀速运动。知道了排队数量 L 可以得到总时间 W，而知道了总时间 W，也可以得到排队数量，通过速率来做空间和时间之间的切换。用来描述排队长度的可以是数量，也可以是时间，如果系统的产出速度是 3 人/小时，而我排在队伍的最后，位置为第 9 位，那么用数量来衡量就是排队长度是 9 人；如果用时间衡量，那么我需要 3 个小时（$W = L/\lambda = 9/3 = 3$）的排队时间。

问题 1：利特尔法则如何使用？

根据利特尔法则，交货期＝存货数量×瓶颈时间。存货数量包括在制品和原材料的数量。如果客户甲需要 100 个 A 产品，而此时产线正好在生产 A 产品，瓶颈时间是 10 分钟，那么 100 个 A 产品的交货期就是 100×10 = 1 000 分钟。

如果此时恰好客户乙需要 50 个 B 产品，也是使用这条产线进行生产，瓶颈时间是 10 分钟，那么就需要将客户甲的生产完再生产乙的产品，交货期就是（100+50）×10＝1 500分钟。

问题 2：如何使用利特尔法则确定极限在制品？

库存是负债，所以库存应该越小越好；但是库存可以应对扰动，以防止扰动影响系统的稳定运行，所以需要有少许库存。利特尔法则可以给出库存的最小值，小于这个值，系统便不能稳定输出。

根据利特尔法则存货数量＝交货期/瓶颈时间，这个交货期可以是一个产品从进入生产线到流出生产线所耗费的最小时间。如果一条生产线有 4 道工序，每道工序所需时间分别是 3 分钟、3 分钟、5 分钟和 4 分钟，那么这条产线的时间长度是 15 分钟，瓶颈时间是 5 分钟。在制品的极小值是 15/5＝3 个。如果在制品的数量小于 3 个，那么系统不可能以 5 分钟每个的速度稳定输出。因为如果是 2 个在制品，10 分之后就没有材料可以生产了，就不可能以 5 分钟每个的速度进行输出了。利特尔法则给出了库存的极限最小值，但现实中需要考虑扰动对系统的影响，会有少许库存。精益生产、丰田生产方式、流水线生产和 TOC 制约理论都是先给定一个缓冲值，然后不断减少这个缓冲来寻找限制流动的因素，消除流动因素后，继续缩减缓冲，寻找下一个限制因素。

问题 3：何时使用工序总用时公式？

在一个稳定的系统中，交货期只受到瓶颈用时的影响，可以使用利特尔法则；在一个不稳定的系统中，交货期受瓶颈用时和非瓶颈用时影响，需要使用工序总用时公式。

利特尔法则要求系统是稳定输出的，但是现实中会有着急的订单插入原计划中，导致系统的不稳定。如果客户甲需要 100 个 A 产品，现在这条产线正在加工这 100 个 A 产品，客户甲要求的交货期比较宽松。而此时客户乙需要 50 个 B 产出，B 的生产流程和 A 相同，也需要使用这条产线进行生产，并且交货期比较紧，如果等甲的 100 个产品生产完再去生产乙的产品，就不能满足客户乙要求的交货期，所以最好的方法就是先生产乙需要的产品 B，生产完之后再生产甲需要的产品。此时如果使用利特尔法则就错了，因为切换时系统不是稳定输出的。此时可以使用工序总用时对交期进行计算。

最简单的逻辑是停止生产 A 产品，转而生产 B 产品。生产 B 产品所需时间为：工序总用时＝总数×瓶颈用时＋批量×非瓶颈用时。为了最大化利用产能，在 B 产品没有达到这道工序时，这道工序还可以继续生产 A 产品，B 产品到达后立刻生产 B 产品。

问题 4：为什么要减少产线生产总时间？

有甲和乙两个公司，都是生产 A 产品，两家公司的产出速度都是 4 分钟每件，但是乙公司从投料到产出的时间比甲公司长，两家公司的产线有什么区别吗？

甲公司从投料到产出的最小流程时间是 10 分钟，乙公司是 15 分钟，从产出的角度看，都是 4 分钟一件 A 产品。如果一个客户需要 A 产品，两家公司的交货期是相同的，如图 6-251 所示。

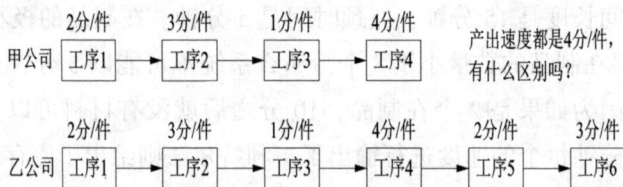

图 6-251　产线长度的区别

通过利特尔法则：存货数量＝交货期/瓶颈时间，可以得到甲公司和乙公司在制品的最小极限值，甲公司在制品的最小值比乙公司小，理论上甲公司可以比乙公司需要更少的在制品。库存是成本，这样甲公司的库存成本和资金周转率比乙公司好。

而在系统稳定时，即客户需要 A 产品时，两个公司的交货期是相同的。但是如果客户需要的不是 A 产品，即产线需要切换去生产其他产品，那么通过工序总用时公式可知：工序总用时＝总数×瓶颈用时＋批量×非瓶颈用时，甲公司比乙公司需要的时间更少，即在客户需要多样化的产品时，甲公司的切换工序速度更快，竞争力更强。

问题 5：利特尔法如何应用到其他环境？

这里摘录网上几个例子进行分析。

例 1：假定我们所开发的并发服务器，并发的访问速率是：1 000 客户/分钟，每个客户在该服务器上将花费平均 0.5 分钟，根据利特尔规则，在任何时刻，服务器将承担 1 000×0.5＝500 个客户量的业务处理。假定过了一段时间，由于客户群的增大，并发的访问速率提升为 2 000 客户/分钟。在这样的情况下，我们该如何改进我们系统的性能？

按照利特尔法则，排队长度 L = 速率 λ × 时间 W，在这个例子中排队长度 L = 1 000 个 / 分 × 0.5 分 = 500 个。那么这个系统的容量是 500 个，如何提升系统的处理性能呢？在速率 λ 变化的前提下，可以只调整 L 来平衡等式，或者只调整 W 来平衡等式，或者同时调整 L 和 W 来平衡等式。

第一种是提高服务器并发处理的业务量 L，即提高到 $L = \lambda W = 2\,000$ 个 / 分 × 0.5 分 = 1 000 个，将并发处理客户的数量提高到 1 000 个。

第二种是减少服务器平均处理客户请求的时间，即减少到 $W = L/\lambda$ = 500 个 /(2 000 个 / 分) = 0.25 分，将每个客户的平均处理时间降低到 0.25 分。

第三种是同时调整 L 和 W，既提高 L 又减低 W，即 $\lambda = L/W = 2\,000$ 个 / 分 = 800 个 /(0.4 分)，将并发处理客户的数量提高到 800 个，同时将每个客户的平均处理时间降低到 0.4 分。

例2：假设你排队参观某个风景点，该风景点固定的容纳人数是：60人。每个人在该风景点停留的平均时间是：3 分钟。假设在你的前面还排有20 个人，问：你估计你大概等多少时间才能进入该风景点。

按照利特尔法则，系统内排队长度 L 为 60，时间 W 为 3 分钟，那么速率 λ = 排队长度 L/ 时间 W = 60/3 = 20 个 / 分。你的前边排队长度 L 为 20 人，那么等待时间 $W = L/\lambda$ = 20/20 = 1 分钟。

例3：工序 1 前有 2 个在制品，工序 2 前有 2 个在制品，工序 1 的速度是 4 分/件，工序 2 是 2 分/件，加工完这 4 个在制品需要多长时间？如图6-252所示。

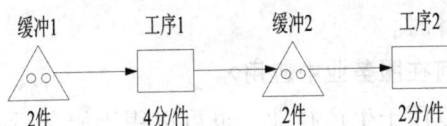

图6-252 利特尔法则的例题图示 1

错误解法 1：例子中共有 4 个在制品，所以排队长度是 4 个，工序 1 的速度是瓶颈，瓶颈速度决定系统产出速度，所以每个的瓶颈时间是 4 分钟，按照利特尔法则，时间 W = 排队长度 L ×瓶颈时间 = 4 个 ×4 分钟/个 = 16分钟。

错误解法 2：例子中共有 4 个在制品，但是瓶颈工序 1 前的在制品只有2 个，所以排队长度是 2 个，每个在制品的瓶颈时间是 4 分钟，按照利特尔法则，时间 W = 排队长度 L × 瓶颈时间 = 2 个 × 4 分钟 / 个 = 8 分钟。

正确解法：我们实际演示一下工序如何生产。4 分钟之后工序 2 生产完缓冲 2 的 2 个在制品，工序 1 生产完缓冲 1 的一个在制品，并进入缓冲 2。再过 4 分钟，工序 2 生产完从工序 1 送来的在制品，工序 1 完成第二个在制品并送入缓冲 2。在过 2 分钟，工序 2 加工完工序 1 送来的第 2 件在制品所以总用时为 4+4+2＝10 分钟。共需耗时 10 分钟而不是 8 分钟或者 16 分钟，那么使用利特尔法则为什么计算错误了呢？

因为利特尔法则要求的是一个稳定的系统，即系统的产出速度固定。而在这个例子中系统是不稳定的，因为工序 1 是瓶颈，那么缓冲 2 不应该存在 2 个在制品，因为工序 2 的速度快，不会留下 2 个在制品未生产。

稳定情况下，缓冲 2 有一个在制品，此时使用利特尔法则是否正确呢？如图 6-253 所示。

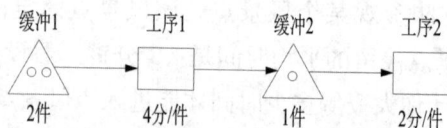

图 6-253　利特尔法则的例题图示 2

如果按照利特尔法则计算的话，需要 12 分钟或者 8 分钟，但是实际需要 10 分钟，为什么此时符合了稳定的要求，计算的结果还是不对呢？

因为利特尔法则考察的时刻是从有产品输出开始的，所以就算要么延后 2 分钟，等待工序 2 有第一个产品输出，或者提前两分钟，从工序 2 上一个产品输出时进行计时。

利特尔法则如何在服务业中应用？

利特尔法则可以用于生产行业，也可以用于服务行业。比如在快餐行业，麦当劳如何通过"快"而成为快餐行业的老大呢？

既然要实现快餐行业的快速，那么就要缩短交货期 W，这个交货期是客户从进店到离开店的时间。因为 $W = L/\lambda$，通过提高系统的处理速度 λ，就可以减少每个顾客的交货期 W。

可以从几个环节来分析如何缩短交货期，这里列举生产、点餐和食用三个环节。

在生产环节，生产的产品都是时间短的产品，如汉堡和炸鸡，而没有需要长时间制作的牛排等。生产环节标准化，这样可以缩短产品的生产时间，并且质量可控。提供有限数量的产品，这样可以减少生产切换浪费的时间。

在点餐环节，点餐人员推荐顾客购买套餐，以减少点餐和生产时间。排队人员增加时，动态增加点餐人员来缩短客户等待时间。由于生产速度快，顾客点完餐之后在柜台前稍微等待就可以自己拿到餐点，自己寻找地方食用，因此餐厅内不需要送餐人员，也就减少了送餐人员寻找顾客的时间。厨房离点餐人员很近，点餐人员边点餐，还可以帮顾客取餐，送到在柜台前等待的顾客手中，这样取餐的距离缩短，也可以减少时间。点餐时引导顾客购买，让顾客做选择题，比如您是需要大薯条还是小薯条，让顾客选择一种。而不是让顾客做填空题，比如您需要什么薯条？这样问的话，很多顾客会问，都有什么薯条？

在用餐环节，食品的设计易于使用，不需要使用刀和叉这些常用的餐具，这样顾客食用的速度可以加快。并且因为不需要餐具，顾客购买完外带也很方便，可以在走路、坐车或者达到工作单位时食用，为顾客节省时间，符合现代社会的快节奏。

6.7.6.5　TOC 的集批与丰田生产方式的一件流

客户需求决定生产总数大小以及换模的次数。

假设一瓶颈设备是生产 A 产品和 B 产品中的一道工序。设 A 产品的需求总数为 a，B 产品的需求总数为 b，生产 A 产品时的此道工序用时为 c，生产 B 产品时此道工序的用时为 d，且 c 和 d 分别为 A 和 B 的瓶颈用时。A 产品的非瓶颈时间为 e，B 产品的非瓶颈时间为 f。设工序从产品 A 到 B 的转换时间为 t，A 的生产批量为 x，转换次数为 n，A 的转换次数 n 为 $2a/x - 1$，如图 6-254 所示。

图 6-254　换模问题

所以总工序时间 y = 总数 a × 瓶颈用时 c + 转移批量 × 非瓶颈用时 e + 总数 b × 瓶颈用时 d + 转移批量 × 非瓶颈用时 f + 转换时间 t × 转换次数 $(2a/x - 1)$

（1）如果转移批量等于生产批量，则工序总用时为

$$y = ac + ex + bd + fx + t\left(\frac{2a}{x} - 1\right)$$

此函数是有一个因变量的函数，对 y 进行求导，并令其为 0。

$$y' = e + f - \frac{2at}{x^2} = 0$$

求得极值点

$$x = \sqrt{\frac{2at}{e + f}}$$

当生产批量为此极值点时，总工序用时最少。

（2）如果转移批量不等于生产批量

通过前边的结论，当转移批量为 1 时，总工序用时最少，所以，总工序用时 $y = ac + e + bd + f + t(2a/x - 1)$。由上式可以看出，当 A 产品和 B 产品的总数确定后，生产批量 x 为 a 时，转换次数为最少的 1 次，两种产品的生产总用时最少。

（3）生产批量的确定

既然转换次数越少，总的生产用时越少，为什么 TPS 还要增加转换次数来增加批次而不是批量生产呢？

这是由于客户的需求的决定的。

生产理论的主要目标是追求缩短生产所需时间，当生产完 A 产品后，通过换模再生产 B 产品，两种产品的总用时最少，A 产品的交货时间最短，但 B 产品需要等待所有的 A 产品生产时间与换模时间之和，即 B 产品的交货期变长。由于 TPS 是由产品需求种类多，需求量少的环境发展的生产理论，需求量少导致不值得为一件产品专设一条产线；需求种类多导致此产线必须经常换模以应对不同种类的要求。可以将 A 产品和 B 产品的购买者看作 A 产品和 B 产品的下游工序，如果 A 产品和 B 产品的客户不是批量购买的，那么购买批量越少（转移批量），总工序用时越少。由于需求不是批量的，而是按时间先后进行分布的，批量生产完 A 产品不能马上卖出而导致库存的产生；而 B 则由于等待时间较长，导致 B 的客户不能买到产品而损失订单。这就是为什么 TPS 强调的准确的时间，生产客户需要数量的产品，即战争理论中的精确打击，这时成本最小，利益最大。丰田生产方式通过均衡生产来平衡生产，如果大批量生产 A 产品，那么 B 产品的工序均需要等待，而大批量生产 B 时，A 产品的工序也需要等待。大野耐一在

《丰田生产方式》中说："如果后一道工序在时间和数量上都不均衡地索取零部件，前一道工序就必须在人员和设备上都准备好不均衡供应的最大能力。显然，这会提高成本，是一种浪费。彻底杜绝无效劳动和浪费，是丰田生产方式的宗旨。因此，要严格地实行生产的'均衡化'，消除生产上的波动。这样做的结果是：要使批量减小，同时产品不大量流动。"

由于客户的需求是单件的，所以生产也是单件的。大野耐一在《丰田生产方式》的小批量和快速调整中写道："福特生产方式的想法是集中生产同一工件，而丰田生产方式的做法是'因为最后在市场上的每一个顾客都要买一辆与别人不同的汽车，所以在生产方面也要一辆一辆地制造，在生产零部件的阶段也要一件一件地生产，也就是贯彻了一件一件地同步生产'的精神。"批量越小，转换次数越多，换模时间的影响就越大，所以TPS必须解决缩短换模时间，否则它的产出将大幅下降。批量的大小是由客户的需求和生产的实际情况等因素决定的，丰田生产也不是强调绝对的单件流，因为如果客户的需求并没有很急切，减少换模次数可以增加产出。

诺贝尔经济学奖获得者赫尔伯特·西蒙在《一般经济理论》中对于企业生产也有相当深刻的论述。工厂如何应对订单上的波动呢？西蒙给出了三种方法：

（1）通过和订单波动完全一致的雇佣和解雇来调整雇佣劳动力规模。

（2）通过不变雇佣劳动力的加班和"闲置"来与订单一致的调整生产速度。

（3）维持不变的雇佣劳动力和不变的生产速度，允许存货和延迟订单交货。第三种方法就是提前生产和延后生产来平衡订单波动。西蒙通过为每一种方式建立一个二次型（抛物线）的函数，最终构成一个由三个向上的抛物线相加组成的成本函数，通过求得此函数的最小值而得到如何分配使用三种方法。即使西蒙建立的函数完全正确，他得到的解是最优解吗？作者的回答：不是。西蒙给出的解决方案是建立在批量订单、批量生产和批量交货的基础上的。除了西蒙给出的三种方法，还有第四种方法来平衡订单的波动，TPS、精益和TOC都给出了解决方案，就是减小批量从而增加产出速度。这包括订单从大批量减为小批量，甚至单件；生产从集批改为切批甚至单件流生产，交货从大批量减为小批量。这样可以有效的平衡订单的波动。比如客户每天能卖出100件的A产品，但是客户是按月来下订单的，即下了一个3 000件A产品的订单。交货期要求为30天，否则罚款。

而企业每天只能生产 90 件，一个月最多能生产 2700 件。那么按照西蒙的方法，要么多雇佣一些人来生产超企业可以从产出的那 300 件，这需要增加雇佣成本；要么通过员工加班来生产这 300 件，这需要增加加班费；要么通过提前生产 300 件或者延后 4 天交货来解决，提前生产会产生库存，库存是负债，延后交货要受到罚款。从广义动量定理 $F\alpha t = nmV$ 的角度说，西蒙的三种方法是基于力量 F 和时间 t 的。第一种是增加人力 F，不增加总的工作天数 t，可以比以前增加产出，从而满足订单的波动。第二种是增加每一天的工作时间 t，不增加人力 F 和总的天数，也可以增加产出而满足订单的波动。第三种是不增加人力 F 和每天工作的时间 t，增加总的天数 t 来满足订单的波动，总工作时间 t = 每天工作时间 × 工作天数。除了西蒙提出的基于力量 F 和时间 t 的三种方法，从广义动量定理 $F\alpha t = nmV$ 的角度说，改变方法 α 也可以增加产出，从而满足订单的波动。无论是精益生产的价值流梳理还是 TOC 制约理论，将一条产线提升 20% 的产生能力很正常，这样就可以在不增加人力 F 和工作时间 t 的情况下增加产出，增加的成本是使用这两种方法的成本。精益生产和 TOC 制约理论不仅优化内部的生产流程，也会优化外部流程。比如一次性交货 3 000 件对生产企业和客户都是一个很大的波动，都需要很大的库存和成本来安放和管理这些货物，库存是负债。并且市场变化多端，预留越多的库存，未来不能完全卖出去的可能性越大，资金的占用也就越多。TPS、精益生产和 TOC 制约理论会和客户商量缩短供货期和每次的供货数量来均衡需求，比如每天供货 100 件，这样客户从订单到卖出去的 60 天（30 天生产 + 30 天销售）缩短为 31 天，即今天生产完后货物送到客户处进行销售，第二天就能将今天生产的货物卖出，那么客户只需要比生产时间多一天就能把所有货物卖完。

6.7.6.6　工序切换时间的解决

在福特的流水线系统中，由于汽车的需求量大，类型单一，可以用专用的生产线来生产一种车型，生产工序不需要经常切换，很少受到切换时间的困扰。福特说："顾客可以拥有他想要的任何颜色，只要它是黑色的。"早期的 T 型车采用清一色的黑色涂装，其原因在于黑色的车漆比起其他颜色的车漆干燥得更快，同时更为经久耐用，也有助于降低成本。采用统一的黑色上色就不需要换线，就会缩短生产时间。福特在 1926 年就成功将生产一部由 5 000 多个部件组成的汽车的前置时间（从采集钢材到汽车成品运输到火车上）缩短到 81 个小时内。八年后，全世界没有任何一个汽车制造商能够做到或者说接近如此短的生产前置时间。

高德拉特在《站在巨人的肩膀上》写道：

但大野耐一在应用第二个观念（这个首要目标可通过设计务实有效的预防过多生产的机制来完成——预防过多生产）的时候遇到了极大的阻力，当单一产品需求高的时候，指定一条专线来生产这种产品的部件是相当划算的，但那个时候的日本，市场需求很少，而且市场要求提供车的种类要多，所以现实环境让大野耐一无法组建专线来生产。

大野耐一产生了他在丰田汽车应用何时不能生产的机制的灵感，不是限制两个工作中心的堆放空间以限制在制品库存的做法，而是限制每种零部件的生产总量的做法，基于这个认识，他发明了著名的 KANBAN 系统。

一旦 KANBAN 系统导入到车间中，指导每道工序何时不能生产的机制，在没有任何改善之前，车间有效产出的下降要求需要付出更大的努力来平衡车间的流动性。大野耐一面临的挑战远远大于福特导入流水线时面临的挑战。为了展示面临的挑战有多大，我们只是拿他面临众多挑战中的一个方面来进行说明。不像专线生产的生产环境一样，大野耐一发明的系统必须强迫一个工作中心定期切换生产的部件种类。对于大多数工作中心来说，这样的切换需要花掉不少时间。因为根据包装箱生产的批量相对于传统专线生产的批量要小得多，常常生产的批量时间甚至比切换时间要短的多。所以刚开始时，切换的时间远远大于一个产品的生产时间，而这种做法直接导致了有效产出的下降，难怪大野耐一在推行此种方法时遭遇到强烈的抵抗，以至于后来大野耐一在他的书中写道，他的这种方法当时在丰田被称为是'令人讨厌的大野系统'。但大野耐一和他的主管有很大的决心和远见推广这样的系统，对于很多人具有根深蒂固的局部思考观念来说，这样的改变没有任何意义。

大野耐一必须开辟出一条新的做法来克服切换的障碍。他坚持认为，切换时间并非是铸铁一块不可改善，修改整个切换时间的做法将会大幅度减少切换时间。因此他努力开发和创造快速切换技术，在丰田成功地将切换时间缩小到几分钟之内。难怪人们提到的现在丰田生产方式的做法和小批量与切换时间减少有关。

在丰田的企业中，由于产品需求少，种类多，工作中心需要经常切换生产不同的零件。所以大野耐一通过很大的努力来减少工作中心的切换时间，并且成为了与此相适应的多能工。

两产品切换生产的总用时为：产品 A 和产品 B 的工序总用时 = 产品 A 的工序总用时 + 产品 B 的工序总用时 + 转换所需总时间。当切换时间较多时，单件流是不经济的。大野耐一通过减少转换时间来达到单件流的目的，从而可以减少总工序用时。

在 TOC 中，TOC 理论是不需要减少切换用时的，TOC 理论将切换用时看成是给定条件。TOC 理论通过切批和集批的方式来达到总生产用时最小。

TOC 理论从系统的角度来分析问题，解决问题，可以适用于许多领域，包括思想领域。

6.7.6.7　三大生产方法的混用与切换

流水线生产、精益生产（丰田生产方式）和 TOC 制约理论的主要目标都是提高系统的产出速度，它们的模型都是负反馈模型，都是通过缓冲来防止过量生产和应对扰动，从而达到系统产出速度最大化，并且流水线的空间缓冲，精益生产（丰田生产方式）的库存缓冲好 TOC 制约理论的时间缓冲可以相互转化，那么这三大生产理论就可以混合使用以及相互切换。这就像一个人的目标是游到对岸，他会仰泳、蛙泳和自由泳，那么他就可以根据自己的偏好切换三种方法，从而游到对岸。

比如精益生产的导入相对来说需要的时间长些，而 TOC 相对来说，取得效果快些。那么可以在开始时使用精益生产的价值流来梳理产线的流程，消除不创造价值的地方，然后使用 TOC 制约理论来指导生产。针对不同的环境，可以采用不同的方法或者几种方法的组合，没有必要拘泥于一种方法。三大生产方法也可以在执行中进行切换，比如开始时使用 TOC 制约理论，后来切换到精益生产。

第七章　系统思考与管理学

本章以系统思考来分析管理学理论，分为负反馈派和正反馈派这 2 个学派。

在负反馈流派中，以德鲁克的目标管理与自我控制、西蒙的组织均衡、戴明的 PDCA 环和稻盛和夫的阿米巴经营为代表。

在正反馈流派中，以马太效应、比尔盖茨的正反馈理论、巴菲特的滚雪球理论、乔布斯的平台理论和索罗斯的反身理论为代表。

彼得·圣吉将控制理论的负反馈和正反馈引入管理学，奠定了管理学系统思考的理论基础。

7.1　系统思考与管理理论

内容提要：彼得·圣吉通过《第五项修炼》将控制理论的正反馈和负反馈引入管理学，对管理学理论产生了巨大的影响。系统思考用来分析各种因素的相互影响，从整个系统而不是局部的角度看待问题。正反馈是趋于加强的模型，输出反馈到输入，与输入相加来进一步影响输出。负反馈是趋于稳定的模型，输出反馈到输入，与输入相减来进一步影响输出。

7.1.1　系统思考与《第五项修炼》

《第五项修炼》介绍了正反馈与负反馈两种模型，与经典控制理论中的正反馈与负反馈是相同的。

彼得·圣吉在《第五项修炼》中写道：

正负反馈和延迟：系统思考的积木块

有两种不同类型的反馈过程：正反馈和负反馈。正反馈过程是增长的引擎。只要你处在增长的局面，一定就有正反馈作用。正反馈过程也可以产生加速的衰减：很小的衰减被放大成越来越严重的衰减，就像金融恐慌时银行财产的衰减情况一样。

负反馈（稳定反馈）起作用时，就有以目标为导向的表现。如果目标是稳定不动，那么负反馈的作用就像车上的刹车装置。如果目标是保持每小时 60 英里的速度，那么负反馈作用就会让车加速到每小时 60 英里，但不会再高。目标可以是明确的，例如公司的市场份额目标；它也可以是隐性的，比如一个坏习惯，尽管我们声称要去掉，但还是坚持不改。

另外，许多反馈过程都有"延迟"，就是影响作用过程中的间歇和中断，它使作用的结果逐渐才能显现出来。

系统思考语言中的所有观念，都是以这三个元素为基础建立的，就好像英语的句子基本上都是由名词和动词组成的。

正反馈：发现微小变化是如何增长的

你身处正反馈系统中，可也许就是看不见，很小的行动如何被放大，带来很大的结果——或好或坏的结果。而看清这个系统，往往就能让你影响其走向。

在皮格马利翁效应这样的正反馈过程中，有一点变化就能带来不断的自我增强。不管什么动作，一发生就会被放大，就会在同一方向上产生越来越大的动作。小动作得到滚雪球般的放大，同样的动作越滚越大，就像利上滚利。其中，有些正反馈（放大反馈）作用是"恶性循环"：坏的开端导致越来越糟的结果。"汽油危机"是个经典案例。一旦汽油紧缺的消息传播出去，到加油站排队加油的浪潮就被触发了。一旦人们看到加油站排队的场景，就对危机的到来深信不疑了，恐慌和囤积行为就被触发了。很快，即使油箱还剩大半箱油，每个人也都要去加满油，以防加油站没了油。一场暴风雪来临以前，同样的情况也会发生在食品和水上面，因为大家预计会出现电力中断和其他正常供给中断的情况。银行挤兑是另一个例子；而某种股票价格下跌的消息传出去以后，引发恐慌抛售浪潮，又是一个例子。这些都是逐步升级的结构模式：在不想看到的方向上发生一个小动作，就会引起不断加剧的恶性循环。

但是，正反馈并非一定都是坏事。还有良性循环，即在想看到的方向上不断增强的过程。比如，体育锻炼就能带来良性循环：你感觉良好，于是更积极地参加锻炼，于是感觉更好，于是锻炼更积极。反恐战争如果能持续地逆向进行，也会是一个良性循环。新产品的市场培育也是正反馈循环过程。例如，许多新产品都从"口口相传"，开始其市场增长的历程。产品口口相传就能有滚雪球效应（大众汽车的甲壳虫车型和苹果公司的 iPod 都是如此），满意的顾客告诉别人去购买产品，更多满意的顾客又告诉更多的人。今天的网络设备给分享信息（或歌曲）的行动增加了另一层正反馈机制：一旦有人使用某种网络设备，信息分享就只能通过同类的设备进行。

下面就是口口相传增加销售和满意度的正反馈示意图，如图 7-1 所示。

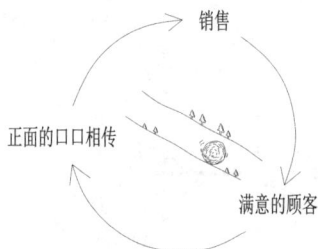

图 7-1　口口相传的正反馈示意图

如果产品本身是个好产品，那么其销量越多，满意的顾客也越多。这意味着正面的评价也越多，进而会带来更多的销量，而更多的销量又将带来更广泛的好评，以此类推。反过来说，如果产品有缺陷，那么良性循环就变成了恶性循环：在购买了产品的顾客里，满意的人寥寥无几，也没什么正面评价，这将导致该产品的销量越来越少（淘宝网店家重视好评，因为好评可以促进销售，形成类似口口相传的效果）。

负反馈：发现稳定因素和抵制的来源

负反馈系统是寻求稳定的系统。自然界特别偏爱负反馈的平衡稳定作用。但人类却经常作出与这些平衡机制相悖的决策，并为此付出代价。例如，经理人在预算紧张的时候通常会压缩员工数量，以降低成本；但是他们会逐渐发现，剩余的员工工作压力过大，而且成本也没有下来，因为完不成的工作又得雇用外部人员，或者付加班费来完成。成本下不来的原因是，系统有自身的工作安排。它有自己隐性的目标，一种未经表述却又非常真实的目标——即预期要完成的工作量。

在负反馈（稳定反馈）系统中，有一种自我调节机制，来保持某种目标或指标。拿杯子接水就是一个负反馈过程，其目标是一杯水。雇用新员工也是一个负反馈过程，目标是某个数目的员工队伍，或某个增长率。开车或骑自行车也是负反馈的例子，目标是驶向某个方向。

负反馈过程无处不在，是所有目标导向的行为表现背后的机制。像人体这样复杂的机体，会有数千个负反馈过程来维持体温、保持平衡、愈合伤痛、调节瞳孔采光量，以及进行危机报警。生物学家会说，所有这些机制都是为了让身体得到"内稳态"（Homeostasis），即在变化的环境中保持其生存所必需的内部条件。负反馈作用让我们在饥饿时进食，困倦时睡眠，寒冷时添加衣服。

和所有负反馈过程一样，关键要素指标，如体温，会逐渐调节到期望值，如图 7-2 所示。

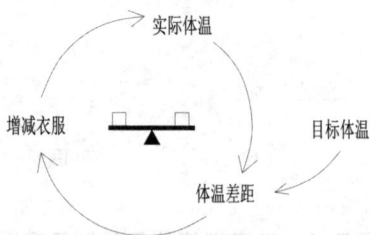

图 7-2　增减衣服的负反馈示意图

组织机构和社会也像复杂的生物体一样，因为它们也有许多各种各样的负反馈过程。公司里的生产和采购过程，就是根据产品订单的变化来不断调整的；临时的（折扣）和长期的（目录）价格是根据需求变化和竞争对手的价格来调整的；而借贷则要依据现金余额变化和财务需求来调整。

延迟：事情会发生的……等时候一到

我们已经看到，系统似乎有自己的主见。这在延迟上反映得最明显。延迟就是在行动和结果之间的间断和空隙。它可以让你行动过火，搞得适得其反；但如果你能够辨认并应对它，它又能给你带来积极的效果。

模拟器件公司前 CEO 斯达塔在《斯隆管理评论》的一篇文章中说："系统绩效改善工作最有效的杠杆作用点之一，就是把系统的延迟缩减到最小。"斯达塔这里指的是 20 世纪 80 年代后期美国制造业越来越强烈地意识到，传统的严格控制库房存货的做法，与日本同行减小延迟（使库存过多或过少的现象根本就不发生）的方法相比，根本就是低杠杆效益的方法。这后来发展成"时效竞争"（Time Based Competition）的理念。波士顿咨询公司副总裁乔治·斯托克说："领先企业在生产、新产品研发、销售和配送等领域的时间管理方法，成为新的竞争优势的最有效来源。"对减小延迟的重要性的认识，还进一步变成"柔性制造"和现在的"精益制造"的基础。

当某个变量的作用需要经历时间来影响另一个变量的时候，延迟就出现了，它成为系统语言的第三个基本要素。几乎所有反馈过程都有某种延迟，但却不被人注意，也不被人很好地理解。而这往往导致当事人"做过头"，即在追求期望的目标时走得太远，做过火了。进食和感觉到吃撑之间的延迟，是对许多用餐者的惩罚。我们本应停止继续吞咽的时候，并不觉得很饱，于是就继续吃下去，结果吃得太多。新开发的建设项目从开始到完工之间的延迟，导致房地产市场过热，最终致使一些开发商被淘汰。

未经辨别的延迟，尤其是拖得很久的那种，还可能导致不稳定和失常的故障。比如调节淋浴水温，10秒钟的延迟就比一两秒的延迟要困难得多，如图7-3所示。

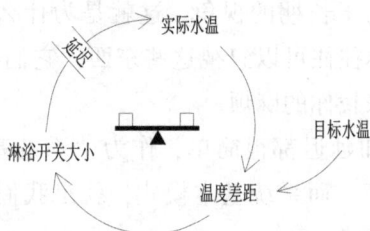

图7-3　淋浴水温的延迟示意图

你往加热水方向转动水龙头之后的10秒里，水温仍然是凉的。你的行动似乎没有产生任何反应，所以你认为行动无效。于是你继续向加热水的方向转动龙头。而当热水终于到来时，水温却有88℃。你被烫得跳起来，赶紧又向加冷水方向转动水龙头。但又发生了延迟，水又变得太凉了。这样一次又一次，反复经过负反馈环路过程。每一次都是对前一轮调整过头的补偿，如图7-4所示。

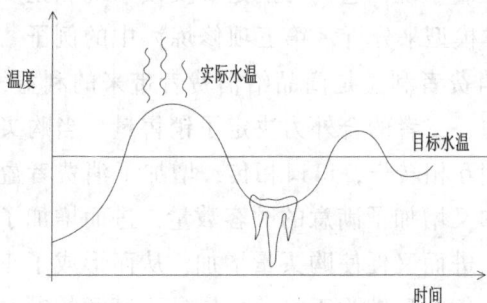

图7-4　水温与延迟的例子

你的动作越是剧烈，即转动水龙头越猛，就需要越长的时间来达到合适的水温。这就是带延迟的负反馈环路的经验和教训：过猛的行动会导致适得其反的结果，它不会帮你迅速实现目标，只会导致不稳定和震荡的情况。

正反馈中的延迟也是同样的问题。比如反恐战争，双方都以为使自己对抗活动扩大、反应行动升级，会给自己带来优势，让自己占到上风。这是由于反应行动结果的延迟。这种延迟可能是几天、几个月，甚至几年，因为聚集力量进行下一轮攻击行动是需要时间的。使这种恶性竞争得以维持下去的原因之一，就是暂时的、自鸣得意的优势地位的感觉。假如双方能够立即对对方的力量聚集活动作出反应，持续聚集活动的动力就消失了。

系统观点总是倾向于长期的视角。这就是为什么延迟和反馈环路会如此重要。短期来看，你往往可以忽视这些东西。它们在眼下似乎微不足道，但长期来看，却会回来找你的麻烦。

正反馈、负反馈和延迟都很简单，作为"系统基本模式"的积木块，它们得以实现自身价值。而系统基本模式，就是我们生活和工作中反复发生的、更复杂的结构模式。

大篇幅的引用彼得·圣吉的《第五项修炼》，是为了解释系统存在正反馈，负反馈以及延迟。彼得·圣吉通过简单、生动的文字将控制理论中的正反馈和负反馈描述出来。

在控制理论中，分为开环控制系统和闭环控制系统。开环控制系统是不将控制的结果反馈回来影响当前控制的系统。闭环控制系统是将控制的结果反馈回来影响当前控制的系统。简单地说就是系统不加入反馈环节，就叫开环系统；系统加入反馈环节，就叫闭环系统。在系统思考中介绍了两种基本的闭环控制系统，它们分别是负反馈系统和正反馈系统。以系统思考的这两种基本模型来分析《第五项修炼》中的例子。在口口相传的正反馈示意图中，消费者利益是商品给消费者带来的利益，是购买的动力，价格是购买的阻力，二者的合外力决定了销售量。当购买到商品的顾客对商品很满意，他们互相转告，口口相传，增加了消费者盈余，使购买量增加，而购买量增加又增加了满意的顾客数量，进而增加了口口相传，又增加了消费者盈余，进而又促使购买量增加，从而形成了正反馈效应。满意的顾客是的口口上传的反馈为正号，如果是不满意的顾客，那么口口相传的反馈就是负号，如图7-5所示。

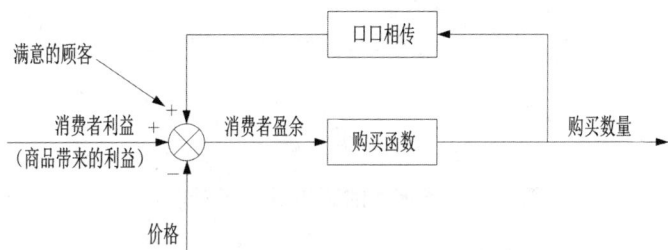

图 7-5　口口相传的正反馈框图

在增减衣服的负反馈中，目标体温是要达到的目标，而实际体温和目标体温相同是要得到的结果，通过增减衣服来增加或者降低体温，使得体温偏差为 0，即达到了目标。体温偏差＝目标体温−实际体温，当目标体温大于实际体温时，体温偏差为正，通过增加衣服可以使实际体温增加，进而减少体温偏差，直至偏差为 0；当目标体温小于实际体温时，体温偏差为负，通过减少衣服可以使实际体温减少，进而减少体温偏差，直至偏差为 0，最终达到均衡的结果，实际体温和目标体温相同，如图 7-6 所示。

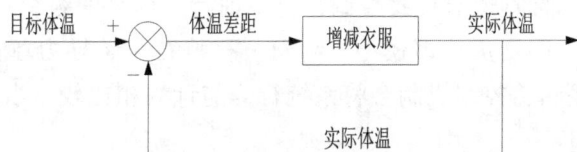

图 7-6　增减衣服的负反馈框图

在淋浴水温的负反馈中，目标水温是要达到的目标，而实际水温和目标水温相同是要得到的结果，通过调节淋浴开关大小来增加或者降低水温，使得水温偏差为 0，即达到了目标。水温偏差＝目标水温−实际水温，当目标水温大于实际水温时，水温偏差为正，通过调大热水淋浴开关可以使实际水温增加，进而减少水温偏差，直至偏差为 0；当目标水温小于实际水温时，水温偏差为负，通过调小热水淋浴开关可以使实际水温减少，进而减少水温偏差，直至偏差为 0，最终达到均衡的结果，实际水温和目标水温相同。当调节淋浴开关后，水温不会立即达到目标值，水温会慢慢的上升或下降，而这段时间就是时间延迟，在控制理论中叫做时滞，用 $e^{-\tau}$ 表示。任何环节都存在时滞，即使在原子弹的爆炸中，能量的积累到爆炸也是需要时间的，如图 7-7 所示。

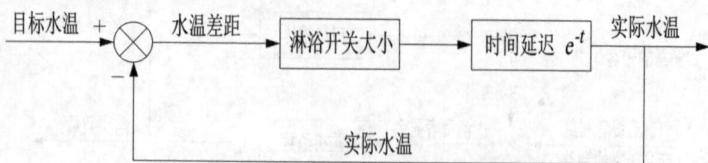

图 7-7 浴水温的延迟的负反馈框图

延时：延时可能存在于任何环节中，行动和结果的延时无处不在。厄尔·南丁格尔在《最奇妙的秘密》中说："成功是一个等待的过程。"当你为了某个目标行动后，不会马上得到结果，而需要一段时间。以广义动量定理 $F\alpha t = nmV$ 来解释，当目标为一定程度的 nmV 时，也需要一段时间 t 才能达到这个成果 nmV。

7.2 负反馈理论与管理学

德鲁克的目标管理与自我控制、赫尔伯特·西蒙的组织均衡和戴明的 PDCA 循环理论都是负反馈模型。约翰·科特在《领导力革命》中写道："按照管理的逻辑，控制机制会将系统行为与计划相比较，当发现偏差时，就会采取行动。"

7.2.1 德鲁克的目标管理与自我控制

内容提要：目标管理可以使管理者调整自己的投入从而影响产出，而自我控制在于通过实际与目标之间的偏差来调整投入的程度，最终达到目标。目标管理和自我控制使得命令式的管理模式变为自主式的管理模式，细分了控制的层级机构，从而更加快速和准确的响应现实的变化，使系统的产出增加。

目标管理是德鲁克提出的最重要的概念，将管理的重点从行为的监控转移到产出上。他在自己最重要的七堂课中称为目标-结果比较法，这是系统思考负反馈模型，通过结果的反馈与设定的目标作比较，发现自己离目标的偏差还有多少，然后调整自己的行为来达到目标，从而完成目标管理的闭环控制。

德鲁克说："目标管理的最大好处就在于：管理者能因此而控制自己的

绩效。自我控制意味着更明确的工作动机。……每位管理者都应该拥有评估自己绩效水平所需的信息，而且应该及早获取这些信息，以便能做出必要的修正，并达到预定的目标。"目标管理使管理者可以通过广义动量定理 $F\alpha t = nmV$ 来产生需要的成果 nmV，然后获取自己成果的信息，与目标进行比较来调整自己的行为，并达到预定的目标。目标与结果比较，然后以偏差修正行为的方式是系统思考的负反馈。所以，目标管理和自我控制是广义动量定理 $F\alpha t = nmV$ 与系统思考的负反馈的结合。

7.2.2 西蒙的组织均衡

内容提要： 西蒙的组织均衡是一个负反馈模型，组织通过目标与结果的偏差，使用权威、沟通、培训、效率和认同这 5 种方式来影响成员的行为使其符合组织目标，完成组织均衡的负反馈控制。

赫尔伯特·西蒙在《管理行为》中写道："我们把组织描述成一个平衡系统，它接受货币或劳动形式的贡献，并提供诱因作为回报。……组织均衡是由控制群体来维持的，他们的个人价值有很多种，但是为了实现个人价值，他们承担着维持组织生存的目的。……组织成员对组织做出贡献，组织向他们提供刺激物作为回报。一个群体的贡献是该组织为他人提供刺激的来源。如果总贡献的数量和总类足以提供必需数量和种类的刺激物，组织就能生存并且成长；如果没有达到均衡，组织就会衰退甚至最终消失。"

组织均衡是一个负反馈模型，组织这个系统有生存这个最低目标，他需要提供刺激源来使成员做出贡献，并且要使贡献大于或等于刺激物。当成员的贡献不能达到组织目标时，组织通过对比组织目标与成员贡献之间的偏差大小，使用权威、沟通、培训、效率和认同这 5 种方式来影响成员的行为，促使成员调整其行为来调整贡献，使得成员贡献和组织目标相同，从而完成组织均衡的负反馈控制，如图 7-8 所示。

人本身也是一个系统，他从周围吸收能量，对周围的环境做出影响，同时也受周围的环境影响。稻盛和夫在《活法》中的六项精进中说："不要为感性所困。"从系统思考的角度来说，就是需要将感性的事情看成是对本身这个系统的扰动，要尽量过滤掉扰动，使人本身这个系统保持均衡，不要让扰动来影响这个系统的输出。

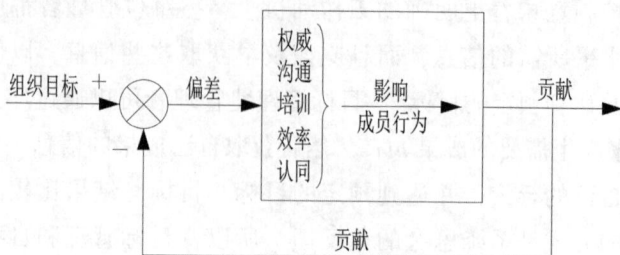

图 7-8　西蒙的组织均衡

7.2.3　戴明的 PDCA 循环

内容提要：戴明的 PDCA 循环是一个负反馈模型，通过制定目标计划，执行计划，检查反馈执行结果，然后通过结果和目标计划作比较得到偏差，通过修正偏差来指导新的执行，不断循环，最终是结果和目标一致。

PDCA 循环是系统思考的负反馈模型。PDCA 循环又名戴明环，由美国质量管理专家戴明发展，它是全面质量管理所应遵循的科学程序，如图 7-9 所示。

图 7-9　PDCA 环的系统思考图

PDCA 的含义如下：P（Plan）——计划；D（Do）——执行；C（Check）——检查；A（Act）——修正。首先制定目标计划 P，然后执行 D，对执行的结果进行检查 C，将检查的结果与目标进行比较，找出偏差问题，然后对偏差进行修正 A，成功的经验加以肯定并适当推广、标准化；失败的教训加以总结，未解决的问题放到下一个 PDCA 循环里。六西格玛的 DMAIC 法也是对 PDCA 的变形和继承。

7.2.4　稻盛和夫的阿米巴经营

内容提要：阿米巴经营的本质是系统思考的负反馈模型，是趋于稳定的。多个负反馈模型组合成阿米巴的层级结构，从而突破集权管理的极限。

阿米巴追求的目标是单位时间附加值最大化，这和世界三大生产理论的产出速度最大化类同。单位时间附加值 $I = ($ 生产总值 $E -$ 扣除额 $F) /$ 总时间 H，即 $I = (E-F)/H$，通过增加生产总值，减少扣除额和时间，就可以使单位时间附加值最大化。阿米巴通过实际产出与目标值之间的偏差来调整自己的行为，从而促使产出最大化。

稻盛和夫的经营方法包括成功方程式和阿米巴经营，成功方程式的本质是广义动量定理，而阿米巴经营的本质就是负反馈。

1. 集权式管理的极限

在集权的管理中，每一个环节都需要管理来下达命令，制定需要完成的目标，然后从每个环节获得完成的情况，与目标作对比，如果完成的速度较慢或者出现问题则需要去解决，如图 7-10 所示。

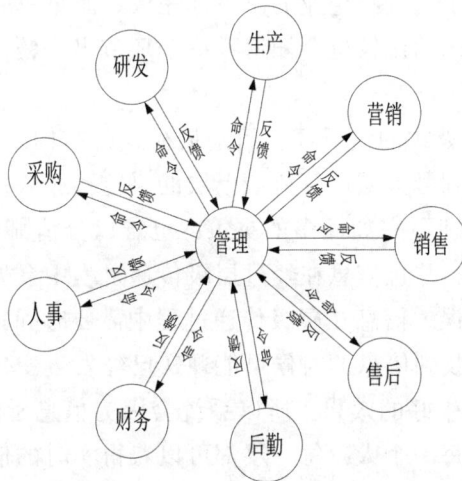

图 7-10　集权管理示意图

这个模型本身是正确的，但是如果所有的命令和目标的制定都来自于一个人或者几个人，所有的反馈也都需要这个人来完成，即需要在这个人的脑子完成所有的闭环控制。当企业较小时，他可能是有能力和时间来处理这么多决策和问题，但一旦企业变大，所有的决策和问题将以数量级式增长，产生信息爆炸，即使这个人再有能力也没办法处理好。稻盛和夫说："中小企业就像脓包一样，变大了就会破掉。"因为企业变大之后，企业原来的决策模式超出了决策者的能力极限，导致决策无效。

2. 分权式管理与层级结构式负反馈

美国企业一般针对大企业如此庞大决策问题，采取的方式是分权。具体的做法与德鲁克的目标管理与自我控制是相同的，企业制定总的目标，每个职能部门将总目标分解成小目标，然后下一层级的部门再分解，可以将目标一直分解到个人，形成赫尔伯特·西蒙所说的手段-目的的层级结构，本层的目标是上一层的手段，上一层的目标是完成再上一层目标的手段。然后通过德鲁克的目标管理与自我控制形成负反馈，每一个人是一个负反馈，每一层是大一级的负反馈，再上一层是更大一级的负反馈。每一个负反馈的执行者通过目标指导自己的工作，通过目标与工作成果的比较发现偏差，然后设法减少偏差直到完成目标。这样，下一层级的所有目标完成后，上一层级的目标就完成了，上一层级的所有目标完成后，再上一层级的目标就完成了，直到企业的总目标完成。而每一层级大的负反馈通过信息的反馈与目标的比较也会知道哪一个环节出问题，然后便于集中力量快速的处理好问题。

如果不采取层级式的负反馈，而是集权式的结构，当组织变大之后，所有的信息都汇集到最上层，等待最上层的决定，那么最上层会收到庞大的信息量，他既处理不完如此多的决策，也难以分清哪个决策是重要的，哪一个是不重要的，并且信息在经过层级传递过程中会失真，导致因信息错误而产生决策错误。信息在层级传递过程中需要时间，层级越多，传递的速度越慢，顶层收到信息的时候可能现实已经发生变化，而基于过时信息的决策也不能产生好的效果，所以系统会因为信息延迟导致决策无效。层级式负反馈中的每一个人，每一层都可以获得实时的信息，并且根据分解的目标和能力采取合适的手段获得最大的成果，从而实现自我控制而不需要等待上层的命令；层级式的负反馈只上传较少的重要的信息给上层，从而使上层只处理重要的决定，增加决定的有效性。

集权式的管理如方框内所示，所有的决策和信息反馈都汇集到最上层，其他人全是执行者。分权是将方框的范围减小，使每个环节自己形成负反馈，每一层级只需管理对应的外环那个（或几个）负反馈即可，如图7-11所示。

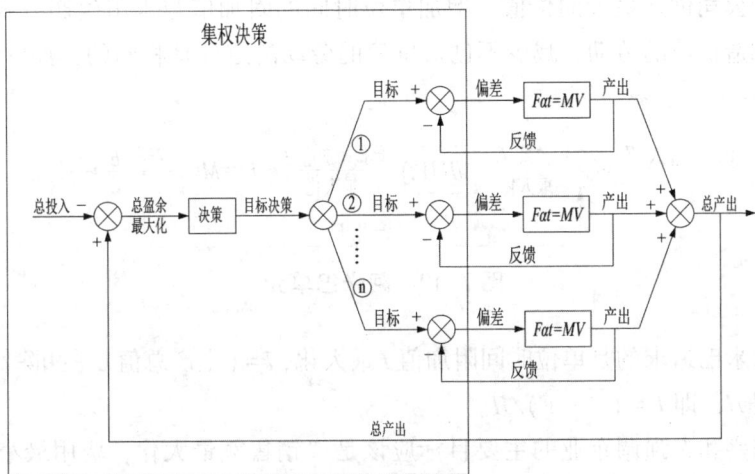

图 7-11　集权决策的系统框图

3. 阿米巴经营与层级式负反馈

稻盛和夫的阿米巴经营是层级式负反馈结构，每一个阿米巴单元与丰田生产方式中的一个工作单元的本质是相同的。一个企业可以由多个阿米巴组成，阿米巴之间可以串联、并联和混联。每一层级的阿米巴由多个下级的阿米巴构成，然后多个此层级的阿米巴可以构成上层的阿米巴。

稻盛和夫在《阿米巴经营》中写道："阿米巴经营大致有以下三个目的：第一个目的是'确立与市场挂钩的部门核算制度'；第二个目的是'培养具有经营意识的人才'；第三个目的是'实现全体员工共同参与经营'。"第一个目的是为了形成实时和准确的信息，为形成负反馈的阿米巴提供信息决策基础，信息越准确和及时，下一步的决策才可能越有效，越能实现利润最大化。第二个目的是阿米巴需要领导者，是一个小的层级结构，需要阿米巴领导根据市场信息和自身能力制定正确的决策。领导阿米巴组员根据偏差调整自己的行为，完成目标的闭环控制。如何使其制定的决策以公司的利益为基础，则需要稻盛和夫的"敬天爱人，自利利他"的哲学做引导。第三个目的是形成员工的合力，即尽量使广义动量定理 $F\alpha t = nmV$ 中的各种力量 F 的方向 α 一致，并且与公司的总目标一致，这样才能产生对公司最有利的成果。稻盛和夫通过京瓷哲学的"敬天爱人，自利利他"引导员工做出最有利于公司方向的决策，通过阿米巴单位附加值最大化来实现员工为公司创造最大的价值。增加单位时间的附加值与丰田生产方式中的增加创造价值的劳动，减少不创造价值的劳动的道理是相同的，如图7-12所示。

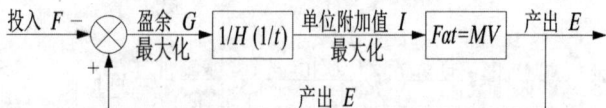

图7-12 阿米巴单元

阿米巴追求的是单位时间附加值 I 最大化，I =（生产总值 E – 扣除额 F）/总时间 H，即 $I = (E - F)/H$。

稻盛和夫强调企业的主要目标应该是"销售额最大化，费用最小化"，所以他在实行阿米巴经营时，每一个阿米巴都有销售额和费用核算，这也成为阿米巴不适合划分越细越好的原因，因为每个阿米巴需要能完成独立核算和独立的功能业务。

阿米巴作为系统的一个单元，是负反馈的单元，与作者在系统的层级结构中论述的相同，阿米巴之间可以串联、并联和混联，符合系统的层级结构。由 n 个阿米巴之间的并联，每一个阿米巴产出的加总就是公司的总产出，如图7-13所示。

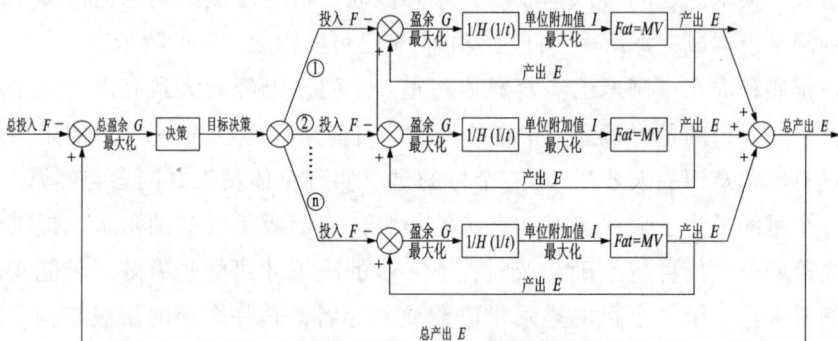

图7-13 阿米巴的层级结构

稻盛和夫在《阿米巴经营》中写道："我认为（阿米巴）必须具备三个条件。第一个条件是为了划分后的阿米巴能够成为独立核算的组织，需要'有明确收入，同时能够计算出为获取这些收入而所需的支出'。第二个条件是'最小单位组织的阿米巴必须是独立完成业务的单元'。第三个条件是'能够贯彻公司整体的目标和方针'。"第一条是为了形成负反馈所需完善的信息反馈，第二条是为了形成独立的业务，即为了使人们的成果可以衡量，规定了广义动量定理需要完成的任务，如果业务不独立则无法核算或者核算不准确，导致反馈信息不准确，无法正确指导生产。第三条是总目标和分目标之间的关系，分目标必须符合总目标才能对公司的总成果有贡献，对于小的阿米巴可能是利己行为，但是对于大目标则是有危害的。所以需要稻盛和夫的哲学"作为人何为正确"来权衡小团体的利己和利他行为，衡量的标准就是以公司总目标和成果为标准。

单位时间附加值 I 其实就是速度（或者效率），采用金钱作为衡量的指标，这与流水线生产、丰田生产方式、精益生产和 TOC 制约理论所强调的目标是相同的，生产企业的主要目标都是增加广义速度 V。稻盛和夫在《阿米巴经营》中写道："现代企业经营最重视的是速度，把如何提高时间效率看作是在竞争中取胜的关键。"

在单位时间附加值公式 $I = (E - F)/H$ 中，如何提高 I 呢？从公式可以看出，通过提高销售额 E，减少成本 F，减少总时间 H 三种方法可以提高单位时间附加值 I。

关于提高销售额 E，稻盛和夫采取的是阿米巴部门之间的独立核算，部门之间通过交易来代替合作所需要达到的功能。对于交易与合作之间的关系，诺贝尔经济学奖获得者科斯在《企业、市场与法律》中问的一个核心问题就是，企业内部的合作是否可以通过交易来代替？阿米巴给出的是肯定的回答，科斯的疑问作者在《可以量化的经济学》中进行了解答。阿米巴通过交易来进行连接，那么就涉及一个主要问题，如何制定阿米巴之间产品的售价呢？因为如果我的产出品售价低，则我的阿米巴销售额 E 会减少，这样就会减少单位时间的附加值；而我的下一个环节因为购买我的产出品价格低，则其成本 F 就较小，会增加下一个阿米巴的单位时间附加值。稻盛和夫说："定价的原则是从最终销售价倒推来决定各道工序的价格。如果某项产品的售价决定之后，那么就根据生产该产品所需各道工序的'单位时间附加值'决定阿米巴之间的售价。"阿米巴之间的售价只有做到时刻公平、准确才能准确反映各阿米巴的单位时间附加值，所以稻盛和夫说："判断阿米巴之间售价的人必须时刻做到公正、公平，而且具有能说服众人的见识。另外，为做出公平的判断，决定售价的经营高层还必须具备关于劳动价值的社会常识。"从系统思考的角度来说，反馈越及时、准确，对于系统的指导作用越强，系统越容易做出合理的决策，从而使产出最大化。

　　稻盛和夫在"确立与市场直接挂钩的部门核算制度"的那一章节中写道几个原则：① "需要的是现在的数字，而不是过去的数字"，这是控制理论所要求的原则，反馈需要及时，下一步的控制才可能准确，而如果即使反馈及时，也达不到当前控制的信息要求，比如钢铁厂冷轧的 5 连轧过程，反馈的信息已经是延迟的信息了，反应的只是前一段钢板的状态而不是现在正在轧制钢板的状态，而控制轧机的程序需要的是现在钢板的信息，那么连轧系统不仅需要负反馈的信息，还需要引入前馈控制；② "判断基准是'做人何谓正确'。"这一点是因为即使反馈的信息是准确和及时的，每个人基于这些信息所作出的决策也是不同的，有的决策可能对自己有利，有的对本阿米巴组织有利，有的对公司有利。所以稻盛和夫强调了京瓷的哲学："敬天爱人，自利利他。"通过京瓷哲学来引导员工做出对公司最有利的决策；③ "追求销售额最大化和经费最小化"，此条原则是京瓷的稻盛和夫的一个核心原则，与广义经济学的利益-成本原则异曲同工，其本质是相同的，都是追求盈余最大化。而达到的手段就是销售额或者利益最大化，经费或成本最小化。管理学家高德拉特的表述为企业的主要目标是赚取利润，达到的途径有增加有效产出、降低库存和控制运营费用；④ "基于原则诞生的部门核算制度"，这一条即诞生阿米巴经营。通过阿米巴经营来实现销售额最大化与成本最小化，阿米巴是实现这个原则的手段，不同的公司采用不同的手段来实现盈余最大化这个相同的目标。福特采用流水线生产；丰田采用丰田管理方式；一些企业采用精益生产，如保时捷；一些企业采用 TOC 制约理论，还有一些采用阿米巴经营。企业的目标是相同的，只是达到目标的手段各异；⑤ "直接传递市场动态，即刻做出应对。"从系统思考的角度说，为了下一步的控制准确，需要的反馈信息越及时越好，这是控制理论的基本原则。在对市场信息的及时反映上，西班牙的 ZARA 算是这其中的代表者，时刻关注服装的流行趋势，迅速设计和生产产品，为了最快速度达到客户手中，不惜以成本较高的飞机进行运输。ZARA 将服装定义为快速消费品，并且使其老板的财富始终保持在福布斯富豪榜的前列。

　　在阿米巴公式 $I = (E - F)/H$ 中，为了使单位时间附加价值最大化，除了提高销售额 E，还可以通过降低成本 F 来提高单位时间附加价值。稻盛和夫说："由于负责制造的阿米巴都是独立的盈利单位，阿米巴有责任尽量降低成本，以使产品的售价能够产出利润。也就是说，并非按照指定的标准成本生产产品，而是根据市场价格，通过各自钻研创意来降低成本，创造出更多的利润，这才是制造部门阿米巴的使命。"

在阿米巴公式 $I = (E - F)/H$ 中，为了使单位时间附加价值最大化，减少总时间 H，也可以增加单位时间附加价值。稻盛和夫说："通过准确地把握各部门耗时多少来尽量缩短总时间，以期提高'单位时间核算'。"由于正常的工作时间（每天 8 小时）是不能消减的，如果订单减少到不需要 8 小时，那么就要有效的使用剩余的时间，比如通过加派人员到人手不足的阿米巴帮忙来有效使用时间，增加单位时间附加价值。这种做法和丰田生产方式中的多能工做法效果相同，都可以有效的降低成本。

在阿米巴整体经营中，可以看出多个阿米巴构成的整体，而上图是基于两个层级结构的阿米巴模式，最外层的负反馈是高一级的阿米巴。阿米巴通过交易的方式完成了整个公司各部门之间的协作，阿米巴之间也有竞争关系，上下工序之间的售价竞争，以及横向单位时间的附加价值竞争。领导层通过单位时间核算表就能清楚的看到每个阿米巴的贡献和效率，然后通过横向的对比，要求成绩不好的阿米巴进行改进。稻盛和夫写道："其中有业绩出色的部门，也有苦苦哀求援助的部门。'为什么这个阿米巴的电费这么贵'，'为什么差旅费会这么高'，我不用听取任何回报，单位时间核算表会告诉我一切。"稻盛和夫通过各阿米巴的单位时间核算表就可以管理多个阿米巴，因为相比以前的管理方式，阿米巴的衡量指标减少，并且即使不同的部门也都按照单位时间核算表进行衡量，减少了数据信息的种类和数量，减少了管理层的决策难度。

7.3 正反馈理论与管理学

圣经中的马太效应、比尔·盖茨的正反馈理论、巴菲特的滚雪球理论、乔布斯的平台理论和索罗斯的反身理论的本质是系统思考的正反馈理论，他们将其运用在不同领域，获得了巨大成功。

7.3.1 马太效应

内容提要：马太效应是圣经里的一则寓言，用来阐述一旦获得一点优势，这个优势就会不断扩大，取得的成果也会越来越大，是一种正反馈现象。

马太效应（Matthew Effect）来自圣经《新约·马太福音》中的一则

寓言:

天国又好比一个人要往外国去,就叫了仆人来,把他的家业交给他们。按着各人的才干,给他们银子。一个给了五千,一个给了两千,一个给了一千。就往外国去了。那领五千的,随即拿去做买卖,另外赚了五千。那领两千的,也照样另赚了两千。但那领一千的,去掘开地,把主人的银子埋藏了。

过了许久,那些仆人的主人来了,和他们算账。那领五千银子的,又带着那另外的五千来,说:"主阿,你交给我五千银子,请看,我又赚了五千。"主人说:"好,你这又良善又忠心的仆人。你在不多的事上有忠心,我把许多事派你管理。可以进来享受你主人的快乐。"那领两千的也来说:"主阿,你交给我两千银子,请看,我又赚了两千。"主人说:"好,你这又良善又忠心的仆人。你在不多的事上有忠心,我把许多事派你管理。可以进来享受你主人的快乐。"

那领一千的,也来说:"主阿,我知道你是忍心的人,没有种的地方要收割,没有散的地方要聚敛。我就害怕,去把你的一千银子埋藏在地里。请看,你的原银在这里。"主人回答说:"你这又恶又懒的仆人,你既知道我没有种的地方要收割,没有散的地方要聚敛。就当把我的银子放给兑换银钱的人,到我来的时候,可以连本带利收回。夺过他这一千来,给那有一万的。"

因为凡有的,还要加给他,叫他有余;没有的,连他所有的也要夺过来。

马太效应因取自圣经马太福音 25 章中耶稣的有关才干比喻的这一节著名经文而得名。1968 年,美国科学史研究者罗伯特·莫顿(Robert K. Merton)归纳"马太效应"为:任何个体、群体或地区,一旦在某一个方面(如金钱、名誉、地位等)获得成功和进步,就会产生一种积累优势,就会有更多的机会取得更大的成功和进步。

马太效应是一种正反馈现象,这一次的成功(输出)会增加此人的某种能力(输入),从而使下一次成功的可能性增大,而下一次的成功又会促进再下一次的成功,从而使此人的成功越来越大。

7.3.2 比尔·盖茨的正反馈理论

内容提要:比尔·盖茨在《未来之路》中介绍了他是如何通过正反馈

理论打败所有竞争对手，使微软系统成为行业标准的。微软系统的低价策略使得比其他竞争对手卖出更多产品，而卖出的产品多，给他做兼容软件的厂家就多，从而增加了微软系统的影响，进而促进更多人购买微软系统，形成正反馈效应。

比尔·盖茨通过正反馈理论击败苹果操作系统和 UNIX 等众多实力强大的对手，使微软系统称为行业标准，自己也成为世界首富。

比尔·盖茨在他的书《未来之路》中写道：事实标准常常通过经济机制在市场上发生演变，这种经济机制与推动商业成功的正向螺旋的概念十分相似，它使一个成功推动另一个成功，这一概念叫做正反馈，它说明事实标准之所以常常出现在人们寻求兼容性的时候的原因。

在一个发展的市场上，只要存在一种稍微优于竞争对手的做法，这时正反馈循环就开始了。这种情况最容易发生在下面这种高技术产品上，这种产品可以大量制造，而成本却很少增长，其一部分价值来源于他们的兼容性。家用录像游戏系统就是一个例证。这是一种有特殊目的的计算机，安装有一张供特殊目的用的操作系统，该操作系统形成了游戏软件平台。兼容性的重要性，还在于可利用的应用程序（例如这里的游戏程序）越多，则机器本身对用户来说就越有价值。同时，用户购买的机器越多，软件开发者就会为它开发越多的软件。一旦一台机器的推广到达了一个高水平，销售量就会不断上升。这时，正反馈循环就开始了。

计算机行业学到的最重要的教训之一是，计算及对其用户的价值大小取决于质量和可供计算机使用的各种应用软件。

但是最初的 IBM 个人计算机实际上可以选择装入 3 个操作系统——即我们的 PC-DOS，CP/M-86 和 UCSD Pascal P-System。我们知道三个系统中只有一个能够成功，从而成为标准。我们需要向 VHS 录像带推入每一个录像带商店那样的同一类的力量，使 MS-DOS 也成为一个标准。我们看到有三种方法使 MS-DOS 名列前茅。

第一种就是要使 MS-DOS 成为最好的产品。第二种就是帮助别的公司编写以 MS-DOS 为基础的软件。第三种是要确保 MS-DOS 价格便宜。

我们和 IBM 做了一笔令人难以置信的交易——即只交低廉的一次性费用，就使该公司在所销售的许多计算机上使用微软公司的操作系统。这就使得 IBM 有了动力去推广 MS-DOS，廉价地销售它们。我们的策略成功了。IBM 以大约 450 美元的价格出售 UCSD Pascal P-System，以 175 美元出售

CP/M-86，而以 60 美元出售 MS-DOS。

我们的目的不是要直接从 IBM 那里赚钱，而是要从出售 MS-DOS 特许权赚钱，有的计算机公司想要提供或多或少的与 IBM 个人计算机兼容的机器，我们就把 MS-DOS 的特许权出售给这些公司。IBM 可以免费的使用我们的软件，但是它对未来的升级版软件并不能享有独占使用权和控制权。这使得微软公司做起了把软件平台的特许使用权出售给个人计算机工业的生意。结果 IBM 放弃了 UCSD Pascal P-System 和 CP/M-86 的升级版本。

用户们充满信心的购买 IBM 个人计算机，在 1982 年，软件开发者们开始抛出在这一 DOS 下运行的应用程序。每一个新的应用程序都增加了 IBM 个人计算机作为潜在的工业界的事实标准的实力。

一个正反馈的循环开始趋动个人计算机市场。一旦开了头，成千上万的应用程序出现了。不计其数的公司开始制造内置卡或'附件卡'，这些卡扩展了个人计算机的硬件能力，软件和硬件的珠联璧合所带来的好处使个人计算机的销售量远远超了 IBM 的预期销量——成百上千万地增加。正反馈循环为 IBM 循环出数十亿美元。有好几年，所有商用个人计算机中的半数以上是 IBM 的产品，其余的大多数产品也与它兼容。

在三年内，几乎所有的个人计算机竞争标准都消失了，唯一的例外是苹果公司的苹果二型（Apple II）和 Mac 机（Macintoch）。惠普，DEC，德州仪器和施乐公司，尽管在技术声望和用户方面都有很强的实力，但在 80年代初期的个人计算机市场上均告败北。原因在于它们的机器缺乏兼容性，而且没有对 IBM 内部结构提供足够的重大改进。

比尔·盖茨在《未来之路》中，详细的介绍了微软利用正反馈原理打败所有的其他操作系统而成为行业标准。

比尔·盖茨的正反馈思路是当微软的操作系统在市场上有较多一些份额，和其他操作系统相比，给微软系统编写软件意味着更多的受众，所以就有较多的软件开发者为微软的操作系统编写应用软件，这样微软的操作系统的价值就会提高，就会有更多的人购买微软的操作系统，然后又有更多的软件开发者为微软系统编写应用程序，增加微软系统的价值，从而又再促进销售。最后形成正反馈，打败所有其他对手，成为行业标准。

比尔·盖茨提出三种方法来增加微软操作系统的市场份额的方法："第一种就是要使 MS-DOS 成为最好的产品。第二种就是帮助别的公司编写以MS-DOS 为基础的软件。第三种是要确保 MS-DOS 价格便宜。"

"我们和 IBM 做了一笔令人难以置信的交易——即只交低廉的一次性费用，就使该公司在所销售的许多计算机上使用微软公司的操作系统。这就使得 IBM 有了动力去推广 MS-DOS，廉价地销售它们。我们的策略成功了。IBM 以大约 450 美元的价格出售 UCSD Pascal P-System，以 175 美元出售 CP/M-86，而以 60 美元出售 MS-DOS。"

在物理学中，我们知道："合外力决定成果。"商品给消费者带来的利益是消费者购买的动力 B，价格是消费者购买的阻力 C，二者的合外力 $B-C$ 决定了销售量这个成果 Q，合外力的转化率为 K。$Q=K(B-P)$ 是《可以量化的经济学》中提出的需求定律公式。微软使用了 4 种方法来增加销售量 Q，如图 7-14 所示。

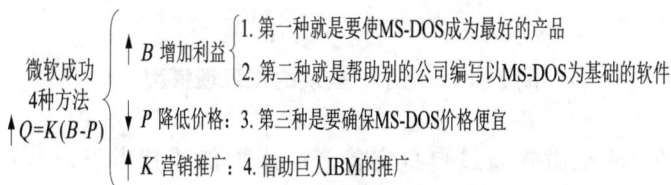

微软成功 4种方法 $\uparrow Q=K(B-P)$

B 增加利益
1. 第一种就是要使MS-DOS成为最好的产品
2. 第二种就是帮助别的公司编写以MS-DOS为基础的软件

P 降低价格：3. 第三种是要确保MS-DOS价格便宜

K 营销推广：4. 借助巨人IBM的推广

图 7-14　微软成功的 4 种方法

"第一种就是要使 MS-DOS 成为最好的产品。第二种就是帮助别的公司编写以 MS-DOS 为基础的软件。"这两种方法增加了消费者购买 MS-DOS 系统的利益 B，第一种是微软自身完善软件而增加的消费者利益，第二种是兼容软件增加的消费者利益 B，通过 $Q=K(B-P)$ 可知，增加 B 会而使销量 Q 增加。

"第三种是要确保 MS-DOS 价格便宜。"第三种方法降低价格，降低了消费者购买的成本 P，通过 $Q=K(B-P)$ 可知，降低 P 会而使销量 Q 增加。

通过与 IBM 这个巨头合作，获得了全世界的推广，增加盈余转化率 K，通过 $Q=K(B-P)$ 可知，增加 K 会而使销量 Q 增加。微软作为初创公司，负担不起全球推广这样巨大的营销费用。如果最开始微软没有和 IBM 进行合作，那么占据初始优势而最后形成正反馈效应的公司就不会是微软了。微软允许 IBM 以很低的费用使用微软的操作系统，从而使 IBM 有动力去推广微软的操作系统而不是其他家的。而由于 IBM 在个人商用电脑上的巨大成功，使微软的操作系统成为了行业标准。

微软通过将操作系统的特许权出售给其他 IBM 的兼容机厂商赚钱。

在这里作者以系统框图来分析微软的正反馈，并且介绍一条作者要在经济学中讲的重要原理：消费者盈余决定购买数量；而不是价格决定购买数量。

消费者盈余=消费者利益-价格。消费者利益指消费者购买某种产品或服务所获得的利益，也就是商品价值。消费者盈余与购买数量正相关，消费者盈余越多，购买数量越多，如图7-15所示。

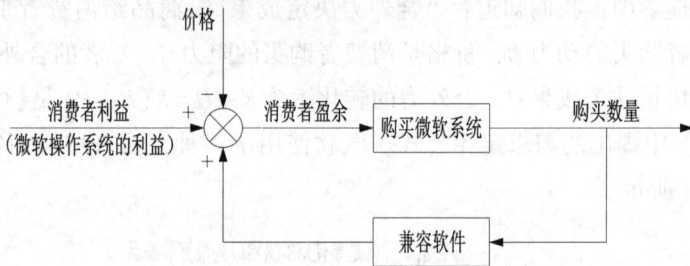

图 7-15　比尔·盖茨的正反馈模型

第一种方法是微软通过自身完善产品来增加消费者可以获得的利益，从而增加消费者盈余。第二种方法是帮助兼容商编写以微软系统为基础的软件来增加消费者利益，从而增加消费者盈余。第三种是通过低价来增加消费者盈余。

而比尔·盖茨同时使用了三种方法，则消费者盈余会变的很大，购买量会增加很多，从而推动 MS-DOS 成为了行业标准。

在这三种方法中，微软允许 IBM 以很低的价格在其计算机上使用微软的操作系统，促使电脑界的巨人有动力去推广微软的操作系统，借着 IBM 的成功，而使自己的操作系统迅速成为行业标准，从而打败所有其他的操作系统。苹果系统，UNIX 系统和其他操作系统的失败都是因为他们的兼容性不好，甚至于苹果公司自己的系统都不兼容，从而降低了消费者的利益。

比尔·盖茨使用正反馈方法打败当时所有竞争对手，使微软的操作系统成为行业标准，那么微软又是如何打败后来的挑战者呢？

微软是一个进攻性极强的企业，由于比尔·盖茨对技术领域敏锐的洞察力和"销售为王"的企业文化，这个 IT 巨头依靠观察、模仿、消灭等各种竞争手段获取商战中的制高点，被它伤害过的著名企业可以列出长长的名单。除了苹果和 IBM 这些巨头，还包括 WordPerfect、王安电脑公司、莲花（Lotus）公司、Novell 公司、Borland 公司和网景公司（Netscape）等众多公司。微软最强大的武器就是通过正反馈建立起的在操作系统中的垄断地位。它通过自己的垄断地位可以采用模仿的方法打败几乎所有对手，因为软件公司谁也绕不过操作系统而直接接触客户，而操作系统就是软件公司接触客户的唯一桥梁。微软可以通过模仿对手而编写类似的软件，在操作系统中预装和捆绑，第一时间和客户接触，凭借其在操作系统的垄断地位，迅速普及其软件，抢占竞争对手的市场，从而打败竞争对手。

WordPerfect

在微软以 DOS 操作系统和 BASIC 程序开发语言站稳脚跟后，比尔·盖茨盯上了办公软件市场。微软从施乐公司挖来可视化界面设计的先驱西蒙尼博士，研发出微软字处理软件 MS-Word。但竞争对手 WordPerfect 的超卓性能令用户印象深刻。截至 1986 年，WordPerfect 以 36% 的份额占据了字处理市场的第一名，MS-Word 只列第五。1990 年后，微软的重点逐渐转移到 Windows 平台上，MS-Word 借助 Windows 实现了对 WordPerfect 的反超。1994 年，WordPerfect 被 Novell 以 14 亿美元收购。

王安电脑公司

王安被公认为世界华人电脑之王。他于 1951 年创办王安实验室，1971 年推出电脑文字处理系统，首创 WPS（Word Processing System）这一缩写。1976 年 6 月，王安公司展出全新的文字处理系统。这套售价高达 3 万美元的系统使输入者可以随时随意在显示器上修改和编辑文本。1978 年，王安公司已成为世界上最大的 WPS 生产厂家。但王安公司没有看到电脑通用化的大潮，仍然坚守价格高昂的专用处理机市场。在配备微软 DOS 系统的廉价 PC 冲击下，王安系统的销量每况愈下，公司于 1992 年申请破产保护。

莲花（Lotus）公司

莲花公司由 Mitch Kapor 和 Jonathan Sachs 于 1982 年创办。莲花随后推出的电子表格软件 Lotus1-2-3 可以将商业数据以数据库形式管理和组织，并可自动运算结果、以各种示意图形式输入。该软件一问世，即将微软的同类型产品 Multiplan 打得溃不成军，连当时与微软尚处于蜜月期的 IBM，都认为 Lotus1-2-3 是 PC 机的最佳搭档。后来随着微软 Windows 95 的推出，微软 MS Office 与操作系统的衔接愈加紧密，Excel 的功能也日渐强大；而莲花公司无法做到与这一新的系统同时进步，市场份额逐渐失去。1995 年，IBM 以 35 亿美元价格收购莲花公司，企图以强强联合方式对抗微软。但在 Wintel 联盟兼有软硬件优势的不利条件下，莲花公司逐渐退出通用市场。

网威（Novell）公司

与上述几个在应用软件领域被微软击败的公司不同，Novell 公司一开始就在技术核心上威胁到微软。1990 年代初，Novell 在网络市场中的地位相当于微软在单机市场中的地位，二者均握有核心的操作系统技术。双方也同时开始觊觎对方的市场。互联网兴起之后，Novell 于 21 世纪初被微软逆转局势。作为这一场世纪大战的外传，Novell 1997 年的总裁埃里克·施密特在战败后离开公司，并在风险投资家的建议下加入初创的 Google，继续领导与微软的战争。

Borland 公司

在上述这些公司中，除了本土的金山 WPS 外，最为中国读者所熟知的大概就是 Borland 公司，因为它的编程工具 Turbo C 一度曾几乎垄断 DOS 时代的编程市场。由于 Borland 是在最为上层的编程工具市场与微软展开缠斗，而且其坚持时间最久、战场最为广阔、经典产品最多，因此多年以后仍然有人以"传奇"来概括这家公司。Borland 公司在与微软经历了 DOS、Windows 直到互联网时代长达二十余年的缠斗之后元气大伤，于 2009 年以 7 500 万美元的惨淡价格被一家英国公司收购。

网景公司（Netscape）

在科技工业史上乃至整个工业史上，能超过微软发展速度并盖过它的风头的公司屈指可数。能否超越微软，哪怕暂时地超越微软也就成为了伟大公司的试金石。网景公司是少数曾经盖过微软风头的公司之一。网景公司和微软公司的网络浏览器（Web Browser）之争已经成为 IT 史上最为人津津乐道的话题。

90 年代，互联网开始兴起，急需一个通用的网络浏览器，1994 年安德森和克拉克成立了网景公司并于同年推出了图形界面的网络浏览器"网景浏览器"软件。"网景浏览器"一推出就大受欢迎，不到一年就卖出几百万份。1995 年，仅成立了一年的网景公司就挂牌上市了，在华尔街的追捧下，网景的股票当天从 28 美元涨到 75 美元，以后一直在上涨，速度超过了早期的微软。虽然网景公司已经被炒得很红火，比尔·盖茨还根本没有注意到网络浏览器的重要性，虽然他的顾问们一再提醒他。也许，盖茨最初只是把浏览器当成了一种一般的应用软件，这样的话微软当然不用太在意。相反，华尔街倒是对微软在互联网领域犹豫不前表示不满。同年 11 月，高盛公司将微软的股票从买入下调到持有，微软的股票应声而下。

当同事们再次将网景浏览器展示给盖茨时，盖茨意识到了它的重要性。比尔·盖茨在浏览器的发展上属于后知后觉。微软之所以得以控制整个微机行业，在于它控制了人们使用计算机时无法绕过的接口——操作系统。现在，网景控制了人们通向互联网的接口，这意味着如果微软不能将它夺回来，将来在互联网上就会受制于人。盖茨意识到微软已经在这个领域落后了，他首先想购买网景，但是被网景拒绝。微软于是马上派人去和网景公司谈判合作事宜，而盖茨一直在遥控谈判。微软的条件苛刻，包括注资网景并且进入董事会。网景现在面对两难的问题，如果答应微软从此就受制于人，而且以前和微软合作的 IBM 和苹果都没有好结果，反之，不答应微软，就可能像莲花公司和 WordPerfect 一样面临灭顶之灾。最后，网景选择了和微软一拼，因为它觉得至少目前它还有技术和市场上的优势。后来证明这种技术上的优势根本不可靠。在微软方面，它也正式向网景公司宣战。

1995 年 12 月 7 日，盖茨宣布向互联网进军。盖茨通知很多工程师，不管做到哪个阶段，立即停掉手里的工作，然后全力投入微软浏览器 IE 的开发。很快，微软的 IE 浏览器就问世了，但是功能上远不如网景。盖茨动用了他的杀招——和 Windows 捆绑，免费提供给用户。由于在技术上和网景公司的 Netscape 差距太大，IE 1.0 和 2.0 在市场上对网景的威胁还不是太明显。但是 IE 的成长率实际已经超过 Netscape 了。

1997 年是个转折年。那年十月，微软发布了性能稳定的 IE 4.0，它非常接近当时的 Netscape 了，在一些性能上甚至各有千秋。这时捆绑的作用突然间显现出来，用户不再下载即使是免费的 Netscape 了。网景就被垄断了操作系统的微软用这种非技术、非正常竞争的手段打败。微软终于取得了从用户到网络的控制权，从此，微软帝国形成，再也没有一个公司可以在客户软件上挑战微软了。

在网景和微软的浏览器大战中，几乎所有人都认为网景的失败是不可避免的。多年后，拉里·佩奇在总结网景教训时为网景找到了一个可以在微软垄断的压力下生存的办法。

拉里·佩奇的解决办法

在 Google 上市以后，华尔街一度担心 Google 是否会重复网景公司的先例，最终被微软靠捆绑手段击败。Google 的共同创始人拉里·佩奇在一次会上谈到了这个问题，他的观点颇有新意而又切实可行。

佩奇的大意是讲，几乎所有的人都认为网景公司在微软捆绑推广自己的浏览器 IE 后，注定难逃破产的厄运。当然，微软这种非常规的竞争方法很厉害，但是，网景公司也有自己的问题，否则它有可能在微软的压力下生存并发展。网景公司在它的浏览器畅销到网络用户时，没有居安思危，它没有注意去控制互联网的内容，这样一来它失去了保护自己和反击微软的可能性。本来它最有可能成为雅虎。

我们来分析一下网景公司如何才能打败微软的捆绑方式，从而赢得浏览器之战呢？

浏览器是用户用来浏览网络内容的工具，我们首先来绘制一下价值流图或者称为渠道图。价值流图为：用户—电脑硬件—操作系统—浏览器—内容，这样用户就可以通过这个渠道访问网络内容了，如图 7-16 所示。

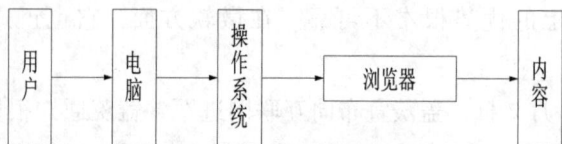

图 7-16　浏览器价值链

网景公司的价值流就是将图中的浏览器换成网景浏览器，这样用户就可以通过网景浏览器来浏览网络内容了，而用户是否安装网景浏览器取决于用户的偏好。那时的网景浏览器如日中天，被选择是比较理所当然的，如图 7-17 所示。

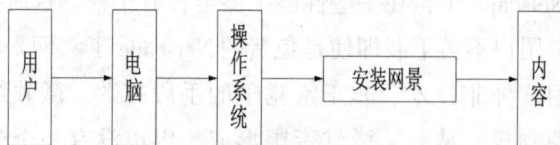

图 7-17　网景浏览器价值链

如果微软也将 IE 浏览器推向市场，以较低的价格让用户选择的话，那么微软可以凭借低价抢夺一部分市场，但是无法威胁网景的市场领导地位。微软采取了更加激进的方式，一是在微软系统中捆绑 IE 浏览器，二是预装的浏览器免费。这个方式和微软捆绑 IBM，低价销售微软系统而打败其他操作系统的方式有点类似。这样用户在不用花钱的情况下，购买了电脑就有了预装的 IE 浏览器，不需要再去购买和安装网景浏览器了，微软为用户节省了购买和安装浏览器的步骤。微软做到了让用户第一时间接触的浏览器就是 IE 浏览器，它抢占了先机，如图 7-18 所示。

图 7-18　微软 IE 浏览器价值链

这样网景公司和微软的渠道之战就明朗了。网景公司需要用户在购买电脑之后，再去购买和安装网景浏览器才能浏览网络内容，而微软为用户节省了购买和安装浏览器这一步。凭借微软在操作系统中的垄断地位，它可以使绝大部分的电脑用户直接拥有 IE 浏览器，市场占有率可以短时间就超越网景，如图 7-19 所示。

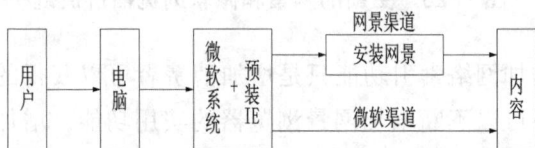

图 7-19　网景和微软浏览器价值链

那么网景公司就只能坐以待毙，无法避免被微软 IE 打败吗？其实不是，微软只是在安装浏览器的渠道上做的比网景公司好一些，而从用户访问网络内容的这条渠道中，网景可以在每一个点狙击微软，如图 7-20 所示。

方法包括但不限于以下：

（1）联合电脑厂商预装网景浏览器。微软通过在微软操作系统上预装 IE 来狙击网景，那么最简单粗暴的方式就是以彼之道，还施彼身。微软在它的操作系统上预装 IE，那么网景公司可以联合电脑集成商，也在微软的系统上预装网景浏览器。因为用户购买的电脑都是电脑集成商生产的，和电脑集成商合作预装网景，可以有效抵消微软预装 IE 的效果。

（2）联合其他操作系统厂商，预装网景浏览器。电脑的操作系统除了微软系统，还有其他如苹果等操作系统，网景公司可以联合这些操作系统厂家预装网景浏览器，占领非微软市场。

（3）增加网络内容索引功能。这是 google 创始人拉里·佩奇给出的解决方案，通过浏览器内置网络索引，可以减少用户在杂乱的互联网中寻找自己需要内容的时间，增加了消费者利益，从而可以增加网景被选择的可

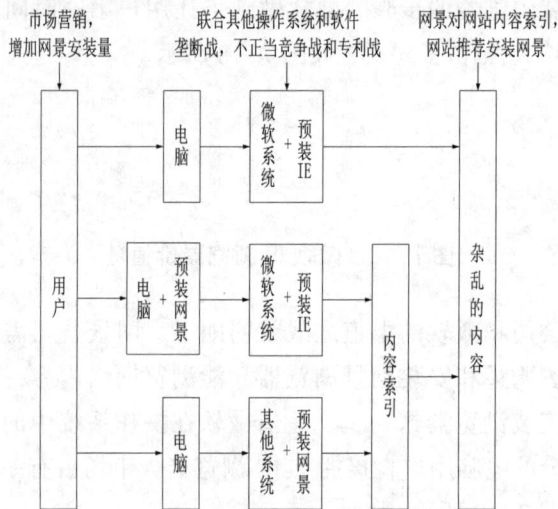

图 7-20　更新的网景和微软浏览器价值链

能性。当然，增加网络索引功能只是增加消费者可以获得的利益的一种方式，网景公司还可以不断增加网景浏览器的实用功能，增加消费者可以获得的利益，从而增加网景的安装量。

（4）市场营销增加用户安装网景浏览器的数量。我们知道从需求定律的角度说，增加消费者利益，降低价格和增加盈余转化率都可以增加销售量。通过市场营销就是增加盈余转化率，它可以增加网景浏览器的安装数量。广告营销可以有很多切入点，包括宣传网景浏览器的快速性，稳定性等性能优势，或者以隐喻的方式攻击微软捆绑的强迫方式等。

（5）联合其他操作系统和软件厂商，开展对微软的垄断战、不正当竞争战和专利战。一是控告微软垄断。由于微软在操作系统的垄断地位，这是它无法比拟的优势也是它无法回避的弱点。因为被微软垄断地位伤害和正在伤害的操作系统和软件厂家不计其数，所以可以联合这些厂家控告微软垄断。即当自身实力不足以对抗竞争对手而战争又不可避免时，就非常需要联合各方力量，从而增加获胜的可能；二是控告微软的不正当竞争行为，制止其预装 IE 浏览器。因为控告垄断的官司都比较漫长，远水不一定能解决近渴。通过雇佣专业法律人士，找微软捆绑软件行为是否有违背不正当竞争法，从而控告微软，防止其预装 IE 软件；三是浏览器的专利之战。网景公司是浏览器的领导者，它或许应该有浏览器上的专利，如果没有，想办法获得一些浏览器的专利，然后控告微软在浏览器上专利侵权。在寻求法律帮助的同时，也要在适当时机选择和微软和解，浏览器之战对自己毕竟没有什么好处。

（6）与内容厂商合作，内容厂商推荐安装网景浏览器。这个方式是拉里·佩奇方式的扩展。网景公司在浏览器上内置网络索引功能有助于用户更快速和准确的找到内容提供商，这是网景给内容提供商的利益。而网景公司可以通过这个利益和内容提供商进行利益互换，要求内容提供商在网页上推荐网景浏览器。这样即使用户通过 IE 访问了内容提供商，也会看到网景浏览器的推荐，进而增加用户安装网景浏览器的可能性。

（7）与其他软件厂商合作，互相推荐安装对方软件。因为用户不会只在操作系统安装浏览器一个软件，而是还会安装其他很多软件。网景公司可以和其他软件公司合作，使其捆绑网景浏览器或者在安装其他软件时推荐网景浏览器，从而增加网景浏览器安装数量。

（8）与其他软件零售商合作，捆绑网景浏览器。用户的很多软件是在软件零售商那进行购买，然后安装使用的。网景公司可以与这些零售商合作，捆绑或者推荐的方式让用户安装网景浏览器。

（9）给安装网景软件的客户以奖励。因为微软采用免费的方式推广 IE 浏览器，那么网景公司是否可以更激进一些，比如给予每一个安装网景浏览器的客户 1 美元的安装奖励。这种奖励可以是多样的，不一定非得是金钱。

（10）以上所有方法不仅可以在美国的一个洲展开，更应该是全美，甚至于世界各个国家。

安卓手机

几乎所有使用安卓系统的手机厂商都需要向微软交专利费。据分析人士估算，微软可以从每台安卓设备处收取 5~15 美元的授权费用，三星每台安卓设备要向微软支付 10~12 美元，而 HTC 每台安卓设备则向微软支付 10 美元专利费。

明明是谷歌开发了安卓系统，微软却不能向谷歌要钱，这是因为谷歌的系统是免费开放的。而这些使用安卓系统的手机厂商需要有安卓系统才能赚钱。

微软在过去近 40 年的时间里，积累了海量专利。在安卓出生之前，微软就已经开始从 Linux 系统上获取专利授权费用。安卓是基于 Linux 开发的，因此，在安卓诞生后，微软将收费的重点转向安卓，也是必然结果。

微软通过正反馈建立了垄断地位,从而使它便成了所有公司最可怕的敌人。微软靠它在操作系统上的垄断地位和无比雄厚的财力在计算机领域几乎是无往不胜。

7.3.3 巴菲特的滚雪球理论

内容提要:巴菲特的滚雪球理论是一个正反馈效应,他将源源不断的资金流投入股票市场,而他所投资的股票的公司都是经过他严格筛选的,具有增长潜力的。这样投入的资金会有较大的增值,然后他再将增值的资金再次投入较高成长公司的股票,从而利用正反馈,赚到巨大财富。

巴菲特使用滚雪球理论,使自己成为最赚钱的投资大师。

巴菲特说:"人生如滚雪球,重要的是找到很湿的雪和很长的山坡。"

1994 年 10 月 10 日巴菲特在内布拉斯加大学的演讲中说:"复利有点像从山上往下滚雪球。最开始时雪球很小,但是往下滚的时间足够长(从我买入第一只股票至今,我的山坡有 53 年这么长),而且雪球黏得适当紧,最后雪球会很大很大。"

湿雪,指的是在合适的环境中投入能不断滚动增长的资金。长坡,指的是能让资金有足够的时间滚大变强的企业。

其实巴菲特是用滚雪球比喻通过复利的长期作用实现巨大财富的积累,雪很湿,比喻年收益率很高,坡很长,比喻复利增值的时间很长,如图 7-21 所示。

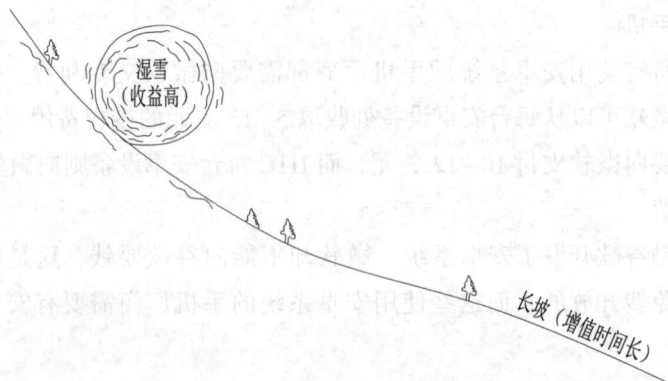

图 7-21 巴菲特的滚雪球理论

巴菲特 1963 年写给合伙人的信中说："我们的合伙基金存在的根本原因就是要以高于平均水平的收益率复利增长，而且长期资本损失的风险比主要投资公司更低。"

巴菲特是通过复利而赚到如此多的财富的。在 2017 年福布斯全球财富榜上，沃伦·巴菲特以 756 亿美元排名第 2 位。

巴菲特不是一次性投入一定数量的钱，然后通过复利而赚到如此财富的。巴菲特拥有一家全资的保险公司—伯克希尔哈撒韦。保险公司的性质决定了客户存入保险的金钱都是长期的，所以这家公司每年为巴菲特的投资提供巨大的长期资金流，从而使巴菲特有足够的资金投入到股票当中，进而赚到如此财富的，如图 7-22 所示。

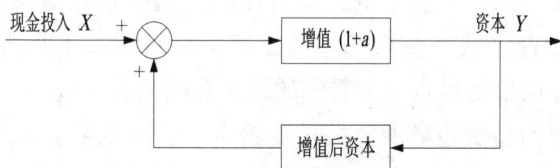

图 7-22　巴菲特的滚雪球模型

巴菲特的滚雪球理论是一个正反馈效应，他将源源不断的资金流投入股票市场，而他所投资的股票的公司都是经过他严格筛选的，具有增长潜力的。这样投入的资金会有较大的增值，然后他再将增值的资金再次投入较高成长公司的股票，从而利用正反馈，赚到巨大财富。

假设巴菲特以年的时间来计算投资，每年伯克希尔哈撒韦公司为它提供的资金为 X，每年他投资股票的回报为 a，则他每年的新投入的资本为 $Y = (1 + a)X$，而上一年所赚的资本和本金今年也会以比例为 a 大小来增值。则可以得到一个巴菲特的资本为

$$Y_{n+1} = (1 + a) \times (X + Y_n)$$

许多分析都忘记了巴菲特每一年还有巨大的资金投入 X。假设巴菲特在伯克希尔哈撒韦之前的资本为 Y_0。则巴菲特的投资回报展开为：

$$Y_{n+1} = (1 + a)^n Y_0 + \left[(1 + a)^n X + (1 + a)^{n-1} X + \cdots + (1 + a)X + X \right]$$

$$= (1 + a)^n Y_0 + \frac{(1 + a)^n - 1}{a} X$$

许多分析忘了计算 X 的那部分，而这部分应该是巴菲特财富的最大来源。

如果巴菲特的年复合收益率为 20.3%，即 $a = 20.3\%$，而他的投资年限从 1965 年到 2017 年为 53 年的话，那么：

$$(1 + a)^n = (1 + 0.203)^{53} = 17\,950$$

$$而 \frac{(1 + a)^n - 1}{a} = \frac{(1 + 0.203)^{53} - 1}{0.203} = 88\,421$$

从上两式可以看出，X 所乘的比例要大于 Y_0 所乘的比例，所以巴菲特每年的资金投入增值后的加总是巨大的。巴菲特本是没有资本的，他的原始资本 Y_0 也是通过吸纳别人的钱做投资而积累的收益盈余，这和他使用伯克希尔哈撒韦的资金做投资是相同道理的。

巴菲特、索罗斯和西蒙斯三大投资家的对比

巴菲特是按年来算收益率的，他每年投资的次数是有限的，有时他将钱投入到一家企业，钱一直在那增值，而不是每年取出来去做新的投资。巴菲特是做企业的价值投资的，看中的是企业的长远价值。

金融家索罗斯是做趋势的，做短期投资的，他依靠金融的短期正反馈效应赚取巨大财富，他将自己的投资方式称为反身理论。

而詹姆斯·西蒙斯的大奖章基金是靠超短期交易赚钱的，年均报酬率高达 34%，超过巴菲特和索罗斯。詹姆斯·西蒙斯称自己的投资方式为"壁虎式投资法"是指在投资时进行短线方向性预测，依靠交易很多品种、在短期做出大量的交易来获利。用西蒙斯的话说，交易"要像壁虎一样，平时趴在墙上一动不动，蚊子一旦出现就迅速将其吃掉，然后恢复平静，等待下一个机会。"大奖章基金的 20 名交易员会通过数千次快速的日内短线交易来捕捉稍纵即逝的机会，交易量之大甚至有时能占到整个纳斯达克市场交易量的 10%。

作者认为超短期交易可以通过 2 种方式来赚钱，一种称为随市，即根据市场的情况来多次购入卖出，但购入和卖出的数量占市场份额较小，几乎不影响其购入卖出产品的价格。要达到购入卖出的准确性，则要求有相当多的数据和超强的分析能力。

第二种称为作市。假设甲市场中有多种产品，其中 A 产品与 B 产品有相关性，正负相关均可，大量购入或卖出 A 产品会对 B 产品有影响。如果 A 产品和 B 产品是正相关的，同时大量购入和卖出 A 和 B 产品会产生互相增强的正反馈作用，从而在这其中赚钱。也可能是甲市场中的一群产品与另一群产品有相关性，或者甲市场的产品与乙市场的产品有相关性。

让我们回到广义动量定理 $F\alpha t = MV$，如何使成果 MV 作用最大化？在金

融市场中，如果有足够数量的资本（M），将这大量的资本投入金融市场就会对市场产生影响，资本的数量 M 越多，广义动量 MV 越大，所撞击的效果越明显。而如果资本的数量 M 不足够大，通过增加资本的流通速度 V，广义动量 MV 也会变大，流通速度 V 越快，广义动量 MV 越大，所撞击的效果越明显。

按照詹姆斯·西蒙斯所描述的壁虎投资法好像是第一种随市的方法，作者认为是第二种方法的可能性更大。大奖章的资金不算足够大，但资金数量 M 也是很大的，他通过每天数千次的交易来提高资金的运转速度 V，从而使广义动量 MV 变得巨大。大奖章基金每天的交易数量能达到纳斯达克市场交易量的 10% 的话，广义动量 MV 不可能不对市场产生影响。而如果他每天数千次的交易之间是相互独立的话，即产生的动量碰撞互相抵消的话，大奖章基金很难做出大的成果。

假设大奖章基金以天来算收益率，美股每年平均有 252 个交易日，则复利 252 次。设每天的收益率为 a，则：

$$(1 + a)^{252} = 1.35$$

则 $a = 0.0011916$。每天的复利为 0.001 191 6。

巴菲特的投资方式是有收益上限的，他的年收益率不可能超过股票市场上股票增值最大的企业的增值幅度，并且他投资的次数很少，则资金的运转速度 V 很慢，动量 MV 较小，需要许多年的等待，才可能创造巨大财富，并且每一年还需要巨大的资金投入。

索罗斯的反身投资方法是利用金融市场的正反馈，每次的收益巨大，但正反馈的机会不是时时有，每一次正反馈也需要一段时间来完成，投资收益也是有上限的，但是要比巴菲特的上限高很多。因为他每年可以投资很多次，资金的速度 V 运转的速度要比巴菲特快许多。

西蒙斯的壁虎投资法增加了资金的运转速度 V，单次的收益较小，通过大量的交易来积累较小的收益，从而使总体收益变大，收益上限要比索罗斯的高，理论上可以无限次交易。

第二种的协同投资法，投资次数没有上限，单次收益较大，应该是资本增值最快的方法。

7.3.4 乔布斯的平台理论

内容提要：乔布斯的平台理论是一个正反馈模型，苹果平台上提供的歌曲、电影和软件等越多，苹果的硬件产品就越有价值，购买的人就越多；而购买硬件的人越多，苹果平台的价值就越大，给苹果平台提供歌曲、电影和软件等就越有价值，从而形成苹果产品和平台销量相互促进的正反馈。

史蒂夫·乔布斯在回归苹果之后，发展出平台理论，使苹果从破产边缘成为世界最赚钱的科技公司。

乔布斯是世界上最有洞见力的创业者，他创立了苹果公司、Next、收购并成就了皮克斯，他至少五次改变了这个世界：一是通过苹果电脑 Apple-I，开启了个人电脑时代；二是通过皮克斯电脑公司，改变了整个动漫产业；三是通过 iPod，改变了整个音乐产业；四是通过 iPhone，改变整个通讯产业；五是通过 iPad，重新定义了 PC，改变了 PC 产业。

比尔·盖茨在《未来之路》中写道："在三年内，几乎所有的个人计算机竞争标准都消失了，唯一的例外是苹果公司的苹果二型（Apple II）和 Mac 机（Macintoch）。"当比尔·盖茨的正反馈作用开始后，所有的计算机竞争标准都被打败了，唯有苹果。可见苹果是多么的有实力。作者将比尔·盖茨的成功归为商业模式的成功。作者认为，即使当年比尔·盖茨拥有的不是 PC-DOS，而是其他的操作系统，如 CP/M-86。比尔·盖茨一样能通过正反馈模式使这个操作系统成为行业标准，然后出售操作系统特许权而成为世界首富。

"Windows 赢了，"乔布斯说，"很不幸，它打败了 Mac，打败了 Unix，打败了 OS/2。一个低劣产品胜出了。"

乔布斯与沃兹尼亚克创办了苹果电脑公司，先后推出了 Apple I、Apple II、Lisa 和麦金塔电脑。在与 IBM、微软及兼容机的竞争中失败，只占有少量的市场份额。乔布斯那时没有认识到兼容性对提高苹果操作系统的重要性，采用封闭的系统，从而在操作系统上输给了微软。

1997 年乔布斯回归苹果，乔布斯接连创造出 3 款伟大的产品：iPod、iPhone 和 iPad，还有软件平台 iTunes。三大产品与 iTunes 的完美结合，完成了乔布斯所说的平台，即完成了正反馈。iTunes 上销售的歌曲、视频和软件越多，iPod、iPhone 和 iPad 的价值越大，越能促进 3 款产品的销售；而 3 款产品销售的越多，为三款产品所开发的软件利益越大，开发者开发的软件和配套就越多。从而完成正反馈效应，如图 7-23 所示。

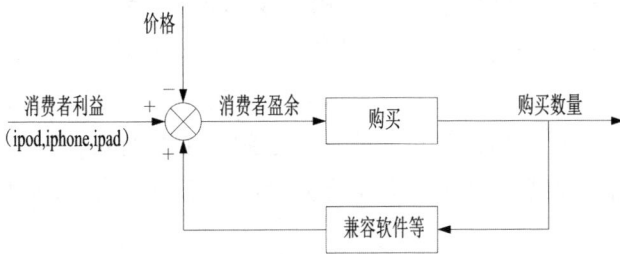

图 7-23 乔布斯的平台模型

在正反馈中，初始的一点优势就能激发正反馈效果。在比尔·盖茨的正反馈中，比尔·盖茨是通过降低价格来增加销量，完成初始的竞争优势。

而在乔布斯的平台中，则是自然演化的，开发 iTunes 是为了使 iPod 功能可以减少，使其易用。甚至于一段期间内乔布斯都很排斥为微软的操作系统开发 Window 版的 iTunes，但这样做却能增加正反馈的成果。乔布斯是通过创新来增加消费者利益，从而完成早期的竞争优势。

乔布斯为了应对亚洲市场低价的音乐播放器与 iPod 的竞争，推出了功能稍差，但价格低的 iPod shuffle，彻底打败了所有的音乐播放器对手，从而成为绝对的领导者。

消费者盈余决定购买量，价格决定最低的消费者层次。乔布斯将 iPod 的屏幕去掉，虽然降低了消费者的利益，但也有效的降低了成本，从而使其可以以较低的价格出售，这样消费者盈余并没有多大变化，但价格的下降让 iPod shuffle 进入了低端这块最大的市场，打败了所有的竞争者。

7.3.5 索罗斯的反身理论

内容提要： 索罗斯的反身理论是一个正反馈模型，索罗斯使用反身理论，狙击英格兰银行，引发亚洲金融危机，是世界上最有力量的投机大师。主流预期是投机者购买的合外力，合外力决定了金融产品的价格涨跌，而金融产品价格的涨跌又影响主流预期，二者相互加强，形成正反馈效应。

乔治·索罗斯的核心投资理论就是所谓"反身理论"。简单来说，反身理论是指投资者与市场之间的一个互动影响。索罗斯认为，金融市场与投资者的关系是：投资者根据掌握的资讯和对市场的了解，来预期市场走势并据此行动，而其行动事实上也反过来影响、改变了市场原来可能出现的走势，二者不断地相互影响。因此根本不可能有人掌握到完整资讯，再加上投资者同时会因个别问题影响到其认知，令其对市场产生"偏见"。

在现实中，股票价格上升，购买量也上升，需求定律无法解释，并且供需曲线也并没有如均衡价格曲线那样达到一个均衡点，而是处在非均衡的状态。金融家索罗斯通过反身定理和金融经历对经济学的均衡模型提出了挑战。

经济学上用羊群效应来解释股票市场的价增购买量增多，并且认为是不理性的行为（与人是自利的假设冲突），这是用现象解释现象，缺乏解释力。经济学家也试图通过将股票市场的价升需求量上升定义为不理性的行为来回避与需求定律价升需求量应下降的矛盾。羊群效应是指不去思考的从众效应，而金融投机者整天在做的事情就是思考投机哪只股票，以及何时投机。

索罗斯提出反身理论来解释这种非均衡现象，并对传统的均衡经济学理论提出质疑。

在控制理论上有 2 种基本模型，分别为负反馈模型和正反馈模型。马歇尔的均衡价格论是负反馈模型，负反馈是趋于稳定的；而索罗斯的反身理论是正反馈模型，正反馈是趋向于加强，非稳定状态的。负反馈与正反馈一同构成完整的经济学模型。

索罗斯是第一个提出完整理论来挑战经济学的均衡，并通过股票和外汇等金融市场的实例来支持其理论的人。

所以为了理解的方便，此处将对索罗斯的理论进行简要的介绍，其内容来自于他的著作《金融炼金术》：

参与者的偏向

参与者的思维和所参与的情境之间的联系可以分解成两个函数关系，我将参与者理解情境的努力称为认识的或被动的函数，把他们的思维对现实世界的影响称为参与的或主动的函数。在认识函数中，参与者的认识依赖于情境；在参与函数中，情境受参与者认知的影响。可见，这两个函数从相反的方向发挥其功能，在认识函数中自变量是情境，而在参与函数中自变量是参与者的思维。

两个函数同时发挥作用时，它们相互干扰。函数以自变量为前提产生确定的结果，但在这种情境下，一个函数的自变量是另一个函数的因变量。确定的结果不再出现，我们所看到的是一种相互作用，其中情境和参与者的观点两者均为因变量，以致一个初始变化会突然同时引起情境和参与者观点的进一步变化，我称这种相互作用为'反身性'。运用简单的数学，反身性可以表述成一对递归函数：

$y = F(x)$ 认识函数

$x = \Phi(y)$ 参与函数

所以

$y = F[\Phi(y)]$

$x = \Phi[F(x)]$

这就是我的方法的理论基础。两个递归函数不会产生均衡的结果，只有一个永无止期的变化过程。这个过程从根本上区别于自然科学研究的过程，在那里，一组事件跟随另一组事件，不受思维或认知的干扰（尽管在量子物理学中，观察引入了不确定性）。当一个情境包含思维参与者时，事件的因果联系不再是由一组事件直接导向下一组事件，相反，它以一种类似鞋祥的模式将事实联结于认知，认知复联结于事实，由此，反身性概念产生了一种历史的"鞋祥"理论。

反身性理论对均衡概念的批判

将反身性的讨论引回到经济理论，我们发现，正是参与者的偏向导致了均衡点的不可企及。调整过程所追求的目标中混入了偏向，而偏向在这个过程中又是可变的，在这种情况下，事件进程的指向将不再是均衡，而是一个不断移动的目标。

为便于讨论，可以将事件分为两种类型：总是能够为参与者所正确预见并且不会在他们的认知中激起变化反应的日常习惯，以及独特的影响参与者偏向并导致进一步变化反应的历史事件。第一类事件适于进行均衡分析，第二类却不行，它只能作为历史过程的一部分加以理解。

在日常事件中，只有参与函数发生变化，认识函数是给定的。就独特的历史事件而言，两个函数同时发生变化，参与者的观点和与之相关的情境两者均无法保持相互独立的状态，而是在相互影响的同时不断进行变化，因此才形成了所谓历史性的发展。

均衡分析由于略去了认识函数而取消了历史性的变化（事件），经济理论采用的供求曲线仅仅是参与函数的曲线表达，认识函数为完备知识的假说所取代。如果考虑到认识函数的作用，市场上发生的事件就可以改变需求和供给曲线的形态，并且永远不会达到经济学者信誓旦旦的均衡。

删除认识函数所导致的影响究竟有多大？换句话说，因漠视参与者的偏向而导入的失真严重到什么程度？

在微观经济分析中，这种失真可以忽略，参与者的偏向容易得到说明。第一步，参与者的偏向可以视为给定的，这提供了一个静态均衡的图式。为使分析更富于动态性，参与者偏向的变化可以逐一地引入以作出修正，其表述则为消费习惯或生产方式的变化。在这种零打碎敲式的做法掩盖下的，则是供求曲线内部各种变化间的可能联系，不过，这种删除并未导致微观经济分析中试图确立的结论失去效力。

在金融市场中，这种失真变得严重起来了。参与者的偏向是确定价格的一个因素，市场行情的任何一个重要变化无不受到参与者偏向的影响。寻求均衡价格的行为必然是徒劳无益的，而关于均衡价格的理论本身却有可能成为参与者偏向的一个极其丰富的来源。转述 J·P·摩根的话就是，金融市场将继续波动。在试图描述宏观经济运行时，均衡分析就完全不适用了，它主张参与者的决策以完备的知识为基础，再也找不出比它更远离现实的假设了。在现实生活中，人们只能在他们所能找到的随便什么路标的帮助下摸索着预测未来，而事件的结果常常和预期相左，从而导致不断变化的预期和不断变化的事件结果，这是一个反身性的过程。

股票市场中的反身性

我就用另外两个主张取代了"市场永远正确"的迷信：

（1）市场总是表现出某种偏向。

（2）市场能够影响它预期的事件。

市场中存在着为数众多的参与者，他们的观点必定是各不相同的，其中许多偏向彼此抵消了，剩下的就是我所谓的"主流偏向"。

在此我将引进第二个简化概念。假定存在着一个无论投资者是否意识到都将影响股票价格变化的"基本趋势"，其对于股票价格的影响及程度，视市场参与者的观点而定，绝非一成不变。以这两个概念作为基础，就可以把股票价格的运动趋势拟想成"基本趋势"和"主流偏向"的合成。

这两个因素如何相互作用呢？请读者回忆一下前边提到的两种函数关系：参与函数和认识函数。基本趋势通过认识函数影响参与者的认知，认知所引起的变化又通过参与函数影响情境。在股票市场中，首当其冲受到影响的就是股票价格，股票价格的变化又反过来对参与者的偏向和基本趋势同时施加影响。

存在着一种反身性的关系，其中股票价格取决于两个因素——基本趋势和主流偏向——这两者又反过来受股票价格的影响。股票价格和这两个因素之间的相互作用不存在常数关系：在一个函数中的自变量到了另一个函数中就成为因变量。常数关系不存在，均衡的趋势也就无从谈起。市场事件的序列只能解释为历史性的变化过程，其中没有一个变量——股票价格、基本趋势、主流偏向——可以保持不变。在一个典型的市场事件序列中，三变量先是在一个方向上，接着又在另一个方向上彼此加强，繁荣与萧条的交替，就是一个最简单而又最熟悉的模式。

首先，定义几个概念。如果股票价格的变化加强了基本趋势，我们称这个趋势为自我加强的，当它们作用于相反的方向时，则称之为自我矫正的。同样的术语也适用于主流偏向，可能自我加强，也可能自我矫正。理解这些术语的意义是很重要的，当趋势得到加强时，它就会加速，当偏向得到加强时，预期和未来股票价格的实际变化之间的差异就会扩大；反之，当它自我矫正时，差异就缩小。至于股票价格的变化，我们将它们简单地描述为上升的和下降的，当主流偏向推动价格上涨时，我们称其为积极的；当它作用于相反的方向时，则称为消极的。上升的价格变化为积极的偏向所加强，而下降的价格变化为消极的偏向所加强，在一个繁荣/萧条的序列中，我们可以指望找到至少一个上升的价格变化为积极偏向所加强的阶段和一个下跌的价格变化为消极偏向所加强的阶段。同时一定还存在着某一点，在这一点上基本趋势和主流偏向联合起来，扭转了股票价格的变化方向。

现在已经可以建立一个初步的繁荣和萧条的交替模型了。首先假设存在着尚未意识到的基本趋势——尽管不能排除未反映在股票价格中的主流偏向存在的可能性，这意味着，主流偏向在开始时是消极的。起初是市场参与者意识到了基本趋势，认识上的变化将（通过投资决策）影响股票的市场价格，股票价格的变化可能影响也可能影响不了基本趋势，在后一种情况中，问题到此为止，无须进一步讨论在前一种情况里，我们进入了自我加强过程的起点。

加强的趋势可能在两个方向上左右主流偏向，它将导致进一步加速的预期或矫正的预期。如果是后者，经过股票价格变化的矫正，这个基本趋势可能继续也可能终止；如果是前者，则意味着一个积极的偏向发展起来，它将引起股票价格的进一步上涨和基本趋势的加速发展。只要偏向是自我加强的，预期甚至比股票价格还要升得快。基本趋势愈益受到股票价格的影响，与此同时，股票价格的上涨则愈益依赖主流偏向的支撑，从而造成基本趋势与主流偏向两者同时滑入极其脆弱的状态，最后，价格的变化无法维持主流偏向的预期，于是进入了矫正过程。失望的预期对股票价格有一种消极的影响，不稳定的股票价格的变化削弱了基本趋势。如果基本趋势过度依赖股票价格的变化，那么矫正就可能成为彻底的逆转，在这种情况下，股票价格下跌，基本趋势反转，预期则跌落得还要快一些，这样，自我加强的过程就朝相反的方向启动了，最终，衰落也会达到极限并使自己重新反转过来。典型的情况是，一个自我加强的过程在早期会进行适度的自我矫正，如果在矫正之后趋势仍然得以持续，这一偏向将有机会得到加强和巩固，且不易动摇。当这一过程继续下去时，矫正行为就会逐渐减少，而在趋势顶点逆转的危险则增大了。

我在上面勾划了一个典型的繁荣/萧条的序列过程，它可以用两条大致同向的曲线加以描述。一条代表股票价格，另一条代表每股收益，将收益曲线拟想成基本趋势的一个标度，这是很自然的，两条曲线之间的差距则是主流偏向的标示。具体的关系当然复杂得多。收益曲线不仅融合了基本趋势，也融合了股票价格对该趋势的影响。主流偏向只有一部分由两条曲线之间的差距得到表示，其他部分反映在曲线本身当中。由于其表征的现象只能部分地观察到，这些概念在操作上困难极大，这也是为什么选择了可观察的和可定量的变量的原因——虽然，后面将会谈到，每股收益的可定量性是颇具迷惑力的。为了眼下的目的，我们假设投资商感兴趣的"基本因素"就可以恰当地以每股收益来衡量。

这两条曲线的一个典型走向可能如图7-24所示。起初，对基本趋势的认定将是在一定程度上滞后的，但该趋势已经足够强大，并且在每股收益中表现出来（A—B）。基本趋势被市场认可后，开始得到上升预期的加强（B—C），此时，市场仍然非常谨慎，趋势继续发展，时而减弱时而加强，这样的考验可能反复多次，在图中只标出了一次（C—D）。结果，信心开始膨胀，收益的短暂挫折不至于动摇市场参与者的信心（D—E）。预期过度膨胀，远离现实，市场无法继续维持这一趋势（E—F）。偏向被充分地认识到了，预期开始下降（F—G）。股票价格失去了最后的支持，暴跌开始了（G）。基本趋势反转过来，加强了下跌的力量。最后，过度的悲观得到矫正，市场得以稳定下来（H—I）。

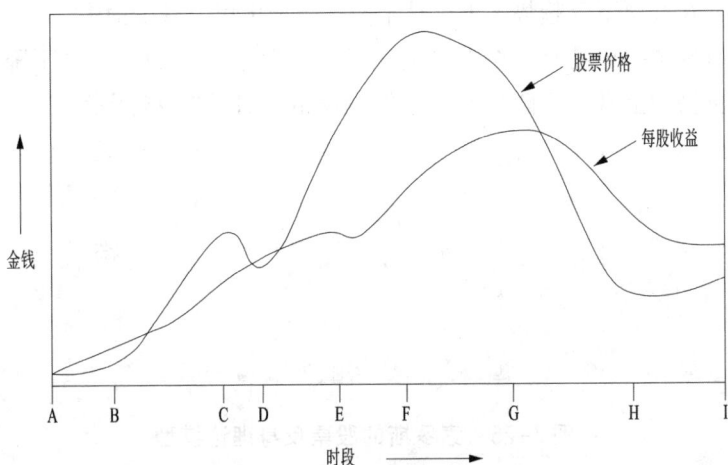

图 7-24　股票市场中的反身性

　　应该强调，这只是一条可能的路径、产生于一个基本趋势和一种主流偏向之间的相互作用。在现实中，基本趋势可能不止一个，偏向内部也会有各种微妙的差别，事件的序列过程也可能会有迥然不同的路径。关于模型的理论结构还可以说上几句。我们感兴趣的是参与者的偏向和事件实际过程之间的相互作用，然而参与者的偏向并没有直接出现在模型中，两条曲线都是实际事件过程的表现。主流偏向部分地融入了这两条曲线之中，部分由它们之间的差异体现出来了。

　　这个结构的主要价值是它采用了可定量化的变量。股票价格充当了同参与者的偏向有关的情境的方便代表。在其他历史过程中，同样存在着通过认识函数和参与函数与参与者的认知发生内在联系的情境，但辨别和定量化的研究则困难得多。度量上的方便，使股市成为研究反身性现象的一个非常有效的实验室。

　　通过引用这么长的一段话，作者希望大家对反身理论有一个了解，基本趋势和主流偏向影响股票价格，而股票价格反过来也影响基本趋势和主流偏向。假设市场中的主流偏向认为某一股票的价格会上涨，投机者会进行购买，从而引起股票的进一步上涨，导致更多的投机者购买，价格继续上涨；当投机者认为股票不会继续上涨后，会停止购买，股票价格会不变或下降；当投机者认为股票会下降时，会出售股票，导致股票价格下降，股票价格下降，导致更多的投机者出售股票，导致股票价格的进一步下降。投机者购买股票的动机是希望在股票上涨趋势中低价购买，高价卖出，获得利益；在股票下降趋势中出售是希望在高价出售，减少损失。

反身理论描述的是一个典型的正反馈，股票价格的上升（下降）对未来股票价格的上升（下降）是一个促进作用，如图 7-25 所示。

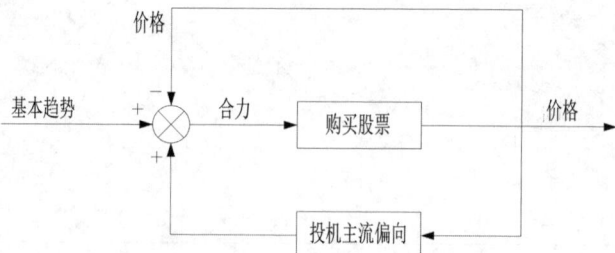

图 7-25　索罗斯的股票反身理论模型

基本趋势和主流偏向影响投机者对股票的购买和出售。假设现在的主流趋势认为股票价格会上涨，他们会购入股票；由于他们购入股票，股票的价格上涨，从而加强了投机者认为股票会上涨的主流趋势，从而使投机者增加了对这只股票的购买（投机者希望在股票上涨的趋势前期低价购入股票，在股票价格下降前出售股票，赚取差额）。而进一步的股票购买会使股价进一步上升，从而又对投机者认为股票价格上涨的趋势是一个加强的作用。从而完成股票价格上升的正反馈过程。

由于股票的价格不可能无限上涨，股票价格和基本趋势会减弱投机者认为股票会上涨的主流趋势，最终导致主流趋势的逆转，主流趋势开始认为股票价格会下跌，开始出售股票，从而导致股票价格下降；股票价格下降会增强投机者认为股票价格下跌的趋势，从而出售更多的股票，导致股票的价格进一步的下跌。从而完成股票价格下跌的正反馈过程。

股票的价格会对投机者有 2 个反馈作用，其中一个是正反馈作用，增加投机者的投机趋势。一个是负反馈作用，减少这个趋势，符合需求定律的价格升高减少购买。

当股票价格上升时，价格的正反馈会使投机者认为股票价格会进一步上升，从而有增加购买的趋势。而当股票价格上升时，获得同样股票的代价上升，股票的相对价值下降，会对投机者的购买有减弱的趋势。投机者是在价值和投机上做权衡取舍，而大多数时候，投机行为所发挥的作用更大。

索罗斯也使用反身理论分析了汇率市场，他在书中写到：

反身性相互作用在股票市场中是间歇性的，而在货币市场上却是连续的。我试图证明，自由浮动汇率具有内在的不稳定性，并且，这种不稳定性是累积的，因此自由浮动汇率体系的最终崩溃几乎是毫无疑问的。

传统上认为，外汇市场的运动趋向于（货币供求的）均衡点，定值过高的汇率将刺激进口抑制出口，最后汇价将重新回到均衡水平。类似地，竞争能力的改善可以在汇率升高、贸易顺差下降和新均衡建立的过程中反映出来。投机活动不可能扰乱均衡的趋势——假如投机商们正确地预见了未来，他们就促成了均衡；假如判断失误，他们自己会受到惩罚，虽然基本趋势可能会推迟，但终究是不可阻挡的。

在外汇市场上，我们不可能只用两个变量，即使是最简单的模型也要求7个或8个变量。在这里，我选择了4项比率和4个数量指标，其含义分别如下。

e：名义汇率（兑换一单位本币所需要外币的数量，↑e＝上升的趋势）；

i：名义利率；

p：相对于国外价格水平的国内价格水平（↑P＝国内价格增长快于国外价格，反之亦然）；

v：经济活动水平；

N：非投机资本流动　　↑＝流出增加；

S：投机资本流动　　↓＝流入增加；

T：贸易平衡　　↑＝盈余；

B：政府预算　　↓＝赤字。

接下来的工作就是确定这些变量的相关性。不能奢望澄清所有的关系，只能将讨论局限于建立简单模型所必须的几个关系上。换言之，我们的成果只是对货币运动的部分解释，而不是一个全面的理论。问题的焦点乃是汇率，除非必要，否则不会引入其他变量。每个变量仅仅指明其变化的方向（↑，↓）或量的序（<，>）而不涉及任何指标的定量描述。

汇率是由外汇的供求所决定的。为了研究的方便，我们可以将供求因素归并于三个项目：贸易、非投机资本交易和投机资本交易。由此形成了最简单的自由浮动汇率模型：

$$(\downarrow T + \uparrow N + \uparrow S) \to \downarrow e$$

换言之，这三个交易项目内的货币交易总额决定了汇率的走向。

投机交易是我们关注的重点，因为它反映了参与者的偏向。投机资本为寻求最大的总回报而不断流动，总回报有三个构成要素：利率差价、汇率差价和当地货币的资本升值。考虑到第三个要素的具体情况千差万别，我们可以提出下面这个一般规律，投机资本为上升的利率和上升的汇率所吸引：

$$\uparrow(e+i) \rightarrow \downarrow S$$

其中，汇率的作用远大于利率。只要币值略为下降，总收益就可能变成负值。基于同样的理由，如果一种升值的货币同时拥有利率优势，其总收益将超出金融资产常规业务中所允许的最大期望。

70 年代末，德国马克坚挺（$\uparrow e$），投机性收购是使其保持坚挺（$\downarrow S$）和维系良性循环的主要力量。起初，德国贸易顺差，货币坚挺有助于抑制物价，既然出口商品中包含了很大一部分（经过加工的）进口商品，作为名义汇率制约因素的实际汇率，与名义汇率或多或少地保持了稳定（$\updownarrow ep$），并且其对贸易平衡的影响是可以忽略的（$\updownarrow T$）。由于投机性资本流入占主导地位（$\downarrow S > \updownarrow T$），良性循环就是自我加强的：

$$\uparrow e \rightarrow \downarrow p \rightarrow \updownarrow(ep) \rightarrow (\updownarrow T < \downarrow S) \rightarrow \uparrow e$$

汇率升值的比例超过了利差，持有德国马克变得有利可图，投机性资本流入既是自我加强的又是水到渠成的。

在里根的良性循环期间，坚挺的美元引起了美国贸易平衡的急剧恶化。与德国在 70 年代末的情况相比，美国没有贸易顺差作为货币升值的后盾，此外，升值没有产生足够的抑制通货膨胀的效应，货币升值的幅度与通货膨胀率的相对幅度不相匹配。美国的通货膨胀率走低，但别的国家的通货膨胀率也不高，结果是：利率飙升，美国出现了前所未有的贸易逆差。只要美元保持坚挺，持有美元就是有利的，另一方面，只要经常项目赤字与资本项目盈余相匹配，美元就能够保持坚挺。以我们的符号表示：

$$(\uparrow e + \uparrow i) \rightarrow (\downarrow S > \downarrow T) \rightarrow \uparrow e \rightarrow (\downarrow S > \downarrow T)$$

从索罗斯的分析来看，汇率是由供求关系决定的。贸易盈余时，外国需要本国的货币增加，从而购买本币，导致本币需求量增加，进而名义汇率，即本币的价格增加。非投机资本和投机资本的流入都会导致本币的需求增加，从而名义汇率上涨。而名义汇率进入上涨时，持有本币便有利可图，因为可以用外币换成本币，然后等到名义汇率上升到一定程度时，再换回外币，进而赚取汇率差价。因此名义汇率上涨后，投机本币便有利可图，人们预期本币汇率还会上涨，进而使用外币购买本币，投机资本流入。

而投机资本的流入，导致本币需求量增加，进而本币的价格增加，即名义汇率增加，又会促使更多的投机资本流入，从而形成汇率市场的反身效应，如图 7-26 所示。

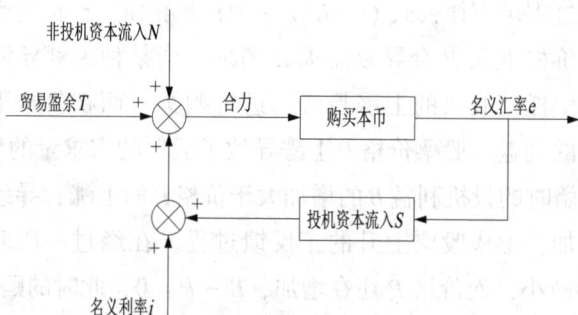

图 7-26　索罗斯的外汇反身理论模型

在德国马克坚挺（$\uparrow e$）的例子中，投机性资本流入占主导地位（$\downarrow S > \updownarrow T$），即贸易盈余、非投机资本流入和投机资本流入中，合力主要为投机资本，从而导致对本币的需求量增加，进而形成了汇率上升的正反馈。

在里根的良性循环的例子中，汇率和利率（$\uparrow e + \uparrow i$）上升的合力导致投机资本的大量流入，虽然是贸易赤字导致本币的需求减少，但是由于投机资本的流入大于贸易赤字，从而本币需求的合外力大于 0，合外力决定结果，所以对本币的需求量增加导致名义汇率上升，进而导致更多的投机资本流入，进一步导致名义汇率上升，从而形成了汇率上升的正反馈。

2013 年诺贝尔经济学奖获得者罗伯特·J·希勒在《非理性繁荣》中也着重介绍了正反馈理论，他将其称之为"反馈环"，庞氏骗局就是一个反馈环。希勒写道："放大机制是通过反馈环（Feedback Loop）工作的。反馈环是一种自然形成的庞氏过程——过去价格的上涨增强了投资者的信心及期望，这些投资者进一步抬升股价以吸引更多的投资者，这种循环不断进行下去，因此造成对原始因素的过激反应。……在反馈环理论中，最初的价格上涨导致了更高的价格水平的出现，因为通过投资者需求的增加，最初价格上涨的结果又反馈到了更高的价格中。第二轮的价格上涨又反馈到第三轮，然后反馈到第四轮，以此类推。因此诱发因素的最初作用被放大，产生了远比其本身所能形成的大得多的价格上涨。这种反馈环不仅是形成整个股市中著名的牛市和熊市的因素，而且也事关个人投资的盛衰，当然两者可能在细节上会有差异。……不管哪一种反馈环理论在起作用，投机性泡沫都不可能永远持续下去。投资者对股票的需求也不可能永远扩大，当这种需求停止时，价格上涨也会停止。

索罗斯的反身理论和希勒的反馈环理论本质上都是正反馈理论。这个理论也可以通过需求定律公式 $Q = K(B - P)$ 来解释，投机与普通商品的不同之处在于，价格上涨 P 会导致需求 B 增加。当某种因素导致价格 P 上涨时，投机者希望抓住股票的上涨趋势，进行购买，而在价格下降前抛出，获得贱买贵卖的利益。股票价格 P 上涨导致了股票的需求量的增加，投机利益 B 增加。开始时的投机利益 B 的增加大于价格 P 的上涨，导致 $B - P > 0$，购买量一直增加，形成股票上升的正反馈过程。在经过一段时间后，投机利益 B 的增加减小，而价格 P 还在增加，$B - P = 0$，此时的购买量为 0。当主流趋势发现付出的价格 P 过高时，开始发生需求反转，需求量开始下降，投机利益 B 开始下降，$B - P < 0$，股民开始抛售股票，导致投机利益 B 减少，供给量增加进一步使价格 P 下降，导致下一轮的抛售股票，从而产生股票下降的正反馈过程。

7.4 系统思考的分析

7.4.1 利润与企业目标

内容提要： 企业的目标促进社会的发展，利润这是衡量企业效能的指标。

德鲁克说：企业也必须负担社会成本，例如必须对学校、军队有所付出等。换句话说，这表示企业必须赚钱纳税。而为了未来的成长及扩张，企业还需要去创造资本。但最重要的是企业必须要获得足够的利润以承担自身的风险。

利润和获利率并不是不重要。实际上应该是获利率不是企业及商业活动的目的，只能算是一个限制性的因素。利润也不是所有企业从事活动与决策时的原因或理由，而是检验企业效能的指标。

只强调利润，将会误导管理者，甚至危害到企业的生存。因为管理者会为了今天的利润，而破坏企业的未来。他们也会拼命去扩张那些目前销售最好的产品生产线，却忽略那些未来市场的明日之星。

利润并不是企业的行为和决策的解释、原因或其合理性的依据，而是对其有效性的一种考察。

利润最大化的危险在于它使盈利性变成了企业追逐的唯一目的。

乔布斯说：我的激情所在是打造一家可以传世的公司，这家公司里的人动力十足地创造伟大的产品。其他一切都是第二位的。当然，能赚钱很棒，因为那样你才能够制造伟大的产品。但是动力来自产品，而不是利润。斯卡利本末倒置，把赚钱当成了目标。这只是个微妙的差别，但其结果却会影响每一件事：你聘用谁，提拔谁，会议上讨论什么事情。

要抨击微软很容易。他们显然已经丧失了统治地位。他们已经变得基本上无关紧要。但是我欣赏他们所做的，也了解那有多么困难。他们很擅长商业方面的事务。他们在产品方面从未有过应有的野心。比尔喜欢把自己说成是做产品的人，但他真的不是。他是个商人。赢得业务比做出伟大的产品更重要。他最后成了最富有的人，如果那是他的目标，他实现了。但那从来都不是我的目标，而且我怀疑，那最终是否是他的目标。因为他所创建的公司，我很欣赏他——它很出色——我也喜欢跟他合作。他很聪明，实际上也很有幽默感。但是微软的基因里从来都没有人文精神和艺术气质。即使当他们看到 Mac 以后，他们都模仿不好。他们完全没搞懂它是怎么回事儿。

像 IBM 或微软这样的公司为什么会衰落，我有我自己的理论。这样的公司干得很好，它们进行创新，成为或接近成为某个领域的垄断者，然后产品的质量就变得不那么重要了。这些公司开始重视优秀的销售人员，因为他们是改写收入数字的人，而不是产品的工程师和设计师。因此销售人员最后成为公司的经营者。IBM 的约翰·埃克斯（以及早已离开苹果的约翰·斯卡利、微软的史蒂夫·鲍尔默）是聪明、善辩、非常棒的销售人员，但是对产品一无所知。同样的事情也发生在施乐。当做销售的人经营公司时，做产品的人就不再那么重要，其中很多人就撤了。当斯卡利加入后，苹果就发生了这样的事情，那是我的失误；鲍尔默接管微软后也是这样。苹果很幸运，能够东山再起，但我认为只要鲍尔默还在掌舵，微软就不会有什么起色。

我讨厌一种人，他们把自己称为"企业家"，实际上真正想做的却是创建一家企业，然后把它卖掉或上市，他们就可以变现，一走了之。他们不愿意去做那些打造一家真正的公司所需要做的工作，也是商业领域里最艰难的工作。然而只有那样你才真正有所贡献，为前人留下的遗产添砖加瓦。你要打造一家再过一两代人仍然屹立不倒的公司。那就是沃尔特·迪士尼，还有休利特和帕卡德，还有创建英特尔的人所做的。他们创造了传世的公司，而不仅仅是为了赚钱。这正是我对苹果的期望。

我的动力是什么？我想大多数创造者都想为我们得以利用前人取得的成就表达感激。我并没有发明我用的语言或数学。我的食物基本都不是我自己做的，衣服更是一件都没做过。我所做的每一件事都有赖于我们人类的其他成员，以及他们的贡献和成就。我们很多人都想回馈社会，在这股洪流中再添上一笔。这是用我们的专长来表达的唯一方式——因为我们不会写鲍勃·迪伦的歌或汤姆·斯托帕德的戏剧。我们试图用我们仅有的天分去表达我们深层的感受，去表达我们对前人所有贡献的感激，去为这股洪流加上一点儿什么。那就是推动我的力量。

综上，企业追求的最根本的目标是人类的进化，是为了社会的发展和人类的进步做出贡献，不管企业知道或者不知道自己的这个使命。而利润只是考察企业为社会发展所作出贡献的一种衡量。利润并不是总与为社会发展做贡献的目标相一致的，所以将利润作为唯一的追求目标，就会与企业最根本的使命有冲突，因为企业会因此放弃了为社会发展做出更大贡献的可能。

企业必须有利润才能生存和成长，才可能为社会发展的这个使命做出贡献。这和马斯洛的需求理论是相符的，企业最基本的需求是活下去。正如任正非所说："华为最基本的使命就是活下去。"企业徘徊在生存边缘时，生存是第一重要的，所以此时利润很重要，它关系到企业的存在或消失。而当企业已经超出了生存的危机，那么企业的关注重点也应改变。利润并不是最重要的，而安全需求、归属需求和尊重需求的重要性随着企业的发展而变得越来越重要，而企业的最终使命也是自我实现，为了社会的发展做出贡献。

著名的经济学家熊彼特在30岁的时候，风华正茂，刚刚发表了两部著作，熊彼特夸下海口说，他最想让人记住的是"欧洲漂亮女人最伟大的情人，欧洲最伟大的骑士——也许还是世界最伟大的经济学家"。

而熊彼特在临死时说："我现在已经明白，仅仅记住个人的著作和理论是远远不够了，除非一个人能够为别人的生命带来不同，否则他做的也没有什么稀罕之处。"熊彼特在临死时才认识到人生真正的目标应该是为别人的生命带来不同，这是每个人的使命。

德鲁克在年轻时探望病危的熊彼特，就认识到贡献的意义，所以他的管理学的核心也是强调贡献。

乔布斯也是在年轻时认识到自己的人生使命，他把他的使命归结为"活着就是为了改变世界"，并且用尽一生的时间和精力去践行自己的使命。乔布斯说："我们很多人都想回馈社会，在这股洪流中再添上一笔。这是用我们的专长来表达的唯一方式——因为我们不会写鲍勃·迪伦的歌或汤姆·斯托帕德的戏剧。我们试图用我们仅有的天分去表达我们深层的感受，去表达我们对前人所有贡献的感激，去为这股洪流加上一点儿什么。那就是推动我的力量。"乔布斯认为人应该用自己的专长去为世界做出贡献，因为这样做出的贡献最大。经济学家杨小凯毕生研究的课题就是专业化。

乔布斯批评微软只关注利润。是的，微软早已超越了生存的危机，微软每年都招收世界上最聪明的人，他有着最聪明的一大群人，但微软是否让这些人尽力为世界发展做出贡献了呢？没有，微软缺少具有战略眼光的企业家，比尔·盖茨选择鲍尔默作为自己的接班人，而鲍尔默只是个出色的销售人员，缺乏战略眼光，他不能带领微软走向更广阔的未来。

乔布斯说："他（比尔·盖茨）最后成了最富有的人，如果那是他的目标，他实现了。但那从来都不是我的目标，而且我怀疑，那最终是否是他的目标。"

并不是每一个人都能在很早就认识到自己的人生使命的。比尔·盖茨让别人领导微软而自己去做慈善，这或许是一个错误的决定。比尔·盖茨的天赋不在于慈善而在于商业，他完全可以请一个专业的人员替他来管理慈善事业，而自己应该全心去管理微软。比尔·盖茨的商业天赋是无以伦比的，他一直蝉联世界首富就是最好的证据。世界数以万计的人以比尔·盖茨为学习榜样，而比尔·盖茨也很慷慨，将自己的商业模式写在了《未来之路》中，这么多年过去了，有几个人学会了比尔·盖茨的正反馈商业模式了呢？乔布斯说："决定不做什么和决定做什么一样重要。"那是因为成果会有很大的差别，对社会的贡献也会有很大的差别，专业化才能做出最大的结果。

7.4.2　创新与企业家精神

内容提要：创新是社会发展的根本动力，没有创新，社会最终就会停止发展。群体之间的创新有助于产生协同性，从而加快创新。八个天才的叛逆、苹果的群体创新、PayPal 黑帮和维也纳精神分析小组的创新，说明创新和企业家精神是可以学习和互相促进而产生。环境对个人发展的影响很重要，好的环境会让人们之间互相学习、合作及竞争，思想碰撞会产生新的想法。

在斯坦福的关于《如何创业》的公开课上，课程讲述了创业成功的四要素为：

Idea（创业点子）；

Product（产品）；

Team（团队）；

Execution（执行）。

可以用广义动量定理 $F\alpha t = nmV$ 来解释，团队（Team）将力量 F 在创业点子（Idea）α 这个方向上作用于产品（Product），经过时间 t 的执行（Execution），形成成果 nmV。

德鲁克说："创新的成功与否不在于是否新颖、巧妙亦或具有科学内涵，而在于能否赢得市场并为客户创造出新的价值。"

熊彼特说："创新是资本主义的永动机。"

创新是人类和社会发展的唯一根本动力，没有创新，经济和社会都会停止发展。

八个天才的叛逆使半导体行业蓬勃发展，乔布斯的创新精神使苹果公司做出很多改变世界的产品，PayPal 的集体创新精神影响着世界，维也纳精神分析小组开创了新的心理学研究领域。

1. 八个天才的叛逆

1955 年，"晶体管之父"的肖克利（W. Shockley）博士，创建了"肖克利半导体实验室"。因仰慕"晶体管之父"的大名，八位年轻的科学家从美国东部相继来到硅谷，加盟肖克利实验室。他们是：诺依斯（N. Noyce）、摩尔（R. Moore）、布兰克（J. Blank）、克莱尔（E. Kliner）、赫尔尼（J. Hoerni）、拉斯特（J. Last）、罗伯茨（S. Boberts）和格里尼克（V. Grinich）。他们的年龄都在 30 岁以下，风华正茂，学有所成，都正处在创造能力的巅峰。

可惜，肖克利是天才的科学家，却缺乏经营能力；他雄心勃勃，但对管理一窍不通。一年之中，实验室没有研制出任何象样的产品。八位青年瞒着肖克利开始计划出走。在诺依斯带领下，他们向肖克利递交了辞职书。

"你们简直是一群叛徒！"肖克利指着诺依斯的鼻子，怒不可遏。年轻人面面相觑，但还是义无反顾离开了他们的"伯乐"。这就是电脑史里人所共知的有关"八大叛徒"的趣谈，不过，肖克利本人后来也改口把他们称为"八个天才的叛逆"。

在硅谷许多著作书刊中，"八叛逆"的照片有非常大的历史价值，它代表了硅谷的创业精神，如图 7-27 所示。

图 7-27　八个天才的叛逆

"八叛逆"找到了一家纽约的摄影器材公司来给他们投资创业，60 多岁的费尔柴尔德先生仅仅给他们提供了 3 600 美元的创业基金，要求他们开发和生产商业半导体器件，并享有两年的购买特权。于是，"八叛逆"创办的企业被正式命名为仙童半导体公司，"仙童"之首自然是诺依斯。

1958 年 1 月，蓝色巨人 IBM 公司给了他们第一张订单，订购 100 个硅晶体管，用于该公司电脑的存储器。仙童半导体公司在诺依斯精心运筹下，业务迅速地发展，同时，一整套制造晶体管的平面处理技术也日趋成熟。

1959 年诺依斯提出了适合于工业生产的集成电路理论。1960 年，仙童半导体公司取得进一步的发展和成功。由于发明集成电路使它的名声大振，母公司费尔柴尔德摄影器材公司决定以 300 万美元购买其股权，"八叛逆"每人拥有了价值 25 万美元的股票。1964 年，仙童半导体公司创始人之一摩尔博士，以三页纸的短小篇幅，发表了一个奇特的定律。摩尔天才地预言说道："集成电路上能被集成的晶体管数目，将会以每 18 个月翻一番的速度稳定增长，并在今后数十年内保持着这种势头。"摩尔所作的这个预言，因后来集成电路的发展而得以证明，并在较长时期保持了它的有效性，被人誉为"摩尔定律"，成为 IT 产业的"第一定律"。

然而，也就是在这一时期，仙童公司也开始孕育着危机。母公司总经理不断把利润转移到东海岸，去支持费尔柴尔德摄影器材公司的盈利水平。在目睹了母公司的不公平之后，"八叛逆"中的赫尔尼、罗伯茨和克莱尔首先负气出走，成立了阿内尔科公司。据说，赫尔尼后来创办的新公司达 12 家之多。随后，"八叛逆"另一成员格拉斯也带着几个人脱离仙童创办西格奈蒂克斯半导体公司。从此，纷纷涌进仙童的大批人才精英，又纷纷出走自行创业。

正如苹果公司乔布斯形象比喻的那样："仙童半导体公司就像个成熟了的蒲公英，你一吹它，这种创业精神的种子就随风四处飘扬了。"

结果人才纷纷离仙童而去，1967 年，查尔斯·斯波克（C. Sporck）来到国民半导体公司（NSC）担任 CEO。他大刀阔斧地推行改革，把 NSC 从康涅狄格州迁到了硅谷，使它从一家亏损企业快速成长为全球第 6 大半导体厂商。1968 年，"八叛逆"中的最后两位诺依斯和摩尔，也带着格鲁夫（A. Grove）脱离仙童公司自立门户，他们创办的公司就是大名鼎鼎的英特尔（Intel）。1969 年，杰里·桑德斯（J. Sanders）带着 7 位仙童员工创办高级微型仪器公司（AMD）。

虽然告别了仙童，"八叛逆"仍然约定时间在一起聚会，似乎要高扬"八叛逆"的"叛逃"精神，一批又一批"仙童"夺路而出，掀起了巨大的创业热潮。对此，80 年代初出版的著名畅销书《硅谷热》（Silicon Valley Fever）写到："硅谷大约 70 家半导体公司的半数，是仙童公司的直接或间接后裔。在仙童公司供职是进入遍布于硅谷各地的半导体业的途径。1969 年在森尼维尔举行的一次半导体工程师大会上，400 位与会者中，未曾在仙童公司工作过的还不到 24 人。"从这个意义上讲，说仙童半导体公司是"硅谷人才摇篮"毫不为过。

2. 乔布斯与苹果

1976 年 4 月 1，史蒂夫·乔布斯（Steve Jobs）和史蒂芬·沃兹涅克（Stephen Wozniak）在自家的车房里成立了苹果公司。乔布斯先后领导和推出了麦金塔计算机（Macintosh）、iMac、iPod、iPhone、iPad 等风靡全球的电子产品，深刻地改变了现代通讯、娱乐、生活方式。乔布斯同时也是前 Pixar 动画公司的董事长及行政总裁。现在高科技产业的许多产品都是对苹果产品的模仿。乔布斯对世界的影响不仅是他带领苹果创造出的产品，还包括他的思想。乔布斯用一生去践行他伟大的理想"活着就是为了改变世界"，即使他在癌症晚期。请允许我在此向当代最伟大的创新天才致以最崇高的敬意！！！

3. PayPal 黑帮

1998 年 12 月 Peter Thiel，Max Levchin 和 Elon Musk 等人建立 PayPal，是一个总部在美国加利福尼亚州圣荷西市的因特网服务商，允许在使用电子邮件来标识身份的用户之间转移资金。PayPal 也和一些电子商务网站合作，成为它们的货款支付方式之一。2002 年，eBay 以 15 亿美元收购了 PayPal。这一交易完成之后，PayPal 的重要员工都陆续从 eBay 离职。不过，他们仍然保持着密切的联系，经常聚会，并将自己的团体命名为"PayPal 黑帮"，如图 7-28 所示。

图 7-28 PayPal 黑帮

Paypal 被收购后，"PayPal 黑帮"的创业军团在硅谷异军崛起。

皮特·蒂尔（Peter Thiel）随后创办了一家名为 Clarium 的对冲基金，以及名为 Founders Fund 的风险投资公司。蒂尔本人是 Facebook 的早期投资人之一。雷德·霍夫曼（Reid Hoffman）创建了 LinkedIn。LinkedIn 已经上市，让霍夫曼进入了"十亿美元俱乐部"的行列。霍夫曼目前是硅谷最成功的天使投资人之一，他投资的公司包括了社交游戏公司 Zynga、Last.fm 以及社交网站 Tagged。埃隆·马斯克（Elon Musk）创立了 PayPal，是空间探索技术公司 Space X 和特斯拉汽车的 CEO，以及 SolarCity 公司的董事会主席。麦克斯·拉夫琴（Max Levchin）在 1997 年与他人一同创立两家互联网软件公司——NetMeridian Software 和 SponsorNe New Media。1998 年与他人共同创建 Fieldlink 公司，随后更名为 Confinity。后来 Confinity 又与 X. com 合并成为 PayPal。2004 年拉夫琴创建个人媒体分享公司 Slide，后以 1.82 亿美元的价格出售给了谷歌。他同时还参与创建了社交网站 Yelp。罗洛夫·博沙（Roelof Botha）很快加盟硅谷顶级风险投资公司红杉资本，出任该公司的合伙人。杰里米·斯多普尔曼（Jeremy Stoppelman）在 PayPal 被收购之后，和同事拉塞尔·西蒙斯（Russel Simmons）在 2004 年共同创办了商铺点评网站 Yelp。查德·赫利（Chad Hurley）和陈士骏（Steve Chen）都曾是 PayPal 的技术人员，两人在 2004 年联合创办了 YouTube。两年之后，他们以超过 16 亿美元的价格把 YouTube 出售给了谷歌。2011 年初，赫利和陈士骏从雅虎收购了社会化书签网站 Delicious。基思·拉布伊斯（Keith Rabois）于 2010 年拉布伊斯加盟移动支付公司 Square 并出任首席运营官。大卫·萨克斯（David Sacks）创办了网络族谱服务 Geni.com，但未能取得成功。随后，他又创办了企业微博平台 Yammer 允许企业用户建立类似于 Twitter 的私有服务，使得团队成员可以公开交换想法、链接和文档。戴夫·麦克卢尔（Dave McClure）与 2004 年，创办了 SimplyHired。麦克卢尔随后创办了美国风险投资基金 500 Startups。

4. 维也纳精神分析小组

1899 年 11 月，随着奥地利犹太心理学家西格蒙德·弗洛伊德的著作《梦的解析》出版，精神分析运动逐渐发展起来。这时在弗洛伊德周围聚集着一批年轻的学者，成立了星期三心理研究小组，或称维也纳精神分析小组，1902 年发展成立心理分析学会，当时参加的人后来都变成了杰出的分析学家，包括阿尔弗雷德·阿德勒、奥托·兰克、费登和卡尔·荣格。阿德勒于 1911 年离开这一小组创建了个体心理学，荣格于 1914 年与弗洛伊德分道扬镳创建了分析心理学。

以上关于创新的事例说明创新是人类和社会发展的根本动力，创新增加了人类的财富，加快了人类的进化。仙童和 PayPal 黑帮的群体创业说明创新和企业家精神是可以学习和互相促进而产生。环境对个人发展的影响很重要，好的环境会让人们之间互相学习，合作及竞争，思想碰撞会产生新的想法。诺贝尔文学奖获得者萧伯纳说："你有一个苹果，我有一个苹果，我们彼此交换，每人还是一个苹果；你有一种思想，我有一种思想，我们彼此交换，每人可拥有两种思想。"思想的共享不仅使双方获得彼此的想法，还会由于思想的碰撞产生更多新的思想。仙童、PayPal 和维也纳精神分析小组培育出一大批创业者，他们之间互相学习、互相促进，进行思想上的碰撞，进而加速了创新的步伐。

7.4.3　价格与总利润分析

内容提要：总利润等于单位产品利润乘以销售量。降低产品的价格，会增加销售量，进而影响总利润；但是降低产品价格，会降低单位产品利润，进而影响总利润。所以必定存在一个最优价格点，使得单位产品利润和价格均衡，从而使销售总利润最大化。

我们来分析一下定价对产品总利润的影响。消费者利益（商品的价值）与购买量正相关，消费者利益越大，购买量越多；商品的价格与购买量负相关，价格越高，购买量越少。消费者盈余＝消费者利益－商品的价格，所以消费者盈余与购买量正相关。设商品的价值为 B（Benefit），商品的价格为 P（Price），消费者盈余为 S（Surplus），购买量为 Q（Quantity），消费者盈余转化为购买量的函数为 K，则：

$$Q = K(B - P)$$

此公式称为需求定律公式。

假设产品的价格为 x，总利润为 y，盈余转化率 K 假定不变。则总利润

$$y = QI = K(B - x)(x - C) = K[- x^2 - (B + C)X - BC]$$

$$y = K[- (x - \frac{B + C}{2})^2 + \frac{(B - C)^2}{4}]$$

这个函数是一条开口向下的抛物线，当定价 x 为 $(B + C)/2$ 时，总利润得到最大值为 $K(B - C)^2/4$，如图 7-29 所示。

这是不考虑竞争对手时的极限情况，而当考虑对手时，如某产品的市场需求为 d，而所有竞争对手都能提供类同的价格和消费者利益，假设有 n 个厂家，那么此时自己可以占有的市场可以简单的设为 d/n。如果已有统计的各家市场的占有率，自己的市场占有率乘以市场容量就是自己产品市场的大小。当自己选择提高价格时，一般不会有厂家跟随，因为提价会减少消费者盈余，而降低销量。由于竞争的原因，相当于别人的产品更有竞争力，自己的产品的销售量还会进一步下降，所以一般情况下提价很难得到利润最大化。而当自己通过降价来提高消费者盈余，从而提高销量时，很容易引起竞争对手也跟随降价。如果与竞争对手进入价格战，最后大家的

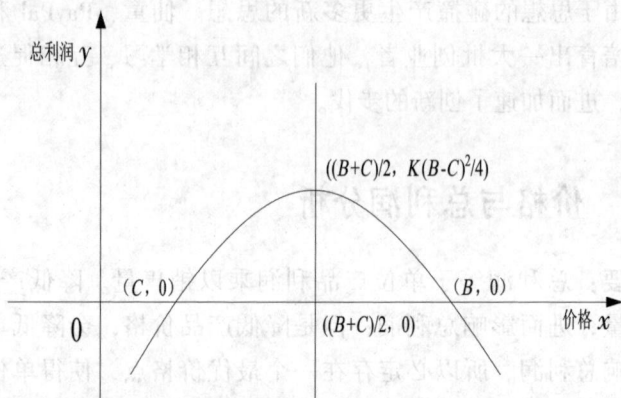

图7-29 价格和总利润图形

利润总额都会降低，甚至亏本。在没有成本优势或者在不考虑竞争对手的进一步行为的情况下而盲目降价是不明智的，很难达到预先的增加利润总额的目的。

在价格函数 $y = K[- (x - \dfrac{B + C}{2})^2 + \dfrac{(B - C)^2}{4}]$ 中，定价不同则总利润是不同的，定价对一家企业来说是至关重要的，因为在不改变消费者利益和产品成本的情况下，定价的不同对应着不同的总利润值，这关系到公司的生存和发展。定价不仅受消费者利益和成本的影响，还受竞争对手产品的价格及消费者利益影响，并且还受到竞争对手的价格变化影响。

稻盛和夫说："定价即经营。做生意的诀窍在于，找到能够得到客户认同、心甘情愿付钱购买的最高价格，然后以这个价格销售产品。定价是攸关一家企业生死存亡的重要决策。"

在价格函数中，当定价 x 为 $(B + C)/2$ 时，总利润得到最大值为 $K(B - C)^2/4$。总利润最大值与消费者利益与成本相关，消费者利益越大，成本越低，则总利润越大，这是与常识完全相符的。并且总利润还与比例 K 有关，即与消费者盈余与销售量的比例有关，而此系数则可以通过营销的作用使其最大化。所以有三种方法来增加总利润：

（1）增加消费者利益，可以增加总利润。消费者利益可以通过研发增加产品功能，增加产品可靠性、便利性等；也可以通过配套产品增加消费者利益，如兼容软件增加了微软操作系统的消费者利益。

迈克尔·波特的差异化和专一化战略都是增加消费者利益的战略。

（2）降低成本可以增加总利润。精益生产和阿米巴的生产方法都可以有效的降低产品成本；提高产品的产出速度也可以有效降低成本，如 TOC。

迈克尔·波特的总成本领先战略就是降低成本的战略。

（3）增加消费者盈余转化为销售量的比例 K。这点需要营销等方式来实现，而营销中的定位理论是一个较好的营销理论和方法。

消费者利益有上限，成本有下限，盈余转化率 K 有上限。消费者利益的上限通常较难达到，并且第一属性达到消费者要求后则会转向对下一个属性的利益需求，这是克里斯坦森破坏性创新所讲述的。而产品一旦达到消费者利益上限，很容易促发价格战；因为当产品达到消费者利益上限后，想通过提高消费者盈余来提高销量的话，只有降低售价。成本有下限，成本越降，进一步下降的难度越大，而成本的极限是 0，但不可能降到 0。并且当越来越多的企业引入先进的生产方法时，每一家企业在产品成本上的差距越来越小。在许多企业中，产品的生产都是外包的，甚至于互为竞争对手的两家可能将产品外包给同一家企业进行代工生产。所以产品在生产上的成本很难有大的竞争优势，在成本控制这一点上，日本丰田是其中的佼佼者。盈余转化率也有上限，合适的营销会增加盈余转化为销售量的比例 K，而随着营销的增加，比例 K 的增加会减少，并且营销也是有成本的。但营销提供了第三种方法来提高销售量，当产品达到消费者利益上限后，除了通过降价来提高总利润外，还可以通过营销来实现。所以杰克·特劳特说在同质化的产品时代，营销定位是提高产品销售额的有效方法。从产品竞争演化的角度来说，大部分产业首先竞争的都是产品的消费者利益，然后是成本，最后是营销。在不同行业中，消费者利益、成本和营销的竞争先后顺序不同，重要性也不相同。在保险行业，各保险公司的消费者利益和成本是差不多的，竞争的重点是营销和推销。在大部分行业中，当产品的消费者利益、产品成本和营销都经过了较激烈和充分的竞争后，市场上一般只会剩下两家企业，成为特劳特所说的两匹马的竞争。

7.4.4　盈余转化率 K 和营销与推销

内容提要：营销和推销可以增加产品的销售量，进而增加总利润。营销辐射受众广，单位受众打击力度小，单位成本和收益较低，但总的销量大。推销辐射受众小，单位受众打击力度大，单位成本和收益高，总销量小。大众产品适于营销，特殊产品适于推销。

在需求定律公式 $Q = K(B - P)$ 中，K 为盈余转化率，盈余转化率 K 的市场表现形式主要是营销和推销。增加 K 就可以增加销售量。

营销一般是通过如电视广告和网络等媒体渠道进行辐射式的打击，辐射的面积大，受众人群多，但单位个人接受的打击力度较小，单位平均成本较低，单位获得的利益也相对较低。但由于受众多，单位利润虽然较少，但乘以总数量后，总利润可观。

推销一般通过如面对面等方式进行的定点打击，打击的面积小，受众人数少，单位个人接受的打击力度较大，单位平均成本高，单位获得的利益也较高。推销虽然受众少，但单位利润较大，相乘后的总利润较可观。

彼得·蒂尔在《从 0 到 1》中将推广方法分成病毒式营销、市场营销、盲区、销售和复杂销售 5 种形式。

彼得·蒂尔写道："有效推广的界限可以从两个指标判定。在与客户保持联系期间，从每个客户那里赚取的平均利润必须超过赢得新客户的平均成本。……总之，产品售价越高，销售成本越高——销售成本也越有意义。"对于复杂销售，他举了太空探索技术公司（Space X）的例子。"太空探索技术公司证明了复杂销售的可行性。在开办火箭初创公司的几年内，埃隆·马斯克说服了美国航空局签订了 10 亿美元的合同，用太空探索技术公司新设计的飞船取代了退役的航天飞机。……因为复杂销售只需每年成交几笔，所以埃隆·马斯克这样的超级销售大师可以将时间花在最关键的人物身上——甚至去克服政治的惰性。"在广义动量定理 $F\alpha t = nmV$ 中，缩小力量的作用点，可以增加这一点的打击效果。推销就是通过定点打击来增加总成果的。像太空探索技术公司这样的公司对大众进行营销是没有意义的，因为大众不是他的潜在客户，对大众进行营销就是选择了错误的作用点。

对于病毒式营销，彼得·蒂尔举了 PayPal 推广的例子，这个例子我们在前边分析过。病毒式营销是正反馈效应，即这次的销售有助于下一次销售，下一次的销售又有助于再下一次的销售，形成正反馈效应。

盈余转化率 K 的限度

利润的公式为 $T = QI = K(B - P)(P - C)$，如果以利润最大化为追求的目标，并且以增加盈余转化率为达到此目标的手段，那么盈余转化率 K 的限度是什么？以什么为评判标准呢？

增加盈余转化率是需要成本的，假设通过增加投入使盈余转化率增加了 ΔK，而每件产品的平均成本增加为 ΔC，那么增加的利润为：

$$\Delta T = (K + \Delta K)(B - P)(P - C - \Delta C) - K(B - P)(P - C) = (B - P)[\Delta K(P - C - \Delta C) - K\Delta C]$$

只要增加的利润 ΔT 大于 0，那么就还没有达到盈余转化率的限度，而盈余转化率增加的限度就是 $\Delta K(P - C - \Delta C) - K\Delta C$ 等于 0 时的 ΔK 的值。

7.4.5 价格战

内容提要： 价格战可以提高本产品的销售量，但是单位产品的利润减少，总利润可能增加或者减少。恶性价格战只能使总利润减少。

假设某产品市场中有两家企业（多家企业也可），我们用系统框图来分析两家企业的之间价格战情况。假设两家企业分别为 A 企业和 B 企业，他们都是希望通过增加销售量来增加利润，而两家企业都选择了通过降价来提高消费者盈余，从而提高销售量的方法。A 企业为了提高销售量，选择降低产品价格，此时消费者盈余＝消费者利益－原价格－价格增量。降价时，价格增量是负的，原价格指未降价时的价格，价格增量为价格增加的量，降价时价格增量为负数。比如一产品原价 100 元每件，降价 5 元，价格增量为 –5，现价格为 100–5＝95 元，如图 7-30 所示。

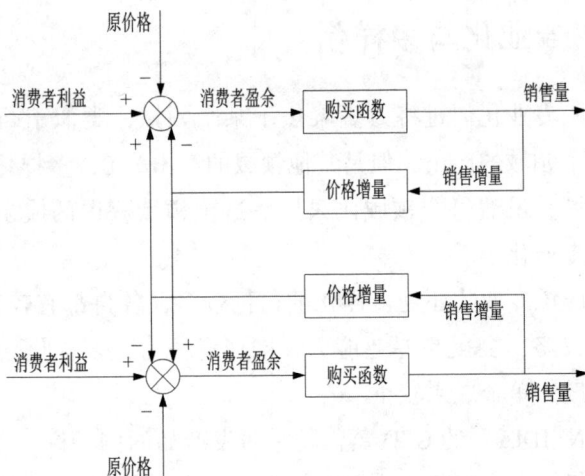

图 7-30　价格战框图

A 企业产品降价，增加了消费者盈余，增加了自己的销售量。对 B 企业来说，A 企业产品降价相当于降低了 B 企业产品的竞争力，从而吸引了自己的一些原有客户，导致自己的销售量减少，即相比以前销售增量是负数。B 企业为了提高销售量也选择降低产品价格，即销售增量与价格增量是同向的。现期销售量相比以前减少，销售增量为负。为了提高未来的销售量，选择降低产品价格，即价格增量为负。比如由于 A 企业产品的降价，导致 B 企业此月的销售量从 10 万件下降到 9 万件，销售增量为-1 万件。而为了提高销售量，就要提高消费者盈余。B 企业打算通过降价的方法提高消费者盈余，从而提高下个月的销售量。而价格下降的越多，消费者盈余越多，销售量越多。A 企业降价越多引起 B 企业销售增量负的越多，B 企业降价的幅度越大，则价格增量负的越大。

A 企业的产品降价引起 B 企业产品销售量减少，从而导致 B 企业产品降价，进而又导致 A 企业销售量减少。企业以降价来提升销售量的做法很容易触发价格战。当产品的价格在价格函数曲线中过抛物线对称直线的右边时，降低价格会提高总的利润；而当价格在直线的左边时，降低价格会减少总的利润。如果竞争双方价格战升级到恶性价格战，甚至于价格低于成本时，则受到伤害的不仅是竞争对手，更是自己。恶性价格战没有胜利者，竞争双方都在丧失实力，甚至于导致双方企业的破产。

7.4.6　专业化与多样化

内容提要：专业化通过将力量聚焦于某个领域，类似于凸透镜引燃火柴，来提高这个领域的产出，但是其他领域的产出为 0；多样化通过分散力量于不同的领域，虽然每个领域比只聚焦这个领域获得的成果少，但是总成果不一定比专业化小。

关于企业应该专业化还是多样化的讨论较多，各自都有较充分的理由。专业化是聚焦战略，会提高专业能力，增加竞争力；多样化会有较多的机会，但力量分散，单个成果较小。

英伟达（NVIDIA）的 CEO 黄仁勋举研发产品的例子说："如果机会小于工程师的数量，那么我就会对它十分感兴趣。"黄仁勋意思是说工程师可以胜任这个机会，并完成它。李德·哈特说："调整你的目的来配合手段。"李德·哈特的意思是根据你自己的能力来调整你的目的，如果自己的能力不足，那么目标就要小些，而如果自己的能力充足，那么目标就要大些。如果企业的能力不足以多样化，那么多样化就是有问题的；如果企业的能力足以多样化，那么不多样化就是不明智的。是否多样化取决于企业能力和机会与市场的竞争的对比。

而在专业化上，并不是所有企业都适于将产品的功能做到最好，小企业在这方面是很难与大公司竞争的。游击战略很适合小企业，只要有利润，什么都可以做。小企业要找到自己的生存之道，变化灵活迅速是小企业的优势。

7.4.7 情报与决策

内容提要： 情报是决策的基础，决策在组织的管理中起着决定性的作用，所以情报决定了管理的成果。

情报对于军事和商业都至关重要，情报是决策的基础。在军事上最早详细论述情报的军事家是孙武，他用《用间篇》一章的篇幅来论述情报的重要性。

孙子在谋攻篇中说："知彼知己，百战不殆；不知彼而知己，一胜一负；不知彼不知己，每战必败。"

孙子在用间篇中说："故明君贤将所以动而胜人，成功出于众者，先知也。先知者，不可取于鬼神，不可象于事，不可验于度，必取于人，知敌之情者也。"

"五间之事，主必知之，知之必在于反间，故反间不可不厚也。昔殷之兴也，伊挚在夏；周之兴也，吕牙在殷。故明君贤将，能以上智为间者，必成大功。此兵之要，三军之所恃而动也。"

拿破仑说："一位统帅最主要的条件是冷静的头脑，他的情报要像望远镜的镜头那样清晰，要能认识事情的真相，而决不能随便为好消息或坏消息所影响。"

在战争中，情报对于战争的胜败至关重要，通过情报得知敌人的强势和弱点后，就可以调动军队避开敌人的强势力量，打击敌人的弱点，从而取得战争的胜利。获得敌人的情报后，也可以通过诡诈来迷惑敌人，使敌人的军队受自己调动，暴露弱点，然后再伺机打败敌人。

在企业管理上分为直接情报和间接情报。比如对于已有的市场，企业做市场调查就可以获得直接的情报，得知客户的需求；而对于新创的市场，企业是不能通过市场调查获得直接情报的，需要的是企业家根据消费的惯有行为和喜好等因素进行企业家的判断，然后进行决策。

乔布斯说："有些人说：消费者想要什么就给他们什么。但那不是我的方式。我们的责任是提前一步搞清楚他们将来想要什么。我记得亨利·福特曾说过，'如果我最初是问消费者他们想要什么，他们应该是会告诉我，要一匹更快的马！'人们不知道想要什么，直到你把它摆在他们面前。正因如此，我从不依靠市场研究。我们的任务是读懂还没落到纸面上的东西。"福特和乔布斯具有企业家的前瞻性战略眼光，能在消费者之前预判市场的需求，这种能力使他们的企业成为新市场的开拓者，引领着人类的进步。

情报是决策的基础，而决策在组织的管理中起着决定性的作用。诺贝尔奖得主赫尔伯特·西蒙说："管理就是决策"；他认为经理人员重要的职能就是做决策，而决策的第一个主要阶段就是收集情报。情报也是个广义的概念，任何信息都可以被看作是情报。

2009 年的"力拓间谍门"事件窃取中国钢企情报，使中国钢企损失数十亿元人民币。

7.4.8　未来的商业模式

内容提要：未来的商业模式包含两个，下一个商业模式是免费，再下一个商业模式是消费者盈余最大化。

1. 下一个商业模式——免费

下一个商业模式将是免费，这至少包括两种企业，一种是企业进化到只注重贡献，追求社会贡献最大化；一种是企业追求销售量最大化。虽然二者表现形式都是免费，但这二者是有区别的。后一种企业通过免费，降低了产品价格，增加消费者盈余，从而达到销售量最大化。而销售量最大化是为了迅速提升企业规模，积累客户资源和技术优势等，目标是为了日后的盈利，销售量最大化只是未来盈利的手段。初创的 PayPal 和京东商城的模式就是销售量最大化模式。

免费的表现形式

对于软件企业，开发完一个软件，每增加一个用户的边际成本趋近于零，可以实现完全免费的模式。对于硬件企业，硬件的边际成本不会为零，并且较高，所以硬件企业的免费形式是零利润或者亏本销售。

免费企业如何生存和发展

企业的运营和发展是有成本的，需要有不断的资金投入，而免费的商业模式没有盈利，如何长久的生存和发展呢？

至少有 6 种方式：

（1）自有资金补贴

第一种方式是通过自有资金进行补贴，自有资金可能来自以前的积累或者现有企业的利润。比如 google 开发的安卓系统只收取少量的授权费用就允许其他厂商使用，安卓系统的研发可能需要 Google 其他业务的利润补贴。

（2）融资

第二种方式是通过融资来支持免费的商业模式，而融资一般对应着销售量最大化战略，因为提供融资的人是为了盈利。京东商城就是靠不断的融资来支持销售量最大化而不断成长壮大的。亚马逊一直在亏损的边缘徘徊，亚马逊前高管尤金·卫认为，"亚马逊目前是亏钱的，因为它正在进行疯狂的投资，来拉开与竞争者的距离。亚马逊已发现，便宜、快速的配送可以拉动销售额的增长。因此，它正在通过投资来将这种可能性变成现实。亚马逊拥有一个可盈利的业务模式，导致目前亏损的原因是大规模投资所致。亚马逊想赚钱，停止投资即可立马实现。"亚马逊想要的可能不仅是网络销售行业的领导者，或者它的目标是想超越沃尔玛，成为世界最大的销售企业。所以亚马逊现在追求的不是利润，而是成长速度最大化。

（3）长尾理论

第三种方式是对大多数用户免费，只对长尾中有特殊要求的客户收费来维持企业的运营，这种模式比较适合软件企业和网络平台企业。奇虎 360 和腾讯的基础服务都是免费的，只有增值服务才收费。奇虎 360 和腾讯通过免费基础服务几乎分别垄断了电脑安全市场和及时通讯市场。阿里巴巴当初也是通过免费模式打败易趣网的。

（4）捐助

第四种方式是通过社会捐助的资金来维持企业的运营。比如维基百科的资金就是依靠社会捐助。

（5）自愿者

第五种方式是依靠自愿者的无偿劳动，维基百科和众多非盈利组织就是依靠自愿者的力量，才使这些组织生存和发展的。

（6）寄生

第六种方式是寄生，通过依附于寄主而生存。在网络和信息时代，寄生很容易发生。

2. 再下一个商业模式——消费者盈余最大化

当众多企业均采取免费的商业模式时，免费将不再具有竞争力了，因为大家都免费。而再下一个商业模式将是消费者盈余最大化，或者说是消费者利益最大化，产品价值最大化。从经济学的定律消费者盈余决定购买量来说，消费者盈余＝消费者利益－价格，因为价格免费，所以消费者利益或者说产品的价值决定了购买量。免费的商业模式通过降低了价格来提高消费者盈余，进而增加消费量，当众多企业均免费时，免费的模式将不再具有竞争力。为了通过增加消费者盈余来增加购买量，再下一个商业模式会在免费的基础上增加产品的价值即使消费者盈余最大化，也就是追求可以为消费者提供的产品价值最大化。

7.5　五种手段与管理学

内容提要：学习、创新、合作、交易和竞争五种手段在管理学中有着广泛的应用，可以增加管理学的成果。

在学习方面，每个人的一生都是伴随着学习的过程，小时候的学习走路和说话，学生时代学习知识，工作中学习技术和接受培训，生活中学习经验。管理学大师彼得·德鲁克总结了他一生最重要的七堂课，包括追求完美、上帝看得见、终生学习、定期反省、高人指点、反馈比较和熊彼特的启示。熊彼特的启示包括三点，一是人必须自问，希望他人在自己身后记住他什么；二是人应该随着年龄而有所改变，不仅是个人的成熟度有所改变，同时也要随世界的改变而改变；三是能让他人的生命有所不同，是件值得后人记住的事。其中终身学习和高人指点都是关于学习方面，高人指点是如何更好的向能力强的人学习。彼得·圣吉在《第五项修炼》中提出了学习型组织的概念，强调组织也需要学习。

在创新方面，彼得·德鲁克说："企业的唯一宗旨就是创造顾客，所以企业有且只有两项职能：创新和市场营销。"企业创新是创造新的利益，这样企业才可能获得顾客；而市场营销是为了交易。

在合作方面，企业界深受亚当·斯密专业化分工的影响，专业化可以增加产出，专业化是与合作相对应的，越专业化的分工越需要合作才能完成一件事情。福特的流水线生产是专业化与合作的代表，每个人在流水线上只完成一项工作，而多个人的合作最终完成汽车的生产。

在竞争方面，企业时刻都在竞争，包括企业之间的竞争，企业内部部门的竞争，部门内人员的竞争。迈克尔·波特的《竞争战略》从战略上描述企业应该如何进行竞争。

在交易方面，企业通过交易获得原材料和人力资本，通过交易将产品卖出而获得资金。德鲁克说的企业的两项职能之一是市场营销，而市场营销就是为了交易。

第八章 结 语

我是从 2010 年初开始学习管理学和兵法，在看书学习的过程中有许多困惑与迷茫，也有许多自己的想法。后来我发现了使用物理学分析军事学、管理学和经济学很有用，于是 2014 年 6 月 11 日开始构思写书，主要有三点原因：一是总结自己这几年的所学和所想以及将自己不明白的问题记录下来，有助于日后的回忆和解决遗留问题；二是希望自己的所学到的东西和想法能为社会的发展做出贡献。也为世界提供了一个看待事物的不同角度；三是希望能得到读者的反馈和指正。于是在 2017 年 1 月出版了《可以量化的经济学》。经济学家凯恩斯说："如果一个人进行思考的时间太长，那么，他会暂时相信愚蠢的东西，甚至到达了令人惊奇的程度。"所以我也希望能与读者探讨，以免陷入错误而不自知。如果读者发现需要改正、删除、添加和优化的地方，甚至于错字，语句不通顺等，烦请读者将需要修改的地方通知我，如能提出如何修改的建议更好。我会在下一版中更新，以方便读者阅读。

参考文献

［1］亚当·斯密．道德情操论［M］．北京：中央编译出版社，2008．

［2］人民教育出版社物理室．物理［M］．北京：人民教育出版社，2004．

［3］高广宇．可以量化的经济学［M］．北京：经济日报出版社，2016．

［4］克劳塞维茨．战争论［M］．北京：中国人民解放军军事科学院，2005．

［5］罗纳德．哈里．科斯．社会成本问题［J］．法律与经济学杂志，1960．

［6］罗纳德·哈里·科斯．企业的性质［J］．经济学刊，1937．

［7］李德哈特．战略论：间接路线［M］．上海：上海人民出版社，2010．

［8］亚当·斯密．国富论［M］．北京：上海三联出版社，2009．

［9］子思．中庸［M］．上海：中华书局，2007．

［10］埃尔温·薛定谔．生命是什么［M］．湖南：湖南科技出版社，2011．

［11］稻盛和夫．活法［M］．北京：东方出版社，2010．

［12］沃尔特·艾萨克森．史蒂夫·乔布斯传［M］．北京：中信出版社，2011．

［13］厄尔·南丁格尔．最奇妙的秘密［M］．北京：中国经济出版社，2011．

［14］加里·S·贝克尔．人类行为的经济分析［M］．北京：格致出版社，2015．

［15］孙武．孙子兵法［M］．上海：中华书局，2011．

［16］海因茨·威廉·古德里安．闪击英雄［M］．北京：民主与建设出版社，2015．

［17］J.F.C.富勒．装甲战［M］．北京：中国人民解放军出版社，2006．

［18］高广宇．多智能体差分进化算法及其在发酵过程优化中的应用［D］．沈阳：东北大学，2009．

［19］薛定宇．高等应用数学问题的 MATLAB 求解［M］．北京：清华大学出版社，2004．

［20］王建辉，顾树生．自动控制原理［M］．北京：冶金工业出版社，2011．

［21］诺伯特·维纳．控制论［M］．北京：科学出版社，2009．

［22］德内拉·梅多斯．系统之美［M］．浙江：浙江人民出版社，2012．

［23］阿尔弗雷德·马歇尔．经济学原理［M］．北京：华夏出版社，2010．

［24］比尔·盖茨．未来之路［M］．北京：北京大学出版社，1996．

［25］乔治·索罗斯．金融炼金术［M］．海南：海南出版社，1999．

［26］罗伯特·J·希勒．非理性繁荣［M］．北京：中国人民大学出版社，2016．

［27］彼得·德鲁克．管理：使命、责任、实务［M］．北京：机械工业出版社，2009．

［28］彼得·德鲁克．管理的实践［M］．北京：机械工业出版社，2009．

［29］彼得·德鲁克．德鲁克管理思想精要［M］．北京：机械工业出版社，2009．

［30］阿尔文·托夫勒．权力的转移［M］．北京：中信出版社，2006．

［31］阿尔文·托夫勒．第三次浪潮［M］．北京：中信出版社，2006．

［32］阿尔文·托夫勒．财富的革命［M］．北京：中信出版社，2006．

［33］加里·S·贝克尔．人力资本理论［M］．北京：中信出版社，2007．

［34］加里·S·贝克尔．生活中的经济学［M］．北京：机械工业出版社，2013．

［35］加里·哈默尔，普拉哈拉德．企业的核心能力［J］．哈佛商业评论，1990．

［36］加里·哈默尔，普拉哈拉德．竞争大未来［M］．北京：昆仑出版社，1998．

［37］加里·哈默尔，普拉哈拉德．企业的核心能力［J］．哈佛商业评论，1992．

［38］约翰·科特．领导力革命［M］．北京：商务印书馆，2005．

［39］约翰·科特．领导者应该做什么［J］．哈佛商业评论，1990．

［40］约翰·科特．领导变革［M］．北京：机械工业出版社，2014．

［41］赫伯特·西蒙．管理行为［M］．北京：机械工业出版社，2013．

［42］迈克尔·波特．竞争战略［M］．北京：中信出版社，2014．

［43］迈克尔·波特．竞争优势［M］．北京：中信出版社，2014．

［44］迈克尔·波特. 国家竞争优势［M］. 北京：中信出版社，2012.

［45］井上笃夫. 飞得更高［M］. 北京：中国铁道出版社，2005.

［46］杰克·韦尔奇. 韦尔奇自传［M］. 北京：中信出版社，2011.

［47］马尔科姆·格拉德威尔. 异类［M］. 北京：中信出版社，2014.

［48］艾·里斯，杰克·特劳特. 商战［M］. 北京：机械工业出版社，2011.

［49］艾·里斯，杰克·特劳特. 定位［M］. 北京：机械工业出版社，2013.

［50］杰克·特劳特. 重新定位［M］. 北京：机械工业出版社，2011.

［51］艾·里斯，杰克·特劳特. 人生定位［M］. 北京：机械工业出版社，2011.

［52］安东尼·罗宾. 激发无限潜能［M］. 北京：光明日报出版社，2015.

［53］菲利普·科特勒. 营销管理［M］. 上海：格致出版社，2012.

［54］克劳德·霍普金. 我的广告生涯·科学的广告［M］. 吉林：北方妇女儿童出版社，2016.

［55］艾利·高德拉特. 目标［M］. 北京：电子工业出版社，2012.

［56］克莱顿·克里斯坦森. 创新者的窘境［M］. 北京：中信出版社，2014.

［57］克莱顿·克里斯坦森. 滑向未来的利润源［J］. 哈佛商业评论，2004.

［58］彼得·德鲁克. 卓有成效的管理者［M］. 北京：机械工业出版社，2009.

［59］卡尔·W·斯特恩. 公司战略透视［M］. 上海：上海远东出版社，1999.

［60］史蒂夫·诺特伯格. 番茄工作法图解［M］. 北京：人民邮电出版社，2011.

［61］弗雷德里克·泰勒. 科学管理原理［M］. 北京：机械工业出版社，2013.

［62］道格拉斯·W. 哈伯德. 数据化决策［M］. 广东：世界图书出版公司，2013.

［63］爱德华兹·戴明. 戴明论质量管理［M］. 海南：海南出版社，2003.

［64］克劳士比. 质量免费［M］. 山西：山西教育出版社，2011.

［65］中国质量协会组织. 西格玛管理［M］. 北京：中国人民大学出版

社, 2014.

[66] 大野耐一. 丰田生产方式 [M]. 北京：中国铁道出版社, 2014.

[67] 大野耐一. 大野耐一的现场管理 [M]. 北京：机械工业出版
社, 2014.

[68] 刘树华. 精益生产 [M]. 北京：机械工业出版社, 2009.

[69] 王清满. 图解精益生产之看板拉动管理实践 [M]. 北京：人民邮电出
版社, 2017.

[70] 詹姆斯 P. 沃麦克. 精益思想 [M]. 北京：机械工业出版社, 2014.

[71] 迈克·罗瑟. 学习观察 [M]. 北京：机械工业出版社, 2014.

[72] 詹姆斯 P. 沃麦克. 精益服务解决方案 [M]. 北京：机械工业出版
社, 2014.

[73] 艾利·高德拉特. 目标 II——绝不是靠运气 [M]. 北京：电子工业出
版社, 2012.

[74] 艾利·高德拉特. 仍然不足够 [M]. 北京：电子工业出版社, 2012.

[75] 艾利·高德拉特. 抉择 [M]. 北京：电子工业出版社, 2015.

[76] 艾利·高德拉特. 关键链 [M]. 北京：电子工业出版社, 2012.

[77] 赵智平. 在抢单路上——用 TOC 领跑 TLS [M]. 北京：电子工业出版
社, 2015.

[78] 艾利·斯拉根海默. 高速制造 [M]. 美国：CRC Press, 2000.

[79] 艾利·斯拉根海默. 高速供应链 [M]. 美国：Auerbach
Publications, 2009.

[80] 汤玛士·科贝特. 有效产出会计 [M]. 台湾：中华德拉特协
会, 2013.

[81] 赫伯特·西蒙. 西蒙选集 [M]. 北京：首都经济贸易大学出版
社, 2002.

[82] 彼得·圣吉. 第五项修炼 [M]. 北京：中信出版社, 2009.

[83] 稻盛和夫. 阿米巴经营 [M]. 北京：中国大百科全书出版社, 2009.

[84] 稻盛和夫. 创造高收益 I [M]. 北京：东方出版社, 2010.

[85] 稻盛和夫. 创造高收益 II [M]. 北京：东方出版社, 2010.

[86] 吴军. 浪潮之巅 [M]. 北京：人民邮电出版社, 2013.

[87] 艾丽斯·施罗德. 滚雪球：巴菲特和他的财富人生 [M]. 北京：中信
出版社, 2013.

［88］彼得·德鲁克. 创新与企业家精神［M］. 北京：机械工业出版社，2009.

［89］彼得·蒂尔. 从0到1［M］. 北京：中信出版社，2015.

［90］卡尔·波普尔. 科学发现的逻辑［M］. 浙江：中国美术学院出版社，2008.